O CÓDIGO CIVIL E A CONTEMPORANEIDADE

ESTUDOS DO GRUPO VIRADA DE COPÉRNICO EM HOMENAGEM AO MINISTRO LUIZ EDSON FACHIN

EROULTHS CORTIANO JUNIOR
ALEXANDRE BARBOSA DA SILVA
Coordenadores

Revisão dos Originais

Luis Fernando de Menezes

Prefácio

Paulo Lôbo

Marcos Ehrhardt Júnior

O CÓDIGO CIVIL E A CONTEMPORANEIDADE

ESTUDOS DO GRUPO VIRADA DE COPÉRNICO EM HOMENAGEM AO MINISTRO LUIZ EDSON FACHIN

Belo Horizonte
FORUM
CONHECIMENTO JURÍDICO
2025

FÓRUM
CONHECIMENTO JURÍDICO

Luís Cláudio Rodrigues Ferreira
Presidente e Editor

Coordenação editorial: Leonardo Eustáquio Siqueira Araújo
Thaynara Faleiro Malta
Revisão: Gabriela Sbeghen
Capa, projeto gráfico e diagramação: Walter Santos

Rua Paulo Ribeiro Bastos, 211 – Jardim Atlântico – CEP 31710-430
Belo Horizonte – Minas Gerais – Tel.: (31) 99412.0131
www.editoraforum.com.br – editoraforum@editoraforum.com.br

Técnica. Empenho. Zelo. Esses foram alguns dos cuidados aplicados na edição desta obra. No entanto, podem ocorrer erros de impressão, digitação ou mesmo restar alguma dúvida conceitual. Caso se constate algo assim, solicitamos a gentileza de nos comunicar através do *e-mail* editorial@editoraforum.com.br para que possamos esclarecer, no que couber. A sua contribuição é muito importante para mantermos a excelência editorial. A Editora Fórum agradece a sua contribuição.

Dados Internacionais de Catalogação na Publicação (CIP) de acordo com ISBD

C669 O Código Civil e a Contemporaneidade: Estudos do Grupo Virada de Copérnico em Homenagem ao Ministro Luiz Edson Fachin / Eroulths Cortiano Junior, Alexandre Barbosa da Silva (coord.). Belo Horizonte: Fórum, 2025.

507 p. 17x24cm
ISBN impresso 978-65-5518-990-2
ISBN digital 978-65-5518-989-6

1. Direito civil. 2. Direito civil-constitucional. 3. Código civil. I. Cortiano Junior, Eroulths. II. Silva, Alexandre Barbosa da. III. Título.

CDD: 342.085
CDU: 347

Ficha catalográfica elaborada por Lissandra Ruas Lima – CRB/6 – 2851

Informação bibliográfica deste livro, conforme a NBR 6023:2018 da Associação Brasileira de Normas Técnicas (ABNT):

CORTIANO JUNIOR, Eroulths; SILVA, Alexandre Barbosa da (coord.). *O Código Civil e a Contemporaneidade*: Estudos do Grupo Virada de Copérnico em Homenagem ao Ministro Luiz Edson Fachin. Belo Horizonte: Fórum, 2025. 507 p. ISBN 978-65-5518-990-2.

SUMÁRIO

Este livro nasceu de uma ideia, já de alguns anos, de fazer uma análise do Código de 2002, depois de passados 20 anos de sua vigência. Os pesquisadores do *Virada de Copérnico* cuidariam dos textos. Imediatamente, convidamos o Ministro Luiz Edson Fachin para prefaciá-lo. Afinal de contas, o Copérnico nasceu dos sonhos e das mãos dele.

Mas nem sempre dominamos os futuros e os livros tomam vida própria. Rapidamente, o livro transformou-se numa homenagem ao nosso professor, e professor no mais amplo sentido. Homenagem pouca, por tudo que ele fez à sua *alma mater*, a UFPR, e por tudo o que ainda faz pelo *Virada de Copérnico*.

Mesmo assim, entendemos que o prefácio, escrito pelo Professor Fachin já há alguns anos, deveria estar aqui, pelo que contém e pelo que representa. Ei-lo, exatamente como escrito.

Eroulths Cortiano Júnior
Alexandre Barbosa da Silva

PREFÁCIO PARA A OBRA *VINTE ANOS DO CÓDIGO CIVIL BRASILEIRO*

Vinte anos de vigência transcorreram para o Código Civil brasileiro. O Núcleo de Estudos em Direito Civil-Constitucional *Virada de Copérnico*, cuja história se confunde com a do Programa de Pós-Graduação em Direito, da *centenária* Universidade Federal do Paraná, reuniu uma *constelação* de mais de seis dezenas de juristas que se dedicaram a responder aos desafios lançados pelo direito civil brasileiro. O resultado é o livro que temos em mãos, um trabalho de vigor, de fôlego, e não por acaso.

A obra constitui-se em verdadeira codificação comentada, que se volta para o horizonte teórico de ampliação de confins. Sabe-se que o Código Civil é mesmo obra de um pensamento estruturado, emergente de um sistema de normas de direito privado que corresponde às aspirações de dada sociedade.[1] O direito civil contemporâneo, em consequência, é reflexo de um *tempo* que se firma a partir da segunda parte do século XX, e mais diretamente, entre nós, a partir da Constituição de 1988, que redemocratizou o país.[2]

Podemos, então, afirmar que a transformação do governo jurídico do tríplice vértice fundante do privado – as titularidades, o trânsito jurídico e o projeto parental – pode ser reconhecida em duas travessias.[3] A primeira é a senda que vai do Código Civil de 1916 à Constituição de 1988. A segunda, que está em curso, é a ponte que a hermenêutica crítica está a construir, entre a codificação de 2002 e a principiologia axiológica de índole constitucional.

Se a primeira travessia se cumpriu, como assinalou Orlando Gomes, incorporando ideias e aspirações da camada mais ilustrada da população, em verdadeiro descompasso entre o direito escrito e a realidade social,[4] é justo almejar, para esta segunda etapa, percurso mais democrático, centrado na dignidade da pessoa humana.

Projeta-se, assim, para o futuro, essa segunda travessia, que se iniciou com a aprovação da Lei nº 10.406/2002. Pavimentada nestas duas décadas iniciais de vigência, almeja agora pelos desafios vindouros do porvir. A construção deste trabalho, em curso

---

1 FACHIN, Luiz Edson. *Direito civil*: sentidos, transformações e fim. Renovar: Rio de Janeiro, 2015. p. 16.

2 FACHIN, Luiz Edson. *Direito civil*: sentidos, transformações e fim. Renovar: Rio de Janeiro, 2015. p. 22.

3 Nota prévia do atualizador. *In*: GOMES, Orlando. *Direitos reais*. 19. ed. 6. tir. rev., atual. e aument. por Luiz Edson Fachin. Rio de Janeiro: Forense, 2007. p. 2.

4 GOMES, Orlando. *Raízes históricas e sociológicas do Código Civil brasileiro*. São Paulo: Martins Fontes, 2003. p. 45.

permanente, não poderia ter se concluído com a edição da nova lei. Ao contrário. *Os lírios*, afinal, *não nascem da lei. As leis não bastam.*

É na aplicação prática, captada pelo olhar crítico da doutrina, que o arcabouço teórico e legislativo ganha relevo. A obra que vem de ser posta à comunidade jurídica, portanto, consubstancia pujante representação deste contributo.

A abertura semântica vivenciada no meio jurídico brasileiro, a partir da década de 1970, deu ênfase à heterogeneidade social, à força criativa dos fatos e ao pluralismo jurídico, cuja síntese normativa somente se tornou possível por meio da reestruturação dos princípios.

Por meio dos princípios, verificou-se um sistema dialeticamente aberto, que deve ser compreendido a partir de uma hermenêutica crítica e construtiva, que submete as regras aos preceitos constitucionais, com especial ênfase ao princípio da dignidade da pessoa humana.

A crescente valorização dos princípios jurídicos não demorou a influenciar a hermenêutica civilista, de modo que a reviravolta subsequente, vivenciada durante a transição entre a primeira e a segunda etapas, pôde ser alcunhada de verdadeira *Virada de Copérnico*. Esta virada nos leva à importância da constitucionalização do direito, em tríplice dimensão: formal, substancial e prospectiva.

O Núcleo de Estudos *Virada de Copérnico*, fazendo jus ao patronímico, interdisciplinar e interinstitucional desde sua fundação, em 1994, congrega, em sua história e nesta obra, as três vertentes da constitucionalização. Não se descura da dimensão formal, que representa tudo o que está positivado, nas leis e nas demais normas. Também não se olvida da dimensão substancial, ou seja, da projeção normativa principiológica constitucional, explícita ou implícita. Por fim, leva sempre em conta a dimensão prospectiva, ou seja, aquela que é propositiva e transformadora, que se dedica à construção de sentidos para a ressignificação dos institutos e das instituições jurídicas.

Na obra capitaneada pelo Núcleo de Estudos *Virada de Copérnico*, reúnem-se professores e professoras não apenas da *centenária* Universidade Federal do Paraná. Da Faculdade de Direito paranaense, que é também a minha Casa, permito-me nomear, dentre muitos outros, Ana Carla Harmatiuk Matos, Rosalice Fidalgo Pinheiro, Maria Cândida do Amaral Kroetz, Eroulths Cortiano Junior, Paulo Roberto Ribeiro Nalin e Carlos Eduardo Pianovski Ruzyk. Há também professores de Direito Civil da Universidade do Estado do Rio de Janeiro, dentre os quais me permito apontar Gustavo Tepedino e, dentre outras instituições, da Universidade de São Paulo, dentre os quais nomeio Giselda Maria Fernandes Novaes Hironaka e José Fernando Simão. O intercâmbio que o Núcleo de Estudos *Virada de Copérnico* travou, ao longo dos anos, em diversos encontros de grupos de pesquisas, foi sempre muito profícuo, graças ao trabalho e à dedicação de todos estes professores e professoras, ora coautores, em especial Gustavo Tepedino e Paulo Lôbo.

Estas professoras e professores mencionados e os demais coautores, que somam mais de seis dezenas de juristas de várias gerações, são homens e mulheres que exercem, em suas práticas docentes, as reflexões coerentes com as mudanças de fundo e de método na superação da dogmática estrita do direito. Trata-se de verdadeiros juristas, que responderam ao *chamado* e encontraram sua *vocação* no ensino jurídico. Fizeram da cátedra e do livro as razões de ser de suas vidas, materializando o ensinamento de Savatier e Rivero.[5]

A *constelação* de autores reúne mentes e corações vocacionados para a esperança, para a construção de um país mais justo, neste tempo tão repleto de desafios, mas também fenomenalmente rico e enriquecedor. Dedicam-se, cada qual em sua área de atuação profissional e acadêmica, às relações jurídicas interprivadas, neste grupo de pesquisa que investiga, na perspectiva do poder social, das desigualdades e das identidades culturais, o direito civil-constitucional em seus diversos eixos: titularidades; contratos e responsabilidade civil; situações existenciais e relações familiares; metodologia e ensino jurídico.

São objeto de preocupação constante dos pesquisadores, vinculando-se ou permeando os eixos, vértices que envolvem novos direitos, cultura e saberes; democracia e direitos humanos; Constituição e direitos fundamentais, além do direito comparado.

A publicação que vem a público agora, na celebração dos vinte anos de vigência do Código Civil, entre sístoles e diástoles, coroa a produção científica e acadêmica que vem sendo desenvolvida há décadas pelo Núcleo de Estudos *Virada de Copérnico.*

Os caminhos indicados pelo direito civil brasileiro, muitos hauridos das percepções críticas dos mestres Orlando Gomes e Francisco Muniz,[6] lançam desafios. É preciso reconhecer o rearranjo social dos modelos no universo de conceitos e formas migrantes, cientes de que se deve considerar a problemática jurídica como questão social, suscetível de análise crítica de seus reflexos, não apenas na legislação, mas também na doutrina e na jurisprudência. Vencer a resistência à transformação é tarefa que vem sendo realizada diuturnamente pelos pesquisadores e professores do grupo de estudos *Virada de Copérnico.*

A obra que o leitor tem em mãos é representação concretizada deste pensamento, deste trabalho científico realizado com apuro metodológico, nesta construção contínua do merecimento da humanidade, pois são os coautores, professoras e professores de direito civil, educadores que realmente *humanizam* seres humanos e, desta forma, também a si próprios, à luz da diversidade, da tolerância e da responsabilidade.[7]

Vivemos na complexidade. Na coexistência aberta, difícil, mas, ao mesmo tempo, inspiradora. Entre limites e possibilidades, os desafios não são simples. Afastemos as flexibilidades teóricas e as inconsistências na aplicação prática a partir dos ensinamentos contidos no presente volume.

Luiz Edson Fachin
Ministro do STF e do TSE.
Alma mater: UFPR.
Agosto de 2021.

---

5 "Enfim, desejo de professar, de não esquecer, como advertem Savatier e Rivero, que ensinar é, apesar de tudo, a razão de ser do professor, na cátedra e no livro" (GOMES, Orlando. Direitos reais, prefácio da edição de 1958. *In*: GOMES, Orlando. *Direitos reais*. 19. ed. 6. tir. rev., atual. e aument. por Luiz Edson Fachin. Rio de Janeiro: Forense, 2007. p. IX).

6 Nota prévia do atualizador. *In*: GOMES, Orlando. *Direitos reais*. 19. ed. 6. tir. rev., atual. e aument. por Luiz Edson Fachin. Rio de Janeiro: Forense, 2007. p. XI.

7 FACHIN, Luiz Edson. *Direito civil*: sentidos, transformações e fim. Renovar: Rio de Janeiro, 2015. p. 185.

PREFÁCIO

Poucas vezes na história do Direito, a travessia de um século para outro revelou mudanças tão profundas e necessárias quanto aquelas vivenciadas pelo Direito Civil brasileiro nas últimas décadas. Este livro não se limita a apresentar uma mera revisitação de um tempo pretérito, oferece um mergulho profundo nas correntes que moldaram e continuam a esculpir os pilares do direito das relações privadas.

Os organizadores desta obra reuniram um grupo de notáveis jusprivatistas, principalmente civilistas, vinculados ao grupo de pesquisa "Virada de Copérnico", sedeado na Faculdade de Direito da UFPR, fundado e liderado, por vários anos, pelo ilustre homenageado Professor e Ministro Luiz Edson Fachin, além de autores de outras instituições.

O olhar dos autores não se limita a um único horizonte. Ele viaja pelos contornos da pessoa, detém-se na delicada questão da capacidade, iluminada pela inclusão, e sonda as fronteiras da privacidade. Os bens, outrora, categorias estáticas, revelam suas novas facetas sob a lente do tempo, enquanto a marcha inexorável da decadência e da prescrição redesenha a paisagem das obrigações.

O contrato é examinado em suas nuances, desde o adimplemento que quase se completa até o peso do descumprimento, adornado pela cláusula penal. A função social, princípio que irradia sua influência, e a boa-fé, bússola ética dos negócios, são revisitadas à luz da liberdade econômica, em um balé delicado entre autonomia e intervenção. A revisão dos contratos completa este mosaico intrincado.

A responsabilidade civil, com a sempre presente questão da culpa e sua multifacetada atuação, é dissecada, o direito de empresa dialoga com os fundamentos do Código Civil em um cenário dinâmico. O direito das coisas, ancorado em tradições, revela suas permanências e as sutis mudanças na aquisição e na perda da propriedade, nos direitos reais sobre coisas alheias e nas tensões condominiais. Os direitos reais de garantia e as relações de vizinhança, tecidas por proximidade e, por vezes, conflito, também são objeto desta análise.

Por fim, a obra debruça-se sobre o direito de família, transformado pela Constituição de 1988, explorando a parentalidade em suas diversas formas, a autoridade e a guarda, culminando no intrincado labirinto da sucessão, legítima e testamentária, e nos ritos do inventário e da partilha.

Aceitar o convite para prefaciar esta obra, tributo ao Professor Luiz Edson Fachin, é também aceitar o desafio de narrar essa transformação como quem descreve os atos de uma peça grandiosa: a peça da vida, da dignidade e da esperança que move o Direito a cada nova geração.

O Professor Luiz Edson Fachin criou escola de pensamento jurídico, no melhor sentido acadêmico, no âmbito do direito privado, fomentando a pesquisa de seus fundamentos e influenciando no desenvolvimento que essa área do direito apresenta na contemporaneidade, como se lê nos capítulos desta obra, com ênfase na constitucionalização dos direitos e na metodologia civil-constitucional.

I. Primeiro ato: a mudança dos tempos – do patrimônio à pessoa

O pano se abre sobre o cenário do século XX findo. O Código Civil de 1916 começava a revelar os limites de suas velhas paredes diante da efervescência de uma sociedade em transformação. O Brasil urbano, plural, inquieto e constitucionalizado exigia novas vestes para suas relações privadas. O sopro renovador da Constituição de 1988, erguendo a dignidade da pessoa humana como pilar fundante, tornava inevitável a reconstrução. Já não bastava disciplinar os bens, os contratos, os interesses patrimoniais; era preciso cuidar da pessoa, reconhecer os afetos, promover a solidariedade. Deu-se, então, a grande virada de paradigma: o patrimônio cede lugar à pessoa, e se buscou transformar o Direito Civil num espaço de promoção da liberdade, da igualdade e da justiça social.

II. Segundo ato: o diálogo e a construção – o Direito em movimento

Se a mudança legislativa foi o primeiro passo, o segundo ato trouxe o desafio da interpretação. A cena é agora povoada por vozes múltiplas: doutrinadores, juízes, advogados, estudantes – todos chamados a dar vida aos novos princípios sob o compasso da Constituição. Era preciso aprender a falar uma nova linguagem: a do diálogo das fontes, a da convivência entre o Código Civil e os microssistemas. Neste ato, florescem as releituras da função social e da boa-fé objetiva como deveres gerais de conduta. O Direito Civil, outrora fortaleza de individualismo, reabre suas portas para acolher a pluralidade dos vínculos e a dignidade dos sujeitos. O palco é de construção coletiva. O roteiro, ainda inacabado, é escrito a muitas mãos e exige sensibilidade, criatividade e firme compromisso com os valores constitucionais.

III. Terceiro ato: a nova era digital – desafios inéditos

O terceiro ato inicia-se sob luzes que poucos imaginavam: a revolução digital. A vida, uma vez entranhada no mundo físico, expande-se agora para territórios virtuais. A internet, os dados pessoais, a inteligência artificial generativa – tudo redefine o modo como os sujeitos se comunicam, encontram e contratam. O Marco Civil da Internet, a Lei Geral de Proteção de Dados e a Emenda Constitucional nº 115/2022 surgem como as primeiras iniciativas legislativas elaboradas especificamente para proteger o ser humano nesse novo palco, onde a exposição, o controle e o tratamento de informações pessoais desenham os contornos de novos direitos. A identidade humana, que já se projetava para além do corpo físico, demanda agora proteção no ambiente digital.

IV. Quarto ato: o futuro em construção

O último ato, embora anunciado como tal, não encerra a história: prenuncia novos caminhos, que surgem como oportunidade de repensar as estruturas atuais, incorporando as lições dos últimos anos desde o advento do Código Civil de 2002, e, sobretudo, preparando o Direito Civil para um tempo de grandes transformações que moldarão ainda mais intensamente as relações humanas. Trata-se de assumir o compromisso de que a liberdade, a igualdade e a dignidade sejam preservadas em todas as dimensões da existência, máxime após os impactos ainda não totalmente dimensionados das últimas inovações tecnológicas.

É nesse contexto de contínua transformação que a figura do Professor Luiz Edson Fachin se impõe com ainda maior relevância. Sua trajetória intelectual e profissional foi sempre marcada pela defesa da função social do Direito, pela aposta inegociável na solidariedade como princípio ativo das relações humanas e por uma ética da alteridade que reconhece e valoriza o outro em sua singularidade e dignidade.

Em suas obras, Professor Fachin ensinou-nos a olhar para o Direito como instrumento de proteção dos vulneráveis, como ponte para a realização de vidas mais livres, justas e iguais. Seu pensamento inspirou e inspira gerações a construir um Direito Civil comprometido não apenas com a ordem, mas, sobretudo, com a esperança. Este livro é, assim, uma justa e laboriosa homenagem a quem mostrou que interpretar a lei é, antes de tudo, um ato de compromisso com o humano.

Epílogo: a travessia continua

O espetáculo da evolução jurídica não conhece cortinas definitivas. Cada ato encerra em si a semente do próximo. Assim também com o Direito Civil: a construção do futuro depende dos alicerces que hoje lançamos. E esses alicerces têm como matéria-prima o conhecimento desenvolvido pela doutrina civilista brasileira nas últimas décadas, forjado no diálogo entre tradição e inovação, entre norma e valor, entre realidade e utopia.

Estas páginas, portanto, são um convite a uma jornada através do tempo e dos institutos, um diálogo entre o passado codificado e o presente em constante mutação. Elas ecoam vozes e reflexões de estudiosos que, com olhar atento e espírito crítico, desvendam as camadas de significado que tantos anos de aplicação imprimiram no Código Civil, oferecendo ao leitor não apenas conhecimento, mas também a instigante perspectiva de um direito que, embora alicerçado em sólidas bases, jamais cessa de se reinventar.

Que esta obra contribua para o labor de todos que compreendem que o Direito é construção coletiva e que o amanhã começa na seriedade com que hoje enfrentamos os desafios do presente.

Paulo Lôbo

Doutor em Direito pela USP. Professor Emérito da UFAL.
Foi Conselheiro Federal da OAB e Conselheiro do CNJ.

Marcos Ehrhardt Júnior

Doutor em Direito pela UFPE. Professor de Direito Civil da UFAL e do CESMAC. Editor da Revista Fórum de Direito Civil (RFDC). Vice-Presidente do Instituto Brasileiro de Direito Civil (IBDCIVIL). Cofundador da Rede de Pesquisas Agendas de Direito Civil Constitucional.

APRESENTAÇÃO

Constituído, há cerca de 30 anos, pelo Professor Luiz Edson Fachin, o Grupo de Pesquisas em Direito Civil-Constitucional da Universidade Federal do Paraná Virada de Copérnico (ou somente e afetivamente, o "Copérnico") faz parte da história do direito civil brasileiro contemporâneo pelas marcas que traz consigo. Há várias delas, mas três merecem destaque.

A primeira dessas marcas está na origem e gênese de sua constituição. O Virada de Copérnico é filho dileto dos ensinamentos de José Lamartine Corrêa de Oliveira e Francisco Muniz, homens adiante do seu tempo e que anteviam um "direito civil a serviço da vida". Com o pensamento deles haurido, fez-se a iniciativa do Prof. Luiz Edson Fachin de criar um grupo de pesquisas que desse conta da construção de um direito civil centrado no valor intrínseco da dignidade da pessoa humana.

Outra marca está na imbricação que o Grupo de Pesquisas tem com a realidade nacional. Considerada a Constituição da República de 1988 não apenas como o momento que marca definitivamente o fim da ditadura militar, mas tendo-a como o ponto principal da consolidação de um direito civil repersonalizado, que não significou apenas um rearranjo da organização jurídica, mas uma nova fundação da nação, o Grupo volta-se para apreender a realidade de um direito civil constitucionalizado.

E a terceira marca: toda a produção e reflexão realizada pelos pesquisadores que participam e participaram do Copérnico é pautada pelo que se convencionou chamar de dogmática crítica. Parte-se da premissa de que a pura dogmática a nada leva, senão à reprodução de um estado de coisas que não coaduna com a dinâmica do viver, e que a simples crítica "por criticar" é vazia se não souber o que se criticar, como se criticar e de onde criticar.

Todas essas marcas – e existem outras – podem ser vistas na obra que se vem de lançar. Movidos pelos mesmos propósitos que o Prof. Luiz Edson Fachin teve ao iniciar essa nova etapa da pesquisa do direito civil, os integrantes do Copérnico aproveitaram a efeméride dos 20 anos da codificação civil para repensá-la, revisá-la, revisitá-la. Tentaram, usando o Código como tema e fio condutor, seguir contribuindo para a construção de um direito civil renovado, repersonalizado, inserido na realidade concreta da existência humana. Um direito civil com uma vocação que se apreende nos sentidos plurais, democráticos e solidários do viver.

Para usar uma expressão bem ao gosto do homenageado, utilizaram eles as sístoles e diástoles do pensamento crítico para tratar dos elementos, conceitos, significantes e significados dos principais institutos do direito civil. Enfim, esta obra é a representação concreta das marcas do Copérnico.

O que se vê é que a iniciativa do Prof. Luiz Edson Fachin se projetou nas novas gerações de pesquisadores da UFPR e de outras instituições, de Curitiba e de outras cidades, do Paraná e de outros estados. As parcerias firmadas, especialmente – mas não só – com grupos de pesquisa da UERJ, da UFPE e da USP, entre tantas outras, somente fizeram o Copérnico vir a ser o que é: um celeiro e um cadinho de pesquisa e reflexão sobre o direito civil contemporâneo.

Para além desse alcance científico, o que mais revela o sentido de ser do Copérnico é compreender que o trabalho da pesquisa e da construção do direito é coletivo. Guimarães Rosa disse, certa feita, "A colheita é comum, mas o capinar é sozinho". No Copérnico, o capinar e a colheita são coletivos, como bem deve ser a pesquisa.

Boa leitura!

Eroulths Cortiano Junior
Alexandre Barbosa da Silva

A PARTE GERAL DO CÓDIGO CIVIL DE 2002: DA PESSOA NATURAL AO NEGÓCIO JURÍDICO, NADA MAIS É COMO ANTES

ANDRÉ LUIZ ARNT RAMOS

FERNANDA SCHAEFER

JUSSARA MARIA LEAL DE MEIRELLES

MARCO ANTONIO LIMA BERBERI

1 Relevância da Parte Geral e a surpreendente promulgação do Código de 2002

Ao diverso do que se poderia supor, a Parte Geral do Código Civil (arts. 1º a 232) não é apenas um livro introdutório, uma porta de ingresso ao Código. De fato, é na Parte Geral que são estabelecidos os critérios de caracterização, direitos, deveres, limites e possibilidades das pessoas; dos bens; dos negócios jurídicos. Contém preceitos de ampla eficácia, aplicáveis aos vários ramos do direito – e não somente no direito civil. E em relação ao texto codificado, é a Parte Geral que fixa os parâmetros de acordo com os quais devem ser interpretadas as demais disposições da Parte Especial.

Para bem compreender o contexto em que foram elaboradas as previsões do Código e os desafios que a legislação civil brasileira precisou enfrentar ao longo dos 20 anos da codificação civil brasileira de 2002, faz-se necessária uma análise sobre o contexto histórico da sua elaboração e promulgação.

O Código Civil de 2002 teve origem no Projeto de Lei nº 635, de 1975. A observação é importante, porque evidencia o distanciamento entre o projeto que deu origem ao Código com o momento em que foi promulgado. A título de exemplo, note-se que nem mesmo o divórcio era previsto em lei no Brasil, à época do Projeto do Código Civil. Além disso, ao diverso do que se poderia imaginar, sua promulgação deu-se com certa surpresa, pois, por mais de sessenta anos, criou-se, no Brasil, certo hábito de discutir alterações no Código Civil de 1916, sem que tivesse havido a concreta recodificação. Assim, houve o Projeto de Lei relativo ao Código de Obrigações de 1941, sob a responsabilidade dos Professores Orozimbo Nonato, Filadelfo Azevedo e Hahnemann Guimarães; e em 1961, o Professor Orlando Gomes foi convidado para a redação de um novo Código Civil, que deveria regular as matérias atinentes aos direitos de família, reais e das sucessões; contemporaneamente, foi atribuída ao Professor Caio Mário da Silva Pereira a elaboração do anteprojeto de lei relativo ao Código de Obrigações, o qual foi convertido em projeto de lei e revisto por uma comissão composta pelo autor e os professores Orozimbo Nonato, Theóphilo Azeredo Santos, Sylvio Marcondes, Orlando Gomes e Nehemias Gueiros. Em 1967, o governo abandonou o referido projeto e nomeou outra comissão, composta pelos Professores Miguel Reale, que a presidiu, José Carlos Moreira Alves, Agostinho Alvim, Sylvio Marcondes, Ebert Chamoun, Clóvis do Couto e Silva e Torquato Castro, cujos trabalhos resultaram no Projeto de Lei divulgado no *Diário do Congresso Nacional* sob nº 634-B, de 1975,[1] o qual, constituindo o PLC nº 118/84, recebeu muitas alterações, permaneceu um tanto esquecido por quase vinte anos e foi finalmente transformado na Lei nº 10.406, de 10.1.2002.[2]

Esse percurso parlamentar bastante longo, além de aumentar as suspeitas de que o Projeto do Código Civil não viesse a ser transformado em lei, contribuiu, também, para que diversas matérias relevantes passassem a ser reguladas por leis esparsas (por exemplo: divórcio; criança e adolescente; consumidor; meio ambiente etc.) e muitas previsões do Código evidenciaram-se bastante ultrapassadas. Conhecido por movimento de descodificação, esse processo coincidiu com a Constituição de 1988, que assumiu o papel reunificador do sistema, fazendo com que se deslocasse o seu centro gravitacional (antes representado pelo Código Civil), para a Constituição da República. Por isso, o Projeto do Código, de outra época e, portanto, dissociado do impacto da Constituição nas relações de direito privado, impôs (e impõe) aos intérpretes árdua tarefa de realizar a necessária conexão axiológica entre o corpo codificado e a Constituição da República, que define os valores e os princípios fundantes da ordem pública, de modo a lhes dar maior concreção e densidade normativa.[3]

2 A pessoa natural, sua caracterização e desafios nos 20 anos do Código

2.1 Alcance e origem das disposições legais

As pessoas naturais (também denominadas pessoas físicas) são tratadas pelo Livro I, Título I, da Parte Geral do Código Civil, nos arts. 1º a 39. A importância de sua previsão está no reconhecimento legislativo do ser humano como sujeito de relações jurídicas. O art. 1º dispõe que "toda pessoa é capaz de direitos e obrigações na ordem

---

[1] *Diário do Congresso Nacional* de 17.5.1984 – suplemento nº 47.

[2] TEPEDINO, Gustavo. Introdução: Crise de fontes normativas e técnica legislativa na parte geral do Código Civil de 2002. *In*: TEPEDINO, Gustavo (Coord.). *A Parte Geral do Novo Código Civil*: estudos na perspectiva civil-constitucional. Rio de Janeiro: Renovar, 2002. p. XVI.

[3] TEPEDINO, Gustavo. Introdução: Crise de fontes normativas e técnica legislativa na parte geral do Código Civil de 2002. *In*: TEPEDINO, Gustavo (Coord.). *A Parte Geral do Novo Código Civil*: estudos na perspectiva civil-constitucional. Rio de Janeiro: Renovar, 2002. p. XVII.

civil", ou seja, toda pessoa é capaz de ser sujeito de direitos e de contrair deveres. E o art. 2º estabelece a partir de que momento o ser humano é dotado de personalidade civil e, portanto, apto a receber todos os reflexos da ordem jurídica, sujeito das mais diversas relações previstas pelo direito. Nesse sentido, dispõe que "a personalidade civil da pessoa começa do nascimento com vida; mas a lei põe a salvo, desde a concepção, os direitos do nascituro". Observa-se, desde logo, que se a personalidade jurídica é adquirida a partir do nascimento com vida, o mesmo art. 2º, ao salvaguardar, desde a concepção, os direitos do nascituro, parece trazer uma ambiguidade, posto que, se a primeira parte do citado dispositivo legal pretende afirmar que antes do nascimento com vida inexiste pessoa, a segunda parte assegura proteção aos direitos do nascituro, ser ainda não dotado de personalidade jurídica.[4]

Na estrutura relacional, o termo *pessoa* assume o seu sentido etimológico originário de *persona* (na Antiguidade, máscara utilizada pelos atores teatrais), o que serve para indicar o ser humano como ator no mundo jurídico.[5] Categorizar a pessoa como sujeito de direito é ideia fundada nas correntes filosóficas que precederam e acompanharam a Revolução Francesa: o jusnaturalismo e o iluminismo; duas correntes que centralizavam a organização social no sujeito, o direito subjetivo inerente à natureza humana e o direito objetivo de criação e reflexo das variadas manifestações da personalidade humana.[6]

Importa lembrar, também, que tão forte foi a influência da doutrina germânica dos séculos XVIII e XIX a respeito da personalidade jurídica, que o direito subjetivo, inicialmente compreendido como característica geral inerente a todos os indivíduos, passou a ser visto como atributo estabelecido pelo ordenamento. Sofreu a pessoa humana evidente desprestígio, posto que reduzida a simples elemento abstrato de relações jurídicas, cada vez mais afastado da pessoa real.

Todas essas ideias que assinalaram o século XIX, em razão da forte influência do liberalismo, resultaram na elaboração de muitas codificações e na noção de direito civil identificada com o próprio Código Civil. A codificação civil brasileira de 1916 foi elaborada com base nessas ideias e a de 2002, com projeto datado de 1975, refletiu muito dessa influência, evidentemente.

2.2 Primeiro desafio: categorias antigas, realidades novas

Fundado em uma pretensa segurança, o sistema tradicional evidenciado pela legislação civil fixa parâmetros de modo que, em cada relação jurídica, é designado ao ser humano determinado papel (o de sujeito da relação), e sua atuação vem delimitada pelo personagem que irá representar ante o objeto da mesma relação: contratante, *pater*, proprietário, cônjuge, testador, herdeiro etc. Denota-se o cunho marcadamente patrimonialista da codificação, pois é o patrimônio que vai delinear a pessoa humana em relação à imagem conceitual (sujeito de direitos e obrigações) ditada pelas normas.

---

4 MEIRELLES, Jussara. *A vida humana embrionária e sua proteção jurídica*. Rio de Janeiro: Renovar, 2000. p. 51.

5 TRABUCCHI, Alberto. *Istituzioni di diritto civile*. 37. ed. Padova: Cedam, 1997. p. 64: "[...] oggi usiamo il termine persona per indicare l'uomo come attore del mondo giuridico".

6 BARCELLONA, Pietro. Il soggeto di diritto. *In*: BARCELLONA, Pietro. *Diritto privato e societá moderna*. Napoli: Jovene, 1996. p. 208.

Isso acaba por afastar o ser humano real do ser que está previsto na lei. Isso se torna mais evidente ao se observar que o próprio Código concebe pessoas como realidades apenas técnico-jurídicas (as pessoas jurídicas) e o corpo humano como objeto de relações jurídicas a serem estabelecidas pelo seu titular.

Essa noção de pessoa, imposta como categoria pelo sistema clássico de direito privado com a finalidade de estabelecer parâmetros para a titularidade no comércio jurídico, ao distanciar o humano do codificado, mostrou-se insuficiente a atender às necessidades impostas pela vida real. Essa categorização fria e distante fixada no Código Civil de 1916 em relação à pessoa foi mantida na codificação de 2002. Não é difícil, portanto, concluir o distanciamento entre o Código Civil de 2002 e a realidade do momento em que foi promulgado: exemplo dessa incongruência encontra-se já nas suas previsões sobre início da personalidade, nascituro e concepção, completamente distantes das técnicas de reprodução humana assistida, que deram origem aos embriões concebidos e mantidos em laboratório.

Seguindo os preceitos clássicos, a lei civil brasileira reconhece os seres humanos nascidos com vida como *pessoas naturais* (art. 2º, primeira parte); põe a salvo, desde a concepção, os direitos dos *nascituros* (seres humanos gerados no ventre materno e em vias de se tornarem pessoas, ao nascerem com vida) – art. 2º, parte final. E assegura a possibilidade de ser contemplada na sucessão testamentária a chamada *prole eventual*, a qual se refere aos filhos de pessoas indicadas pelo testador, e que ainda não foram sequer concebidos: daí a eventualidade da sua existência (art. 1.799, I).[7] Segundo as disposições do Código Civil, os seres humanos seriam ou nascidos com vida, ou em desenvolvimento gestacional no ventre materno e por nascer, ou ainda nem concebidos, e estes últimos, por conseguinte, tratados sob o viés da eventualidade. A existência de embriões humanos concebidos *in vitro* (em meio externo ao corpo humano) e mantidos em laboratório apresentou-se completamente distanciada de toda a categorização tradicional que fundamentou a codificação civil brasileira.

Os embriões humanos concebidos e mantidos em laboratório são totalmente estranhos ao modelo clássico que ainda hoje se encontra no Código Civil: eles não são *pessoas naturais*, pois inexistente o nascimento com vida; não são pessoas em estado gestacional e por nascer (*nascituros*). Tampouco é possível classificá-los como *prole eventual* (a ser concebida), posto que a sua concepção já ocorreu. No entanto, não muito antes da promulgação do Código Civil de 2002 e possivelmente para "atualizar" o projeto da codificação civil que já se arrastava desde 1975, entendeu-se por bem fazer a inserção de uma outra categoria: o *embrião excedentário*[8] (art. 1.597, IV).

O embrião concebido e mantido em laboratório não se encontra em desenvolvimento, à espera de nascer, simplesmente, pois lhe falta viabilidade. Somente a nidação no útero de uma mulher, ambiente capaz de permitir o seu desenvolvimento até estar

---

[7] "Art. 1.799. Na sucessão testamentária podem ainda ser chamados a suceder: I – os filhos, *ainda não concebidos*, de pessoas indicadas pelo testador, desde que vivas estas ao abrir-se a sucessão; [...]" (grifos nossos).

[8] Costuma-se denominar excedentes (ou excedentários, termo usado pelo legislador civil) os embriões obtidos em laboratório, mediante fertilização *in vitro*, que não foram transferidos ao organismo feminino ou porque não apresentavam sinais de desenvolvimento normal ou porque, muito embora em condições de evoluir com sucesso, ultrapassaram o número máximo recomendável à transferência sem riscos inerentes a uma gestação múltipla, como ameaças de aborto e nascimentos prematuros (MEIRELLES, Jussara. *A vida humana embrionária e sua proteção jurídica*. Rio de Janeiro: Renovar, 2000. p. 20).

apto à vida extrauterina, caracteriza o nascituro, aquele que está em processo gestacional, desenvolvendo-se até o final da gestação, para então nascer.[9] Esse é um processo natural, que fez com que o legislador delineasse a proteção ao nascituro ("a lei põe a salvo, desde a concepção, os direitos do nascituro").

Três correntes versam sobre o início da personalidade jurídica: a natalista, a concepcionista e a da personalidade condicional. Em apertado resumo, a teoria natalista considera a personalidade jurídica apenas após o nascimento com vida; antes, há apenas expectativa de direitos e o nascituro não é pessoa; a teoria concepcionista entende que a personalidade jurídica se inicia no momento da concepção e desde esse momento já existe personalidade jurídica; e a teoria da personalidade condicional sustenta que, embora a personalidade dependa do nascimento com vida, ela retroagirá ao momento da concepção. A noção clássica de nascituro fez com que se entendesse, pela doutrina tradicional e majoritária, que o sistema legal brasileiro seguiu a corrente natalista, admitindo, no entanto, ao nascituro, a defesa das expectativas de direitos subjetivos.[10] Em oposição a esse entendimento, segundo o entendimento puramente concepcionista, o nascituro se apresenta, em algumas ocasiões, como sujeito de relações jurídicas. De fato, o nascituro pode receber doação, aceita pelo representante legal (art. 542), pode ser reconhecido como filho (art. 1.609, parágrafo único); tem capacidade sucessória (art. 1.798); ao nascituro pode ser nomeado curador, para a defesa dos seus interesses (art. 1.799); e pode requerer alimentos (Lei nº 11.804/2008).[11] O que importa salientar, neste limitado resumo de ideias e opiniões, é que a previsão legislativa sobre o nascituro foi elaborada quando sequer se imaginava haver concepção e manutenção de um embrião humano em laboratório. Isso forçou a doutrina e a jurisprudência a ampliarem o alcance da categoria antiga para tentar alcançar realidade nova e diversa.

Além disso, o legislador do Código Civil de 2002 previu, expressamente, a figura do embrião excedentário (art. 1.597, IV) e perdeu a oportunidade de a ele se referir, também expressamente, no art. 2º, definindo os limites e as possibilidades de sua proteção. Preferiu não mencionar o embrião no art. 2º, para apenas salientar que "a lei põe a salvo, desde a concepção, os direitos do nascituro". Seriam, então, nascituros os embriões mantidos em laboratório? Não é admissível usar uma categoria quando convém, apenas. Se os nascituros são todas as pessoas por nascer, incluindo os embriões de laboratório, todas as previsões legais sobre nascituros devem ser aplicadas aos embriões. E isso não parece ser possível, entre outras razões, até pelo tempo em que eles podem ser mantidos em laboratório. Simplesmente adequar as previsões legislativas antigas é entender que, por vezes, os embriões poderiam ser considerados nascituros e, por vezes, não. Ora bem, são seres humanos, embora em fase inicial de desenvolvimento; e em respeito à semelhança de origem que os iguala aos demais seres humanos nascidos e vivos, não há como aproximá-los ou distanciá-los da figura jurídica do nascituro apenas quando convém.

---

9 Nesse sentido: HIRONAKA, Giselda Maria Fernandes Novaes. As inovações biotecnológicas e o direito das sucessões. *In*: TEPEDINO, Gustavo (Org.). *Direito civil contemporâneo*: novos problemas à luz da legalidade constitucional. São Paulo: Atlas, 2008. p. 318.

10 MEIRELLES, Jussara. *A vida humana embrionária e sua proteção jurídica*. Rio de Janeiro: Renovar, 2000. p. 51-61.

11 RIBEIRO, Gustavo Pereira Leite. Personalidade e capacidade do ser humano a partir do novo Código Civil. *In*: RIBEIRO, Gustavo Pereira Leite; TEIXEIRA, Ana Carolina Brochado (Coord.). *Manual de teoria geral do direito civil*. Belo Horizonte: Del Rey, 2011. p. 182.

Para adequar antigas categorias a realidades novas, necessária cuidadosa interpretação. Faz-se melhor compreender a subjetividade jurídica dissociada da personalidade, para atingir o amparo jurídico necessário. Dessa forma, inicialmente é preciso entender que se sujeitos de direito são os seres humanos e entes dotados de personalidade jurídica, a evolução do direito e exigências da vida em constantes mudanças conduziram à necessidade de se reconhecer subjetividade jurídica também a alguns entes não personalizados, para possibilitar a esses a necessária proteção e a consecução de seus fins. Entre eles, segundo Paulo Lôbo, estão os nascituros, os embriões excedentários (art. 1.597, IV), a prole eventual destinatária de sucessão em testamento (art. 1.799, I) ou de outros negócios jurídicos e as futuras gerações humanas, mencionadas no art. 225 da Constituição Federal como titulares de preservação do meio ambiente.[12]

2.3 Segundo desafio: reconhecer a pessoa humana para além da categorização

A pessoa codificada resume-se a simples centro de interesses que se relacionam e, por isso, carrega em si um patrimônio. E a titularidade patrimonial é o que molda e define o sujeito das relações, cujos parâmetros de exercício do seu papel são estabelecidos pelo ordenamento. Essa noção abstrata trazida pelo Código Civil precisou ser superada e a pessoa humana compreendida no seu significado muito mais amplo e complexo.

Tal compreensão veio ditada já pela Constituição Federal de 1988, que ancorou como fundamento da República a prioridade à dignidade da pessoa humana (art. 1º, I e III), o que veio significar que todo ordenamento jurídico brasileiro encontra seu fundamento e sua razão de existir como meio de proteção e de promoção do desenvolvimento da pessoa humana. A partir de então, passou-se a compreender a pessoa humana não como categoria delineada pelo sistema, mas como dado pré-normativo, composto pelo valor que a pessoa humana representa em sua dignidade como tal. Os saudosos professores paranaenses José Lamartine Corrêa de Oliveira e Francisco José Ferreira Muniz afirmavam: "é inconcebível que um ser humano *seja* sem *valer*". Logo, toda a normativa privada deve orientar-se no caminho da concretização e efetivação do reconhecimento da pessoa humana como valor.

Abriram-se perspectivas de repersonalização em referência a institutos essenciais, como a propriedade, o contrato e a família, posto que a excessiva preocupação com o patrimônio, que ditou a estrutura desses institutos basilares do direito civil, não encontrou resposta na realidade que a Constituição de 1988 procurou traduzir, mais voltada ao ser humano e à sua dignidade. A função social desses e de outros institutos privados ganhou relevo, na busca da realização dos interesses existenciais e individuais da pessoa humana, favorecendo, assim, o seu pleno desenvolvimento como tal.[13] Chegou-se, também, à chamada publicização ou despatrimonialização do direito privado; e a Constituição assumiu o papel de centro gravitacional do sistema normativo, traduzindo, assim, verdadeira perspectiva publicista do Estado de direito.[14]

---

[12] LÔBO, Paulo. *Direito civil*: parte geral. 3. ed. São Paulo: Saraiva, 2012. p. 99-100.

[13] PERLINGIERI, Pietro. *Perfis do direito civil* – Introdução ao direito civil constitucional. 3. ed. Rio de Janeiro: Renovar, 1997. p. 54.

[14] TEPEDINO, Gustavo. À nova propriedade (o seu conteúdo mínimo, entre o Código Civil, a legislação ordinária e a Constituição). *Revista Forense*, Rio de Janeiro, v. 306, p. 73-78, abr./jun. 1989. p. 77.

As novas tecnologias marcaram o rompimento da dicotomia clássica entre direito público e direito privado, uma vez que não se enquadram, de modo cômodo, em um ou em outro desses ramos, invocando regulação tanto de ordem privada quanto de ordem pública.[15]

Também se mostrou necessário o reconhecimento de que o cunho axiológico da pessoa humana não se limita a cada indivíduo, isoladamente considerado na sua dignidade, mas também a todos, indistintamente, o que faz demonstrar mais amplo e adequado amparo jurídico.[16] Coliga-se a dignidade da pessoa humana à ideia de alteridade, que não pressupõe o outro como igual; busca-se, por conseguinte, tratar a dignidade com o binômio igualdade e reciprocidade, o que se faz adequado apenas se o for a partir da ideia de diferença.[17]

Ainda nessa perspectiva de respeito e consideração à pessoa humana, para além da categorização, merece destaque, nas mudanças interpretativas todas que se fizeram necessárias ao longo dos 20 anos do Código Civil de 2002, o direito ao próprio corpo, o qual pode ser considerado direito autônomo e, como tal, digno de proteção. Sob o fundamento de que o corpo é a materialização da personalidade, da dignidade humana que ali está (ou esteve) representada, a proteção ao corpo é uma das noções jurídicas tradicionais que mais tem enfrentado mudanças para se adequar à realidade. O rápido desenvolvimento biotecnológico passou a moldar a realidade viva de tal maneira que pareceu, por vezes, praticamente impossível adequar os conceitos clássicos de corpo e titularidade com a realidade de corpo humano que se apresenta. Nesse sentido, recorda-se, em limitadas palavras, que o corpo humano passou a receber diversos enfoques, como o corpo-sujeito, o corpo-objeto, as partes do corpo, o corpo eletrônico (dados biométricos), os dados sensíveis que o corpo traz em si,[18] e assim convertendo-se em um todo merecedor de visão múltipla e de ampliada proteção.

Outro ponto que merece um olhar crítico e mais próximo à dignidade humana é o que diz respeito ao regime de incapacidades, inspirado tradicionalmente pela autonomia da vontade, que se adequava, perfeitamente, à noção abstrata de pessoa. Tradicionalmente, o critério para determinar a capacidade de exercer os atos da vida civil se vincula à maior ou menor possibilidade de discernimento, ao perfeito juízo do certo e do errado, do lícito e do ilícito, do bem e do mal:

---

[15] TEPEDINO, Gustavo. Normas constitucionais e direito civil na construção unitária do ordenamento. *In*: CONRADO, Marcelo; PINHEIRO, Rosalice Fidalgo (Coord.). *Direito privado e Constituição*: ensaios para uma recomposição valorativa da pessoa e do patrimônio. Curitiba: Juruá, 2009. p. 45.

[16] No mesmo sentido, embora em perspectiva um pouco diversa, Aline Albuquerque de Oliveira faz referência à dignidade ontológica, como uma qualidade incomensurável e estática, intrínseca, inerente à pessoa humana, capaz de distingui-la dos demais seres e lhe determinar a essência: "o valor que se revela em toda pessoa apenas pelo fato de existir [...]" (OLIVEIRA, Aline Albuquerque de. *Bioética e direitos humanos*. São Paulo: Edições Loyola, 2011. p. 90).

[17] FROTA, Pablo Malheiros da Cunha. Princípio da dignidade da pessoa humana ressignificado a partir do direito civil-constitucional prospectivo. *In*: EHRHARDT JÚNIOR, Marcos; CORTIANO JUNIOR, Eroulths (Coord.). *Transformações no direito privado nos 30 anos da Constituição*: estudos em homenagem a Luiz Edson Fachin. Belo Horizonte: Fórum, 2019. p. 47.

[18] TEIXEIRA, Ana Carolina Brochado. *Saúde, corpo e autonomia privada*. Rio de Janeiro: Renovar, 2010. p. 65.

> Enquanto que a capacidade de direito decorre apenas do nascimento com vida, para as pessoas físicas, e da observância dos requisitos legais de constituição, para a pessoa jurídica, a capacidade de fato depende da capacidade natural de entendimento, inteligência e vontade própria da pessoa natural. E como tais requisitos nem sempre existem, ou existem com diversidade de grau, a lei nega ou limita tal capacidade.[19]

Ao descrever a incapacidade de modo abstrato e distante, originariamente afastou-se o legislador civil do sujeito real, "que corresponde à pessoa verdadeiramente humana, vista sob o prisma de sua própria natureza e dignidade, a pessoa gente".[20] O tema deve ser analisado à luz da Lei nº 13.146, de 6.7.2015 (Estatuto da Pessoa com Deficiência), conforme texto à parte deste capítulo.

3 Os direitos da personalidade nos 20 anos do Código Civil

3.1 O percurso dos direitos da personalidade até o Brasil: um escorço histórico

Embora os direitos da personalidade sejam considerados essenciais à condição humana, o percurso para seu reconhecimento foi longo e tortuoso. Surgem na segunda metade do século XIX, pelas mãos dos jusnaturalistas alemães e franceses. No entanto, nomes importantes como Savigny, Von Thur e Enneccerus direcionaram duras críticas ao seu reconhecimento: "Sustentavam, em poucas palavras, que os direitos da personalidade configuravam uma contradição nos próprios termos, já que tinham como *objeto* o próprio *sujeito*".[21]

Tais críticas acabaram por retardar o desenvolvimento do tema, retomado no início do século XX, com um impulso advindo dos direitos autorais e do direito industrial,[22] mas somente a partir de meados do mesmo século ganha força. De lá em diante, o interesse pelo estudo dos direitos da personalidade se intensificou sensivelmente, em franca homenagem à dignidade da pessoa humana.

No Brasil, é possível perceber uma admissão implícita dos direitos da personalidade no Código Civil de 1916, ao tratar da proteção da pessoa.[23] Carlos Alberto Bittar afirma que "O Código de 1916 efetivamente versava sobre direitos da personalidade, mas de modo dispersivo e fragmentário", não deixando "a matéria dos direitos da personalidade em estado consolidado e sistematizado".[24] [25]

---

[19] AMARAL, Francisco. *Direito civil*: introdução. 2. ed. Rio de Janeiro: Renovar, 1998. p. 217.

[20] MEIRELLES, Jussara. O ser e o ter na codificação civil brasileira: do sujeito virtual à clausura patrimonial. *In*: FACHIN, Luiz Edson (Coord.). *Repensando fundamentos do direito civil brasileiro contemporâneo*. Rio de Janeiro: Renovar, 1998. p. 91.

[21] SCHREIBER, Anderson. *Direitos da personalidade*. 3. ed. rev. e atual. São Paulo: Atlas, 2014. p. 5.

[22] RODRIGUES JUNIOR, Otavio Luiz. Direitos fundamentais e direitos da personalidade. *In*: TOFFOLI, José Antonio Dias (Org.). *30 anos da Constituição brasileira*: democracia, direitos fundamentais e instituições. Rio de Janeiro: Forense, 2018. p. 682.

[23] MORATO, Antonio Carlos. Quadro geral dos direitos da personalidade. *Revista da Faculdade de Direito da Universidade de São Paulo*, São Paulo, v. 106/107, p. 121-158, jan./dez. 2012. p. 122.

[24] BITTAR, Carlos Alberto. *Os direitos da personalidade*. 8. ed. rev., aum. e mod. por Eduardo C. B. Bittar. São Paulo: Saraiva, 2015. p. 104.

[25] Em contraposição, Anderson Schreiber sustenta que o Código Civil de 1916 não fez referência ao tema (SCHREIBER, Anderson. *Direitos da personalidade*. 3. ed. rev. e atual. São Paulo: Atlas, 2014. p. 6).

A oportunidade de se fazer uma nova codificação civil que os contemplasse mais intensamente não foi aproveitada pelo legislador pátrio, até por conta de o projeto original que deu forma ao atual Código Civil ter origem na década de 1970. Ao que parece, a ressureição de tal projeto no início do século XXI, sem ampla discussão que lhe pudesse dar contornos contemporâneos, culminou, como predisse Maria Celina Bodin de Moraes, em "uma cópia malfeita" do Código Civil de 1916.[26]

3.2 O pouso forçado dos direitos da personalidade no Código Civil de 2002

Por mais que se tenha destinado aos direitos da personalidade um capítulo inteiro no Código Civil de 2002, o que demonstra a preocupação com a centralidade da pessoa humana no ordenamento jurídico, isso, por si só, não indica excelência no trato da matéria. Equívocos foram cometidos; acertos também.

Das críticas, destaca-se, tendo em vista a singeleza deste ensaio, a ligada à proibição de autolimitação do exercício dos direitos da personalidade (parte final, do art. 11, do Código Civil). Numa leitura seca de tal dispositivo, é possível entender que o titular dos direitos da personalidade não pode autolimitar seu exercício – o que não se confunde com irrenunciabilidade, também contemplada no citado artigo. Quando se impõe a irrenunciabilidade como característica dos direitos da personalidade, se está a proteger a pessoa, para que ela não possa abdicar dos seus direitos mais essenciais de modo definitivo.[27]

Sobre a firmeza do legislador na proibição da autolimitação, a crítica se justifica, pois, tomada de forma absoluta, tal vedação tornaria proscritas situações que são corriqueiramente verificadas no mundo dos fatos. A exposição de intimidades nas redes sociais, como divulgação de imagens, confidências e desabafos, é forma de autolimitação de exercício de direito da personalidade; põe-se, com tais ações, a proteção à privacidade em questão. Entretanto, não só se percebe tolerância da sociedade diante de tal comportamento, como também não se tem notícia de nenhuma sanção estatal sobre quem se expõe. Veja-se que não é o caso de renúncia, mas sim de autolimitação. Ingressar de maneira tão contundente e absoluta na esfera de liberdade da pessoa, numa atitude de exacerbado paternalismo estatal, não se mostra apropriado.

Mas nem tudo é desalento, pois a disciplina da matéria, "ainda que haja crítica de diversos autores sobre omissões e excessiva síntese, ao menos recolhe princípios e traços fundamentais para a orientação do intérprete do ordenamento civil brasileiro",[28] o que permite a correção da rota.

---

[26] MORAES, Maria Celina Bodin de. *Na medida da pessoa humana*: estudos de direito civil-constitucional. Rio de Janeiro: Renovar, 2016. p. 31.

[27] Como bem observa Anderson Schreiber: "Não se trata de uma preocupação ultrapassada, como se pode verificar, a título meramente ilustrativo, dos inúmeros casos de venda de órgãos humanos que, mesmo sendo proibida por lei, ainda ocorre clandestinamente no Brasil e no exterior. Para atender às suas necessidades e de suas famílias, o ser humano é capaz de sacrifícios extremos" (SCHREIBER, Anderson. *Direitos da personalidade*. 3. ed. rev. e atual. São Paulo: Atlas, 2014. p. 26).

[28] BITTAR, Carlos Alberto. *Os direitos da personalidade*. 8. ed. rev., aum. e mod. por Eduardo C. B. Bittar. São Paulo: Saraiva, 2015. p. 106.

Para tanto, é determinante que a interpretação do atual Código Civil se dê à luz da Constituição da República, a qual "assume a função de ordenar os valores de todo o ordenamento para então irradiar o valor da pessoa do alto dessa hierarquia".[29] O exercício hermenêutico civil-constitucional[30] representa a efetivação cotidiana dos direitos da personalidade, não só dos contemplados pelo Código Civil, como também daqueles oriundos do texto constitucional, "por força da cláusula geral de tutela da dignidade humana, consagrada no art. 1º, III, da Constituição".[31] Não poucas vezes, as questões que os envolvem aportam no Supremo Tribunal Federal e decisões importantes lá são encetadas.

3.3 Identidade e corpo: a complexidade da pessoa humana

Exemplo de direito da personalidade que não consta do rol estabelecido pelo Código Civil, mas que encontra esteio na mencionada cláusula geral de tutela da dignidade humana, é o direito à identidade pessoal, que não se resume ao direito ao nome, incluído na redação do Código Civil.

A complexidade da pessoa humana afasta o reducionismo das classificações preestabelecidas. De outro lado, reconhece-se que o ser humano carece "de um equipamento instintivo que determine e dirija certeiramente a sua conduta, [...], o homem necessita de criar instituições, de instituir coordenadas que lhe permitam encontrar um rumo de acção".[32] Daí a necessidade de se criar padrões, critérios de análise e de comportamento para que se tenha determinada ordem de convivência.

Diante das classificações, dos padrões de comportamento, o que não se encaixa, o que não se enquadra, tudo o que foge dos contornos da normalidade, implica seu afastamento. O diferente incomoda: os loucos, os hiperativos, os homossexuais, os artistas, os que resistem.[33] Essa falta de jeito do direito civil com questões íntimas e pessoais, como aponta Stefano Rodotà[34] em relação ao amor, por exemplo, acaba por desvalorizar tudo o que é demasiadamente humano. Eis a questão: como contemplar a pluralidade?

A ressignificação de conceitos e padrões jurídicos diante das mudanças havidas nas relações sociais só é possível a partir de uma hermenêutica voltada à afirmação do sujeito como cidadão, em homenagem ao princípio constitucional fundante da

---

[29] DONEDA, Danilo Cesar Maganhoto. *Da privacidade à proteção de dados pessoais*: elementos da formação da Lei Geral de Proteção de Dados. 2. ed. São Paulo: Thomson Reuters Brasil, 2020. p. 74.

[30] "A Constituição do Estado Social de Direito é siamesa da constituição substancial do Direito Civil, tanto nos compromissos quanto no procedimento. Assim, a *constitucionalização* do Direito Civil tanto é uma *nova fundamentação* das figuras centrais do direito subjetivo, da autonomia privada, do contrato, da propriedade e da liberdade, quanto *método* que se abre ao dissecar, na hermenêutica, tais contradições de base, em suma, nas pessoas, família, contratos e propriedades. Daí a importância de ter presente os vários sentidos (formal, substancial e prospectivo) do vocábulo *constitucionalização*, sob pena de reducionismo (somente sentido formal, por exemplo) ou maximização (a Constituição formal como macrocodificação)" (FACHIN, Luiz Edson. *Direito civil*: sentidos, transformações e fim. Rio de Janeiro: Renovar, 2015. p. 84-85).

[31] SCHREIBER, Anderson. *Direitos da personalidade*. 3. ed. rev. e atual. São Paulo: Atlas, 2014. p. 15.

[32] MACHADO, João Baptista. *Introdução ao direito e ao discurso legitimador*. Coimbra: Almedina, 2000. p. 7.

[33] FOUCAULT, Michel. *História da sexualidade*: a vontade de saber. Tradução de Maria Thereza da Costa Albuquerque e J. A. Guilhon Albuquerque. 10. ed. Rio de Janeiro: Paz e Terra, 2020.

[34] RODOTÀ, Stefano. *Diritto d'amore*. Bari: Laterza, 2015. p. 4-5.

dignidade da pessoa humana. A superação de dogmas e mitos – figuras que sustentam o preconceito – é pressuposto para a inclusão social plena; pelo simples fato de sermos todos humanos, outra premissa não é válida.[35]

No palco da existência, a relação do corpo com a constituição da identidade é essencial para que as pessoas possam ser reconhecidas e distinguidas.[36] Nesse sentido, na Ação Direta de Inconstitucionalidade (ADI) nº 4.275, o Supremo Tribunal Federal decidiu pela possibilidade de pessoas transgênero alterarem tanto o nome quanto o gênero no registro civil, afastando a cirurgia de transgenitalização como *conditio sine qua non*. Nas palavras de Luiz Edson Fachin:

> [...] não parece adequado, dentro do ponto de vista constitucional da dignidade da pessoa humana, tornar a cirurgia condição *sine qua non* para a mudança de nome e sexo, pois, se assim fosse, de algum modo o sujeito sofreria uma violação a um direito. Se não aceitar realizar a cirurgia, terá seu direito ao nome e identidade negados, se fizer a cirurgia para que então possa ter reconhecido seu direito ao nome e sexo, terá seu direito ao corpo agredido. Uma análise sistemática da Constituição de 1988 dá conta de demonstrar que esse escambo entre direitos não parece ser a tônica que o constituinte pretendeu dar a lei fundamental.[37]

Outrossim, concluiu-se ser dispensável pedido judicial de retificação documental, que pode ser realizado em cartório, e que tal retificação não poderá fazer menção às alterações realizadas, preservando a intimidade das pessoas transgênero. Em complemento, o Conselho Nacional de Justiça (CNJ) estabeleceu o Provimento nº 73, de 2018, que "dispõe sobre a averbação da alteração do prenome e do gênero nos assentos de nascimento e casamento de pessoa transgênero no Registro Civil das Pessoas Naturais".[38]

A alteração do nome e do gênero no registro civil é aspecto importante para a afirmação das identidades individuais das pessoas transgênero, bem como para seu reconhecimento social. Assim, quando uma pessoa busca reconstruir a trajetória da sua vida "em razão da desconformidade entre sua genitália de nascimento e o gênero socialmente construído, a mudança do nome e do gênero na certidão de nascimento é a chave para uma vida digna e de acordo com a sua identidade pessoal".[39]

---

35 Em reforço, preciosa é a contribuição de Luiz Edson Fachin: "Transformações conceituais dão nova feição ao legado individualista do sistema clássico: duas expressões aí calham do indivíduo ao sujeito, e do sujeito à cidadania. A evolução no plano das ideias se inspira na característica construtiva das relações. Indivíduo, sociedade e relações interprivadas se reacendem na concepção eudemonista. Esse arranjo de ninho traduz uma espécie de *pursuit of happiness by free men*, essa busca une felicidade e liberdade, como se apontou também na Itália: *ricerca della felicita da parte di uomini liberi*" (FACHIN, Luiz Edson. *Direito civil*: sentidos, transformações e fim. Rio de Janeiro: Renovar, 2015. p. 59).

36 FACHIN, Luiz Edson. O corpo do registro no registro do corpo; mudança de nome e sexo sem cirurgia de redesignação. *Revista Brasileira de Direito Civil – IBDCivil*, Belo Horizonte, v. 1, p. 36-60, jul./set. 2014. p. 38.

37 FACHIN, Luiz Edson. O corpo do registro no registro do corpo; mudança de nome e sexo sem cirurgia de redesignação. *Revista Brasileira de Direito Civil – IBDCivil*, Belo Horizonte, v. 1, p. 36-60, jul./set. 2014. p. 55.

38 Entretanto, isso não significa que os transgêneros tenham deixado de sofrer agressões físicas e simbólicas, sendo certo que "a ausência de uma legislação protetiva aos direitos da população trans no Brasil também é um dos fatores que ocasionam tamanha violência" (HOLANDA, Liv Lessa Lima; EHRHARDT JÚNIOR, Marcos. O tratamento das questões de gênero no direito brasileiro. *Direitos Fundamentais & Justiça*, Belo Horizonte, ano 12, n. 39, p. 217-240, jul./dez. 2018. p. 219).

39 CASTRO, Thamis Dalsenter Viveiros de; ALMEIDA, Vitor. O direito ao esquecimento da pessoa transexual. *In*: TEPEDINO, Gustavo; TEIXEIRA, Ana Carolina Brochado; ALMEIDA, Vitor (Coord.). *Da dogmática à efetividade do direito civil*: Anais do Congresso Internacional de Direito Civil Constitucional – IV Congresso do IBDCivil. Belo Horizonte: Fórum, 2017. p. 80.

Levando em consideração as profundas mudanças sociais que vêm acontecendo desde a Antiguidade, não há – ou pelo menos não deveria haver – espaço para a marginalização de pessoas que se projetam no mundo de maneira distinta dos costumes normatizadores, haja vista que "cada um possui, igualmente, direito de interpretar o que, para si, venha a ser liberdade, bem como suas manifestações e projeções em sua própria vida".[40]

O respeito ao outro, às diferenças, é essencial para que se consiga firmar um vero convívio social positivo – relação de interação e dependência com o outro –, longe dos preconceitos, numa ode à alteridade.

> Continuar apegado apenas à antiga concepção do sujeito de direitos é conduta que não coaduna com a realização da dignidade da pessoa humana, pois significa considerar que todos são iguais, materialmente falando. É como se todos formassem uma "massa de seres humanos" programada pelo Estado para o mesmo fim, com os mesmos objetivos de vida, com valores semelhantes.[41]

A discriminação e o não reconhecimento de visões de mundo distintas daquela enquadrada nas convenções socialmente construídas há séculos não têm mais lugar na contemporaneidade. Não têm e não podem ter. É tarefa do direito garantir à pessoa humana a liberdade para ser quem ela quer ser, e para ser de fato quem ela é.[42]

4 A teoria do fato jurídico no primeiro vicênio do Código Civil brasileiro de 2002

A pedra angular da teoria e da prática do direito civil brasileiro é a teoria do fato jurídico. Ainda que as mais lembradas contribuições a ela datem do tempo da vigência do Código Civil de 1916, é certo que, entre leituras e releituras, o tema preservou sua centralidade no primeiro vicênio do Código de 2002. E nem poderia ser diferente, dada a simplicidade e a versatilidade de suas categorias fundamentais.

A ocasião do vigésimo aniversário de vigência do Código Civil brasileiro é momento propício para render homenagens ao labor de juristas teóricos e práticos na formulação e desenvolvimento da teoria do fato jurídico, sem renunciar à veia crítica que caracteriza a dogmática gestada no Núcleo de Estudos em Direito Civil-Constitucional da Universidade Federal do Paraná (Grupo Virada de Copérnico).

Diante deste pano de fundo, as linhas que seguem traçam um panorama da teoria do fato jurídico no direito civil brasileiro contemporâneo, homenageiam as contribuições da literatura especializada ao estabelecimento das bases dessa abordagem teórica e celebram as releituras que amparam sua revigoração no tempo presente. Ao final,

---

[40] TEIXEIRA, Ana Carolina Brochado. Autonomia existencial. *Revista Brasileira de Direito Civil – RBDCivil*, Belo Horizonte, v. 16, p. 75-104, abr./jun. 2018. p. 77.

[41] TEIXEIRA, Ana Carolina Brochado. Autonomia existencial. *Revista Brasileira de Direito Civil – RBDCivil*, Belo Horizonte, v. 16, p. 75-104, abr./jun. 2018. p. 78.

[42] "[...] o fenômeno jurídico depende de seu tempo, de sua história, de seu espaço e, também da escolha, pela sociedade, dos valores que o vão nortear, valores estes que dão o contorno do pacto social fundante da ordem jurídica legítima" (BERBERI, Marco Antonio Lima. *Os princípios na teoria do direito*. Rio de Janeiro: Renovar, 2003. p. 28).

esboçam um inventário das viragens havidas na compreensão do sentido e do alcance do negócio jurídico – crisol das fôrmas delineadas pela teoria do fato jurídico – à luz da literatura especializada afeta à chamada dogmática crítica.

4.1 Incidência normativa e teoria do fato jurídico

O principal sustentáculo da leitura tradicional do direito (civil) brasileiro é a noção de incidência normativa. Isto é, "o fenômeno especificamente jurídico da subsunção de um fato a uma hipótese legal, como consequente e automática comunicação ao fato das virtudes jurídicas previstas na norma",[43] decorrente da essência mesma das normas jurídicas.[44]

É pelo mecanismo da incidência que se constrói a concepção de que os fatos sociais ingressam no *mundo jurídico* quando valorados pela norma, o que lhes conferiria o atributo da *juridicidade*, convolando-os em *fatos jurídicos*. Mas nem todos os fatos se credenciam à repercussão no plano jurídico. É dizer, há fatos indiferentes ao direito, relativamente aos quais falece interesse prático.[45]

Por isso, as preocupações da comunidade jurídica se voltam sobretudo aos eventos que se amoldam ao antecedente – também hipótese, *fattispecie*, suporte fático, fato operativo – de enunciados normativos cujos consequentes – ou mandamento, preceito, consequência normativa – lhes atribuem determinados efeitos. Voltam-se, pois, aos *fatos jurídicos em sentido amplo*. Isso sem embargo da crítica de Betti,[46] para quem o fato não se transforma em direito, ou seja, é uma situação jurídica preexistente que se converte, com o sobrevir um dado fato, em uma nova situação jurídica.

Afirma-se, no entanto, que a simples subsunção do fato à norma deve ser analisada com reservas. A propósito:

> Em primeiro lugar, se é verdade que o dado social – como elemento da realidade fática – não se confunde com o dado normativo – a norma jurídica, parece arbitrário considerar alguns fatos simplesmente alheios ao direito ou despidos de relevância ou pressupostos de eficácia, já que a experiência normativa alcança integralmente a vida social, mesmo os espaços de liberdade que o direito, valorando-os, preserva deliberadamente contra qualquer tipo de regulamentação. [...]. Em segundo lugar, qualquer fato social é percebido de acordo com a compreensão cultural da sociedade em determinado momento histórico, e assim também é valorado pelo direito.[47]

Destarte, para além da variabilidade inerente à linguagem (e à linguagem jurídica em especial), o ponto de partida para o escrutínio da teoria do fato jurídico é a compreensão de que o significante *fato* comporta mais de um *significado* jurídico. Mais

---

[43] ATALIBA, Geraldo. *Hipótese de incidência tributária*. 6. ed. 8. tir. São Paulo: Malheiros, 2006. p. 45.

[44] MIRANDA, Francisco Cavalcanti Pontes de. *Tratado de direito privado*. Introdução. Pessoas físicas e jurídicas. Atualização de Judith Martins-Costa, Gustavo Haical e Jorge Cesa Ferreira da Silva. São Paulo: RT, 2012. p. 13.

[45] FACHIN, Luiz Edson. *Novo conceito de ato e negócio jurídico*: consequências práticas. Curitiba: Educa, Scientia et Labor, 1988. p. 2.

[46] BETTI, Emilio. *Teoria geral do negócio jurídico*. Tradução de Fernando Miranda. Coimbra, 1969. t. I. p. 17.

[47] TEPEDINO, Gustavo. Esboço de uma classificação funcional dos atos jurídicos. *Revista Brasileira de Direito Civil – RBDCivil*, Belo Horizonte, v. 1, p. 8-37, jul./set. 2014. p. 13-14.

ainda, os sentidos *atribuídos* pelo direito aos fatos – ou mesmo o recorte e a tradução que o fenômeno jurídico faz da realidade – podem diferir largamente dos conferidos por outros ramos do saber. A razão para tanto reside naquilo que Poscher[48] chama de *qualidade de Midas do direito*. Quer dizer, "exatamente como tudo em que Midas tocava se tornava ouro, todo o conceito incorporado pelo Direito se torna um conceito jurídico, no sentido de que uma concepção específica para o Direito tem que ser adotada".[49]

Por outras palavras, o direito traduz a realidade fática que, em contrapartida, reflete a valoração da ordem jurídica.[50] O que significa afirmar que a hipótese fática de incidência da norma identifica-se com a descrição normativa (valoração). "Logo, o fato e o fato jurídico não são categorias ontológicas distintas, mas atitudes axiologicamente diversas diante da mesma fenomenidade".[51]

4.2 As categorias fundamentais: fatos, atos-fato, atos em sentido estrito e negócios jurídicos

A teoria do fato jurídico, de cunho eminentemente *estrutural*, distingue os fatos da natureza – os chamados *fatos jurídicos em sentido estrito* – dos fatos humanos – denominados de *atos jurídicos*.

Os fatos jurídicos em sentido estrito são acontecimentos que "representam uma alteração da ordem jurídica *sem* fato humano",[52] mas referíveis ou relacionáveis a um sujeito de direito, direta ou indiretamente.[53] Ou, à luz das supradescritas componentes dos enunciados normativos, são os eventos com efeitos preordenados pelo direito em cujo suporte fático inexiste qualquer ato humano.[54] Embora significativos para a teoria e a prática do direito civil, são os fatos humanos os que mais interessam para o momento.

Especificamente no campo desses, cuja importância para o governo jurídico das relações entre particulares é superlativa, a teoria do fato jurídico discerne três categorias segundo a tomada e a extensão do componente *vontade*.

Neste prisma, os atos humanos valorados juridicamente à míngua (ou a despeito) de manifestações de vontade são denominados de *atos-fato*. Na conhecida lição de Paulo Lôbo,[55] "é a lei que os faz jurídicos e atribui consequências ou efeitos, independentemente de estes terem sido queridos ou não. O ato ou a vontade é esvaziada e á apenas levada para juridicização como fato; o ato dissolve-se no fato".

---

[48] POSCHER, Ralf. The hand of Midas: when concepts turn legal, or deflating the Hart-Dworkin debate. *In*: HAGE, Jaap; PFORDTEN, Dietmar von der (Org.). *Concepts in law*. Dodrecht: Springer, 2009. p. 103.

[49] Tradução livre. No original: "Just as whatever Midas touched turned into gold, any concept taken up by the law turns into a legal concept, in the sense that a conception specific to the law has to be adopted" (POSCHER, Ralf. The hand of Midas: when concepts turn legal, or deflating the Hart-Dworkin debate. *In*: HAGE, Jaap; PFORDTEN, Dietmar von der (Org.). *Concepts in law*. Dodrecht: Springer, 2009. p. 103).

[50] FACHIN, Luiz Edson. *Novo conceito de ato e negócio jurídico*: consequências práticas. Curitiba: Educa, Scientia et Labor, 1988.

[51] VILLELA, João Baptista. Do fato ao negócio: em busca da precisão conceitual. *In*: DIAS, A. Lourenço *et al*. *Estudos em homenagem ao Professor Washington de Barros Monteiro*. São Paulo: Saraiva, 1982. p. 256.

[52] VELOSO, Zeno. Fato jurídico – ato jurídico – negócio jurídico. *Revista de Informação Legislativa*, Brasília, ano 32, n. 125, jan./mar. 1995. p. 88.

[53] MELO, Marcos Bernardes de. *Teoria do fato jurídico*: plano da existência. 13. ed. São Paulo: Saraiva, 2007. p. 44.

[54] NEVES, Marcelo C. P. A incidência da norma jurídica e o fato jurídico. *Revista de Informação Legislativa*, Brasília, ano 21, n. 84, out./dez. 1984. p. 279.

[55] LÔBO, Paulo. *Direito civil*: parte geral. 4. ed. São Paulo: Saraiva, 2013. p. 218.

Doutra banda, os atos humanos voluntários valorados juridicamente se subdividem em *atos jurídico em sentido estrito* e *negócios jurídicos*. Os primeiros têm a vontade em seus suportes-fáticos, mas não nos respectivos conteúdos eficaciais. Isto é, há uma vontade de manifestação, necessária à caracterização do ato, mas não uma vontade de resultado, pois todos os efeitos dele decorrentes são inteiramente preordenados pelo direito. Os segundos, mais afetos ao escopo deste estudo, têm-na tanto em seus suportes fáticos quanto em seus conteúdos eficaciais, ou seja, há não apenas uma vontade de manifestação, mas também uma vontade de resultado, determinante, ao menos em alguma medida, dos efeitos do ato.[56]

O espelhamento de variadas categorias da teoria do fato jurídico no texto legal é uma peculiaridade do Código de 2002. O de 1916 não contemplava expressamente o negócio jurídico. Ao contrário, em simetria ao monismo legado pela civilística francesa, bastava-se em delimitar, ao seu art. 81: "todo o ato lícito, que tenha por fim imediato adquirir, resguardar, transferir, modificar ou extinguir direitos, se denomina ato jurídico". Albergava, assim, as diferentes classes de atos humanos sob o amplo espectro dos atos jurídicos em geral.

O Código Civil vigente rendeu-se à teoria dualista propugnada pelos pandectistas alemães do século XIX. Assim é que a lei estabeleceu detalhado regramento aos negócios jurídicos entre seus arts. 104 e 184, reservando aos atos jurídicos *stricto sensu* – designados *atos não negociais* – um espaço supletivo, como se extrai do art. 185: "aos atos jurídicos lícitos, que não sejam negócios jurídicos, aplicam-se, no que couber, as disposições do Título anterior".

Ao assim dispor, o Código atribuiu à doutrina[57] a construção e o melhoramento de modelos explicativos e aplicativos[58] das categorias em questão – o que condiz com as características da chamada segunda codificação[59] e com o sentido contemporâneo de segurança jurídica.[60] Sendo certo, segundo Fachin,[61] "é a configuração jurídica da vontade que apanha uma feição normativa do sujeito e do espaço de auto-regulamentação dos interesses privados, e a partir dela se esboça, na estrutura do sistema civilístico, o desenho dos atos não negociais e dos atos negociais".

Assim, classicamente denomina-se negócio jurídico o ato lícito decorrente de uma atuação humana voluntária destinada a regular interesses privados, caracterizando-se como instrumento para o exercício da autonomia privada, aqui entendida como poder

---

56 VELOSO, Zeno. Fato jurídico – ato jurídico – negócio jurídico. *Revista de Informação Legislativa*, Brasília, ano 32, n. 125, jan./mar. 1995. p. 90.

57 Afirma Tepedino que "somente a interpretação funcional, ao fotografar o regulamento de interesses em seu todo, de modo a compreender o ato e suas circunstâncias, inserido na atividade a ser analisada, permitirá qualificá-lo e estabelecer a disciplina aplicável" (TEPEDINO, Gustavo. Esboço de uma classificação funcional dos atos jurídicos. *Revista Brasileira de Direito Civil – RBDCivil*, Belo Horizonte, v. 1, p. 8-37, jul./set. 2014. p. 23).

58 MARTINS-COSTA, Judith. Reflexões sobre o princípio da função social dos contratos. *Revista DireitoGV*, v. 1, n. 1, p. 41-66, maio 2005.

59 PEDRÓN, Antonio Pau. La segunda codificación. *In*: CENTRO DE ESTUDIOS REGISTRALES. *Seguridad jurídica y codificación*. Madrid: J. San José S.A., 1999. p. 76.

60 RAMOS, André Luiz Arnt. *Segurança jurídica e indeterminação normativa deliberada*: elementos para uma teoria do direito (civil) contemporâneo. Curitiba: Juruá, 2021.

61 FACHIN, Luiz Edson. *Dos atos não negociais à superação do trânsito jurídico clássico em Pontes de Miranda*. II Ciclo Nacional de Estudos sobre Pontes de Miranda. Curitiba: CAHS, 1998. p. 93.

jurígeno dos sujeitos de direito.[62] A propósito, registrou Veloso[63] que "nenhum outro instituto jurídico expressa, com tanta nitidez, a liberdade humana quanto o negócio jurídico, dando sentido, concretude [...] e efeitos práticos à autonomia da vontade, à auto-regulamentação de interesses privados". Como explica Martins-Costa,[64]

> Sob a rubrica "negócio jurídico" estão compreendidos apenas os tipos de atos humanos que, estruturados pelo Ordenamento como suportes fáticos normativos, estão *dirigidos teleologicamente* para a constituição, modificação ou extinção de uma relação jurídica *mediante o estabelecimento de uma regulamentação juridicamente vinculativa* aos sujeitos que se qualificam como suas "partes".

Este é o pano de fundo sobre o qual, ao longo das últimas décadas, a comunidade jurídica especializada – sobretudo a organizada em grupos de pesquisa ciosos de que "que o Direito (como um todo, e o Direito Civil, em particular) não é somente *isso que está aí*)" –[65] desenvolve contribuições que moldam ao tempo presente a rigidez atemporal das categorias dogmáticas.

4.3 A teoria do fato jurídico após vinte anos de Código Civil: *quo vadis*?

A adstrição do negócio jurídico à autorregulação de interesses particulares permitiu uma importante ruptura com suas raízes voluntaristas, abrindo caminho para a proteção e a promoção de posições jurídicas transcendentes às das respectivas partes.[66] Isso, curiosamente, sem abdicar da associação entre negócio jurídico, vontade e liberdade, em perspectiva funcional e coexistencial, tão cara ao direito civil brasileiro contemporâneo. Daí a emergência da *função* como um viés promotor de liberdades – que realiza, pois, um *princípio* de liberdade caro ao governo jurídico das relações entre particulares, o qual guarda direta correspondência com a proclamação de compromissos com a promoção da dignidade humana.[67]

---

[62] CATALAN, Marcos Jorge. Negócio jurídico: uma releitura à luz dos princípios constitucionais. *Scientia Iuris*, Londrina, v. 7/8, 2003/2004.

[63] VELOSO, Zeno. Fato jurídico – ato jurídico – negócio jurídico. *Revista de Informação Legislativa*, Brasília, ano 32, n. 125, jan./mar. 1995. p. 90.

[64] MARTINS-COSTA, Judith. Contratos: conceito e evolução. *In*: LOTUFO, Renan; NANI, Giovanni Ettore (Org.). *Teoria geral dos contratos*. São Paulo: Atlas, 2011. p. 39.

[65] FACHIN, Luiz Edson. *Novo conceito de ato e negócio jurídico*: consequências práticas. Curitiba: Educa, Scientia et Labor, 1988. p. 319.

[66] GOMES, Orlando. Autonomia privada e negócio jurídico. In: GOMES, Orlando. Novos temas de Direito Civil. Rio de Janeiro: Forense, 1983, p. 89. CATALAN, Marcos Jorge. Negócio jurídico: uma releitura à luz dos princípios constitucionais. *Scientia Iuris*, Londrina, v. 7/8, 2003/2004.

[67] A propósito, anota Pianovski Ruzyk que "é daí que pode emergir a função como liberdade(s), a (re)definir um sentido possível da função dos institutos jurídicos do Direito Civil: sendo eles vinculados à intersubjetividade travada entre particulares, podem ser eles instrumentos de exercício e de promoção da(s) liberdade(s), assim compreendidas como possibilidades de auto-constituição intersubjetiva – o que pode importar, inclusive, a responsabilidade recíproca entre os indivíduos pela liberdade dos outros. Essas possibilidades se inserem na rede complexa da sociedade, com suas convergências e seus conflitos, mas não se confundem nem com 'O' interesse coletivo sem face (ou que recebe a face que aquele que exerce o poder político pretende a ele impor) nem com particulares atomizados, que excluem o indivíduo da rede social" (RUZYK, Carlos Eduardo Pianovski. *Institutos fundamentais de direito civil e liberdade(s)*: repensando a dimensão funcional do contrato, da propriedade e da família. Rio de Janeiro: GZ, 2011. p. 199).

Os ideais de liberdade e de igualdade que serviam de sustentáculo à concepção do *negócio jurídico* na dogmática germânica dos oitocentos, nesta quadra histórica, têm seus sentidos renovados.

A liberdade contemplada pela categoria, no contexto do direito civil brasileiro contemporâneo, é coexistencial e dotada de múltiplos perfis (*e.g.*: negativa, positiva e substantiva),[68] em vez de individual e predominantemente negativa. É, mais ainda, apreendida juridicamente pelas lentes da *autonomia privada*, sabidamente distinta da vetusta *autonomia da vontade*. Não por acaso, fala-se em *liberdade situada* e em *autonomia privada solidária*.[69]

A igualdade, de seu turno, rompe as amarras que lhe atavam a uma concepção apenas formal – de *igualdade perante a lei* –, para alcançar um sentido também substancial – de *igualdade no direito*.[70] Essas duas feições de igualdade, à luz do direito brasileiro contemporâneo, são mutuamente complementares e identicamente fundamentais, na medida em que a primeira – a igualdade *formal* do *sujeito* – é libertadora de preconceitos, ao passo que a segunda – a igualdade *substancial* da *pessoa* – é protetora de vulnerabilidades verificadas em concreto ou segundo parâmetros normativos.[71]

Evidente, então, que sentido e alcance da aparentemente asséptica categoria do *negócio jurídico*, como expressão máxima de valoração do comportamento e da vontade humana externada conforme o direito[72] pela teoria do fato jurídico, variam ao sabor do tempo e da história. Não passam infensos, pois, à interpolação de diferentes modos de organização político-jurídica – a exemplo do Estado de direito e do Estado constitucional – e a novos modos de ser e atuar no mundo. O que significa afirmar que diferentes modalidades de contratação, organização econômica e manifestação de vontade desafiam a precisão e a elasticidade da categoria jurídica em análise.

Assim, por exemplo, questiona-se a efetiva voluntariedade em contratos de adesão[73] e contratos eletrônicos, ao ponto de se afirmar a possibilidade de contratos

---

[68] Isto é, respectivamente: liberdade *de coerção*, liberdade *para tomada de decisões* e liberdade *como condições para formulação e vivência de concepções de bem* (capacidades) – (RUZYK, Carlos Eduardo Pianovski. *Institutos fundamentais de direito civil e liberdade(s)*: repensando a dimensão funcional do contrato, da propriedade e da família. Rio de Janeiro: GZ, 2011). RAMOS, André Luiz Arnt. *Segurança jurídica e indeterminação normativa deliberada*: elementos para uma teoria do direito (civil) contemporâneo. Curitiba: Juruá, 2021.

[69] MARTINS-COSTA, Judith. Reflexões sobre o princípio da função social dos contratos. *Revista DireitoGV*, v. 1, n. 1, p. 41-66, maio 2005. p. 43.

[70] A síntese explicativa de Costa, neste quesito, merece menção: "não somente 'todos' os direitos devem ser garantidos; estes devem ser também garantidos a todos" (COSTA, Pietro. A democracia após os 'totalitarismos' – a democracia constitucional na segunda metade do século XX. *In*: COSTA, Pietro. *Poucos, muitos, todos*: lições de história da democracia. Tradução de Luiz Ernani Fritoli. Curitiba: Editora da UFPR, 2012. p. 282).

[71] TEPEDINO, Gustavo. O papel atual da doutrina do direito civil entre o sujeito e a pessoa. *In*: TEPEDINO, Gustavo; TEIXEIRA, Ana Carolina Brochado; ALMEIDA, Vitor (Coord.). *O direito civil entre o sujeito e a pessoa*: estudos em homenagem ao professor Stefano Rodotà. Belo Horizonte: Fórum, 2016. p. 19.

[72] "A presença ontológica da emissão da vontade no negócio jurídico, e sua conformidade com a lei, sugere uma investigação de predominância, não estranha à doutrina, a saber qual dessas elementares deve prelevar, se a vontade ou a lei, ora argumentando-se que a vontade, sem a lei, não é geradora de efeitos, pois que estes se encontram na dependência do reconhecimento por parte da ordem legal; ora discreteando que a lei, sem a vontade do indivíduo endereçada como rumo dos efeitos queridos, apenas define possibilidades abstratas, sem a criação de direitos subjetivos" (PEREIRA, Caio Mário da Silva. *Instituições de direito civil*. 23. ed. Rio de Janeiro: Forense, 2010. p. 411).

[73] Veloso advertia que "dificilmente, os contratos de adesão se ajustam aos delineamentos da categoria negócios jurídicos. Quase impossível amoldá-los à visão individualista que inspirou os pandectistas e seus seguidores" (VELOSO, Zeno. Fato jurídico – ato jurídico – negócio jurídico. *Revista de Informação Legislativa*, Brasília, ano 32, n. 125, jan./mar. 1995. p. 94).

sem negócio jurídico,[74] com esteio nas chamadas condutas sociais típicas.[75] A propósito, anota Tepedino[76] que,

> Do ponto de vista metodológico, a atividade contratual sem negócio exige qualificação da concreta relação jurídica a partir da sucessão de atos funcionalmente interligados, sem prévia tipificação e reconhecimento jurídico do negócio. Corrobora-se o ocaso da subsunção, como técnica hermenêutica a reclamar premissa legal abstrata, correspondente a suporte negocial determinado, em favor da verificação em concreto da disciplina aplicável ao conjunto de atos de natureza diversa. Amplia-se, dessa forma, o controle da atividade privada, permitindo-se proteger efeitos socialmente relevantes decorrentes de negócios nulos ou inexistentes, sem que a presença de negócio válido seja um pressuposto para a tutela jurídica.

É seguro afirmar, então, que o primeiro vicênio de vigência do Código Civil de 2002 – a despeito das duras críticas que circundaram sua promulgação – foi um período de oportunidades para revisitação de categorias dogmáticas consagradas à luz das exigências da contemporaneidade. Isso tanto para os aspectos estruturais e funcionais das categorias de fato, ato-fato, ato em sentido estrito e negócio jurídico, ventilados nas seções precedentes, quanto para temas conexos, como a interpretação destes últimos – reforçada por mudanças legislativas[77] e pressões exsurgidas de fatos sociais –,[78] a qual é dissecada em seções posteriores desta obra.

5 Breves considerações finais

De fato, todo o regramento civil sobre as pessoas, as famílias, as vidas humanas e os reflexos jurídicos da morte foi previsto e estudado a partir do que se conhecia como concepção natural, duração média de gestação e de vida humanas, nascimento com vida, capacidade, corpo humano, morte etc. Também os projetos de parentalidade sempre se pautaram pelas formas naturais de conceber. E, pela forma como foi elaborado e promulgado o Código Civil de 2002, possivelmente não tenha havido oportunidade suficiente para questionamentos mais amadurecidos, para além da categorização prevista e desde há muito conhecida.

No tocante aos direitos da personalidade, das sístoles e diástoles do estudo desse tema tão caro, percebe-se que o intuito de todos que a ele se dedicam é celebrar a afirmação da personalidade humana, em contraponto à tradição patrimonialista de outrora; caminha-se, a passos firmes, rumo à centralidade completa da proteção da pessoa humana e dos seus interesses existenciais.

---

[74] SILVA, Juliana Pedreira. *Contrato sem negócio jurídico*. São Paulo: Atlas, 2011.

[75] Conforme LARENZ, Karl. O estabelecimento de relações obrigacionais por meio de comportamento social típico (1956). Tradução de Alessandro Hirata. *Revista DireitoGV*, São Paulo, v. 2, n. 1, p. 55-64, jan./jun. 2006.

[76] TEPEDINO, Gustavo. Esboço de uma classificação funcional dos atos jurídicos. *Revista Brasileira de Direito Civil – RBDCivil*, Belo Horizonte, v. 1, p. 8-37, jul./set. 2014. p. 35.

[77] Por todas, cabe referência à Lei da Liberdade Econômica (Lei nº 13.874/2019), produto da conversão em Lei da Medida Provisória nº 881/2019.

[78] A brutal Pandemia de Covid-19 é exemplo eloquente explorado em: NALIN, Paulo; PIMENTEL, Mariana Barsaglia; PAVAN, Vitor Ottoboni. Interpretação, integração e reequilíbrio dos contratos em tempos de pandemia: análise das alterações promovidas pela Lei nº 13.874/2019 à luz da legalidade constitucional. *Revista Brasileira de Direito Civil – RBDCivil*, Belo Horizonte, v. 25, p. 329-352, jul./set. 2020.

Para que essa caminhada continue em percurso ascendente, deve-se contemplar as diferentes condições existenciais, bem como levar-se em consideração a pluralidade de visões que fogem das convenções e que rompem com ideias hegemônicas – como no caso das pessoas transgênero, que ainda travam uma ferrenha batalha em busca do reconhecimento de sua plena humanidade.

E quanto à teoria do fato jurídico, longe de um produto acabado, é ainda hoje uma *opera in fieri*. E jamais deixará de ser, dada a historicidade inerente a toda e qualquer categoria jurídica. As transformações pelas quais as formas e conteúdos da dita teoria passaram ao longo dos primeiros vinte anos de vigência do Código Civil brasileiro, pelo sisífico esforço da literatura jurídica especializada, dá conta de revelar o inevitável desmanche das verdades estabelecidas pelo tropel dos acontecimentos. Mas sem rechaço puro e simples das lições sedimentadas por contribuições jurídico-dogmáticas seculares.

Ou seja, longe de um tema empoeirado nos incunábulos da história do direito civil, a teoria do fato jurídico se renova e reluz no tempo presente, moldada e polida às exigências do direito civil brasileiro contemporâneo. Como registrou Fachin[79] ao discorrer sobre a repersonalização, que oxigena e transforma categorias antes consideradas a-históricas e assépticas, parece seguro dizer: "eis aí o porvir do Direito Civil".

Em breves palavras, eis a conclusão da análise aqui exposta. Pensar a pessoa para além da figura abstrata do Código e aproximá-la do ser humano real. Respeitar pessoa humana em seu valor máximo, voltando o olhar aos seus interesses existenciais, favorecendo o seu pleno desenvolvimento. Reconhecer a necessidade de rever formas e conteúdos tradicionais, ao encontro dos novos acontecimentos que transmutam a realidade dantes conhecida. Sempre em um equilíbrio entre a sensível leitura dos dispositivos codificados, a doutrina secular e certo distanciamento necessário a enaltecer e jamais vulgarizar o conteúdo da dignidade humana como princípio constitucional.

Referências

AMARAL, Francisco. *Direito civil*: introdução. 2. ed. Rio de Janeiro: Renovar, 1998.

ATALIBA, Geraldo. *Hipótese de incidência tributária*. 6. ed. 8. tir. São Paulo: Malheiros, 2006.

BARCELLONA, Pietro. Il soggeto di diritto. *In*: BARCELLONA, Pietro. *Diritto privato e societá moderna*. Napoli: Jovene, 1996.

BERBERI, Marco Antonio Lima. *Os princípios na teoria do direito*. Rio de Janeiro: Renovar, 2003.

BETTI, Emilio. *Teoria geral do negócio jurídico*. Tradução de Fernando Miranda. Coimbra, 1969. t. I.

BITTAR, Carlos Alberto. *Os direitos da personalidade*. 8. ed. rev., aum. e mod. por Eduardo C. B. Bittar. São Paulo: Saraiva, 2015.

CASTRO, Thamis Dalsenter Viveiros de; ALMEIDA, Vitor. O direito ao esquecimento da pessoa transexual. *In*: TEPEDINO, Gustavo; TEIXEIRA, Ana Carolina Brochado; ALMEIDA, Vitor (Coord.). *Da dogmática à efetividade do direito civil*: Anais do Congresso Internacional de Direito Civil Constitucional – IV Congresso do IBDCivil. Belo Horizonte: Fórum, 2017.

CATALAN, Marcos Jorge. Negócio jurídico: uma releitura à luz dos princípios constitucionais. *Scientia Iuris*, Londrina, v. 7/8, 2003/2004.

[79] FACHIN, Luiz Edson. *Teoria crítica do direito civil*: à luz do novo Código Civil brasileiro. 3. ed. rev. e atual. Rio de Janeiro: Renovar, 2012. p. 207.

COSTA, Pietro. A democracia após os 'totalitarismos' – a democracia constitucional na segunda metade do século XX. *In*: COSTA, Pietro. *Poucos, muitos, todos*: lições de história da democracia. Tradução de Luiz Ernani Fritoli. Curitiba: Editora da UFPR, 2012.

DONEDA, Danilo Cesar Maganhoto. *Da privacidade à proteção de dados pessoais*: elementos da formação da Lei Geral de Proteção de Dados. 2. ed. São Paulo: Thomson Reuters Brasil, 2020.

FACHIN, Luiz Edson. *Direito civil*: sentidos, transformações e fim. Rio de Janeiro: Renovar, 2015.

FACHIN, Luiz Edson. *Dos atos não negociais à superação do trânsito jurídico clássico em Pontes de Miranda*. II Ciclo Nacional de Estudos sobre Pontes de Miranda. Curitiba: CAHS, 1998.

FACHIN, Luiz Edson. *Novo conceito de ato e negócio jurídico*: consequências práticas. Curitiba: Educa, Scientia et Labor, 1988.

FACHIN, Luiz Edson. O corpo do registro no registro do corpo; mudança de nome e sexo sem cirurgia de redesignação. *Revista Brasileira de Direito Civil – IBDCivil*, Belo Horizonte, v. 1, p. 36-60, jul./set. 2014.

FACHIN, Luiz Edson. *Teoria crítica do direito civil*: à luz do novo Código Civil brasileiro. 3. ed. rev. e atual. Rio de Janeiro: Renovar, 2012.

FOUCAULT, Michel. *História da sexualidade*: a vontade de saber. Tradução de Maria Thereza da Costa Albuquerque e J. A. Guilhon Albuquerque. 10. ed. Rio de Janeiro: Paz e Terra, 2020.

FROTA, Pablo Malheiros da Cunha. Princípio da dignidade da pessoa humana ressignificado a partir do Direito Civil-Constitucional prospectivo. *In*: EHRHARDT JÚNIOR, Marcos; CORTIANO JUNIOR, Eroulths (Coord.). *Transformações no direito privado nos 30 anos da Constituição*: estudos em homenagem a Luiz Edson Fachin. Belo Horizonte: Fórum, 2019.

GOMES, Orlando. Autonomia privada e negócio jurídico. *In*: GOMES, Orlando. *Novos temas de direito civil*. Rio de Janeiro: Forense, 1983.

HIRONAKA, Giselda Maria Fernandes Novaes. As inovações biotecnológicas e o direito das sucessões. *In*: TEPEDINO, Gustavo (Org.). *Direito civil contemporâneo*: novos problemas à luz da legalidade constitucional. São Paulo: Atlas, 2008.

HOLANDA, Liv Lessa Lima; EHRHARDT JÚNIOR, Marcos. O tratamento das questões de gênero no direito brasileiro. *Direitos Fundamentais & Justiça*, Belo Horizonte, ano 12, n. 39, p. 217-240, jul./dez. 2018.

LARENZ, Karl. O estabelecimento de relações obrigacionais por meio de comportamento social típico (1956). Tradução de Alessandro Hirata. *Revista DireitoGV*, São Paulo, v. 2, n. 1, p. 55-64, jan./jun. 2006.

LÔBO, Paulo. *Direito civil*: parte geral. 3. ed. São Paulo: Saraiva, 2012.

LÔBO, Paulo. *Direito civil*: parte geral. 4. ed. São Paulo: Saraiva, 2013.

MACHADO, João Baptista. *Introdução ao direito e ao discurso legitimador*. Coimbra: Almedina, 2000.

MARTINS-COSTA, Judith. Contratos: conceito e evolução. *In*: LOTUFO, Renan; NANI, Giovanni Ettore (Org.). *Teoria geral dos contratos*. São Paulo: Atlas, 2011.

MARTINS-COSTA, Judith. Reflexões sobre o princípio da função social dos contratos. *Revista DireitoGV*, v. 1, n. 1, p. 41-66, maio 2005.

MEIRELLES, Jussara. *A vida humana embrionária e sua proteção jurídica*. Rio de Janeiro: Renovar, 2000.

MEIRELLES, Jussara. O ser e o ter na codificação civil brasileira: do sujeito virtual à clausura patrimonial. *In*: FACHIN, Luiz Edson (Coord.). *Repensando fundamentos do direito civil brasileiro contemporâneo*. Rio de Janeiro: Renovar, 1998.

MELO, Marcos Bernardes de. *Teoria do fato jurídico*: plano da existência. 13. ed. São Paulo: Saraiva, 2007.

MIRANDA, Francisco Cavalcanti Pontes de. *Tratado de direito privado*. Introdução. Pessoas físicas e jurídicas. Atualização de Judith Martins-Costa, Gustavo Haical e Jorge Cesa Ferreira da Silva. São Paulo: RT, 2012.

MORAES, Maria Celina Bodin de. *Na medida da pessoa humana*: estudos de direito civil-constitucional. Rio de Janeiro: Renovar, 2016.

MORATO, Antonio Carlos. Quadro geral dos direitos da personalidade. *Revista da Faculdade de Direito da Universidade de São Paulo*, São Paulo, v. 106/107, p. 121-158, jan./dez. 2012.

NALIN, Paulo; PIMENTEL, Mariana Barsaglia; PAVAN, Vitor Ottoboni. Interpretação, integração e reequilíbrio dos contratos em tempos de pandemia: análise das alterações promovidas pela Lei nº 13.874/2019 à luz da legalidade constitucional. *Revista Brasileira de Direito Civil – RBDCivil*, Belo Horizonte, v. 25, p. 329-352, jul./set. 2020.

NEVES, Marcelo C. P. A incidência da norma jurídica e o fato jurídico. *Revista de Informação Legislativa*, Brasília, ano 21, n. 84, out./dez. 1984.

OLIVEIRA, Aline Albuquerque de. *Bioética e direitos humanos*. São Paulo: Edições Loyola, 2011.

PEDRÓN, Antonio Pau. La segunda codificación. *In*: CENTRO DE ESTUDIOS REGISTRALES. *Seguridad jurídica y codificación*. Madrid: J. San José S.A., 1999.

PEREIRA, Caio Mário da Silva. *Instituições de direito civil*. 23. ed. Rio de Janeiro: Forense, 2010.

PERLINGIERI, Pietro. *Perfis do direito civil* – Introdução ao direito civil constitucional. 3. ed. Rio de Janeiro: Renovar, 1997.

POSCHER, Ralf. The hand of Midas: when concepts turn legal, or deflating the Hart-Dworkin debate. *In*: HAGE, Jaap; PFORDTEN, Dietmar von der (Org.). *Concepts in law*. Dodrecht: Springer, 2009.

RAMOS, André Luiz Arnt. *Segurança jurídica e indeterminação normativa deliberada*: elementos para uma teoria do direito (civil) contemporâneo. Curitiba: Juruá, 2021.

RIBEIRO, Gustavo Pereira Leite. Personalidade e capacidade do ser humano a partir do novo Código Civil. *In*: RIBEIRO, Gustavo Pereira Leite; TEIXEIRA, Ana Carolina Brochado (Coord.). *Manual de teoria geral do direito civil*. Belo Horizonte: Del Rey, 2011.

RODOTÀ, Stefano. *Diritto d'amore*. Bari: Laterza, 2015.

RODRIGUES JUNIOR, Otavio Luiz. Direitos fundamentais e direitos da personalidade. *In*: TOFFOLI, José Antonio Dias (Org.). *30 anos da Constituição brasileira*: democracia, direitos fundamentais e instituições. Rio de Janeiro: Forense, 2018.

RUZYK, Carlos Eduardo Pianovski. *Institutos fundamentais de direito civil e liberdade(s)*: repensando a dimensão funcional do contrato, da propriedade e da família. Rio de Janeiro: GZ, 2011.

SCHREIBER, Anderson. *Direitos da personalidade*. 3. ed. rev. e atual. São Paulo: Atlas, 2014.

SILVA, Juliana Pedreira. *Contrato sem negócio jurídico*. São Paulo: Atlas, 2011.

TEIXEIRA, Ana Carolina Brochado. Autonomia existencial. *Revista Brasileira de Direito Civil – RBDCivil*, Belo Horizonte, v. 16, p. 75-104, abr./jun. 2018.

TEIXEIRA, Ana Carolina Brochado. *Saúde, corpo e autonomia privada*. Rio de Janeiro: Renovar, 2010.

TEPEDINO, Gustavo. À nova propriedade (o seu conteúdo mínimo, entre o Código Civil, a legislação ordinária e a Constituição). *Revista Forense*, Rio de Janeiro, v. 306, p. 73-78, abr./jun. 1989.

TEPEDINO, Gustavo. Esboço de uma classificação funcional dos atos jurídicos. *Revista Brasileira de Direito Civil – RBDCivil*, Belo Horizonte, v. 1, p. 8-37, jul./set. 2014.

TEPEDINO, Gustavo. Introdução: Crise de fontes normativas e técnica legislativa na parte geral do Código Civil de 2002. *In*: TEPEDINO, Gustavo (Coord.). *A Parte Geral do Novo Código Civil*: estudos na perspectiva civil-constitucional. Rio de Janeiro: Renovar, 2002.

TEPEDINO, Gustavo. Normas constitucionais e direito civil na construção unitária do ordenamento. *In*: CONRADO, Marcelo; PINHEIRO, Rosalice Fidalgo (Coord.). *Direito privado e Constituição*: ensaios para uma recomposição valorativa da pessoa e do patrimônio. Curitiba: Juruá, 2009.

TEPEDINO, Gustavo. O papel atual da doutrina do direito civil entre o sujeito e a pessoa. *In*: TEPEDINO, Gustavo; TEIXEIRA, Ana Carolina Brochado; ALMEIDA, Vitor (Coord.). *O direito civil entre o sujeito e a pessoa*: estudos em homenagem ao professor Stefano Rodotà. Belo Horizonte: Fórum, 2016.

TRABUCCHI, Alberto. *Istituzioni di diritto civile*. 37. ed. Padova: Cedam, 1997.

VELOSO, Zeno. Fato jurídico – ato jurídico – negócio jurídico. *Revista de Informação Legislativa*, Brasília, ano 32, n. 125, jan./mar. 1995.

VILLELA, João Baptista. Do fato ao negócio: em busca da precisão conceitual. *In*: DIAS, A. Lourenço *et al*. *Estudos em homenagem ao Professor Washington de Barros Monteiro*. São Paulo: Saraiva, 1982.

Informação bibliográfica deste livro, conforme a NBR 6023:2018 da Associação Brasileira de Normas Técnicas (ABNT):

RAMOS, André Luiz Arnt; SCHAEFER, Fernanda; MEIRELLES, Jussara Maria Leal de; BERBERI, Marco Antonio Lima. A Parte Geral do Código Civil de 2002: da pessoa natural ao negócio jurídico, nada mais é como antes. *In*: CORTIANO JUNIOR, Eroulths; SILVA, Alexandre Barbosa da (coord.). *O Código Civil e a Contemporaneidade*: Estudos do Grupo Virada de Copérnico em Homenagem ao Ministro Luiz Edson Fachin. Belo Horizonte: Fórum, 2025. p. 27-48. ISBN 978-65-5518-990-2.

A CAPACIDADE CIVIL DA PESSOA COM DEFICIÊNCIA NO CÓDIGO CIVIL REFORMADO PELA LEI BRASILEIRA DE INCLUSÃO

ALEXANDRE BARBOSA DA SILVA

1 Aspectos introdutórios

O tema da capacidade da pessoa com deficiência tem merecido grande atenção da legislação, da doutrina e da jurisprudência, em especial depois de 2015, quando surgiu o Estatuto da Pessoa com Deficiência, assim denominado expressamente pelo art. 1º da Lei nº 13.146/2015, a Lei Brasileira de Inclusão. Até o surgimento dessa lei, pouco se evoluiu em termos pragmáticos, desde o Código Civil de 1916, na consideração dos direitos e dos deveres das pessoas com deficiência.

Assim, por determinação constitucional, pois o Brasil é signatário da Convenção da ONU sobre os Direitos das Pessoas com Deficiência e seu Protocolo Facultativo (CDPD), de 2007, fez ingressar os seus termos no ordenamento jurídico pátrio, conforme art. 5º, §3º, da CF. A Convenção, que revela natureza de tratado de direitos humanos, foi a primeira a ser internalizada como tal ao direito brasileiro, ingressando como emenda constitucional.[1]

A análise do Código Civil, na perspectiva de seus 22 anos, em especial dos arts. 3º e 4º, tem grande influxo constitucional e assim deve ser considerada. Ao ler que a pessoa com deficiência é plenamente capaz de direitos e deveres, e conforme entendimento do STJ no sentido da vedação da consideração desse grupo de vulneráveis como absolutamente incapazes,[2] faz-se mister compreender que a capacidade é plena por disposição constitucional.

Não se olvide da existência de críticas à capacidade plena (art. 3º) por parte de relevante segmento da doutrina,[3] em especial pelo entendimento de que tão somente altera nomenclaturas, com possível prejuízo às pessoas com deficiência.

---

1 O STF já reiteradamente declarou essa natureza constitucional da Convenção. Veja exemplo em: RMS nº 32.732 AgR/DF, Rel. Min. Celso de Mello, j. 3.6.2014.

2 RE nº 1.927.423/SP, Rel. Min. Marco Bellizzei, j. 27.4.2021.

3 Veja, por todos, dos escritos: Simão (2015) e Kümpel e Borgarelli (2015).

O presente autor já teve ocasião de escrever que tal preocupação merece uma reflexão mais cuidadosa, uma vez que este momento histórico, inaugurado pela convenção internacional, é de transição de paradigma, com a alteração do modelo de consideração da pessoa com deficiência, substituindo-se uma ideia de incapacidade, *a priori*, por um pensamento fundado no apoio verdadeiro e efetivo, a partir de cada caso concreto.

A capacidade plena das pessoas com deficiência representa, sem dúvidas, um grande desafio de realização da norma constitucional e da infraconstitucional no caso concreto, exatamente por conta da necessidade de uma hermenêutica baseada na compreensão sistemática do direito. E compreenda-se: não se trata unicamente de uma mudança de palavras, ou seja, de "incapaz" para "capaz", que frustre a proteção das pessoas com uma suposta afirmação social desnecessária. O que a legislação "nova" pretende é a consciência de reconhecimento da pessoa com deficiência como igual para com os demais, dentro dos limites e das possibilidades próprios de cada um.

Como orienta Flávio Tartuce (2021, p. 138), está-se diante de uma nova *teoria das incapacidades* no direito civil brasileiro, reduzindo-se a hipótese de incapacidade absoluta tão somente aos menores de 16 anos.[4] A situação jurídica da pessoa com deficiência é, assim, de capacidade plena, pela substituição do conceito de incapacidade pelo de vulnerabilidade, na medida do reconhecimento de sua condição peculiar, nos limites da nova técnica de fixação da curatela que, doravante, deverá ser modelada de acordo com as necessidades do curatelado.

É sobre isso que se pretende tratar neste escrito: uma ressignificação da *teoria das incapacidades*, que se torna "nova" por conta de que a regra, agora, é a capacidade, uma vez que a preservação da igualdade das pessoas com deficiência perante as demais é obrigação do Estado brasileiro, conforme art. 12 da Convenção sobre os Direitos das Pessoas com Deficiência, também denominada Convenção de Nova Iorque.

A presente ideia foi construída e se desenvolve no âmbito do Grupo de Pesquisa em Direito Civil-Constitucional Virada de Copérnico, da Universidade Federal do Paraná, que tem por fundador o Professor e Ministro do Supremo Tribunal Federal Luiz Edson Fachin, motivo pelo qual compõe a presente obra em homenagem a esse extraordinário jurista, expoente do direito civil brasileiro.

2 A pessoa com deficiência no Código Civil de 1916 e no de 2002

O CC/1916 tratava como absolutamente incapazes, no art. 5º, II, "os loucos de todo o gênero". O CC/2002, no art. 3º, II, falava em "os que, por enfermidade ou deficiência mental, não tiverem o necessário discernimento para a prática desses atos". No inc. III do mesmo artigo, definia que também eram incapazes "os que, mesmo por causa

---

[4] Como bem lembra Anderson Schreiber: "Os absolutamente incapazes são, atualmente, apenas os menores de 16 anos. A restrição da capacidade encontra fundamento na ausência de discernimento e maturidade, ínsita à condição dos menores de 16 anos na qualidade de pessoas em desenvolvimento. Ainda assim, não se deve restringir aprioristicamente a autonomia do menor no que se refere à sua esfera existencial – ou seja, seu projeto de vida, e não apenas a gestão do seu patrimônio –, no âmbito da qual deve prevalecer a aferição do seu concreto discernimento, e não critérios abstratos, sob pena de afronta à sua dignidade: 'A vontade dos absolutamente incapazes, na hipótese do inc. I do art. 3º (menores de dezesseis anos) é juridicamente relevante na concretização de situações existenciais a elas concernentes, desde que demonstrem discernimento bastante para tanto' (Enunciado n. 138 da III Jornada de Direito Civil)" (SCHREIBER, 2021, p. 8).

transitória, não puderem exprimir sua vontade". Clóvis Bevilaqua, codificador de 1916, não gostava da expressão "loucos de todo o gênero", como se pode ver de seu escrito datado de 1921:

> – Loucos de todo genero – Está é a expressão tradicional em nosso direito; mas não é a melhor. O Projecto primitivo preferira a expressão – alienados de qualquer espécie, porque há casos de incapacidade civil que se não poderiam, com acerto, capitular, como de loucura. Alienados são "aquelles, que, por organização cerebral incompleta, por moléstia localizada no encephalo, lesão somática ou vicio de organização, não gozam de equilíbrio mental e clareza de razão sufficientes para se conduzirem, socialmente, nas várias relações da vida" (Direito da familia, §90). O diagnóstico importa ao médico; ao jurista o que interessa é a vida social, que pode ser perturbada pela acção dos alienados. "Só será alienado, diz Afrânio Peixoto, aquelle cujo soffrimento o torne incompatível com o meio social". (BEVILAQUA, 1921, p. 175-176)

A "melhor palavra" daquele momento histórico, no entanto, também não trazia uma mais satisfatória consideração sobre as pessoas com deficiência, que eram tecnicamente "mais bem retratadas" como "alienados". O autor ainda menciona que na "Sociedade de Psychiatria e Neurologia" apoiou-se a crítica de Raul Camargo, que defendia ser mais correto substituir-se a "expressão infeliz" (loucos), por outra "mais adequada" como "alienados de todo o genero, ou loucos e deficientes mentaes, porque 'louco é o doente de um processo mental activo'" (BEVILAQUA, 1921, p. 176).

Perceba-se que naquele ponto da história, como se viu textualmente das palavras do codificador, a pessoa com deficiência era vista como alguém cujo sofrimento a tornava incompatível com o meio social. Era o modo de tratar esse vulnerável sob o *modelo médico*, ou seja, encarava-se a deficiência como uma condição patológica que deveria ser tratada para que a pessoa pudesse ser inserida na vida social.

Há três modelos sistematizadores em que a sociedade considerou as pessoas com deficiência, o modelo moral, o modelo médico e o modelo social (PALACIOS, 2008). O modelo moral (ou modelo da prescindibilidade), típico da antiguidade, tinha viés religioso e era considerado uma sanção dos deuses à família da pessoa com deficiência, que carregaria junto com a sociedade o fardo de dela cuidar e manter (PALACIOS, 2008, p. 37). Para o modelo médico, a deficiência é uma condição unicamente patológica individual, que deve ser tratada com intervenção médica e psicológica e ser "reparada" para se tornar uma pessoa "normal" (PALACIOS, 2008, p. 60-67). Este período remonta, não apenas, mas infelizmente também, aos tratamentos mais perversos da história, como internações e tratamentos de choque, que ficaram negativamente famosos, como no exemplo do Hospital Psiquiátrico de Barbacena, que "tratou" centenas de pessoas com isolamento, agressividade e morte. Por fim, o modelo social, que funda a Convenção de Nova Iorque, tem por base o respeito à deficiência, com a interação da pessoa ao ambiente onde vive, com inclusão e a compreensão de que é a sociedade que precisa ser capaz de atender às necessidades da pessoa com deficiência e não o contrário. Em outras palavras, não é a pessoa com deficiência que se adequa à sociedade, mas a sociedade que deve promover os meios para a adequada inclusão da pessoa com deficiência (SASSAKI, 1997, p. 41).

É exatamente por se conhecer das dificuldades enfrentadas pelas pessoas nessa condição de vulnerabilidade que se pretende, pela nova legislação mundial e nacional, aproximar a pessoa aos direitos e deveres de todos, por meio da atribuição da capacidade plena.

Natural que a atribuição legal de capacidade não deva servir para prejuízo da pessoa com deficiência e esse cuidado deve nortear a fixação da curatela, que doravante não é mais geral e abstrata, mas realística e identificada a partir do caso concreto. O juiz, hoje, ao fixar a curatela, deve estabelecer limites de atuação do curador, na tentativa maior de que o curatelado tenha independência. O CC/2002, alheio ao modelo social, apenas modifica os termos da consideração da pessoa com deficiência, mantendo o sistema das incapacidades dessas pessoas, entendendo que não se tratam de "loucos ou alienados", mas aqueles que por enfermidade ou deficiência mental não tenham discernimento ou não possam exprimir sua vontade.

Em suma, o que mudou entre o CC/1916 e CC/2002 foram só palavras, mas o modo de considerar a pessoa com deficiência é o mesmo, ou seja, as consideram abstratamente incapazes, independentemente de suas condições pessoais.

Não parece razoável afirmar que houve modificação de entendimento, na evolução da teoria das incapacidades entre esses dois Códigos. A verdadeira transição paradigmática acontece com a entrada em vigor da Lei Brasileira de Inclusão, que faz cessar a incapacidade absoluta da pessoa com deficiência, considerando-a plenamente capaz e, quando necessário, apoiada por meio de curatela e de tomada de decisão apoiada.

3 A Convenção da ONU sobre a Proteção das Pessoas com Deficiência como condutor da transição do sistema brasileiro das incapacidades

A Convenção de Nova Iorque determinou que aqueles que, por questões de "impedimentos de longo prazo de natureza física, mental, intelectual ou sensorial, os quais, em interação com diversas barreiras, podem obstruir sua participação plena e efetiva na sociedade em igualdades de condições com as demais pessoas", são considerados, pelo direito, pessoas com deficiência.[5]

Com a emenda constitucional introduzida pela internalização da Convenção da ONU, não há mais incapacidade para pessoas com deficiência no Brasil, especialmente por conta de seu art. 12, que estabelece que as pessoas com deficiência "gozam de capacidade legal em igualdade de condições com as demais pessoas em todos os aspectos da vida". Ademais, a Convenção determina, nas obrigações gerais para os Estados Parte, no item 1.a., que cada qual deva: "[...] adotar todas as medidas legislativas, administrativas e de qualquer outra natureza, necessárias para a realização dos direitos reconhecidos na presente Convenção".

Por conta disso é que nasce a Lei Brasileira de Inclusão, que se "destinada a assegurar e a promover, em condições de igualdade, o exercício dos direitos e das liberdades fundamentais por pessoa com deficiência, visando à sua inclusão social e cidadania". A lei é composta de uma parte geral, a qual trata dos direitos fundamentais,

---

5 Este o conceito de pessoa com deficiência estampado no art. 1º da Convenção de Nova Iorque. No EPD, o art. 2º tem o mesmo teor: "art. 2º Considera-se pessoa com deficiência aquela que tem impedimento de longo prazo de natureza física, mental, intelectual ou sensorial, o qual, em interação com uma ou mais barreiras, pode obstruir sua participação plena e efetiva na sociedade em igualdade de condições com as demais pessoas".

da acessibilidade, e norteia campos como o da ciência e da tecnologia, na intenção de promover o desenvolvimento da pessoa. Na parte especial, fixa sanções de índole criminal para quem desrespeitar os comandos da lei e fixa disposições gerais e transitórias, para o poder público e para a sociedade.

Duas premissas metodológicas derivam da compreensão da convenção e da lei, que devem irradiar consequências para todo o direito, em especial para o Código Civil. São elas: a) a capacidade plena da pessoa com deficiência; b) a consequente inconstitucionalidade de eventual norma que negue essa capacidade. Tudo, com norte nos direitos fundamentais, em especial de igualdade e acessibilidade.

E não se diga que a Convenção preveja capacidade meramente de direito e não de exercício. Este argumento dos críticos do Estatuto, com todo o respeito, não tem técnica suficiente para convencer. O reconhecimento de igual perante a lei, descrito no art. 12 da Convenção, foi, inclusive, objeto de recomendação do Comitê da ONU sobre os Direitos da Pessoa com Deficiência, ao determinar que os Estados-Parte devem: "eliminar da legislação a privação da capacidade jurídica por motivo de deficiência".[6]

A literalidade de texto de lei que aparentemente reconheça direitos somente aos incapazes – como no exemplo do art. 198, I, do CC, sobre as causas que impedem ou suspendem a contagem do prazo de prescrição – não pode ser lido em detrimento da pessoa com deficiência e a interpretação deve ser sistemática e contextualizada com a Constituição.

4 A "nova" capacidade da pessoa com deficiência: desafios e aceitações

Entender a pessoa com deficiência como incapaz, seja qual for a natureza da deficiência, é negar a condição de pessoa em igualdade com as demais. É ler o direito distanciado da realidade de centenas de milhares de pessoas que precisam de cuidado e não de rótulos legais.

A teoria das incapacidades, tal como concebida no século passado e reproduzida no CC/1916, repetida no CC/2002, não pode ser fundamento para a proteção das pessoas com deficiência no século XXI. Não se nega a importância histórica dessa categoria jurídica a que este autor sempre reconheceu e trabalhou rigidamente em seus afazeres acadêmicos e profissionais, mas a realidade impõe o trânsito paradigmático, o reconhecimento contemporâneo da substituição do paradigma da incapacidade para o da vulnerabilidade. O rótulo de incapaz subjuga, desmerece e não auxilia na construção de um modo de consideração da pessoa com deficiência em igual condição com as demais.

Não se pode partir do pressuposto de que a pessoa com deficiência é incapaz. Mister que se parta do pressuposto da capacidade e, uma vez demonstrada a necessidade de tutela diferenciada pelo motivo da vulnerabilidade, captada do caso concreto, se construa um projeto de apoio condizente com a realidade da pessoa em proteção.

Na aplicação concreta dos direitos da pessoa com deficiência, é possível e recomendável interpretar o vocábulo "incapacidade" como "pessoa com deficiência, nos limites de sua curatela". O intérprete atento à realidade e à melhor consideração do tema

[6] Sobre o tema, *vide*: Castro Filho (2021, p. 73; 101).

não terá dificuldade em superar a interpretação literal do dispositivo legal, preferindo a interpretação conforme a Constituição ou valendo-se da nulidade parcial sem redução de texto, conforme a necessidade.

Tudo isso, no entanto, não se revela de fácil aceitação por parcela da comunidade jurídica, tendo gerado, inclusive, a tentativa de retornar ao art. 3º do CC a incapacidade absoluta da pessoa com deficiência, por meio do PLS nº 757/2015, mas que, incorretamente não mereceu aprovação como iniciado. Este PLS foi encaminhado para a Câmara dos Deputados sob nº 11.091/2018, sem qualquer menção de modificação do art. 3º.[7] Note-se que o Legislativo, ao rechaçar a "repristinação" do art. 3º, reitera o conteúdo do art. 6º da Lei de Inclusão, que esclarece que a deficiência não afeta a plena capacidade civil da pessoa. Na mesma dicção, o art. 84, que assegura o direito ao exercício da capacidade legal.

Se ficar constatado que a pessoa com deficiência sofreu – ou gerou – prejuízo, pela própria natureza do direito negocial e contratual contemporâneos, o negócio poderá ser desfeito, com a demonstração da quebra da boa-fé, da alteridade e/ou da solidariedade. Esses elementos que denotam a nova contratualidade resultam da superação do individualismo da modernidade e da consciência de que ninguém vive sozinho.

As demandas sociais complexas não se enquadram mais no antigo e simplificado juízo silogístico. Os novos acontecimentos, especialmente no direito civil, estão para além da letra da lei e não se permitem meramente "encaixar-se" no texto positivado. Negar-se a alguém um bem da vida pelo simples fato de que "não é capaz", pelo único motivo de não atender a um enquadramento codificado incapacitante, sem que lhe seja possível a demonstração de suas razões, é fazer das promessas constitucionais algo meramente figurado.

O formalismo da lei – entenda-se como a objetiva fixação da pessoa com deficiência como incapaz – deverá ser relevado, por decisão coerente e fundamentada, em nome da justiça do caso concreto,[8] que permita a realização do ânimo constitucional de construir uma sociedade justa e solidária, com a proteção da pessoa com deficiência. Este ânimo foi corporizado na Convenção de Nova Iorque e na Lei Brasileira de Inclusão. A proteção, portanto, poderá ser da pessoa com deficiência ou do terceiro que eventualmente acumule prejuízo por com ele participar da relação jurídica. Eventual ação anulatória, como no sistema jurídico anterior, deverá manter-se como mecanismo para anular (ou não) tratos jurídicos.

Não se olvide da necessidade de se compreender o direito civil de hoje, com as lentes da Constituição, pela perspectiva da funcionalização. Funcionalizar os direitos da pessoa com deficiência é adequar sua proteção à nova tábua de garantias que a Carta Maior, a Convenção de Nova Iorque e o Estatuto da Pessoa com Deficiência conferem.

---

[7] Sempre defendemos a não "repristinação" do art. 3º tal qual pretendia o originário PLS nº 757/2015, como se pode ver, por exemplo, em Copetti Neto e Barbosa (2018).

[8] Paulo Nalin, a esse respeito, deixa relevante lição: "O apelo ao pensamento tópico, imposto pelo cânone da solidariedade, não pode ser desprezado pelo juiz, escapando dos limites contratuais, especialmente na relação de adesão, em que a vontade contratual é fria e artificial. A solidariedade há de ser posta em experiência, a cada momento da relação jurídica, da pré-contratação à pós-execução. Tal desenho pragmático da solidariedade remete o intérprete do Direito em geral, especialmente o juiz, ao relevante posto de personagem central na sua descrição, pois não será o legislador e, tampouco, o executor das leis, quem o fará" (NALIN, 2008. p. 187).

Importante lembrar, ainda, que a teoria da inexistência – pouco utilizada no Brasil, talvez não por falta de lei, mas por desconhecimento de suas potencialidades – é fator de proteção da pessoa com deficiência, como bem ensinou o eterno Zeno Veloso.[9]

Por fim, há que se falar sobre o teor do art. 4º do CC em vigor, em especial seu inc. III. Ao presente autor parece tratar-se de um equívoco legislativo, uma vez que não há mais incapacidade no sistema jurídico brasileiro, quer absoluta, quer relativa, por determinação constitucional. O equívoco do legislador se mostra na simples ideia de que o texto foi retirado do art. 3º e meramente transplantado para o art. 4º, sem o cuidado de perceber que quem não pode exprimir sua vontade não tem vontade relativa.

Possível entender, no entanto, que o texto não pretenda tratar de pessoa com deficiência, mas de qualquer outra que de forma permanente ou temporária não consiga exprimir sua vontade, como exemplo, a pessoa em coma. Essa dicção é extraída do art. 6º do Estatuto da Pessoa com Deficiência, em que o objetivo é afirmar que a deficiência *não afeta a plena capacidade civil da pessoa*.

A doutrina se divide em três pensamentos: a) que defende a capacidade civil plena; b) que entende que a incapacidade deve ser mantida; c) que trabalha a ideia de que não há incapacidade absoluta, mas é razoável falar-se em relativa. Aqui se mencione o pensamento de Nelson Rosenvald, que defende a existência de capacidade, mas, excepcionalmente, para proteção, considera a incapacidade relativa, com a possibilidade de aplicação do art. 4º, III, para as pessoas com deficiência (FARIAS; ROSENVALD, 2021).

O Relatório Final dos trabalhos da Comissão de Juristas responsável pela revisão e atualização do Código Civil, de abril de 2024, parece oferecer um bom caminho para resolver o impasse, quando propõe um novo inciso (II) ao art. 3º, fixando como absolutamente incapazes "aqueles que por nenhum meio possam expressar sua vontade, em caráter temporário ou permanente".

A ideia se completa na proposta de art. 4º, inc. II: "aqueles cuja autonomia estiver prejudicada por redução de discernimento, que não constitua deficiência, enquanto perdurar esse estado", analisada em sintonia com a projeção de parágrafo único, com o seguinte teor:

---

9 Sobre a possibilidade de aplicação da teoria da inexistência nos casos de pessoas com deficiência, *vide* Zeno Veloso: "Na falta de uma intervenção corretiva do legislador (que sempre é tardinha), minha primeira impressão sobre a questão que estou apresentando, é de que, para evitar graves distorções e evidentes injustiças, temos de invocar a teoria da inexistência, e privar de qualquer efeito negócios jurídicos cuja vontade foi extorquida e nem mesmo manifestada conscientemente. Para ser nulo ou anulável, é preciso que o negócio jurídico exista. A inexistência é uma categoria jurídica autônoma. Como adverte o doutíssimo Pontes de Miranda, o problema de ser ou não-ser, no direito como em todos os ramos do conhecimento, é o problema liminar (Tratado de Direito Privado, tomo 4, §358). A inexistência não é um *tertium genus*, ao lado da anulabilidade e da nulidade. O plano da inexistência não é o da validade, mas o da existência dos negócios jurídicos. Sem que tenha havido manifestação de vontade, o negócio não apresenta um requisito essencial, inafastável para que tivesse ingresso no mundo jurídico. Era o *nec ullus* do direito romano clássico. Não é nem que seja ruim ou péssimo o que se apresenta; é nada, nenhum. O negócio inexistente não produz quaisquer efeitos – nem parciais, secundários -, não se lhes aplicando as figuras da redução e da conversão. Já desenvolvi o tema em meu livro Invalidade do Negócio Jurídico – nulidade e anulabilidade (2ª ed., 2005, Del Rey, Belo Horizonte, n. 23, p. 133), e disse, ali, que negócio inexistente é aquele em que falta elemento material, um requisito orgânico para a sua própria constituição. Há déficit de elemento fundamental para a formação do negócio. Não se trata de ele ter nascido com má formação; trata-se de ele não se ter formado. Na inexistência – apesar da aparência material – o que falta é um elemento vital, o próprio requisito essencial (objeto, forma, consentimento) para a configuração do negócio" (VELOSO, 2016).

> As pessoas com deficiência mental ou intelectual, maiores de 18 (dezoito) anos, têm assegurado o direito ao exercício de sua capacidade civil em igualdade de condições com as demais pessoas, observando-se, quanto aos apoios e às salvaguardas de que eventualmente necessitarem para o pleno exercício dessa capacidade, o disposto nos arts. 1.767 a 1.783 deste Código.

No presente momento, as propostas da comissão seguem no Senado Federal, em fase de afazeres administrativos para a formatação de projeto de lei.

O que se pretende com toda a construção desenvolvida neste artigo é que se entenda que o sistema mudou. O apego à teoria das incapacidades deve se converter em "teoria das capacidades", fulcradas na vulnerabilidade, uma vez que, por disposição constitucional, a incapacidade é a exceção e não mais a regra.

5 Palavras finais

O modelo social de compreensão dos direitos da pessoa com deficiência é o que se extrai da Convenção de Nova Iorque e que orienta o Estatuto da Pessoa com Deficiência. Por isso, os arts. 3º e 4º do CC devem ser compreendidos com o viés protetivo e fulcrado na igualdade desses vulneráveis, com respeito às diferenças e limitações delineadas na eventual curatela.

Quaisquer normas que tratem de proteção da pessoa incapaz e que sejam aptas à proteção da pessoa com deficiência se aplicam, por interpretação conforme ou nulidade sem redução de texto, a beneficiar a pessoa com deficiência, nos limites de suas realidades e no contexto da boa-fé, da solidariedade, da alteridade e do não abuso do direito.

O paradigma de proteção mudou. A teoria das incapacidades, no que é pertinente à pessoa com deficiência, hoje, é teoria da proteção da vulnerabilidade, o que permite defender, contemporaneamente, uma verdadeira "teoria das capacidades". A capacidade é a regra, convertida em proteção e apoio.

Referências

BEVILAQUA, Clovis. *Código Civil dos Estados Unidos do Brasil comentado*. 2. ed. Rio de Janeiro: Livraria Francisco Alves, 1921. v. 1.

CASTRO FILHO, Reynaldo Alan. *Efetividade da convenção sobre os direitos das pessoas com deficiência*. Curitiba: Appris, 2021.

COPETTI NETO, Alfredo; BARBOSA, Alexandre. A inconstitucionalidade da proposta de retorno à incapacidade da pessoa com deficiência (PLS 757/2015) frente à Convenção de Nova Iorque. *Revista Eletrônica do Curso de Direito da UFSM*, Santa Maria, v. 13, n. 3, p. 970-994, dez. 2018. ISSN 1981-3694. DOI: http://dx.doi.org/10.5902/1981369432004. Disponível em: https://periodicos.ufsm.br/revistadireito/article/view/32004. Acesso em: 14 jun. 2021.

DELGADO, Mario Luiz. *Código civil comentado*. Doutrina e jurisprudência. 3. ed. rev., atual. e ampl. Rio de Janeiro: Forense, 2021.

FACHIN, Luiz Edson. *Estatuto jurídico do patrimônio mínimo*. 2. ed. atual. Rio de Janeiro: Renovar, 2006.

FARIAS, Cristiano Chaves de; ROSENVALD, Nelson. *Curso de direito civil*. Parte geral e LINDB. Salvador: JusPodivm, 2021.

KÜMPEL, Vitor Frederico; BORGARELLI, Bruno de Ávila. As aberrações da Lei 13.146/2015. *Migalhas*, 11 ago. 2015. Disponível em: http://www.migalhas.com.br/dePeso/16,MI224905,61044-As+aberracoes+da+lei+131462015. Acesso em: 14 jun. 2021.

LÔBO, Paulo. *Direito civil*. Parte geral. São Paulo: Saraiva, 2021.

NALIN, Paulo. Do contrato. *Conceito pós-moderno*. Em busca de sua formulação na perspectiva civil-constitucional. 2. ed. rev. e atual. Curitiba: Juruá, 2008.

PALACIOS, Agustina. *El modelo social de discapacidad*. Orígenes, caracterización y plasmación en la Convención Internacional sobre los Derechos de las Personas con Discapacidad. Madrid: Ediciones Cinca, 2008.

SASSAKI, Romeu Kazumi. *Inclusão*: construindo uma sociedade para todos. Rio de Janeiro: WVA, 1997.

SCHREIBER, Anderson; TARTUCE, Flávio; SIMÃO, José Fernando; MELO, Marco Aurélio Bezerra de; STRECK, Lenio Luiz. *Verdade e consenso*. Constituição, hermenêutica e teorias discursivas. 4. ed. São Paulo: Saraiva, 2011.

SIMÃO, José Fernando. Estatuto da Pessoa com Deficiência causa perplexidade (Parte I). *Conjur*, 6 ago. 2015. Disponível em: http://www.conjur.com.br/2015-ago-06/jose-simao-estatuto-pessoa-deficiencia-causa-perplexidade. Acesso em: 14 jun. 2021.

STRECK, Lenio Luiz. O fator stoic mujic, a juíza Kenarik e o papel dos advogados, hoje! *Conjur*, 11 fev. 2016. Disponível em: http://www.conjur.com.br/2016-fev-11/senso-incomum-fator-stoic-mujic-juiza-kenarik-papel-advogados-hoje. Acesso em: 26 jul. 2016.

TARTUCE, Flávio. *Direito civil*. Lei de Introdução e parte geral. 17. ed. rev. atual. e ampl. Rio de Janeiro: Forense, 2021. v. 1.

VELOSO, Zeno. *Estatuto da Pessoa com Deficiência*. Uma nota crítica. 2016. Disponível em: https://ibdfam.org.br/artigos/1111/Estatuto+da+Pessoa+Com+Defici%C3%AAncia-+uma+nota+cr%C3%ADtica. Acesso em: 14 jun. 2021.

Informação bibliográfica deste livro, conforme a NBR 6023:2018 da Associação Brasileira de Normas Técnicas (ABNT):

SILVA, Alexandre Barbosa da. A capacidade civil da pessoa com deficiência no Código Civil reformado pela Lei Brasileira de Inclusão. *In*: CORTIANO JUNIOR, Eroulths; SILVA, Alexandre Barbosa da (coord.). *O Código Civil e a Contemporaneidade*: Estudos do Grupo Virada de Copérnico em Homenagem ao Ministro Luiz Edson Fachin. Belo Horizonte: Fórum, 2025. p. 49-57. ISBN 978-65-5518-990-2.

A PESSOA JURÍDICA E AS ALTERAÇÕES DA LEI DA LIBERDADE ECONÔMICA: ALGUMAS NOTAS DOUTRINÁRIAS

FLÁVIO TARTUCE

1 O conceito de pessoa jurídica e os seus direitos

As pessoas jurídicas, denominadas *pessoas coletivas, morais, fictícias* ou *abstratas*, podem ser conceituadas, em regra, como conjuntos de pessoas ou de bens arrecadados, que adquirem personalidade jurídica própria por uma ficção legal. Apesar de o Código Civil de 2002 não ter repetido, originalmente, o teor do art. 20 do CC/1916, a pessoa jurídica não se confunde com seus membros, sendo essa regra inerente à própria concepção da pessoa jurídica. Todavia, como se verá, a Lei da Liberdade Econômica (Lei nº 13.874/2019) acabou por inserir, na vigente codificação, norma nesse sentido.

Muitas foram as teorias que procuraram afirmar e justificar a existência da pessoa jurídica, tendo o Código Civil de 2002 adotado a *teoria da realidade técnica*. Essa teoria constitui uma somatória entre as outras duas *teorias justificatórias e afirmativas* da existência da pessoa jurídica: a *teoria da ficção* – de Savigny – e a *teoria da realidade orgânica ou objetiva* – de Gierke e Zitelmann.

Para a primeira teoria, as pessoas jurídicas são criadas por uma ficção legal, o que realmente procede. Entretanto, mesmo diante dessa criação legal, não se pode esquecer que a pessoa jurídica tem identidade organizacional própria, identidade essa que deve ser preservada (*teoria da realidade orgânica*).

Quanto à *teoria da realidade técnica*, Maria Helena Diniz prefere denominá-la como a *teoria da realidade das instituições jurídicas* (de Hauriou), opinando que "a personalidade jurídica é um atributo que a ordem jurídica estatal outorga a entes que o merecerem. Logo, essa teoria é a que melhor atende à essência da pessoa jurídica, por estabelecer, com propriedade, que a pessoa jurídica é uma realidade jurídica" (DINIZ, 2007, p. 230). Aponta a professora da PUC-SP que esse também é o entendimento de Silvio Rodrigues, Washington de Barros Monteiro, Serpa Lopes e Caio Mário da Silva Pereira, ou seja, dos autores clássicos ou *modernos* do direito civil brasileiro.

Não se pode negar que a pessoa jurídica possui vários direitos, como alguns relacionados com a personalidade (art. 52 do CC), com o direito das coisas (a pessoa jurídica pode ser proprietária ou possuidora), com os direitos obrigacionais gerais (tendo a liberdade plena de contratar como regra geral), com os direitos industriais quanto às marcas e aos nomes (art. 5º, inc. XXIX, da CF/1988) e mesmo com os direitos sucessórios (a pessoa jurídica pode adquirir bens *mortis causa*, por sucessão testamentária). A respeito dos direitos da personalidade da pessoa jurídica, reconhecidos por equiparação, admite-se a possibilidade de ela sofrer dano moral, na linha da Súmula nº 227 do Superior Tribunal de Justiça, do ano de 1999.

O dano moral da pessoa jurídica atinge a sua honra objetiva (reputação social), mas nunca a sua honra subjetiva, eis que a pessoa jurídica não tem autoestima, como se retira dos precedentes do enunciado da súmula. Na esteira da lição do clássico italiano Adriano De Cupis (1961, p. 111), "a tutela da honra também existe para as pessoas jurídicas. Embora não possam ter o 'sentimento' da própria dignidade, esta pode sempre refletir-se na consideração dos outros. O bem da honra configura-se, portanto, também relativamente a elas". As palavras transcritas, como não poderia ser diferente e pelo que foi adotado pelo Código Civil, têm meu total apoio doutrinário.

2 A autonomia da pessoa jurídica e o novo art. 49-A do Código Civil. Análise crítica

Como antes pontuado, mesmo não havendo previsão expressa no Código Civil de 2002, permanecia em vigor a regra que constava no art. 20 da codificação material anterior, pela qual "a pessoa jurídica tem existência distinta da dos seus membros". Essa concepção sempre foi considerada inerente à própria identidade da pessoa jurídica e à sua autonomia.

Todavia, como é notório, tal regra pode ser afastada, nos casos de desvio de finalidade ou abuso da personalidade jurídica, situações em que merece aplicação o art. 50 do Código Civil, que trata da *desconsideração da personalidade jurídica*. De imediato, pode-se afirmar que a desconsideração da personalidade jurídica nada mais é do que a desconsideração daquela antiga regra pela qual a pessoa jurídica não se confunde com os seus membros.

De todo modo, observe-se a inclusão do art. 49-A no Código Civil pela Lei nº 13.874/2019 (*Lei da Liberdade Econômica*), que não constava originalmente na Medida Provisória nº 881, que a fundamentou, com a seguinte redação:

> Art. 49-A. A pessoa jurídica não se confunde com os seus sócios, associados, instituidores ou administradores.
>
> Parágrafo único. A autonomia patrimonial das pessoas jurídicas é um instrumento lícito de alocação e segregação de riscos, estabelecido pela lei com a finalidade de estimular empreendimentos, para a geração de empregos, tributo, renda e inovação em benefício de todos.

Como se pode perceber, o *caput* do novo preceito é reprodução quase exata, mas com a mesma ideia no seu conteúdo, do art. 20, *caput*, do Código Civil de 1916, aqui antes destacado. Reitere-se mais uma vez que o Código Civil de 2002 não repetiu a norma com idêntico sentido, o que gerou debates nos anos iniciais da codificação a respeito da persistência ou não da ideia no ordenamento jurídico brasileiro. Ao final, acabou por prevalecer o entendimento de que o conteúdo do antigo art. 20 da revogada codificação ainda permanece entre nós, pela própria concepção da pessoa jurídica como realidade técnica e orgânica. Por isso, o impacto prático dessa primeira previsão é quase inexistente. Diz-se "quase", pois a afirmação tem razão didática e metodológica tão somente.

Isso igualmente pode ser afirmado quanto ao parágrafo único do novo comando do art. 49-A do Código Civil, ao estabelecer que a autonomia da pessoa jurídica representa um mecanismo para a alocação de riscos, com o fim de estimular a economia e o desenvolvimento do país, pelo incremento de várias atividades. Afirmou-se novamente o óbvio, quanto às sociedades, em texto que é mais "ideológico" do que efetivo ou com concreta relevância prática.

O que está estabelecido na lei até pode trazer a falsa sensação de que a autonomia da pessoa jurídica perante os seus membros não representava o que nele consta atualmente a respeito das sociedades. Sempre foi – desde que se afirmou a pessoa jurídica como uma ficção legal dotada de realidade própria – e sempre será assim. Em suma, a utilidade de todo o novo comando fica em dúvida.

Como última nota, há um equívoco na norma, uma vez que algumas pessoas jurídicas, caso das fundações e associações, não têm fins lucrativos, distanciando-se das finalidades previstas no comando legal, que parece estar restrito às sociedades, especialmente às empresas, e não às associações e fundações, que não têm finalidade de lucro, não trazendo a ideia de alocação ou segregação de riscos em seus conteúdos.

3 Modificações a respeito da desconsideração da personalidade jurídica pela Lei da Liberdade Econômica. Algumas notas doutrinárias

Como já pontuado, a pessoa jurídica é capaz de direitos e deveres na ordem civil, independentemente dos membros que a compõem, com os quais não tem vínculo, ou seja, sem qualquer ligação com a vontade individual das pessoas naturais que a integram. Em outras palavras, há uma autonomia da pessoa jurídica em relação aos seus sócios e administradores, como agora está previsto no art. 49-A do Código Civil, incluído pela Lei nº 13.874/2019. Em regra, os seus componentes somente responderão por débitos dentro dos limites do capital social, ficando a salvo o patrimônio individual dependendo do tipo societário adotado.

A regra é de que a responsabilidade dos sócios em relação às dívidas sociais seja sempre subsidiária, ou seja, primeiro se exaure o patrimônio da pessoa jurídica para depois, e desde que o tipo societário adotado permita, os bens particulares dos sócios ou componentes da pessoa jurídica serem executados.

Devido a essa possibilidade de exclusão da responsabilidade dos sócios ou administradores, a pessoa jurídica, infelizmente, desviou-se de seus fins, cometendo fraudes e lesando sociedade ou terceiros, provocando reações na doutrina e na jurisprudência. Visando a coibir tais abusos, surgiu a figura da *teoria da desconsideração da personalidade jurídica, teoria do levantamento do véu* ou *teoria da penetração na pessoa física* ("disregard of the legal entity"). Com isso se alcançam pessoas e bens que se escondem dentro de uma pessoa jurídica para fins ilícitos ou abusivos.

Tal instituto permite ao juiz não mais considerar os efeitos da personificação da sociedade para atingir e vincular responsabilidades dos sócios, com o intuito de impedir a consumação de fraudes e abusos por eles cometidos, desde que causem prejuízos e danos a terceiros, principalmente a credores da empresa. Dessa forma, os bens particulares dos sócios podem responder pelos danos causados a terceiros.

Em suma, o *véu* ou *escudo*, no caso da pessoa jurídica, é retirado para atingir quem está atrás dele, o sócio ou administrador. Bens da empresa também poderão responder por dívidas dos sócios, por meio do que se denomina *desconsideração inversa* ou *invertida*. O Código Civil brasileiro acolheu tal possibilidade em seu art. 50.[1]

Sobre as recentes mudanças do texto do Código Civil pela Lei nº 13.874/2019, a norma passou a viabilizar a desconsideração da personalidade jurídica – com a ampliação de responsabilidades – tão somente quanto ao sócio ou administrador que, direta ou indiretamente, for beneficiado pelo abuso. Há tempos defendo tal interpretação da norma, na linha do Enunciado nº 7 da *I Jornada de Direito Civil*, para que o instituto da desconsideração não seja utilizado de forma desproporcional, abusiva e desmedida, atingindo pessoa natural que não tenha praticado o ato tido como abusivo ou ilícito. Conforme essa ementa doutrinária, "só se aplica a desconsideração da personalidade jurídica quando houver a prática de ato irregular, e limitadamente, aos administradores ou sócios, que nela hajam incorrido".

A título de exemplo, um sócio que não tenha tido qualquer benefício com a fraude praticada por outros membros da pessoa jurídica, seja de forma imediata ou mediata, não poderá ser responsabilizado por dívidas da empresa. Assim, nesse primeiro aspecto, o texto emergente avança, e muito. Citando a inovação, julgado do Superior Tribunal de Justiça de novembro de 2019 conclui:

> a desconsideração da personalidade jurídica está subordinada a efetiva demonstração do abuso da personalidade jurídica, caracterizado pelo desvio de finalidade ou pela confusão patrimonial, e o benefício direto ou indireto obtido pelo sócio, circunstâncias que não se verificam no presente caso. Precedente. (STJ, REsp nº 1.838.009/RJ, 3ª Turma, Rel. Min. Paulo Dias Moura Ribeiro, j. 19.11.2019)

Como se retira do acórdão, o teor do novo preceito já era adotado em precedentes da Corte Superior.

---

[1] Vejamos a sua redação atual, após as alterações que foram feitas pela Lei da Liberdade Econômica (Lei nº 13.874/2019), com a inclusão de um texto final no *caput* e de cinco novos parágrafos: "Art. 50. Em caso de abuso da personalidade jurídica, caracterizado pelo desvio de finalidade ou pela confusão patrimonial, pode o juiz, a requerimento da parte, ou do Ministério Público quando lhe couber intervir no processo, desconsiderá-la para que os efeitos de certas e determinadas relações de obrigações sejam estendidos aos bens particulares de administradores ou de sócios da pessoa jurídica beneficiados direta ou indiretamente pelo abuso. §1º Para os fins do disposto neste artigo, desvio de finalidade é a utilização da pessoa jurídica com o propósito de lesar credores e para a prática de atos ilícitos de qualquer natureza. §2º Entende-se por confusão patrimonial a ausência de separação de fato entre os patrimônios, caracterizada por: I – cumprimento repetitivo pela sociedade de obrigações do sócio ou do administrador ou vice-versa; II – transferência de ativos ou de passivos sem efetivas contraprestações, exceto os de valor proporcionalmente insignificante; e III – outros atos de descumprimento da autonomia patrimonial. §3º O disposto no *caput* e nos §§1º e 2º deste artigo também se aplica à extensão das obrigações de sócios ou de administradores à pessoa jurídica. §4º A mera existência de grupo econômico sem a presença dos requisitos de que trata o *caput* deste artigo não autoriza a desconsideração da personalidade da pessoa jurídica. §5º Não constitui desvio de finalidade a mera expansão ou a alteração da finalidade original da atividade econômica específica da pessoa jurídica".

Os novos parágrafos, que foram incluídos, desde o texto da Medida Provisória nº 881, trazem critérios objetivos para a incidência da desconsideração nas relações entre civis, em prol de uma suposta certeza e segurança jurídica. Advirta-se que essa norma não se aplica à desconsideração da personalidade jurídica prevista em outros sistemas, como no Código de Defesa do Consumidor (Lei nº 8.078/1990), na legislação ambiental (Lei nº 9.605/1998) e na Lei Anticorrupção (Lei nº 12.846/2013). Os dois critérios alternativos previstos no *caput* do art. 50 do CC/2002 – precursores da chamada teoria maior da desconsideração – são o desvio de finalidade e a confusão patrimonial.

A respeito do desvio de finalidade, a norma passaria a estabelecer como requisito fundamental o elemento doloso ou intencional na prática da lesão ao direito de outrem ou de atos ilícitos, para que o instituto fosse aplicado. Como adverti em textos que escrevi, assim que a MP nº 881 foi editada, essa inovação representaria um grande retrocesso, travando a incidência da categoria, substancialmente por distanciar-se da teoria objetiva do abuso de direito, tratado pelo art. 187 do Código Civil, sem qualquer menção ao elemento subjetivo do dolo ou da culpa, e que fundamenta o instituto da desconsideração da personalidade jurídica.

A Medida Provisória nº 881 – depois convertida na Lei da Liberdade Econômica – adotava um *modelo subjetivo e agravado de responsabilização pessoal*, pois somente o dolo e não a simples culpa geraria a configuração desse primeiro elemento da desconsideração. Argumentava-se, entre os defensores da norma, que o elemento doloso para a aplicação da desconsideração estava consolidado no âmbito da jurisprudência do Superior Tribunal de Justiça, o que não é verdade. A Corte tem exigido o dolo apenas para os casos de encerramento irregular das atividades, quando a empresa as encerra sem honrar com as suas obrigações e altera formalmente as informações perante os órgãos competentes (STJ, EREsp nº 1.306.553/SC, 2ª Seção, Rel. Min. Maria Isabel Gallotti, j. 10.12.2014, *DJe* 12.12.2014).

Também como defendi em textos anteriores, a melhor redação do comando ficaria com a seguinte dicção: "para fins do disposto neste artigo, desvio de finalidade é a utilização da pessoa jurídica com o propósito de lesar credores e para a prática de atos ilícitos de qualquer natureza". Isso acabou sendo sugerido por alguns parlamentares, caso do Deputado André Figueiredo, por meio da Emenda nº 90: "suprima-se a expressão 'dolosa' do §1º do art. 50 da Lei n. 10.406, de 10 de janeiro de 2002 – Código Civil, alterado pelo art. 7º da MPV n. 881, de 2019".

Grandes e até insuperáveis seriam os entraves para a incidência da desconsideração da personalidade jurídica – sobretudo na sua modalidade inversa – no âmbito do direito de família e das sucessões, para os quais tem aplicação o art. 50 do Código Civil. Importante sempre lembrar que o elemento subjetivo, notadamente a culpa, foi afastado em demandas relativas a esses ramos jurídicos nos últimos anos, e a Medida Provisória nº 881 trazia a volta de sua análise para a desconsideração, especialmente do dolo. Assim, pelo atual texto, basta a conduta culposa, ou mesmo antifuncional – o que tem como parâmetro o art. 187 do CC –, para que o desvio de finalidade esteja caracterizado.

Sobre a confusão patrimonial, foram mantidos os parâmetros objetivos que estavam previstos na Medida Provisória nº 881, sem qualquer modificação, a saber: a) o cumprimento repetitivo pela sociedade de obrigações do sócio ou do administrador ou vice-versa; b) a transferência de ativos ou de passivos sem efetivas contraprestações, exceto os de valor proporcionalmente insignificante; e c) outros atos de descumprimento da autonomia patrimonial. A última previsão revela que a relação não é taxativa (*numerus clausus*), mas exemplificativa (*numerus apertus*).

Somente a primeira previsão tinha a minha ressalva, e sugeri que fosse retirada a palavra "repetitivo", pois a confusão patrimonial poderia estar configurada por um único cumprimento obrigacional da pessoa jurídica em relação aos seus membros; por um ato isolado, é possível realizar um total esvaziamento patrimonial com o intuito de prejudicar credores. De todo modo, tal entendimento não foi adotado, e caberá à jurisprudência fazer a mitigação do texto legal, se for o caso, nessas situações, até porque a relação prevista em lei não é fechada, como antes pontuado.

Sobre o §3º do atual art. 50, continuo a entender que seria mais interessante adaptá-lo ao art. 133, §2º, do Código de Processo Civil de 2015, que, ao tratar do incidente de desconsideração da personalidade jurídica, estabelece que "aplica-se o disposto neste Capítulo à hipótese de desconsideração inversa da personalidade jurídica". A redação que consta da nova lei, confirmando a medida provisória anterior, ao prever que "o disposto no *caput* e nos §§1º e 2º deste artigo também se aplica à extensão das obrigações de sócios ou de administradores à pessoa jurídica", pode até trazer a falsa impressão de que não se trata da desconsideração inversa. De todo modo, como foi essa a opção do legislador, é preciso sempre afirmar que se trata dos mesmos institutos.

Quanto ao §4º do art. 50, reitero o meu apoio ao texto legislativo, ao preceituar que "a mera existência de grupo econômico sem a presença dos requisitos de que trata o *caput* não autoriza a desconsideração da personalidade da pessoa jurídica". Foi positivada, portanto, a viabilidade jurídica do uso da desconsideração da personalidade jurídica para atingir outra pessoa jurídica.

Nesse contexto, portanto, como evolução da desconsideração da personalidade jurídica, tem-se aplicado há tempos a *teoria da sucessão de empresas*, também denominada *desconsideração econômica ou indireta*, pela qual, nos casos de abuso da personalidade jurídica em que for patente a ocorrência de fraude, poderá o magistrado estender as responsabilidades de uma empresa para outra – denominadas *empresa sucedida* e *sucessora*, respectivamente. Na prática, do Tribunal de Justiça de São Paulo, cite-se acórdão em que se aplicou a teoria da sucessão de empresas para compensação de créditos e débitos envolvendo o falido Banco Santos e o conhecido Bank of Europe, este utilizado para perpetuar transações e fraudes pelo primeiro:

> Falência. Ação monitória. Embargos. Procedência parcial em primeiro grau. Compensação de crédito do devedor do falido perante banco do mesmo grupo econômico deste. Possibilidade, no caso. Procedência integral da ação. Não havendo dúvidas nos autos de que o Bank of Europe pertence ao mesmo grupo econômico do falido, e de que, naquele, um dos apelantes tem crédito líquido, certo e exigível, possível a compensação desse crédito com o débito dos apelantes para com a Massa Falida. Apelação provida. (TJSP, Apelação com Revisão 9134530-70.2009.8.26.0000, Câmara Reservada à Falência e Recuperação do Tribunal de Justiça de São Paulo, Comarca: São Paulo, 2ª Vara de Falências e Recuperações Judiciais de São Paulo, Rel. Des. Lino Machado, j. 27.11.2012)

Sobre tal hipótese de desconsideração, na *I Jornada de Direito Processual Civil*, promovida pelo Conselho da Justiça Federal em agosto de 2017, aprovou-se enunciado doutrinário estabelecendo a necessidade de aplicação do incidente previsto entre os arts. 133 e 137 do Código de Processo Civil de 2015 em casos tais. A ementa doutrinária utiliza os termos *desconsideração expansiva* e *indireta* (Enunciado nº 11).[2] Nesse caso de responsabilização de uma pessoa jurídica por dívidas da outra, prefiro utilizar o termo *sucessão de empresas*, sendo possível também estender a responsabilização para a empresa controlada, por dívidas de sua controladora, ou vice-versa.

Como última mudança do art. 50 do Código Civil, o seu §5º confirma o texto da MP de origem, no sentido de que não constitui desvio de finalidade a mera expansão ou a alteração da finalidade original da atividade econômica específica da pessoa jurídica. Lamenta-se a manutenção a respeito da alteração da finalidade original, que deveria ter sido retirada do texto de conversão, o que foi proposto pelo Senador Rodrigo Pacheco, por meio da Emenda nº 173.

Cite-se o exemplo de uma fundação que pode ter a sua autonomia desconsiderada com o fim de responsabilização dos seus administradores, caso altere a sua finalidade inicial com o objetivo de se desviar de seus fins nobres, constantes do art. 62, parágrafo único, do Código Civil. Nessa hipótese, entendo que já há motivo para aplicar o instituto do art. 50 do Código Civil, o que novamente deve ser considerado pela jurisprudência, abrindo-se uma exceção ao texto legal.

Ora, se a expansão da atividade de uma pessoa jurídica for utilizada para prejudicar credores, há que se desconsiderar a personalidade jurídica, como no caso de um atacadista que passa a desempenhar atividades também do varejo usando isso para fins de confusão patrimonial e para lesar os sujeitos ativos de suas dívidas.

Em arremate a este texto, entre erros e acertos, penso que o texto da lei a respeito da desconsideração da personalidade jurídica é bem melhor do que o original e também do que constava da Medida Provisória nº 881, em especial pela retirada do dolo, tendo o Parlamento brasileiro cumprido o seu papel e a sua função nos debates que permearam a conversão da MP e no aperfeiçoamento da norma originária.

Referências

DE CUPIS, Adriano. *Os direitos da personalidade*. Tradução de Adriano Vera Jardim e Antonio Miguel Caeiro. Lisboa: Morais Editora, 1961.

DINIZ, Maria Helena. *Curso de direito civil brasileiro*: Teoria geral do direito civil 24. ed. São Paulo: Saraiva, 2007. v. 1.

FARIAS, Cristiano Chaves; ROSENVALD, Nelson. *Curso de direito civil*. 13. ed. São Paulo: Atlas, 2015. v. 1.

TARTUCE, Flavio. *Direito civil*: Lei de Introdução e Parte Geral. 17. ed. Rio de Janeiro: Forense, 2021. v. 1.

2 Como se retira da doutrina de Cristiano Chaves de Farias e Nelson Rosenvald, a *desconsideração expansiva* representa "a possibilidade de desconsiderar uma pessoa jurídica para atingir a personalidade do sócio eventualmente oculto, que, não raro, está escondido na empresa controladora". Por seu turno, de acordo com os mesmos autores, na *desconsideração indireta*, "é permitido o levantamento episódico do véu protetivo da empresa controlada para responsabilizar a empresa-controladora (ou coligada) por atos praticados com aquela de modo abusivo ou fraudulento. Observa-se que a hipótese vem se tornando muito comum, em especial envolvendo grandes complexos empresariais que adquirem, sucessivamente, diversas empresas que terminam atuando de modo a criar um ambiente mais seguro para a sua controladora, em detrimento de terceiros que contratam com uma empresa mais fraca (controlada por outra mais forte)" (FARIAS; ROSENVALD, 2015, p. 405).

Informação bibliográfica deste livro, conforme a NBR 6023:2018 da Associação Brasileira de Normas Técnicas (ABNT):

TARTUCE, Flávio. A pessoa jurídica e as alterações da Lei da Liberdade Econômica: algumas notas doutrinárias. *In*: CORTIANO JUNIOR, Eroulths; SILVA, Alexandre Barbosa da (coord.). *O Código Civil e a Contemporaneidade*: Estudos do Grupo Virada de Copérnico em Homenagem ao Ministro Luiz Edson Fachin. Belo Horizonte: Fórum, 2025. p. 59-66. ISBN 978-65-5518-990-2.

CONSIDERAÇÕES SOBRE A CATEGORIA DOS BENS NOS 20 ANOS DO CÓDIGO CIVIL BRASILEIRO: RETROSPECTIVAS E PERSPECTIVAS

ANA PAULA MYSZCZUK

1 Introdução

O presente ensaio tem por finalidade lançar algumas luzes sobre mudanças e permanências ocorridas, nos últimos 20 anos, na categoria dos bens presente no Código Civil brasileiro. A partir das luzes focadas sobre a categoria dos bens nesses primeiros 20 anos do Código Civil brasileiro, serão realizados breves comentários relativos às dificuldades que a regulação civil enfrenta na tutela jurídica dos bens e patrimônio do sujeito de direitos. Buscam-se apontar alguns caminhos de discussão para novas e/ou atualizadas interpretações e para a necessidade de nova construção legal no Código Civil brasileiro. Os casos escolhidos para exemplificar esse contexto são o caso dos semoventes e, dada a conjuntura de 2020/2021, o das vacinas.

Destaca-se que o texto apresentado não pretende esgotar as discussões sobre o tema dos bens, sua retrospectiva e/ou perspectivas. Teve como objetivo apenas lançar algumas luzes sobre modificações ocorridas nesses últimos 20 anos e apontar a falta de ferramental jurídico-legal para a proteção jurídica em situações pontuais.

2 Bens e retrospectivas dos 20 anos do Código Civil brasileiro

A categoria dos bens está regulada no Livro II do Código Civil brasileiro, entre os arts. 79 e 103. Os regramentos foram distribuídos em um livro único, que conta com três capítulos, em que são qualificadas as diferentes classes de bens. No primeiro capítulo são apresentados os bens considerados em si mesmo; no segundo, os bens reciprocamente considerados e, no terceiro, os bens públicos.

No Capítulo I, optou-se por excluir a categoria das "coisas" e incluir-se apenas os "bens", aquelas coisas suscetíveis de apropriação, que possuem valor e são protegidas pelo sistema jurídico-civil. No Capítulo II foram apresentadas as principais inovações, com uma nova categoria de bens acessórios, as pertenças. Por fim, o Capítulo III, situa como públicos os bens do domínio nacional pertencentes às pessoas jurídicas de direito público interno. Todos os outros são particulares.

Assim, em 2002, o Código Civil brasileiro não apresentou um conceito hermético de bem, o que permitiu uma expansão dessa categoria para além dos clássicos bens materiais. Essa extensão acompanhou, muitas vezes, a diversificação dos direitos da personalidade, representando um corolário necessário à sua concretização. Nesse contexto e decorrente dos movimentos de despatrimonialização e repersonalização do direito civil, saiu de cena a categoria das "coisas", e entrou em foco o conceito de bem aliado a um novel aspecto do "patrimônio".

Nessa nova conjuntura, patrimônio e bens passam a considerar toda titularidade do sujeito de direitos e o conceito de "valor" ultrapassa a simples esfera econômico-financeira e inclui tudo que seja "relevante" para a pessoa, grupo ou humanidade. Isso faz surgir novas categorias patrimoniais, próprias do século XXI, em que o uso de termos como patrimônio cultural, ambiental, genético ou imaterial, por exemplo, se torna corriqueiro.

Assim, as mudanças paradigmáticas que bens e patrimônio sofrem no século XXI, causadas pelos direitos da personalidade e com os movimentos de despatrimonialização e repersonalização do direito civil, trazem em seu bojo, via de consequência, uma série de alterações/fusões/confusões nas categorias dos sujeitos de direitos e dos objetos de direitos.

Isso pode ser verificado, por exemplo, nos casos do ser humano enquanto objeto de direitos e dos bens (semoventes) como categoria *sui generis* e possivelmente rumo a se tornar uma nova categoria de sujeito de direitos. Equalizar essas questões representa um dos grandes desafios das próximas décadas para o direito civil-constitucional e Código Civil brasileiro.

3 Bens e algumas perspectivas na segunda década do século XXI

A primeira perspectiva para construção legal/doutrinária civil que se escolheu para análise se refere aos chamados "semoventes". Os animais foram "coisificados" faz muito tempo.[1] Excluídos da categoria de sujeitos de direitos, são considerados seres desprovidos de consciência, considerados irracionais e sem alma. Essas características justificariam sua inferioridade em relação aos seres humanos e a crueldade a que estão sujeitos.

Classicamente, os seres humanos em nenhuma hipótese têm um dever para com os animais, mas somente em face de outros seres humanos.[2] Assim, para a doutrina tradicional, é sempre na condição de objeto, nunca como sujeitos, que os animais participam das relações jurídicas. Os atos jurídicos podem envolvê-los, mas eles serão sempre objeto material desses, jamais assumindo uma posição em que o seu interesse seja juridicamente relevante.

---

[1] OLIVEIRA, Jadson Correia de; ALVES, Vanessa Estevam. Evolução das decisões do STF sobre direitos dos animais (rinhas, vaquejada e sacrifício de animais): análise comparada nos países do novo constitucionalismo latino-americano. *Revista Latino-Americana de Direitos da Natureza e dos Animais*, v. 3, n. 2, p. 6-24, 2021.

[2] FIORENZA, Fábio Henrique Rodrigues de Moraes. A condição jurídica dos animais não-humanos no direito brasileiro analisada a partir da vedação constitucional à prática de crueldade contra eles. *In*: DIREITO AMBIENTAL II, 2013, Florianópolis. *Anais*... Florianópolis: FUNJAB, 2013. p. 486-507.

Essa categorização clássica é muito contestada, tendo emergido na sociedade movimentos crescentes de luta pelos direitos dos animais e, também, correntes doutrinárias que advogam pela sua "descoisificação". Considerar que os animais são seres sencientes significa compreender que eles possuem a capacidade de sentir sensações e ter sentimentos de forma consciente.[3]

Nessa segunda década do século XXI, o direito penal brasileiro tem reconhecido que os animais não são coisas, mas seres sencientes. Mas, qual a consequência jurídica desses reconhecimentos para o direito civil brasileiro? Nessa temática, o Brasil já sofre as influências de alguns países como Portugal, França e Nova Zelândia, cujos Códigos Civis passaram por alterações, para reconhecer a senciência dos animais ou para afirmar que eles não são coisas.

Também, somos influenciados pela regulação de países da América Latina, que olham para os animais com visão protetora e garantidora, mesmo que não os consideram sujeitos de direitos ou quando ainda os consideram como coisas. As influências, também, vêm de várias Constituições, como as Cartas do Equador (2008) e Bolívia (2009), que incluem os direitos dos animais.[4]

Inicialmente essa seria apenas mais uma questão de desafio na interpretação doutrinária a partir de dispositivos estabelecidos na Constituição Federal brasileira de 1988. Porém, o tema parece já delinear caminhos próprios para se concretizar no sistema jurídico brasileiro com, por exemplo, o Projeto de Lei nº 6054/2019, cujas alterações propostas têm potencial para gerar uma das maiores modificações no direito e Código Civil pátrio no século XXI: na categoria dos sujeitos de direitos e, quem sabe, eliminação da subcategoria dos "semoventes".

Por meio de uma alteração no art. 82 do Código Civil, o PL nº 6.054/2019 pretende conferir aos animais domésticos e silvestres um novo regime jurídico, *sui generis*, que afastaria o juízo legal de "coisificação" e traria uma nova natureza jurídica que lhes reconheceria direitos significativos. A finalidade é afastar a ideia utilitarista e reconhecer que os animais são seres sencientes, que sentem dor e emoção. Desse modo, o projeto busca outorgar uma classificação jurídica específica aos animais, enquanto "sujeitos de direitos despersonificados".

Com isso, embora tenham reconhecida a personalidade jurídica de um sujeito de direitos, os animais passariam a ter personalidade própria, de natureza *suis generis*, de acordo com sua espécie, natureza biológica e sensibilidade.[5] A questão do bem-estar

---

3 OLIVEIRA, Jadson Correia de; ALVES, Vanessa Estevam. Evolução das decisões do STF sobre direitos dos animais (rinhas, vaquejada e sacrifício de animais): análise comparada nos países do novo constitucionalismo latino-americano. *Revista Latino-Americana de Direitos da Natureza e dos Animais*, v. 3, n. 2, p. 6-24, 2021.

4 OLIVEIRA, Jadson Correia de; ALVES, Vanessa Estevam. Evolução das decisões do STF sobre direitos dos animais (rinhas, vaquejada e sacrifício de animais): análise comparada nos países do novo constitucionalismo latino-americano. *Revista Latino-Americana de Direitos da Natureza e dos Animais*, v. 3, n. 2, p. 6-24, 2021.

5 "COMISSÃO DE CONSTITUIÇÃO E JUSTIÇA E DE CIDADANIA – PROJETO DE LEI Nº 6.799-C DE 2013: Acrescenta dispositivo à Lei nº 9.605, de 12 de fevereiro de 1998, para dispor sobre a natureza jurídica dos animais não humanos. O CONGRESSO NACIONAL decreta: Art. 1º Esta Lei estabelece regime jurídico especial para os animais não humanos. Art. 2º Constituem objetivos fundamentais desta Lei: I - afirmação dos direitos dos animais não humanos e sua proteção; II - construção de uma sociedade mais consciente e solidária; III - reconhecimento de que os animais não humanos possuem natureza biológica e emocional e são seres sencientes, passíveis de sofrimento. Art. 3º *Os animais não humanos possuem natureza jurídica sui generis e são sujeitos de direitos despersonificados, dos quais devem gozar e obter tutela jurisdicional em caso de violação, vedado o seu tratamento como coisa.* Art. 4º A Lei nº 9.605, de 12 de fevereiro de 1998, passa a vigorar acrescida do seguinte

animal é certamente um grande desafio que os sujeitos de direitos enfrentaram no terreno da ética. E o que é a ética senão o fazer o bem e o justo? A causa abolicionista animal pode ser uma oportunidade de a humanidade demonstrar que se compõe de seres racionais e morais, que respeitam a dignidade humana e não humana.[6]

A segunda perspectiva de construção legal/doutrinária que se traz ao ensaio decorre do redimensionamento dos bens, que se expandiram para abarcar uma diversidade de titularidades. Classicamente enquadrado como direito individual, particular e rival, a categoria dos bens se transformou, compreendendo os enquadramentos nas titularidades individual, difusa, coletiva e/ou patrimônio comum da humanidade. A natureza individual, coletiva e difusa dos bens já possui, em maior ou menor grau, um elenco de consequências jurídico-legais que permitem sua positivação e garantia.

Porém, a dimensão de patrimônio comum da humanidade nunca teve uma exigência doutrinária ou jurisprudencial maior, na prática civilística e/ou constitucional. Desse modo, ficou restrita a alguns bens de alcance internacional, representando muito mais um condicionamento ético que jurídico. Esse contexto mudou com a pandemia de Covid-19, a exclusão de milhões de pessoas do acesso à imunizantes e a designação de que as vacinas seriam um bem comum da humanidade.

A expressão "patrimônio comum da humanidade" foi utilizada pela primeira vez no século XIX, para designar os fundos marinhos. Ao longo do século XX, foram incluídos nessa categoria os corpos celestes, o meio ambiente e o genoma humano. Representa um conceito aberto, expansivo e receptor, permitindo que sejam acrescidas novas situações decorrentes do desenvolvimento sociocientífico da humanidade.

A Convenção das Nações Unidas sobre o Direito do Mar,[7] que foi a primeira a estabelecer o conceito, o designa como de uso pacífico e de destinação ao bem comum dos povos. Deve ser salvaguardado e ter exploração supervisada pela humanidade, no interesse de beneficiar todas as nações e seres humanos, sem discriminação. Não é mera referência ideal de cunho filosófico, mas tem feição jurídica cogente no domínio deôntico da produção normativa internacional, vinculando imperativamente os Estados no respeito desse acervo de bens corpóreos ou incorpóreos.[8]

Assim, quando se pensa no conceito de patrimônio comum da humanidade, se faz referência a bens cujo valor inestimável é de importância para toda a sociedade global. Representa um complexo de características espirituais, materiais, intelectuais e emocionais pertencentes a uma sociedade ou determinado grupo social. Esses bens podem estar localizados geograficamente no território de determinado Estado soberano e estar sujeitos a determinado sistema jurídico doméstico.[9]

---

art. 79-B: '*Art. 79-B. O disposto no art. 82 da Lei nº 10.406, de 10 de janeiro de 2002 (Código Civil), não se aplica aos animais não humanos, que ficam sujeitos a direitos despersonificados*''.

6 OLIVEIRA, Jadson Correia de; ALVES, Vanessa Estevam. Evolução das decisões do STF sobre direitos dos animais (rinhas, vaquejada e sacrifício de animais): análise comparada nos países do novo constitucionalismo latino-americano. *Revista Latino-Americana de Direitos da Natureza e dos Animais*, v. 3, n. 2, p. 6-24, 2021.

7 ONU. *Convenção das Nações Unidas sobre o Direito do Mar* – CNUDM. 1982.

8 DIAS NETO, Pedro Miron de Vasconcelos; REBOUÇAS, Vinícius Parente. Recursos ambientais: do patrimônio comum da humanidade à soberania dos Estados. *Anais do XXI Encontro Nacional do Conpedi*, 2012.

9 CARDILLI, Carolina Fontolan. *A regulação do patrimônio comum da humanidade*: bens públicos globais, direito administrativo global e o desenvolvimento internacional. [s.l.]: [s.n.], 2016.

Sua utilização deve ser racional, permitindo renovação e conservação, especialmente no interesse das gerações futuras. A natureza jurídica se assemelha ao instituto do fideicomisso, de forma a proteger, conservar e manejar sábia e adequadamente os recursos naturais, para transmiti-los às gerações futuras.[10] Parte de princípios básicos de proteção como: afetação ao interesse geral da humanidade, utilização para fins pacíficos, não apropriação, inalienabilidade, exclusão ou não evocação da soberania, igualdade ou não discriminação, universalidade, livre acesso e governança global.

Embora o Brasil seja signatário da Convenção das Nações Unidas sobre o Direito do Mar, a Declaração de Biodiversidade e a Declaração Universal dos Direitos Humanos e do Genoma Humano, por exemplo, ainda nos falta um arcabouço jurídico-legal que dê conta dessa dimensão. As atuais ferramentas de garantia geral dos bens não nos auxiliam na resolução de conflitos que envolvam a dimensão de patrimônio comum da humanidade.

O caso das vacinas contra a Covid-19 é muito simbólico na análise da proteção jurídica das várias dimensões da categoria dos bens. O direito à saúde e seu desdobramento no direito à imunização pode ser concretizado por meio do acesso ao bem material individual denominado "vacina". Do mesmo modo, a dimensão coletiva está contemplada, por exemplo, pelo estabelecimento de grupos prioritários na vacinação. E todas essas situações têm suas pertinentes garantias processuais, caso algum acesso a esse bem seja negado ou indevidamente retardado.

Porém, como categorizar esse bem, a vacina, como patrimônio comum da humanidade e/ou da população brasileira? Quais garantias podem salvaguardar o acesso a esse bem comum e possibilitar a exploração no interesse exclusivo de beneficiar todas as nações e seres humanos, sem discriminação? Como impor um bloco de limitações ao campo de ação dos Estados, em prol dos interesses gerais da humanidade/população brasileira?

Um caminho possível para solucionar essas lacunas pode ser o dos bens públicos globais. A partir do momento em que um bem é considerado patrimônio comum da humanidade, entende-se que existe um interesse público da sociedade global quanto à sua regulação.[11] Isso se dá num contexto de governança global e implica o surgimento e desenvolvimento de bens públicos globais.

Os bens públicos globais possuem duas características essenciais: são não excludentes e não rivais. Quer dizer, não impedem que um grupo diverso de pessoas usufruam deles, e o uso do bem por uma pessoa não impede que outra o utilize ao mesmo tempo. Bens públicos globais geram externalidades, cujos benefícios e malefícios atingem todos os países, populações e gerações.

A caracterização do patrimônio comum da humanidade como um bem público global impõe a existência de externalidades que ultrapassam as fronteiras dos Estados, ampliando seus benefícios a diferentes países, populações e gerações. E, por esse caminho – a pandemia da Covid-19 ilustrou isso perfeitamente – é necessário um sistema de governança global para amparar a sua sustentação e administrar esse tipo de bem.[12]

---

10 CARVALHO, Edson Ferreira de. *Meio ambiente como patrimônio da humanidade*. Curitiba: Juruá, 2008.

11 CARDILLI, Carolina Fontolan. *A regulação do patrimônio comum da humanidade*: bens públicos globais, direito administrativo global e o desenvolvimento internacional. [s.l.]: [s.n.], 2016.

12 CARDILLI, Carolina Fontolan. *A regulação do patrimônio comum da humanidade*: bens públicos globais, direito administrativo global e o desenvolvimento internacional. [s.l.]: [s.n.], 2016.

Na análise deve ser integrado o entendimento de que os bens públicos globais desafiam características tradicionais do direito à propriedade em que os bens privados apresentam as características de rivalidade e exclusão e os bens públicos não as apresentam. E, ainda, há de se incluir mais um fator complicador: o caráter global dos bens. Se é difícil distinguir os bens privados e públicos no espaço de apenas um ente soberano, num contexto do espaço global, ocorrem as tensões entre privado, público e global nas mais diferentes formas.[13]

A partir dessas ilações, pode-se finalizar com o seguinte questionamento: as bases jurídicas poderiam auxiliar no avanço, eliminação das lacunas e consolidação da proteção jurídica que pode ser oferecida por essa dimensão da categoria dos bens? Não há respostas. O momento atual traz a necessidade de avanço na interpretação dessas dimensões e conceitos à luz da Constituição Federal brasileira e a oportunidade de pensar em novas inclusões no Código Civil brasileiro e/ou no sistema jurídico nacional.

4 Considerações finais

O ensaio buscou lançar algumas luzes sobre a categoria dos bens e as mudanças e permanências ocorridas nessas duas décadas de existência do Código Civil brasileiro. Para tanto, realizou uma breve retrospectiva sobre aspectos dessa temática e, para uma análise prospectiva de caminhos para a regulação civil, discorreu rapidamente sobre o caso dos semoventes o das vacinas.

Das considerações realizadas, podem-se perceber as profundas alterações que essa categoria sofreu nesses 20 anos. A influência fortemente constitucional dos direitos da personalidade fez com que os bens não só adotassem um contorno econômico-financeiro, mas se tornassem uma forma de concretização material ou imaterial de tudo que seja de valor para o sujeito de direitos.

Ainda, o conceito de patrimônio, reinterpretado pelos movimentos de despatrimonialização e repersonalização do direito civil, se aliou ao de bens, fazendo surgir novas categorias e dimensões de bens. Essa abertura nos caminhos da regulação trouxe a concretização, em muitos graus, dos valores constitucionais.

Porém, em alguns casos, verifica-se um esgotamento do ferramental jurídico disponível e o surgimento de oportunidade para a realização de avanços na legislação. Os dois casos apresentados mostram esses vislumbres no caminho do Código Civil brasileiro: uma alteração importante na figura do sujeito de direitos, que se expande para incluir uma situação *sui generis* e pode eliminar uma categoria clássica dos bens e a possibilidade de se ter regras de governança globais para aqueles bens que a humanidade considere realmente relevantes.

Por qual caminho se seguirá? Obviamente não é possível se dizer com certeza. Mas se pode efetivamente afirmar que os bens são uma das categorias em ebulição no Código Civil brasileiro, o que demonstra as mais profundas influências da tutela dos direitos fundamentais na Constituição Federal brasileira de 1988 na vida privada dos sujeitos de direitos.

---

[13] CARDILLI, Carolina Fontolan. *A regulação do patrimônio comum da humanidade*: bens públicos globais, direito administrativo global e o desenvolvimento internacional. [s.l.]: [s.n.], 2016.

Referências

BRASIL. *Lei 10406, de 10 de janeiro de 2002, que institui o Código Civil*. Brasília: Presidência da República, 2002.

CARDILLI, Carolina Fontolan. *A regulação do patrimônio comum da humanidade*: bens públicos globais, direito administrativo global e o desenvolvimento internacional. [s.l.]: [s.n.], 2016.

CARVALHO, Edson Ferreira de. *Meio ambiente como patrimônio da humanidade*. Curitiba: Juruá, 2008.

DIAS NETO, Pedro Miron de Vasconcelos; REBOUÇAS, Vinícius Parente. Recursos ambientais: do patrimônio comum da humanidade à soberania dos Estados. *Anais do XXI Encontro Nacional do Conpedi*, 2012.

FIORENZA, Fábio Henrique Rodrigues de Moraes. A condição jurídica dos animais não-humanos no direito brasileiro analisada a partir da vedação constitucional à prática de crueldade contra eles. *In*: DIREITO AMBIENTAL II, 2013, Florianópolis. *Anais*... Florianópolis: FUNJAB, 2013. p. 486-507.

OLIVEIRA, Jadson Correia de; ALVES, Vanessa Estevam. Evolução das decisões do STF sobre direitos dos animais (rinhas, vaquejada e sacrifício de animais): análise comparada nos países do novo constitucionalismo latino-americano. *Revista Latino-Americana de Direitos da Natureza e dos Animais*, v. 3, n. 2, p. 6-24, 2021.

ONU. *Convenção das Nações Unidas sobre o Direito do Mar* – CNUDM. 1982.

PERIA, Elpio Ping. O que é meu é meu, mas deveria ser seu também. A questão quase esquecida da biopiratatia. *In*: MATHIAS, Fernando; NOVION, Henry (Org.). *As encruzilhadas das modernidades*. São Paulo: Instituto socioambiental, 2006. p. 377-378.

SANTOS, Maria Celeste Cordeiro dos. *O equilíbrio do pêndulo*. A bioética e a lei: implicações médico-legais. São Paulo: Ícone, 1998.

Informação bibliográfica deste livro, conforme a NBR 6023:2018 da Associação Brasileira de Normas Técnicas (ABNT):

MYSZCZUK, Ana Paula. Considerações sobre a categoria dos bens nos 20 anos do Código Civil brasileiro: retrospectivas e perspectivas. *In*: CORTIANO JUNIOR, Eroulths; SILVA, Alexandre Barbosa da (coord.). *O Código Civil e a Contemporaneidade*: Estudos do Grupo Virada de Copérnico em Homenagem ao Ministro Luiz Edson Fachin. Belo Horizonte: Fórum, 2025. p. 67-73. ISBN 978-65-5518-990-2.

A FORÇA CONSTRUTIVA DOS FATOS E A CONTRIBUIÇÃO DA TEORIA CRÍTICA DE LUIZ EDSON FACHIN NA EDIFICAÇÃO DOGMÁTICA DA PRIVACIDADE

RAFAEL CORRÊA

1 Introdução

O direito, como saber epistemológico, encontra uma de suas principais fontes de edificação na realidade vivida pela sociedade, isso na medida em que se presta à resolução de conflitos e à tutela de bens jurídicos diversos – materiais e personalíssimos.

Essa edificação deu-se, por certo, no fluir do tempo, em que diversas narrativas foram erigidas ao longo dos séculos. Na composição normativa do direito civil brasileiro, arraigado ontologicamente na estruturação do *civil law*, diversas contribuições oriundas do direito comparado mostraram-se relevantes, mormente se jungidas com construções lapidadas em nossas próprias paragens. Uma dessas construções, posta como contributo concreto ao desenvolvimento do direito civil pátrio, é identificada na teoria crítica desenvolvida por Luiz Edson Fachin.

Em um viés voltado ao escopo de romper com o abstrativismo e o individualismo que timbraram a construção e compreensão do direito civil nas primeiras quadras do século XX, essa teoria crítica (fruto de longas reflexões e discussões vertidas em ambiência acadêmica – notadamente aquelas entabuladas pelo seu precursor em sala de aula, com seus incontáveis alunos) contempla tal espacialidade normativa em sua raiz antropológica, reconhecendo um direito civil "a serviço da vida", visando não "[...] repor em cena o individualismo do século XVII, nem para retomar a biografia do sujeito jurídico, mas sim para se afastar do tecnicismo e do neutralismo" (FACHIN, 2012, p. 21).

Nesta ordem de ideias, reconhece-se que o direito (e o direito civil, notadamente) não apenas acompanha a vida das pessoas, mas "a precede e a sucede", como bem apontou Luiz Edson Fachin (2012, p. 69), sendo perceptível, portanto, pontos de entrada e saída da realidade para o direito (civil) e também em sua via inversa, na ductibilidade que realmente se assenta nesse entrelaçar de situações jurídicas não concebidas em abstrato, mas sim em contraste com a realidade, por vezes dura, da vida em sociedade.

Todas essas perspectivas decotaram especial importância à tutela da pessoa e sua personalidade, sendo vincado neste direito civil de matiz constitucional o reconhecimento da cláusula geral de tutela que deflui da Constituição da República para incorporar, mesmo sem uma previsão legal taxativa, hipóteses normativas especiais de proteção dos direitos da personalidade, sendo retrato disso, por exemplo, a própria amplificação do dano moral nos quadrantes do direito de danos em tempos recentes (FACHIN, 2012, p. 143).

Diversos institutos foram fotografados por essa nova racionalidade crítica do direito civil, e especial destaque deve ser destinado à privacidade, expressão da personalidade humana que tem sido destinatária de preocupações relevantes e inafastáveis.

A partir da edição do Código Civil de 2002, poucas foram as categorias jurídicas que denotaram tamanha expansão quanto o direito à privacidade. Em duas décadas, testemunhou-se o deslocamento do espaço lateral que a privacidade ocupava para a centralidade de discussões dentro e fora da seara acadêmica: de certo modo, tratar da dimensão normativa das relações jurídicas (em seus diversos matizes) passou a significar, também, tratar do alcance normativo da privacidade.

É possível identificar diversas causas para este movimento centrípeto da privacidade; porém, uma delas parece expressar particular importância: o desenvolvimento potencializado da tecnologia da informação, que promove o uso de algoritmos para a coleta e processamento de dados e viabiliza o predomínio, hoje percebido, das plataformas digitais.

Tal fenômeno por certo não foi cotejado quando da elaboração do então novo Código Civil brasileiro – cuja adjetivação de "novo" pouco se justificava. O resgate, na alvorada dos anos 2000, do projeto legislativo encetado na década de 1970, não contou com o diálogo necessário junto a diversos espaços da sociedade e, mesmo com o alerta de que seu teor trafegava "na contramão da Constituição" (FACHIN; PIANOVSKI, 2000, p. 244), a codificação civil encontrou luz em 10.1.2002.

Sobre a temática da privacidade, o Código Civil então publicado ostentou flagrante omissão. A matéria acabou por ser tratada em apenas um dispositivo, que repetiu a fórmula da inviolabilidade da vida privada já plasmada na Constituição Federal, sem promover as regulamentações complementares que, em regra, caracterizam a produção legislativa infraconstitucional. Como se reconheceu, "Longe de trazer respostas, o que o Código Civil fez em matéria de privacidade foi deixar uma série de questões em aberto" (SCHREIBER, 2014, p. 189).

Propor soluções para essas questões foi tarefa que coube à doutrina do direito civil (a partir da compreensão e desenvolvimento de correntes teóricas acerca da privacidade) e à jurisprudência (por meio do julgamento de um número cada vez maior de demandas voltadas ao tema), estabelecendo-se um itinerário cujo percurso ainda não foi concluído.

E é justamente este o objeto deste estudo: ao lume da teoria crítica do direito civil preconizada por Luiz Edson Fachin, realizar uma espécie de análise que permita identificar, neste trajeto ainda em curso, as relevantes teorizações inerentes à privacidade e sua aplicação nos principais casos julgados pelo Superior Tribunal de Justiça acerca da matéria.[1] Assenta-se, com isso, a ideia de que "[...] compreender o Direito não é apenas

---

[1] Cabe aqui um alerta explicativo. A escolha do Superior Tribunal de Justiça como aporte de análise da jurisprudência em matéria de privacidade deve-se à competência daquela Corte em uniformizar a aplicação

uma operação mecânica, antes é um diálogo permanente entre seres humanos que não deve cessar jamais" (FACHIN, 2015, p. 3).

Para tanto, a presente reflexão será dividida em duas partes principais, sendo cada uma delas voltada à análise da doutrina e da jurisprudência inerentes à privacidade nos dois decênios que marcam este vintenário do Código Civil. Em remate, serão realizados apontamentos conclusivos como forma de estimular a continuidade dos debates pertinentes ao tema e envidar a cartografia de resultados aqui pretendida.

2 A privacidade fotografada no enlace geral dos direitos da personalidade

É lugar comum nos debates acadêmicos o apontamento de que a evolução conceitual da privacidade se deve ao seminal artigo escrito por Samuel D. Warren e Louis D. Brandeis (1890, p. 193) intitulado *The right to privacy*, que fundou as bases para aquilo que passou a ser conhecido como o "direito de estar só".

Sem prejuízo do desenvolvimento de outras correntes doutrinárias, como a clássica distinção promovida no direito civil italiano entre *diritto alla segretezza* e *diritto alla riservatezza*, a privacidade, em paragens tupiniquins, foi durante muito tempo sinônimo normativo de intimidade, na medida em que a "inviolabilidade pessoal" seria o fator justificante de aplicação da tutela jurídica (DOTTI, 1982, p. 69). Ainda sob a égide da codificação de 1916, Pontes de Miranda (1983, p. 124-139) sustentou que a ideia fundamental ao direito à intimidade é o segredo, sendo esse interesse integrante do suporte fático apto sobre o qual incidirá a regra protetiva. Sob essa lógica, não existiria um direito autônomo de intimidade, mas sim direito ao segredo (CORRÊA, 2017).

Tal cenário foi particularmente significativo para que a disposição constitucional acerca da privacidade fosse plasmada em sentido similar no art. 5º, inc. X da CRFB/1988, que assim dispôs: "são invioláveis a intimidade, a vida privada, a honra e a imagem das pessoas, assegurado o direito a indenização pelo dano material ou moral decorrente de sua violação". E equivalente sentido foi insculpido no art. 21 do Código Civil de 2002 que, ao superar a lacuna havida no diploma predecessor, limitou-se a definir o seguinte: "A vida privada da pessoa natural é inviolável, e o juiz, a requerimento do interessado, adotará as providências necessárias para impedir ou fazer cessar ato contrário a esta norma".

Bem por isso é que, mesmo após a edição da "nova" codificação civil, a privacidade foi inicialmente compreendida em sentido correlacional à noção de intimidade e, ao mesmo passo, fotografada pela doutrina não de modo autônomo, mas sim em conjunto à fórmula geral que enunciava a dimensão dos direitos da personalidade a partir da tutela da honra, imagem, nome, corpo e – então – da intimidade, definida nas lições de Caio Mário da Silva Pereira (2001, p. 28) como a "[...] faculdade que tem uma pessoa de se isolar, conforme o seu caráter, a sua tendência, ou sua disposição de espírito, independente das solicitações a que seja exposta".

---

normativa da legislação infraconstitucional. Ao todo, a base de busca de tal Tribunal Superior permite identificar 313 (trezentos e treze) acórdãos sobre o termo "privacidade", sendo a análise aqui vertida no cotejo dos principais julgados datados a partir de 2003.

Nada obstante esse paradigma inicial, a partir de 2004 é possível perceber na jurisprudência um estreitamento normativo na concepção da privacidade, passando a ser associada não mais unicamente à fórmula geral dos direitos da personalidade, mas sim especificamente como elemento jurídico justificante da tutela da imagem.

É o que se depreende do julgamento do Recurso Especial nº 440.150/RJ, oportunidade em que a Segunda Turma do Superior Tribunal de Justiça definiu que "Cabe indenização por dano moral pelo uso indevido da imagem, por se tratar de direito personalíssimo que garante ao indivíduo a prerrogativa de objetar sua exposição, no que se refere à sua privacidade". Esse posicionamento reflete a aplicação, em seara jurisprudencial, da perspectiva doutrinária pátria que persistia em enxergar na privacidade a projeção do direito à intimidade "[...] em seus múltiplos aspectos: pessoais, familiares e negociais" (BITTAR, 2015, p. 172), via essa que, em Portugal, foi bem definida por Capelo de Sousa (1995, p. 317), em obra essencial sobre o tema, como o "resguardo e sigilo do ser particular e da vida privada".

Entretanto, como não raro se constata no âmbito metodológico da prática jurisprudencial, o uso não autorizado da imagem nem sempre correspondeu a uma violação à privacidade apta a atrair a incidência do art. 21 do Código Civil – e prova disso reside no julgamento do Recurso Especial nº 595.600/SC.

Em tal caso, a Quarta Turma do Superior Tribunal de Justiça cotejou ação indenizatória que fora proposta por uma mulher que teve sua foto publicada pelo jornal *Zero Hora* sem sua autorização. Na imagem, a autora teve seu momento de lazer registrado quando estava deitada, em *topless*, nas areias de uma praia catarinense. Em primeiro grau de jurisdição, a pretensão reparatória fora julgada improcedente; porém, por maioria de votos, o Tribunal de Justiça de Santa Catarina deu provimento ao apelo a fim de condenar o jornal ao pagamento de indenização por dano moral no montante de cem salários mínimos. Com a oposição de embargos infringentes, o resultado foi novamente modificado, afastando-se o dever de indenizar ante a prática espontânea de *topless* pela autora.

Esse mesmo entendimento foi mantido no aresto acima citado, já que a Corte Superior assentou que não se poderia "[...] cometer o delírio de, em nome do direito de privacidade, estabelecer-se uma redoma protetora em torno de uma pessoa para torná-la imune de qualquer veiculação atinente a sua imagem". Afirmou-se também que a solução do caso exigiria a conciliação entre a liberdade de informação e a "[...] proteção à intimidade, em que o resguardo da própria imagem está subsumido", de modo que o fato de a autora ter feito *topless* seria indicativo de que ela "[...] optou por revelar sua intimidade, ao expor o peito desnudo em local público de grande movimento, inexistindo qualquer conteúdo pernicioso na veiculação", não havendo, assim, a violação cotejada no art. 21 do Código Civil brasileiro.

Em via similar, no ano de 2008, o Superior Tribunal de Justiça enfrentou discussão inerente à diminuição ou não da privacidade de pessoas públicas. O caso correspondeu ao julgamento do Recurso Especial nº 1.025.047/SP, cuja relatoria coube à Ministra Nancy Andrighi. Nele, a pretensão recursal fora deduzida por político de destaque no cenário nacional que protestava contra a decisão do Tribunal de Justiça do Estado de São Paulo que, ao reformar a sentença condenatória de primeiro grau de jurisdição, sustentou não ter ele direito à reparação civil decorrente de falsa atribuição de paternidade divulgada amplamente na imprensa por se tratar de uma "figura pública e político experiente" cujo abalo emocional não se justificaria.

Ao aferir a possibilidade de se assumir que "[...] pessoas públicas teriam diminuída sua esfera de proteção à honra e à intimidade quando optam pela voluntária exposição à mídia", o Superior Tribunal de Justiça apreciou, a partir da dimensão normativa do art. 21 do Código Civil, a incidência da "teoria das esferas", desenvolvida amplamente no direito civil alemão na década de 1950 por Heinrich Henkel e Heinrich Hubmann.

Tal teoria concebe a privacidade compartida em três esferas distintas: uma mais ampla referente à noção de vida privada (*Privatsphäre*), que albergaria todos os comportamentos e traços de personalidade não expostos à coletividade; outra relativamente menor compreendida como a esfera da intimidade (*Vertrauensphäre*); e uma última ainda mais restrita, a esfera do segredo, correspondente à vida particular que determinada pessoa guarda essencialmente para si. A referida teoria serviu de parâmetro para o julgamento realizado pelo Tribunal Europeu de Direitos Humanos no caso *Von Hannover x Germany*, pautado em pretensão reparatória movida pela Princesa de Mônaco contra violação de privacidade concretizada por jornalistas alemães que expuseram a rotina pessoal dela e de seus filhos por meio de fotos publicadas em tabloides. Em tal caso, a Corte definiu que a doutrina alemã de proteção dos direitos de personalidade (*Persönlichkeitsrecht*) é amparada pela teoria das esferas, sendo acolhido o pleito de Von Hannover.

Solução similar foi adotada pelo Superior Tribunal de Justiça no Recurso Especial nº 1.025.047/SP, sustentando-se que "A redução do âmbito de proteção aos direitos de personalidade [...] pode em tese ser aceitável quando a informação, ainda que de conteúdo familiar, diga algo sobre o caráter do homem público", mas jamais seria tolerável a exposição de fatos de outras ordens, já que "[...] não é possível aceitar-se a aplicação da tese segundo a qual as figuras públicas devem suportar, como ônus de seu próprio sucesso, a divulgação de dados íntimos".

Paralelamente ao referido julgado, a civilística brasileira passou a finalmente encarar a privacidade destacada do eixo honra/imagem, assumindo-a como instituto efetivamente independente na espacialidade normativa dos direitos da personalidade. Esse giro conceitual deu-se a partir da compreensão do impacto das tecnologias de monitoramento na vida humana e a relevância que a informação pessoal passou a denotar em tal cenário (DONEDA, 2006, p. 13).

A privacidade, da noção das esferas de intimidade e segredo, inicia então sua travessia ao eixo de circulação e controle de informações pessoais. Nas teorizações de Stefano Rodotà (2008, p. 92), "[...] a privacidade pode ser definida, mais precisamente, em uma primeira aproximação, como o direito da pessoa em manter o controle sobre as próprias informações".

Tem-se o esboço de um novo paradigma de compreensão da privacidade, o da autodeterminação informativa, que independentemente da dicção normativa do art. 21 do Código Civil possibilita a cada pessoa o controle sobre o fluxo de suas próprias informações e, como consequência, constitui também uma ferramenta de consolidação da própria esfera pessoal de personalidade (CORRÊA, 2017). Esse paradigma passou a ser substancialmente cotejado pelo Superior Tribunal de Justiça a partir de 2011, servindo como interessante exemplo o julgamento do Recurso Especial nº 1.168.547/RJ, de relatoria do Ministro Luís Felipe Salomão, oportunidade em que, para resolver lide envolvendo uso indevido de dados de profissional brasileiro em *website* de empresa estrangeira, se firmou o entendimento de que "[...] ante o desenvolvimento da tecnologia, passa a existir um novo conceito de privacidade", correspondente ao "[...] direito que toda pessoa tem de dispor com exclusividade sobre as próprias informações".

A partir disso, abriu-se uma ampla frente de análise e ponderação sobre a tutela da privacidade, potencializando-se a discussão sobre o avanço tecnológico face aos dados e avolumando a dimensão das demandas endereçadas ao Poder Judiciário.

3 A força construtiva dos fatos e uma nova definição à privacidade: entre a autodeterminação informativa e o direito ao esquecimento

O estabelecimento do paradigma da autodeterminação informativa trouxe à tona um novo contexto ao direito à privacidade, projetando duas formas principais de tutela. De um lado, justifica ele a proteção de dados pessoais, cujo trato legislativo iniciado timidamente no Marco Civil da Internet ganhou corpo específico com a Lei nº 13.709/2018, que instituiu, inspirada no regramento europeu, a LGPD brasileira. De lado outro, como explica Renata Steiner (2014, p. 102), a autodeterminação informativa justificaria também o chamado direito ao esquecimento, na medida em que "[...] a informação veiculada poderia ser vista como algo análogo a um dado pessoal e, assim, seria dado à pessoa retratada o direito de invocar sua proteção" contra manutenção indevida de notícia sobre si ou sua republicação injustificada.

Sobre o tema do direito ao esquecimento, não se pode perder de vista que o recente julgamento, pelo Supremo Tribunal Federal, do Recurso Extraordinário nº 1.010.106/RJ deu-se a partir de casos relevantes julgados pelo Superior Tribunal de Justiça, como o Recurso Especial nº 1.334.097/RJ (conhecido como "Caso da Chacina da Candelária") e o Recurso Especial nº 1.335.153/RJ (conhecido como "Caso Aída Curi"), ambos de relatoria do Ministro Luís Felipe Salomão.

Acerca da questão, cabem algumas ponderações pertinentes.

Ao julgar o Recurso Extraordinário nº 1.010.106/RJ, o Supremo Tribunal Federal fixou a tese inerente ao Tema nº 786, reconhecendo a incompatibilidade com a Constituição da República de um "direito ao esquecimento", resguardando-se, apesar disso, a possibilidade de sancionamento penal e cível em decorrência do excesso no uso expositivo de fatos pretéritos não autorizados pelos seus titulares.

Tendo sido essa a conclusão alcançada por maioria no Pretório Excelso, cabe sublinhar os apontamentos vertidos pelo Ministro Edson Fachin em seu voto divergente na consolidação de tal precedente, ao consolidar a ideia de que o direito ao esquecimento poderia promover uma tutela adequada dos direitos da personalidade em uma leitura crítica do direito civil assentada às balizas constitucionais inerentes ao tema, associadas, a rigor, à ideia de autodeterminação informativa, ofertando, inclusive, uma possibilidade de composição distinta de tese ao caso. Eis o que cotejou o Ministro Edson Fachin no julgamento do Recurso Extraordinário nº 1.010.106/RJ:

> Entendo que uma leitura sistemática da Constituição da República e dos precedentes do Supremo Tribunal Federal exige que se proceda a verdadeira hermenêutica da suspeição diante de ponderações entre os interesses públicos e privados. Como apontei anteriormente, a literatura jurídica tem levantado dúvidas quanto à validade deste tipo de juízo nos casos de direito ao esquecimento. Diante da posição preferencial da liberdade de expressão no sistema constitucional brasileiro, as limitações a sua extensão parecem seguir um modelo em que, sob determinadas condições, o direito ao esquecimento deve funcionar como trunfo. Independentemente do maior ou menor interesse que eventualmente tenham o indivíduo ou a sociedade, o juízo da corte deve recair sobre as condições de imanência ou transcendência da informação em relação à esfera individual. Ante o exposto, voto pela parcial procedência da ação para reconhecer a existência de um direito ao esquecimento no ordenamento constitucional brasileiro, e negar, no caso concreto, que a pretensão dos requerentes triunfe sobre a posição de preferência da liberdade de expressão e do direito à informação. Proponho a seguinte tese de repercussão geral: têm a liberdade de expressão e o direito à informação precedência sobre o direito ao esquecimento, independentemente do transcurso do tempo, cedendo a essa primazia a pretensão de vítimas ou familiares, quando se verificar interesse transindividual, ou a natureza pública da informação, ou o alto grau de relevância histórica ou importância da memória, sendo aquele direito, nesses limites, compatível com a Constituição que alberga a dignidade da pessoa humana (art. 1º, III, CRFB/88), o direito à privacidade, à honra e à imagem (art. 5º, X, CRFB/88) e o direito à autodeterminação informacional (art. 5º, XII, CRFB/88). É como voto. (STF. RE nº 1.010.606. Rel. Min. Dias Toffoli. Publ. 20.5.2021).

Indo adiante, também sob o pálio da autodeterminação informativa, o Superior Tribunal de Justiça tratou, no Recurso Especial nº 1.419.697/RS e no Recurso Especial nº 1.457.199/RS, dos limites ao sistema de *credit scoring* utilizado por instituições bancárias, primando da tutela da privacidade do consumidor balizada, além da cláusula geral constitucional de proteção e do art. 21 do Código Civil de 2002, nos termos do art. 43 do CDC.

Há, entretanto, outra questão extremamente importante atrelada ao estabelecimento do paradigma da autodeterminação informativa: é que sua porosidade permite reconhecer a privacidade como um fator de projeção e expressão da personalidade humana que, como ensina Pietro Perlingieri (2002, p. 153), constitui "[...] não um direito, mas um valor (o valor fundamental do ordenamento) e está na base de uma série aberta de situações existenciais". Logo, falar efetivamente em "controle de dados pessoais" demanda encarar a possibilidade de a pessoa escolher, de acordo com suas próprias compreensões, quais informações poderão ser objeto de acesso por terceiros, independentemente do fim a que se destinem.

Essa escolha traduz-se em um ato de liberdade que a ordem jurídica não pode ignorar. Na verdade, há muito mais espaço para se tratar de "liberdades" do que uma "liberdade" conceituada definitivamente, já que tal noção é embasada por uma análise epistemológica informada pelo conteúdo fático que lhe é subjacente (PIANOVSKI, 2011, p. 101). É justamente no influxo dessas ponderações que se visualiza a liberdade positiva alinhada à autodeterminação possível de cada sujeito.

Essa perspectiva doutrinária foi bem capturada pelo Superior Tribunal de Justiça ao julgar o Recurso Especial nº 1.626.739/RS. Sob relatoria do Ministro Luís Felipe Salomão, restou assentado, em sede de ação de retificação de registro de nascimento para a troca de prenome e do sexo, a desnecessidade de cirurgia de transgenitalização, na medida em que, a partir do art. 21 do Código Civil, "[...] a proteção das escolhas de vida dos transexuais consagra a tutela constitucional da intimidade e da privacidade, que não podem sofrer ingerência do Estado".

Tem-se, então, que a privacidade pode ser o *locus* normativo em que as escolhas essenciais inerentes à personalidade humana são realizadas por cada um de nós, sendo que a tutela de tal espaço deve ser plenamente eficaz – eficácia essa indispensável no tempo presente.

É que vivenciamos atualmente uma modificação substancial da caracterização da economia e movimentação do capital, agora impulsionada sobremaneira por dados, em um matiz claramente digital. Essa modificação se estrutura com o respectivo predomínio das grandes plataformas digitais, como Google, Apple, Facebook, Amazon, Microsoft, que hoje constituem-se como agentes econômicos que operacionalizam grandes empreendimentos a partir de dados pessoais coletados e também disponibilizados pelos seus respectivos usuários.

Exsurge disso, nas palavras de Ana Frazão (2019, p. 333), "[...] a ideia de uma economia movida a dados [...], já que os dados pessoais são hoje o novo 'petróleo' ou principal insumo das atividades econômicas", perspectiva que globalmente vem sendo denominada como *data-driven economy* (WAHLSTER, 2016). Em via similar, Shoshana Zuboff (2019) afirma que esse predomínio das plataformas digitais implica a consolidação da "era do capitalismo de vigilância", que caracteriza "[...] uma nova ordem econômica que reivindica a experiência humana como material livre para práticas comerciais ocultas de extração, previsão e venda".

Esses fenômenos devem ser encarados com preocupação, já que a expansão dos algoritmos de coleta e processamento de dados permite um avanço ainda maior das plataformas digitais, que passam a deter "[...] o poder de decodificar as pegadas digitais das pessoas, inferindo e predizendo até mesmo aquilo que ninguém revela e que muitas vezes não tem nem mesmo consciência" (FRAZÃO, 2019, p. 340).

Abre-se, portanto, um novo catálogo de desafios impostos à privacidade, cujo enfrentamento demandará uma leitura renovada do alcance normativo do art. 21 do Código Civil de 2002 ante o impacto desta "vida movida a dados" encetada pelo predomínio das plataformas digitais.

4 Conclusões

Como visto, o transcurso da privacidade é historicamente longo e, no Brasil, a partir de 10.1.2002, a travessia foi – e ainda é – bastante intensa. E desse itinerário pode-se esboçar realmente uma cartografia de teorizações e práticas jurisprudenciais que permite, ao seu turno, aportar em algumas conclusões.

Em primeiro lugar, muito embora a dicção normativa do art. 21 do Código Civil pouco tenha regulado o tema da tutela da privacidade, essa lacuna não impediu o desenvolvimento de percepções teóricas importantes que acabaram por ser replicadas na jurisprudência do Superior Tribunal de Justiça. Neste ponto, é possível constatar um salutar diálogo entre os dois espaços, de modo que evoluções teóricas importantes (como a "emancipação" da privacidade da fórmula geral dos direitos da personalidade para alcançar o paradigma da autodeterminação informativa) foram plasmadas como fundamento para a tutela de situações existenciais concretas.

Em segundo lugar, é igualmente relevante perceber que, entre sístoles e diástoles, a civilística brasileira logrou êxito em cotejar, sobre a privacidade, perspectivas teóricas importantes oriundas do direito comparado, principalmente nas teorizações projetadas em Portugal, na Itália e na Alemanha. Essas correntes doutrinárias enriqueceram o conteúdo jungido entre as disposições do art. 1º, inc. III e do art. 5º, inc. X da Constituição Federal ao mesmo passo que auxiliaram a superar o "niilismo normativo" do art. 21 do Código Civil, servindo de esteio para importantes entendimentos firmados em âmbito jurisprudencial.

Em terceiro lugar, muito embora alguns defendam que o obituário da privacidade está sendo escrito já há alguns anos (WALDMAN, 2018), não se pode perder de vista que sua pertinência permanece hígida ainda hoje. Mesmo ante os desafios lançados nesta "era da economia movida a dados", o estabelecimento do paradigma da autodeterminação informativa constitui inegavelmente instrumental útil à da tutela da privacidade – e tanto isso é verdade que ambas (privacidade e autodeterminação informativa) constituem os dois principais fundamentos lançados no art. 2º, incs. I e II da Lei Geral de Proteção de Dados brasileira.

Entretanto, a cartografia de resultados aqui consignada não conforma um último passo nessa travessia. Como antes anunciado, o itinerário da privacidade ainda está em curso, e os afazeres necessários ainda estão longe de sua conclusão. A partir da lição de Luiz Edson Fachin (2008, p. 5), se "[...] nenhuma Constituição nasce Constituição, mas se faz Constituição", é possível considerar que uma lei como o Código Civil brasileiro não nasce pronta e acabada, mas se faz, se constrói ao longo do tempo, no alicerçamento de seus conteúdos normativos, principalmente no campo da privacidade.

Nessa edificação, somos todas e todos construtores do sentido normativo que evidencia, no transcurso do tempo, a aplicação concreta da codificação civil. Que não tenhamos receio de seguir sempre em frente com esses afazeres.

Referências

BITTAR, Carlos Alberto. *Os direitos da personalidade*. 8. ed. São Paulo: Saraiva, 2015.

CORRÊA, Rafael. Os plúrimos sentidos da privacidade e sua tutela: a questão da proteção de dados pessoais e sua violação na atual construção jurisprudencial brasileira. *In*: FACHIN, Luiz Edson *et al.* (Coord.). *Jurisprudência civil brasileira*. Métodos e problemas. Belo Horizonte: Fórum, 2017.

DONEDA, Danilo. *Da privacidade à proteção de dados pessoais*. Rio de Janeiro: Renovar, 2006.

DOTTI, René Ariel. Tutela jurídica da privacidade. *In*: DIAS, Adahil Lourenço *et al.* (Coord.). *Estudos em homenagem ao Professor Washington de Barros Monteiro*. São Paulo: Saraiva, 1982.

FACHIN, Luiz Edson. *Direito civil*. Sentido, transformação e fim. Rio de Janeiro: Renovar, 2015.

FACHIN, Luiz Edson. *Questões do direito civil contemporâneo*. Rio de Janeiro: Renovar, 2008.

FACHIN, Luiz Edson. *Teoria crítica do direito civil*. À luz do novo Código Civil brasileiro. 3. ed. Rio de Janeiro: Renovar, 2012.

FACHIN, Luiz Edson; RUZYK, Carlos Eduardo Pianovski. Um projeto de Código Civil na contramão da Constituição. *RTDC – Revista Trimestral de Direito Civil*, Rio de Janeiro, v. 4, p. 243-263, 2000.

FRAZÃO, Ana. Plataformas digitais, big data e riscos para os direitos da personalidade. *In*: TEPEDINO, Gustavo; MENEZES, Joyceane Bezerra de (Coord.). *Autonomia privada, liberdade existencial e direitos fundamentais*. Belo Horizonte: Fórum, 2019.

MIRANDA, Francisco Cavalcanti Pontes de. *Tratado de direito privado*. 4. ed. São Paulo: RT, 1983. t. VII.

PEREIRA, Caio Mário da Silva. *Direito civil*. Alguns aspectos de sua evolução. Rio de Janeiro: Forense, 2001.

PERLINGIERI, Pietro. *Perfis do direito civil*. Introdução ao direito civil constitucional. 3. ed. Rio de Janeiro: Renovar, 2002.

RODOTÀ, Stefano. *A vida na sociedade de vigilância*. A privacidade hoje. Rio de Janeiro: Renovar, 2008.

RUZYK, Carlos Eduardo Pianovski. *Institutos fundamentais do direito civil e liberdade(s)*. Repensando a dimensão funcional do contrato, da propriedade e da família. Rio de Janeiro: GZ, 2011.

SCHREIBER, Anderson. Direito à privacidade no Brasil: avanços e retrocessos em 25 anos da Constituição. *In*: CLÈVE, Clèmerson Merlin; FREIRE, Alexandre (Coord.). *Direito fundamentais e jurisdição constitucional*. São Paulo: Revista dos Tribunais, 2014. p. 183-201.

SOUSA, Rabindranath V. A. Capelo de. *O direito geral da personalidade*. Coimbra: Coimbra Editora, 1995.

WAHLSTER, Wolfgang *et al.* (Ed.). *New horizons for a data-driven economy*. Roadmap for usage and exploitation of big data in Europe. [s.l.]: Springer International Publishing, 2016. Livro eletrônico.

WALDMAN, Ari Ezra. *Privacy as trust*. Information privacy for an information age. Cambridge: Cambridge University Press, 2018. Livro eletrônico.

WARREN, Samuel D.; BRANDEIS, Louis D. The right to privacy. *Harvard Law Review*, v. 4, n. 5, p. 193-220, Dec. 15, 1890. Disponível em: http://links.jstor.org/sici?sici=0017-811X%2818901215%294%3A5%3C193%3ATRTP%3E2.0.CO%3B2-C. Acesso em: maio 2021.

ZUBOFF, Shoshana. *The age of surveillance capitalism*. The fight for a human future at the new frontier of power. New York: Public Affairs, 2019. Livro eletrônico.

Informação bibliográfica deste livro, conforme a NBR 6023:2018 da Associação Brasileira de Normas Técnicas (ABNT):

CORRÊA, Rafael. A força construtiva dos fatos e a contribuição da teoria crítica de Luiz Edson Fachin na edificação dogmática da privacidade. *In*: CORTIANO JUNIOR, Eroulths; SILVA, Alexandre Barbosa da (coord.). *O Código Civil e a Contemporaneidade*: Estudos do Grupo Virada de Copérnico em Homenagem ao Ministro Luiz Edson Fachin. Belo Horizonte: Fórum, 2025. p. 75-84. ISBN 978-65-5518-990-2.

A VIRADA[1] DOS PONTEIROS NOS 20 ANOS DO CÓDIGO CIVIL: OLHARES SOBRE FLUIR DO TEMPO, PRESCRIÇÃO E IMPRESCRITIBILIDADE DA REPARAÇÃO POR DANOS POR VIOLAÇÃO DE DIREITOS FUNDAMENTAIS

GABRIEL SCHULMAN

Compositor de destinos
Tambor de todos os ritmos
Tempo, tempo. tempo, tempo
Entro num acordo contigo
Tempo, tempo, tempo, tempo.[2]

1 De volta para o futuro. Travessias no tempo e espaço: uma singela homenagem ao Professor Fachin

If you put your mind to it, you can accomplish anything.[3]

Inicio com uma rápida visita ao passado. Conheci o Professor Luiz Edson Fachin ainda no primeiro ano do curso de graduação em direito, ao escutá-lo em uma palestra. De pronto fiquei encantado com sua eloquência, conhecimento e aura especial.

A admiração me levou nos anos seguintes a buscar sua orientação no programa de iniciação científica, em projetos posteriormente premiados pela universidade, bem

---

1 O presente artigo foi desenvolvido no âmbito do Núcleo de Estudos em Direito Civil-Constitucional da UFPR (Grupo Virada de Copérnico), aqui homenageado no título.

2 VELOSO, Caetano. *Oração ao tempo*. [s.l.]: [s.n.], 1979. Recomenda-se a belíssima interpretação de Maria Gadu (Disponível em: https://www.youtube.com/watch?v=3eVHpoCiOwo).

3 DE VOLTA PARA O FUTURO. Direção: Robert Zemeckis. Universal Pictures, 1985. (Filme). A frase é dita pelo protagonista Marty McFly, interpretado por Michael J. Fox.

como a ingressar no Núcleo de Estudos em Direito Civil-Constitucional da UFPR (Grupo Virada de Copérnico), do qual tenho a alegria de participar desde então.

Posteriormente, tive a enorme felicidade de contar com sua orientação na monografia de conclusão de curso e também na dissertação de mestrado realizada também na Universidade Federal. A pesquisa veio a se tornar o livro *Planos de saúde: saúde e contrato na contemporaneidade*, que contou com seu gentil prefácio. Tive ainda a oportunidade ímpar de convivência como professor do Departamento de Direito Civil da UFPR. Múltiplas vezes meu orientador, de maneira formal e material, sempre pontual, rigoroso com o método, com os prazos e com o conteúdo.

Precursor do Grupo de Pesquisa Virada de Copérnico, ocupou-se de examinar diversos giros. Da estrutura à função (a partir de Bobbio), do abstrato ao concreto,[4] da individualidade à solidariedade,[5] da subsunção ao substancial, do axioma ao axiológico, da moldura à diversidade.

É preciso destacar também, como é de todos conhecido, que o Professor Fachin, ora Ministro do Supremo Tribunal Federal, reúne as qualidades da vocação e da virtude em sua carreira como docente e pesquisador.

Ensinou-me a apreender os institutos jurídicos e suas insuficiências, a indagar sobre a maneira como o direito está posto e a lidar com suas fissuras.[6] Igualmente, a promover os diálogos necessários para construir a transformação do direito, e para construir um direito transformador.[7]

Suas provocações, com acurado refinamento de linguagem, são marcadas de modo indelével por um olhar crítico e atento, apto a confrontar, de modo constante, direito e "os fatos da vida real".[8] São os *inputs* e *outputs*, como gosta de indicar, a partir da terminologia proposta por Fernando Noronha.

Suas lições para o porvir envolvem uma perspectiva dialética, com a atenção ao passado e seu repensar.[9] Ocupou-se não apenas das normas tais como fixadas em determinado tempo e espaço, mas capturar os movimentos e desenhar o caminho para o futuro, sob a perspectiva da promoção da pessoa, da pluralidade, da liberdade e da solidariedade.

No percurso, é preciso atenção às lacunas – *mind the gap*.[10] Como norte, a promoção dos valores constitucionais em todas as esferas.[11] É longo e fundamental o caminho a

---

4 FACHIN, Luiz Edson; TEPEDINO, Gustavo. Carta de Curitiba. *V Encontro Dos Projetos de Pesquisa em Direito Civil*, Curitiba, 2006.

5 RUZYK, Carlos Eduardo Pianovski; FACHIN, Luiz Edson. Direitos fundamentais, dignidade da pessoa humana e o Novo Código Civil: uma análise crítica. *In*: SARLET, Ingo Wolfgang (Org.). *Constituição, direitos fundamentais e direito privado*. 2. ed. Porto Alegre: Livraria do Advogado, 2003. p. 87-104.

6 Confira-se, por exemplo: FACHIN, Luiz Edson. Limites e possibilidades da nova teoria geral do direito civil. *Revista da Faculdade de Direito da UFPR*, Curitiba, ano 27, n. 27. p. 49-60, 1992/1993; FACHIN, Luiz Edson. *Estatuto jurídico do patrimônio mínimo*. 2. ed. Rio de Janeiro: Renovar, 2006. p. 46.

7 FACHIN, Luiz Edson. *Direito civil*: sentidos, transformações e fim. Rio de Janeiro: Renovar, 2015.

8 FACHIN, Luiz Edson. *Teoria crítica do direito civil*. 1. ed. Rio de Janeiro: Renovar, 2000. p. 59.

9 FACHIN, Luiz Edson (Coord.). *Repensando fundamentos do direito civil brasileiro contemporâneo*. Rio de Janeiro: Renovar, 1998.

10 FACHIN, Luiz Edson. Mind the gap between the new portfolio and the so-called old systems. *Civilistica.com*, Rio de Janeiro, ano 2, n. 1, jan./mar. 2013. Disponível em: http://civilistica.com/mind-the-gap/.

11 FACHIN, Luiz Edson; SCHULMAN, Gabriel. Contratos, ordem econômica e princípios: um diálogo entre direito civil e a constituição 20 anos depois. *In*: DANTAS, Bruno *et al.* (Org.). *Constituição de 1988*: o Brasil 20 anos depois. Brasília: Senado Federal, Instituto Legislativo Brasileiro, 2008. v. 4. p. 347-377.

ser trilhado, para alcançar, de porto e porto, ponto a ponto, as travessias de que nossa sociedade precisa para voltar ao futuro. Como escreveu Fernando Pessoa:

> *É o tempo da travessia*
> *E se não ousarmos fazê-la*
> *Teremos ficado para sempre*
> *À margem de nós mesmos.*

2 A prescrição intercorrente no direito civil. Transformações em curso no olhar jurídico sobre o fluir do tempo

> *Fallamos da – prescripção –, dessa filha do tempo, e da paz, – patrona do gênero humano –, de que todas as legislações não têm podido prescindir.*[12]

Sob variadas perspectivas, o fluir do tempo recebe atenção jurídica,[13] com relevantes transformações na compreensão sobre a prescrição e a decadência. São ilustrativos deste percurso, o amadurecimento do entendimento dos contornos destas categorias jurídicas, os debates sobre a prescrição intercorrente, assim como o estabelecimento de hipóteses de reparação por danos não sujeitas à prescrição.

Cuida-se de tema complexo, com profundas discussões em campos tão diversos quanto as questões criminais, tributárias e relações de consumo.[14] No que tange ao direito processual civil, o STJ acolheu a prescrição intercorrente em execução de dívida que estava suspensa desde 1999, e que havia permanecido paralisada até 2012. O emblemático caso foi objeto de julgamento no Recurso Especial nº 1.522.092, cujo acórdão, de relatoria de Paulo de Tarso Sanseverino, manteve a conclusão do tribunal de origem no sentido de que "está consolidado o entendimento de que a suspensão da execução por prazo superior ao da exigibilidade do direito importa a prescrição intercorrente".[15]

Embora a temática não seja nova, não estava totalmente clara no âmbito do que o acórdão designou como "relações jurídicas de direito privado". De forma resumida, a fundamentação tomou por base o teor do art. 202 do Código Civil, a analogia com a

---

[12] FREITAS, Augusto Teixeira de. *Consolidação das leis civis*. Brasília: Senado Federal, Conselho, 2003. p. CCII.

[13] Entre tantos outros, cf. CRUZ, Gisela Sampaio da; MORAES, Maria Celina Bodin de; SOUZA, Eduardo Nunes (Org.). *A juízo do tempo*: estudos atuais sobre prescrição. 1. ed. Rio de Janeiro: Editora Processo, 2019; MORAES, Maria Celina Bodin de. Prescrição, efetividade dos direitos e danos à pessoa humana. *Civilistica.com*, Rio de Janeiro, ano 6, n. 1, p. 7, 2017; TEPEDINO, Gustavo; FACHIN, Luiz Edson (Org.). *O direito e o tempo*: embates jurídicos e utopias contemporâneas. Estudos em homenagem ao Professor Ricardo Pereira Lira. Rio de Janeiro: Renovar, 2008; SIMÃO, José Fernando. *Prescrição e decadência*: início dos prazos. São Paulo: Atlas, 2013; THEODORO JÚNIOR, Humberto. *Prescrição e decadência*. Rio de Janeiro: Forense, 2018.

[14] BARBOSA, Fernanda Nunes. A prescrição nas relações de consumo: interfaces entre o Código de Defesa do Consumidor e o Código Civil. *Revista Brasileira de Direito Civil*, v. 15, p. 97-116, 2018; FACHIN, Luiz Edson. Da prescrição e da decadência no Código do consumidor. *Revista da Procuradoria Geral do Estado do Ceará*, v. 10, n. 12, p. 29-40, 1993.

[15] STJ. REsp 1522092/MS. Rel. Min. Paulo de Tarso Sanseverino, 3ª Turma. *DJe*, 13.10.2015.

legislação fiscal que regulamenta expressamente a prescrição intercorrente, e também o teor do Código de Processo Civil então vigente (CPC/1973).

Ao apreciar a matéria, afastou-se a necessidade de intimação do credor para impulsionar o feito, ao diferenciar a inexistência de bens penhoráveis da hipótese de abandono da causa. Promoveu-se assim a superação da compreensão jurisprudencial (*overruling*), ao conjugar segurança jurídica material com a nova redação da legislação processual:

> a jurisprudência atual ou rejeita a tese da prescrição intercorrente na execução [...] Uma consequência indesejável desse entendimento é a possibilidade de pretensões executórias subsistirem indefinidamente no tempo. Essa ponderação que conduz ao reconhecimento da prescrição intercorrente, embora seja vencida na jurisprudência desta Corte, ganhou fôlego com a recente promulgação do novo Código de Processo Civil. Pelo novo Código de Processo Civil, a suspensão da execução por ausência de bens penhoráveis implica também a suspensão da prescrição, mas somente pelo prazo de um ano, após o qual começa a fluir a prescrição intercorrente.

Uma (re)leitura atenta do art. 202 do Código Civil permite concluir que a partir da citação interrompe-se o prazo para exercício da pretensão, o qual ficará suspenso ao longo da fase de conhecimento (ainda que houvesse causa interruptiva anterior).[16]

Em sintonia com a jurisprudência, no plano legislativo, definiu-se que o tempo para exercício da pretensão na fase executiva será o mesmo aplicável à fase de conhecimento,[17] e fluirá quando não praticados atos para impulsionar efetivamente a demanda, bem como, se não encontrados bens, após um ano suspenso o fluxo processual, a teor do que estabeleceu o Código de Processo Civil (CPC/2015), art. 921, §§1º e 4º; art. 924, inc. V.

O tema foi incorporado também no Código Civil, com o acréscimo do art. 206-A, que assim estabelece:

> A prescrição intercorrente observará o mesmo prazo de prescrição da pretensão, observadas as causas de impedimento, de suspensão e de interrupção da prescrição previstas neste Código e observado o disposto no art. 921 da Lei nº 13.105, de 16 de março de 2015.[18]

Terminou-se por transpor ao texto normativo redação próxima ao enunciado da Súmula nº 150 do STF, que define:

> Prescreve a execução no mesmo prazo da prescrição da ação". Dessa maneira, consagrou-se o entendimento jurisprudencial acerca da "Possibilidade, em tese, de se declarar de ofício a prescrição intercorrente no caso concreto, pois a pretensão de direito material prescreve em três anos.[19]

---

16 SOUZA, Eduardo Nunes de. Prescrição intercorrente no Código Civil: a inovação normativa de que ninguém precisava. *Coluna Direito Civil – Editora Fórum*, 24 fev. 2022.

17 STJ. REsp 1604412/SC. Rel. Min. Marco Aurélio Bellizze, 2ª Seção. *DJe*, 22.8.2018. Conforme compreensão da Corte: "Incide a prescrição intercorrente, nas causas regidas pelo CPC/73, quando o exequente permanece inerte por prazo superior ao de prescrição do direito material vindicado, conforme interpretação extraída do art. 202, parágrafo único, do Código Civil de 2002".

18 Em técnica legislativa questionável, o art. 206-A foi acrescentado por meio da Medida Provisória nº 1.040, de 29.3.2021, com a seguinte redação "A prescrição intercorrente observará o mesmo prazo de prescrição da pretensão". A MP foi convertida na Lei nº 14.195/2021.

19 STJ. REsp 1593786/SC. Rel. Min. Paulo de Tarso Sanseverino, 3ª Turma. *DJe*, 30.09.2016.

Em contraposição, o Código Civil de 1916 (fruto de seu tempo)[20] regulava a prescrição com prazos exageradamente longos. Em sua redação original, definia-se que as ações pessoais prescreviam no longuíssimo prazo de três décadas (CC/1916, art. 177), em consonância com a prevalência dos direitos patrimoniais sobre a busca da harmonização das relações sociais, que marcava aquele diploma legal.[21] Posteriormente, tal prazo foi reduzido para o ainda extenso período de 20 anos, conforme a redação conferida pela Lei nº 2.437/1955.

Em harmonia com a nova dinâmica das relações sociais, o Código Civil de 2002, em grande parte, reduziu os prazos prescricionais. Nessa linha, o prazo das pretensões reparatórias foi encolhido, de modo geral, para 3 anos (CC/2002, art. 206, §3º), ou seja, um décimo do tempo estabelecido na redação original do código revogado.

Vale também notar que o CC/1916, art. 178, §1º, previa a vetusta hipótese do que se designava como "ação do marido para anular o matrimônio contraído com mulher já deflorada", com prazo decadencial em 10 dias.[22] A hipótese foi reafirmada no Decreto nº 13-A, de 1935, que estabeleceu como termo inicial a data do conhecimento do fato, limitado há 2 anos de coabitação. Nessa linha, é preciso perceber que o tratamento jurídico do transcurso do tempo, estabelecido no Código Civil de 1916, refletia os valores e ideias da sociedade agrária e patriarcal em que estava inserido.[23]

3 Contornos da prescrição e decadência

> *O que é o presente?*
>
> *É uma coisa relativa ao passado e ao futuro.*
>
> *É uma coisa que existe em virtude de outras coisas existirem.*
>
> *Eu quero só a realidade, as coisas sem presente.*
>
> *Não quero incluir o tempo no meu esquema.*
>
> *Não quero pensar nas coisas como presentes; quero pensar nelas como coisas.*
>
> *Não quero separá-las de si-próprias, tratando-as por presentes.*[24]

[20] GOMES, Orlando. A evolução do direito privado e o atraso da técnica jurídica. *Revista Direito GV*, São Paulo, ano 1, v. 1, p. 121-134, maio 2005.

[21] FACHIN, Luiz Edson. Direito além do novo Código Civil: novas situações sociais, filiação e família. *Revista Brasileira de Direito de Família*, v. 5, n. 17, p. 7-35, abr./maio 2003.

[22] O texto legislativo apontava o prazo como prescricional, todavia, trata-se de incorreção técnica.

[23] GOMES, Orlando. *Raízes históricas e sociológicas do código civil brasileiro*. São Paulo: Martins Fontes, 2003; FACHIN, Luiz Edson; RUZYK, Carlos Eduardo Pianovski. *Código Civil comentado*: direito de família, casamento: arts. 1.511 a 1.590. São Paulo: Atlas, 2003. v. 15.

[24] PESSOA, Fernando. *Poemas inconjuntos*. Poemas de Alberto Caeiro. 10. ed. Lisboa: Ática, 1946. p. 99.

Como ensina Agnelo Amorim Filho em texto seminal,[25] a prescrição assinala a extinção do poder de exigir uma prestação pelo decurso do tempo, ao passo que a decadência consiste no atingimento do lapso temporal para o exercício de um direito potestativo. Dessa maneira, se a pretensão corresponde ao poder de exigir uma prestação, com a prescrição persiste o direito subjetivo, mas sua concretização passará a depender exclusivamente da atuação do devedor em vista do encobrimento de sua eficácia.[26] Em síntese, "Enquanto ao direito corresponde o dever, da pretensão é correlata a obrigação: obrigação, portanto, é o dever revestido de exigibilidade".[27]

O efeito prático, explicado de maneira simplificada, implica que, com a prescrição, existe uma dívida, mas não o dever de pagá-la. Por força da prescrição, torna-se inexigível em juízo a pretensão, embora permaneça intacto o débito.[28] [29] Por seu turno, a decadência segue outra dinâmica por se associar aos direitos potestativos. O titular de um direito potestativo possui um poder sobre a esfera jurídica alheia, razão pela qual os direitos potestativos "são insuscetíveis de violação e a eles não corresponde uma prestação".[30]

Como uma simplificação para efeitos didáticos, podem-se assim confrontar os institutos:

Pretensão	**Direito potestativo**
Possibilidade de exigir uma prestação	Imposição à parte contrária
Exigibilidade de conteúdo material	Sujeição (imposição)
Prescrição	Decadência
Plano da eficácia	Plano da eficácia e/ou validade

Para melhor compreender o efeito prático, é útil o resgate da chamada teoria dualista, a qual decompõe o vínculo obrigacional em um dever jurídico e um débito, a *Schuld* e a *Haftung*,[31] de maneira que nem toda dívida estará atrelada ao dever legal de pagá-la. A partir destas premissas teóricas, de maneira sistemática, é possível organizar

---

25 AMORIM FILHO, Agnelo. Critério científico para distinguir a prescrição da decadência e para identificar as ações imprescritíveis. *Revista dos Tribunais*, São Paulo, v. 300, out. 1961.

26 LEONARDO, Rodrigo Xavier. A prescrição no Código Civil brasileiro (ou o jogo dos sete erros). *Revista da Faculdade de Direito da Universidade Federal do Paraná*, v. 51, p. 101-120, 2010.

27 MELLO, Marcos Bernardes; BARROS JR., José de; EHRHARDT, Marcos. Notas em torno da alegabilidade em juízo da prescrição e decadência no direito nacional atual. *In*: SILVA NETO, Francisco Antonio de Barros e *et al.* (Org.). Relações e influências recíprocas entre direito material e direito processual: estudos em homenagem ao Professor Torquato Castro. Salvador: JusPodivm, 2017. p. 303-330.

28 Para uma análise profunda do conceito, cf. FONTES, André. *A pretensão como situação jurídica subjetiva*. Belo Horizonte: Del Rey, 2002.

29 MATTIETTO, Leonardo. A nova sistemática da prescrição civil: declaração de ofício pelo juiz e renúncia do devedor. *Revista IOB de Direito Civil e Processual Civil*, v. 44, 2007.

30 AMORIM FILHO, Agnelo. Critério científico para distinguir a prescrição da decadência e para identificar as ações imprescritíveis. *Revista dos Tribunais*, São Paulo, v. 300, out. 1961.

31 VARELA, João de Matos Antunes. *Das obrigações em geral*. 9. ed. Coimbra: Almedina, 2003. v. 1; MARTINS-COSTA, Judith. *A boa-fé no direito privado*: critérios para a sua aplicação. São Paulo: Marcial Pons, 2015. p. 82-82; CORDEIRO, António Manuel Menezes. *Da boa-fé no direito civil*. Coimbra: Almedina, 1984. v. I. p. 172-175; SIMÃO, José Fernando. A teoria dualista do vínculo obrigacional e sua aplicação ao direito civil brasileiro. *Revista Jurídica da Escola Superior do Ministério Público de São Paulo*, São Paulo, v. 3, p. 165-181, 2013; NEVES, José Roberto de Castro. *Direito das obrigações*. 4. ed. Rio de Janeiro: GZ Editora, 2014.

as hipóteses em três: (i) situações nas quais existe um dever jurídico, porém não pode ser ainda exigido pelo seu credor; (ii) casos em que determinado dever jurídico estará sempre desprovido de exigibilidade e, por fim, (iii) hipóteses em que determinado dever jurídico persiste, porém, sua exigibilidade se esvaiu.

Em relação à primeira situação, observa-se que a possibilidade de exigir um direito depende do momento certo, o que varia conforme a natureza do direito, a despeito da fórmula simplificadora adotada pelo Código Civil brasileiro, ao estabelecer que "violado o direito nasce a pretensão" (CC/2002, art. 189). Se, por um lado, está correto o texto legal ao frisar a distinção entre o direito e a possibilidade de exigi-lo, de outro, falha-se ao não adotar uma redação mais técnica. Ilustrativamente, o CC/2002, art. 190, estabelece que "A exceção prescreve no mesmo prazo em que a pretensão", quando se sabe que "a exceção não prescreve".[32]

A teoria dualista da obrigação, acima mencionada, é útil para estes debates, ao distinguir débito e dever, ao que se faz necessário, todavia, acrescentar outros distanciamentos semânticos, como as diferenciações entre o direito de ação e a pretensão, a exigibilidade e a violação, o débito e a responsabilidade patrimonial.[33]

A própria existência das tutelas inibitórias – prévias à lesão de direitos – reforça a separação entre a possibilidade de exigir e a violação de direitos,[34] como denota a norma constitucional que aponta a possibilidade de proteção em face da "lesão ou ameaça" (CF, art. 35, XXXV), assim como os interditos.

Indo além, nota-se que no Código Civil a prescrição foi associada de maneira questionável,[35] ora com a violação de um direito, ora com a exceção. O que se pretendeu estabelecer no CC/2002, art. 190, é que não se acolhe a compensação de valores quando a objeção é fundada em dívida prescrita. Essa compreensão, no entanto, esbarra no fato de que o próprio Código Civil manteve a possibilidade de renúncia à prescrição (CC/2002, art. 191) – e daí, por lógica, cabe perguntar: o que impede que o credor decida aceitar a dívida prescrita como parte do pagamento na medida em que o débito prescrito não está extinto, mas apenas é inexigível? Ainda que tal hipótese não se confunda com a compensação, o texto legislativo não alcança tais nuances.

O texto legal parece sugerir que a exigibilidade e a violação seriam duas faces da mesma moeda. Trata-se de ilação imprecisa porque há prestações estabelecidas sem prazo para cumprimento. Tome-se por exemplo o empréstimo de um carro para um amigo, sem acordo sobre a data de devolução, isto é, sem estabelecer termo final do contrato. Conforme o CC/2002, art. 397, parágrafo único, é possível afirmar que há

---

32 MIRANDA, Francisco Cavalcanti Pontes de. *Tratado de direito privado*: exceções, direitos mutilados, exercício dos direitos, pretensões, ações e exceções, prescrição. 4. ed. São Paulo: RT, 2013. t. 6. p. 96.

33 Na ótica de Thiago Ferreira Siqueira, "não há dentro do direito subjetivo, que se falar na existência de um direito material à sanção. Para além do direito à prestação estabelecido pela ordem substancial (crédito), há, tão somente, o direito – processual – de requerer ao Estado que tutele tal posição de vantagem (ação). Por outro lado, do ponto de vista do devedor há, além da obrigação de prestar (débito), a sujeição – processual, também – à sanção executiva, levada a efeito pela jurisdição (responsabilidade)" (SIQUEIRA, Thiago Ferreira. *A responsabilidade patrimonial no novo sistema processual civil*. São Paulo: RT, 2016. *E-book*).

34 CORREA, Atalá. *Prescrição e decadência*. Entre passado e futuro. Tese (Doutorado em Direito) – Faculdade de Direito, Universidade de São Paulo, São Paulo, 2020. p. 100.

35 RODRIGUES JUNIOR, Otavio Luiz. Exceções no direito civil: um tema em busca de um autor? *In*: MIRANDA, Daniel Gomes de; CUNHA, Leonardo Carneiro da; ALBUQUERQUE JÚNIOR, Roberto Paulino (Org.). *Prescrição e decadência*: estudos em homenagem a Agnelo Amorim Filho. Salvador: JusPodivm, 2013. v. 1. p. 411-422.

possibilidade de exigir a restituição do veículo, mas não há, de pronto, descumprimento – ou pretensão resistida.

Vale recordar ainda que há deveres jurídicos que não podem ser deduzidos em juízo, como ocorre com a dívida decorrente de jogo. É o que denota o CC/2002, art. 814, que dispõe: "As dívidas de jogo ou de aposta não obrigam a pagamento; mas não se pode recobrar a quantia, que voluntariamente se pagou, salvo se foi ganha por dolo, ou se o perdente é menor ou interdito".

Por fim, há situações em que o dever jurídico persiste, contudo, houve o decurso do tempo para exigi-lo. Aqui verifica-se justamente a prescrição, como aponta a consagrada lição de Agnelo Amorim Filho:

> fixada a noção de que a violação do direito e o início do prazo prescricional são fatos correlatos, que se correspondem como causa e efeito, e articulando-se tal noção com aquela classificação dos direitos formulada por Chiovenda, concluir-se-á, fácil e irretorquivelmente, que só os direitos da primeira categoria (isto é, os direitos a uma prestação), conduzem à prescrição, pois somente eles são suscetíveis de lesão ou de violação, conforme ficou amplamente demonstrado. Por outro lado, os da segunda categoria, isto é, os direitos potestativos (que são, por definição, direitos sem pretensão, ou direitos sem prestação, e que se caracterizam, exatamente, pelo fato de serem insuscetíveis de lesão ou violação), não podem jamais, por isso mesmo, dar origem a um prazo prescricional.[36]

Sob a égide do Código Civil de 1916, a prescrição dependia de alegação da parte (CC/1916, art. 166), o que significa que era compreendida como uma proteção ao devedor, não à sociedade. Seus contornos eram de exceção (defesa), tanto assim que poderia ou não ser alegada pela parte, haja vista que não era dado à magistratura examiná-la de ofício até a reforma de 2006.[37] Com sua transformação, vincula seu sentido à segurança jurídica material e ao reconhecimento de ofício, apesar de fundadas críticas em sentido contrário, a medida reduz a possibilidade de cobrança de dívidas cuja exigibilidade restou restrita pelo tempo.

A prescrição e decadência se voltam em especial à estabilização das relações sociais, à segurança jurídica. Por outro lado, observam-se importantes hipóteses com tratamento especial, sobretudo quando o tempo se confronta com questões atinentes aos direitos humanos e fundamentais. No campo penal, por exemplo, a Constituição define como imprescritível a punibilidade do crime de racismo (art. 5º, XLII, CRFB) e ações de grupos armados contra a ordem constitucional e o Estado democrático (art. 5º, XLIV, CRFB).

Expostas estas linhas, a seguir se examina a hipótese de imprescritibilidade no contexto das demandas de reparação por danos.

---

[36] AMORIM FILHO, Agnelo. Critério científico para distinguir a prescrição da decadência e para identificar as ações imprescritíveis. *Revista dos Tribunais*, São Paulo, v. 300, out. 1961.

[37] Lei nº 11.280/2006. Em especial, o teor do art. 219, §5º do Código de Processo Civil.

4 A prescrição e os direitos fundamentais: a imprescritibilidade à luz da Constituição

> *Tem horas que é caco de vidro*
>
> *Meses que é feito um grito*
>
> *Tem horas que eu nem duvido*
>
> *Tem dias que eu acredito.*
>
> (Paulo Leminski)[38]

A imprescritibilidade[39] marca a eleição de situações especiais nas quais a segurança jurídica formal cede em atenção à promoção e à proteção de normas constitucionais.[40]

Se por um lado é possível afirmar a existência de hipóteses de pretensões reparatórias de danos não sujeitas à prescrição, por outro, é necessário ressaltar que não estão estabelecidos de modo adequado os critérios para reconhecê-las.

A respeito, vale recuperar a advertência de Agnelo Amorim Filho:

> observa-se, com relação à imprescritibilidade, a mesma situação já registrada ao tratarmos da distinção entre os institutos da decadência e da prescrição: é a inexistência de um critério seguro, com base científica, que permita identificar, a priori, as ações imprescritíveis.[41]

A rigor, a previsão do Código Civil, art. 205, no sentido de que "A prescrição ocorre em dez anos, quando a lei não lhe haja fixado prazo menor" poderia levar a supor que não existiriam ações, ou melhor, não haveria pretensões imprescritíveis.[42] Sobre o tema, apontou Agnelo Amorim Filho:

> Sendo a imprescritibilidade um conceito negativo, pode ser definido por exclusão, estabelecendo-se como regra que: são perpétuas (imprescritíveis) todas aquelas ações que não estão sujeitas nem a prescrição nem, indiretamente, a decadência. Por aí se verifica facilmente que são perpétuas (imprescritíveis): (a) todas as ações meramente declaratórias; e (b) algumas ações constitutivas (aquelas que não têm prazo especial de exercício fixado em lei). Quanto às ações condenatórias, não há, entre elas, ações perpétuas (imprescritíveis), pois todas são atingidas, ou por um dos prazos especiais do art. 178, ou por um dos prazos gerais do art. 177.

---

38 LEMINSKI, Paulo. *Distraídos venceremos*. São Paulo: Companhia das Letras, 2017. p. 45.

39 Ainda que certas vozes adotem a expressão "ações imprescritíveis", neste texto se prefere indicar a terminologia "prescrição do conteúdo material do pedido".

40 TEPEDINO, Gustavo; SILVA, Rodrigo da Guia. Notas sobre o dano moral no direito brasileiro. *Revista Brasileira de Direito Civil – RBDCivil*, Belo Horizonte, v. 30, p. 33-60, out./dez. 2021.

41 AMORIM FILHO, Agnelo. Critério científico para distinguir a prescrição da decadência e para identificar as ações imprescritíveis. *Revista dos Tribunais*, São Paulo, v. 300, out. 1961.

42 Segue-se o raciocínio de Agnelo Amorim Filho: "Com efeito, dizendo o referido art. 179, como diz, que os casos de prescrição não previstos no Código serão regulados, quanto ao prazo, pelo art. 177, a conclusão que se impõe, à primeira vista, é a da inexistência de ações imprescritíveis em face do nosso Direito" (AMORIM FILHO, Agnelo. Critério científico para distinguir a prescrição da decadência e para identificar as ações imprescritíveis. *Revista dos Tribunais*, São Paulo, v. 300, out. 1961).

A respeito, vale salientar que, embora tenha organizado de maneira mais técnica os prazos de prescrição e decadência, a começar por distingui-los, o Código Civil vigente falhou ao não oferecer um tratamento sistematizado das hipóteses jurídicas de inexistência de prazos de insurgência, o que torna necessário "garimpá-los".[43]

A jurisprudência, a doutrina e mesmo o texto normativo, contudo, identificaram hipóteses especiais em que um hiato temporal finito não poderia ser acolhido pela natureza dos direitos envolvidos e/ou ainda pelas circunstâncias que desenham o cenário em que ocorreu evento danoso.

O STJ definiu que os direitos morais do autor, por constituírem direitos da personalidade, são "imprescritíveis, e, portanto, não se extinguem pelo não uso e pelo decurso do tempo".[44] Julgou-se que "O autor pode, a qualquer momento, pretender a execução específica das obrigações de fazer e não fazer oponíveis 'erga omnes', decorrentes dos direitos morais elencados no art. 24 da Lei n. 9.610/98", estando sujeita a prescrição apenas à pretensão patrimonial reparatória.

No caso concreto, por iniciativa do fotógrafo Ivan Klingen, discutia-se a transferência para CD dos retratos do músico Noca da Portela, que figuravam na capa do LP *Mãos Dadas*. Concluiu-se, em síntese, não caber a prescrição para a pretensão do autor ter sua paternidade reconhecida, tampouco para preservar a integridade de sua obra. Afastou-se, todavia, a possibilidade de reparação por danos. Como o pedido de autoria é declaratório, parece-nos que melhor seria não falar em prescritibilidade, afinal, se está no plano da existência. Outra maneira de explicar tal situação consiste em afirmar que não são limitados pela prescrição os pedidos de natureza declaratória, o que não se aplica aos seus efeitos patrimoniais.[45]

Em síntese, considerou-se a pretensão reparatória prescrita, porém, os direitos morais de autor vigentes. Essa posição parece se aproximar ao pensamento de Gustavo Kloh, para quem os direitos da personalidade seriam "imprescritíveis", mas não as pretensões reparatórias decorrentes de sua violação.[46]

Sobre o tema, consagrou-se, na jurisprudência do STJ, a compreensão de que "a pretensão de reconhecimento de ofensa a direito da personalidade é imprescritível",[47] ainda que seus reflexos patrimoniais estejam sujeitos ao lapso temporal da prescrição. A partir da premissa de que prescrição está vinculada à exigibilidade de direitos

---

[43] Dessa maneira, "a falta de um tratamento unificado (tal como se espera de um Código) deixa ao intérprete a difícil tarefa de garimpar as situações de imprescritibilidade" (LEONARDO, Rodrigo Xavier. A prescrição no Código Civil brasileiro (ou o jogo dos sete erros). *Revista da Faculdade de Direito da Universidade Federal do Paraná*, v. 51, p. 101-120, 2010. p. 107).

[44] STJ. REsp 1862910/RJ. Rel. Min. Paulo de Tarso Sanseverino, 3ª Turma. *DJe*, 09.02.2021.

[45] CORREA, Atalá. *Prescrição e decadência*. Entre passado e futuro. Tese (Doutorado em Direito) – Faculdade de Direito, Universidade de São Paulo, São Paulo, 2020. p. 300.

[46] NEVES, Gustavo Kloh Muller. *Prescrição e decadência no direito civil*. 2. ed. Rio de Janeiro: Lumen Juris, 2008. p. 55-56. Confira-se também o enlace entre patentes, direitos humanos e prescrição: STIGLITZ, Joseph. Prizes, not patents. *Project Syndicate*, 6 mar. 2007. USP. Grupo de Estudos Direito e Pobreza. *A inconstitucionalidade do artigo 40, parágrafo único, da lei de propriedade industrial sob uma perspectiva comparada*. Relatório de pesquisa elaborado para a Ação Direta de Inconstitucionalidade nº 5.529 (ADI nº 5529). São Paulo. 2020; BARBOSA, Denis Borges. A inexplicável política pública por trás do parágrafo único do artigo 40 da Lei de Propriedade Industrial. *Revista da EMARF*, Rio de Janeiro, v. 19, n. 1, p. 1-382 nov. 2013/abr. 2014. Disponível em: https://emarf.trf2.jus.br/site/documentos/revistaemarfvol19.pdf. Acesso em: 17 maio 2023.

[47] STJ. EDcl nos EDcl no AgInt no REsp 1718110/RS. Rel. Min. Nancy Andrighi, 3ª Turma. *DJe*, 18.09.2019.

violados, talvez seja melhor referir que persistem os direitos da personalidade, ainda que a possibilidade de reparação pecuniária esteja sujeita a prazo prescricional.

Distinta é a interpretação que reconhece a própria reparação por danos como imprescritível. Nesse sentido, há muito tempo se consolidou nos tribunais brasileiros o entendimento favorável à imprescritibilidade das pretensões reparatórias em matéria ambiental, bem como por atos relacionados à prática de tortura por agentes estatais, durante a ditadura militar.[48]

O tema foi consagrado pela Súmula nº 647, que estabelece que "São imprescritíveis as ações indenizatórias por danos morais e materiais decorrentes de atos de perseguição política com violação de direitos fundamentais ocorridos durante o regime militar".

É interessante notar que o caráter imprescritível não foi afastado mesmo quando houve alguma forma de pagamento espontâneo pelo Estado. A respeito, o Tribunal de Justiça do Estado do Rio Grande do Sul já fixou que "em sendo imprescritível *ab initio* a pretensão, o simples fato do recebimento de determinada quantia não converte o que era imprescritível em prescritível".

O STJ apontou também que a não fluência do tempo (inaplicabilidade da prescrição) incide sobre os casos de "perseguição política e atos de tortura contra presos políticos ocorridos durante o regime militar",[49] porém, em diversos julgados aponta que a imprescritibilidade não se estende, de modo amplo, a outras situações em que se consubstancia violação de direitos humanos.[50]

Nos tribunais, gradativamente se observa a ampliação de tal compreensão a fortalecer e intensificar a tutela de direitos fundamentais. Ao julgar o Recurso Especial nº 1.602.586, afirmou-se de forma muito mais ampla que

> A jurisprudência do STJ é pacificada no sentido de que a prescrição quinquenal, disposta no art. 1º do Decreto 20.910/1932, é *inaplicável aos danos decorrentes de violação de direitos fundamentais, que são imprescritíveis*, principalmente quando ocorreram durante o Regime Militar.[51]

Ressalta-se que o julgado não fala apenas de tortura, mas de todos os danos causados neste período.

Para além da ditatura militar, sustenta-se, igualmente, a imprescritibilidade da pretensão de reparação por danos em razão de discriminação racial,[52] em vista do racismo estrutural.[53] Em nota técnica, o Ministério Público do Trabalho (MPT), por meio da Coordenadoria Nacional de Erradicação do Trabalho Escravo e Enfrentamento ao

---

48 STJ. AREsp 611952. Rel. Min. Sérgio Kukina. *DJe*, 14.11.2014.

49 STJ. AgInt no AREsp 1686733/RJ. Rel. Min. Sérgio Kukina, 1ª Turma. *DJe*, 18.03.2021.

50 STJ. MS 19.303/DF. Rel. Min. Napoleão Nunes Maia Filho, 1ª Seção. *DJe*, 02.02.2017.

51 STJ. REsp 1602586. Rel. Min. Benedito Gonçalves. *DJ*, 13.06.2018. Com idêntica redação: STJ. AREsp 18659760 Rel. Min. Herman Benjamin, 2ª Turma. *DJe*, 23.08.2021.

52 LOUZADA, Douglas Admiral; ALMEIDA, Vivian Silva. *Imprescritibilidade da pretensão de reparação civil pela prática de racismo e de discriminação racial*. Tese apresentada durante o XIV Congresso Nacional de Defensores Públicos. Disponível em: https://www.anadep.org.br/wtksite/cms/conteudo/42544/Pretens_o_da_repara__o_civil_pela_pr_tica_de_racismo_(ES).pdf. Acesso em: 17 maio 2023.

53 ALMEIDA, Silvio. *Racismo estrutural*. [s.l.]: Pólen Produção Editorial, 2019.

Tráfico de Pessoas,[54] manifesta-se, corretamente, pela "não incidência da prescrição quanto às pretensões relativas ao trabalho em condição análoga ao de escravo ou ao tráfico de pessoas para fins de exploração do trabalho".

A proteção em relação a atos de tortura, a discriminação racial e o trabalho análogo à escravidão desafiam a leitura tradicional e convidam ao repensar. Identifica-se uma importante *virada*, em que a imprescritibilidade está a serviço da proteção da pessoa, e não de uma simples ênfase à proteção do crédito e à segurança jurídica formal.

Em outro campo, o Supremo Tribunal Federal estabeleceu que "São imprescritíveis as ações de ressarcimento ao erário fundadas na prática de ato doloso tipificado na Lei de Improbidade Administrativa".[55] Considerou-se que o art. 37, §5º do texto constitucional tornou imprescritível a pretensão reparatória. No profundo debate exposto no acórdão, foi examinada a divergência nos prazos fixados pelo Código Civil e a Lei de Improbidade, assim como a divergência dos termos iniciais, respectivamente, do fato e do conhecimento do fato, como anotou o Min. Luís Barroso em seu voto.

Ademais, o Supremo Tribunal Federal, por meio do Tema nº 999, definiu que "É imprescritível a pretensão de reparação civil de dano ambiental", no julgamento do RE nº 654.833.[56] Entre outros fundamentos, considerou-se que o tema envolve "direito fundamental indisponível". Em seu voto, o Min. Fachin apontou o caráter intergeracional do meio ambiente, assim como propôs a construção segundo a qual o dano ambiental é uma modalidade de dano ao erário.

Um interessante debate foi travado no STJ ao julgar o Recurso Especial nº 2.054.390.[57] A discussão era sobre a imprescritibilidade de atos praticados durante a ditadura, por um agente público específico, o que esbarra em regras próprias para reparação. A partir da leitura dos votos, extrai-se interessante divergência, que se traduz nas seguintes discussões:

a) A relevância da prescrição não afasta a relevância das situações de imprescritibilidade, mas demanda perquirir, com maior refinamento, os fundamentos que justificam colocar de lado a segurança jurídica em prol das hipóteses – excepcionais – de imprescritibilidade.
b) A impossibilidade de medidas por parte da pessoa que sofreu o dano interfere no exame da reparabilidade. Assim, há votos que consideraram que "teses prescricionais são incompatíveis com atos de barbárie" da ditadura. Outros votos, ao revés, apontam que em dado momento é preciso assegurar a pacificação.
c) Embora haja votos que apontem que a imprescritibilidade da reparação decorre da violação da dignidade da pessoa humana, a extensão dessa compreensão de forma genérica não parece acertada; o contexto mais amplo da ditadura, com a

---

[54] BRASIL. MPT. Coordenadoria Nacional de Erradicação do Trabalho Escravo e Enfrentamento ao Tráfico de Pessoas. *Nota Técnica n. 02/2022*. Brasília: MPT, 2022.

[55] STF. RE 852475. Rel. Min. Alexandre de Moraes, Tribunal Pleno. *DJe*, 25.03.2019. Com visão contrária, confira-se: GABARDO, Emerson; SAIKALI, Lucas Bossoni. Critica a decisão do STF sobre a imprescritibilidade do ressarcimento ao erário por atos dolosos de improbidade administrativa. *Fórum Administrativo*, v. 13, p. 55-74, 2019.

[56] STF. RE 654.833. Rel. Min. Alexandre de Moraes, Tribunal Pleno. *DJe*, 24.06.2020.

[57] STJ. REsp 2.054.390-SP. Rel. para acórdão Min. Maria Isabel Gallotti, 4ª Turma. *DJe*, 19.12.2023.

violência institucionalidade e limitação ao exercício de direitos, entra em cena implicitamente de modo muito relevante – ainda que implícito –, desenhando um cenário de impossibilidade de medidas ao tempo dos fatos.

d) O momento da investigação das violações a direitos fundamentais praticadas pelo Estado também foi sublinhado no acórdão. Assim, o momento da apuração dos fatos é um elemento relevante para examinar a prescrição. Tal aspecto parece se associar ao item anterior, ou seja, a viabilidade de medidas.

e) A anistia criminal e a possibilidade de reparação por danos são projeções distintas, embora no voto tenha se sinalizado a anistia como fundamento para afastar reparabilidade do dano.

Como se observa, o fluir do tempo faz algumas interpretações se tornarem obsoletas e outras florescerem. A historicidade dos institutos jurídicos assinala importantes transformações[58] em atenção à pessoa.[59]

Um direito civil voltado à proteção da pessoa deve estar atento a sua realidade, a serviço do seu tempo, atento ao passado, ao presente e, sobretudo, ao nosso futuro.[60] O tema tem sido amplamente debatido, inclusive diante do reconhecimento da imprescritibilidade da persecução criminal em relação às práticas de discriminação racial (inclusive injúria racial),[61] o que traz à tona as possíveis repercussões para reparação por danos.[62]

Como observa Atalá, a Corte Europeia de Direitos Humanos, a Corte Interamericana de Direitos Humanos e os Tribunais Superiores vêm reconhecendo a imprescritibilidade em casos que envolvem direitos humanos ou ao menos "flexibilizando os prazos prescricionais a eles relacionados".[63] A respeito do tema, assinalou Maria Celina Bodin de Moraes:

> Com significativos avanços – e em contraste com o posicionamento comum de abstração em relação ao caso concreto – a Corte Europeia de Direito Humanos (CEDH) vem considerando que as regras prescricionais ditadas pelos Estados membros não podem tornar quase impossível, ou excessivamente oneroso, o exercício de direitos garantidos.[64]

A tentadora proposta de defender que toda violação a direitos fundamentais seria imprescritível representa riscos e desafios próprios, a começar, pela própria necessidade

---

58 FACHIN, Luiz Edson. *Teoria crítica do direito civil*. 1. ed. Rio de Janeiro: Renovar, 2000. p. 173.

59 CORTIANO JR., Eroulths. As quatro fundações do Direito Civil: ensaio preliminar. *Revista da Faculdade de Direito da UFPR*, Curitiba, v. 45, p. 99-102, 2006; MEIRELES, Jussara. O ser e o ter na codificação civil brasileira: do sujeito virtual à clausura patrimonial. *In*: FACHIN, Luiz Edson (Coord.). *Repensando fundamentos do direito civil brasileiro contemporâneo*. Rio de Janeiro: Renovar, 1998. p. 87-114.

60 FACHIN, Luiz Edson. *Direito civil*: sentidos, transformações e fim. Rio de Janeiro: Renovar, 2015.

61 STF. HC 154248. Rel. Min. Edson Fachin, Tribunal Pleno. *DJe*, 09.11.2020.

62 "La idea del instituto de la prescripción es sustentada por, entre otros valores, la seguridad jurídica y la estabilidad de los negocios. Empero, cuando de violaciones de Derechos Humanos se trata, estas dos consideraciones son peligrosas" (AFARIAN, Jorge Rubén. Imprescriptibilidad de las acciones resarcitorias conexas a crímenes de lesa humanidad, en Derecho Global. *Estudios sobre Derecho y Justicia*, Buenos Aires, ano 1, n. 3, abr./jul. 2016).

63 CORREA, Atalá. *Prescrição e decadência*. Entre passado e futuro. Tese (Doutorado em Direito) – Faculdade de Direito, Universidade de São Paulo, São Paulo, 2020. p. 322.

64 MORAES, Maria Celina Bodin de. Prescrição, efetividade dos direitos e danos à pessoa humana. *Civilistica.com*, Rio de Janeiro, ano 6, n. 1, p. 7, 2017.

de enfrentar a distinção – se é que existe – entre direitos humanos e fundamentais e os direitos da personalidade.

Igualmente, e tomando-se o art. 200 do Código Civil[65] tão somente como ponto de partida, cabe também reavaliar como se comunicam a imprescritibilidade da persecução criminal e a esfera cível.[66] Trata-se de tema que merece futuro aprofundamento.

Por fim, vale olhar para as estrelas e o universo. Ao explicar o surgimento das relações espaço e tempo, a partir do *big bang*, assinala Marcelo Gleiser:

> Mesmo que não tenhamos ainda uma teoria quântica do espaço-tempo, sabemos que é inevitável que o próprio espaço-tempo flutue violentamente devido à incerteza quântica, como se fosse uma cama elástica enlouquecida. Distâncias espaciais e intervalos de tempo deixam de fazer sentido. Não existe perto e longe, antes e depois.[67]

A leitura linear do espaço-tempo talvez seja limitada para lidarmos com as consequências presentes de danos praticados no passado, ou sua projeção futura. Também é preciso recordar que as compreensões sobre dano, reparação e tempo são construídas, não dadas. Por exemplo, não deixa de ser intrigante que o povo indígena amondawa não conte com calendário ou expressões associadas ao tempo.[68] Assim também ocorre com certos danos. Aproveitando um trecho da passagem acima de Gleiser, para quem sofreu o dano, muitas vezes "Distâncias espaciais e intervalos de tempo deixam de fazer sentido. Não existe perto e longe, antes e depois".

Referências

AFARIAN, Jorge Rubén. Imprescriptibilidad de las acciones resarcitorias conexas a crímenes de lesa humanidad, en Derecho Global. *Estudios sobre Derecho y Justicia*, Buenos Aires, ano 1, n. 3, abr./jul. 2016.

ALMEIDA, Silvio. *Racismo estrutural*. [s.l.]: Pólen Produção Editorial, 2019.

AMORIM FILHO, Agnelo. Critério científico para distinguir a prescrição da decadência e para identificar as ações imprescritíveis. *Revista dos Tribunais*, São Paulo, v. 300, out. 1961.

BARBOSA, Denis Borges. A inexplicável política pública por trás do parágrafo único do artigo 40 da Lei de Propriedade Industrial. *Revista da EMARF*, Rio de Janeiro, v. 19, n. 1, p. 1-382 nov. 2013/abr. 2014. Disponível em: https://emarf.trf2.jus.br/site/documentos/revistaemarfvol19.pdf. Acesso em: 17 maio 2023.

BARBOSA, Fernanda Nunes. A prescrição nas relações de consumo: interfaces entre o Código de Defesa do Consumidor e o Código Civil. *Revista Brasileira de Direito Civil*, v. 15, p. 97-116, 2018.

BRASIL. MPT. Coordenadoria Nacional de Erradicação do Trabalho Escravo e Enfrentamento ao Tráfico de Pessoas. *Nota Técnica n. 02/2022*. Brasília: MPT, 2022.

CORDEIRO, António Manuel Menezes. *Da boa-fé no direito civil*. Coimbra: Almedina, 1984. v. I.

CORREA, Atalá. *Prescrição e decadência*. Entre passado e futuro. Tese (Doutorado em Direito) – Faculdade de Direito, Universidade de São Paulo, São Paulo, 2020.

---

[65] Dispõe o Código Civil, art. 200: "Quando a ação se originar de fato que deva ser apurado no juízo criminal, não correrá a prescrição antes da respectiva sentença definitiva".

[66] Vale confrontar as interessantes discussões propostas por CORREA, Atalá. *Prescrição e decadência*. Entre passado e futuro. Tese (Doutorado em Direito) – Faculdade de Direito, Universidade de São Paulo, São Paulo, 2020.

[67] GLEISER, Marcelo. A origem do tempo. *Folha de S. Paulo*, São Paulo, 23 nov. 2008.

[68] SINHA, C.; ZINKEN, J.; SINHA, V. da S.; SAMPAIO, W. B. de A. A noção de tempo: uma construção social e linguística. *Revista Brasileira de Linguística Antropológica*, v. 8, p. 47-61, 2017.

CORTIANO JR., Eroulths. As quatro fundações do Direito Civil: ensaio preliminar. *Revista da Faculdade de Direito da UFPR*, Curitiba, v. 45, p. 99-102, 2006.

CRUZ, Gisela Sampaio da; MORAES, Maria Celina Bodin de; SOUZA, Eduardo Nunes (Org.). *A juízo do tempo*: estudos atuais sobre prescrição. 1. ed. Rio de Janeiro: Editora Processo, 2019.

DE VOLTA PARA O FUTURO. Direção: Robert Zemeckis. Universal Pictures, 1985 (Filme).

FACHIN, Luiz Edson. Da prescrição e da decadência no Código do consumidor. *Revista da Procuradoria Geral do Estado do Ceará*, v. 10, n. 12, p. 29-40, 1993.

FACHIN, Luiz Edson. Direito além do novo Código Civil: novas situações sociais, filiação e família. *Revista Brasileira de Direito de Família*, v. 5, n. 17, p. 7-35, abr./maio 2003.

FACHIN, Luiz Edson. *Direito civil*: sentidos, transformações e fim. Rio de Janeiro: Renovar, 2015.

FACHIN, Luiz Edson. *Estatuto jurídico do patrimônio mínimo*. 2. ed. Rio de Janeiro: Renovar, 2006.

FACHIN, Luiz Edson. Limites e possibilidades da nova teoria geral do direito civil. *Revista da Faculdade de Direito da UFPR*, Curitiba, ano 27, n. 27. p. 49-60, 1992/1993.

FACHIN, Luiz Edson. Projeto de Código Civil. Direito de família. *Revista da CEJ*, Brasília, v. 3, n. 9, p. 16-20, set./dez. 1999

FACHIN, Luiz Edson. *Teoria crítica do direito civil*. 1. ed. Rio de Janeiro: Renovar, 2000.

FACHIN, Luiz Edson; RUZYK, Carlos Eduardo Pianovski. *Código Civil comentado*: direito de família, casamento: arts. 1.511 a 1.590. São Paulo: Atlas, 2003. v. 15.

FACHIN, Luiz Edson; SCHULMAN, Gabriel. Contratos, ordem econômica e princípios: um diálogo entre direito civil e a constituição 20 anos depois. *In*: DANTAS, Bruno *et al.* (Org.). *Constituição de 1988*: o Brasil 20 anos depois. Brasília: Senado Federal, Instituto Legislativo Brasileiro, 2008. v. 4. p. 347-377.

FACHIN, Luiz Edson; TEPEDINO, Gustavo. Carta de Curitiba. *V Encontro Dos Projetos de Pesquisa em Direito Civil*, Curitiba, 2006.

FONTES, André. *A pretensão como situação jurídica subjetiva*. Belo Horizonte: Del Rey, 2002.

FREIRE, Paulo. *Educação como prática da liberdade*. Rio de Janeiro: Paz e Terra, 1967.

FREIRE, Paulo. *Pedagogia da autonomia*: saberes necessários à prática educativa. São Paulo: Paz e Terra, 1996.

FREITAS, Augusto Teixeira de. *Consolidação das leis civis*. Brasília: Senado Federal, Conselho, 2003.

GABARDO, Emerson; SAIKALI, Lucas Bossoni. Critica a decisão do STF sobre a imprescritibilidade do ressarcimento ao erário por atos dolosos de improbidade administrativa. *Fórum Administrativo*, v. 13, p. 55-74, 2019.

GLEISER, Marcelo. A origem do tempo. *Folha de S. Paulo*, São Paulo, 23 nov. 2008.

GOMES, Orlando. A evolução do direito privado e o atraso da técnica jurídica. *Revista Direito GV*, São Paulo, ano 1, v. 1, p. 121-134, maio 2005.

GOMES, Orlando. *Raízes históricas e sociológicas do código civil brasileiro*. São Paulo: Martins Fontes, 2003.

LEMINSKI, Paulo. *Distraídos venceremos*. São Paulo: Companhia das Letras, 2017.

LEONARDO, Rodrigo Xavier. A prescrição no Código Civil brasileiro (ou o jogo dos sete erros). *Revista da Faculdade de Direito da Universidade Federal do Paraná*, v. 51, p. 101-120, 2010.

LOUZADA, Douglas Admiral; ALMEIDA, Vivian Silva. *Imprescritibilidade da pretensão de reparação civil pela prática de racismo e de discriminação racial*. Tese apresentada durante o XIV Congresso Nacional de Defensores Públicos. Disponível em: https://www.anadep.org.br/wtksite/cms/conteudo/42544/Pretens_o_da_repara__o_civil_pela_pr_tica_de_racismo_(ES).pdf. Acesso em: 17 maio 2023.

MARTINS-COSTA, Judith. *A boa-fé no direito privado*: critérios para a sua aplicação. São Paulo: Marcial Pons, 2015.

MATTIETTO, Leonardo. A nova sistemática da prescrição civil: declaração de ofício pelo juiz e renúncia do devedor. *Revista IOB de Direito Civil e Processual Civil*, v. 44, 2007.

MEIRELES, Jussara. O ser e o ter na codificação civil brasileira: do sujeito virtual à clausura patrimonial. *In*: FACHIN, Luiz Edson (Coord.). *Repensando fundamentos do direito civil brasileiro contemporâneo*. Rio de Janeiro: Renovar, 1998. p. 87-114.

MELLO, Marcos Bernardes; BARROS JR., José de; EHRHARDT, Marcos. Notas em torno da alegabilidade em juízo da prescrição e decadência no direito nacional atual. *In*: SILVA NETO, Francisco Antonio de Barros e *et al*. (Org.). Relações e influências recíprocas entre direito material e direito processual: estudos em homenagem ao Professor Torquato Castro. Salvador: JusPodivm, 2017. p. 303-330.

MIRANDA, Francisco Cavalcanti Pontes de. *Tratado de direito privado*: exceções, direitos mutilados, exercício dos direitos, pretensões, ações e exceções, prescrição. 4. ed. São Paulo: RT, 2013. t. 6.

MORAES, Maria Celina Bodin de; SCHULMAN, Gabriel. Ensaio sobre as iniquidades da fiança locatícia gratuita. *Revista de Direito do Consumidor*, São Paulo, ano 25, v. 107, p. 19-57, set./out. 2016.

NEVES, Gustavo Kloh Muller. *Prescrição e decadência no direito civil*. 2. ed. Rio de Janeiro: Lumen Juris, 2008.

NEVES, José Roberto de Castro. *Direito das obrigações*. 4. ed. Rio de Janeiro: GZ Editora, 2014.

PESSOA, Fernando. *Poemas inconjuntos*. Poemas de Alberto Caeiro. 10. ed. Lisboa: Ática, 1946.

RODRIGUES JUNIOR, Otavio Luiz. Exceções no direito civil: um tema em busca de um autor? *In*: MIRANDA, Daniel Gomes de; CUNHA, Leonardo Carneiro da; ALBUQUERQUE JÚNIOR, Roberto Paulino (Org.). *Prescrição e decadência*: estudos em homenagem a Agnelo Amorim Filho. Salvador: JusPodivm, 2013. v. 1. p. 411-422.

RUZYK, Carlos Eduardo Pianovski; FACHIN, Luiz Edson. Direitos fundamentais, dignidade da pessoa humana e o Novo Código Civil: uma análise crítica. *In*: SARLET, Ingo Wolfgang (Org.). *Constituição, direitos fundamentais e direito privado*. 2. ed. Porto Alegre: Livraria do Advogado, 2003. p. 87-104.

SIMÃO, José Fernando. A teoria dualista do vínculo obrigacional e sua aplicação ao direito civil brasileiro. *Revista Jurídica da Escola Superior do Ministério Público de São Paulo*, São Paulo, v. 3, p. 165-181, 2013.

SIMÃO, José Fernando. *Prescrição e decadência*: início dos prazos. São Paulo: Atlas, 2013.

SIQUEIRA, Thiago Ferreira. *A responsabilidade patrimonial no novo sistema processual civil*. São Paulo: RT, 2016. *E-book*.

SOUZA, Eduardo Nunes de. Prescrição intercorrente no Código Civil: a inovação normativa de que ninguém precisava. *Coluna Direito Civil – Editora Fórum*, 24 fev. 2022.

STIGLITZ, Joseph. Prizes, not patents. *Project Syndicate*, 6 mar. 2007.

TEPEDINO, Gustavo; FACHIN, Luiz Edson (Org.). *O direito e o tempo*: embates jurídicos e utopias contemporâneas. Estudos em homenagem ao Professor Ricardo Pereira Lira. Rio de Janeiro: Renovar, 2008.

TEPEDINO, Gustavo; SILVA, Rodrigo da Guia. Notas sobre o dano moral no direito brasileiro. *Revista Brasileira de Direito Civil – RBDCivil*, Belo Horizonte, v. 30, p. 33-60, out./dez. 2021.

TEPEDINO, Maria Celina Bodin de Moraes. A caminho de um direito civil constitucional. *Revista de Direito Civil Imobiliário, Agrário e Empresarial*, São Paulo, ano 17, v. 65, jul./set. 1993.

USP. Grupo de Estudos Direito e Pobreza. *A inconstitucionalidade do artigo 40, parágrafo único, da lei de propriedade industrial sob uma perspectiva comparada*. Relatório de pesquisa elaborado para a Ação Direta de Inconstitucionalidade nº 5.529 (ADI nº 5529). São Paulo. 2020.

VARELA, João de Matos Antunes. *Das obrigações em geral*. 9. ed. Coimbra: Almedina, 2003. v. 1.

VELOSO, Caetano. *Oração ao tempo*. [s.l.]: [s.n.], 1979.

Julgados

STF. HC 154248. Rel. Min. Edson Fachin, Tribunal Pleno. *DJe*, 09.11.2020.

STF. RE 654.833. Rel. Min. Alexandre de Moraes, Tribunal Pleno. *DJe*, 24.06.2020.

STF. RE 852475. Rel. Min. Alexandre de Moraes, Tribunal Pleno. *DJe*, 25.03.2019.

STJ. AgInt no AREsp 1686733/RJ. Rel. Min. Sérgio Kukina, 1ª Turma. *DJe*, 18.03.2021.

STJ. AREsp 18659760 Rel. Min. Herman Benjamin, 2ª Turma. *DJe*, 23.08.2021.

STJ. AREsp 611952. Rel. Min. Sérgio Kukina. *DJ*, 14.11.2014.

STJ. AREsp 611952. Rel. Min. Sérgio Kukina. *DJe*, 14.11.2014.

STJ. EDcl nos EDcl no AgInt no REsp 1718110/RS. Rel. Min. Nancy Andrighi, 3ª Turma. *DJe*, 18.09.2019.

STJ. MS 19.303/DF. Rel. Min. Napoleão Nunes Maia Filho, 1ª Seção. *DJe*, 02.02.2017.

STJ. REsp 1522092/MS. Rel. Min. Paulo de Tarso Sanseverino, 3ª Turma. *DJe*, 13.10.2015.

STJ. REsp 1593786/SC. Rel. Min. Paulo de Tarso Sanseverino, 3ª Turma. *DJe*, 30.09.2016.

STJ. REsp 1602586. Rel. Min. Benedito Gonçalves. *DJ*, 13.06.2018.

STJ. REsp 1604412/SC. Rel. Min. Marco Aurélio Bellizze, 2ª Seção. *DJe*, 22.8.2018.

STJ. REsp 1862910/RJ. Rel. Min. Paulo de Tarso Sanseverino, 3ª Turma. *DJe*, 09.02.2021.

STJ. REsp 2.054.390-SP. Rel. para acórdão Min. Maria Isabel Gallotti, 4ª Turma. *DJe*, 19.12.2023.

Informação bibliográfica deste livro, conforme a NBR 6023:2018 da Associação Brasileira de Normas Técnicas (ABNT):

SCHULMAN, Gabriel. A virada dos ponteiros nos 20 anos do Código Civil: olhares sobre fluir do tempo, prescrição e imprescritibilidade da reparação por danos por violação de direitos fundamentais. *In*: CORTIANO JUNIOR, Eroulths; SILVA, Alexandre Barbosa da (coord.). *O Código Civil e a Contemporaneidade*: Estudos do Grupo Virada de Copérnico em Homenagem ao Ministro Luiz Edson Fachin. Belo Horizonte: Fórum, 2025. p. 85-101. ISBN 978-65-5518-990-2.

TRANSFORMAÇÕES DAS RELAÇÕES OBRIGACIONAIS EM VINTE ANOS DE EXPERIÊNCIA RECODIFICADA

ROSALICE FIDALGO PINHEIRO

CARLOS EDUARDO PIANOVSKI RUZYK

MARCOS CATALAN

PAULO ROBERTO RIBEIRO NALIN

1 Introdução

A estrutura normativa do direito das obrigações na codificação civil revela distinção evidente entre o conjunto de regras gerais próprias da clássica teoria obrigacional e o cariz principiológico que, associado a regras que recolhem transformações operadas ao longo do século passado, desenham a disciplina positivada dos contratos.

É visível a prevalência de uma expressão conceitualista a marcar a disciplina da teoria geral das obrigações, ao passo que o direito contratual é permeado também por um sentido preceptivo que não se resume a um sistema puro de regras.

É na compreensão da dialética entre os limites ao perfil legislativo próprio à teoria geral das obrigações e as possibilidades hermenêuticas que decorrem da abertura principiológica que se situa a reflexão aqui proposta, a se pautar, sob o ponto de vista metodológico, na teoria crítica do direito civil, de Luiz Edson Fachin, bem como em sua proposta de tríplice constitucionalização do direito civil. Trata-se de recolher tanto a descrição do sistema positivado quanto a dinâmica que a ele se pode imprimir por meio de uma releitura pautada em sua inserção em um sistema centrado na ordem constitucional.

Com efeito, Luiz Edson Fachin ressalta que "um Código não nasce Código, mas se faz Código", enfatizando, com isso, o papel hermenêutico na construção normativa a impor ressignificações congruentes com a unicidade do sistema, a partir de sua fonte normativa primária centrada na Constituição. Não se trata, porém, de Constituição estática, enclausurada a uma dimensão meramente formal, mas, sim, de uma Constituição que, partindo de sua expressão formal, é também substancial e prospectiva.

A Constituição formal é aquilo que está expressamente positivado na Constituição, e que, por isso, detém força normativa. Já a Constituição substancial é aferível na sua dimensão principiológica, expressa seja implícita, e apta a apreender as demandas decorrentes do conjunto de relações sociais. A dimensão prospectiva da Constituição, a seu turno, consiste na expressão transformadora do constitucionalizar. Trata-se da construção e reconstrução de sentido das normas jurídicas que permite apreender as transformações advindas das relações sociais, ressignificando institutos e instituições jurídicas. Mais que isso: projeta-se como instrumento de transformação dessas mesmas relações sociais (como um *output* derivado da normatividade construída em concreto).[1]

Esse caráter dinâmico e mutável[2] assegura a persistência da força normativa da Constituição ante as transformações sociais, entre limites e aberturas à força construtiva dos fatos que permite ao sistema se reconstruir sobre as balizas estruturantes sobre as quais está assentada a ordem constitucional. É conduzida por esse vetor metodológico que a reflexão ora proposta sobre o direito das obrigações no Código Civil de 2002 se desenvolve.

2 Da estrutura inabalável à (re)leitura da teoria das obrigações no Código Civil de 2002

2.1 O *more geométrico* da teoria geral das obrigações: uma estrutura inabalável na codificação de 2002?

Refletir sobre o direito das obrigações é tarefa desafiadora. Afinal, parece difícil não perceber como conceitos – nem sempre atuais – buscam se entrelaçar a regras e princípios visando a dar suporte (a) à "fixação e fundamentação das soluções" para os problemas imanentes à vida em sociedade, (b) à metódica sistematização de respostas abstratas antecipadas para as questões do dia a dia e, principalmente, (c) à "transposição dos elementos facultados pela interpretação e integração das leis para o plano dogmático da aparelhagem conceitual", o que faz do primeiro livro da Parte Especial do Código Civil brasileiro – Livro III, no Código Bevilaqua – obra marcada por apurada técnica[3] e, ao mesmo tempo, a que revela possuir conteúdo menos concreto, assertiva referendada por Orosimbo Nonato ao grafar que essa é "talvez, a parte mais árdua e difícil e, sem dúvida, a mais filosófica do direito civil, a mais abstrata, a mais convizinha de suas normas cabedais".[4] Tendo por objeto as relações creditícias – ainda que se preste à solução de aspectos imateriais que transbordam retrocitado núcleo histórico-conceitual –, o direito das obrigações parece encontrar na estabilidade temporal e uniformidade espacial suas principais características: (a) a primeira faceta refere-se à relativa[5] escassez de sujeição a

---

[1] FACHIN, Luiz Edson. *Direito civil*: sentidos, transformações e fim. Rio de Janeiro: Renovar, 2015. p. 9.

[2] ROSA, Conrado Paulino da. *Curso de direito de família contemporâneo*. Salvador: JusPodivm, 2020. p. 66.

[3] VARELA, João de Matos Antunes. *Das obrigações em geral*. 10. ed. Coimbra: Almedina, 2000. v. 1. p. 29.

[4] NONATO, Orosimbo. *Curso de obrigações*. Rio de Janeiro: Forense, 1959. v. 1. p. 53.

[5] MARQUÉZ, José Fernando; MOISSET DE ESPANÉS, Luis. *Curso de derecho civil*: obligaciones. Buenos Aires: Zavalía, 2018. v. 1. p. 51. E isso porque, consoante ensinam os autores argentinos com invulgar acurácia, é impossível não identificar as transformações do direito obrigacional "que ha marchado siempre acorde con el

fatores sociais de ordem política ou moral vigentes em determinado momento histórico, (b) a segunda, remete à tendente uniformidade de suas regras e princípios em diversos sistemas jurídicos,[6] ainda que não se possa negar que os códigos civis no Ocidente possuem raízes comuns, fato que também poderia explicar identificado atributo.

É preciso perceber, também, que retrocitadas características conferem ao direito das obrigações aparência de neutralidade ideológica, vestindo a relação obrigacional como uma "categoria a-histórica 'sempre igual a si mesma'".[7] Orlando Gomes, por exemplo, ao dissertar sobre o assunto, proclama que esse ramo do direito civil emerge como o campo que mais tardiamente receberia o impacto da transformação cultural, em especial, por conta de sua "estruturação técnica", fruto de uma teoria construída ao estilo *more geométrico*, capaz de lhe conferir estrutura pretensamente apta a resistir aos abalos tectônicos imanentes à cultura de um povo.[8]

Aponte-se aqui, que, a despeito de identificar-se, comumente, na literatura jurídica clássica e mesmo nos escritos contemporâneos diversas tentativas de tracejar um percurso linear e contínuo – que se arrasta por aproximadamente vinte e cinco séculos – atando o direito romano ao direito das obrigações codificado no Ocidente, é aparentemente bem mais escorreito afirmar que a fonte histórica mais importante do direito obrigacional contido nos códigos civis da modernidade é a pandectística alemã do século XIX.[9]

À sombra de uma elaboração sistemática, os pandectistas delinearam o direito das obrigações como um conjunto de axiomas sólidos dos quais frutificam conceitos gerais e, a partir daí, regras especiais.[10] O modelo teórico permitiu afirmar que este capítulo do direito civil é o que mais se assemelha às ciências matemáticas, pondo em evidência a sua racionalidade lógico-dedutiva, de cariz cartesiano, tomada pelo positivismo científico do direito natural, e cujos contornos são assim descritos por Franz Wieacker, ainda que por meio do ideal de neutralidade imanente ao pensamento científico da modernidade:

> Esta ciência jurídica estava baseada na perspectiva do direito do positivismo científico, o qual deduzia as normas [*sic*] jurídicas e a sua aplicação exclusivamente a partir do sistema, dos conceitos e dos princípios doutrinais da ciência jurídica, sem conceder a valores ou objetivos extra-jurídicos (por exemplo religiosos, sociais ou científicos) a possibilidade de confirmar ou infirmar as soluções jurídicas. "Considerações de caráter ético, político ou económico não são assuntos dos juristas, enquanto tais".[11]

---

desarrollo económico-social que han tenido todos los pueblos". Lembram, por exemplo, de severas limitações vigentes nos regimes feudais, afastadas por ocasião do desvelar da modernidade e suas promessas de igualdade.

6 VARELA, João de Matos Antunes. *Das obrigações em geral*. 10. ed. Coimbra: Almedina, 2000. v. 1. p. 25-26.

7 PERLINGIERI, Pietro. *Perfis do direito civil*. Tradução de Maria Cristina De Cicco. Rio de Janeiro: Renovar, 1997. p. 206.

8 GOMES, Orlando. *Transformações gerais do direito das obrigações*. São Paulo: RT, 1967. p. 1; 6.

9 WIEACKER, Franz. *História do direito privado moderno*. Tradução de António Manuel Hespanha. 2. ed. Lisboa: Fundação Calouste Gulbenkian, 1967. p. 421; 425. A Escola Histórica do Direito, ao mesmo tempo vencedora e herdeira do direito natural, na acepção de Franz Wieacker, ora representada na Alemanha, por Savigny, tratou de organizar o material histórico em um sistema interno.

10 WIEACKER, Franz. *História do direito privado moderno*. Tradução de António Manuel Hespanha. 2. ed. Lisboa: Fundação Calouste Gulbenkian, 1967. p. 426.

11 WIEACKER, Franz. *História do direito privado moderno*. Tradução de António Manuel Hespanha. 2. ed. Lisboa: Fundação Calouste Gulbenkian, 1967. p. 492.

Deste modo, a pandectística alemã encerrou as obrigações em um sistema fechado como um conjunto de conceitos abstratos, absolutos e imutáveis, que guardam independência dos valores jurídicos.[12]

Daí que, no modelo proposto, todo caso apresentado ao julgador teria sua solução latente em um sistema jurídico isento de lacunas. Tal teorização é, certamente, uma ficção. Tamanha a sua relevância no cenário decimonônico que influenciou algumas tentativas de unificação do direito privado.[13] Também por isso, repise-se, se afirma, recorrentemente, a sua menor sensibilidade às influências políticas e morais, ou mesmo, sua maior resistência ao sopro de *Chronos* que a tudo corrói, tornando-o, paradoxalmente, mais permeável a influenciar e a ser influenciado pela literatura estrangeira.[14]

Esta obra de unidade conceitual foi exemplar na construção da Parte Geral do Código Civil e, ainda, na teoria do negócio jurídico que ocupa seu centro nos códigos civis brasileiro. A generalidade da categoria do negócio jurídico elevou a vontade ao "elemento chave de sua definição", ao passo em que abstraiu ao máximo as desigualdades dos sujeitos e, ainda, as peculiaridades da operação econômica realizada.[15]

Deste modo, consoante proclama Enzo Roppo, o dado biológico – leia-se, a vontade emanada por um ser racional, tratado como igual a todos os demais – apagava a posição econômico-social concreta de cada uma das partes.[16] É claro que "al consagrar el principio de la igualdad jurídica [en la dimensión puramente formal] se descuidó el hecho de que en la práctica no existía igualdad económica".[17]

Referido papel, elaborado pela pandectística, emerge na consideração da obrigação sob uma perspectiva meramente externa, de ordem estrutural, que a aprecia, no dizer de Luiz Edson Fachin, *in abstrato*[18] vinculando centros de interesses ou situações jurídicas subjetivas.[19] Assim procede o direito, na verdade, realizando escolhas, que importam a seleção de fatos da realidade que se enquadrarão à armadura conceitual delineada no dispositivo legal.

Por isso, explica Luiz Edson Fachin:

> O Direito, nesse sentido, opera um corte epistemológico, ou seja, coopta os fatos da realidade que lhe interessam, situação esta que acaba por excluir diversas outras nuanças das relações, pois não as reconhece no seu corpo normativo e, quando o faz, força a definição das mesmas, enquadrando-as de acordo com os conceitos presentes no sistema normativo vigente.[20]

---

[12] GOMES, Orlando. *Transformações gerais do direito das obrigações*. São Paulo: RT, 1967. p. 5.

[13] LOTUFO, Renan. Evolução histórica do direito das obrigações. *In*: LOTUFO, Renan; NANNI, Giovanni Ettore (Coord.). *Obrigações*. São Paulo: Atlas, 2011. p. 7.

[14] VARELA, João de Matos Antunes. *Das obrigações em geral*. 10. ed. Coimbra: Almedina, 2000. v. 1. p. 28.

[15] ROPPO, Enzo. *O contrato*. Tradução de Ana Coimbra e M. Januario C. Gomes. Coimbra: Almedina, 1988. p. 51.

[16] ROPPO, Enzo. *O contrato*. Tradução de Ana Coimbra e M. Januario C. Gomes. Coimbra: Almedina, 1988. p. 51.

[17] MARQUÉZ, José Fernando; MOISSET DE ESPANÉS, Luis. *Curso de derecho civil*: obligaciones. Buenos Aires: Zavalía, 2018. v. 1. p. 52.

[18] FACHIN, Luiz Edson. *Teoria crítica do direito civil*. 3. ed. Rio de Janeiro: Renovar, 2012. p. 101.

[19] PERLINGIERI, Pietro. *Perfis do direito civil*. Tradução de Maria Cristina De Cicco. Rio de Janeiro: Renovar, 1997. p. 207.

[20] FACHIN, Luiz Edson. *Teoria crítica do direito civil*. 3. ed. Rio de Janeiro: Renovar, 2012. p. 42-43.

Assim foi delineada, sob os influxos do racionalismo e da igualdade formal, a teoria das obrigações, construção que, como se intui, prima pela separação entre a relação obrigacional e sua *fattispecie* concreta, tanto no plano conceitual como no âmbito normativo, afinal, à concepção estática de obrigação não importa seu perfil funcional, mas apenas sua fonte e elementos estáticos como razão justificadora de seu regramento e funcionamento. Tamanho é o distanciamento do mundo real que nem sempre é possível identificar que *fattispecies* creditórias especiais[21] na disciplina jurídica dos contratos ou do direito de danos nada mais são que derivações geométricas que possuem o mesmo DNA contido nos axiomas que informam a teoria das obrigações.[22] [23]

A despeito disso, o legado germânico oitocentista não ultrapassa uma perspectiva estrutural da obrigação, tanto para o seu estudo como para a sua aplicação.

No mais, cabe anotar que a abstração do conceito de obrigação permite estender suas influências a outros setores do direito civil e do direito empresarial e, até mesmo, ao direito tributário ou ao direito administrativo,[24] demonstrando a sua capacidade de se adaptar aos mais diversos interesses em pauta, fato que levou Josserand a proclamar que a obrigação constitui-se a armadura e substrato não apenas do direito, mas de todas as ciências sociais e, embora tal afirmação revele-se exagerada, proclama Orlando Gomes,[25] ela traz consigo uma tendência universalista, que deposita na relação creditícia o "instrumento básico da vida económica",[26] ensejando a sua separação das relações patrimoniais de natureza real, contrapondo o "velho estatuto da propriedade" ao "novo estatuto da obrigação".[27] Cindem-se as relações de conteúdo patrimonial em absolutas e relativas, o que enseja a secção de suas distintas, embora, inseparáveis fases: gênese, desenvolvimento, adimplemento ou incumprimento; questão que cresce em complexidade quando o pagamento importa na transmissão da propriedade eis que opera em dois planos distintos, balizado também pelo direito das titularidades.

É verdade que, no direito germânico, não apenas os direitos pessoais e reais acham-se rigidamente apartados, como a separação de planos é absoluta, ao contrário do direito francês, cuja separação é relativa. No modelo adotado no Brasil, em que o negócio jurídico que enseja a transmissão da propriedade serve-lhe de causa, pode-se afirmar, a partir da lembrança de Clóvis do Couto e Silva, que conferir um "tratamento unitário não é admissível em virtude da separação" que não permite confundir direitos pessoais e reais ou, ainda, os momentos da formação de deveres jurídicos obrigacionais e o instante em que ocorre a sua extinção.[28]

21 PERLINGIERI, Pietro. *Perfis do direito civil*. Tradução de Maria Cristina De Cicco. Rio de Janeiro: Renovar, 1997. p. 207-209.

22 Em sentido crítico a essa construção, Carvalho de Mendonça afirma que "além da purificação geral do *vinculum iuris*", a adequada hermenêutica da relação obrigacional imporia, em seu desvelar, no entender do autor, a "proteção dos fracos" contra a exploração "do mais forte" (MENDONÇA, Manoel Ignacio Carvalho de. *Doutrina e prática das obrigações*. 3. ed. Rio de Janeiro: Freitas Bastos, 1938. t. I. p. 17).

23 MENDONÇA, Manoel Ignacio Carvalho de. *Doutrina e prática das obrigações*. 3. ed. Rio de Janeiro: Freitas Bastos, 1938. t. I. p. 17.

24 VARELA, João de Matos Antunes. *Das obrigações em geral*. 10. ed. Coimbra: Almedina, 2000. v. 1. p. 29.

25 Josserand *apud* GOMES, Orlando. *Transformações gerais do direito das obrigações*. São Paulo: RT, 1967. p. 1.

26 VARELA, João de Matos Antunes. *Das obrigações em geral*. 10. ed. Coimbra: Almedina, 2000. v. 1. p. 22.

27 PERLINGIERI, Pietro. *Perfis do direito civil*. Tradução de Maria Cristina De Cicco. Rio de Janeiro: Renovar, 1997. p. 207.

28 COUTO E SILVA, Clóvis Veríssimo do. *A obrigação como processo*. São Paulo: Bushatsky, 1976.

No mais, se, por um lado, os preceitos normativos que compõem a teoria das obrigações não se adaptem a todas as espécies de obrigações, não alcancem certos contratos típicos ou estejam apartados dos direitos reais,[29] por outro, a sua racionalidade técnica é notadamente moldada pelo princípio[30] da igualdade formal, fator de emancipação do sujeito preso ao *status* da sociedade medieval, mas que, a partir de então, promoveu a subsunção da pessoa à categoria abstrata de sujeito de direito na relação creditícia.

Torna-se possível perceber o resultado de uma construção jusracionalista do direito das obrigações: o impacto tardio das transformações culturais, considerado costumeiramente uma característica inerente a este capítulo do direito civil; não como resultado do seu *more geométrico.*

2.2 A (re)leitura do direito das obrigações no Código Civil de 2002

Um primeiro olhar para a disciplina jurídica do direito das obrigações na recodificação de 2002 tenderia a afirmar a permanência de uma racionalidade técnica, há pouco, descrita e presente na codificação anterior, delineando a criticável "teoria geral das obrigações". Eis que seus cento e oitenta e sete artigos repetem, com poucas mudanças, os arts. 864 a 1.078, e arts. 1.094 a 1.097 do Código Civil de 1916. Se realizada uma comparação entre os dois textos legislativos, é possível constatar que a maioria de seus dispositivos conserva a mesma redação, apresentando modificações pontuais, em correspondência ao propósito de seus redatores: a permanência da tradição jurídica anterior com as inovações alcançadas pelo labor pretoriano.[31]

Por conseguinte, com estas lentes é impossível desdizer que a obrigação se revela, de fato, como uma categoria "a-histórica"[32] quase imune às transformações sociais e culturais,[33] que se inicia pela sua classificação, dispensando uma introdução crítica.[34]

Eis aí uma perspectiva tradicional, consoante a qual a relação obrigacional é descrita em perspectiva externa, à qual bastam seus elementos constitutivos sob as linhas da abstração, a elas se integrando o sujeito de direito, como elemento *a priori*, algo como, no dizer de Fachin, "um direito à procura de um sujeito".[35]

Semelhante análise pode conferir à obrigação uma concepção estática, que se espelha na contraposição entre o poder da vontade, expresso no direito de crédito, e o

---

[29] PERLINGIERI, Pietro. *Perfis do direito civil*. Tradução de Maria Cristina De Cicco. Rio de Janeiro: Renovar, 1997. p. 209. O autor chama a atenção para a mora do credor, que não seria aplicável às obrigações potestativas, ditadas no exclusivo interesse do credor, nas quais o devedor não é titular de um direito subjetivo ao adimplemento, ou de um interesse jurídico à liberação em face do adimplemento.

[30] FACHIN, Luiz Edson. *Teoria crítica do direito civil*. 3. ed. Rio de Janeiro: Renovar, 2012. p. 102.

[31] MARTINS-COSTA, Judith; BRANCO, Gerson Luiz Carlos. *Diretrizes teóricas do novo Código Civil brasileiro*. São Paulo: Saraiva, 2002. p. 44-45.

[32] PERLINGIERI, Pietro. *Perfis do direito civil*. Tradução de Maria Cristina De Cicco. Rio de Janeiro: Renovar; 1997. p. 206.

[33] GOMES, Orlando. *Transformações gerais do direito das obrigações*. São Paulo: RT, 1967. p. 6.

[34] TEPEDINO, Gustavo; BARBOZA, Heloísa Helena; MORAES, Maria Celina de Bodin (Coord.). *Código Civil interpretado*. Conforme a Constituição da República – Parte geral e obrigações (Arts. 1º a 420). [s.l.]: [s.n.], [s.d.]. v. I. p. 493.

[35] FACHIN, Luiz Edson. *Teoria crítica do direito civil*. 3. ed. Rio de Janeiro: Renovar, 2012. p. 114.

correspondente dever de prestar, que lhe é subordinado. Deste modo, a relação jurídica obrigacional não seria mais do que a soma de seus elementos estáticos formalmente delineados: o vínculo que submete o devedor ao poder do credor, sendo estes isolados em sua livre vontade, abstraindo a realidade concreta das partes, independentemente de sua real simetria ou da presença de vulnerabilidades.[36]

Os cento e oitenta e sete artigos, que precedem os contratos e a responsabilidade civil, apresentam uma técnica legislativa casuística, na qual o legislador designa todos os fatos que devem estar presentes para o completo preenchimento de sua *fattispecie*, reduzindo sua interpretação à mera declaração de seu sentido, bastando a subsunção dos fatos aos preceitos normativos previstos na lei.

Deste modo, indaga-se: como abandonar a pretensão de totalidade, presente nos códigos oitocentistas, e, por conseguinte, nos dispositivos legais que regem o direito das obrigações? A resposta para tal questão pode ser encontrada na dogmática, mas pressupõe, sobejamente, o recurso à hermenêutica.

Ao pensar o problema aventado, vem à mente a lembrança das lições de Clóvis do Couto e Silva, que advogava a adoção de um "modelo central" na codificação que ajudou a elaborar, segundo o qual o texto legislativo deveria ser norteado por cláusulas gerais, dispositivos legais escritos de tal forma que permitiriam a abertura e mobilidade do sistema jurídico,[37] distanciando-se assim do modelo exegético francês.

Referida escolha atrairia a incidência da (a) "diretriz da operabilidade", que se agregaria à (b) socialidade, localizada na funcionalização no exercício de direitos subjetivos e formativos redundando na superação do individualismo que permeava toda a codificação anterior e, ainda, (c) à eticidade, diretriz apta a elevar a "irredutível subjetividade e dignidade" da pessoa humana ao lugar de "valor-fonte" do sistema jurídico.[38] Neste contexto, conjuga-se o papel da legislação em sua unidade com o da doutrina e o do juiz, fazendo-se deste um "engenheiro jurídico" que se vale daquela como "fonte de legitimidade para a jurisprudência",[39] o que eleva o debate acerca do direito das obrigações, no Código Civil de 2002, a uma questão hermenêutica.

A discussão sobre as cláusulas gerais e, ainda, acerca do papel das três principais diretrizes reitoras da codificação civil vigente permitiria inaugurar ao menos duas importantes discussões: a primeira na tentativa de entender qual a importância das cláusulas gerais em um sistema jurídico balizado por princípios com indelével força normativa, em muitas situações, com previsão constitucional; a segunda, procurando desmistificar a qualidade de princípio atribuída às balizas usadas na edificação do Código Civil vigente. Quaisquer respostas para a primeira questão devem, inexoravelmente, enfrentar o argumento que as percebe como ferramentas de controle ideológico do labor pretoriano, na medida em que atraem a solução dos problemas para a lógica do Código, obnubilando a percepção da centralidade da Constituição no sistema jurídico. Impossível

---

36 FACHIN, Luiz Edson. *Teoria crítica do direito civil*. 3. ed. Rio de Janeiro: Renovar, 2012. p. 101.

37 COUTO E SILVA, Clóvis Veríssimo do. O direito civil brasileiro em perspectiva histórica e visão de futuro. *In*: FRADERA, Véra Maria Jacob de (Org.). *O direito privado brasileiro na visão de Clóvis do Couto e Silva*. Porto Alegre: LAEL, 1997. p. 31.

38 MARTINS-COSTA, Judith. *A boa-fé no direito privado*: sistema e tópica no processo obrigacional. São Paulo: RT, 1999. p. 132; 144.

39 ANDRADE, Fábio Siebeneicher. *Da codificação*. Crônica de um conceito. Porto Alegre: LAEL, 1997. p. 159.

não perceber, ao resgatar a conhecida metáfora que compara as cláusulas gerais a janelas, que estas precisam de paredes e que muros, usualmente, limitam demasiadamente os espaços de discussão. Quanto ao segundo ponto, parece ter sido precipitada a atribuição da qualidade de princípio à eticidade, à operabilidade e à socialidade.[40]

Retomando a linha originalmente projetada, é oportuno resgatar que o direito das obrigações resta disciplinado na parte especial do Código Civil de 2002, no Livro I, do art. 233 ao art. 420, compondo-se pelos títulos (a) I, que trata das modalidades de obrigações, (b) II, destinado a regrar a transmissão das obrigações, (c) III, que cuida do adimplemento e extinção das obrigações e, finalmente, (d) IV, destinado a balizar o inadimplemento das obrigações, estrutura que apresenta significativa mudança em relação ao Código Civil de 1916, em especial, por retirar o adimplemento do título genérico "efeitos das obrigações" e reservar-lhe título autônomo.

A codificação vigente parece ter absorvido perspectiva que permite a análise interna do fenômeno obrigacional, a considerando em sua totalidade concreta, segundo a qual "o adimplemento atrai e polariza a obrigação. É o seu fim";[41] fim aqui significando finalidade ou escopo e, obviamente, momento temporal final, ainda que espectros normativos sigam a acompanhar as partes outrora vinculadas ao processo obrigacional, em inúmeras ocasiões, para além do instante em que o pagamento se materializou.

Outra viva prova do câmbio identificado pode ser encontrada na previsão de que "quando, por motivos imprevisíveis, sobrevier desproporção manifesta entre o valor da prestação devida e o do momento de sua execução, poderá o juiz corrigi-lo, a pedido da parte, de modo que assegure, quanto possível, o valor real da prestação", consoante dispõe o art. 317 da codificação civil. Ainda que a regra pudesse estar mais próxima do objetivismo reinante no fim do século XX, é impossível não perceber em referido dispositivo legal uma chave de compreensão da relação obrigacional como algo complexo e em movimento.

É por isso que Luiz Edson Fachin destaca, ao se referir ao "movimento na dinâmica dos interesses materiais", que "desproporções geradas pelos efeitos do contrato demonstram que a paridade surge como um valor a ser seguido", destacando a importância da aferição, ao longo do tempo, na manutenção ou não da equação econômico-financeira da relação obrigacional.[42]

No mais, tal qual se denota com alguma facilidade, a noção de adimplemento ocupa agora o centro do fenômeno obrigacional, delineando direitos, deveres, direitos formativos e os respectivos estados de sujeição, ônus e expectativas jurídicas voltados à "concretude das circunstâncias nas quais se desenvolve a relação".

Essa concepção encontrou lugar no direito brasileiro, por obra de Clóvis Couto e Silva, na qual se destaca um "nexo finalístico [...] de atividades necessárias à satisfação

---

[40] AGENDAS DE DIREITO CIVIL CONSTITUCIONAL. *II Carta de Curitiba*, 2023. Disponível em: https://agendasdcc.com.br/index.php/memoria_2023/. Acesso em: 30 mar. 2024. Por ocasião do encontro da rede de pesquisas Agendas de Direito Civil Constitucional havido em setembro de 2023, na Faculdade de Direito da Universidade Federal do Paraná, conclui-se, por exemplo, que "ao contrário do que sugere a quase unanimidade da literatura especializada, a eticidade não é princípio do Direito Civil Brasileiro, mas diretriz ao trabalho legislativo resultante no Código de 2002. Com isso, poderá ser invocada como elemento argumentativo, não como fonte normativa".

[41] COUTO E SILVA, Clóvis Veríssimo do. *A obrigação como processo*. São Paulo: Bushatsky, 1976. p. 5.

[42] FACHIN, Luiz Edson. *Teoria crítica do direito civil*. 3. ed. Rio de Janeiro: Renovar, 2012. p. 324.

do interesse do credor".[43] Distanciando-se do viés atomístico projetado pelos pandectistas germânicos, a partir do trabalho referido, no Brasil a relação jurídica obrigacional, ainda que isso nem sempre seja percebido com a necessária clareza; é delineado a partir de contornos dinâmicos que desafiam o dogma voluntarista.

O autor gaúcho chega a afirmar:

> nos negócios bilaterais, o interesse, conferido a cada participante da relação jurídica (*mea res agitur*), encontra sua fronteira nos interesses do outro figurante, dignos de serem protegidos. O princípio da boa-fé opera, aqui, significativamente, como mandamento de consideração.[44]

Tendo como pressuposto o fato de que o sistema jurídico não é perfeito e que a existência de relações complexas produz problemas igualmente complexos, influenciados por incontáveis fatores internos e externos, é imprescindível que a conduta de cada uma das partes no processo obrigacional seja balizada por elevado padrão ético de honestidade, confiança e respeitabilidade recíproca. Mas isso não basta; é preciso que referido comportamento seja normativamente exigível.

Deste modo, é possível constatar a existência (a) de deveres principais de prestação, que constituem o núcleo da obrigação, definindo o tipo contratual – e mesmo negócios atípicos, (b) de deveres secundários, que se destinam a preparar ou assegurar o cumprimento da prestação principal, como dever de guardar a coisa até sua entrega ou, ainda, a reparação devida diante de eventual não cumprimento imputável ao devedor[45] e, ainda, (c) de deveres denominados laterais,[46] acessórios,[47] anexos[48] ou fiduciários,[49] também conhecidos como deveres gerais de conduta,[50] aptos, entre outras funções, à fomentar verdadeiro dever de cooperação, em atenção à boa-fé objetiva. A cooperação pode ser vista como "o próprio fundamento das relações obrigacionais, pois é ela que indicará o caminho do adimplemento com finalidade (função) para o qual é polarizado o negócio jurídico",[51] de modo a melhor tutelar ambos os parceiros no desvelar de toda a obrigação.

Com efeito, o processo obrigacional perpassa, segundo Clóvis do Couto e Silva, as fases do nascimento e desenvolvimento de deveres e, ainda, a do adimplemento. A alocação do adimplemento como uma das fases do processo obrigacional permite considerá-lo não apenas como causa extintiva da obrigação, mas como elemento decisivo

---

43 COUTO E SILVA, Clóvis Veríssimo do. *A obrigação como processo*. São Paulo: Bushatsky, 1976.

44 COUTO E SILVA, Clóvis Veríssimo do. *A obrigação como processo*. São Paulo: Bushatsky, 1976. p. 10-11.

45 COSTA, Mario Júlio Almeida. *Direito das obrigações*. 9. ed. Coimbra: Coimbra, 2001. p. 66.

46 OLIVEIRA, Ubirajara Mach de. A harmonização formal do direito da venda internacional de mercadorias no âmbito da Convenção de Viena de 1980 e o standard da boa-fé. *Revista da Faculdade de Direito Ritter dos Reis*, Porto Alegre, v. 4, p. 97-124, mar./jul. 2001.

47 VARELA, João de Matos Antunes. *Das obrigações em geral*. 7. ed. Coimbra: Almedina, 1997. v. 2. p. 130.

48 SILVA, Jorge Cesa Ferreira da. *A boa-fé e a violação positiva do contrato*. Rio de Janeiro: Renovar, 2007. p. 75.

49 NORONHA, Fernando. *Direito das obrigações*. São Paulo: Saraiva, 2004. v. 1. p. 79-81.

50 LÔBO, Paulo Luiz Netto. Deveres gerais de conduta nas obrigações civis. *In*: DELGADO, Mário Luiz; ALVES, Jones Figueirêdo (Coord.). *Questões controvertidas*: no direito das obrigações e dos contratos. São Paulo: Método, 2005. v. 4. p. 76-78.

51 FARIAS, Cristiano Chaves de; ROSENVALD, Nelson. *Curso de direito civil*. Contratos. São Paulo: Atlas, 2015. v. 4. p. 155.

na estrutura da relação jurídica, pois, emerge como sua finalidade.[52] Assim, o interesse do credor no desempenho da prestação, identificado nos conceitos tradicionais atribuídos pela literatura jurídica à obrigação,[53] se amplia para um conjunto de interesses vinculados tanto ao dever principal de prestação como aos deveres de conduta, exigíveis de todos que são tocados pelo fenômeno obrigacional, visando a melhor tutelar a situação pessoal e patrimonial das pessoas que integram a relação obrigacional e, eventualmente, de titularidade de terceiros.

Por isso, Luiz Edson Fachin aponta como características do perfil contemporâneo dos contratos "de um lado, a transubjetivação (quem contrata não mais contrata somente com quem contrata), e de outro, a transobjetivação (quem contrata não mais contrata apenas o que contrata)".[54]

Atenta Judith Martins-Costa para o papel da boa-fé objetiva no adimplemento, congregando a observância da correspondência, exatidão e integralidade.[55] Considerando-se que o comportamento do devedor deve se adequar integralmente à prestação devida, atribui-se ao primeiro a exigência de identidade ou pontualidade no cumprimento da obrigação (CC, art. 313). O segundo liga-se à ideia de que a prestação deve ser cumprida no modo exigido pela lei ou como negocialmente disposto (CC, art. 394). E o terceiro não permite que a obrigação seja cumprida em partes, se deste modo não se ajustou (CC, art. 314), salientando-se aqui a existência de exceções. A não observância desses princípios pode caracterizar o reverso do cumprimento: o inadimplemento, a mora ou o cumprimento imperfeito da prestação, merecendo destaque o fato de que a boa-fé servirá como filtro da sanção incidente na hipótese de violação da prestação, como sói ocorrer quando se pensa no inadimplemento de escassa importância.

Chama a atenção, por outro lado, que a força principiológica localizada no campo das obrigações se apresenta verticalmente assentada no livro do direito contratual, como uma opção metodológica do codificador. As razões históricas formativas do direito das obrigações, analisadas ao início deste estudo, explicam essa fratura na estrutura e a axiologia da codificação vigente, afinal, o codificador parece ter lançado todas as suas fichas socializantes e funcionalizantes ao tratar do direito contratual – e, com menor destaque, ao tratar da responsabilidade civil –, ao passo que preferiu manter o viés formalmente estruturante, abstrato e pretensamente neutro ao ressistematizar o livro das obrigações; fratura que pode, entretanto, ser superada pelo labor da literatura jurídica e dos tribunais.

Há de ser destacado aqui que o debate hermenêutico envolvendo o direito das obrigações, nos termos impostos pela recodificação de 2002 e, especialmente pela constitucionalização do direito privado no Brasil, não se restringe, obviamente, ao plano infraconstitucional. Não basta a reconstrução da relação obrigacional como situação

---

52 COUTO E SILVA, Clóvis do. *A obrigação como processo*. São Paulo: Bushatsky, 1976. p. 17.

53 VON TUHR, Andreas. *Tratado de las obligaciones*. Tradução de W. Roces. Madrid: Reus, 1934. t. I. p. 1. "Dase el nombre de obligación a la relación jurídica establecida entre dos o más personas, por virtud de la cual una de ellas – el deudor, debitor – se constituye en el deber de entregar a la otra – acreedor, creditor – una prestación".

54 FACHIN, Luiz Edson. *Direito civil*: sentidos, transformações e fim. Rio de Janeiro: Renovar, 2015. p. 30.

55 MARTINS-COSTA, Judith. *Comentários ao novo Código Civil*. Do direito das obrigações. Do adimplemento e da extinção das obrigações. Rio de Janeiro: Forense, 2003. v. V. t. I. p. 94 e segs.

subjetiva complexa, sendo necessário torná-la "sensível aos princípios constitucionais", de tal modo, a atribuir-lhe uma "função constitucional".[56]

Como amplamente esposado ao longo dos parágrafos precedentes, a obrigação não pode mais gravitar apenas em torno dos interesses jurídicos do credor, tampouco ser pensada como instrumento para a satisfação exclusiva de direitos subjetivos patrimoniais, afinal, as relações jurídicas hodiernas cada vez mais tocam aspectos não patrimoniais correlatos às discussões sobre a patrimonialidade do objeto da obrigação.[57]

> A incidência constitucional realiza-se de vários modos: não apenas na individuação dos conteúdos das cláusulas gerais como a diligência, a boa-fé, a lealdade, o estado de necessidade, etc., mas, sobretudo, na releitura orientada axiologicamente de toda a disciplina em que consiste a relação e, em particular, no controle de valor (*meritevolezza*) das ordens de interesses representadas pelo título [...] e na relevância que a peculiaridade deste último tem condições de produzir na estrutura formal da relação.[58]

O papel da hermenêutica é essencial para fomentar um modelo mais adequado à solução dos problemas contemporâneos em um ambiente marcado pela legalidade constitucional.

Nessa perspectiva, voltam-se as atenções para os tribunais brasileiros, com o propósito de tentar mapear sinais dessa releitura do direito das obrigações, a partir do reconhecido labor da literatura jurídica privatista contemporânea.

Baseando-se na dualidade do vínculo obrigacional composto pelo débito (*Schuld*) e responsabilidade (*Haftung*), o Superior Tribunal de Justiça julgou controvérsia acerca da responsabilidade pelas despesas de condomínio entre promitente vendedor e promitente comprador de imóvel. Configurando, em tal caso, típica hipótese de obrigação *propter rem*,[59] decidiu que após a imissão do promitente comprador na posse do imóvel, este deveria arcar com as despesas a título de taxa condominial, reservando ao promitente vendedor a legitimidade passiva concorrente para cobrança de tais débitos:

> RECURSO ESPECIAL. CIVIL E PROCESSUAL CIVIL. PROMESSA DE COMPRA E VENDA DE IMÓVEL. DÉBITOS CONDOMINIAIS POSTERIORES À IMISSÃO NA POSSE. RESPONSABILIDADE DO VENDEDOR E DO COMPRADOR. IMPUTAÇÃO DO DÉBITO AO COMPRADOR. CARÁTER '*PROPTER REM*' DA OBRIGAÇÃO. INTERPRETAÇÃO DO RESP. 1.345.31/RS, JULGADO PELO ART. 543-C DO CPC.
>
> 1. Controvérsia da responsabilidade do promitente vendedor (proprietário) pelo pagamento de despesas condominiais geradas após a imissão do promitente comprador na posse do imóvel.
>
> 2. Caráter '*propter rem*' da obrigação de pagar cotas condominiais.
>
> 3. Distinção entre débito responsabilidade à luz da teoria dualidade do vínculo obrigacional.

56 PERLINGIERI, Pietro. *Perfis do direito civil*. Tradução de Maria Cristina De Cicco. Rio de Janeiro: Renovar, 1997. p. 211.

57 PERLINGIERI, Pietro. *Perfis do direito civil*. Tradução de Maria Cristina De Cicco. Rio de Janeiro: Renovar, 1997. p. 211.

58 PERLINGIERI, Pietro. *Perfis do direito civil*. Tradução de Maria Cristina De Cicco. Rio de Janeiro: Renovar, 1997. p. 211.

59 BUNAZAR, Maurício. *Obrigação propter rem*: aspectos teóricos e práticos. São Paulo: Atlas, 2014. p. 133.

> 4. Responsabilidade do proprietário (promitente vendedor) pelo pagamento das despesas condominiais, ainda que posteriores à missão do promitente comprador na posse do imóvel.
> 5. Imputação ao promitente comprador dos débitos gerados após a sua imissão na posse.
> 6. Legitimidade passiva concorrente do promitente vendedor e do promitente comprador para ação de cobrança de débitos condominiais posteriores à imissão na posse.
> 7. Preservação da garantia do condomínio.
> 8. Interpretação das teses firmadas no REsp 1.345.31/RS, julgado pelo rito art. 543-C do CPC.
> 9. RECURSO ESPECIAL DESPROVIDO.[60]

Ao decidir esse caso, o Superior Tribunal de Justiça deu um passo no acolhimento da concepção de obrigação como processo. De outra banda, a solução do problema poderia ser pinçada da codificação revogada. O avanço notado, portanto, deve-se diretamente ao diálogo profícuo entre a literatura jurídica e o labor pretoriano.

É preciso salientar, outrossim, que mesmo antes do advento do Código Civil de 2002, o Superior Tribunal de Justiça mostrava conhecer a boa-fé objetiva como fonte de deveres de conduta na relação obrigacional, identificada como um processo, não mais como uma estrutura estática. Em julgado icônico analisando hipótese de furto de veículo em estabelecimento de compras, o Tribunal da Cidadania afastou a tese prevalente que dispunha ser contrato tácito de depósito para responsabilizar o estabelecimento, invocando o dever de proteção projetado pelo princípio da boa-fé no desvelar do processo obrigacional:

> RESPONSABILIDADE CIVIL. Estacionamento. Furto de veículo. Depósito inexistente. Dever de proteção. Boa-fé.
>
> O cliente do estabelecimento comercial, que estaciona o seu veículo em lugar para isso destinado pela empresa [*sic*], não celebra um contrato de depósito, mas a empresa [sic] que se beneficia do estacionamento tem o dever de proteção, derivado do princípio da boa-fé objetiva, respondendo por eventual dano. Súmula 130.
>
> Ação de ressarcimento da seguradora julgada procedente.
>
> Recurso não conhecido.[61]

É preciso lembrar que o princípio da boa-fé encontrou acolhimento expresso no direito brasileiro, por meio da Lei nº 8.078/90, como baliza que orienta a política nacional das relações de consumo (art. 4º, III) e, ainda, como fundamento de controle da abusividade de cláusulas contratuais (art. 51, IV), o que permitiu ao Superior Tribunal de Justiça fazer referência expressa a ela em diversas decisões, como a que foi em síntese transcrita, aproveitando, ainda, décadas de discussões sobre o tema na tradição jurídica europeia. Foi preciso, entretanto, esperar mais de vinte anos até que o Código Civil de 2002 a previsse expressamente, impulsionando o desenvolvimento de seu conteúdo nos tribunais brasileiros.

Cabe sublinhar que, muito embora não expresso nos quatro primeiros títulos que abrem o primeiro livro da Parte Especial, sua influência transparece no art. 330, ao

---

[60] BRASIL. Superior Tribunal de Justiça. *REsp 1.442.840-PR*. Rel. Min. Paulo de Tarso Sanseverino, j. 06.08.2015.

[61] BRASIL. Superior Tribunal de Justiça. *REsp 107.211-SP*. Rel. Min. Ruy Rosado de Aguiar, j. 03.11.1996.

estabelecer que o "pagamento reiteradamente feito em outro local faz presumir renúncia do credor relativamente ao previsto no contrato". Trata-se da positivação da função de limite ao exercício de direitos subjetivos, desempenhado pela boa-fé objetiva, na seara do adimplemento. Em tal disposição, considera-se ter havido renúncia tácita ao lugar do pagamento estipulado em cláusula contratual, sempre que o comportamento do credor revelar o contrário. A despeito da disposição textual ainda revelar-se deveras apegada ao voluntarismo decimonônico, a boa hermenêutica permite tutelar a confiança gerada no outro ante a vedação do *venire contra factum proprium*, sob pena de se caracterizar o exercício inadmissível de posição jurídica.

Enfim, a pesquisa promovida no *site* do Superior Tribunal de Justiça, utilizando-se a expressão "obrigação como processo" com a finalidade de identificar o acolhimento da obrigação como relação de cooperação, permitiu identificar apenas dois julgados, cujas ementas seguem transcritas:

> RECURSO ESPECIAL. VIOLAÇÃO DO ART. 53 DO CP/1973. NÃO OCORRÊNCIA. NATUREZA DA RELAÇÃO JURÍDICA. PRAZO PRESCRICIONAL. DIREITO DAS OBRIGAÇÕES. OBRIGAÇÃO COMO PROCESSO. CUMPRIMENTO DO OBJETO DA OBRIGAÇÃO E DE DEVERES ANEXOS. EXIGÊNCIA DE CONDUTAS DE COOPERAÇÃO DO DEVEDOR E DO CREDOR. MORA DO CREDOR. DISPENSA DA MÁ-FÉ E INVERSÃO DOS RISCOS.
>
> 1. Não há falar em omissão ou contradição do acórdão recorrido se as questões pertinentes ao litígio foram solucionadas, ainda que sob entendimento diverso do perfilhado pela parte.
>
> 2. A relação jurídica constituída por contrato de cessão de direto de posse de compra e venda de benfeitoras tem natureza pessoal, prescrevendo em 20 (vinte) anos, nos termos do art. 17 do CC/1916, o direito de se exigir o cumprimento de obrigação decorrente do negócio jurídico constituinte. Observância das regras de transição do art. 208 do CC/2002.
>
> 3. Numa compreensão contemporânea, as obrigações oriundas dos contratos não se apresentam como simples vínculo abstrato. A realização da prestação pelas partes, para que seja legítima, impõe o cumprimento dos deveres de cooperação, lealdade respeito, que compreendem comportamentos ativos e de abstenção do devedor e do credor, que podem estar expressos no conteúdo da obrigação ou, simplesmente, decorrente do ordenamento.
>
> 4. A complexidade da relação obrigacional traduz a prática de condutas variadas em direção ao adimplemento, as quais abarcam a execução da prestação pelo devedor, o cumprimento de deveres acessórios, assim como a realização de reações cooperativas por parte do credor.
>
> 5. A mora do credor se caracteriza pela ausência de colaboração para recebimento da prestação, seja pela recusa expressa, seja por meio da criação de obstáculos à sua realização pelo devedor, sempre que tenha havido oferta de cumprimento pelo devedor. A configuração da mora do credor dispensa prova de má-fé e transfere a ele os ricos da prestação.
>
> 6. Configura-se mora do credor quando este, notificado pelo devedor, por 20 (vinte) anos deixa de comparecer ao Cartório de Registro de Imóveis para receber em doação imóvel prometido em contrato, sob alegação de enfermidade nunca sequer comprovada nos autos.
>
> 7. Recurso especial provido.[62]

[62] BRASIL. Superior Tribunal de Justiça. *REsp 1.494.386-PA*. Rel. Min. Luis Felipe Salomão, j. 04.02.2020.

INCIDENTE DE ASSUNÇÃO DE COMPETÊNCIA. RECURSO ESPECIAL. SEGURO DE VIDA. PRETENSÕES QUE ENVOLVAM SEGURADO E SEGURADOR E QUE DERIVEM DA RELAÇÃO JURÍDICA SECURITÁRIA. PRAZO PRESCRICIONAL ÂNUO.

1. Nos termos da jurisprudência da Segunda Seção e da Corte Especial, o prazo trienal do artigo 206, §3º, inc. V, do Código Civil de 2002 adstringe-se às pretensões de indenização decorrentes de responsabilidade civil extracontratual – inobservância do dever geral de não lesar –, não alcançando as pretensões reparatórias derivadas do inadimplemento de obrigações contratuais [...].

2. Em relação ao que se deve entender por "inadimplemento contratual", cumpre salientar, incialmente, que a visão dinâmica da relação obrigacional – adotada pelo direto moderno [sic] – contempla não só os seus elementos construtivos, com também as finalidades visadas pelo vínculo jurídico, compreendendo-se a obrigação como um processo, ou seja, uma série de atos encadeados conducentes a um adimplemento plenamente satisfatório diante do credor, o que não deve implicar tiranização do devedor, mas sim a imposição de uma conduta leal e cooperativa das partes (COUTO E SILVA, Clóvis V. do. A obrigação como processo. São Paulo: Bushatsky, 1976. p. 5)

3. Nessa perspectiva, o conteúdo da obrigação contratual (direitos e obrigações das partes) transcende as "prestações nucleares" expressamente pactuadas (os chamados deveres principais ou primários), abrangendo, outrossim, deveres secundários (ou acessórios) e fiduciários (ou anexos).

4. Sob esta ótica, a violação dos deveres anexos (ou fiduciários) encartados na avença securitária implica obrigação de reparar os danos (materiais ou morais) causados, o que traduz responsabilidade civil contratual, então extracontratual, exegese, que, por sinal, é consagrada por esta Corte nos julgados em que se diferenciam "o dano moral advindo de relação jurídica contratual" e "o dano moral decorrente de responsabilidade extracontratual" para fins de definição do termo inicial de juros de mora (citação ou evento danoso).

5. Diante de tais premissas, é óbvio que as pretensões deduzidas na presente demanda – restabelecimento da apólice que teria sido indevidamente extinta, dano moral pela negativa de renovação e ressarcimento de prêmio supostamente pagos a maior – encontram-se intrinsecamente vinculados ao conteúdo da relação obrigacional complexa instaurada com o contrato de seguro.

6. Nesse quadro, não sendo hipótese de incidência do prazo prescricional de dez anos previsto no artigo 205 do Código Civil de 202, por existir regra específica atinente ao exercício das pretensões do segurado em face do segurador (e vice-versa) emanadas da relação jurídica contratual securitária, afigura-se impositiva observância da prescrição ânua (Art. 206, §1º, I, b), do referido *Codex*) tano no que diz respeito à pretensão de restabelecimento das condições gerais da apólice extinta quanto em relação ao ressarcimento de prêmios e à indenização por dano moral em virtude de conduta da seguradora amparada em cláusula supostamente abusiva.

7. Inaplicabilidade do prazo prescricional quinquenal previsto no artigo 27 do CDC, que se circunscreve às pretensões de ressarcimento de dano causado por fato do produto ou do serviço (chamado "acidente de consumo"), que decore da violação de um "dever de qualidade-segurança" imputado ao fornecedor com reflexo do princípio da proteção da confiança do consumidor (Art. 12).

8. Tese firmada para efeito do artigo 947 do CP de 2015: "É ânuo prazo prescricional para exercício de qualquer pretensão do segurado em face do segurador – e vice-versa – baseado em suposto inadimplemento de deveres (principais, secundários ou anexos) derivados do contrato de seguro, *ex vi* do disposto no Art. 206, §1º, I, b), do Código Civil de 2002 (Art. 178, §6º, do Código Civil de 1916)".

> 9. Tal proposição não alcança, por óbvio, seguros-saúde os planos de saúde – dada a natureza *sui generis* desses contratos, em relação aos quais esta Corte assentou a observância dos prazos prescricionais decenal ou trienal, depender da natureza da pretensão – nem o seguro de responsabilidade civil obrigatório (DPVAT), cujo prazo trienal decorre de dicção legal específica (Art. 206, §3º, IX, do Código Civil), já tendo sido reconhecida pela Segunda Seção a inexistência de relação jurídica contratual entre o proprietário do veículo e as seguradoras que compõem o correlato consórcio [...].
>
> 10. Caso concreto: (i) no que diz respeito às duas primeiras pretensões – restabelecimento das condições contratuais prevista na apólice de seguro e pagamento de indenização por danos morais em virtude da negativa de renovação da avença – revela-se inequívoca consumação da prescrição, uma vez transcorrido prazo ânuo entre o fato gerador de ambas (extinção da apólice primitiva) e a data da propositura da demanda; e (ii) quanto ao ressarcimento de valores pagos a maior, não cabe ao STJ adentrar na análise da pretensão que, apesar de não ter sido alcançada pela prescrição, não foi objeto de insurgência da parte vencida no ponto.
>
> 11. Em razão do reconhecimento da prescrição das pretensões autorais voltadas ao restabelecimento da apólice extinta e à obtenção de indenização por danos morais, encontra-se prejudicado exame da insurgência remanescente da seguradora sobre a validade da cláusula contratual que autorizava a negativa de renovação, bem como, da discussão sobre ofensa ao direto de personalidade trazida no recurso especial dos segurados.
>
> 12. Recurso especial da seguradora parcialmente conhecido e, nessa extensão, provido para pronunciar prescrição parcial das pretensões deduzidas na inicial. Reclamo dos autores julgado prejudicado, devendo ser invertido ônus sucumbencial arbitrado na sentença, que passa ser de integral improcedência.[63]

Leitura atenta das ementas revela que o modelo teórico do processo obrigacional não integrou o cerne da razão de decidir, pautada que foi em suportes fáticos abstratos que têm no labor de *Chronos* o reconhecimento do fato jurídico da prescrição.

Isso não exclui, porém, a relevância da apreensão do modelo dinâmico de obrigação como processo, a recolher a complexidade da conformação e do desenvolvimento concretos do fenômeno obrigacional.

3 Considerações finais

O trabalho de *aggiornamento*[64] do direito das obrigações passa pela dialética entre os conceitos instrumentais que integram sua teoria e a necessária expressão principiológica de que se reveste a normatividade que advém da unidade sistemática, e que é plasmada em princípios como a boa-fé e a função social.

Destaca-se, pois, nesse labor, o papel da confiança legítima, cuja tutela, nas diferentes fases do processo obrigacional, permite oferecer à relação obrigacional a concretude de que carecem os conceitos preordenados na aparente geometria da concepção codificada.

Com efeito, no dizer o autor, "há uma senda, nem sempre linear, para a formação do contrato", "passando pelas tratativas" e podendo a formação do contrato, em si mesma,

[63] BRASIL. Superior Tribunal de Justiça. *REsp 1.303.374-ES*. Rel. Min. Luis Felipe Salomão, j. 30.11.2021.

[64] FACHIN, Luiz Edson. O aggiornamento do direito civil brasileiro e a confiança negocial. *Scientia Iuris*, n. 2, 2006.

ser antecedida de outros negócios jurídicos, em sequência de atos e comportamentos aptos a gerar confiança.[65]

A força construtiva dos fatos, que é apreendida na abertura do sistema, permite superar a *ratio* de sua clausura, bem como oferecer aos conceitos o sentido instrumental – e não de objetos do próprio saber jurídico – que a eles é destinado.

Referências

AGENDAS DE DIREITO CIVIL CONSTITUCIONAL. *II Carta de Curitiba,* 2023. Disponível em: https://agendasdcc.com.br/index.php/memoria_2023/. Acesso em: 30 mar. 2024.

ANDRADE, Fábio Siebeneicher. *Da codificação.* Crônica de um conceito. Porto Alegre: LAEL, 1997.

BRASIL. *Lei 13.874, de 20 de setembro de 2019.* Institui a Declaração de Direitos de Liberdade Econômica [...], 20.09.2019.

BRASIL. Superior Tribunal de Justiça. *REsp 1.303.374-ES.* Rel. Min. Luis Felipe Salomão, j. 30.11.2021.

BRASIL. Superior Tribunal de Justiça. *REsp 1.442.840-PR.* Rel. Min. Paulo de Tarso Sanseverino, j. 06.08.2015.

BRASIL. Superior Tribunal de Justiça. *REsp 1.494.386-PA.* Rel. Min. Luis Felipe Salomão, j. 04.02.2020.

BRASIL. Superior Tribunal de Justiça. *REsp 107.211-SP.* Rel. Min. Ruy Rosado de Aguiar, j. 03.11.1996.

BUNAZAR, Maurício. *Obrigação propter rem*: aspectos teóricos e práticos. São Paulo: Atlas, 2014.

COSTA, Mario Júlio Almeida. *Direito das obrigações.* 9. ed. Coimbra: Coimbra, 2001.

COUTO E SILVA, Clóvis Veríssimo do. *A obrigação como processo.* São Paulo: Bushatsky, 1976.

COUTO E SILVA, Clóvis Veríssimo do. O direito civil brasileiro em perspectiva histórica e visão de futuro. *In*: FRADERA, Véra Maria Jacob de (Org.). *O direito privado brasileiro na visão de Clóvis do Couto e Silva.* Porto Alegre: LAEL, 1997.

FACHIN, Luiz Edson. *Direito civil*: sentidos, transformações e fim. Rio de Janeiro: Renovar, 2015.

FACHIN, Luiz Edson. O aggiornamento do direito civil brasileiro e a confiança negocial. *Scientia Iuris,* n. 2, 2006.

FACHIN, Luiz Edson. *Teoria crítica do direito civil.* 3. ed. Rio de Janeiro: Renovar, 2012.

GOMES, Orlando. *Transformações gerais do direito das obrigações.* São Paulo: RT, 1967.

LÔBO, Paulo Luiz Netto. Deveres gerais de conduta nas obrigações civis. *In*: DELGADO, Mário Luiz; ALVES, Jones Figueirêdo (Coord.). *Questões controvertidas*: no direito das obrigações e dos contratos. São Paulo: Método, 2005. v. 4.

LOTUFO, Renan. Evolução histórica do direito das obrigações. *In*: LOTUFO, Renan; NANNI, Giovanni Ettore (Coord.). *Obrigações.* São Paulo: Atlas, 2011.

MARQUÉZ, José Fernando; MOISSET DE ESPANÉS, Luis. *Curso de derecho civil*: obligaciones. Buenos Aires: Zavalía, 2018. v. 1.

MARTINS-COSTA, Judith. *A boa-fé no direito privado*: sistema e tópica no processo obrigacional. São Paulo: RT, 1999.

MARTINS-COSTA, Judith. *Comentários ao novo Código Civil.* Do direito das obrigações. Do adimplemento e da extinção das obrigações. Rio de Janeiro: Forense, 2003. v. V. t. I.

MARTINS-COSTA, Judith; BRANCO, Gerson Luiz Carlos. *Diretrizes teóricas do novo Código Civil brasileiro.* São Paulo: Saraiva, 2002.

---

[65] FACHIN, Luiz Edson. O aggiornamento do direito civil brasileiro e a confiança negocial. *Scientia Iuris,* n. 2, 2006. p. 19.

MENDONÇA, Manoel Ignacio Carvalho de. *Doutrina e prática das obrigações*. 3. ed. Rio de Janeiro: Freitas Bastos, 1938. t. I.

NONATO, Orosimbo. *Curso de obrigações*. Rio de Janeiro: Forense, 1959. v. 1.

NORONHA, Fernando. *Direito das obrigações*. São Paulo: Saraiva, 2004. v. 1.

OLIVEIRA, Ubirajara Mach de. A harmonização formal do direito da venda internacional de mercadorias no âmbito da Convenção de Viena de 1980 e o standard da boa-fé. *Revista da Faculdade de Direito Ritter dos Reis*, Porto Alegre, v. 4, p. 97-124, mar./jul. 2001.

PERLINGIERI, Pietro. *Perfis do direito civil*. Tradução de Maria Cristina De Cicco. Rio de Janeiro: Renovar, 1997.

REALE, Miguel. *Estudos preliminares do Código Civil*. São Paulo: RT, 2003.

ROPPO, Enzo. *O contrato*. Tradução de Ana Coimbra e M. Januario C. Gomes. Coimbra: Almedina, 1988.

SILVA, Jorge Cesa Ferreira da. *A boa-fé e a violação positiva do contrato*. Rio de Janeiro: Renovar, 2007.

TEPEDINO, Gustavo; BARBOZA, Heloísa Helena; MORAES, Maria Celina de Bodin (Coord.). *Código Civil interpretado*. Conforme a Constituição da República – Parte geral e obrigações (Arts. 1º a 420). [s.l.]: [s.n.], [s.d.]. v. I.

VARELA, João de Matos Antunes. *Das obrigações em geral*. 10. ed. Coimbra: Almedina, 2000. v. 1.

VARELA, João de Matos Antunes. *Das obrigações em geral*. 7. ed. Coimbra: Almedina, 1997. v. 2.

VON TUHR, Andreas. *Tratado de las obligaciones*. Tradução de W. Roces. Madrid: Reus, 1934. t. I.

WIEACKER, Franz. *História do direito privado moderno*. Tradução de António Manuel Hespanha. 2. ed. Lisboa: Fundação Calouste Gulbenkian, 1967.

Informação bibliográfica deste livro, conforme a NBR 6023:2018 da Associação Brasileira de Normas Técnicas (ABNT):

PINHEIRO, Rosalice Fidalgo; RUZYK, Carlos Eduardo Pianovski; CATALAN, Marcos; NALIN, Paulo Roberto Ribeiro. Transformações das relações obrigacionais em vinte anos de experiência recodificada. *In*: CORTIANO JUNIOR, Eroulths; SILVA, Alexandre Barbosa da (coord.). *O Código Civil e a Contemporaneidade*: Estudos do Grupo Virada de Copérnico em Homenagem ao Ministro Luiz Edson Fachin. Belo Horizonte: Fórum, 2025. p. 103-119. ISBN 978-65-5518-990-2.

O CASO DO ADIMPLEMENTO SUBSTANCIAL

EDUARDO LUIZ BUSATTA

1 Introdução

O Código Civil de 2002, apesar das críticas recebidas, proporcionou um terreno fértil para o desenvolvimento e aprimoramento de diversas teorias e institutos jurídicos que não encontravam respaldo no antiquado Código Civil de 1916. Essa evolução foi possível graças ao esforço conjunto da doutrina e da jurisprudência na interpretação e aplicação adequada de suas normas.

Um exemplo notável desse progresso é a teoria do adimplemento substancial. Embora suas raízes remontem a um período anterior ao Código Civil de 2002, foi durante a vigência deste que a teoria se disseminou e se aperfeiçoou de forma significativa.

O presente capítulo tem como objetivo analisar a trajetória do adimplemento substancial no Brasil, com ênfase no período posterior ao Código Civil de 2002, identificando avanços e eventuais retrocessos em sua aplicação e interpretação.

É crucial ressaltar que, subjacente à problemática do adimplemento substancial, emergem duas questões de especial relevância que demandam um aprofundamento urgente no direito civil brasileiro: a) o caso concreto como método do direito;[1] e b) a correta inter-relação entre regras e princípios.

É com profunda satisfação e senso de privilégio que este capítulo se insere em uma obra dedicada a homenagear o eminente Ministro do Supremo Tribunal Federal, Luiz Edson Fachin, cuja contribuição para o direito civil brasileiro é verdadeiramente inestimável. A temática do adimplemento substancial, aqui abordada, reflete diretamente o pensamento jurídico inovador do Ministro Fachin, que sempre advogou por um direito civil mais atento às realidades sociais e econômicas.[2] Sua defesa incansável da funcionalização dos institutos de direito privado e da interpretação civil-constitucional

---

[1] Consultar a respeito em: NEVES, Antonio Castanheira. *O actual problema metodológico da intepretação jurídica*. Coimbra: Coimbra Editora, 2003. v. 1; PENTEADO, Luciano de Camargo. *Direito das coisas*. São Paulo: Revista dos Tribunais, 2008. p. 28-34.

[2] Ver a respeito, entre outros: FACHIN, Luiz Edson. *Teoria crítica do direito civil*. Rio de Janeiro: Renovar, 2000.

encontra eco na teoria do adimplemento substancial, que busca equilibrar os interesses das partes contratuais com base em princípios como a boa-fé objetiva e a função social do contrato. A visão humanista e solidária do direito, marca registrada do trabalho acadêmico e jurisprudencial de Fachin, ressoa na aplicação desta teoria, que prioriza a preservação dos contratos e a realização de seu fim econômico-social sobre o formalismo exacerbado. Assim, ao explorarmos os avanços e desafios do adimplemento substancial no direito brasileiro, prestamos também uma justa homenagem ao legado do Ministro Fachin, cujas lições continuam a inspirar e orientar o desenvolvimento de um direito civil mais justo e alinhado com os valores constitucionais.

2 Aurora do adimplemento substancial no direito brasileiro

A teoria do adimplemento substancial, que veda a resolução do contrato quando o inadimplemento é de escassa importância, encontra-se amplamente difundida no cenário jurídico internacional. Sua presença é notável tanto em legislações nacionais quanto em importantes documentos internacionais que contribuem para a "globalização da concepção do contrato".[3]

No âmbito das legislações nacionais, podemos destacar sua positivação em países como:

1. Itália: o artigo 1.455 do Código Civil italiano estabelece que "Um contrato não pode ser resolvido se a não execução de uma das partes for insignificante, tendo em conta o interesse da outra parte [...]".[4]
2. Alemanha: o §323 (5) do BGB determina que "Se o devedor não tiver executado de acordo com o contrato, o credor não poderá resolver o contrato se a violação do dever for insignificante".[5]
3. Portugal: o artigo 802, n. 2 do Código Civil português dispõe que "O credor não pode, todavia, resolver o negócio, se o não cumprimento parcial, atendendo ao seu interesse, tiver escassa importância".[6]
4. Argentina: o Código Civil argentino de 2015 incorporou a teoria em seu artigo 1.084, estabelecendo critérios para determinar quando o inadimplemento é considerado fundamental para fins de resolução contratual.[7]

---

[3] LORENZETTI, Ricardo Luis. *Tratado de los contratos*. Parte general. Santa Fé: Rubinzal-Culzoni, 2004. p. 28-32.

[4] No texto original: "Il contratto non si pùo risolvere se l'inadempimento di una della parti há scarsa importanza, avuto riguardo all'interesse dell'altra [...]" (ITÁLIA. *Il Codice Civile Italiano*. R.D. 16 marzo 1942, n. 262 Approvazione del testo del Codice Civile. *Gazzetta Ufficiale*, n. 79, del 4 aprile 1942. Disponível em: http://www.jus.unitn.it/cardozo/Obiter_Dictum/codciv/Codciv.htm. Acesso em: 5 out. 2021).

[5] No texto original: "[...] Hat der Schuldner die Leistung nicht vertragsgemäss bewirkt, so kann der Gläubiger vom Vertrag nicht zurücktretten, wenn die Pflichtverletzung unerheblich ist" (ALEMANHA. *Bürgerliches Gesetzbuch (BGB)*. Bundesministerium der Justiz und für Verbraucherschutz. Bundesamt für Justiz. Ausfertigungsdatum: 18.08.1896. Deutschland: Bundesamt für Justiz, 1896. Disponível em: https://www.gesetze-im-internet.de/bgb/index.html. Acesso em: 5 out. 2021).

[6] PORTUGAL. *Código Civil Português*. Actualizado até à Lei 59/99, de 30/06. Decreto-Lei nº 47 344, de 25 de novembro de 1966. Portugal: IGAC, 1966. p. 193. Disponível em: https://www.igac.gov.pt/documents/20178/358682/Código+Civil.pdf/2e6b36d8-876b-433c-88c1-5b066aa93991. Acesso em: 5 out. 2021.

[7] "*Artigo 1084. Configuração de não cumprimento.* Para fins de resolução, o não cumprimento deve ser fundamental para o propósito do contrato. É considerado fundamental quando: a) o cumprimento rigoroso da prestação é fundamental no contexto do contrato; b) o cumprimento oportuno da prestação é uma condição para a manutenção do interesse do credor; c) o descumprimento priva a parte lesada do que ela, substancialmente,

No cenário internacional, a teoria está presente em documentos de grande relevância, como:

1. A Convenção das Nações Unidas sobre a Compra e Venda Internacional de Mercadorias, que em seus artigos 49 e 64 condiciona a resolução do contrato à existência de uma violação fundamental.[8]
2. Os Princípios acerca dos Contratos Comerciais Internacionais do UNIDROIT (Instituto Internacional para a Unificação do Direito Privado), que em seu artigo 7.3.1 estabelece critérios detalhados para determinar se um inadimplemento é fundamental.[9]
3. Os Princípios do Direito Europeu dos Contratos, que em seu artigo 8:103 define as condições para que um inadimplemento seja considerado essencial.[10]

---

tem o direito de esperar; d) o descumprimento é intencional; e) o descumprimento foi anunciado por uma representação séria e definitiva do devedor ao credor" (tradução nossa, grifos no original). No texto original: "*Artículo 1084. Configuración del incumplimiento.* A los fines de la resolución, el incumplimiento debe ser esencial en atención a la finalidad del contrato. Se considera que es esencial cuando: a) el cumplimiento estricto de la prestación es fundamental dentro del contexto del contrato; b) el cumplimiento tempestivo de la prestación es condición del mantenimiento del interés del acreedor; c) el incumplimiento priva a la parte perjudicada de lo que sustancialmente tiene derecho a esperar; d) el incumplimiento es intencional; e) el incumplimiento ha sido anunciado por una manifestación seria y definitiva del deudor al acreedor" (grifos no original) (ARGENTINA. *Código Civil y Comercial de la Nación*. Aprobado por Ley 26.994. Promulgado según Decreto 1795/2014. Ministerio de Justicia y Derechos Humanos. Presidencia de la Nacion. 1. ed. Ciudad Autónoma de Buenos Aires: Infojus, 2014. p. 175. Disponível em: http://www.saij.gob.ar/docs-f/codigo/Codigo_Civil_y_Comercial_de_la_Nacion.pdf. Acesso em: 5 out. 2021).

8 Artigo 49: "(1) O comprador pode declarar o contrato resolvido: (a) se a inexecução pelo vendedor de qualquer uma das obrigações que resultam para ele do contrato ou da presente Convenção constituir uma violação fundamental do contrato; [...]". O art. 64 trata de tal possibilidade para o vendedor da seguinte forma: "(1) O vendedor pode declarar o contrato resolvido: (a) se a inexecução pelo comprador de qualquer uma das obrigações que resultam para ele do contrato ou da presente Convenção constituir uma violação fundamental do contrato; [...]" (VIENA. *Convenção da ONU sobre os Contratos de Compra e Venda Internacional de Mercadorias (UNCITRAL)*. 11 de abril de 1980. Viena: Convenção dos Estados-partes, 1980. Disponível em: http://www.cisg-online.ch/__temp/CISG_portugues.pdf. Acesso em: 5 out. 2021).

9 "Art. 7.3.1 (Direito a resolver o contrato) (1) Uma parte pode resolver o contrato se o não cumprimento de uma das obrigações da outra parte constituir um não cumprimento fundamental. (2) Para determinar se a falta de cumprimento constitui um não cumprimento essencial, deve-se considerar, em particular, se: (a) o não cumprimento priva substancialmente a parte lesada do que ela tinha direito de esperar nos termos do contrato, a menos que a outra parte não tenha previsto e não pudesse razoavelmente ter previsto esse resultado; (b) O desempenho rigoroso da prestação insatisfeita era essencial nos termos do contrato; (c) a falta de cumprimento foi intencional ou imprudente; (d) o descumprimento dá à parte lesada motivos para duvidar de que a outra parte irá cumprir no futuro; (e) a rescisão do contrato fará com que a parte não cumpridora sofra perdas desproporcionais como resultado de sua preparação ou desempenho. (3) Em caso de atraso, a parte lesada também pode resolver o contrato se a outra parte não cumprir antes do vencimento do período adicional concedido a ela nos termos do artigo 7.1.5" (tradução nossa). No texto original: "Art. 7.3.1 (Derecho a resolver el contracto) (1) Una parte puede resolver el contrato si la falta de cumplimiento de una de las obligaciones de la otra constituye un incumplimiento esencial. (2) Para determinar si la falta de cumplimiento constituye un incumplimiento esencial se tendrá en cuenta, en particular, si: (a) el incumplimiento priva substancialmente a la parte perjudicada de lo que tênia derecho a esperar en virtud del contrato, a menos que la otra parte no hubiera previsto ni podido prever razonablemente ese resultado; (b) la ejecución estricta de la prestación insatisfecha era esencial según el contrato; (c) el incumplimiento fue intencional o temerario; (d) el incumplimiento da a la parte perjudicada razones para desconfiar de que la otra cumplirá en el futuro; (e) la resolución del contrato hará sufrir a la parte incumplidora una pérdida desproporcionada como consecuencia de su preparación o cumplimiento. (3) En caso de demora, la parte perjudicada también puede resolver el contrato si la otra parte no cumple antes del vencimiento del período suplementario concedido a ella según el Artículo 7.1.5" (ESPANHA. *Principios UNIDROIT sobre los Contratos Comerciales Internacionales 2010*. Espanha: UNIDROIT, 2010. Disponível em: https://www.unidroit.org/spanish/principles/contracts/principles2010/blackletter2010-spanish.pdf. Acesso em: 5 out. 2021).

10 "Artigo 8:103: Não cumprimento essencial O não cumprimento de uma obrigação é fundamental para o contrato: (a) Quando o cumprimento estrito da obrigação pertence à causa do contrato. (b) Quando o descumprimento

É importante notar que mesmo em países onde não há disposição legal expressa, como a Espanha, a teoria tem sido adotada com base em princípios gerais do direito contratual, demonstrando sua ampla aceitação e aplicabilidade no direito contemporâneo.

Essa difusão internacional da teoria do adimplemento substancial reflete uma tendência global de valorização da preservação dos contratos e da busca por soluções que equilibrem os interesses das partes contratantes, em detrimento de um formalismo excessivo que poderia levar a resultados injustos ou economicamente ineficientes.

A notável relevância internacional da teoria do adimplemento substancial exerceu significativa influência sobre a doutrina e a jurisprudência brasileiras, que passaram a adotá-la mesmo diante da ausência de disposição expressa no Código Civil de 2002. Esta lacuna legislativa, no entanto, poderá ser preenchida com a futura aprovação da proposta de reforma do Código Civil, que visa positivar a teoria no art. 475-A.[11]

Segundo a doutrina pátria,[12] deve tal teoria ser adotada no direito brasileiro, seja em razão da boa-fé objetiva, na sua função de controle[13] (limitação ao exercício das posições jurídicas ou direitos subjetivos), uma vez que importa em exercício desequilibrado do direito à resolução ante a pequenez do inadimplemento (pequena lesão que acarreta grande sanção), seja em razão da função social do contrato, na vertente de conservação do negócio jurídico.[14]

---

priva substancialmente a parte lesada do que ela, legitimamente, poderia esperar do contrato, a menos que a outra parte não tenha ou não pudesse razoavelmente prever tal resultado. (c) Ou quando o descumprimento é intencional e dá à parte prejudicada motivos para acreditar que não poderá mais confiar, no futuro, com o cumprimento da outra parte". No texto original: "Artículo 8:103: Incumplimiento esencial El incumplimiento de una obligación es esencial para el contrato: (a) Cuando la observancia estricta de la obligación pertenece a la causa del contrato. (b) Cuando el incumplimiento prive sustancialmente a la parte perjudicada de lo que legítimamente podía esperar del contrato, salvo que la otra parte no hubiera previsto o no hubiera podido prever en buena lógica ese resultado. (c) O cuando el incumplimiento sea intencionado y dé motivos a la parte perjudicada para entender que ya no podrá contar en el futuro con el cumplimiento de la otra parte" (ESPANHA. *Principios de Derecho Europeo de los Contratos*. Partes I y II. Preparadas por la Comisión de Derecho europeo de los contratos. [Espanha]: Lando, Beale eds., 2000. Disponível em: https://internationalcontracts.net/documentos-derecho-internacional/Principios-del-Derecho-Contractual-Europeo.pdf. Acesso em: 5 out. 2021).

11 "Art. 475-A. O adimplemento substancial do contrato pelo devedor pode ser oposto ao credor, evitando a resolução, observando-se especialmente: I - a proporção da prestação satisfeita em relação à parcela inadimplida; II - o interesse útil do credor na efetivação da prestação; III - a tutela da confiança legítima gerada pelos comportamentos das partes; IV - a possibilidade de conservação do contrato, em prol de sua função social e econômica. Parágrafo único. O disposto neste artigo não afasta eventual pretensão do credor pela reparação por perdas e danos" (SENADO FEDERAL. *Relatório Final dos trabalhos da Comissão de Juristas responsável pela revisão e atualização do Código Civil*. Disponível em: https://legis.senado.leg.br/comissoes/comissao?codcol=2630. Acesso em: 7 jul. 2024).

12 SILVA, Clóvis Veríssimo do Couto e. O princípio da boa-fé no direito brasileiro e português. *In*: FRADERA, Vera Maria Jacob de (Org.). *O direito privado brasileiro na visão de Clóvis do Couto e Silva*. Porto Alegre: Livraria do Advogado, 1997. p. 33-58; AGUIAR JÚNIOR, Ruy Rosado. *Extinção dos contratos por incumprimento do devedor*. Rio de Janeiro: Aide, 1991; MARTINS-COSTA, Judith. *A boa-fé no direito privado*: sistema e tópica no processo obrigacional. São Paulo: Revista dos Tribunais, 2000; BECKER, Anelise. A doutrina do adimplemento substancial no direito brasileiro e em perspectiva comparativista. *Revista da Faculdade de Direito da Universidade Federal do Rio Grande do Sul*, Porto Alegre, v. 9, n. 1, p. 60-77, nov. 1993 – dentre outros.

13 BUSSATTA, Eduardo Luiz. *Resolução dos contratos e teoria do adimplemento substancial*. São Paulo: Saraiva, 2006. p. 83-86.

14 Enunciado nº 22 do Conselho da Justiça Federal: "Art. 421: A função social do contrato, prevista no art. 421 do novo Código Civil, constitui cláusula geral, que reforça o princípio da conservação do contrato, assegurando trocas úteis e justas" (CORREGEDORIA DA JUSTIÇA FEDERAL (CJF). *Jornadas de direito civil I, III, IV e V*: enunciados aprovados. Ministro Ruy Rosado de Aguiar Júnior (coord.). Brasília: Conselho da Justiça Federal: Centro de Estudos Judiciários, 2012. Disponível em: https://www.cjf.jus.br/cjf/corregedoria-da-justica-federal/centro-de-estudos-judiciarios-1/publicacoes-1/jornadas-cej/EnunciadosAprovados-Jornadas-1345.pdf. Acesso

O Superior Tribunal de Justiça, em inúmeros julgados, entendeu pela aplicação da teoria do adimplemento substancial.[15] O primeiro julgado de que se tem notícia do referido Tribunal foi o REsp nº 76.326/MT, julgado ainda no ano de 1995, tendo como relator o Ministro Ruy Rosado de Aguiar.[16] Também de relatoria do mesmo ministro foi o julgamento do primeiro recurso especial versando sobre a aplicação da teoria do adimplemento substancial ao contrato de alienação fiduciária em garantia, ainda no ano de 2001.[17]

O Conselho da Justiça Federal, ao promover a IV Jornada de Direito Civil, também entendeu dessa forma ao estabelecer os Enunciados nºs 361 e 371, com a seguinte redação:

> 361 – [...] O adimplemento substancial decorre dos princípios gerais contratuais, de modo a fazer preponderar a função social do contrato e o princípio da boa-fé objetiva, balizando a aplicação do art. 475. [...]

---

em: 5 out. 2021). Para Flávio Tartuce, a conservação dos contratos é decorrente da eficácia interna do princípio da função social do contrato, de forma que esse princípio é que fundamente a aplicação da teoria do adimplemento substancial. Nas suas palavras: "Repetimos que para esse autor a relação da teoria se dá mais com o princípio da função social dos contratos, diante da conservação dos negócios jurídicos (Enunciado 22, CJF). Aliás, trata-se de mais um exemplo da eficácia interna da função social dos contratos, entre as partes contratantes (Enunciado 360, CJF)" (TARTUCE, Flávio. *Função social dos contratos*: do Código de Defesa do Consumidor ao Código Civil de 2002. 2. ed. São Paulo: Método, 2007. p. 360). Cláudio Luiz Bueno de Godoy também situa a teoria do adimplemento substancial na órbita da função social fazendo, todavia, alusão à boa-fé objetiva, ao assim concluir: "Enfim, bem se vê, também na vedação de resolução quando há adimplemento substancial, exigência de manutenção de contrato que, afinal, encontra eco último no reconhecimento não só do interesse da parte, mas do que para ela, e para a sociedade, representa a entabulação contratual, forma de transmissão de riquezas e de promoção de valores constitucionais, dentre eles o solidarismo, que impede se admita a iniciativa de resolução quando quase atingido o resultado final do ajuste, razão do socorro à cláusula geral da boa-fé objetiva, sabido *standart* do comportamento, da conduta, legal, reta, honesta e de colaboração que se espera dos contraentes" (GODOY, Cláudio Luiz Bueno de. *Função social do contrato*: os novos princípios contratuais. São Paulo: Saraiva, 2004. p. 171, grifos no original).

[15] Ao utilizar a expressão "adimplemento substancial" no motor de buscas do Superior Tribunal de Justiça, retorna-se o resultado de mais de 2.600 (duas mil e seiscentas) decisões (SUPERIOR TRIBUNAL DE JUSTIÇA (STJ). *Jurisprudência do STJ*. Brasília, DF: STJ, [2021]. Disponível em: https://scon.stj.jus.br/SCON/jurisprudencia/toc.jsp. Acesso em: 16 set. 2021).

[16] Inteiro teor disponível em: BRASIL. Superior Tribunal De Justiça (STJ). *Recurso Especial n. 76.362-MT (REG. 95 506351)*. Seguro. Inadimplemento da segurada. Falta de pagamento da última prestação. Adimplemento substancial. Resolução [...]. Recorrente: Flávia Mesquita Gonçalves e outro. Recorrido: Sul América Terrestres Marítimos e Acidentes Companhia de Seguros. Relator: Ministro Ruy Rosado de Aguiar, 11 de dezembro de 1995. Disponível em: https://scon.stj.jus.br/SCON/GetInteiroTeorDoAcordao?num_registro=199500506351&dt_publicacao=01/04/1996. Acesso em: 5 out. 2021.

[17] "A extinção do contrato por inadimplemento do devedor somente se justifica quando a mora causa ao credor dano de tal envergadura que não lhe interessa mais o recebimento da prestação devida, pois a economia do contrato está afetada. Se o que falta é apenas a última prestação de um contrato de financiamento com alienação fiduciária, verifica-se que o contrato foi substancialmente cumprido e deve ser mantido, cabendo ao credor executar o débito. Usar do inadimplemento parcial e de importância reduzida na economia do contrato para resolver o negócio significa ofensa ao princípio do adimplemento substancial, admitido no Direito e consagrado pela Convenção de Viena de 1980, que regula o comércio internacional. No Brasil, impõe-se como uma exigência da boa-fé objetiva, pois não é eticamente defensável que a instituição bancária alegue a mora em relação ao pagamento da última parcela, esqueça o fato de que o valor do débito foi depositado em juízo e estava à sua disposição, para vir lançar mão da forte medida de reintegração liminar na posse do bem e pedir a extinção do contrato" (BRASIL. Superior Tribunal de Justiça (STJ). *Recurso Especial n. 272.739 – Minas Gerais (2000/0082405-4)*. Alienação Fiduciária. Busca e apreensão. Falta da última prestação. Adimplemento substancial. [...]. Recorrente: Excel Crédito Financiamento e Investimento S/A. Recorrido: Aílton de Souza Rocha. Relator: Ministro Ruy Rosado de Aguiar, 01 de março de 2001. p. 5. Disponível em: https://scon.stj.jus.br/SCON/GetInteiroTeorDoAcordao?num_registro=200000824054&dt_publicacao=02/04/2001. Acesso em: 5 out. 2021).

> 371 – [...] A mora do segurado, sendo de escassa importância, não autoriza a resolução do contrato, por atentar ao princípio da boa-fé objetiva.[18]

Não obstante abalizada doutrina, já citada, advogar a aplicação da teoria do adimplemento substancial ainda antes do surgimento do Código Civil de 2002, bem como a existência de alguns julgados a respeito, inclusive no Superior Tribunal de Justiça, anteriormente a tal diploma legal, é com o Código Civil de 2002 que ocorre, de fato, a aurora do adimplemento substancial no Brasil. Isso em razão de que a construção legislativa foi altamente baseada na boa-fé objetiva e na função social do contrato, constituindo-se, portanto, em terreno fértil para o florescimento e frutificação das sementes anteriormente lançadas. Ademais, a leitura sistemática do Código Civil no que é pertinente a situações especiais de inadimplemento, como é o caso dos vícios redibitórios, evicção e imóveis com área menor que a alienada, não deixa dúvida de que a gravidade do inadimplemento foi considerada pelo legislador para sopesar as consequências decorrentes, como se pode ver dos arts. 441, 455 e 500, §1º, respectivamente.[19]

Ademais, ao deixar claro a existência de uma verdadeira "faculdade resolutória" ao contratante lesado pelo inadimplemento (art. 475),[20] ao mesmo tempo em que não houve qualquer adjetivação do inadimplemento apto a permitir o exercício do direito potestativo, restou límpido o espaço à aplicação da teoria desenvolvida. Nas palavras de Marcos Catalan:

> [...] não resta dúvida de que a construção teórica da doutrina do adimplemento substancial tem suas bases assentadas nas já destacadas limitações ao direito potestativo de resolver o negócio jurídico, quando tal opção se mostre deveras rigorosa diante da pouca relevância do não cumprimento imputável ao credor.[21]

Sem sombra de dúvida, não se pode permitir que a resolução do contrato se dê em situações em que o adimplemento parcial se aproxima da conduta devida, já que há necessidade de observar a justiça contratual. A boa-fé objetiva impede o exercício desequilibrado dos direitos subjetivos, que ocorre quando a medida usada normalmente pelo credor ou titular do direito excede manifestamente os fins do instituto, sobretudo diante da pequena lesão ao seu direito.

> A idéia [*sic*] de desequilíbrio no exercício traduz um tipo extenso de actuações[22] inadmissíveis de direitos. Abrigam-se, a ela, subtipos variados de conjunturas abusivas,

---

[18] CORREGEDORIA DA JUSTIÇA FEDERAL (CJF). *Jornadas de direito civil I, III, IV e V*: enunciados aprovados. Ministro Ruy Rosado de Aguiar Júnior (coord.). Brasília: Conselho da Justiça Federal: Centro de Estudos Judiciários, 2012. p. 57. Disponível em: https://www.cjf.jus.br/cjf/corregedoria-da-justica-federal/centro-de-estudos-judiciarios-1/publicacoes-1/jornadas-cej/EnunciadosAprovados-Jornadas-1345.pdf. Acesso em: 5 out. 2021.

[19] BRASIL. *Lei n. 10.406, de 10 de janeiro de 2002*. Institui o Código Civil. Brasília, DF: Presidência da República, 2002. Disponível em: http://www.planalto.gov.br/ccivil_03/leis/2002/l10406compilada.htm. Acesso em: 5 out. 2021.

[20] BRASIL. *Lei n. 10.406, de 10 de janeiro de 2002*. Institui o Código Civil. Brasília, DF: Presidência da República, 2002. Disponível em: http://www.planalto.gov.br/ccivil_03/leis/2002/l10406compilada.htm. Acesso em: 5 out. 2021.

[21] CATALAN, Marcos Jorge. Reflexões sobre a teoria do adimplemento substancial e sua recepção pelo direito brasileiro. *In:* HIRONAKA, Giselda Maria Fernandes Novaes (Coord.). *A outra face do Poder Judiciário*: decisões inovadoras e mudanças de paradigmas. Belo Horizonte: Del Rey, 2007. p. 81.

[22] Grafia conforme texto original.

próximas por, em todas elas, haver despropósito entre o exercício do direito e os efeitos dele derivados.[23]

Ainda, segundo António Menezes Cordeiro, tal modalidade de exercício inadmissível das posições jurídicas desdobra-se em três sub-hipóteses: a) exercício inútil danoso, sendo esta a primeira manifestação, fundamentada na teoria subjetiva; b) o *dolo agit qui petit quod statim redditurus est*, significando a vedação do comportamento daquele que exige o que, logo após, terá de restituir; c) a desproporcionalidade entre a vantagem auferida pelo titular e o sacrifício imposto pelo exercício a outrem. Nessa última sub-hipótese integram-se "situações como o desencadear de poderes-sanção por faltas insignificantes, a actuação[24] de direitos com lesão intolerável de outras pessoas e o exercício jussubjectivo sem consideração por situações especiais".[25] No que toca ao desencadeamento de sanção por faltas insignificantes, há aquelas situações em que o descumprimento de um dever mínimo, insignificante, por uma das partes, permite, ao menos em tese, o exercício de um direito que resulta em uma sanção absolutamente desproporcional. Assim, na visão de Anderson Schreiber:

> Em uma leitura mais contemporânea [...] impõ[e]-se reservar ao adimplemento substancial um papel mais abrangente, qual seja, o de impedir que a resolução – e outros efeitos igualmente drásticos que poderiam ser deflagrados pelo inadimplemento – não venham à tona sem uma ponderação judicial entre (i) a utilidade da extinção da relação obrigacional para o credor e (ii) o prejuízo que adviria para o devedor e terceiros a partir da resolução.[26]

Com isso, a discussão centrou-se grandemente na definição dos critérios para a configuração da insignificância do inadimplemento, do que propriamente na sua admissão no direito brasileiro. E avançando nesse sentido, o Superior Tribunal de Justiça, em acertada decisão, entendeu pela utilização de seis critérios para valorar a insignificância do inadimplemento, na seguinte forma:

> i) o grau de satisfação do interesse do credor, ou seja, a prestação imperfeita deve satisfazer seu interesse; ii) comparação entre o valor da parcela descumprida com o valor do bem ou do contrato; iii) o esforço e diligência do devedor em adimplir integralmente; iv) a manutenção do equilíbrio entre as prestações correspectivas; v) a existência de outros remédios capazes de atender ao interesse do credor com efeitos menos gravosos ao devedor; e vi) ponderação entre a utilidade da extinção da relação jurídica obrigacional e o prejuízo que adviria para o devedor e para terceiros a partir da resolução.[27]

---

23 CORDEIRO, António Manuel da Rocha e Menezes. *Da boa fé no direito civil*. Coimbra: Almedina, 1984. v. 2. p. 853.

24 Grafia conforme texto original.

25 CORDEIRO, António Manuel da Rocha e Menezes. *Da boa fé no direito civil*. Coimbra: Almedina, 1984. v. 2. p. 857.

26 SCHREIBER, Anderson. A boa-fé objetiva e o adimplemento substancial. *In:* HIRONAKA, Giselda Maria Fernandes Novaes; TARTUCE, Flávio (Coord.). *Direito contratual:* temas atuais. São Paulo: Método, 2007. p. 141.

27 BRASIL. Superior Tribunal de Justiça (4. Turma). *EDcl no Recurso Especial n. 1.236.960 - RN (2011/0031232-8)*. PROCESSUAL CIVIL. EMBARGOS DE DECLARAÇÃO NO RECURSO ESPECIAL. AUSÊNCIA DE QUALQUER DOS VÍCIOS ELENCADOS NO ART. 1.022 DO CPC/2015. MERO INCONFORMISMO. EMBARGOS DE DECLARAÇÃO REJEITADOS. 1. Os embargos de declaração somente são cabíveis quando houver na decisão obscuridade, contradição, omissão ou erro material, consoante dispõe o art. 1.022 do CPC/2015. [...]. Embargante: Sami Giries Elali. Embargado: Mil Monterrey Incorporação e Loteamentos Ltda.; Zilma Silvério Leite da Fonseca.

Enfim, fica evidente que, apesar de não ser o Código Civil de 2002 o marco inicial do adimplemento substancial no Brasil, as "novas luzes" por ele trazidas foram essenciais para sua definição e efetiva aplicação no direito brasileiro.

3 O caso do adimplemento substancial

Com o julgamento do REsp nº 1.622.555/MG, pela Segunda Seção, em 2017, o Superior Tribunal de Justiça, por maioria, alterando entendimento sedimentado há mais de 20 (vinte) anos, passou a entender que é incabível a aplicação da teoria do adimplemento substancial aos contratos de alienação fiduciária em garantia de bens móveis.[28] Tal decisão fez eco nos Tribunais estaduais.[29]

Os fundamentos da decisão podem ser assim resumidos:

a) o Código Civil tem aplicação meramente subsidiária e excepcional em relação a contratos regulados por leis especiais;
b) o Decreto-Lei nº 911/69 não tece qualquer restrição à busca e apreensão em razão da mora e ainda é expresso ao exigir "a quitação integral do débito como condição para que o bem alienado fiduciariamente seja remancipado [*sic*]";[30]

Relator: Ministro Antônio Carlos Ferreira, 03 de março de 2020. p. 1-10. Disponível em: https://scon.stj.jus.br/SCON/GetInteiroTeorDoAcordao?num_registro=201100312328&dt_publicacao=09/03/2020. Acesso em: 5 out. 2021.

[28] O inteiro teor do acórdão pode ser consultado em: BRASIL. Superior Tribunal de Justiça (2. Seção). *Recurso Especial n. 1.622.555 - MG (2015/0279732-8)*. RECURSO ESPECIAL. AÇÃO DE BUSCA E APREENSÃO. CONTRATO DE FINANCIAMENTO DE VEÍCULO, COM ALIENAÇÃO FIDUCIÁRIA EM GARANTIA REGIDO PELO DECRETO-LEI 911/69. INCONTROVERSO INADIMPLEMENTO DAS QUATRO ÚLTIMAS PARCELAS (DE UM TOTAL DE 48). [...] 2. REMANCIPAÇÃO DO BEM AO DEVEDOR CONDICIONADA AO PAGAMENTO DA INTEGRALIDADE DA DÍVIDA, ASSIM COMPREENDIDA COMO OS DÉBITOS VENCIDOS, VINCENDOS E ENCARGOS APRESENTADOS PELO CREDOR [...] 4. DESVIRTUAMENTO DA TEORIA DO ADIMPLEMENTO SUBSTANCIAL, CONSIDERADA A SUA FINALIDADE E A BOA-FÉ DOS CONTRATANTES, A ENSEJAR O ENFRAQUECIMENTO DO INSTITUTO DA GARANTIA FIDUCIÁRIA. VERIFICAÇÃO. [...]. 4.2. A propriedade fiduciária, concebida pelo legislador justamente para conferir segurança jurídica às concessões de crédito, essencial ao desenvolvimento da economia nacional, resta comprometida pela aplicação deturpada da teoria do adimplemento substancial. Recorrente: Banco Volkswagen S.A. Recorrido: Gilvanil da Silva Monteiro. R.P/Acórdão: Ministro Marco Aurélio Bellize. Relator: Ministro Marco Buzzi, 22 de fevereiro de 2017. p. 1-65. Disponível em: https://scon.stj.jus.br/SCON/GetInteiroTeorDoAcordao?num_registro=201502797328&dt_publicacao=16/03/2017. Acesso em: 28 jul. 2021.

[29] Exemplificativamente, o Tribunal de Justiça do Rio Grande do Sul (TJRS) passou a adotar o novo entendimento, não havendo decisões contrárias a partir de 27.4.2017 (MONTEIRO, Mariana; XAVIER, Gabriela Daros; CANDIDO, Fabiana Colombelli. As obrigações e a doutrina do adimplemento substancial: o julgamento do Recurso Especial nº 1622555/MG pelo STJ e o Impacto nas Decisões do TJRS. *Redes – Revista Eletrônica Direito e Sociedade*, Canoas, v. 6, n. 2, p. 269-276, set. 2018. DOI: http://dx.doi.org/10.18316/REDES.v6i2.4691. Disponível em: https://revistas.unilasalle.edu.br/index.php/redes/article/view/4691/pdf. Acesso em: 28 jul. 2021).

[30] BRASIL. Superior Tribunal de Justiça (2. Seção). *Recurso Especial n. 1.622.555 - MG (2015/0279732-8)*. RECURSO ESPECIAL. AÇÃO DE BUSCA E APREENSÃO. CONTRATO DE FINANCIAMENTO DE VEÍCULO, COM ALIENAÇÃO FIDUCIÁRIA EM GARANTIA REGIDO PELO DECRETO-LEI 911/69. INCONTROVERSO INADIMPLEMENTO DAS QUATRO ÚLTIMAS PARCELAS (DE UM TOTAL DE 48). [...] 2. REMANCIPAÇÃO DO BEM AO DEVEDOR CONDICIONADA AO PAGAMENTO DA INTEGRALIDADE DA DÍVIDA, ASSIM COMPREENDIDA COMO OS DÉBITOS VENCIDOS, VINCENDOS E ENCARGOS APRESENTADOS PELO CREDOR [...] 4. DESVIRTUAMENTO DA TEORIA DO ADIMPLEMENTO SUBSTANCIAL, CONSIDERADA A SUA FINALIDADE E A BOA-FÉ DOS CONTRATANTES, A ENSEJAR O ENFRAQUECIMENTO DO INSTITUTO DA GARANTIA FIDUCIÁRIA. VERIFICAÇÃO. [...]. 4.2. A propriedade fiduciária, concebida pelo legislador justamente para conferir segurança jurídica às concessões de crédito, essencial ao desenvolvimento da economia nacional, resta comprometida pela aplicação deturpada da teoria do adimplemento substancial. Recorrente: Banco Volkswagen S.A. Recorrido: Gilvanil da Silva Monteiro. R.P/Acórdão: Ministro Marco Aurélio Bellize. Relator: Ministro Marco Buzzi, 22 de fevereiro de 2017. p. 1. Disponível em: https://scon.stj.jus.br/SCON/GetInteiroTeorDoAcordao?num_registro=201502797328&dt_publicacao=16/03/2017. Acesso em: 28 jul. 2021.

c) mediante a ação de busca e apreensão não se busca resolver o contrato, mas dar cumprimento aos termos do contrato com o uso da garantia fiduciária;
d) o devedor fiduciário que deixa de pagar não age de boa-fé, e a aplicação da teoria do adimplemento substancial importaria em incentivo à inadimplência;
e) aplicar a teoria do adimplemento substancial enfraquece o instituto da alienação fiduciária em garantia, o que importa em prejuízo dos demais consumidores que terão que arcar com o pagamento de juros mais elevados (aumento de custos de transação).[31]

A decisão em questão é equivocada. A sua leitura revela uma postura legalista exegética e fragmentária, incompatível com a atual ambiência civil-constitucional. Afinal, conforme indicação de Marcos Catalan, "[...] é preciso esclarecer, regras e princípios constitucionais hão de nortear o processo de construção de todas as respostas que precisam ser dadas para cada problema surgido na multifacetada existência humana interprivadas".[32]

A decisão judicial deve dar a resposta correta ao caso, à luz da coerência[33] e integridade do direito. Afinal, "[a] integridade exige que as normas públicas da comunidade sejam criadas e vistas, na medida do possível, de modo a expressar um sistema único e coerente de justiça e equidade na correta proporção".[34] Veja-se que a decisão em questão não é coerente com o ordenamento jurídico como um todo, como também não é coerente com o próprio entendimento sedimentado do Superior Tribunal de Justiça.

Ainda que assim não fosse, mesmo em uma intepretação mais legalista, a decisão não é correta. A primeira crítica que merece referida decisão (nesse nível de análise) refere-se à não aplicação do Código de Defesa do Consumidor ao caso. Ora, da leitura do acórdão percebe-se que o contratante é pessoa natural e o automóvel objeto da garantia

---

31 BRASIL. Superior Tribunal de Justiça (2. Seção). *Recurso Especial n. 1.622.555 - MG (2015/0279732-8)*. RECURSO ESPECIAL. AÇÃO DE BUSCA E APREENSÃO. CONTRATO DE FINANCIAMENTO DE VEÍCULO, COM ALIENAÇÃO FIDUCIÁRIA EM GARANTIA REGIDO PELO DECRETO-LEI 911/69. INCONTROVERSO INADIMPLEMENTO DAS QUATRO ÚLTIMAS PARCELAS (DE UM TOTAL DE 48). [...] 2. REMANCIPAÇÃO DO BEM AO DEVEDOR CONDICIONADA AO PAGAMENTO DA INTEGRALIDADE DA DÍVIDA, ASSIM COMPREENDIDA COMO OS DÉBITOS VENCIDOS, VINCENDOS E ENCARGOS APRESENTADOS PELO CREDOR [...] 4. DESVIRTUAMENTO DA TEORIA DO ADIMPLEMENTO SUBSTANCIAL, CONSIDERADA A SUA FINALIDADE E A BOA-FÉ DOS CONTRATANTES, A ENSEJAR O ENFRAQUECIMENTO DO INSTITUTO DA GARANTIA FIDUCIÁRIA. VERIFICAÇÃO. [...]. 4.2. A propriedade fiduciária, concebida pelo legislador justamente para conferir segurança jurídica às concessões de crédito, essencial ao desenvolvimento da economia nacional, resta comprometida pela aplicação deturpada da teoria do adimplemento substancial. Recorrente: Banco Volkswagen S.A. Recorrido: Gilvanil da Silva Monteiro. R.P/Acórdão: Ministro Marco Aurélio Bellize. Relator: Ministro Marco Buzzi, 22 de fevereiro de 2017. p. 1-65. Disponível em: https://scon.stj.jus.br/SCON/GetInteiroTeorDoAcordao?num_registro=201502797328&dt_publicacao=16/03/2017. Acesso em: 28 jul. 2021.

32 CATALAN, Marcos. Na escuridão do labirinto, sem a companhia de Ariadne, tampouco a de Teseu: uma ligeira reflexão acerca da medida provisória da liberdade econômica. *Redes – Revista Eletrônica Direito e Sociedade*, Canoas, v. 7, n. 2, p. 7-14, ago. 2019. DOI: http://dx.doi.org/10.18316/redes.v7i2.5995. Disponível em: https://revistas.unilasalle.edu.br/index.php/redes/article/view/5995. Acesso em: 22 jul. 2020.

33 "De fato, uma boa parte da argumentação fundada em princípios pode ser considerada simplesmente como uma instância de busca de um ideal de coerência do sistema jurídico" (obs.: texto em português) (MICHELON, Claudio. *Principles and coherence in legal reasoning* (Princípios e coerência na argumentação jurídica). University of Edinburgh, School of Law, Working Paper Series n. 2009/08, [Reino Unido], Mar. 31, 2009. Last revised: 8 Feb. 2012. p. 1-32. p. 5. DOI: http://dx.doi.org/10.2139/ssrn.1371140. Disponível em: https://ssrn.com/abstract=1371140. Acesso em: 16 jun. 2020).

34 DWORKIN, Ronald. *O império do direito*. Tradução de Jefferson Luiz Camargo. São Paulo: Martins Fontes, 1999. p. 264.

é do tipo passeio, de forma que, em linha de princípio, se está diante de uma relação de consumo.[35] Obviamente que outros fatos não constantes do acórdão poderiam, em tese, afastar tal aplicação. Contudo, era imprescindível que houvesse fundamentação nesse sentido.

E como é sabido, o Código de Defesa do Consumidor tem como um de seus princípios a boa-fé objetiva, conforme se verifica dos arts. 4º, III e 51, IV,[36] boa-fé essa que, como já demonstrado, serve de fundamento para a aplicação da teoria do adimplemento substancial. Assim, mesmo que se admitisse como inaplicável o Código Civil ao caso, não há razões para afastar a aplicação do Código de Defesa do Consumidor.

Inclusive, a não aplicação do Código Civil ao caso, fundamentada no art. 1.368-A do Código Civil, com redação dada pela Lei nº 10.931/2004,[37] é equivocada, já que a interpretação que deve ser dada ao dispositivo em questão é no sentido de que somente as disposições relativas à propriedade fiduciária previstas no Código Civil não são aplicáveis quando incompatíveis com as leis especiais que tratam de modalidades específicas de propriedade fiduciária. Afinal, não se pode pensar que tal dispositivo tenha o condão de afastar a aplicação do princípio da boa-fé objetiva e, consequentemente, do abuso de direito de qualquer contrato regido por lei especial. Realmente, é difícil considerar que, na atual ambiência civil-constitucional, se possa pensar em contratos não submetidos à boa-fé objetiva.

Some-se a isso o fato de que o Decreto-Lei nº 911/69 em momento algum adjetiva o adimplemento que dá ensejo à busca e apreensão.[38] De fato, uma leitura atenta do texto legal demonstra que a moldura (legal) muito se aproxima do contido no art. 475 do Código Civil,[39] ou seja, que o legislador não se preocupou em quantificar o inadimplemento que

---

[35] O inteiro teor do acórdão pode ser consultado em: BRASIL. Superior Tribunal de Justiça (2. Seção). *Recurso Especial n. 1.622.555 - MG (2015/0279732-8)*. RECURSO ESPECIAL. AÇÃO DE BUSCA E APREENSÃO. CONTRATO DE FINANCIAMENTO DE VEÍCULO, COM ALIENAÇÃO FIDUCIÁRIA EM GARANTIA REGIDO PELO DECRETO-LEI 911/69. INCONTROVERSO INADIMPLEMENTO DAS QUATRO ÚLTIMAS PARCELAS (DE UM TOTAL DE 48). [...] 2. REMANCIPAÇÃO DO BEM AO DEVEDOR CONDICIONADA AO PAGAMENTO DA INTEGRALIDADE DA DÍVIDA, ASSIM COMPREENDIDA COMO OS DÉBITOS VENCIDOS, VINCENDOS E ENCARGOS APRESENTADOS PELO CREDOR [...] 4. DESVIRTUAMENTO DA TEORIA DO ADIMPLEMENTO SUBSTANCIAL, CONSIDERADA A SUA FINALIDADE E A BOA-FÉ DOS CONTRATANTES, A ENSEJAR O ENFRAQUECIMENTO DO INSTITUTO DA GARANTIA FIDUCIÁRIA. VERIFICAÇÃO. [...]. 4.2. A propriedade fiduciária, concebida pelo legislador justamente para conferir segurança jurídica às concessões de crédito, essencial ao desenvolvimento da economia nacional, resta comprometida pela aplicação deturpada da teoria do adimplemento substancial. Recorrente: Banco Volkswagen S.A. Recorrido: Gilvanil da Silva Monteiro. R.P/Acórdão: Ministro Marco Aurélio Bellize. Relator: Ministro Marco Buzzi, 22 de fevereiro de 2017. p. 1-65. Disponível em: https://scon.stj.jus.br/SCON/GetInteiroTeorDoAcordao?num_registro=201502797328&dt_publicacao=16/03/2017. Acesso em: 28 jul. 2021.

[36] BRASIL. *Lei n. 8.078, de 11 de setembro de 1990*. Dispõe sobre a proteção do consumidor e dá outras providências. Brasília, DF: Presidência da República, 1990. Disponível em: http://www.planalto.gov.br/ccivil_03/leis/l8078compilado.htm. Acesso em: 5 out. 2021.

[37] Art. 1.368-A. "As demais espécies de propriedade fiduciária ou de titularidade fiduciária submetem-se à disciplina específica das respectivas leis especiais, somente se aplicando as disposições deste Código naquilo que não for incompatível com a legislação especial" (BRASIL. *Lei n. 10.406, de 10 de janeiro de 2002*. Institui o Código Civil. Brasília, DF: Presidência da República, 2002. Disponível em: http://www.planalto.gov.br/ccivil_03/leis/2002/l10406compilada.htm. Acesso em: 5 out. 2021).

[38] BRASIL. *Decreto-Lei n. 911, de 1º de outubro de 1969*. Altera a redação do art. 66, da Lei nº 4.728, de 14 de julho de 1965, estabelece normas de processo sôbre alienação fiduciária e dá outras providências. Brasília, DF: Presidência da República, 1969. Disponível em: http://www.planalto.gov.br/ccivil_03/decreto-lei/1965-1988/del0911.htm. Acesso em: 5 out. 2021.

[39] BRASIL. *Lei n. 10.406, de 10 de janeiro de 2002*. Institui o Código Civil. Brasília, DF: Presidência da República, 2002. Disponível em: http://www.planalto.gov.br/ccivil_03/leis/2002/l10406compilada.htm. Acesso em: 5 out. 2021.

daria ensejo à busca e apreensão, de forma que absolutamente cabível a integração do texto legal pela boa-fé objetiva. E nem se diga que "a quitação integral do débito como condição para que o bem alienado fiduciariamente seja remancipado [*sic*]"[40] afasta tal integração, uma vez que isso somente se aplica à purgação da mora posterior à busca e apreensão, ou seja, em momento posterior à análise do cabimento ou não da busca e apreensão.

Outrossim, o argumento de que a busca e apreensão não implica resolução do contrato revela-se inconsistente por duas razões fundamentais:

a) A ação de busca e apreensão, de fato, configura-se como uma forma de resolução contratual. Esta afirmação é corroborada pelo próprio efeito jurídico da ação, que resulta na extinção da propriedade em favor do devedor. Se não houvesse resolução, não haveria fundamento para tal extinção.
b) Mesmo na hipótese de se considerar que a busca e apreensão não constitui tecnicamente uma resolução contratual, os efeitos práticos são indistinguíveis daqueles decorrentes da resolução propriamente dita. Essa equivalência de consequências torna a distinção meramente semântica, sem impacto substancial na aplicação dos princípios jurídicos pertinentes.

É crucial ressaltar que o fundamento da teoria do adimplemento substancial transcende a mera prevenção da resolução contratual. Seu escopo principal é a vedação ao exercício desequilibrado de direitos potestativos, independentemente da nomenclatura atribuída à ação judicial em questão. Como bem observado, a teoria "protege o devedor, ao impedir que o credor lhe imponha remédios que lhe causarão sacrifícios desproporcionais à lesão que o descumprimento causou ao seu interesse na prestação".[41]

Portanto, a aplicabilidade da teoria do adimplemento substancial não se restringe exclusivamente aos casos de resolução contratual. Ela se estende a todas as situações em que se verifica um potencial desequilíbrio entre o inadimplemento do devedor e a resposta jurídica pretendida pelo credor. No caso específico da busca e apreensão, a desproporção entre o inadimplemento parcial e a perda total do bem pelo devedor é precisamente o tipo de cenário que a teoria visa evitar.

Da mesma forma não se pode entender como correto o fundamento de que não deve ser aplicada a teoria do adimplemento substancial aos contratos de alienação

---

40 BRASIL. Superior Tribunal de Justiça (2. Seção). *Recurso Especial n. 1.622.555 - MG (2015/0279732-8)*. RECURSO ESPECIAL. AÇÃO DE BUSCA E APREENSÃO. CONTRATO DE FINANCIAMENTO DE VEÍCULO, COM ALIENAÇÃO FIDUCIÁRIA EM GARANTIA REGIDO PELO DECRETO-LEI 911/69. INCONTROVERSO INADIMPLEMENTO DAS QUATRO ÚLTIMAS PARCELAS (DE UM TOTAL DE 48). [...] 2. REMANCIPAÇÃO DO BEM AO DEVEDOR CONDICIONADA AO PAGAMENTO DA INTEGRALIDADE DA DÍVIDA, ASSIM COMPREENDIDA COMO OS DÉBITOS VENCIDOS, VINCENDOS E ENCARGOS APRESENTADOS PELO CREDOR [...] 4. DESVIRTUAMENTO DA TEORIA DO ADIMPLEMENTO SUBSTANCIAL, CONSIDERADA A SUA FINALIDADE E A BOA-FÉ DOS CONTRATANTES, A ENSEJAR O ENFRAQUECIMENTO DO INSTITUTO DA GARANTIA FIDUCIÁRIA. VERIFICAÇÃO. [...]. 4.2. A propriedade fiduciária, concebida pelo legislador justamente para conferir segurança jurídica às concessões de crédito, essencial ao desenvolvimento da economia nacional, resta comprometida pela aplicação deturpada da teoria do adimplemento substancial. Recorrente: Banco Volkswagen S.A. Recorrido: Gilvanil da Silva Monteiro. R.P/Acórdão: Ministro Marco Aurélio Bellize. Relator: Ministro Marco Buzzi, 22 de fevereiro de 2017. p. 1. Disponível em: https://scon.stj.jus.br/SCON/GetInteiroTeorDoAcordao?num_registro=201502797328&dt_publicacao=16/03/2017. Acesso em: 28 jul. 2021.

41 TERRA, Aline de Miranda Valverde; GUEDES, Gisela Sampaio da Cruz. Adimplemento substancial e tutela do interesse do credor: análise da decisão proferida no REsp 1.581.505. *Revista Brasileira de Direito Civil – RBDCivil*, Belo Horizonte, v. 11, p. 95-113, jan./mar. 2017. p. 105.

fiduciária de bens móveis em razão de que o devedor que deixa de pagar não age de boa-fé e que importaria em incentivo à inadimplência. Ora, as razões que levaram ao inadimplemento no caso concreto, segundo entendimento doutrinário e jurisprudencial, podem ser sopesadas para não considerar o adimplemento como substancial. Contudo, não há no acórdão qualquer fundamentação ligada ao caso concreto, o que significa dizer que simplesmente o STJ entendeu que toda e qualquer inadimplência deve ser entendida como contrária à boa-fé, o que importa em uma generalização indevida. A crise econômica decorrente da epidemia do SARS-Covid-19 somente deixou escancarado tal fato há muito conhecido. Ademais, não há qualquer incentivo à inadimplência, já que o devedor responde por todos os prejuízos decorrentes do inadimplemento imputável (arts. 389 e 395 do Código Civil),[42] bem como se vê sujeito a protesto, à inclusão em banco de dados de inadimplentes e impossibilitado de regularizar o veículo objeto da garantia.

Por outro lado, o argumento econômico adotado em defesa da inaplicabilidade da teoria do adimplemento substancial aos contratos de alienação fiduciária revela-se insustentável por diversas razões.

Primeiramente, há uma notável ausência de evidências empíricas que corroborem a alegação de que a impossibilidade de busca e apreensão em casos de adimplemento substancial resultaria na fragilização do instituto da alienação fiduciária ou no repasse de custos aos demais consumidores por meio do aumento de juros. A carência de dados concretos, fatos comprováveis ou estudos econômicos robustos enfraquece significativamente a credibilidade do argumento.

Ademais, a aceitação de tal fundamentação, desprovida de base factual sólida, abriria um precedente perigoso no âmbito jurídico. Permitiria a proliferação de argumentos especulativos e não verificáveis, potencialmente distorcendo a aplicação equitativa da lei. Por exemplo, poder-se-ia contra-argumentar, com igual falta de evidência, que a permissão da busca e apreensão em casos de adimplemento substancial resultaria em uma concentração indevida de renda em favor das instituições financeiras, prejudicando o equilíbrio econômico-social.

Como bem observado por Oliveira e Ehrhardt Junior,[43] trata-se de um argumento de natureza consequencialista, baseado em uma análise econômica do direito que carece de juridicidade. Mesmo sob uma perspectiva puramente econômica, a ausência de estudos, pesquisas ou estatísticas que embasem tal posicionamento o torna inválido como fundamento para negar a aplicação da teoria do adimplemento substancial.

É importante ressaltar que, mesmo entre os defensores do consequencialismo jurídico, há um consenso de que alegações dessa natureza devem ser respaldadas por dados

[42] BRASIL. *Lei n. 10.406, de 10 de janeiro de 2002*. Institui o Código Civil. Brasília, DF: Presidência da República, 2002. Disponível em: http://www.planalto.gov.br/ccivil_03/leis/2002/l10406compilada.htm. Acesso em: 5 out. 2021.

[43] "Como se vê, trata-se de um argumento de ordem consequencialista, baseado numa análise econômica do direito. Contudo, tal argumento carece de juridicidade e nem mesmo se pode dizer que há de ser levado em conta sob uma perspectiva econômica, haja vista a completa ausência de indicação de estudos, pesquisas ou estatísticas de caráter econômico a dar suporte à decisão. Tal argumento também não se mostra válido para negar a aplicação da teoria do adimplemento substancial ao caso, pois nem mesmo aqueles que admitem decisões jurídicas com base no fenômeno consequencialista hão de aceitar que alegações de tais espécies se deem sem dados que fundamentem o entendimento manifestado" (OLIVEIRA, Filipe Nicholas Moreira Cavalcante de; EHRHARDT JUNIOR, Marcos Augusto de Albuquerque. A aplicação da teoria do adimplemento substancial ao contrato com alienação fiduciária de coisa móvel. *Revista Brasileira de Direito Contratual*, Porto Alegre, ano II, v. 2, n. 7, p. 53-84, abr./jun. 2021. p. 81-82).

concretos que fundamentem o entendimento manifestado. A ausência desses dados não apenas enfraquece o argumento, mas também coloca em xeque sua legitimidade como base para decisões judiciais.

Pode-se mesmo afirmar que a decisão em comento importa em "perversão do Direito", com a criação de uma "zona de autarquia", a qual se dá

> [...] nas situações em que não se possa identificar nenhuma justificação racional, nenhum conjunto de regras que organize a fundamentação da decisão tomada. A zona de autarquia é formada por argumentos sob a aparência de direito, mas que, na prática, não permitem o controle da argumentação pela sociedade, uma vez que não possibilitam a reconstrução organizada do raciocínio que serve de fundamento para a decisão ou para as decisões tomadas.[44]

Em conclusão, a pretensa justificação econômica para a não aplicação da teoria do adimplemento substancial nos contratos de alienação fiduciária é claramente insustentável e revela a instauração de uma "zona de autarquia" no direito. Esta abordagem cria um espaço em que decisões são tomadas com base em especulações desprovidas de evidência concreta, configurando verdadeira "perversão do direito". Tal prática ameaça o princípio da segurança jurídica, permitindo que decisões impactantes para a sociedade e economia sejam baseadas em argumentações frágeis e não verificáveis. É imperativo que o Judiciário rejeite essa forma de argumentação e se mantenha fiel à aplicação criteriosa e fundamentada do direito, assegurando a proteção adequada dos direitos dos contratantes e a estabilidade do sistema jurídico como um todo.

Resta evidente, portanto, que a decisão (ora em análise) importa em retrocesso inadmissível e deve ser imediatamente revista pelo Superior Tribunal de Justiça.

4 Considerações finais

A teoria do adimplemento substancial experimentou notável desenvolvimento no Brasil a partir do Código Civil de 2002. Esta evolução possibilitou ao Poder Judiciário exercer um controle mais efetivo sobre o uso abusivo do direito à resolução contratual e de outros remédios decorrentes do inadimplemento.

Entretanto, o Superior Tribunal de Justiça (STJ) colocou em xeque esse avanço ao afastar a aplicação da referida teoria dos contratos regidos pelo Decreto-Lei nº 911/69. Tal mudança de posicionamento, como citado, ocorreu a partir do julgamento do REsp nº 1.622.555/MG pela Segunda Seção em 2017, alterando, assim, entendimento consolidado há mais de uma década. Com essa decisão, o STJ passou a considerar incabível a aplicação da teoria do adimplemento substancial aos contratos de alienação fiduciária em garantia de bens móveis. É imperativo ressaltar o equívoco dessa decisão, que se mostra inadequada sob qualquer perspectiva de análise. De fato, a revisão deste posicionamento se impõe como uma necessidade jurídica, independentemente de qualquer alteração legislativa, dada a incompatibilidade da decisão com os princípios fundamentais do direito contratual contemporâneo.

---

[44] RODRIGUEZ, José Rodrigo. *Direito das lutas*: democracia, diversidade, multinormatividade. São Paulo: Liber Ars, 2019. p. 51.

Não obstante, vislumbra-se uma possível reviravolta neste cenário com a prospectiva positivação da teoria no Código Civil. Essa iniciativa reflete a maturidade do ordenamento jurídico brasileiro em sua busca por alinhamento com as tendências internacionais, visando a um equilíbrio entre segurança jurídica, preservação dos contratos e proteção dos interesses legítimos das partes contratantes.

A incorporação expressa da teoria do adimplemento substancial no Código Civil representará um marco significativo na evolução do direito contratual brasileiro. Tal mudança proporcionará um arcabouço legal mais robusto para sua aplicação pelos tribunais, promovendo maior previsibilidade nas relações contratuais e, potencialmente, catalisando a necessária correção do retrocesso causado pela decisão do STJ.

Esta nova aurora legislativa poderá não apenas reafirmar a importância da teoria no contexto jurídico nacional, mas também oferecer uma oportunidade adicional para que o próprio STJ revise seu posicionamento, alinhando-se novamente com os princípios da boa-fé objetiva e função social do contrato que norteiam o direito contratual moderno. Assim, espera-se que a positivação da teoria do adimplemento substancial venha a reestabelecer a harmonia jurisprudencial e doutrinária sobre o tema, consolidando sua aplicação de forma mais ampla e consistente no direito brasileiro, embora se reconheça que tal revisão seja imperativa mesmo na ausência de mudanças legislativas.

Referências

AGUIAR JÚNIOR, Ruy Rosado. *Extinção dos contratos por incumprimento do devedor*. Rio de Janeiro: Aide, 1991.

ALEMANHA. *Bürgerliches Gesetzbuch (BGB)*. Bundesministerium der Justiz und für Verbraucherschutz. Bundesamt für Justiz. Ausfertigungsdatum: 18.08.1896. Deutschland: Bundesamt für Justiz, 1896. Disponível em: https://www.gesetze-im-internet.de/bgb/index.html. Acesso em: 5 out. 2021.

ARGENTINA. *Código Civil y Comercial de la Nación*. Aprobado por Ley 26.994. Promulgado según Decreto 1795/2014. Ministerio de Justicia y Derechos Humanos. Presidencia de la Nacion. 1. ed. Ciudad Autónoma de Buenos Aires: Infojus, 2014. Disponível em: http://www.saij.gob.ar/docs-f/codigo/Codigo_Civil_y_Comercial_de_la_Nacion.pdf. Acesso em: 5 out. 2021.

BECKER, Anelise. A doutrina do adimplemento substancial no direito brasileiro e em perspectiva comparativista. *Revista da Faculdade de Direito da Universidade Federal do Rio Grande do Sul*, Porto Alegre, v. 9, n. 1, p. 60-77, nov. 1993.

BRASIL. *Decreto-Lei n. 911, de 1º de outubro de 1969*. Altera a redação do art. 66, da Lei nº 4.728, de 14 de julho de 1965, estabelece normas de processo sôbre alienação fiduciária e dá outras providências. Brasília, DF: Presidência da República, 1969. Disponível em: http://www.planalto.gov.br/ccivil_03/decreto-lei/1965-1988/del0911.htm. Acesso em: 5 out. 2021.

BRASIL. *Lei n. 10.406, de 10 de janeiro de 2002*. Institui o Código Civil. Brasília, DF: Presidência da República, 2002. Disponível em: http://www.planalto.gov.br/ccivil_03/leis/2002/l10406compilada.htm. Acesso em: 5 out. 2021.

BRASIL. *Lei n. 8.078, de 11 de setembro de 1990*. Dispõe sobre a proteção do consumidor e dá outras providências. Brasília, DF: Presidência da República, 1990. Disponível em: http://www.planalto.gov.br/ccivil_03/leis/l8078compilado.htm. Acesso em: 5 out. 2021.

BRASIL. Superior Tribunal de Justiça (2. Seção). *Recurso Especial n. 1.622.555 - MG (2015/0279732-8)*. RECURSO ESPECIAL. AÇÃO DE BUSCA E APREENSÃO. CONTRATO DE FINANCIAMENTO DE VEÍCULO, COM ALIENAÇÃO FIDUCIÁRIA EM GARANTIA REGIDO PELO DECRETO-LEI 911/69. INCONTROVERSO INADIMPLEMENTO DAS QUATRO ÚLTIMAS PARCELAS (DE UM TOTAL DE 48). [...] 2. REMANCIPAÇÃO DO BEM AO DEVEDOR CONDICIONADA AO PAGAMENTO DA INTEGRALIDADE DA DÍVIDA, ASSIM COMPREENDIDA COMO OS DÉBITOS VENCIDOS, VINCENDOS E ENCARGOS APRESENTADOS PELO CREDOR [...] 4. DESVIRTUAMENTO DA TEORIA DO ADIMPLEMENTO SUBSTANCIAL, CONSIDERADA A SUA FINALIDADE E A BOA-FÉ DOS CONTRATANTES, A ENSEJAR O ENFRAQUECIMENTO DO INSTITUTO DA GARANTIA FIDUCIÁRIA. VERIFICAÇÃO. [...]. 4.2. A propriedade fiduciária, concebida pelo legislador justamente para conferir segurança jurídica às concessões de crédito, essencial ao desenvolvimento da economia nacional, resta comprometida pela aplicação deturpada da teoria do adimplemento substancial. Recorrente: Banco Volkswagen S.A. Recorrido: Gilvanil da Silva Monteiro. R.P/Acórdão: Ministro Marco Aurélio Bellize. Relator: Ministro Marco Buzzi, 22 de fevereiro de 2017. p. 1-65. Disponível em: https://scon.stj.jus.br/SCON/GetInteiroTeorDoAcordao?num_registro=201502797328&dt_publicacao=16/03/2017. Acesso em: 28 jul. 2021.

BRASIL. Superior Tribunal de Justiça (4. Turma). *EDcl no Recurso Especial n. 1.236.960 - RN (2011/0031232-8)*. PROCESSUAL CIVIL. EMBARGOS DE DECLARAÇÃO NO RECURSO ESPECIAL. AUSÊNCIA DE QUALQUER DOS VÍCIOS ELENCADOS NO ART. 1.022 DO CPC/2015. MERO INCONFORMISMO. EMBARGOS DE DECLARAÇÃO REJEITADOS. 1. Os embargos de declaração somente são cabíveis quando houver na decisão obscuridade, contradição, omissão ou erro material, consoante dispõe o art. 1.022 do CPC/2015. [...]. Embargante: Sami Giries Elali. Embargado: Mil Monterrey Incorporação e Loteamentos Ltda.; Zilma Silvério Leite da Fonseca. Relator: Ministro Antônio Carlos Ferreira, 03 de março de 2020. p. 1-10. Disponível em: https://scon.stj.jus.br/SCON/GetInteiroTeorDoAcordao?num_registro=201100312328&dt_publicacao=09/03/2020. Acesso em: 5 out. 2021.

BRASIL. Superior Tribunal de Justiça (STJ). *Recurso Especial n. 272.739 – Minas Gerais (2000/0082405-4)*. Alienação Fiduciária. Busca e apreensão. Falta da última prestação. Adimplemento substancial. [...]. Recorrente: Excel Crédito Financiamento e Investimento S/A. Recorrido: Aílton de Souza Rocha. Relator: Ministro Ruy Rosado de Aguiar, 01 de março de 2001. p. 1-7. Disponível em: https://scon.stj.jus.br/SCON/GetInteiroTeorDoAcordao?num_registro=200000824054&dt_publicacao=02/04/2001. Acesso em: 5 out. 2021.

BRASIL. Superior Tribunal De Justiça (STJ). *Recurso Especial n. 76.362-MT (REG. 95 506351)*. Seguro. Inadimplemento da segurada. Falta de pagamento da última prestação. Adimplemento substancial. Resolução [...]. Recorrente: Flávia Mesquita Gonçalves e outro. Recorrido: Sul América Terrestres Marítimos e Acidentes Companhia de Seguros. Relator: Ministro Ruy Rosado de Aguiar, 11 de dezembro de 1995. Disponível em: https://scon.stj.jus.br/SCON/GetInteiroTeorDoAcordao?num_registro=199500506351&dt_publicacao=01/04/1996. Acesso em: 5 out. 2021.

BUSSATTA, Eduardo Luiz. *Resolução dos contratos e teoria do adimplemento substancial*. São Paulo: Saraiva, 2006.

CATALAN, Marcos Jorge. Reflexões sobre a teoria do adimplemento substancial e sua recepção pelo direito brasileiro. *In:* HIRONAKA, Giselda Maria Fernandes Novaes (Coord.). *A outra face do Poder Judiciário*: decisões inovadoras e mudanças de paradigmas. Belo Horizonte: Del Rey, 2007. p. 69-88.

CATALAN, Marcos. Na escuridão do labirinto, sem a companhia de Ariadne, tampouco a de Teseu: uma ligeira reflexão acerca da medida provisória da liberdade econômica. *Redes – Revista Eletrônica Direito e Sociedade*, Canoas, v. 7, n. 2, p. 7-14, ago. 2019. DOI: http://dx.doi.org/10.18316/redes.v7i2.5995. Disponível em: https://revistas.unilasalle.edu.br/index.php/redes/article/view/5995. Acesso em: 22 jul. 2020.

CORDEIRO, António Manuel da Rocha e Menezes. *Da boa fé no direito civil*. Coimbra: Almedina, 1984. v. 2.

CORREGEDORIA DA JUSTIÇA FEDERAL (CJF). *Jornadas de direito civil I, III, IV e V*: enunciados aprovados. Ministro Ruy Rosado de Aguiar Júnior (coord.). Brasília: Conselho da Justiça Federal: Centro de Estudos Judiciários, 2012. Disponível em: https://www.cjf.jus.br/cjf/corregedoria-da-justica-federal/centro-de-estudos-judiciarios-1/publicacoes-1/jornadas-cej/EnunciadosAprovados-Jornadas-1345.pdf. Acesso em: 5 out. 2021.

DWORKIN, Ronald. *O império do direito*. Tradução de Jefferson Luiz Camargo. São Paulo: Martins Fontes, 1999.

ESPANHA. *Principios de Derecho Europeo de los Contratos*. Partes I y II. Preparadas por la Comisión de Derecho europeo de los contratos. [Espanha]: Lando, Beale eds., 2000. Disponível em: https://internationalcontracts.net/documentos-derecho-internacional/Principios-del-Derecho-Contractual-Europeo.pdf. Acesso em: 5 out. 2021.

ESPANHA. *Principios UNIDROIT sobre los Contratos Comerciales Internacionales 2010*. Espanha: UNIDROIT, 2010. Disponível em: https://www.unidroit.org/spanish/principles/contracts/principles2010/blackletter2010-spanish.pdf. Acesso em: 5 out. 2021.

FACHIN, Luiz Edson. *Teoria crítica do direito civil*. Rio de Janeiro: Renovar, 2000.

GODOY, Claudio Luiz Bueno de. *Função social do contrato*: os novos princípios contratuais. São Paulo: Saraiva, 2004.

ITÁLIA. *Il Codice Civile Italiano*. R.D. 16 marzo 1942, n. 262 Approvazione del testo del Codice Civile. *Gazzetta Ufficiale*, n. 79, del 4 aprile 1942. Disponível em: http://www.jus.unitn.it/cardozo/Obiter_Dictum/codciv/Codciv.htm. Acesso em: 5 out. 2021.

LORENZETTI, Ricardo Luis. *Tratado de los contratos*. Parte general. Santa Fé: Rubinzal-Culzoni, 2004.

MARTINS-COSTA, Judith. *A boa-fé no direito privado*: sistema e tópica no processo obrigacional. São Paulo: Revista dos Tribunais, 2000.

MICHELON, Claudio. *Principles and coherence in legal reasoning* (Princípios e coerência na argumentação jurídica). University of Edinburgh, School of Law, Working Paper Series n. 2009/08, [Reino Unido], Mar. 31, 2009. Last revised: 8 Feb. 2012. p. 1-32. DOI: http://dx.doi.org/10.2139/ssrn.1371140. Disponível em: https://ssrn.com/abstract=1371140. Acesso em: 16 jun. 2020.

MONTEIRO, Mariana; XAVIER, Gabriela Daros; CANDIDO, Fabiana Colombelli. As obrigações e a doutrina do adimplemento substancial: o julgamento do Recurso Especial nº 1622555/MG pelo STJ e o Impacto nas Decisões do TJRS. *Redes – Revista Eletrônica Direito e Sociedade*, Canoas, v. 6, n. 2, p. 269-276, set. 2018. DOI: http://dx.doi.org/10.18316/REDES.v6i2.4691. Disponível em: https://revistas.unilasalle.edu.br/index.php/redes/article/view/4691/pdf. Acesso em: 28 jul. 2021.

NEVES, Antonio Castanheira. *O actual problema metodológico da intepretação jurídica*. Coimbra: Coimbra Editora, 2003. v. 1.

OLIVEIRA, Filipe Nicholas Moreira Cavalcante de; EHRHARDT JUNIOR, Marcos Augusto de Albuquerque. A aplicação da teoria do adimplemento substancial ao contrato com alienação fiduciária de coisa móvel. *Revista Brasileira de Direito Contratual*, Porto Alegre, ano II, v. 2, n. 7, p. 53-84, abr./jun. 2021.

PENTEADO, Luciano de Camargo. *Direito das coisas*. São Paulo: Revista dos Tribunais, 2008.

PORTUGAL. *Código Civil Português*. Actualizado até à Lei 59/99, de 30/06. Decreto-Lei nº 47 344, de 25 de novembro de 1966. Portugal: IGAC, 1966. Disponível em: https://www.igac.gov.pt/documents/20178/358682/Código+Civil.pdf/2e6b36d8-876b-433c-88c1-5b066aa93991. Acesso em: 5 out. 2021.

RODRIGUEZ, José Rodrigo. *Direito das lutas*: democracia, diversidade, multinormatividade. São Paulo: Liber Ars, 2019.

SCHREIBER, Anderson. A boa-fé objetiva e o adimplemento substancial. *In:* HIRONAKA, Giselda Maria Fernandes Novaes; TARTUCE, Flávio (Coord.). *Direito contratual:* temas atuais. São Paulo: Método, 2007. p. 125-146.

SENADO FEDERAL. *Relatório Final dos trabalhos da Comissão de Juristas responsável pela revisão e atualização do Código Civil*. Disponível em: https://legis.senado.leg.br/comissoes/comissao?codcol=2630. Acesso em: 7 jul. 2024.

SILVA, Clóvis Veríssimo do Couto e. O princípio da boa-fé no direito brasileiro e português. *In*: FRADERA, Vera Maria Jacob de (Org.). *O direito privado brasileiro na visão de Clóvis do Couto e Silva*. Porto Alegre: Livraria do Advogado, 1997. p. 33-58.

SUPERIOR TRIBUNAL DE JUSTIÇA (STJ). *Jurisprudência do STJ*. Brasília, DF: STJ, [2021]. Disponível em: https://scon.stj.jus.br/SCON/jurisprudencia/toc.jsp. Acesso em: 16 set. 2021.

TARTUCE, Flávio. *Função social dos contratos*: do Código de Defesa do Consumidor ao Código Civil de 2002. 2. ed. São Paulo: Método, 2007.

TERRA, Aline de Miranda Valverde; GUEDES, Gisela Sampaio da Cruz. Adimplemento substancial e tutela do interesse do credor: análise da decisão proferida no REsp 1.581.505. *Revista Brasileira de Direito Civil – RBDCivil*, Belo Horizonte, v. 11, p. 95-113, jan./mar. 2017.

VIENA. *Convenção da ONU sobre os Contratos de Compra e Venda Internacional de Mercadorias (UNCITRAL)*. 11 de abril de 1980. Viena: Convenção dos Estados-partes, 1980. Disponível em: http://www.cisg-online.ch/__temp/CISG_portugues.pdf. Acesso em: 5 out. 2021.

Informação bibliográfica deste livro, conforme a NBR 6023:2018 da Associação Brasileira de Normas Técnicas (ABNT):

BUSATTA, Eduardo Luiz. O caso do adimplemento substancial. *In*: CORTIANO JUNIOR, Eroulths; SILVA, Alexandre Barbosa da (coord.). *O Código Civil e a Contemporaneidade*: Estudos do Grupo Virada de Copérnico em Homenagem ao Ministro Luiz Edson Fachin. Belo Horizonte: Fórum, 2025. p. 121-136. ISBN 978-65-5518-990-2.

INCUMPRIMENTO DAS OBRIGAÇÕES[1]

MARCOS CATALAN

Importante parcela da literatura jurídica jusprivatista pautou o estudo das vicissitudes havidas no curso do processo obrigacional tendo por foco a dicotomia *mora e inadimplemento*. Isso se deve, em boa medida, às escolhas feitas por Beviláqua, eleições que acabaram reproduzidas na codificação vigente por conta de seu excessivo apego ao passado, ululando, um século mais tarde, que os testes aos quais o sistema dual foi submetido demonstraram a sua manifesta insuficiência para o adequado tratamento das patologias que afetam o *curso expectado* das relações obrigacionais, fato comprovado até mesmo pela celebrada tese de Staub,[2] cultuada mesmo após revelar-se tão supérflua[3] quanto inconsistente ante as alternativas facultadas pelo direito pátrio.[4]

Dito isto, parece que a investigação das muitas possibilidades envoltas pelo signo incumprimento impõe revolver a figura do adimplemento para lembrar que ele consiste na "realização, pelas partes e conforme seus deveres específicos, de todos os interesses envolvidos na relação obrigacional"[5] por meio de comportamentos que, em concreto, possam atender à *legítima expectativa* do *accipiens*,[6] signo usado na descrição do credor no momento do adimplemento.

Observe-se, pois, que

---

1 Informe-se que muitas das notas adiante alinhavadas revisitam algumas das reflexões desenvolvidas por ocasião da pesquisa desenvolvida durante nosso doutoramento, revistas e atualizadas quando da publicação de CATALAN, Marcos. *A morte da culpa na responsabilidade contratual*. 3. ed. Indaiatuba: Foco, 2024.

2 STAUB, Hermann. *Le violazioni positive del contratto*. Tradução de Giovanni Varanese. Nápoles: Edizioni Scientifiche Italiane, 2001.

3 MARTINEZ, Pedro Romano. *Cumprimento defeituoso*: em especial na compra e venda e na empreitada. Coimbra: Almedina, 2001. p. 65-66.

4 V. CATALAN, Marcos. *A morte da culpa na responsabilidade contratual*. 3. ed. Indaiatuba: Foco, 2024.

5 SILVA, Jorge Cesa Ferreira da. *A boa-fé e a violação positiva do contrato*. Rio de Janeiro: Renovar, 2007. p. 123.

6 CASIELLO, Juan José. El pago: concepto y esencia jurídica. *In*: GESUALDI, Dora Mariana (Coord.). *Derecho privado*. Buenos Aires: Hammurabi, 2001. p. 922.

> toda projeção dogmática elaborada na tentativa de simplificar os moldes delineadores do pagamento, limitando-se a descrevê-lo (a) como ato de entrega, (b) como dar, fazer ou não fazer alguma coisa ou, simplesmente, (c) como o desempenho da prestação devida, além de indolente, por dizer menos do que deve ser dito, é imprecisa, por ter sido colorida tendo em conta apenas a conduta do devedor.[7]

O incumprimento de uma obrigação abarca, portanto, tanto as situações de não realização de direitos creditícios, como o adimplemento ruim e, ainda, a inobservância de deveres jurídicos não negociais que usualmente remetem à ideia de cooperação, segurança, proteção, cuidado, sigilo, informação, esclarecimento e advertência, embora possam ser igualmente pinçados da normatividade que pulsa da solidariedade, da liberdade e da igualdade constitucionalmente previstas no Brasil. O incumprimento, portanto, abarca o desrespeito a quaisquer dos deveres listados, afinal, quem contrata não se obriga apenas àquilo que textualmente contrata, como assinala com precisão cirúrgica o homenageado.[8]

Os deveres de prestação podem ser desrespeitados nas hipóteses de impossibilidade, inadimplemento, atraso, mora e, ainda, de cumprimento imperfeito; os deveres gerais de conduta, nas situações nas quais estes são inobservados por qualquer uma das partes na relação obrigacional.

Regrado entre os arts. 389 e 393 da codificação civil brasileira, o inadimplemento, na preciosa síntese de Judith Martins-Costa, consiste na "não-realização, imputável, da prestação devida, enquanto devida".[9] A literatura jurídica tem afirmado que a sua identificação haverá de ser promovida em perspectiva objetiva, portanto, sem qualquer alusão a circunstâncias com matizes subjetivos[10] e, em nosso sentir, sem que se atribua qualquer relevância à *culpa*.

Tendo sempre presente que deve haver fato imputável ao devedor, o inadimplemento ocorrerá quando a coisa prometida deixar de existir ou, ainda, de pertencer ao patrimônio do devedor sem que possa ser recuperada. O objeto da prestação pode, ademais, nunca ter integrado o acervo patrimonial do contratante a despeito de ter sido licitamente prometido por ele. Uma obrigação de fazer pode não ganhar concretude e aquilo que alguém se obrigou a não fazer pode não ter como ser obstado. Enfim, resta lembrar que a mora pode transformar-se em inadimplemento, quando o tempo seja um elemento essencial na satisfação da expectativa creditícia, aí residindo seu caráter transformista.[11]

Tenho comigo que a despeito de afirmações apontando que a impossibilidade exoneratória há de ser objetiva,[12] aspectos subjetivos que obstaculizem a conduta do

---

7 CATALAN, Marcos. *A morte da culpa na responsabilidade contratual*. 3. ed. Indaiatuba: Foco, 2024. p. 74.

8 FACHIN, Luiz Edson. *Teoria crítica do direito civil*. 3. ed. Rio de Janeiro: Renovar, 2012.

9 MARTINS-COSTA, Judith. *Comentários ao novo Código Civil*: do inadimplemento das obrigações. Rio de Janeiro: Forense, 2003. v. 5. t. 2. p. 84; CORDEIRO, António Manuel da Rocha e Menezes. *Direito das obrigações*. Lisboa: Associação Acadêmica da Faculdade de Direito de Lisboa, 1986. v. 2. p. 456-457.

10 NALIN, Paulo. *Responsabilidade civil*: descumprimento do contrato e dano extrapatrimonial. Curitiba: Juruá, 1996. p. 149-152; PACCHIONI, Giovanni. *Obbligazioni e contratti*: succinto commento al libro quarto del codice civile. Padova: Cedam, 1950. p. 18-19.

11 ASSIS, Araken de. *Resolução do contrato por inadimplemento*. 3. ed. São Paulo: RT, 1999. p. 110.

12 SILVA, Jorge Cesa Ferreira da. *A boa-fé e a violação positiva do contrato*. Rio de Janeiro: Renovar, 2007.

devedor poderão ser-lhe equiparados[13] como parece apontar, por exemplo, o tratamento jurídico do superendividamento no Brasil. Referida impossibilidade deve, ainda, ser compreendida em perspectiva sociocultural, pois a leitura naturalista do fenômeno "sacrifica excessivamente"[14] o devedor, situação que parece escapar à moldura do *favor debitoris*. Eis o cenário no qual o comando extraído do art. 393 do Código Civil deve ser compreendido. A sua configuração, aliás, exige a impossibilidade de desempenho da prestação ou, ao menos, que o interesse do credor no cumprimento se dissipe, à luz da boa-fé objetiva, diante do não desempenho, do que fora prometido, no tempo projetado para o pagamento.

Considerando-se, outrossim, que a inexecução de uma prestação pode ser atribuída à conduta do devedor, ao comportamento do credor ou a evento estranho e não imputável a um ou a outro,[15] reafirme-se que somente se ela puder ser atada à conduta do devedor é que haverá inadimplemento, pois, caso decorra do mal humor da *Fortuna* haverá simplesmente impossibilidade, não inadimplemento. Nestes casos, haverá incidência de correção monetária se houver algum valor a ser restituído e, ainda, a possiblidade de resolução do contrato, sem que se possa falar na incidência de perdas e danos.

A partir daí, uma vez identificado ter havido o inadimplemento, responderá o devedor pelas perdas e danos decorrentes, acrescidos de juros e atualização monetária e, caso haja intervenção judicial, dos honorários pagos pelo credor ao seu advogado. A regra que emana do art. 389 tem clareza solar. Cabe sublinhar ainda que, nos contratos bilaterais, será possível buscar a sua resolução.

Recentíssima alteração carreada pela Lei nº 14.905/2024 dispõe que, "na hipótese de o índice de atualização monetária não ter sido convencionado ou não estar previsto em lei específica", incidirá a variação do IPCA. Outra alteração determina que, quando não forem convencionados, o forem sem taxa estipulada ou provierem de determinação legal, os juros afetos ao incumprimento serão computados tendo por lastro a Selic, deduzido o índice de atualização monetária e, por fim, caso este cálculo redunde em resultado negativo, será considerado igual a zero. Curiosamente, a lei elege um parâmetro do qual será sacada a correção monetária para, em seguida, esta ser novamente trazida à análise, que flutuará ao sabor de externalidades econômicas e possui questionável operabilidade.

Seja permitido lembrar, ainda, quando se pensa o incumprimento das obrigações, que o montante porventura devido a título de perdas e danos poderá ser antecipado negocialmente, por meio de cláusula penal, cuidado que ajuda a lidar tanto com dificuldades probatórias, nem sempre de fácil solução, como com o desafio de quantificar a reparação dos danos em diversas circunstâncias.

Oportuno sublinhar, enfim, que os bens do devedor, não apenas nos casos de inadimplemento, mas em quaisquer das modalidades de violação de dever contratual, garantem a satisfação da dívida, evidentemente, respeitadas as exceções previstas, por exemplo, na Lei nº 8.099/90 e, ainda, no Código de Processo Civil ou, de modo mais difuso, pinçadas normativamente na ideia de patrimônio mínimo.

---

[13] OSTI, Giuseppe. Revisione critica della teoria sulla impossibilità della prestazione. *Rivista di Diritto Civile*, Milano, v. 10, n. 3, p. 209-249, maio/jun. 1918. p. 216-221.

[14] BIANCA, Cesare Massimo. *Diritto civile*: l'obbligazione. Milano: Giuffrè, 2006. v. 4. p. 531.

[15] JORGE, Fernando Pessoa. *Ensaio sobre os pressupostos da responsabilidade civil*. Coimbra: Almedina, 1999. p. 27.

Outra modalidade de incumprimento está ligada à *memor*,[16] a falhas na memória ou, ainda, à demora. Gestada nesse contexto filológico, a mora consiste no atraso no pagamento de prestação que possa ser desempenhada, desde que referido retardo possa ser, objetivamente, imputado a uma das partes. Se imputável ao acaso, aos humores da *Fortuna*, haverá apenas atraso e este não legitima o advento de perdas e danos tal qual ocorre nos casos de impossibilidade de desempenho da prestação.

Mora haverá, assim, quando um fato imputável ao devedor impeça o adimplemento no tempo, e apenas no tempo, de uma prestação que ainda se revele possível e siga sendo útil ao titular da posição jurídica creditícia. Também haverá mora quando fato imputável ao credor impeça o adimplemento, no tempo devido.

Deve-se anotar que a codificação civil promoveu, no art. 394, o alargamento indevido dos contornos semânticos da mora. A regra codificada,[17] típica jaboticaba, repetindo o conteúdo previsto no Código Beviláqua,[18] trata como mora hipóteses de cumprimento em lugar diverso do ajustado e, ainda, aquele que é feito de forma distinta da prevista.[19] A opção legislativa, aceita por importantes autores,[20] notadamente ultrapassa limites linguísticos intransponíveis, quando o legislador não pode se assenhorar da semântica, pois, longe disso, tal qual o intérprete, sujeita-se a ela. A um lápis não podem ser atribuídas as características de cadeira, a um morango, as de um orangotango.

Ao contrário do que ocorre no inadimplemento, a mora poderá ser purgada com o desempenho da prestação postergada no tempo, evidentemente, desde que (a) haja a cumulação do que é devido com os consectários legais ou contratuais correlatos e, ainda, (b) que o interesse do credor alcance o momento do pagamento. A purgação da mora, enquanto direito formativo assegurado ao devedor, aliás, é uma de suas características mais peculiares, o que impede que o parceiro negocial se oponha a ela. A mora do credor também poderá ser purgada caso de ofereça para receber o que lhe é devido, nos exatos termos do art. 401 do Código Civil.

A mora será do credor quando sua conduta retarde o pagamento. A culpa não é um requisito seu. Nos exatos termos do art. 400 da codificação civil, a *mora creditoris* "subtrai o devedor isento de dolo à responsabilidade pela conservação da coisa", obriga-o "a ressarcir as despesas empregadas em conservá-la" e o sujeita "a recebê-la pela estimação mais favorável ao devedor se o seu valor oscilar entre o dia estabelecido para o pagamento e o da sua efetivação". As consequências são deveras pesadas, nitidamente objetivando fomentar o adimplemento que opera como inconteste atrator do processo obrigacional.

Por sua vez, a mora do devedor consiste no atraso no desempenho da prestação prometida, por fato a ele imputável. Aqui, compreende-se como fato imputável aquele

---

16 MIRANDA, Francisco Cavalcanti Pontes De. *Tratado de direito privado*: parte especial. 2. ed. Rio de Janeiro: Borsoi, 1958. t. 23. p. 117.

17 Dispõe o código civil brasileiro: "Art. 394. Considera-se em mora o devedor que não efetuar o pagamento e o credor que não quiser recebê-lo no tempo, lugar e forma que a lei ou a convenção estabelecer".

18 Art. 955 do Código Civil de 1916.

19 ALVIM, Agostinho. *Da inexecução das obrigações e suas conseqüências*. 4. ed. São Paulo: Saraiva, 1972. p. 11-12.

20 PENTEADO, Luciano de Camargo. *Efeitos contratuais perante terceiros*. São Paulo: Quarter Latin, 2006. p. 183-184; SILVA, Jorge Cesa Ferreira da. *Inadimplemento das obrigações*: mora, perdas e danos, juros legais, cláusula penal, arras ou sinal. São Paulo: RT, 2007. p. 44.

que não pode ser atribuído ao fortuito ou à conduta do credor, afinal, a mora simultânea é algo inconcebível. Caracterizada a mora, nos termos do art. 399 do Código Civil, o devedor responderá "pela impossibilidade da prestação", mesmo quando resultante "de caso fortuito ou de força maior" havidos durante o atraso, responsabilidade afastada pela demonstração de que o dano sobreviria se a obrigação tivesse sido desempenhada ou ante a prova de que houve mero atraso, não mora.

É necessário destacar que parte relevante da literatura jurídica pátria segue a sustentar a necessidade de culpa na caracterização da *mora debitoris*, respeitosamente, leitura equivocada consoante demonstrado outrora[21] mediante prova da imprecisa equiparação da culpa à violação do dever de prestação e, ainda, da incompreensão acerca do verdadeiro papel dos fatores de atribuição na arquitetura jurídica do dever de reparar.[22] Daí que a conformação da mora do devedor pressupõe apenas que o atraso possa ser atado a sua conduta, logo, que ele não tenha um motivo legítimo que justifique o não desempenho da prestação;[23] prova que lhe incumbe no ambiente negocial. No mais, como antecipado, a presença da culpa na mora do credor, como dito, é igualmente supérflua.

Cabe dizer, também, que o cumprimento imperfeito,[24] inexato,[25] defeituoso,[26] adimplemento ruim[27] ou insatisfatório[28] consiste noutra modalidade de violação de dever de prestação e ocorrerá quando o comportamento levado a cabo pelo *solvens*, por ocasião do pagamento, não se ajuste aos pressupostos reclamados, na intersubjetividade da relação, para a produção do efeito satisfativo.[29]

O vácuo legislativo existente não impede a sua caracterização dogmática, tampouco seu uso na *praxis*, tendo sido preenchido por sofisticada literatura jurídica que o vê caracterizado quando a prestação é desempenhada[30] sem que se alcance a satisfação do *accipiens*.

O cumprimento insatisfatório pressupõe, como se pode intuir, a incoincidência entre o prometido e o concretamente desempenhado, abarcando aspectos como o lugar do pagamento, o modo ou, ainda, a forma pela qual o cumprimento ganhou existência fenomênica e, neste contexto, revela-se quando o objeto da prestação contém vícios sanáveis. Em feliz assertiva, Eduardo Busatta anota que, nesses casos, o devedor cumpre,

---

21 CATALAN, Marcos. *A morte da culpa na responsabilidade contratual*. 3. ed. Indaiatuba: Foco, 2024.

22 V. RIZZARDO, Arnaldo. *Direito das obrigações*. Rio de Janeiro: Forense, 2000. p. 502; AZEVEDO, Álvaro Villaça. *Teoria geral das obrigações*. 10. ed. São Paulo: Atlas, 2004. p. 223; GOMES, Orlando. *Obrigações*. 9. ed. Atualização de Humberto Theodoro Junior. Rio de Janeiro: Forense, 1994. p. 167.

23 MIRANDA, Francisco Cavalcanti Pontes De. *Tratado de direito privado*: parte especial. 2. ed. Rio de Janeiro: Borsoi, 1958. t. 23. p. 122-127.

24 VARELA, João de Matos Antunes. *Das obrigações em geral*. 7. ed. Coimbra: Almedina, 1997. v. 2. p. 65.

25 CORDEIRO, António Manuel da Rocha e Menezes. *Direito das obrigações*. Lisboa: Associação Acadêmica da Faculdade de Direito de Lisboa, 1986. v. 2. p. 440.

26 VARELA, João de Matos Antunes. *Direito das obrigações*. Rio de Janeiro: Forense, 1978. v. 2. p. 163-164.

27 MIRANDA, Francisco Cavalcanti Pontes De. *Tratado de direito privado*. Rio de Janeiro: Borsoi, 1959. t. 26. p. 15.

28 LÔBO, Paulo Luiz Netto. *Teoria geral das obrigações*. São Paulo: Saraiva, 2005. p. 260.

29 DIEZ-PICAZO, Luis. *Fundamentos del derecho civil patrimonial*: las relaciones obligatorias. 5. ed. Madrid: Civitas, 1996. v. 2. p. 666.

30 CORDEIRO, António Manuel da Rocha e Menezes. *Direito das obrigações*. Lisboa: Associação Acadêmica da Faculdade de Direito de Lisboa, 1986. v. 2. p. 440.

mas não o faz adequadamente por deixar de observar, ponto por ponto, o programa obrigacional.[31]

> A pontualidade [aqui] representa o elemento objetivo [do pagamento] na medida em que traduz a ideia de realizar-se o cumprimento da obrigação ponto por ponto, de modo a que sejam atendidas todas as obrigações e deveres – principais, secundários e (ou) laterais [*sic*] – estabelecidos no programa contratual.[32]

Matizarão a figura sob análise, as hipóteses nas quais o adimplemento, aferido em sua concretude, não atenda à legítima expectativa do credor[33] por conta da incoincidência percebida entre a prestação prometida e aquela que foi efetivamente desempenhada. E, desde que a patologia possa ser imputada à conduta do devedor, tal qual ocorre nas demais formas de violação de dever, dará azo a perdas e danos.

> No direito brasileiro, além dos vícios do produto e do serviço, os vícios redibitórios, a perda do bem adquirido em razão da evicção, a venda mediante amostras, protótipos ou modelos na entrega de objeto distinto do expectado e, ainda, a venda *ad corpus* e *ad mensuram*, tendo em mente, aqui, as situações nas quais o bem entregue difere, para menos, em área, do que foi negocialmente prometido, são exemplos de cumprimento imperfeito e poderiam receber tratamento legal unificado no direito pátrio de modo a ampliar a proteção das vítimas e a fortalecer a harmonia interna do Direito; caminho, aliás, que se releva enquanto manifesta e inafastável possibilidade hermenêutica.[34]

Enfim, diga-se que parte da doutrina exige que o adimplemento ruim provoque danos típicos, lesões, que não seriam causados pelo inadimplemento ou pela mora,[35] exigência supérflua diante da arquitetura da violação de dever esboçada nestas páginas que buscam coerência e consistência sem recorrer às usuais exceções à regra.

O foco das situações pautadas, como o percebe toda pessoa que se propõe a ler estas reflexões com atenção, está na conduta, não nas suas consequências. Ademais, a força normativa pinçada na máxima reparação de danos age de forma indireta na defesa da ideia uma vez mais apresentada ao leitor.

Por fim, tendo sido descobertos a menos tempo pela literatura jurídica pátria, há deveres concebidos visando à necessidade de proteção da vida e da incolumidade psicofísica das partes vinculadas à relação obrigacional, de seus bens[36] e, eventualmente, de terceiros impactados por contratos em andamento. Referidos deveres não são fruto

---

31 BUSATTA, Eduardo Luiz. *Resolução dos contratos e teoria do adimplemento substancial*. São Paulo: Saraiva, 2006.

32 SILVA, Luis Renato Ferreira da. O inadimplemento contratual na visão de Ruy Rosado: juiz e doutrinador. *In*: MEGARÉ, Plínio (Org.). *O direito das obrigações na contemporaneidade*. Porto Alegre: LAEL, 2014. p. 305. Curiosamente, o autor trata a pontualidade como princípio, ainda que este não o seja consoante demonstra o estado da arte.

33 TEPEDINO, Gustavo; BARBOZA, Heloísa Helena; MORAES, Maria Celina Bodin. *Código Civil interpretado*: conforme a constituição da república. Rio de Janeiro: Renovar, 2004. v. 1. p. 693.

34 CATALAN, Marcos. *A morte da culpa na responsabilidade contratual*. 3. ed. Indaiatuba: Foco, 2024. p. 83.

35 COSTA, Mário Júlio de Almeida. *Direito das obrigações*. 6. ed. Coimbra: Almedina, 1994. p. 928; LEITÃO, Luís Manuel Teles de Menezes. *Direito das obrigações*: transmissão e extinção das obrigações, não cumprimento e garantias do crédito. 3 ed. Coimbra: Almedina, 2005. v. 2. p. 265.

36 GHERSI, Carlos Alberto. *Teoría general de la reparación de daños*. Buenos Aires: Astrea, 1997. p. 206-207.

da autonomia privada, ainda que possam ser por ela delineados. Ante a sua natureza cogente, injuntiva e marcada pela socialidade, são inegociáveis, ainda que sua ofensa possa ser prevista e modulada por meio de cláusulas penais.

A despeito da recorrente conexão com a boa-fé objetiva delineada no art. 422 da codificação civil brasileira, sua fonte mais conhecida,[37] emanam de variadas nascentes. O contrato – ladeado pelas demais modalidades de negócio jurídico conhecidas –, aqui pensado em suas muitas fases, nem sempre os vê pulular, embora saiba que, tais deveres, mesmo que eventuais, lhe são imanentes. Ademais, ainda que não possam ser todos previamente catalogados, isso não impede a sua manifestação patológica. Suas vestes andróginas, em muitas ocasiões, dificultam a sua percepção por conta das muitas formas por meio das quais poderão se apresentar ao mundo.

Retomando a ideia lapidada pela genialidade de Luiz Edson Fachin, que nos lembra que "quem contrata não mais contrata tão só o que contrata",[38] os deveres explorados poderão assumir tanto dimensão negativa para impedir a invasão arbitrária da intimidade de qualquer um dos contratantes como um viés explicitamente positivo ao impor, por exemplo, o dever de informar, advertir, esclarecer, aclarar, aconselhar, esclarecer, traduzir, explicitar...

Impressiona o número, a quantidade de expressões criadas na tentativa de qualificar os deveres explorados ao longo destas brevíssimas páginas. Dentre as mais usuais merecem ser sublinhadas as alusões a deveres laterais,[39] acessórios,[40] anexos,[41] colaterais,[42] regras secundárias de conduta,[43] deveres instrumentais,[44] deveres fiduciários[45] e deveres gerais de respeito e de diligência.[46] No mundo hispânico, são conhecidos como *deveres de seguridad*.[47]

Aludidos deveres ultrapassam a função estrutural e, para além de serem auxiliares do adimplemento, produzem efeitos que obrigam o devedor, o credor e, mesmo, terceiros, reverberando em nível contratual e paracontratual[48] por todo o processo obrigacional, sendo

37 STIGLITZ, Rubén. El principio de buena fe. *In*: GESUALDI, Dora Mariana (Coord.). *Derecho privado*. Buenos Aires: Hammurabi, 2001. p. 512-513.

38 FACHIN, Luiz Edson. Contratos na ordem pública do direito contemporâneo. *In*: TEPEDINO, Gustavo; FACHIN, Luiz Edson (Coord.). *O direito e o tempo*: embates jurídicos e utopias contemporâneas. Rio de Janeiro: Renovar, 2008. p. 458.

39 OLIVEIRA, Ubirajara Mach de. A harmonização formal do direito da venda internacional de mercadorias no âmbito da Convenção de Viena de 1980 e o standard da boa-fé. *Revista da Faculdade de Direito Ritter dos Reis*, Porto Alegre, v. 4, p. 97-124, mar./jul. 2001.

40 VARELA, João de Matos Antunes. *Das obrigações em geral*. 7. ed. Coimbra: Almedina, 1997. v. 2. p. 130.

41 SILVA, Jorge Cesa Ferreira da. *A boa-fé e a violação positiva do contrato*. Rio de Janeiro: Renovar, 2007. p. 75.

42 TOMASETTI JUNIOR, Alcides. As relações de consumo em sentido amplo na dogmática das obrigações e dos contratos. *Revista de Direito do Consumidor*, São Paulo, n. 13, p. 12-17, jan./mar. 1995 p. 16-17.

43 STIGLITZ, Rubén. El principio de buena fe. *In*: GESUALDI, Dora Mariana (Coord.). *Derecho privado*. Buenos Aires: Hammurabi, 2001. p. 503-516.

44 SAVI, Sérgio. Inadimplemento das obrigações, mora e perdas e danos. *In*: TEPEDINO, Gustavo (Coord.). *Obrigações*: estudos na perspectiva civil-constitucional. Rio de Janeiro: Renovar, 2005. p. 476.

45 NORONHA, Fernando. *Direito das obrigações*. São Paulo: Saraiva, 2004. v. 1. p. 79-81.

46 JORGE, Fernando Pessoa. *Ensaio sobre os pressupostos da responsabilidade civil*. Coimbra: Almedina, 1999. p. 71-102.

47 PICASSO, Sebastián. *La singularidad de la responsabilidad contractual*. Buenos Aires: Abeledo Perrot, 2012.

48 LEONARDO, Rodrigo Xavier. A teoria das redes contratuais e a função social dos contratos: reflexões a partir de uma recente decisão do superior tribunal de justiça. *Revista dos Tribunais*, São Paulo, v. 94, n. 832, p. 100-111, fev. 2005. p. 104-105.

exigíveis durante todo o iter da relação obrigacional complexa, desde a fase pré-contratual – quando a relação jurídica entabulada entre as partes e baseada no contato social ainda não apresenta deveres de prestação, baseando-se precipuamente na confiança depositada pelos figurantes na conduta leal e honesta do outro –, passando pela fase de execução e desenvolvimento do negócio e perdurando após esta se extinguir pelo cumprimento dos deveres de prestação, já que se exige na fase pós-contratual que os figurantes assegurem a plena utilidade dos direitos adquiridos.[49]

Registre-se, antes de encerrar estas brevíssimas reflexões, que tais deveres, nitidamente, atuam como fonte e baliza de conformação do exercício de distintas posições jurídicas agindo, assim, como importantes *nudges* a fomentar tanto o cumprimento do contrato como, especialmente, a tutela das pessoas que de alguma forma estejam a ele vinculadas ou sejam por ele alcançadas.

Referências

ALVIM, Agostinho. *Da inexecução das obrigações e suas conseqüências*. 4. ed. São Paulo: Saraiva, 1972.

ASSIS, Araken de. *Resolução do contrato por inadimplemento*. 3. ed. São Paulo: RT, 1999.

AZEVEDO, Álvaro Villaça. *Teoria geral das obrigações*. 10. ed. São Paulo: Atlas, 2004.

BIANCA, Cesare Massimo. *Diritto civile*: l'obbligazione. Milano: Giuffrè, 2006. v. 4.

BUSATTA, Eduardo Luiz. *Resolução dos contratos e teoria do adimplemento substancial*. São Paulo: Saraiva, 2006.

CASIELLO, Juan José. El pago: concepto y esencia jurídica. *In*: GESUALDI, Dora Mariana (Coord.). *Derecho privado*. Buenos Aires: Hammurabi, 2001.

CATALAN, Marcos. *A morte da culpa na responsabilidade contratual*. 3. ed. Indaiatuba: Foco, 2024.

CORDEIRO, António Manuel da Rocha e Menezes. *Direito das obrigações*. Lisboa: Associação Acadêmica da Faculdade de Direito de Lisboa, 1986. v. 2.

COSTA, Mário Júlio de Almeida. *Direito das obrigações*. 6. ed. Coimbra: Almedina, 1994.

DIEZ-PICAZO, Luis. *Fundamentos del derecho civil patrimonial*: las relaciones obligatorias. 5. ed. Madrid: Civitas, 1996. v. 2.

EHRHARDT, Marcos. Relação obrigacional como processo na construção do paradigma dos deveres gerais de conduta e suas consequências. *Revista da Faculdade de Direito da UFPR*, Curitiba, n. 47, p. 29-64, 2008.

FACHIN, Luiz Edson. Contratos na ordem pública do direito contemporâneo. *In*: TEPEDINO, Gustavo; FACHIN, Luiz Edson (Coord.). *O direito e o tempo*: embates jurídicos e utopias contemporâneas. Rio de Janeiro: Renovar, 2008.

FACHIN, Luiz Edson. *Teoria crítica do direito civil*. 3. ed. Rio de Janeiro: Renovar, 2012.

GHERSI, Carlos Alberto. *Teoría general de la reparación de daños*. Buenos Aires: Astrea, 1997.

GOMES, Orlando. *Obrigações*. 9. ed. Atualização de Humberto Theodoro Junior. Rio de Janeiro: Forense, 1994.

JORGE, Fernando Pessoa. *Ensaio sobre os pressupostos da responsabilidade civil*. Coimbra: Almedina, 1999.

LEITÃO, Luís Manuel Teles de Menezes. *Direito das obrigações*: transmissão e extinção das obrigações, não cumprimento e garantias do crédito. 3 ed. Coimbra: Almedina, 2005. v. 2.

[49] EHRHARDT, Marcos. Relação obrigacional como processo na construção do paradigma dos deveres gerais de conduta e suas consequências. *Revista da Faculdade de Direito da UFPR*, Curitiba, n. 47, p. 29-64, 2008. p. 149.

LEONARDO, Rodrigo Xavier. A teoria das redes contratuais e a função social dos contratos: reflexões a partir de uma recente decisão do superior tribunal de justiça. *Revista dos Tribunais*, São Paulo, v. 94, n. 832, p. 100-111, fev. 2005.

LÔBO, Paulo Luiz Netto. *Teoria geral das obrigações*. São Paulo: Saraiva, 2005.

MARTINEZ, Pedro Romano. *Cumprimento defeituoso*: em especial na compra e venda e na empreitada. Coimbra: Almedina, 2001.

MARTINS-COSTA, Judith. *Comentários ao novo Código Civil*: do inadimplemento das obrigações. Rio de Janeiro: Forense, 2003. v. 5. t. 2.

MIRANDA, Francisco Cavalcanti Pontes De. *Tratado de direito privado*: parte especial. 2. ed. Rio de Janeiro: Borsoi, 1958. t. 23.

MIRANDA, Francisco Cavalcanti Pontes De. *Tratado de direito privado*. Rio de Janeiro: Borsoi, 1959. t. 26.

NALIN, Paulo. *Responsabilidade civil*: descumprimento do contrato e dano extrapatrimonial. Curitiba: Juruá, 1996.

NORONHA, Fernando. *Direito das obrigações*. São Paulo: Saraiva, 2004. v. 1.

OLIVEIRA, Ubirajara Mach de. A harmonização formal do direito da venda internacional de mercadorias no âmbito da Convenção de Viena de 1980 e o standard da boa-fé. *Revista da Faculdade de Direito Ritter dos Reis*, Porto Alegre, v. 4, p. 97-124, mar./jul. 2001.

OSTI, Giuseppe. Revisione critica della teoria sulla impossibilità della prestazione. *Rivista di Diritto Civile*, Milano, v. 10, n. 3, p. 209-249, maio/jun. 1918.

PACCHIONI, Giovanni. *Obbligazioni e contratti*: succinto commento al libro quarto del codice civile. Padova: Cedam, 1950.

PENTEADO, Luciano de Camargo. *Efeitos contratuais perante terceiros*. São Paulo: Quarter Latin, 2006.

PICASSO, Sebastián. *La singularidad de la responsabilidad contractual*. Buenos Aires: Abeledo Perrot, 2012.

RIZZARDO, Arnaldo. *Direito das obrigações*. Rio de Janeiro: Forense, 2000.

SAVI, Sérgio. Inadimplemento das obrigações, mora e perdas e danos. *In*: TEPEDINO, Gustavo (Coord.). *Obrigações*: estudos na perspectiva civil-constitucional. Rio de Janeiro: Renovar, 2005.

SILVA, Jorge Cesa Ferreira da. *A boa-fé e a violação positiva do contrato*. Rio de Janeiro: Renovar, 2007.

SILVA, Jorge Cesa Ferreira da. *Inadimplemento das obrigações*: mora, perdas e danos, juros legais, cláusula penal, arras ou sinal. São Paulo: RT, 2007.

SILVA, Luis Renato Ferreira da. O inadimplemento contratual na visão de Ruy Rosado: juiz e doutrinador. *In*: MEGARÉ, Plínio (Org.). *O direito das obrigações na contemporaneidade*. Porto Alegre: LAEL, 2014.

STAUB, Hermann. *Le violazioni positive del contratto*. Tradução de Giovanni Varanese. Nápoles: Edizioni Scientifiche Italiane, 2001.

STIGLITZ, Rubén. El principio de buena fe. *In*: GESUALDI, Dora Mariana (Coord.). *Derecho privado*. Buenos Aires: Hammurabi, 2001.

TEPEDINO, Gustavo; BARBOZA, Heloísa Helena; MORAES, Maria Celina Bodin. *Código Civil interpretado*: conforme a constituição da república. Rio de Janeiro: Renovar, 2004. v. 1.

TOMASETTI JUNIOR, Alcides. As relações de consumo em sentido amplo na dogmática das obrigações e dos contratos. *Revista de Direito do Consumidor*, São Paulo, n. 13, p. 12-17, jan./mar. 1995.

VARELA, João de Matos Antunes. *Das obrigações em geral*. 7. ed. Coimbra: Almedina, 1997. v. 2.

VARELA, João de Matos Antunes. *Direito das obrigações*. Rio de Janeiro: Forense, 1978. v. 2.

Informação bibliográfica deste livro, conforme a NBR 6023:2018 da Associação Brasileira de Normas Técnicas (ABNT):

CATALAN, Marcos. Incumprimento das obrigações. *In*: CORTIANO JUNIOR, Eroulths; SILVA, Alexandre Barbosa da (coord.). *O Código Civil e a Contemporaneidade*: Estudos do Grupo Virada de Copérnico em Homenagem ao Ministro Luiz Edson Fachin. Belo Horizonte: Fórum, 2025. p. 137-146. ISBN 978-65-5518-990-2.

CLÁUSULA PENAL E SUA REDUÇÃO EQUITATIVA: HÁ LIMITES À AUTONOMIA PRIVADA NA QUANTIFICAÇÃO DAS CLÁUSULAS PENAIS?

ANDERSON SCHREIBER

I Uma palavra sobre o homenageado

Aceitei, honrado, o convite para participar desta obra coletiva em homenagem ao Ministro Luiz Edson Fachin. Professor Titular da Universidade Federal do Paraná (UFPR), Fachin é um ícone do direito civil brasileiro, que já deixou sua marca indelével em nossa doutrina. Destaco, em particular, o livro *Estatuto jurídico do patrimônio mínimo*, em que o autor defendeu a necessidade de proteger, como garantia fundamental, um acervo patrimonial "mensurado consoante parâmetros elementares de uma vida digna e do qual não pode ser expropriada ou desapossada".[1] Trata-se de importante releitura do conceito de patrimônio, que, ao deixar de ser enxergado como um fim em si mesmo,[2] confere centralidade à dignidade da pessoa humana, valor fundamental da nossa ordem jurídica (Constituição, art. 1º, III).

A preocupação com a efetiva proteção da dignidade humana reflete-se também sobre a necessidade de controle de legitimidade do exercício da autonomia privada na sua dimensão obrigacional. É exatamente aí que se insere o delicado problema da redução equitativa da cláusula penal, que enfrento a seguir.

---

1 FACHIN, Luiz Edson. *Estatuto jurídico do patrimônio mínimo*. 2. ed. Rio de Janeiro: Renovar, 2006. p. 1.

2 FACHIN, Luiz Edson. *Estatuto jurídico do patrimônio mínimo*. 2. ed. Rio de Janeiro: Renovar, 2006. p. 305-306: "Não se trata apenas de voltar a reconhecer que o trabalho justifica o patrimônio. Trata-se, isso sim, de ressaltar que a titularidade das coisas não pode ser um fim em si mesmo".

II A cláusula penal no direito brasileiro

A cláusula penal, que encontra origem na *stipulatio penae* do direito romano,[3] consiste, como se sabe, em prestação acessória imposta àquele que inadimpliu uma obrigação. Trata-se, na conhecida lição de António Pinto Monteiro, de

> estipulação negocial em que qualquer das partes, ou uma delas apenas, se obriga antecipadamente, perante a outra, a efetuar certa prestação, normalmente em dinheiro, em caso de não cumprimento, ou de não cumprimento perfeito (máxime, em tempo), de determinada obrigação.[4]

Disciplinada nos arts. 408 e 416 do Código Civil, a cláusula penal classifica-se, de acordo com a doutrina brasileira, em duas espécies: (a) cláusula penal compensatória e (b) cláusula penal moratória. Diz-se compensatória a cláusula penal fixada para a hipótese de inadimplemento absoluto da obrigação. Diz-se moratória a cláusula penal fixada para a hipótese de inadimplemento relativo (mora) da obrigação.[5] Daí a afirmação de Álvaro Villaça Azevedo, para quem "a cláusula penal pode reforçar toda a obrigação assumida, ou, parcialmente, uma de suas cláusulas, ou, ainda, garantir a execução obrigacional sem retardamento".[6] Registre-se que, em doutrina estrangeira, tem-se proposto outras classificações, que procuram melhor destilar as funções que podem ser exercidas pela cláusula penal nos arranjos negociais.[7]

Verifica-se da disciplina do Código Civil brasileiro que o legislador se preocupou em estabelecer limites para a atuação da autonomia privada relativamente ao *quantum* das cláusulas penais. De fato, exprimindo uma intervenção da autonomia privada animada frequentemente pela intenção de pré-liquidar perdas e danos em favor do contratante inocente ou de desestimular o inadimplemento, a cláusula penal acaba, não raro, suscitando questões de balanceamento nos planos teórico e prático. Ao mesmo tempo que não pode ser demasiadamente onerosa, a ponto de fazer soar mais benéfico

---

[3] "A cláusula penal tem suas raízes no Direito Romano, fruto da convicção dos jurisconsultos de que se deveria considerar injustiça, se não crime, o inadimplemento das obrigações" (TEPEDINO, Gustavo; BARBOZA, Heloisa Helena; MORAES, Maria Celina Bodin de (Coord.). *Código Civil interpretado conforme a Constituição da República*. Rio de Janeiro: Renovar, 2004. v. I. p. 741).

[4] MONTEIRO, António Pinto. *Cláusula penal e indemnização*. Coimbra: Almedina, 1999. p. 44.

[5] Sobre a distinção, confira-se o trabalho de ABÍLIO, Viviane da Silveira. *Cláusulas penais moratória e compensatória*. Belo Horizonte: Fórum, 2019.

[6] AZEVEDO, Álvaro Villaça. Inexecução culposa e cláusula penal compensatória. *Revista dos Tribunais*, v. 90, n. 791, 2001. p. 128.

[7] Dentre estas classificações, a mais festejada em terras brasileiras é aquela defendida por Pinto Monteiro: "Já fizemos referência, mais do que uma vez, a uma outra classificação, nos termos da qual haverá que considerar a cláusula penal como figura que, em sentido amplo, compreende várias espécies ou modalidades, consoante a opção dos contraentes e em função do escopo por eles concretamente visado. Referimos, nesta linha, a cláusula penal 'stricto sensu', a cláusula de liquidação prévia do dano ou de fixação antecipada da indemnização e a cláusula penal puramente compulsória. A primeira visa, fundamentalmente, compelir o devedor ao cumprimento, legitimando o credor, em caso de inadimplemento, a exigir, a título sancionatório, uma outra prestação – a pena –, em alternativa à que era inicialmente devida, e de maior vulto que esta. A segunda visa, tão-só, facilitar a reparação do dano, nos termos previamente fixados pelas partes, não possuindo, pois, especiais intuitos compulsórios, antes a finalidade de evitar dúvidas e litígios ulteriores a respeito do montante da indemnização. [...] Finalmente, a cláusula penal puramente compulsória não tem qualquer influência sobre a indemnização. As partes acordam que a pena convencional, não cumprindo o devedor voluntariamente, acrescerá à execução específica da prestação ou à indemnização correspondente" (MONTEIRO, António Pinto. *Cláusula penal e indemnização*. Coimbra: Almedina, 1999. p. 282).

ao credor o descumprimento da obrigação, não pode ser tampouco insuficiente, a ponto de fazer o devedor se desinteressar pelo cumprimento devido.

Em meio a este delicado equilíbrio, exerce algum papel, ainda, o dever de reparação integral dos danos, que paira como sombra sobre as discussões em torno da cláusula penal, a suscitar constantemente indagações relacionadas à justiça e à razoabilidade de uma cláusula penal de maior ou menor valor. Neste cenário, o Código Civil brasileiro acabou por se ocupar da dimensão quantitativa da cláusula penal em mais de um momento, embora nem sempre sendo tão claro quanto poderia ter sido.

III O limite máximo da cláusula penal (Código Civil, art. 412)

Como um primeiro e importante limite à estipulação de cláusula penal, sob o prisma quantitativo, o art. 412 do Código Civil determina que "o valor da cominação imposta na cláusula penal não pode exceder o da obrigação principal". A referida limitação já constava do Código Civil de 1916 e, desde então, sofre acentuadas críticas. Clovis Bevilaqua chegou a afirmar que a citada norma "mais perturba do que tutela os legítimos interesses individuais".[8] Compreende-se, de qualquer forma, o propósito do legislador: evitar que a prefixação das perdas e danos supere o valor do próprio negócio jurídico e possa vir a estimular o credor a dificultar o cumprimento da avença.

É de se observar, contudo, que nem sempre é fácil determinar o valor da obrigação principal. A celebração de contratos de trato sucessivo, por exemplo, pode trazer dificuldades ao intérprete, especialmente quando não delimitados períodos temporais de cumprimento das obrigações principais assumidas de parte a parte. Qual o valor da obrigação principal em um contrato por prazo indeterminado? O que se dizer dos contratos cujos prazos de vigência se renovam? Como estabelecer o valor da obrigação principal diante de obrigações de fazer ou não fazer, se as partes não tiverem indicado um valor correspondente à ação ou omissão do devedor? São problemas comezinhos que surgem na aplicação concreta do art. 412 e a codificação civil não traz resposta adequada a tais indagações.

Fixada a cláusula penal em montante superior ao valor da obrigação principal, cumpre ao juiz ou árbitro reduzi-la a este último valor. Em outros termos, a cláusula penal excessiva é inválida apenas no que superar o valor da obrigação principal, permanecendo válida e eficaz no restante, conforme já teve ocasião de decidir o Superior Tribunal de Justiça (REsp nº 253.004/SP).[9] Trata-se de aplicação do princípio segundo o qual as convenções devem ser preservadas, não podendo a invalidade parcial de uma cláusula contaminar a sua parte válida.[10] Há quem aluda, neste particular, ao princípio da conservação dos negócios jurídicos; a norma, de todo modo, consta expressamente do art. 184 do Código Civil: "Respeitada a intenção das partes, a invalidade parcial de um negócio jurídico não o prejudicará na parte válida, se esta for separável; a invalidade

---

[8] BEVILÁQUA, Clóvis. *Código Civil dos Estados Unidos do Brasil comentado*. Rio de Janeiro: Francisco Alves, 1933. v. IV. p. 77.

[9] STJ, 4ª T. REsp 253.004/SP Rel. Min. Aldir Passarinho Junior, j. 7.5.2001.

[10] Sobre o tema, seja consentido remeter a SCHREIBER, Anderson. Defeitos do negócio jurídico e princípio da conservação. BARBOZA, Heloisa Helena (Coord.). *20 anos do Código Civil*: perspectivas presentes e futuras. Rio de Janeiro: Processo, 2022. p. 33 e ss.

da obrigação principal implica a das obrigações acessórias, mas a destas não induz a da obrigação principal".

Se a aplicação do limite máximo contemplado no art. 412 do Código Civil já conta com orientações relativamente consolidadas em nossa jurisprudência, o mesmo não se pode dizer de outro dispositivo legal que procura controlar os excessos da autonomia privada na fixação do quantum da cláusula penal: o art. 413 da codificação tem suscitado intensas discussões na prática judicial.

IV Redução equitativa da cláusula penal (Código Civil, art. 413) e dever de ofício

A principal inovação do Código Civil de 2002 no campo da cláusula penal diz respeito ao art. 413, segundo o qual "a penalidade deve ser reduzida equitativamente pelo juiz se a obrigação principal tiver sido cumprida em parte, ou se o montante da penalidade for manifestamente excessivo, tendo-se em vista a natureza e a finalidade do negócio". O art. 924 da codificação de 1916, precursor do atual art. 413, trazia comando bem mais tímido, determinando apenas que, "quando se cumprir em parte a obrigação, poderá o juiz reduzir proporcionalmente a pena estipulada para o caso de mora, ou de inadimplemento".

A codificação de 1916, como se vê, apenas *facultava* a redução se a obrigação tivesse sido cumprida em parte. Nossos tribunais já enxergavam ali um verdadeiro dever do juiz, pois, consoante o entendimento majoritário, o pagamento do valor integral da cláusula penal, fixada com vistas ao inadimplemento integral, acabaria, no caso de descumprimento parcial, por resultar em enriquecimento sem causa do credor. O Código Civil de 2002 acolheu tal orientação, tornando imperativa a redução (no dizer da atual codificação, a penalidade *deve* ser reduzida).[11] Busca-se, dessa forma, "evitar que um instrumento útil, e em si mesmo legítimo, como a cláusula penal, se transforme em instrumento de ilegítimo exercício do maior poder contratual, ou via para o enriquecimento injustificado, ou para a consagração da injustiça contratual".[12]

O caráter cogente da redução equitativa da cláusula penal exprime relevante exercício de controle sobre a autonomia privada, voltado a evitar que o pacto acessório se converta, ao fim e ao cabo, em "instrumento de abuso".[13] Trata-se de verdadeira manifestação do *princípio da proporcionalidade*, conforme leciona Pietro Perlingieri:

---

[11] Nesse sentido, afirma PEREIRA, Caio Mário da Silva. *Instituições de direito civil*. Rio de Janeiro: Forense, 2013. v. II. p. 154-155: "Vem, entretanto, o novo Código e converte em dever um poder, uma vez que o julgador teria o arbítrio de usar, se lhe parecesse que o inadimplente estava sendo sacrificado, ou deixar de utilizar se lhe parecesse que a penalidade era adequada, mesmo que a obrigação já estivesse executada em parte. Impõe a redução da penalidade, como norma dirigida ao juiz". Ver, também, TEPEDINO, Gustavo. Notas sobre a cláusula penal compensatória. *In*: TEPEDINO, Gustavo. *Temas de direito civil*. Rio de Janeiro: Renovar, 2006. t. II. p. 54.

[12] MARTINS-COSTA, Judith. *Comentários ao Novo Código Civil*. Rio de Janeiro: Forense, 2003. v. V. t. II. p. 458.

[13] MONTEIRO, António Pinto. Responsabilidade contratual: cláusula penal e comportamento abusivo do credor. *Revista da EMERJ*, v. 26, 2004. p. 177: "Portanto, a redução da pena está em conformidade com os limites à autonomia privada, com os limites à liberdade contratual, e isto porque a autonomia privada, enquanto meio e realização da personalidade humana, implica, efetivamente, que se combata qualquer desvirtuamento. Não pode a autonomia privada, enquanto instrumento de realização da personalidade do homem, converter-se em instrumento de abuso. É, este, a meu ver, o fundamento do controlo da cláusula penal".

> Institutos como a rescisão por lesão e a resolução por excessiva onerosidade ou a introdução jurisprudencial do princípio da proporcionalidade da entidade da cláusula penal ao concreto complexo de interesses configuram-se como precursores de uma mesmo que tímida e excepcional necessidade de evitar desproporções macroscópicas a favor de quem não as "merece". Hoje [...] passou a fazer parte especialmente em matéria contratual o princípio da proporcionalidade. Esse, abrigando e concretizando também princípios e valores de relevância constitucional – de observância imperativa não somente para os contratos de empresa no âmbito dos quais vigora também o princípio do não abuso da posição dominante, mas para o pleno desenvolvimento de toda a autonomia negocial (como a solidariedade, o respeito à dignidade da pessoa etc.) –, destina-se a incidir profundamente sobre a moderna concepção do contrato que, desse modo, se distancia definitivamente da tradicional interpretação voluntarista do princípio pacta sunt servanda.[14]

Nesse sentido, pode-se afirmar que o art. 413 do Código Civil integra a ordem pública. Foi o que concluiu a 4ª Turma do Superior Tribunal de Justiça, no julgamento do Recurso Especial nº 1.447.247/SP, em que considerou que a redução equitativa da cláusula penal pode ser aplicada de ofício pelo magistrado, independentemente de pedido nesta direção:

> Assim, figurando a redução da cláusula penal como norma de ordem pública, cognoscível de ofício pelo magistrado, ante sua relevância social decorrente dos escopos de preservação do equilíbrio material dos contratos e de repressão ao enriquecimento sem causa, não há falar em inobservância ao princípio da adstrição (o chamado vício de julgamento extra petita), em preclusão consumativa ou em desrespeito aos limites devolutivos da apelação.[15]

Em linha com essa posição, o direito dos contratantes à redução equitativa da cláusula penal tem sido considerado irrenunciável, conforme registrado no Enunciado nº 355 da IV Jornada de Direito Civil (2006): "não podem as partes renunciar à possibilidade de redução da cláusula penal se ocorrer qualquer das hipóteses previstas no art. 413 do Código Civil, por se tratar de preceito de ordem pública". Não há dúvida, ainda, de que a redução se aplica a qualquer das modalidades da cláusula penal (moratória ou compensatória).[16]

Se todas estas assertivas parecem de fácil apreensão no caso de cumprimento parcial da obrigação, em que salta aos olhos o problema da proporcionalidade entre a

---

14 PERLINGIERI, Pietro. *Il diritto dei contratti fra persona e mercato* – Problemi del diritto civile. Nápoles: ESI, 2003. p. 429-430, tradução livre.

15 STJ, 4ª T. REsp 1.447.247/SP. Rel. Min. Luis Felipe Salomão, j. 19.4.2018. No mesmo sentido é o entendimento de MONTEIRO, António Pinto. Responsabilidade contratual responsabilidade contratual: cláusula penal e comportamento abusivo do credor. *Revista da Escola da Magistratura do Estado do Rio de Janeiro*, Rio de Janeiro, v. 7, n. 26, 2004. p. 175. Em sentido contrário, destaque-se o entendimento de Jorge Cesa Ferreira da Silva, que defende ser "desnecessário e desaconselhável aceitar a revisibilidade da cláusula penal de ofício pelo juiz" (SILVA, Jorge Cesa Ferreira da. *Inadimplemento das obrigações*. Comentário aos arts. 389 a 420 do Código Civil – Estudos em Homenagem ao Professor Miguel Reale. São Paulo: RT, 2007. p. 281).

16 TEPEDINO, Gustavo; SCHREIBER, Anderson. *Código Civil comentado*. São Paulo: Atlas, 2008. v. IV. p. 401: "Embora a redação do art. 413 aluda à 'obrigação principal', não pode haver dúvida de que o preceito se aplica também às cláusulas penais moratórias. Se é certo que a avaliação de seu caráter excessivo mostra-se menos evidente, na medida em que se dirige expressamente a sancionar apenas a impontualidade, não se afigura menos verdadeiro que, constatada a desproporção em face dos prejuízos derivados do inadimplemento relativo, impõe-se a redução judicial".

sanção e o descumprimento, o que se dizer da segunda hipótese prevista no art. 413 do Código Civil, atinente à chamada cláusula penal "manifestamente excessiva"?

V A chamada cláusula penal manifestamente excessiva

Inovou o Código Civil de 2002 ao contemplar nova hipótese de redução equitativa em seu art. 413: o dispositivo determina que a cláusula penal deve ser reduzida "se o montante da penalidade for manifestamente excessivo, tendo-se em vista a natureza e a finalidade do negócio". Abre-se aqui relevante espaço para a atuação do magistrado, mas não se trata de campo deixado ao puro arbítrio do julgador. O legislador indica expressamente parâmetros a servirem de guia à avaliação da manifesta excessividade, aludindo à "natureza e a finalidade do negócio".

A *natureza do negócio* consiste, como se sabe, no conjunto de características essenciais à operação negocial realizada entre as partes. Deve-se atentar, nessa esteira, a elementos como o tipo contratual, a onerosidade ou gratuidade do contrato, sua comutatividade ou aleatoriedade, a extensão temporal da sua execução (se imediata ou continuada), entre outros aspectos que assumam relevância no programa contratual. Por sua vez, a alusão legislativa à *finalidade* remete à função do contrato ou, para alguns autores, à sua causa.[17] Impõe-se investigar, nessa esteira, a efetiva repercussão do incumprimento sobre o interesse do credor, que pode, por exemplo, ter sido satisfeito por outra via, o que pode tornar excessivo o pagamento integral da cláusula penal. Vale registrar que ambos os parâmetros mencionados no art. 413 traduzem uma mesma necessidade: a de se investigar o negócio jurídico na sua concretude, avaliando as circunstâncias específicas da relação entre as partes.[18]

Importante destacar que o art. 413 não alude a qualquer requisito subjetivo, como o estado psicológico ou anímico do contratante, nem se limita às hipóteses em que haja contratante vulnerável.[19] A apreciação quantitativa da cláusula penal não admite, ainda, no direito brasileiro, a interferência de fatores punitivos, como a apreciação do grau de culpa do devedor ou sua conduta pregressa.[20] Registre-se que muitos tribunais, na contramão do que aqui apregoado, têm constantemente se utilizado de tais critérios na avaliação da excessividade da cláusula penal.[21]

---

17 Sobre o tema, ver MORAES, Maria Celina Bodin de. A causa dos contratos. *In*: MORAES, Maria Celina Bodin de. *Na medida da pessoa humana* – Estudos de Direito Civil-Constitucional. Rio de Janeiro: Renovar, 2010. p. 289-316.

18 "A diretriz da concreção se acha estampada na verba final do art. 413: a adstrição à natureza e à finalidade determina que a revisão seja processada – ou não – à luz das circunstâncias do caso e da finalidade do negócio, finalidade concreta, a ser averiguada cuidadosamente na declaração negocial situada, compreendida 'no complexo unitário de seus motivos e circunstâncias', entre as quais está a racionalidade econômica subjacente ao ajuste" (MARTINS-COSTA, Judith. *Comentários ao Novo Código Civil*. Rio de Janeiro: Forense, 2009. v. V. t. II. p. 699).

19 SCHREIBER, Anderson. O princípio do equilíbrio das prestações e o instituto da lesão. *In*: SCHREIBER, Anderson. *Direito Civil e Constituição*. São Paulo: Atlas, 2013. p. 134.

20 Em sentido contrário, ver MEDICUS, Dieter. *Tratado de las relaciones obligacionales*. Barcelona: Bosch, 1995. v. I. p. 213: "Otro dístinto es el efecto esperado de la conminación de la pena sobre el deudor: si éste ha mostrado ya una propensión a las infracciones del derecho, puede moderarse una pena más alta en un hasta ahora esforzado deudor fiel al derecho".

21 A título meramente ilustrativo, ver STJ, 3ª T. REsp 1.788.596/SP, j. 4.8.2020: "Dessa forma, levando-se em conta a finalidade da multa compensatória, o grau de culpa do devedor, o montante adimplido e as vantagens econômicas adquiridas pelo devedor com seu inadimplemento e a fixação da multa compensatória em R$

A rigorosa observância dos parâmetros traçados pelo legislador para orientar a redução equitativa da cláusula penal assume especial relevância diante de fenômeno que tem se observado crescentemente na praxe do contencioso contratual: em qualquer litígio em que se discuta a incidência de cláusula penal, pululam pedidos subsidiários de diminuição equitativa do valor contratualmente estabelecido. Se a postura se afigura algo compreensível a partir de um olhar pragmático sobre a atividade advocatícia, não se pode desconsiderar os prejuízos que advêm à coletividade quando se trata como algo trivial a ingerência judicial em valores estabelecidos contratualmente por partes paritárias, no exercício da sua autonomia privada. Aos magistrados e árbitros compete realizar um exame criterioso destes pedidos, que demandam fundamentação técnica e sólida em caso de eventual deferimento.

VI O que é, afinal, a redução equitativa?

Uma vez presentes os requisitos legais, a redução que se impõe é *equitativa*. Significa dizer que os efetivos interesses das partes na sua concreta relação contratual precisam ser sopesados na aplicação do art. 413 do Código Civil. O caráter equitativo tem prevalecido mesmo na hipótese de redução da cláusula por cumprimento parcial da obrigação, em que seria possível cogitar de uma redução matematicamente proporcional à parcela cumprida. Afirma-se, nessa direção, que é preciso fazer um exame da proporcionalidade não "meramente matemática, mas axiológica".[22] Este entendimento restou consagrado no Enunciado nº 359 da IV Jornada de Direito Civil – segundo o qual "a redação do art. 413 do Código Civil não impõe que a redução da penalidade seja proporcionalmente idêntica ao percentual adimplido" – e vem sendo prestigiado, ainda, na jurisprudência do Superior Tribunal de Justiça:

> O art. 413 do Código Civil de 2002, além de instituir o dever do juiz de redução da cláusula penal quando cabível, substituiu o critério da proporcionalidade matemática (previsto no art. 924 do Código Civil de 1916) pela equidade. [...] Desse modo, caberá ao juiz, nas hipóteses de incidência da citada norma jurídica, proceder à redução da cláusula penal, atentando-se ao princípio da equivalência material entre os contratantes, sem olvidar, contudo, das particularidades, de cunho valorativo, presentes no caso concreto, tais como a finalidade visada pelos contratantes, a gravidade da infração, o grau de culpa do devedor, as vantagens que para este resultem do inadimplemento, o interesse do credor na prestação, a situação econômica de ambas as partes, a sua boa ou má-fé, a índole do contrato, as condições em que foi negociado e eventuais contrapartidas que tenham beneficiado o devedor pela inclusão da cláusula penal.[23]

Veja-se um conhecido exemplo de aplicação da norma. Determinado jornalista inadimpliu contrato celebrado com a TV Globo, por meio do qual se obrigara a prestar serviços com exclusividade à emissora por quatro anos e três meses. O profissional,

---

1.450.000,00 (um milhão quatrocentos e cinquenta mil reais), como decidido na sentença de primeiro grau, mostra-se mais adequada".

22 MARTINS-COSTA, Judith. *Comentários ao Novo Código Civil*. 2. ed. Rio de Janeiro: Forense, 2009. v. V. t. II. p. 689.

23 STJ, 4ª T. REsp 1.353.927/SP. Rel. Min. Luis Felipe Salomão, j. 17.5.2018.

porém, negociou, em paralelo, sua mudança para a Rede Record, em que apresentaria um programa de esportes, apenas notificando a TV Globo da rescisão prematura de seu contrato dias depois de o fato ser noticiado na mídia. A Globo, então, demandou judicialmente o pagamento de cláusula penal estipulada no contrato, no valor de R$1.200.500,00. Em sua defesa, o réu alegou que, tendo cumprido cerca de 95% da obrigação, faria jus à incidência do art. 413 do Código Civil, com o abatimento proporcional do valor da cláusula penal. Ao examinar a matéria, entendeu o Superior Tribunal de Justiça que "o critério adotado pelo Código Civil de 2002 é o da equidade, não havendo falar em percentual de dias cumpridos do contrato". Com isso, manteve aquela Corte a decisão anterior, que havia reduzido a multa em apenas 50%. Concluiu o Superior Tribunal de Justiça:

> entender de modo contrário, reduzindo a cláusula penal de forma proporcional ao número de dias cumpridos da relação obrigacional, acarretaria justamente extirpar uma das funções da cláusula penal, qual seja, a coercitiva, estimulando rupturas contratuais abruptas em busca da melhor oferta do concorrente e induzindo a prática da concorrência desleal.[24]

Em outro caso, em que se discutia um contrato de locação em *shopping center* com previsão de cláusula penal compensatória no valor de seis aluguéis, pactuado com vigência de 36 meses, tendo a locatária devolvido a loja com apenas 14 meses cumpridos, o Superior Tribunal de Justiça rechaçou o critério de proporcionalidade matemática adotado pelo tribunal local ao reduzir a multa para 2,34 aluguéis. Assentou-se:

> a existência de lojas desocupadas em um shopping center depõe contra o sucesso de todo o empreendimento, podendo trazer à tona ilações malfazejas à massa de seus inquilinos, empregados e investidores, influenciando, diretamente, o desejo dos consumidores de frequentarem suas dependências e, consequentemente, procederem à compra dos produtos oferecidos. As consequências econômicas da inexecução perpetrada pelos locatários podem, desse modo, ter proporções muito maiores, o que justifica uma redução mais comedida do valor pactuado a título de cláusula penal.

Entendendo ser "mais condizente a redução para 4 (quatro) aluguéis, dadas as peculiaridades do caso concreto".[25]

Nada impede, contudo, que, em determinados casos, o emprego de critérios matemáticos se revele equitativo. Foi o que entendeu o Superior Tribunal de Justiça ao examinar caso envolvendo o inadimplemento de obrigação de exclusividade assumida por um posto de gasolina perante seu fornecedor de combustível, assentando que a redução da cláusula penal deveria ser proporcional à quantidade de meses em que a obrigação foi devidamente adimplida. De acordo com a 3ª Turma do Superior Tribunal de Justiça:

---

24 STJ, 4ª T. REsp 1.186.789/RJ. Rel. Min. Luis Felipe Salomão, j. 20.3.2014.

25 STJ, 4ª T. REsp 1.353.927/SP. Rel. Min. Luis Felipe Salomão, j. 17.5.2018. Na mesma direção: STJ, 4ª T. REsp 1.466.177/SP. Rel. Min. Luis Felipe Salomão, j. 20.6.2017.

embora a jurisprudência desta Corte já tenha se manifestado no sentido de não ser necessário que a redução da multa, na hipótese de adimplemento parcial, guarde correspondência matemática exata com a proporção da obrigação cumprida, sobretudo quando o resultado final ensejar o desvirtuamento da função coercitiva da cláusula penal, observa-se que, na hipótese vertente, o critério matemático não deve ser afastado, pois não gera o desvirtuamento da finalidade da cláusula, tampouco caracteriza montante excessivo para a parte devedora, sendo de aplicação necessária para manter o equilíbrio das prestações.[26]

Em suma, a redução equitativa da cláusula penal consiste em importante mecanismo de tutela do princípio da proporcionalidade no âmbito do direito das obrigações. Trata-se de oportuna inovação do Código Civil de 2002 no âmbito das relações patrimoniais. Justamente por isso, sua aplicação deve observar as balizas instituídas pelo art. 413 da codificação civil, não se podendo permitir que pedidos frívolos de redução equitativa se tornem uma espécie de praga nas disputas envolvendo o descumprimento contratual.

Informação bibliográfica deste livro, conforme a NBR 6023:2018 da Associação Brasileira de Normas Técnicas (ABNT):

SCHREIBER, Anderson. Cláusula penal e sua redução equitativa: há limites à autonomia privada na quantificação das cláusulas penais? *In*: CORTIANO JUNIOR, Eroulths; SILVA, Alexandre Barbosa da (coord.). *O Código Civil e a Contemporaneidade*: Estudos do Grupo Virada de Copérnico em Homenagem ao Ministro Luiz Edson Fachin. Belo Horizonte: Fórum, 2025. p. 147-155. ISBN 978-65-5518-990-2.

[26] STJ, 3ª T. REsp 1.788.596/SP. Rel. Min. Ricardo Villas Bôas Cueva, j. 4.8.2020.

FUNÇÃO SOCIAL DO CONTRATO OU: *O CONTO DA ILHA DESCONHECIDA*

ANDRÉ LUIZ ARNT RAMOS

O direito contratual brasileiro, ao longo do primeiro vicênio do Código Civil de 2002, viveu uma história análoga à narrada por José Saramago em *O conto da ilha desconhecida*. Ao menos em relação à função social do contrato, cuja inédita consagração legislativa foi estampada no texto da redação originária de seu art. 421. O conteúdo desse peculiar dispositivo – alterado pela Medida Provisória nº 881/2019, depois convertida na Lei nº 13.879/2019 – inspira lamúria, indiferença e fascínio nos mais variados setores da teoria e da prática do direito civil.

A lamúria pode ser identificada em Jan-Peter Schmidt. O pesquisador alemão, após afirmar que a *função social do contrato* é categoria virtualmente inexistente na Europa, argumenta que "quem estuda a discussão brasileira sobre o tema não sente necessidade de mudar essa situação" (SCHMIDT, 2009, p. 146). Para ele, o texto do art. 421 do Código Civil de 2002 – ainda em sua redação originária – seria uma nociva fonte de confusões, na medida em que "'Função social' é um termo vazio, sem verdadeira tradição na nossa cultura jurídica comum, e pode significar tudo e nada ao mesmo tempo" (SCHMIDT, 2009, p. 146).

A mesma aversão, embora ancorada em razões um tanto diversas, está presente em Luciano Timm e Rachel Sztajn. Fiéis ao instrumental teórico e ao credo da análise econômica do direito, os autores advogam que a leitura festiva que a maior parte da comunidade especializada fez da função social do contrato ao início da vigência do Código de 2002 seria contrária à racionalidade econômica. A razão para tanto estaria no predomínio do atrelamento da função social do contrato à justiça social – não por acaso acolhida pelo art. 170 da Constituição da República –, em detrimento da eficiência, a inspirar "mais prejuízos coletivos do que benefício, se se levar em conta a realidade econômica do mercado" (TIMM, 2006) e "mais custos de transação para as partes negociarem e fazerem cumprir o pacto" (TIMM, 2006).

Nesta perspectiva, a tábua de salvação da redação original do art. 421 do Código estaria na redução da função do contrato a sua dimensão econômica. Deste modo, o contrato desempenharia sua função social apenas na medida em que veiculasse a coordenação de interesses e a juridicização de uma operação econômica livremente acordada entre agentes. Consequentemente, "o art. 421 do CC/2002 não serve para suprir lacunas existentes em contrato. [...] Conclusão: a liberdade de contratar é fundamental para aumentar o bem-estar de todos. Essa função social do contrato, criar bem-estar" (SZTAJN, 2015, p. 26). Ou: "a principal função social do direito contratual é possibilitar a ocorrência dos contratos, o fluxo de trocas no mercado, a alocação de riscos pelos agentes econômicos e seu comprometimento em ações futuras até que seja alcançada a situação mais eficiente" (TIMM, 2015, p. 203).

A indiferença, de seu turno, é extraível da obra de João Baptista Villela, o qual tem para si que a expressão *função social do contrato* seria de todo inócua, por consistir em "um recurso transnominativo para designar o próprio contrato, pois não há contrato válido que não seja, ele próprio, uma função social" (VILLELA, 2008, p. 198). A preocupação, que nada tem de inoportuna, encontra correspondência mesmo em autores que têm a função social do contrato em maior estima. É o caso de Judith Martins-Costa, que recomenda cuidado ao enfrentar o espinhoso tema, para não incorrer no vezo de repetir sonoras platitudes (MARTINS-COSTA, 2005, p. 42).

O fascínio, por fim, permeia setores tão numerosos quanto diversos da comunidade jurídica especializada. Desde o pensamento dos adeptos ao direito civil-constitucional em sua versão mais amplamente difundida, talhada sob a influência superlativa de Perlingieri (2008, *passim*), até os proponentes de leituras que obtemperam alguns dos traços mais marcantes dessa escola.

A primeira quadra é sintetizada pelo argumento de Paulo Lôbo (2012, p. 67), segundo o qual a função social "determina que os interesses individuais das partes do contrato sejam exercidos em conformidade com os interesses sociais, sempre que estes se apresentem. Não pode haver conflito entre eles, pois os interesses sociais são prevalecentes". A segunda pode ser reconduzida ao argumento da função como liberdade(s), de Carlos Eduardo Pianovski Ruzyk (2011, p. 199), para o qual a função dos institutos de direito civil, plasmados na intersubjetividade, é a proteção e a "promoção da(s) liberdade(s), assim compreendidas como possibilidades de auto-constituição intersubjetiva".

O deslumbre com a função social também alcança seções da literatura comercialista, a exemplo de Calixto Salomão Filho (2005, p. 78), de cujas lições se colhe o argumento de que "a *fattispecie* de aplicação do princípio da função social do contrato deve ser considerada caracterizada sempre que o contrato puder afetar de alguma forma interesses institucionais externos a ele". Assim, o contrato desempenha função social se e quando protege ou promove garantias (ou interesses) institucionais, como a tutela do meio ambiente equilibrado, a defesa da concorrência, a proteção aos consumidores e trabalhadores e assim sucessivamente (SALOMÃO FILHO, 2005, p. 73-74).

A despeito da pluralidade de leituras e reações à função social do contrato – e da complementariedade entre elas existente, sob a ótica coerentista –, a normativa ainda anseia por adensamento. Isto é: mesmo que abundem estudos a seu respeito nos mais variados setores da literatura especializada desde os debates legislativos resultantes no atual Código Civil, há muito a desbravar e descobrir. E algum desalento em relação ao cabimento do esforço, sobretudo pelas leituras avessas ou indiferentes à função social do contrato. Essa normativa parece, então, fadada a permanecer no imaginário dos juristas.

O mesmo se passa com a ilha desconhecida de Saramago (2018, p. 56-57): "a ilha desconhecida é coisa que não existe, não passa duma ideia da tua cabeça, os geógrafos do rei foram ver nos mapas e declararam que ilhas por conhecer é coisa que se acabou desde há muito tempo". Contudo, como se extrai da obra, toda ilha é desconhecida até que alguém nela desembarque. E função social, mesmo sendo uma velha desconhecida, pode ter seu sentido construído e desvendado para que a irradiação de seus efeitos normativos possa ser delimitada com maior precisão.

A simetria é ilustrada por estudo realizado na Universidade do Estado do Rio de Janeiro, a respeito da aplicação dos princípios contratuais pelo Tribunal de Justiça local, que acusa que, em 68% das decisões que invocaram a função social do contrato, seu uso se restringiu à "mera menção na fundamentação", bem assim que, em 16% dos casos, a referência ao sintagma consta apenas da ementa do julgado. Quer dizer: em 84% dos casos analisados fez-se tudo *menos* aplicar a função social como normativa – o que é dado alarmante, mesmo se comparado aos demais princípios do direito dos contratos (TERRA; KONDER; GUEDES, 2019, p. 15). Assim como o rei no conto de Saramago (2018, p. 5), os operadores e aplicadores do direito parecem fingir-se de desentendidos quando ouvem alguém a chamar pela função social à porta das petições.

Uma análise mesmo superficial dos dados apurados dá conta de que falta tônus à função social do contrato, em razão de insuficientes esforços e tensões a que seja submetida. Apesar dos ventos soprados da ordem econômica constitucional e da afirmação legislativa da função social do contrato, as velas da solidariedade e da socialidade parecem subaproveitadas. A pouca substantividade do princípio, nesta ordem de ideias, acende um sinal de alerta, pois, como adverte o escritor português, "as velas são os músculos do barco, basta ver como incham quando se esforçam, mas, e isso mesmo sucede aos músculos, se não se lhes dá uso regularmente, abrandam, amolecem, perdem nervo" (SARAMAGO, 2018, p. 34).

A despeito da pouca recorrência na prática judicante brasileira e da liberdade com que se aborda o princípio na comunidade especializada, o continente da função social do contrato no Código Civil despertou inquietações na chefia do Executivo Federal e no Congresso Nacional. Elas conduziram a mudanças legislativas compromissadas com o incremento da liberdade econômica – sede dos ditos princípios *clássicos* (ou liberais) do direito dos contratos (LÔBO, 2002). Essas transformações advieram no curso de processo errante deflagrado pela edição da Medida Provisória nº 881/2019 e dos debates conducentes a sua conversão na Lei nº 13.874/2019, nos quais parte das impropriedades historicamente identificadas no texto foram arrostadas. Assim, como advogava Álvaro Villaça de Azevedo (2009, p. 18), desde antes da entrada em vigor do Código, o enunciado explicitou que funcionalizada é a liberdade *contratual*, não a *de contratar*, bem como que ela se exerce apenas *nos limites*, não mais *em razão* da função social do contrato.[1] Ao *caput* ora renovado acresceu-se um parágrafo único, o qual prescreve – de modo redundante

[1] Embora seja possível criticar a alteração legislativa por silenciar a respeito da concepção de função social como exigência de *contributo*, a retificação das históricas impropriedades do texto normativo merece festejo.

com outras previsões da Lei da Liberdade Econômica – que "Nas relações contratuais privadas, prevalecerão o princípio da intervenção mínima e a excepcionalidade da revisão contratual".

A renovação do art. 421 do Código Civil pela controversa Lei da Liberdade Econômica descerrou a função social como ponto prioritário na ordem do dia. Antes disso, a despeito da pouca substancialidade, alguns poderiam dizer, como os marinheiros experientes no conto lusitano, que a função social, ao modo da ilha desconhecida, seria "coisa que não existe, não passa duma ideia da tua cabeça", uma vez que os geógrafos do rei – ou os juristas teóricos e práticos – "foram ver nos mapas e declararam que ilhas por conhecer é coisa que se acabou desde há muito tempo" (SARAMAGO, 2018, p. 56-57). Depois do advento do novo texto, todavia, reaparece com nitidez a oportunidade de lançar-se à busca de um sentido de função social do contrato adequado ao direito brasileiro contemporâneo. Ou seja, é tempo de tirar-se do sossego do lar e da boa vida dos barcos de carreira para meter-se em aventuras oceânicas, pois, mesmo que se possa querer pensar o contrário, o mar é sempre tenebroso e sempre há o que descobrir.[2] Especialmente à luz da dogmática crítica que marca os afazeres do Núcleo de Estudos em Direito Civil-Constitucional da Universidade Federal do Paraná desde sua concepção (RUZYK, 2012, *passim*).

Nesta perspectiva, a exploração da função social do contrato se imbrica à releitura da função dos institutos fundamentais de direito civil, no espectro coerentista da já referida *função como liberdade(s)*. Mas sem descurar do fato de que há tão só uma intersecção entre a função socialmente qualificada e a proteção e promoção de liberdade(s), em seus variados perfis.

Assim, a consideração e reconsideração dos diversos argumentos relativos ao sentido e ao alcance da função social do contrato permite enfeixar um sentido impositivo de exigência bifronte de promoção de liberdade(s) e de preservação de garantias institucionais (RUZYK, 2011; RAMOS, 2021). Por um lado, então, delineia a função social como um direcionamento da liberdade contratual à maximização de liberdade*s*. E isso engloba tanto a liberdade negativa dos contratantes quanto as liberdades positiva e substancial suas e de todos os afetados, em caráter mais ou menos imediato, pela contratação entabulada. De outra banda, traz consigo deveres de proteção e promoção às garantias institucionais,[3] como ressaltam Luciano Penteado (2007, p. 269-270), Vinicius Klein (2015, p. 168) e Calixto Salomão Filho (2004, p. 79).

---

2 No conto com que este texto dialoga, o narrador relata: "[Os marinheiros] disseram-me que já não há ilhas desconhecidas, e que, mesmo que as houvesse, não iriam eles tirar-se do sossego dos seus lares e da boa vida dos barcos de carreira para se meterem em aventuras oceânicas, à procura de um impossível, como se ainda estivéssemos no tempo do mar tenebroso" (SARAMAGO, 2018, p. 39).

3 "As garantias institucionais têm características bem distintivas. Em primeiro lugar, todas elas são a um tempo destinadas à proteção do interesse de cada indivíduo e de sua coletividade, seja ela numericamente determinável ou não. Mais, ainda, em todas elas o interesse institucional é jurídica e economicamente destacável do interesse individual. Juridicamente, na medida em que a lei, ou a doutrina, se encarregam de estabelecer instrumentos protetores especiais e diversos dos instrumentos protetores dos interesses privados para esses especiais interesses [...]. Economicamente, porque a proteção da referida garantia institucional deve representar uma utilidade para a coletividade que não se confunda com a utilidade individual e também inconfundível com a utilidade pública. [...] Finalmente, os interesses institucionais devem ser dotados de reconhecimento jurídico e social. Basta o reconhecimento constitucional dos interesses (por exemplo: meio ambiente, defesa da concorrência) para que sua proteção como garantia institucional seja imperiosa (desde que obviamente presentes os requisitos mencionados anteriormente)" (SALOMÃO FILHO, 2004, p. 73-74).

Esta construção, explorada alhures em maior detalhe e à luz de leitura coerentista (RAMOS, 2021, p. 139 e ss.), permite dizer que a avaliação do cumprimento da função social do contrato se verifica pelo contributo que oferece à vivência de liberdades *em sociedade*, as quais se asseguram, também, pelo resguardo às garantias institucionais. Nesta qualidade, tutela não apenas o que é de cada um, mas também o que se protege ou afirma com mirada transindividual. Pode-se, assim, contribuir para sua fundamentação e operabilidade para além das partes.

Tal desenho traz consigo o desafio de calibrar, com altivez e assertividade, as consequências impostas da disfuncionalidade contratual. Nem poderia ser diferente, pois "a função [...] aponta para um 'porto' que deve ser visado pela navegação dos titulares de direito. O desvio de rota (disfunção) é coibido" (PENTEADO, 2012, p. 198). Ela se verifica, em miúdos, sempre que um contrato implicar ou agravar déficits de liberdades, refugar o incremento delas em concreto ou mesmo agredir garantias institucionais. Três caminhos de enfrentamento, então, se desenham.

Em primeiro plano, face à inafastabilidade do art. 2.035, parágrafo único, do Código Civil,[4] o contrato ou convenção particular que contrariar sua função social e macular, reduzir ou claramente deixar de promover liberdades ou garantias institucionais carecerá em absoluto de validade. A disfunção integral da avença, portanto, importa sua nulidade – argumento facilmente extraível do texto legal e desenvolvido, mesmo antes da entrada em vigor do Código Civil, por Paulo Nalin (2002, p. 56).

A disfunção de certa(s) cláusula(s) ou consequência(s) da avença que não macule(m) sua razão de existir, por outro lado, comporta(m) simples revisão, com remoção da porção inválida, em prol da conservação dos negócios jurídicos (também da confiança negocial e da segurança visada pelas partes e pelo contexto em que se contrata). Novamente, trata-se de direta aplicação de dispositivos legais específicos e (ou) técnicas consagradas, como a redução ou a conversão do negócio, ao modo esboçado pela comunidade jurídica especializada (OLIVEIRA, 2020).

Em segundo plano, disfuncionalidades não originárias ou circunstanciais, podem comportar enfrentamento pontual segundo os critérios coerentistas da função como liberdade, complementados pelo resguardo às garantias institucionais. Deste modo, em vez de medidas drásticas que interferem na totalidade do contrato ou de precipitadas cominações em abstrato, avaliações concretas podem conduzir à ineficácia de cada aspecto disfuncional – consequência vislumbrada, *e.g.*, por Luiz Gustavo Haddad (2013, p. 114-115) e Luciano Penteado (2012, p. 116), como característica marcante da aplicação da função social do contrato. Isto é: o contrato e a operação econômica por ele revestida se preservam na maior extensão possível, ressalvados seus componentes avessos, negatórios ou prejudiciais a liberdades ou a garantias institucionais.

Até aqui, ressalvadas as defesas as vezes reducionistas de uma ou outra solução aventada, há pouco ou nada de novo. Em rigor, elas exprimem duas gradações do remédio costumeiramente prescrito para os *negócios ilícitos* (GOMES, 2008, p. 439). Há,

[4] "Art. 2.035. A validade dos negócios e demais atos jurídicos, constituídos antes da entrada em vigor deste Código, obedece ao disposto nas leis anteriores, referidas no art. 2.045, mas os seus efeitos, produzidos após a vigência deste Código, aos preceitos dele se subordinam, salvo se houver sido prevista pelas partes determinada forma de execução. Parágrafo único. Nenhuma convenção prevalecerá se contrariar preceitos de ordem pública, tais como os estabelecidos por este Código para assegurar a função social da propriedade e dos contratos".

todavia, um terceiro plano de consequências juridicamente admissíveis: o enfrentamento da disfuncionalidade pela via do direito de danos. Assim, eventual esterilidade das consequências de invalidade ou ineficácia do contrato face à configuração de dano antijurídico pelo inadimplemento de dever obrigacional ou pela eficácia detrimental a liberdades das partes ou de terceiros, ou mesmo de garantias institucionais, permite cogitar do remédio da reparação civil (BORGES, 2007, p. 35). A depender da configuração da ofensa e de sua intensidade, todo o ferramental da responsabilidade por danos se porá à disposição da reparação ou compensação do dano suportado pela(s) vítima(s), observada a tríade deontológica fundamental da *tutela prioritária da vítima, máxima reparação* e *solidariedade social* (CATALAN, 2019, p. 41; FROTA, 2017, p. 211-212).

Durante os vinte primeiros anos de vigência do Código Civil de 2002, produziu-se farta bibliografia acerca da função social do contrato. Na busca pelo desconhecido e ressalvadas importantes dissertações e teses, poucos consensos foram construídos em torno do tema. Bem ao contrário: o vasto e acidentado território da função social do contrato – a expressão é de Judith Martins-Costa (2005, p. 42) – rendeu leituras por demais contrastantes entre si e desafiou, por sua aridez, o adensamento do princípio pela prática do direito civil.

O cenário inóspito que circunda a função social do contrato não é diferente do mar tenebroso que esconde a ilha buscada pelo homem no conto de Saramago. Assim como ela, a função social aguarda sua (re)construção e descoberta, oportunizando a (re) descoberta do próprio governo jurídico das relações entre particulares no alvorecer da terceira década de vigência do Código Civil brasileiro.

Referências

AZEVEDO, A. V. *Teoria geral dos contratos típicos e atípicos*. 3. ed. São Paulo: Atlas, 2009

BORGES, R. C. Brasileiro. Reconstrução do conceito de contrato: do clássico ao atual. *In*: HIRONAKA, G. M. F. N.; TARTUCE, F. *Direito contratual*: temas atuais. São Paulo: Método, 2007.

CATALAN, M. J. *A morte da culpa na responsabilidade contratual*. 2. ed. Indaiatuba: Foco Jurídico, 2019.

FROTA, P. M. Cunha. Responsabilidade por danos e a superação da ideia da responsabilidade civil: reflexões. *In*: ROSENVALD, N.; MILAGRES, M. (Coord.). *Responsabilidade civil*: novas tendências. Indaiatuba: Foco Jurídico, 2017.

GOMES, O. *Introdução ao direito civil*. 19. ed. Rio de Janeiro: Forense, 2008.

HADDAD, L. G. *Função social do contrato*: um ensaio sobre seus usos e sentidos. São Paulo: Saraiva, 2013.

KLEIN, V. *A economia dos contratos*: uma análise microeconômica. Curitiba: CRV, 2015.

LÔBO, P. L. N. *Direito Civil*: Contratos. São Paulo: Saraiva, 2012.

LÔBO, P. L. N. Princípios sociais dos contratos no Código de Defesa do Consumidor e no Código Civil. *Revista de Direito do Consumidor*, São Paulo, ano 11, n. 42, p. 187-195, abr./jun. 2002.

MARTINS-COSTA, J. Reflexões sobre o princípio da função social dos contratos. *Revista DireitoGV*, v. 1, n. 1, p. 41-66, maio 2005.

NALIN, P. A função social do contrato no futuro Código Civil brasileiro. *Revista de Direito Privado*, São Paulo, v. 12, p. 50-60, out./dez. 2002.

OLIVEIRA, C. E. E. Considerações sobre os planos dos fatos jurídicos e a "substituição do fundamento do ato de vontade". *Textos para discussão*, Brasília, n. 270, fev. 2020.

PENTEADO, L. C. *Direito das Coisas*. 2. ed. rev., atual e ampl. São Paulo: Revista dos Tribunais, 2012.

PENTEADO, L. C. *Efeitos contratuais perante terceiros*. São Paulo: Quartier Latin, 2007.

PERLINGIERI, P. O *Direito civil na legalidade constitucional*. Tradução de Maria Cristina de Cicco. Rio de Janeiro: Renovar, 2008.

RUZYK, C. E. Pianovski. *Institutos fundamentais de direito civil e liberdade(s)*: repensando a dimensão funcional do contrato, da propriedade e da família. Rio de Janeiro: GZ, 2011.

RUZYK, C. E. Pianovski. O projeto de pesquisa "Virada de Copérnico" e a funcionalização do direito civil na Faculdade de Direito da UFPR. *In*: KROETZ, M. C. P. V. A. (Org.). *Direito civil*: inventário teórico de um século. Curitiba: Kairós, 2012.

SALOMÃO FILHO, C. Função social do contrato: primeiras anotações. *Revista dos Tribunais*, v. 823, p. 67-86, maio 2004.

SARAMAGO, J. *O conto da ilha desconhecida*. 47. reimpr. São Paulo: Companhia das Letras, 2018.

SCHMIDT, J. P. Responsabilidade civil no direito alemão e método funcional no direito comparado. *Revista Trimestral de Direito Civil*, Rio de Janeiro, v. 40, out./dez. 2009.

SZTAJN, R. Mercados e a função social do contrato. *Revista de Direito Empresarial*, São Paulo, v. 12, p. 19-33, nov./dez. 2015.

TERRA, A. M. V.; KONDER, C. N.; GUEDES, G. S. Cruz. Boa-fé, função social e equilíbrio contratual: reflexões a partir de alguns dados empíricos. *In*: TERRA, A. M. V.; KONDER, C. N.; GUEDES, G. S. Cruz. (Coord.). *Princípios contratuais aplicados*: boa-fé, função social e equilíbrio contratual à luz da jurisprudência. Indaiatuba: Foco, 2019.

TIMM, L. B. Direito, Economia e a função social do contrato: em busca dos verdadeiros interesses coletivos protegíeis no mercado do crédito. *Revista de Direito Bancário e do Mercado de Capitais*, São Paulo, v. 33, p. 15-31, jul./set. 2006.

VILLELA, J. B. Apontamentos sobre a cláusula "... ou devia saber". *Revista Brasileira de Estudos Políticos*, Belo Horizonte, v. 97, p. 179-200, 2008.

Informação bibliográfica deste livro, conforme a NBR 6023:2018 da Associação Brasileira de Normas Técnicas (ABNT):

RAMOS, André Luiz Arnt. Função social do contrato ou: O conto da ilha desconhecida. *In*: CORTIANO JUNIOR, Eroulths; SILVA, Alexandre Barbosa da (coord.). *O Código Civil e a Contemporaneidade*: Estudos do Grupo Virada de Copérnico em Homenagem ao Ministro Luiz Edson Fachin. Belo Horizonte: Fórum, 2025. p. 157-163. ISBN 978-65-5518-990-2.

O PRINCÍPIO DA BOA-FÉ NOS VINTE ANOS DE CÓDIGO CIVIL

ROSALICE FIDALGO PINHEIRO

Introdução

No cenário jurídico, assiste-se a uma "efervescência"[1] do princípio da boa-fé,[2] de modo a suscitar por parte dos juristas as mais diferentes apreciações, seja pelo sentido "subversivo"[3] com o qual ele inunda o direito das obrigações, seja pelas dificuldades em conceituá-lo, o que lhe fez merecer a denominação de "une mer sans rivages".[4]

Esse conjunto de afirmações, que ocupou a mente dos juristas da década de noventa, permanece atual quando se refere ao princípio da boa-fé, após o advento da recodificação civil brasileira. Eis que a positivação do princípio da boa-fé no Código Civil de 2002 repercutiu positivamente para seu desenvolvimento pela doutrina e ensejando uma aplicabilidade ainda maior pela jurisprudência. Entretanto, paradoxal seria voltar-se criticamente para este cenário, considerado como de superação ao positivismo jurídico, e dele retirar argumentos em sentido contrário.

Ao seguir o traçado da racionalidade moderna, o princípio da boa-fé revelou-se como objeto de transferência cultural,[5] termo utilizado para designar o empréstimo mútuo de elementos culturais entre povos que mantêm um contato histórico.[6] No âmbito

---

1 STORME, Marcel. La bonne foi: expression de la postmodernitè en droit. *In*: DAVID-CONSTANT, Simone (Org.). *La bonne foi*. Actes du colloque organisé le 30 mars 1990 par la Conférence libre du jeune barreau de Liège. Bélgica: A.S.B.L. Editions du Jeune Barreau de Liège, 1990.

2 Ao se falar do princípio da boa-fé, entende-se como tal a boa-fé objetiva, também denominada boa-fé contratual ou obrigacional.

3 MARTINS-COSTA, Judith. *A boa-fé no direito privado*. São Paulo: RT, 1999. p. 409.

4 DAVID-CONSTANT, Simone. La bonne foi: une mer sans rivages. *In*: DAVID-CONSTANT, Simone (Org.) *La bonne foi*. Actes du colloque organisé le 30 mars 1990 par la Conférence libre du jeune barreau de Liège. Bélgica: A.S.B.L. Editions du Jeune Barreau de Liège, 1990.

5 O termo é tomado com base em CORDEIRO, António Menezes. *Da boa fé no direito civil*. Coimbra: Almedina, 1997. p. 715.

6 LAKATOS, Eva Maria; MARCONI, Marina de Andrade. *Sociologia geral*. 7. ed. São Paulo: Atlas, 1999. p. 147.

jurídico, este processo assume a forma de um "transplante jurídico":[7] a situação de recepção de um direito estrangeiro, tecnicamente superior, utilizado como elemento de transformação e correção do direito estrito.[8] Desta maneira, fórmulas típicas, inscritas pela jurisprudência e doutrina alemãs do Segundo Pós-Guerra para concretização da boa-fé objetiva, foram transplantadas para os tribunais brasileiros, notadamente, ao se mostrar como fundamento para proibição do *venire contra factum proprium*, ou para designar o *tu quoque*, a *Verwirkung (supressio)*, a inalegabilidade de nulidades formais e o exercício desequilibrado de direitos. Nesses casos, a boa-fé resta encerrada em fórmulas típicas, que concretizam os limites de sua aplicação, restando pronta e acabada, por assim dizer, *prêt-à-porter*.[9]

Guardando-se proximidade com o método de abordagem dialético, procura-se traçar um percurso histórico do princípio da boa-fé na civilística nacional e, posteriormente, confrontar o texto codificado e o contexto jurisprudencial. Segue-se um plano de trabalho divido em três partes: a primeira, evidenciando o percurso do princípio da boa-fé no direito civil brasileiro, que assiste sua afirmação, inicialmente como princípio implícito e, posteriormente, como princípio expresso; a segunda, delineada pela positivação do princípio da boa-fé no Código Civil de 2002 e o desafio da concretização de seu conteúdo; e a terceira, por um exame de seu desenvolvimento pela jurisprudência brasileira, no cenário recodificado, indagando-se pela concretização de um conteúdo *prêt-à-porter*, delineado por obra de uma transferência cultural da experiência europeia, guardando, porém, suas especificidades.

1 O percurso do princípio da boa-fé no cenário jurídico nacional

Inaugurando, entre nós, a concepção de obrigação como um processo, na década de setenta, Clóvis do Couto e Silva rompia o profundo silêncio encontrado no cenário jurídico nacional sobre o princípio da boa-fé, proclamando-o como uma "[...] vigorosa reação às concepções do positivismo jurídico".[10] Valendo-se de suas incursões pelo direito comparado e de sua concepção do direito como um sistema aberto, a doutrina nacional ainda ensaiava os primeiros passos no sentido de constituir-se como verdadeira fonte do direito. Semelhantes investigações ecoaram nas gerações de juristas que lhe seguiram, de tal modo, a se destacar "uma 'modelagem brasileira' da boa-fé objetiva de cunho fortemente jurisprudencial", em uma cultura jurídica marcada por uma "forte tradição legalista de apego à lei em seu aspecto formal, à sua mais espessa literalidade [...]".[11]

Esse profundo silêncio deita suas raízes na primeira codificação brasileira, que, afeta ao ideal progressista do positivismo jurídico nacional, se fez ideologicamente necessária como reflexo da sociedade brasileira da segunda metade do século XIX. Norteada pelo individualismo e liberalismo econômico oitocentista, a boa-fé encontrou

---

7 CAENEGEM, R. C. Van. *Uma introdução histórica ao direito privado*. São Paulo: Martins Fontes, 2000. p. 66.

8 CAENEGEM, R. C. Van. *Uma introdução histórica ao direito privado*. São Paulo: Martins Fontes, 2000. p. 66.

9 Expressão de: NALIN, Paulo. *Do contrato*: conceito pós-moderno (em busca de sua formulação na perspectiva civil-constitucional). Curitiba: Juruá, 2001. p. 134.

10 SILVA, Clóvis do Couto e. *A obrigação como processo*. São Paulo: Bushatsky, 1976. p. 15.

11 MARTINS-COSTA, Judith; BRANCO, Gerson Luiz Carlos. *Diretrizes teóricas do novo Código Civil brasileiro*. São Paulo: Saraiva, 2002. p. 190.

lugar no Código Civil de 1916, tão somente em sua vertente subjetiva, pautada no voluntarismo jurídico.

Como projeção da racionalidade codificada, não se permitia ao jurista conferir vida ao princípio da boa-fé. Eis que a doutrina e a jurisprudência buscavam preservar o individualismo inscrito pelo liberalismo econômico na ordem jurídica e afastar todo o solidarismo das relações privadas. Sob a égide da "inutilidade da interpretação positivista", resta a "atrofia da boa-fé" diante da "hipertrofia da autonomia da vontade", que restou evidenciada na interpretação do art. 1.443 do Código Civil de 1916.

Em razão da "inutilidade da interpretação positivista", a boa-fé objetiva restou mergulhada no formalismo, subsistindo como uma "fórmula vazia", da qual os tribunais desviaram a aplicação, recorrendo a figuras paralelas. O abuso do direito e a renúncia tácita tiveram seus limites alargados para rechaçar o exercício inadmissível de prerrogativas individuais e abarcar os casos que poderiam ter sido decididos com fundamento naquele princípio. Seu sentido restou implícito e latente por trás daquelas figuras, sem descurar de uma tradição voluntarista, de origem francesa, que foi mitigada, porém, não dissipada no direito pátrio. Norteada de escassas referências ou caracterizada como um princípio implícito, restava a boa-fé objetiva como mero preceito moral, cujo conteúdo estava privado de qualquer coloração jurídica.

Posteriormente, a boa-fé objetiva mostrou-se permeada por uma aparente superação do positivismo jurídico. Foi subtraída do formalismo codificado no qual estava mergulhada para se revelar como tributária da tradição jurídica germânica, sob os contornos de uma criação jurisprudencial do direito. Compõe-se um cenário favorável à boa-fé: as disposições expressas do Código de Defesa do Consumidor acerca do princípio são transpostas para os tribunais. Inicialmente, suas menções fizeram-se presentes no Tribunal de Justiça do Rio Grande do Sul, fazendo coro à doutrina que já se desenhava em torno do princípio,[12] tendência esta que também encontrou lugar no Superior Tribunal de Justiça, delineando-se o conteúdo do princípio, ao consolidar-se a teoria das funções e as figuras do exercício inadmissível de posições jurídicas.[13] Sob a égide do voluntarismo jurídico, inscrito pela tradição francesa, o atraso desleal de um

---

[12] "Boa-fé. Contrato. O princípio da boa-fé impõe deveres anexos, de acordo com a natureza do negócio e a finalidade pretendida pelas partes. Entre eles encontra-se a obrigação da vendedora de pequena loja de vestuário não cancelar pedidos já feitos, com o que inviabilizaria o negócio e frustraria a justa expectativa do comprador. *Venire contra factum proprium*. Contrato. A vendedora de loja de vestuário que auxilia o comprador nos primeiros dias da nova administração e assina pedidos de novas mercadorias não pode depois cancelar todos os pedidos ainda não recebidos, assim inviabilizando a normal continuidade do negócio, sem que para isto tenha motivo razoável. Ação indenizatória julgada procedente. Apelo provido em parte, para reduzir a indenização" (RIO GRANDE DO SUL. Tribunal de Justiça. Apelação Cível nº 589073956. Relator: Des. Ruy Rosado de Aguiar Júnior. Porto Alegre, 19 dez. 1989. *Revista de Jurisprudência do Tribunal de Justiça do Rio Grande do Sul*, Porto Alegre, n. 145, p. 320-324, nov. 1990).

[13] "Promessa de compra e venda. Consentimento da mulher. Posteriores. *Venire contra factum proprium*. Boa-fé. Preparo. Férias. 1. Tendo a parte protocolado seu recurso e, depois disso, recolhido a importância relativa ao preparo, tudo no período de férias forenses, não se pode dizer que descumpriu o disposto no artigo 511 do CPC. Votos vencidos. 2. A mulher que deixa de assinar o contrato de promessa de compra e venda juntamente com o marido, mas depois disso, em juízo expressamente admite a existência e validade do contrato, fundamento para a denunciação de outra lide, e nada impugna contra a execução do contrato durante mais de 17 anos, tempo em que os promissários compradores exerceram pacificamente a posse sobre o imóvel, não pode depois se opor ao pedido de fornecimento de escritura definitiva. Doutrina dos atos próprios. Art. 132 do CC. Recurso conhecido e provido" (BRASIL. Superior Tribunal de Justiça. Recurso Especial nº 95.539-SP. Rel. Min. Ruy Rosado de Aguiar Júnior. Brasília, 03 dez. 1996. *Diário de Justiça*, Brasília, p. 39015, 14 out. 1996).

direito foi rechaçado pela figura da renúncia tácita. Porém, essa tradição foi rompida, na medida em que os tribunais brasileiros se utilizaram de figuras como a *supressio*.[14]

O movimento ora descrito compõe o cenário no qual encontrou lugar o Código Civil de 2002. À época, importava indagar se a referência expressa do princípio da boa-fé no novo diploma legislativo seria capaz de intensificar seu desenvolvimento doutrinário e jurisprudencial no direito brasileiro. Passados vinte anos de sua vigência, pretende-se verificar se é possível traçar uma resposta afirmativa a esta indagação.

2 O princípio da boa-fé na recodificação

Em um momento no qual já se considerava a codificação como "modo superado de legislar",[15] a recodificação de 2002 trouxe consigo a positivação do princípio da boa-fé. Reunindo influências do *Codice* italiano de 1942 e da codificação portuguesa de 1966, o novo Código Civil brasileiro conjugou a permanência da tradição jurídica anterior com as inovações alcançadas pela jurisprudência brasileira, ao longo do século XX.

Por conseguinte, quebra-se o silêncio da codificação de 1916, acolhendo-se a boa-fé como princípio geral do direito das obrigações, sob os contornos de uma cláusula geral, em seu art. 422. Objeto de críticas por parte da doutrina, esse dispositivo traz consigo o debate acerca do temor das cláusulas abertas. A mera presença de cláusulas gerais no Código Civil de 2002 não o afasta por completo do século XIX. Semelhantes "janelas" já existiam nas codificações oitocentistas, revelando-se inúteis diante da racionalidade positivista. A diretriz da "operabilidade" prescinde do papel do intérprete na tarefa de construção de conteúdo para as normas abertas, elevando o debate a uma questão hermenêutica, na qual se indaga: qual é o conteúdo do princípio da boa-fé na, então, nova codificação? Para responder a esta indagação, passa-se a um retrospecto dos dispositivos que acolhem aquele princípio.

Valendo-se de "tipos-ideais"[16] cunhados pela doutrina e jurisprudência, o princípio opera positiva e negativamente:[17] como norma de conduta (art. 422), critério de interpretação (art. 113) e estabelecendo limites ao exercício de prerrogativas individuais (art. 187). Não obstante as críticas,[18] o art. 422 traduz a boa-fé como "ar que circula

---

[14] "*CONDOMÍNIO – Ocupação, com exclusividade, por alguns condôminos, com a anuência dos demais, de área destinada, originalmente, a corredor – Situação consolidada há mais de vinte anos sobre área dispensável à existência do condomínio – Aplicação do princípio da supressio, fundada na boa-fé objetiva, mantendo-se o status quo.* Consolidada há mais de vinte anos a ocupação, com exclusividade, por alguns condôminos, com a anuência dos demais, de área destinada originalmente a corredor, totalmente dispensável à existência do condomínio, aplica-se o princípio da *supressio*, fundada na boa-fé objetiva, mantendo-se o *status quo*" (BRASIL. Superior Tribunal de Justiça. Recurso Especial n. 214680-SP. 4ª Turma. Rel. Ministro Ruy Rosado de Aguiar. Brasília, 10 ago. 1999. *Revista dos Tribunais*, ano 89, v. 774, p. 210-212, abr. 2000).

[15] SACCO, Rodolfo. Codificare: modo superato de legiferare? *Rivista de diritto civile*, ano XXIX, n. 2, p. 117-135, mar./abr. 1983.

[16] Expressão de: NEGREIROS, Teresa. *Teoria do contrato*: novos paradigmas. Rio de Janeiro: Renovar, 2002. p. 140.

[17] MARTINS-COSTA, Judith. *Comentários ao novo Código Civil*: do direito das obrigações, do adimplemento e da extinção das obrigações. Rio de Janeiro: Forense, 2003. v. V. t. I. p. 33.

[18] Antônio Junqueira Azevedo aponta insuficiências do art. 422: não define a boa-fé como norma cogente ou supletiva; não se refere à responsabilidade pré e pós-contratual; na fase estritamente contratual falta previsão das funções *suplendi*, como criação de deveres, e *corrigendi*, como vedação das cláusulas abusivas (AZEVEDO, Antônio Junqueira. Insuficiências, deficiências e desatualização do projeto de código civil na questão da boa-fé objetiva nos contratos. *Revista dos Tribunais*, São Paulo, ano 89, v. 775, p. 11-17, maio 2000. p. 17).

em toda a vida do contrato",[19] superando a concepção estática de relação jurídica obrigacional, para admiti-la em seu desenho dinâmico, o que foi partilhado pela doutrina e jurisprudência brasileiras por obra de uma transferência cultural. Isso suscita a presença de deveres instrumentais para além dos deveres principais de prestação e secundários, visualizando um "processo", que tem por escopo o "exato processamento da relação obrigacional considerada como uma totalidade unificada finalisticamente, e considerados os legítimos interesses de ambos".[20] Sob a forma de uma tipologia, que doutrina e jurisprudência já sinalizavam para a tríade proteção, lealdade e informação, firmam-se deveres de conduta à obrigação, que não decorrem da autonomia privada ou da legislação, mas do princípio da boa-fé, cuja contrariedade pode suscitar os casos de responsabilidade pré ou pós-contratual, de violação positiva do contrato e de responsabilidade supracontratual.[21] Com efeito, a boa-fé objetiva estabelece uma relação de "colaboração intersubjetiva",[22] rompendo com o dogma da vontade para tutelar a confiança.

Alterado pela Lei nº 13.874/2019, o art. 113 orienta a interpretação do contrato que corresponde ao princípio da boa-fé: o sentido que for confirmado pelo comportamento das partes, ao que corresponder aos usos, costumes e práticas do mercado, ao que for mais benéfico à parte que não redigiu as cláusulas, ao que corresponder às demais cláusulas contratuais ou à racionalidade econômica das partes. Tais regras já figuravam, em grande parte, na jurisprudência brasileira, porém sua positivação contribui para valorizar a confiança gerada no destinatário da declaração, delineando efeitos jurídicos à aparência. Contudo as regras de interpretação e integração do contrato, ainda que pactuadas pelas partes, não poderão se restringir a tais papéis, podendo se constituir em fundamento para invalidá-las, como já propõe o art. 51, IV, do estatuto consumerista.[23] Deste modo, as alterações legislativas empreendidas ao "novo" art. 113 visam precisar seu conteúdo, mas não podem contê-lo. Eis que não se pode afastar uma interpretação intersistemática do princípio da boa-fé, que congregue outros dispositivos do próprio Código Civil e de leis especiais.

Para além dessas disposições, que expressamente acolhem as funções da boa-fé, outros dispositivos fazem-lhe menção: com clara inspiração no *Codice* italiano, o art. 128 faz daquele princípio o fundamento para manter os atos já praticados em obrigações periódicas, por ocasião da verificação de condição resolutiva. Topicamente,[24] mantêm-se as referências dos arts. 765 e 766, impondo o dever de informar em contratos de seguro.

---

[19] Trabucchi *apud* BARBAS, Stela. Boa fé. *In*: ASSOCIAÇÃO SINDICAL DOS JUÍZES PORTUGUESES. *Coletânea de Jurisprudência, Acórdãos do Supremo Tribunal de Justiça*. Coimbra: Palácio da Justiça, 1994. ano II. t. II. p. 14-II.

[20] MARTINS-COSTA, Judith. *Comentários ao novo Código Civil*: do direito das obrigações, do adimplemento e da extinção das obrigações. Rio de Janeiro: Forense, 2003. v. V. t. I. p. 36.

[21] A responsabilidade supracontratual ou supranegocial é visualizada por Fernando Noronha: "Faça-se em violação de deveres supracontratuais nos casos em que existe um contrato ou um negócio jurídico unilateral e em que há ofensa de deveres que são independentes da relação estabelecida, razão por que sempre se imporiam às partes, mesmo que o negócio não tivesse sido celebrado" (NORONHA, Fernando. *Direito das obrigações*: fundamentos do direito das obrigações: introdução à responsabilidade civil. São Paulo: Saraiva, 2003. v. 1. p. 457).

[22] MARTINS-COSTA, Judith. *Comentários ao novo Código Civil*: do direito das obrigações, do adimplemento e da extinção das obrigações. Rio de Janeiro: Forense, 2003. v. V. t. I. p. 27.

[23] NEGREIROS, Teresa. *Teoria do contrato*: novos paradigmas. Rio de Janeiro: Renovar, 2002. p. 138.

[24] MARTINS-COSTA, Judith; BRANCO, Gerson Luiz Carlos. *Diretrizes teóricas do novo Código Civil brasileiro*. São Paulo: Saraiva, 2002. p. 137.

3 O princípio da boa-fé na jurisprudência brasileira

Antes do advento do Código Civil de 2002, o princípio da boa-fé já figurava nos tribunais brasileiros. Porém, sua positivação ampliou sua referência pela jurisprudência brasileira, de tal modo, a evidenciar-lhe um conteúdo, que se faz presente naquela corte, a partir de 2007. Trata-se de decisões que se reportam às funções da boa-fé e às figuras que concretizam o exercício inadmissível de posições jurídicas como o *venire contra factum proprium*, a *supressio*, a *surrectio* e o *tu quoque*. Se, por um lado, a positivação da boa-fé objetiva amplia sua aplicação, por outro, convive com as dificuldades de preenchimento de seu conteúdo. Semelhante obstáculo foi vencido, em outros sistemas jurídicos, pela transposição de figuras típicas criadas para preencher o "vazio" do conteúdo daquele princípio.

No contexto do Segundo Pós-Guerra, a abertura das cláusulas gerais tornava presente o perigo de introdução da ideologia dos regimes autoritários no ordenamento jurídico. Na Alemanha, este temor alcançou o princípio da boa-fé, levando Wieacker e Siebert à tarefa de delimitação da teoria de suas funções.[25] Se, para alguns, semelhantes "diretivas" traduzir-se-iam em verdadeira ausência de limites reais,[26] para outros, guardavam consigo a exigência de um controle racional de desenvolvimento das cláusulas gerais, ao cristalizar seu conteúdo em normas rígidas.[27] E tanto que a boa-fé como conceito de valor pertenceria à esfera das questões jurídicas passíveis de cassação nas cortes germânicas.[28] Revelam-se, então, os limites invocados à jurisprudência recém-nascida da boa-fé objetiva: evitar o arbítrio judicial e garantir a segurança jurídica.

Não obstante o movimento de recuo ao positivismo jurídico no direito brasileiro, constata-se um renovado temor de arbítrio judicial. Eis que se considera a liberdade de decisão contida na cláusula geral de boa-fé uma porta aberta às manifestações de convicções pessoais do julgador, traduzidas em escolhas políticas, sociais e econômicas.[29] Semelhante temor deve-se ao fato de que as cláusulas gerais supõem o reenvio aos valores, rompendo a neutralidade que se pensava garantida pela subordinação do juiz ao legislador, constituindo-se em fator de insegurança jurídica.

Esse temor é dissipado em favor de um controle racional da decisão judicial, na medida em que se tornam precisos os limites à aplicação da boa-fé objetiva, convertendo-a em norma passível de ser aplicada por subsunção. Ademais, revela-se uma autolimitação do poder judicante,[30] por obra da qual a apreciação do juiz torna-se delimitada pelos próprios tipos que criou, subtraindo todo arbítrio e garantindo a segurança jurídica.

---

[25] JALUZOT, Béatrice. *La bonne foi dans les contrats*. Étude comparative de droit français, allemand et japonais. Paris: Dalloz, 2001. p. 286-287.

[26] JALUZOT, Béatrice. *La bonne foi dans les contrats*. Étude comparative de droit français, allemand et japonais. Paris: Dalloz, 2001. p. 290.

[27] CATTANEO, Giovanni. Buona fede obbiettiva e abuso del diritto. *Revista Trimestrale del Diritto e Procedura Civile*, Milano, ano 25, p. 613-659, 1971. p. 616-617.

[28] HENKE, Horst-Ebehard. *La cuestion de hecho*. El concepto indeterminado en el derecho civil y su casacionabilidad. Buenos Aires: Europa-América, 1979. p. 261.

[29] HENKE, Horst-Ebehard. *La cuestion de hecho*. El concepto indeterminado en el derecho civil y su casacionabilidad. Buenos Aires: Europa-América, 1979. p.94.

[30] Nesse sentido, STATI, Marcel. O. *Le standart juridique*. Paris: Librairie de Jurisprudence Ancienne et Moderne, 1927. p. 147.

Resta examinar se essa discussão, por trás da cláusula geral de boa-fé objetiva, preside a jurisprudência brasileira após a recodificação.

O exame de julgados que fazem menção àquelas figuras típicas, sem, contudo, precisar o comportamento que os caracteriza em face no caso concreto, recebeu a crítica de Jan Peter Schmidt. Segundo esse autor, a boa-fé objetiva mostra-se nos tribunais brasileiros, ora como um "floreio retórico", ora como uma "vara de condão". Eis que, em tais decisões, limita-se sua aplicação a afirmações estereotipadas de fórmulas abstratas que não se materializam no caso concreto.[31]

Avançando um pouco mais nessa discussão, a observação de julgados encontrados no Superior Tribunal de Justiça permite afirmar que, ao alcançar "precisão jurídico-teórica", a boa-fé objetiva chama para si um conteúdo que não lhe era atribuído, evidenciando um papel sistematizador. Eis que as decisões sobre *venire contra factum proprium* já subsistiam no cenário jurídico nacional, mas, apartadas de uma fundamentação afeta à confiança e à boa-fé. Rendendo-se a tipos idealizados por uma doutrina estranha ao seu contexto socioeconômico,[32] a boa-fé objetiva foi recepcionada pela jurisprudência brasileira com um conteúdo que a tornou apreensível à subsunção, de modelagem *prêt-à-porter*. Desse modo, ela surge nos tribunais brasileiros como um princípio adaptado ao modo silogístico de decisão, mas que torna possível o controle da motivação do juiz e dissipa os perigos de arbítrio judicial e insegurança jurídica.

Todavia, as cláusulas gerais mostram-se, na acepção de Stefano Rodotà, como o instrumento mais adequado para dar voz a um pluralismo de valores.[33] E o julgador mostra-se como "representante da comunidade jurídica", ao recolher do tecido social as máximas ético-sociais e regras da experiência, compondo o quadro de uma integração extrassistemática do direito.[34] Não se trata mais de somente discutir a abertura e mobilidade dos valores que ela propicia ao sistema jurídico, mas de debater o teor destes valores. E, nisto, destaca-se o papel do jurista, não se tratando apenas de voltar sua atenção para a política, a ética, e a prática, mas de abandonar o terreno seguro da sistemática que lhe confere o *status* de "homem da ciência".[35]

---

31 "A remissão do STJ à expressão *venire contra factum proprium* e *tu quoque* passa ao largo da questão (que dirá falar dos institutos jurídicos da perempção e da obtenção, que exigem certo comportamento regular durante determinado espaço de tempo). Havendo a exigência de forma, sua desatenção não pode ser simplesmente qualificada como erro. Da mesma forma que na remissão a um defeito de forma não repousa um comportamento contraditório reprovável. Justamente deve ser válida a nulidade de forma 'por culpa própria'; a 'quebra da palavra' aqui ocorrida foi prevista e aceita pelo legislador. Ter-se-ia um caso de *venire contra factum proprium* se o locador tivesse tratado o negócio, a princípio, como eficaz e tirado vantagens disso, mas na sequência exigido sua nulidade, ou se ele culposamente tivesse dado a impressão ao locatário de não querer se remeter à nulidade" (SCHMIDT, Jan Peter. *Dez anos art. 422 CC* – Luz e sombra na aplicação do princípio da boa fé na práxis judiciária brasileira. Inédito. p. 11-12.)

32 Segundo Franz Wieacker, tal fato é passível de crítica: "[...] corresponde ao positivismo do século XIX conceber o Direito como a mera soma de normas ou princípios, que se possam sem mais transferir pra outras comunidades jurídicas, pois o positivismo despreza a dependência do Direito em relação aos seus representantes culturais e éticos e às suas oportunidades de realização social e histórica" (WIEACKER, Franz. *El principio general de la buena fe*. Tradução de José Luis Carro. Madrid: Civitas, 1982. p. 134-135).

33 RODOTÀ, Stefano. Conclusione: il tempo delle clausole generali. *In*: *Il principio di buona fede*. Quaderni della Scuola Superiore di Studi Universitari e di Perfezionamento Scienze Giuridiche, economiche e politiche. Giornata di studio – Pisa, 14 Giugno 1985. v. III. Milano: Giuffrè, 1985. p. 258.

34 HENKE, Horst-Ebehard. *La cuestion de hecho*. El concepto indeterminado en el derecho civil y su casacionabilidad. Buenos Aires: Europa-América, 1979. p. 96.

35 BARCELLONA, Pietro; HART, Dieter; MÜCKENBERGER, Ulrich. *La formación del jurista*. (Capitalismo monopolístico y cultura jurídica). Tradução de Carlos Lasarte. Madrid: Civitas, 1977. p. 41.

Não obstante a jurisprudência brasileira revele-se como reflexo da tradição jurídica europeia, guarda-lhe especificidade. Eis que há o empréstimo de categorias jurídicas encontradas em outros sistemas, como a *substancial performance*, advinda do *commom law*, e a doutrina dos atos próprios, do direito espanhol, que ingressam nos tribunais brasileiros para coibir o exercício inadmissível de prerrogativas individuais. Com base em tais teorias, o Superior Tribunal de Justiça julgava que a busca e apreensão de veículo por falta de pagamento da última prestação em contratos de alienação fiduciária em garantia não atendia à exigência da boa-fé objetiva.[36] Mais tarde, passou a se orientar por um exame qualitativo do que seria adimplemento substancial, em oposição a um exame quantitativo, para consolidar seus requisitos.[37] Recentemente, a corte superior concluiu pela impossibilidade de aplicação da referida teoria aos contratos regidos pelo Decreto-Lei nº 911/69, nada obstante, o pagamento de 91,66% do contrato.[38] Logo se nota a existência de um movimento em sentido contrário: um possível retrocesso na aplicação do princípio da boa-fé, que começa a se desenhar nos tribunais brasileiros.

Considerações finais

Nos tribunais brasileiros, a boa-fé mostrou-se como projeção da racionalidade codificada. A ausência de uma cláusula geral no Código de 1916 conduziu a doutrina e jurisprudência a tecerem um profundo silêncio sobre o princípio. Reflexo da mentalidade capitalista dos oitocentos, a boa-fé objetiva revelava-se subjetivada, tomada como "boa intenção" por oposição à má-fé. Esse teor restou evidenciado na interpretação do art. 1443 do Código Civil de 1916.

Posteriormente, a boa-fé mostrou-se permeada por uma aparente superação do positivismo jurídico. Subtraída do formalismo no qual estava mergulhada para se revelar como tributária da tradição jurídica germânica, sob os contornos de uma criação jurisprudencial do direito. Neste quadro, a incompletude da boa-fé é contida pela transposição de figuras típicas que limitam o exercício de prerrogativas individuais no trânsito econômico. À semelhança das Cortes germânicas, encontram recepção as decisões sobre *venire contra factum proprium, tu quoque*, a inalegabilidade de nulidades formais e o exercício desequilibrado de direitos à luz da boa-fé.

Porém, o presente trabalho também recolheu da jurisprudência brasileira a especificidade em relação aos reflexos da tradição jurídica europeia. A transposição da tradição jurídica germânica ocorre indiretamente, sendo permeada pelos ensinamentos dos doutrinadores portugueses. Deste modo, a jurisprudência brasileira segue os passos dos tribunais lusos, revelados no acolhimento da figura da *Verwirkung*, sob a denominação de *supressio*. De outro modo não se passa com as decisões brasileiras, que fazem referência ao abuso do direito e ao *venire contra factum proprium*, sob o fundamento da boa-fé. Há nisto resquícios da tradição jurídica francesa que não se apagam totalmente.

---

36 BRASIL. Superior Tribunal de Justiça. *Recurso Especial nº 469.577*. Rel. Min. Ruy Rosado de Aguiar, jul. em 25.03.2003.

37 BRASIL. Superior Tribunal de Justiça. *Recurso Especial nº 1.581.505*. Rel. Min. Antonio Carlos Ferreira, jul. em 18.08.2016.

38 BRASIL. Superior Tribunal de Justiça. *Recurso Especial nº 1.711.391-PR*. Rel. Min. conv. Lázaro Guimarães, jul. em 24.04.2018.

Para além das transferências culturais contidas nos tribunais brasileiros, em relação ao direito alemão e português, revelou-se o empréstimo de categorias jurídicas encontradas em outros sistemas: a *substancial performance*, advinda da *commom law*, e a doutrina dos atos próprios, do direito espanhol, também ingressaram no direito privado pátrio para coibir o exercício inadmissível de prerrogativas individuais.

Daí os subsídios que levam a concluir pela especificidade da jurisprudência brasileira acerca do princípio da boa-fé: revela-se como tributária do positivismo jurídico, não obstante todo movimento de sua superação. Ao se revelar como pronta e acabada, sob os contornos de uma boa-fé *prêt-à-porter*,[39] o direito é considerado mero conjunto de normas, passível de empréstimo, e não um produto cultural, passível de aprendizagem e assimilação, que opera por meio de transferências culturais.

Referências

AZEVEDO, Antônio Junqueira. Insuficiências, deficiências e desatualização do projeto de código civil na questão da boa-fé objetiva nos contratos. *Revista dos Tribunais*, São Paulo, ano 89, v. 775, p. 11-17, maio 2000.

BARBAS, Stela. Boa fé. *In*: ASSOCIAÇÃO SINDICAL DOS JUÍZES PORTUGUESES. *Coletânea de Jurisprudência, Acórdãos do Supremo Tribunal de Justiça*. Coimbra: Palácio da Justiça, 1994. ano II. t. II.

BARCELLONA, Pietro; HART, Dieter; MÜCKENBERGER, Ulrich. *La formación del jurista*. (Capitalismo monopolístico y cultura jurídica). Tradução de Carlos Lasarte. Madrid: Civitas, 1977.

BRASIL. Superior Tribunal de Justiça. Recurso Especial n. 214680-SP. 4ª Turma. Rel. Ministro Ruy Rosado de Aguiar. Brasília, 10 ago. 1999. *Revista dos Tribunais*, ano 89, v. 774, p. 210-212, abr. 2000.

BRASIL. Superior Tribunal de Justiça. *Recurso Especial nº 1.581.505*. Rel. Min. Antonio Carlos Ferreira, jul. em 18.08.2016.

BRASIL. Superior Tribunal de Justiça. *Recurso Especial nº 1.711.391-PR*. Rel. Min. conv. Lázaro Guimarães, jul. em 24.04.2018.

BRASIL. Superior Tribunal de Justiça. *Recurso Especial nº 469.577*. Rel. Min. Ruy Rosado de Aguiar, jul. em 25.03.2003.

BRASIL. Superior Tribunal de Justiça. Recurso Especial nº 95.539-SP. Rel. Min. Ruy Rosado de Aguiar Júnior. Brasília, 03 dez. 1996. *Diário de Justiça*, Brasília, p. 39015, 14 out. 1996.

CAENEGEM, R. C. Van. *Uma introdução histórica ao direito privado*. São Paulo: Martins Fontes, 2000.

CATTANEO, Giovanni. Buona fede obbiettiva e abuso del diritto. *Revista Trimestrale del Diritto e Procedura Civile*, Milano, ano 25, p. 613-659, 1971.

CORDEIRO, António Menezes. *Da boa fé no direito civil*. Coimbra: Almedina, 1997.

DAVID-CONSTANT, Simone. La bonne foi: une mer sans rivages. *In*: DAVID-CONSTANT, Simone (Org.) *La bonne foi*. Actes du colloque organisé le 30 mars 1990 par la Conférence libre du jeune barreau de Liège. Bélgica: A.S.B.L. Editions du Jeune Barreau de Liège, 1990.

HENKE, Horst-Ebehard. *La cuestion de hecho*. El concepto indeterminado en el derecho civil y su casacionabilidad. Buenos Aires: Europa-América, 1979.

JALUZOT, Béatrice. *La bonne foi dans les contrats*. Étude comparative de droit français, allemand et japonais. Paris: Dalloz, 2001.

LAKATOS, Eva Maria; MARCONI, Marina de Andrade. *Sociologia geral*. 7. ed. São Paulo: Atlas, 1999.

---

[39] Expressão de: NALIN, Paulo. *Do contrato*: conceito pós-moderno (em busca de sua formulação na perspectiva civil-constitucional). Curitiba: Juruá, 2001. p. 134.

MARTINS-COSTA, Judith. *A boa-fé no direito privado*. São Paulo: RT, 1999.

MARTINS-COSTA, Judith. *Comentários ao novo Código Civil*: do direito das obrigações, do adimplemento e da extinção das obrigações. Rio de Janeiro: Forense, 2003. v. V. t. I.

MARTINS-COSTA, Judith; BRANCO, Gerson Luiz Carlos. *Diretrizes teóricas do novo Código Civil brasileiro*. São Paulo: Saraiva, 2002.

NALIN, Paulo. *Do contrato*: conceito pós-moderno (em busca de sua formulação na perspectiva civil-constitucional). Curitiba: Juruá, 2001.

NEGREIROS, Teresa. *Teoria do contrato*: novos paradigmas. Rio de Janeiro: Renovar, 2002.

NORONHA, Fernando. *Direito das obrigações*: fundamentos do direito das obrigações: introdução à responsabilidade civil. São Paulo: Saraiva, 2003. v. 1.

RIO GRANDE DO SUL. Tribunal de Justiça. Apelação Cível nº 589073956. Relator: Des. Ruy Rosado de Aguiar Júnior. Porto Alegre, 19 dez. 1989. *Revista de Jurisprudência do Tribunal de Justiça do Rio Grande do Sul*, Porto Alegre, n. 145, p. 320-324, nov. 1990.

RODOTÀ, Stefano. Conclusione: il tempo delle clausole generali. *In*: *Il principio di buona fede*. Quaderni della Scuola Superiore di Studi Universitari e di Perfezionamento Scienze Giuridiche, economiche e politiche. Giornata di studio – Pisa, 14 Giugno 1985. v. III. Milano: Giuffrè, 1985. p. 247-272.

SACCO, Rodolfo. Codificare: modo superato de legiferare? *Rivista de diritto civile*, ano XXIX, n. 2, p. 117-135, mar./abr. 1983.

SCHMIDT, Jan Peter. *Dez anos art. 422 CC* – Luz e sombra na aplicação do princípio da boa fé na práxis judiciária brasileira. Inédito.

SILVA, Clóvis do Couto e. *A obrigação como processo*. São Paulo: Bushatsky, 1976.

STATI, Marcel. O. *Le standart juridique*. Paris: Librairie de Jurisprudence Ancienne et Moderne, 1927.

STORME, Marcel. La bonne foi: expression de la postmodernitè en droit. *In*: DAVID-CONSTANT, Simone (Org.). *La bonne foi*. Actes du colloque organisé le 30 mars 1990 par la Conférence libre du jeune barreau de Liège. Bélgica: A.S.B.L. Editions du Jeune Barreau de Liège, 1990.

WIEACKER, Franz. *El principio general de la buena fe*. Tradução de José Luis Carro. Madrid: Civitas, 1982.

Informação bibliográfica deste livro, conforme a NBR 6023:2018 da Associação Brasileira de Normas Técnicas (ABNT):

PINHEIRO, Rosalice Fidalgo. O princípio da boa-fé nos vinte anos de Código Civil. *In*: CORTIANO JUNIOR, Eroulths; SILVA, Alexandre Barbosa da (coord.). *O Código Civil e a Contemporaneidade*: Estudos do Grupo Virada de Copérnico em Homenagem ao Ministro Luiz Edson Fachin. Belo Horizonte: Fórum, 2025. p. 165-174. ISBN 978-65-5518-990-2.

LIBERDADE ECONÔMICA E DIREITO CONTRATUAL

CARLOS EDUARDO PIANOVSKI RUZYK

CAROLINA KOSMA KRIEGER

1 A compreensão metodológica do direito civil na obra de Luiz Edson Fachin e a historicidade da disciplina jurídica das relações privadas

A presente coletânea, publicada em homenagem ao Prof. Luiz Edson Fachin, é fruto do trabalho de pesquisa desenvolvido no Núcleo de Pesquisa Virada de Copérnico, com a colaboração de pesquisadores de outras universidades que têm em comum o diálogo metodológico sobre o repensar do direito civil contemporâneo.

O homenageado foi o fundador do Virada de Copérnico, e prossegue sendo o norte metodológico que define o presente e projeta o futuro das pesquisas do Núcleo.

A compreensão de um sistema aberto à facticidade, em que a constitucionalização não é apenas formal, mas, também, substancial (na força normativa e na porosidade dos princípios) e prospectiva (a recolher as demandas de seu tempo, e projetar comandos que se espraiam na transformação das relações sociais), é contribuição indispensável para uma teoria do direito civil permeada pela historicidade.

Enunciados normativos têm, sim, em sua expressão formal, força cogente, que, todavia, deve ser compreendida a partir de um direito vivo, que não se aprisiona a dogmas nem a conceitos cristalizados, como lugares de verdade acima da história. São, antes, ferramentas ao atendimento das funções do ordenamento jurídico – entre elas, nas relações privadas, o exercício, a conservação, e a promoção de liberdade(s).

Essa historicidade do direito civil faz ressaltar o papel da hermenêutica na definição de sentido. Pensar em contrato, propriedade e família, como pilares de base do direito civil, é refletir sobre institutos cujo perfil normativo é desenhado tanto pelo enunciado normativo formalmente válido quanto pelo sentido que ele adquire no momento interpretativo, a demandar, nesse mister hermenêutico, a compreensão de todas as peças que compõem esse sistema poroso e historicamente situado.

É na historicidade do direito civil que se assenta a reflexão proposta neste artigo, buscando mirar as propostas do pretérito, e aferir como elas se conformam ao contexto contemporâneo, sempre nos baldrames trazidos pela estrutura dos enunciados normativos, especialmente advindos da Constituição.

2 Socialidade, eticidade e liberdade econômica no direito dos contratos

O Código Civil brasileiro de 2002, segundo afirmava Miguel Reale,[1] nasceu sob a égide da socialidade e da eticidade.

A socialidade seria a superação daquilo que os autores do projeto de Código Civil compreendiam como excessivo individualismo, a oferecer, assim, uma prevalência dos valores coletivos sobre os individuais.[2]

A eticidade, a seu turno, permearia o direito das obrigações, sobretudo, por meio dos princípios da boa-fé e do equilíbrio contratual, expresso, este, na possibilidade de resolução do contrato por onerosidade excessiva.[3]

Abstraindo-se a possível ressalva histórica sobre os coletivismos próprios do século XX, bem como não podendo deixar de reconhecer que a prevalência apriorística do coletivo sobre o individual não encontra lugar em um Estado democrático de direito que tenha por base os direitos fundamentais individuais e a dignidade da pessoa humana,[4] é preciso ter em conta o que, realmente, se expressa como socialidade possível no direito contratual, apreensível do Código Civil de 2002 em sua redação original, e o que dela persiste vinte anos após a sua vigência.

A socialidade congruente com sistema unitário em que se insere a codificação civil é aquela que deriva da solidariedade constitucional, cuja força normativa alcança

---

1 REALE, Miguel. *O projeto de Código Civil*: situação atual e seus problemas fundamentais. São Paulo: Saraiva, 1986. p. 7-9.

2 REALE, Miguel. *O projeto de Código Civil*: situação atual e seus problemas fundamentais. São Paulo: Saraiva, 1986. p. 9-11. Nas palavras do autor: "O contrato é um elo que, de um lado, põe o valor do indivíduo como aquele que cria, mas, de outro lado, estabelece a sociedade como o lugar onde o contrato vai ser executado e onde vai receber uma razão de equilíbrio e de medida. E é por esta razão que estabelecemos um artigo do Projeto do Código Civil, que me parece muito importante ter presente, no qual se declara que contrato será terá que ser analisado em razão de sua função social. É o princípio da socialidade governando o Direito Obrigacional. É logo o primeiro artigo, quase que um preâmbulo de todo o direito contratual".

3 MARTINS-COSTA, Judith. O Novo Código Civil brasileiro: em busca da "ética da situação". *Revista da Faculdade de Direito da UFRGS*, v. 20, 2001. p. 609. Conforme lição de Judith Martins-Costa: "eticidade e socialidade constituem perspectivas reversamente conexas, pois as regras dotadas de alto conteúdo social são fundamentalmente éticas, assim como as normas éticas têm afinidade com a socialidade. A distinção ora procedida, de cunho meramente pedagógico, não faz mais do que assinalar ênfases, ora pendendo para o fundamento axiológico das noras, ora inclinando-se às suas características numa sociedade que tenta ultrapassar o individualismo, não significando, de modo algum, que uma regra ética não se ponha, também, na dimensão da socialidade, e vice-versa".

4 JUSTEN FILHO, Marçal. *Curso de direito administrativo*. 4. ed. São Paulo: Saraiva, 2009. Nas palavras de Marçal Justen Filho, as quais revelam a repersonalização do direito administrativo: "O cidadão não é um inferior, um servo do Estado. Os governantes e os governados encontram-se em posição de igualdade, ainda que haja competência dos primeiros de tomarem decisões vinculantes". O direito administrativo deve se ocupar de regular a atividade administrativa e atender aos interesses individuais e coletivos. Tem-se, pois, a superação do princípio da supremacia do interesse público em relação ao interesse individual. Nesse sentido, MOREIRA, Egon Bockmann. A indisponibilidade do interesse público ainda faz algum sentido? *Jota*, 2020. Disponível em: https://www.jota.info/opiniao-e-analise/colunas/publicistas/a-indisponibilidade-do-interesse-publico-ainda-faz-algum-sentido-22122020. Acesso em: 18 abr. 2022. O autor afirma: "as pessoas privadas não podem abdicar de sua própria dignidade, nem da liberdade de trabalho. Logo, é bastante equivocado o absolutismo da indisponibilidade do interesse público".

as relações contratuais, ainda que de modo limitado pela própria natureza das relações interprivadas em seu perfil constitucional.

Isso significa dizer que a socialidade não se pauta na prevalência apriorística do coletivo sobre o individual – que, a rigor, no âmbito de relações contratuais, somente se materializaria em um modelo de dirigismo sem precedentes até mesmo nos totalitarismos do século XX –, mas, sim, na compreensão de que o contrato, como relação interindividual, pode ensejar repercussões relevantes para terceiros não contratantes,[5] e, com isso, atrair respostas do direito diversas daquelas que uma disciplina atomística do indivíduo ensejaria.

Esse traço de socialidade se expressa no direito contratual, especialmente, portanto, por meio do comando do art. 421 do Código Civil, ao dispor, em sua redação original, que "a liberdade de contratar será exercida em razão e nos limites da função social do contrato".

Cabe questionar se essa característica social declarada como inerente ao Código Civil em 2002 ainda teria lugar 20 anos depois, especialmente no direito dos contratos.

A questão adquire especial relevo diante do advento da Lei nº 13.874/19, chamada Lei da Liberdade Econômica, que, sob críticas intensas de boa parte da doutrina nacional, ingressou no ordenamento jurídico com as pretensões de valorização da livre-iniciativa, da autonomia privada e da segurança das relações econômicas. Entre seus dispositivos, a Lei da Liberdade Econômica alterou a redação de normas do Código Civil, com especial destaque para comandos pertinentes ao direito contratual.

É necessário examinar, assim, se essas alterações legislativas geraram modificação substancial na estrutura da disciplina do direito contratual e se produziram efetiva modificação ante os traços de socialidade e de eticidade preconizados pelo Código em sua origem.

Inicialmente cabe compreender a efetiva repercussão da socialidade e da eticidade sobre as relações contratuais regidas pelo Código Civil de 2002. Nada obstante a previsão expressa sobre função social do contrato e a inequívoca relevância da boa-fé objetiva, as relações contratuais prosseguiram e prosseguem tendo como eixo fundamental a intersubjetividade construída no âmbito de relações econômicas. Como na lição de Roppo,[6] o contrato é, a um só tempo, operação econômica e instituto jurídico.

O necessário reconhecimento de repercussões externas à estrita relação contratual não afasta a intersubjetividade relacional do centro das preocupações da disciplina jurídica do contrato. Nem poderia ser diferente, uma vez que a autonomia privada é e continua sendo o motor fundamental para a compreensão dos contratos seja na sua gênese, seja na definição de sua eficácia – haja vista seu caráter essencialmente preceptivo.[7]

---

5 FACHIN, Luiz Edson. *Direito civil*: sentidos, transformações e fim. Rio de Janeiro: Renovar, 2015. p. 30. Trata-se do reconhecimento do que Luiz Edson Fachin define como perfil contemporâneo dos contratos, em que "de um lado, a transubjetivação (quem contrata não mais contrata somente com quem contrata), e de outro, a transobjetivação (quem contrata não mais contrata apenas o que contrata)".

6 ROPPO, Enzo. *O contrato*. Coimbra: Almedina, 2009. p. 7-15.

7 FERRI, Luigi. *La autonomía privada*. Tradução de Luis Sancho Mendizibal. Madrid: Revista de Derecho Privado, 1969. p. 5.

Contrato é, pois, operação econômica que recebe vestes jurídicas a partir de sua recepção normativa que se realiza por meio de expressão de intencionalidade com força de autodeterminação, vertida como autonomia privada negocial. Em outras palavras, o contrato parte do exercício, mais amplo ou mais restrito, de liberdades individuais.

A compreensão de seus limites, bem como do possível direcionamento de alguns efeitos de dados contratos em proveito da solidariedade constitucional e da socialidade codificada (desde não sejam dissonantes com o objeto e a natureza do próprio contrato), não tem o condão de caracterizar uma verdadeira mudança de paradigma, que somente seria possível em um contrato que estivesse inserido em realidade econômica diversa daquela em que nasceu o contrato moderno: vale dizer, o contexto histórico do capitalismo.

Isso não significa, por óbvio, que o contrato não tenha passado por necessário *aggiornamento*, na feliz expressão de Luiz Edson Fachin,[8] a superar dogmas que se constituíram no século XIX, e que não mais se sustentavam no âmbito das relações contratuais ao final do século XX.

As transformações que a economia impôs à concretude das próprias operações contratuais (como a sua massificação e sua *standardização*) geraram desafios que o direito civil oitocentista não mais tinha condições de responder.

Isso não significa, porém, que a realidade das relações contratuais tenha se convertido em um verdadeiro e amplo dirigismo contratual, relegando a autonomia privada a lugar secundário.

A liberdade individual – e, notadamente, sua expressão como autonomia privada – jamais deixou de ser o alicerce fundamental das relações contratuais,[9] ainda que, em dados âmbitos, como as relações de consumo, os espaços de coerção tenham sido ampliados – com redução da liberdade negativa –, em proveito de tutela de contratantes vulneráveis.

Por isso, é possível constatar, desde logo, que uma lei que pretende prestigiar o valor jurídico da autonomia privada não é, necessariamente, uma lei apta a ensejar a eliminação dos traços de socialidade originalmente presentes no Código Civil, nem, por óbvio, eliminar a força normativa da solidariedade constitucional sobre as relações entre particulares.

Trata-se, pois, de se compreender o papel da liberdade econômica como princípio dotado de força jurígena – ou seja, criadora de direito para as partes –, dentro da racionalidade do sistema em que a alteração legislativa está inserida. A Lei da Liberdade Econômica não é fundante de uma nova ordem; insere-se como elemento do sistema, centrado na Constituição, que a ela antecede.

Portanto, nem a socialidade proclamada na origem do Código Civil de 2002, como prevalência do valor do coletivo sobre o individual, é, de fato, uma característica verdadeiramente estruturante da disciplina dos contratos na contemporaneidade, nem, de outro lado, a Lei de Liberdade Econômica tem o condão de converter a disciplina

[8] FACHIN, Luiz Edson. O aggiornamento do direito civil brasileiro e a confiança negocial. *Scientia Iuris*, n. 2, 2006. p. 14-40.

[9] RUZYK, Carlos Eduardo Pianovski. *Institutos fundamentais do direito civil e liberdade(s)*. Rio de Janeiro: GZ Ed., 2011. p. 101-136.

jurídica dos contratos em uma estrutura destinada exclusivamente a propiciar um exercício ilimitado da autonomia privada que, a rigor, não existia, sequer, nos sistemas do século XIX.[10]

3 Livre iniciativa, Constituição e contrato

Compreender as repercussões da Lei da Liberdade Econômica sobre a disciplina jurídica dos contratos no Código Civil é tarefa que demanda uma hermenêutica que assuma o caráter unitário do sistema, centrado na Constituição.

O exame das alterações promovidas pela Lei da Liberdade Econômica ante a ordem constitucional não é, por evidente, livre de polêmicas.[11]

Em parecer defendendo a inconstitucionalidade da lei, Gilberto Bercovici[12] chega a apontar, quanto às alterações que a lei promoveu no Código Civil, que se estaria a pretender uma "exacerbação do princípio da autonomia da vontade, incompatível com o estado atual da doutrina e jurisprudência civilistas", para arrematar:

> Os direitos individuais não devem mais ser entendidos como pertencentes ao indivíduo em seu exclusivo interesse, mas como instrumentos para a construção de algo coletivo. Hoje não é mais possível a individualização de um interesse particular completamente autônomo, isolado ou independente do interesse público. Deste modo, a autonomia privada deixou de ser um valor em si. Os atos de autonomia privada, possuidores de fundamentos diversos, devem encontrar seu denominador comum na necessidade de serem dirigidos à realização de interesses e funções socialmente úteis.[13]

Leitura distinta sobre a ordem constitucional e do papel dos direitos individuais pode conduzir à conclusão também diversa. Marçal Justen Filho, por exemplo, compreende o próprio interesse público sob a perspectiva da realização dos direitos fundamentais do indivíduo (que, assim, não estão sujeitos a uma função em proveito do coletivo).[14]

---

[10] RAMOS, André Luiz Arnt. *Segurança jurídica e enunciados normativos deliberadamente indeterminados*: o caso da função social do contrato. Tese (Doutorado em Direito) – Faculdade de Direito da Universidade Federal do Paraná, 2019. p. 71; 157.

[11] Tramita no Supremo Tribunal Federal a ADI nº 6.528, a qual desafia a constitucionalidade da Lei da Liberdade Econômica em sua inteireza, tanto sob fundamentos formais relativos ao processo legislativo, como substanciais relativos à alegação sobre sua efetiva incompatibilidade com normas constitucionais (SUPREMO TRIBUNAL FEDERAL. *ADI 6528*. Rel. Min. Ricardo Lewandowski. Disponível em: https://portal.stf.jus.br/processos/detalhe.asp?incidente=5972781. Acesso em: 20 abr. 2022).

[12] BERCOVICI, Gilberto. Parecer sobre a inconstitucionalidade da Medida Provisória da Liberdade Econômica (Medida Provisória nº 881, de 30 de abril de 2019). *Revista Fórum Direito Financeiro e Econômico*, Belo Horizonte, ano 8, n. 15, p. 173-202, mar./ago. 2019.

[13] BERCOVICI, Gilberto. Parecer sobre a inconstitucionalidade da Medida Provisória da Liberdade Econômica (Medida Provisória nº 881, de 30 de abril de 2019). *Revista Fórum Direito Financeiro e Econômico*, Belo Horizonte, ano 8, n. 15, p. 173-202, mar./ago. 2019.

[14] JUSTEN FILHO, Marçal. O direito administrativo de espetáculo. *Revista Fórum Administrativo*, Belo Horizonte, ano 9, n. 100, jun. 2009. Nas palavras de Marçal Justen Filho: "mas a Constituição não se restringe a consagrar limites ao poder estatal e a criar garantias em favor do particular. A Constituição elege, como finalidade essencial do Estado, a promoção dos direitos fundamentais. A afirmação da supremacia dos direitos fundamentais propõe uma pluralidade de problemas de outra ordem que vêm sendo enfrentados no âmbito do Direito Constitucional. Porém, o relevante é a rejeição da ideia de que o Estado se basta em si mesmo e que o governante, porque eleito, foi legitimado a decidir isoladamente sobre os fins a serem buscados. Como visto, o Estado é instrumento

Daniel Sarmento, a seu turno, reconhece o caráter jusfundamental da própria autonomia privada.[15] Nessa linha, não se pode olvidar que os direitos fundamentais não se tutelam em proveito de pretensões coletivas, sendo, inclusive, em muitos casos, contramajoritários.[16]

É possível sustentar, diversamente da tese que defende a inconstitucionalidade do perfil de autonomia privada e de livre-iniciativa que emergem da Lei da Liberdade Econômica, que estas, a rigor, a despeito de, quiçá, alguns excessos retóricos[17] e de pontuais atecnias da lei, não diferem do perfil constitucional desses mesmos princípios.

As alterações legislativas operadas pela referida lei não afastam, por evidente, a existência de limites externos à autonomia privada – o que, por óbvio, sequer seria possível levar a efeito, uma vez que toda liberdade pressupõe um lugar externo de coerção em maior ou menor extensão.

A Lei da Liberdade Econômica, além disso, mantém a norma sobre função social do contrato, alterando, porém, sua redação, como se verá adiante. Além disso, não apenas mantém a eticidade que deriva do princípio da boa-fé objetiva como, ainda, aprofunda a sua relevância, especialmente na definição de critérios interpretativos para os contratos e para os negócios jurídicos em geral.

Assim, especificamente quanto às alterações promovidas no direito dos contratos, é possível formular a hipótese de que a Lei da Liberdade Econômica não apenas não elimina os traços de socialidade possíveis a partir da sujeição do Código Civil a uma Constituição democrática – e que, por certo, não se confundem com a sujeição do individual ao coletivo –, como, ainda, prestigia de modo enfático – mesmo que, em alguns pontos, passível crítica à técnica legislativa – o papel da boa-fé objetiva.

Para que se possa colocar à prova essa hipótese, cabe principiar pelo exame do fundamento constitucional da livre-iniciativa, como expressão da liberdade econômica. A liberdade econômica, a rigor, na ordem constitucional, se expressa como liberdade de iniciativa econômica e como liberdade de trabalho. Isso é, inclusive, expressamente reconhecido pelo texto da lei ao se reportar ao art. 170 da Constituição, no âmbito da declaração de direitos de liberdade econômica.

O art. 1º da Constituição, em seu inc. IV, reconhece como fundamentos da República os valores sociais da livre-iniciativa e do trabalho.

Convém atentar para o fato de que este artigo não está a impor à livre-iniciativa e ao trabalho o cumprimento de uma função social de caráter normativo, mas, sim, está a reconhecer que livre-iniciativa e trabalho detêm valor social intrínseco, como

---

da promoção dos direitos fundamentais, e qualquer atuação meramente aparente destinada a neutralizar esse compromisso ofende à ordem jurídica. Exatamente por isso, a regularidade jurídica da atuação estatal depende não apenas da ausência de aparente desconformidade com os limites postos pela ordem jurídica. Mais do que isso, a regularidade da autuação estatal depende de sua conformidade com a realização dos direitos fundamentais. A compatibilidade com os direitos fundamentais torna-se o critério de juridicidade e de validade da atividade estatal, inclusive para desqualificar a conduta estatal puramente omissiva".

15 SARMENTO, Daniel. *Direitos fundamentais e relações privadas*. 2. ed. Rio de Janeiro: Lumen Juris, 2010. p. 199.

16 DWORKIN, Ronald. Rights as trumps. *In*: WALDRON, Jeremy. *Theories of rights*. Oxford: Oxford University, 1984. p. 153-167; NOVAIS, Jorge Reis. Renúncia a direitos fundamentais. *In*: MIRANDA, Jorge. *Perspectivas constitucionais nos 20 anos da Constituição de 1976*. Coimbra: Coimbra, 1996.

17 Do que é exemplo a declaração de direitos de liberdade econômica.

antecedente à própria ordem constitucional. Daí o emprego, no art. 1º da Constituição, da qualificação como fundamentos da República.

Diversamente da função social de caráter normativo (ou seja, a função social em seu sentido propriamente jurídico), o valor é algo inerente ao próprio objeto, não sendo a ele acrescido pela norma. Em outras palavras, quando a Constituição reconhece o valor social da livre-iniciativa, está ela a declarar que a livre-iniciativa é valorosa em si mesma para a sociedade, e que, por isso, esse valor integra os fundamentos da República.[18]

Novamente, no art. 170 da Constituição, a livre-iniciativa é qualificada como fundamento. Trata-se de fundamento da ordem econômica.[19]

Na dicção do citado art. 170, a ordem econômica tem dois fundamentos e atende a determinados fins, ali enunciados. Os fundamentos são, precisamente, a livre-iniciativa e o valor do trabalho de modo congruente com a proclamação realizada no art. 1º da própria Constituição.

Os fins consistem em "assegurar a todos existência digna, conforme os ditames da justiça social". Como se observa, a ordem econômica é, sim, funcionalizada à existência digna e à justiça social. Não o são, porém, a livre-iniciativa e o trabalho, haja vista que são fundamentos da própria ordem econômica, ou seja, alicerces que se situam na antessala, sendo compreendidos, assim, pela Constituição, como intrinsecamente ensejadores dos próprios objetivos almejados pela ordem econômica.

Se à livre-iniciativa – por ser fundamento – não se impõe uma função social normativa, o mesmo não se pode dizer sobre o contrato, cuja função social encontra fundamento no mesmo art. 170 da Constituição.

4 A função social do contrato e a alteração do *caput* do art. 421 do Código Civil

A função social a que se está a fazer referência é aquela de caráter normativo, propriamente jurídica, que se situa no âmbito do dever-ser, e que pode ser compreendida como o conjunto de contributos à sociedade que a ordem jurídica impõe ao titular de determinada situação subjetiva qualificada.

O efeito espontaneamente produzido por determinada atividade não será função social em seu sentido jurídico próprio – ainda que possa sê-lo e um sentido sociológico, de função latente. A função social somente é propriamente normativa e, assim, jurídica, se consistir em dever, que, a seu turno tem por conteúdo o contributo pretendido pela ordem jurídica.

Em sentido jurídico próprio, esse contributo será de caráter manifesto porque preordenado, e normativo, porque cogente: ou seja, deve ser realizado.

Em suma: a função social, em seu sentido jurídico, sempre se situa no âmbito do dever-ser.

---

[18] Essa formulação foi originalmente proposta em RUZYK, Carlos Eduardo Pianovski. O valor social da livre iniciativa e a função social dos contratos na MP 881. *Jota*. 15 maio 2019. Disponível em: https://www.jota.info/opiniao-e-analise/artigos/o-valor-social-da-livre-iniciativa-e-a-funcao-social-dos-contratos-na-mp-881-15052019. Acesso em: 15 maio 2019.

[19] MOREIRA, Egon Bockmann. Os princípios constitucionais da atividade econômica. *Revista da Faculdade de Direito UFPR*, Curitiba, dez. 2006. p. 103-111.

Ela difere das funções latentes, qualificadas por Robert Merton,[20] na sociologia, como contributos espontaneamente realizados, ou contributos que são realizados independentemente da vontade do agente. Estas são irrelevantes para o conceito jurídico de função social, uma vez que se situam no mundo do ser e não do dever-ser.

Somente funções definidas como cogentes pela ordem jurídica se situam no âmbito do dever-ser. Esses contributos cogentes podem ser definidos seja em proveito dos próprios contratantes, como função social intrínseca, seja em proveito de terceiros, como função social extrínseca.[21]

O Código Civil, porém, nem na redação original do art. 421, nem na redação modificada pela Lei da Liberdade Econômica, refere-se expressamente a contributos – embora estes derivem da própria definição do art. 170 da Constituição, ao impor fins a serem realizados pela ordem econômica, da qual o contrato é um dos instrumentos elementares.

Com efeito, a Lei da Liberdade Econômica alterou a redação do art. 421 do Código Civil de modo a eliminar a referência original a uma liberdade de contratar que seria exercida "em razão da função social", restringindo-se a norma, em sua redação atual, a apontar que a liberdade contratual será exercida "nos limites da função social".

Se a redação final não reflete do modo mais adequado o sentido normativo da função social, gerando o risco de que ela se confunda, equivocadamente, com meros limites externos à autonomia privada,[22] é certo que ela atende, em parte, a uma crítica doutrinária que já se apresentava ao tempo em que o Código Civil entrou em vigor.

Trata-se da supressão do preceito de que a liberdade dos contratantes seria exercida "em razão" da função social dos contratos.[23]

---

[20] MERTON, Robert. *Social theory and social structure*. New York: The Free Press, 1968. p. 126. Merton define duas espécies de funções, a função manifesta e a função latente. A primeira refere-se às consequências objetivas que contribuem para o ajuste ou adaptação que são pretendidos e reconhecidos pelos participantes do sistema. De sua parte, a latente refere-se às consequências não pretendidas ou não reconhecidas.

[21] NALIN, P. *Do contrato*: conceito pós-moderno. Em busca de sua formulação da perspectiva civil-constitucional. 1. ed. 3. tir. Curitiba: Juruá, 2003. p. 226. Os conceitos doutrinários de função social extrínseca e intrínseca se devem à obra de Paulo Nalin, que assim os define: "a primeira – intrínseca – é a relativa à observância de princípios novos ou reescritos (igualdade material, equidade e boa-fé objetiva) pelos titulares contratantes, todos decorrentes da grande cláusula constitucional da solidariedade, sem que haja um imediato questionamento acerca do princípio da relatividade dos efeitos dos contratos, insculpido no artigo 1165 do *Code* ('as convenções não produzem efeito que não entre as partes contratantes...'), corolário lógico do princípio da liberdade contratual. Seu perfil extrínseco (fim coletividade), por sua vez, rompe com o aludido princípio da relatividade dos efeitos do contrato, preocupando-se com suas repercussões no largo campo das relações sociais, pois o contrato em tal desenho passa a interessar a titulares outros que não só aqueles imediatamente envolvidos na relação contratual".

[22] Para que esses contributos sejam realizados, é certo, é possível que a ordem jurídica tenha que impor limites à atuação dos contratantes. Vale dizer, para que um contributo se realize é possível que a ordem jurídica precise impor coerção a ao menos um dos contratantes visando a impedi-lo de frustrar o contributo cuja realização é devida. Todavia, a função social não se confunde com o próprio limite, mas é contributo cuja realização pode implicar, como condição de possibilidade, a imposição de limites a condutas ou a escolhas dos contratantes. Nesse mesmo sentido, *vide* RAMOS, André Luiz Arnt. *Segurança jurídica e enunciados normativos deliberadamente indeterminados*: o caso da função social do contrato. Tese (Doutorado em Direito) – Faculdade de Direito da Universidade Federal do Paraná, 2019. p. 71.

[23] Junqueira de Azevedo criticava a redação original da norma, afirmando que diz menos do que deveria dizer por não trazer sequer parâmetros de aplicação que possam fazer com que essa função social não se reduza nem à fórmula vazia nem se preencha por argumentos que desnaturem sua base constitucional (AZEVEDO, A. Junqueira de. O direito pós-moderno e a codificação. *Revista da Faculdade de Direito da Universidade de São Paulo*, v. 94, p. 3-12, 1999. Disponível em: https://www.revistas.usp.br/rfdusp/article/view/67429. Acesso em: 20 abr. 2022).

Ocorre que se a liberdade contratual é uma expressão da autonomia privada, ela própria dotada de caráter jusfundamental – porque derivada do macroprincípio da liberdade –, não seria compatível com a ordem constitucional defender que a liberdade somente seria tutelada se exercida em razão de algo externo a própria liberdade e ao próprio sujeito livre.

Assim, a alteração legislativa, sob essa perspectiva, além de não modificar a substância da função social do contrato, que decorre, antes do Código Civil, da própria Constituição, elimina controversa e dispensável proclamação legislativa que suprimia da liberdade o seu próprio fundamento.

5 As novas regras sobre interpretação dos contratos

Outra alteração legislativa promovida pela Lei da Liberdade Econômica pertinente ao direito dos contratos consiste na indicação, tanto no art. 113 do Código Civil, quanto no art. 421-A, de critérios interpretativos.

Embora o art. 113 pretenda se destinar à generalidade dos negócios jurídicos, o perfil das regras acrescidas ao artigo em comento é revelador de que o escopo da norma é se referir de modo específico aos contratos. Trata-se a localização topográfica de tais critérios interpretativos de mais um entre os problemas de ordem técnica exaustivamente apontados pela doutrina que, já o advento da medida provisória que originou a lei, criticou amplamente suas redundâncias e atecnias.

Todavia, a norma é vigente, e, assim, do aplicador se espera o necessário exercício hermenêutico. Pode-se identificar, nos critérios interpretativos dos negócios jurídicos e dos contratos trazidos pela Lei da Liberdade Econômica, uma valorização do papel da boa-fé como cânone hermenêutico.

Há, inclusive, a redundante menção à boa-fé no inc. 3º do parágrafo único do art. 113 quando o princípio já é referido no próprio *caput* – o mesmo se podendo apontar quanto aos usos e costumes referidos no inc. II, quando o *caput* já se refere aos usos do lugar da celebração. Não se trata, porém, apenas disso. Ao dispor, no inc. I do §1º, que "a interpretação do negócio jurídico deve lhe atribuir o sentido que [...] for confirmado pelo comportamento das partes posterior à celebração do negócio", está o legislador a valorar comportamentos aptos a gerar confiança legítima, e a impor interpretações congruentes com a lealdade derivada do comando da boa-fé objetiva. Pretender interpretar o contrato contrariamente ao próprio comportamento da parte em sua execução seria *venire contra factum proprium* não admitido pelo princípio em tela.

É desleal e, portanto, contrária à boa-fé objetiva interpretação que desconsidere o efetivo comportamento das partes na execução do contrato.

É certo que esse comando já derivava da própria cláusula geral da boa-fé, e, assim, não é propriamente uma inovação. Ocorre que a expressa indicação de parâmetros interpretativos coerentes com o princípio, em rol exemplificativo, não deixa de consistir em uma tentativa (ainda que não inteiramente exitosa) de aperfeiçoamento da técnica das cláusulas gerais adotada pelo Código Civil de 2002, desde a origem. Antônio Junqueira de Azevedo criticava, ao tempo em que o Código ainda era projeto de lei, a excessiva abertura das cláusulas gerais da novel codificação, apontando como bom exemplo de norma dessa natureza art. 51 do CDC, por conter elementos mínimos de definição de seu conteúdo.

Os incs. I, II, III e IV do §1º do art. 113 do Código Civil consistem em um conjunto mínimo de elementos densificadores da boa-fé objetiva em sua função hermenêutica.

Com efeito, também pode ser compreendido como compatível com a boa-fé a regra do inc. IV, que preconiza interpretação que "corresponder a qual seria a razoável negociação das partes sobre a questão discutida, inferida das demais disposições do negócio e da racionalidade econômica das partes, consideradas as informações disponíveis no momento de sua celebração".

Pertinente crítica doutrinária já foi, é certo, realizada a esse dispositivo.[24] A redação adotada parece apontar para uma pressuposição de que as partes, em um contrato, agiriam impulsionadas por uma racionalidade econômica, o que nem sempre corresponde à realidade da vida. Todavia, é preciso reconhecer que, ainda que as partes não ajam a todo tempo de modo racional ao contratar, cabe ao intérprete, para oferecer o adequado sentido ao contrato, congruente com os ditames da lealdade e da confiança legítima, aferir o que seria razoável ponto de vista de agentes econômicos dotados de racionalidade no contexto em que o contrato foi celebrado.

A interpretação para a solução de problemas derivados de litígios contratuais não pode se pautar na irracionalidade e, por isso, a compreensão da racionalidade econômica própria daquele tipo de contratação, naquele dado contexto,[25] é critério relevante para permitir uma adequada compreensão do conteúdo a ser extraído dos comandos contratuais para fins de solução de litígios. Afere-se a racionalidade econômica a partir do juízo razoável de um contratante com a mesma qualificação e no mesmo contexto em que se encontram as partes.

A norma, ainda, determina interpretação coerente com as informações disponíveis, reconhecendo que a assimetria informacional pode ser relevante para a interpretação do contrato, haja vista sua repercussão na formação da confiança legítima.[26]

Como se observa, ainda que com emprego de redação tecnicamente passível de críticas, a Lei da Liberdade Econômica não apenas não se afasta dos ditames de eticidade da boa-fé objetiva como, em verdade, busca aprofundar a relevância do princípio como cânone hermenêutico do direito contratual.

Ocorre que o §2º do art. 113 permite que as partes pactuem outros critérios interpretativos dos contratos, ao dispor que "as partes poderão livremente pactuar regras de interpretação, de preenchimento de lacunas e de integração dos negócios jurídicos diversas daquelas previstas em lei". O inc. I do art. 421-A, por sua vez, dispõe que "as partes negociantes poderão estabelecer parâmetros objetivos para a interpretação das cláusulas negociais e de seus pressupostos de revisão ou de resolução".

---

24 RAMOS, André Arnt; CATALAN, Marcos. A interpretação dos contratos à luz da Lei da Liberdade Econômica: por ora, Hermes nada de novo tem a dizer. *Civilistica.com*, v. 10, n. 1, p. 1-22, 1 maio 2021.

25 A Convenção de Viena para compra e venda internacional de mercadorias (CISG) contém exemplo semelhantes no seu artigo 8 (2): "Não sendo caso de aplicação do parágrafo anterior, as declarações e a conduta de uma parte devem ser interpretadas segundo o sentido que lhes teria dado uma pessoa razoável, com a mesma qualificação e nas mesmas circunstâncias da outra parte".

26 O emprego de ferramentas econômicas para a compreensão do conteúdo dos contratos – e, sobretudo, para a fundamentação das decisões judiciais ou arbitrais a respeito dos contratos empresariais – não é estranho aos princípios jurídicos do contrato, como demonstra Vinícius Klein, em seu exemplar estudo a respeito do tema (KLEIN, Vinícius. *A economia dos contratos na teoria microeconômica*: uma análise a partir do realismo crítico, 2013. 290 f. Tese (Doutorado em Economia) – Universidade Federal do Paraná, 2013).

A questão que se pode apresentar é se seria possível as partes afastarem o próprio princípio da boa-fé como cânone interpretativo.

A resposta parece ser negativa, uma vez que consistiria em verdadeira contradição performativa. A criação, por meio da autonomia privada, de outros parâmetros interpretativos, ou, mesmo, o delineamento dos parâmetros legais a partir das necessidades de cada contrato em concreto (como exemplo, a expressa exclusão de dado uso de mercado como critério interpretativo, ou a delimitação das tratativas aptas a servirem como elementos de aferição da intenção preceptiva inerente ao contrato), não pode significar a eliminação da interpretação em conformidade com a boa-fé, que consiste em princípio de ordem pública, e não pode ser afastado pela vontade das partes.

Aquilo que poderá ser compreendido como inserto na confiança legítima pode, sim, ser delimitado e delineado pelo exercício da autonomia privada. O que não se pode é admitir critérios interpretativos que violem diretamente a própria confiança legítima e a lealdade, implicando, assim, derrogação do princípio da boa-fé – que a própria Lei da Liberdade Econômica assumiu como um pilar essencial no âmbito da interpretação dos contratos.

6 Gestão de riscos

A Lei da Liberdade Econômica também oferece destaque à gestão de riscos do contrato definida pelas próprias partes, dispondo que "a alocação de riscos definida pelas partes deve ser respeitada e observada" (art. 421-A, II, do CC/02, incluído pela Lei nº 13.874/19).

A alocação de riscos deve ser verificada no caso concreto, segundo o regulamento de interesses, bem como permite limitar[27] e até mesmo alargar as responsabilidades das partes contratantes,[28] ou seja, repercute na esfera jurídica dos contraentes, bem como manifesta o equilíbrio econômico do negócio almejado pelos contratantes para fins de realização de seus objetivos econômicos.[29]

Nessa linha, leciona Paula Forgioni que o contrato é um instrumento de alocação entre as partes dos possíveis prejuízos da atividade econômica. Registra que, ao contratar, as partes

[27] Enunciado nº 631, VIII Jornada de Direito Civil, em relação ao art. 946 do CC: "como instrumento de gestão de riscos na prática paritária é lícita a estipulação de cláusula que exclui a reparação por perdas e danos decorrentes do inadimplemento (cláusula excludente do dever de indenizar) e da cláusula que fixa valor máximo de indenização (cláusula limitativa do dever de indenizar)" (Disponível em: https://www.cjf.jus.br/cjf/corregedoria-da-justica-federal/centro-de-estudos-judiciarios-1/publicacoes-1/jornadas-cej/viii-enunciados-publicacao-site-com-justificativa.pdf. Acesso em: 18 abr. 2022).

[28] TERRA, Aline de Miranda Valverde; BANDEIRA, Paula Greco. A cláusula resolutiva expressa como instrumento de gestão positiva de risco nos contratos. *Cadernos do Programa de Pós-Graduação em Direito PPGDIr./UFRGS* – Edição Digital, Porto Alegre, v. XI, n. 1, p. 93-115, 2016. Disponível em: https://seer.ufrgs.br/index.php/ppgdir/article/view/61968/38137. Acesso em: 18 abr. 2022.

[29] TERRA, Aline de Miranda Valverde; BANDEIRA, Paula Greco. A cláusula resolutiva expressa e o contrato incompleto como instrumento de gestão de riscos nos contratos. *Revista Brasileira de Direito Civil – RBDCivil*, v. 6, out./dez. 2015. p. 4-5. ISSN 2358-6974.

> estão obrigadas a considerar as futuras vicissitudes que poderão enfrentar sob pena de serem impelidas ao prejuízo. Essa projeção, esse cálculo sobre o futuro, baseia-se em um estado mais ou menos normal das coisas: a parte que desconsidera o risco normal do negócio é sancionada no próprio jogo do mercado.[30]

O risco contratual diz respeito, notadamente, ao equilíbrio do contrato, ou seja, quando as partes estipulam, conforme a autonomia privada, a repartição dos riscos segundo seus interesses negociais e estabelecem o equilíbrio do ajuste. Importante notar que podem ser alocados os riscos previsíveis, ou seja, relacionados ao próprio tipo negocial e os imprevisíveis, isto é, aquele que é antecipado pelas partes.[31]

Em relação à gestão do risco, no cenário contemporâneo, Gustavo Tepedino e Rodrigo da Guia Silva afirmam que há uma renovação em razão das novas tecnologias e, em especial, destacando-se a inteligência artificial e os *smart contracts*. Salientam que: "o renovado arcabouço tecnológico reveste os contratantes de novas ferramentas para a alocação e para a gestão do risco contratual, em sintonia com a natural riqueza da fonte negocial para a criação dos modelos de contratos".

A gestão de riscos[32] pode ser positiva ou negativa. Nesse ponto, Aline Terra e Paula Greco Bandeira ressaltam que, entre os diversos instrumentos disponíveis para os contratantes no tocante à gestão positiva dos riscos, tem-se a cláusula resolutiva expressa.[33] De outra parte, a gestão negativa dos riscos, ou seja, quando deixam deliberadamente certos elementos contratuais em branco para serem definidos em momento futuro e oportuno, pela atuação das partes, de terceiros ou até mesmo de fatores externos, conforme previsão contratual estipulada visando à integração de lacuna, que é o caso do contrato incompleto.[34]

Especificamente em relação ao contrato incompleto, como exemplo de instrumento de gestão negativa dos riscos, deixa-se de alocar o risco previsível no momento da formação efetiva do contrato e o desloca para o momento posterior, ou seja, quando o risco ocorrer. Assim, existem lacunas deliberadas e a distribuição dos efeitos do risco para o futuro, caso se verifique. Ao se concretizar o risco, as partes distribuirão ganhos

---

30 FORGIONI, Paula Andrea. A interpretação dos negócios jurídicos II: alteração do art. 113 do Código Civil, art. 7. *In*: LEONARDO, Rodrigo Xavier; MARQUES NETO, Floriano Peixoto; RODRIGUES JUNIOR, Otávio Luiz. *Comentários à Lei da liberdade econômica*: Lei 13.874/2019. São Paulo: Revista dos Tribunais, 2019. p. 389-390.

31 FORGIONI, Paula Andrea. A interpretação dos negócios jurídicos II: alteração do art. 113 do Código Civil, art. 7. *In*: LEONARDO, Rodrigo Xavier; MARQUES NETO, Floriano Peixoto; RODRIGUES JUNIOR, Otávio Luiz. *Comentários à Lei da liberdade econômica*: Lei 13.874/2019. São Paulo: Revista dos Tribunais, 2019. p. 391.

32 TEPEDINO, Gustavo; SILVA, Rodrigo da Guia. Smart contracts e as novas perspectivas da gestão do risco contratual. *Pensar*, Fortaleza, v. 26, n. 1, p. 1-12, jan./mar. 2021.

33 TERRA, Aline de Miranda Valverde; BANDEIRA, Paula Greco. A cláusula resolutiva expressa e o contrato incompleto como instrumento de gestão de riscos nos contratos. *Revista Brasileira de Direito Civil – RBDCivil*, v. 6, out./dez. 2015. p. 8. ISSN 2358-6974. Como definem as autoras: "a cláusula resolutiva expressa consente ao contratante não inadimplente, ainda, transferir ao devedor o risco de sua insatisfação. Não obstante se afirme, usualmente, que a cláusula se destina a regular tão só o inadimplemento absoluto, não há óbice à inclusão, em seu suporte fático, de riscos diversos, desde que sua verificação conduza à disfuncionalização da relação obrigacional. Embora, em sua origem, o instituto estivesse ligado, de fato, ao inadimplemento absoluto, sua percepção histórico-relativa impõe a ampliação de seus confins, a permitir a gestão de outros riscos que, uma vez implementados, impeçam a promoção da função econômico-individual do negócio".

34 TERRA, Aline de Miranda Valverde; BANDEIRA, Paula Greco. A cláusula resolutiva expressa e o contrato incompleto como instrumento de gestão de riscos nos contratos. *Revista Brasileira de Direito Civil – RBDCivil*, v. 6, out./dez. 2015. p. 7. ISSN 2358-6974.

e perdas econômicos por meio da colmatação de lacunas definida pelas partes na avença original.[35]

Dito isto, a gestão de riscos pelas partes em contratos não representa uma novidade no ordenamento jurídico, sendo própria dos negócios e deve ser analisada de modo a alocá-la entre os agentes econômicos, em respeito aos princípios contratuais e segundo as balizas do caso concreto.

7 Excepcionalidade da revisão contratual

Ao colocar em destaque o papel da autonomia privada, e, portanto, do poder de autodeterminação dos contratantes, como exercício de sua liberdade positiva, a Lei da Liberdade Econômica pretende reforçar a obrigatoriedade dos contratos, com ênfase, assim, ao *pacta sunt servanda*. Não se trata de verdadeira inovação ao ordenamento jurídico. Nem mesmo o comando constante do parágrafo único do art. 421 (reprisado no inc. III do art. 421-A), que afirma a excepcionalidade da revisão contratual, poderia ser reputado como uma transformação no sistema.

A norma, aliás, prevê de modo expresso a possibilidade revisão contratual, o que não era textual no Código Civil. É certo que o Código já previa, em seu art. 478, a figura da onerosidade excessiva, bem como, em seu art. 317, a possibilidade de o juiz "corrigir" a prestação devida quando "por motivos imprevisíveis, sobrevier desproporção manifesta entre o valor da prestação devida e o do momento de sua execução". Ocorre que, sem embargo das corretas construções doutrinárias que já admitiam o emprego dessa hipótese para fins de revisão contratual, a norma do art. 478[36] é textualmente delineada sob a égide da resolução do contrato, e não de sua modificação.[37]

De qualquer sorte, a revisão contratual, nos sistemas modernos, sempre foi e segue sendo uma exceção, haja vista que o cumprimento dos contratos, por óbvio, não pode

---

[35] TERRA, Aline de Miranda Valverde; BANDEIRA, Paula Greco. A cláusula resolutiva expressa e o contrato incompleto como instrumento de gestão de riscos nos contratos. *Revista Brasileira de Direito Civil – RBDCivil*, v. 6, out./dez. 2015. p. 16. ISSN 2358-6974.

[36] Conforme lição de RODRIGUES JÚNIOR, Otavio. *Revisão judicial dos contratos*: autonomia da vontade e teoria da imprevisão. São Paulo: Atlas, 2006. Na mesma linha, TEPEDINO, Gustavo; KONDER, Carlos Nelson: Contratos: teoria geral. *In*: TEPEDINO, Gustavo; KONDER, Carlos Nelson; BANDEIRA, Paula Greco. *Fundamentos do direito civil*. Contratos. 2. ed. Rio de Janeiro: Forense, 2021. v. 3. p. 143.

[37] O Anteprojeto de Reforma do Código Civil brasileiro, elaborado por comissão constituída pelo Senado Federal, e do qual fez parte coautor deste artigo, busca dar conta dessa insuficiência e, ao mesmo tempo, assegurar que a revisão contratual ocorra de modo excepcional e limitado, por meio de nova redação proposta ao art. 478: "Art. 478. Nos contratos de execução continuada ou diferida, havendo alteração superveniente das circunstâncias objetivas que serviram de fundamento para a celebração do contrato, em decorrência de eventos imprevisíveis que gerem onerosidade excessiva para um dos contratantes e que excedam os riscos normais da contratação, o devedor poderá pedir a sua revisão ou a sua resolução. §1º Para a identificação dos riscos normais da contratação, deve-se considerar a sua alocação, originalmente pactuada. §2º Há imprevisibilidade do evento quando a alteração superveniente das circunstâncias ou dos seus efeitos não poderiam ser razoavelmente previstos por pessoa de diligência normal ou com a mesma qualificação da parte prejudicada pela onerosidade excessiva e diante das circunstâncias presentes no momento da contratação. §3º A revisão se limitará ao necessário para eliminar ou mitigar a onerosidade excessiva, observadas a boa-fé, a alocação de riscos originalmente pactuada pelas partes e a ausência de sacrifício excessivo às partes. §4º Não se aplica o disposto neste artigo para a mera impossibilidade econômica de adimplemento decorrente de fato pertinente à esfera pessoal ou subjetiva de um dos contratantes. §5º O disposto nesta seção não se aplica aos contratos de consumo, cuja revisão e resolução se sujeitam ao Código de Defesa do Consumidor".

deixar de ser a regra. A experiência jurisprudencial brasileira na aplicação de regras a respeito de revisão contratual no Código Civil é reveladora disso, como se identifica no conjunto de precedentes do STJ no caso da "ferrugem asiática" e dos contratos futuros de compra e venda de soja.

Trata-se de conjunto de demandas nas quais se pretendeu aplicação do art. 478 do Código Civil, que permite a resolução do contrato com base em fatos extraordinários e imprevisíveis, para desobrigar produtores da entrega de soja pelo preço que já havia sido anteriormente pactuado, sob o argumento de que o valor das sacas sofreu substancial elevação no período posterior à celebração do contrato, por causa do advento da praga da "ferrugem asiática".[38]

A jurisprudência do STJ firmou-se no sentido de que a revisão contratual não seria possível haja vista que os requisitos do art. 478 não estavam presentes, notadamente o caráter extraordinário e imprevisível do fato superveniente alegado, bem como o fato de se estar diante de contrato dotado de relevante álea inerente à sua natureza.

Com efeito, a revisão de contratos de natureza civil e empresarial, com acerto, nunca foi a tônica na jurisprudência do Superior Tribunal de Justiça. As especiais circunstâncias derivadas no recente período de pandemia da Covid-19, por certo, ensejaram espaço para identificação de hipóteses de revisão contratual, que, todavia, em nada inovam o ordenamento, pois se situam nos seus baldrames já previstos na redação original do código de 2002 – os quais eram estritos, revelando já ser a revisão dos contratos hipótese excepcional, antes mesmo da Lei da Liberdade Econômica. A nova lei, portanto, veio apenas afirmar aquilo que, a rigor, já decorria da própria estrutura do ordenamento jurídico.

8 Intervenção mínima

A Lei da Liberdade Econômica instituiu o que denominou de princípio da intervenção mínima nos contratos, expresso no parágrafo único do art. 421.

É necessário compreender sob qual conteúdo e em que limites ela pode subsistir no ordenamento.

---

[38] Segue ementa sobre julgado do STJ a respeito da "ferrugem asiática": "DIREITO CIVIL E PROCESSUAL CIVIL. RECURSO ESPECIAL. OMISSÃO. INEXISTÊNCIA. CONTRATO DE COMPRA E VENDA DE SAFRA FUTURA DE SOJA. CONTRATO QUE TAMBÉM TRAZ BENEFÍCIO AO AGRICULTOR. FERRUGEM ASIÁTICA. DOENÇA QUE ACOMETE AS LAVOURAS DE SOJA DO BRASIL DESDE 2001, PASSÍVEL DE CONTROLE PELO AGRICULTOR. RESOLUÇÃO DO CONTRATO POR ONEROSIDADE EXCESSIVA. IMPOSSIBILIDADE. OSCILAÇÃO DE PREÇO DA 'COMMODITY'. PREVISIBILIDADE NO PANORAMA CONTRATUAL. 1. A prévia fixação de preço da soja em contrato de compra e venda futura, ainda que com emissão de cédula de produto rural, traz também benefícios ao agricultor, ficando a salvo de oscilações excessivas de preço, garantindo o lucro e resguardando-se, com considerável segurança, quanto ao cumprimento de despesas referentes aos custos de produção, investimentos ou financiamentos. 2. A 'ferrugem asiática' na lavoura não é fato extraordinário e imprevisível, visto que, embora reduza a produtividade, é doença que atinge as plantações de soja no Brasil desde 2001, não havendo perspectiva de erradicação a médio prazo, mas sendo possível o seu controle pelo agricultor. Precedentes. 3. A resolução contratual pela onerosidade excessiva reclama superveniência de evento extraordinário, impossível às partes antever, não sendo suficiente alterações que se inserem nos riscos ordinários. Precedentes. 4. Recurso especial parcialmente provido para restabelecer a sentença de improcedência" (SUPERIOR TRIBUNAL DE JUSTIÇA. REsp 945.166/GO. Rel. Min. Luis Felipe Salomão. *DJ*, 12 mar. 2021. Disponível em: https://processo.stj.jus.br/SCON/jurisprudencia/toc.jsp?livre=%28RESP.clas.+e+%40num%3D%22945166%22%29+ou+%28RESP+adj+%22945166%22%29.suce. Acesso em: 18 abr. 2022).

A intervenção jurisdicional nos contratos, sobretudo empresariais, jamais foi a regra. A intervenção devida e possível é aquela determinada pela própria lei, a balizar, assim, a atuação jurisdicional. Nem mais, nem menos.

Por intervenção mínima, assim, dentro da lógica de um sistema jurídico unitário, centrado na Constituição, deve-se compreender aquela intervenção autorizada pelo legislador que, a rigor, já é excepcional.

O contrato pertence às partes, ainda que parcela de sua projeção eficacial possa interessar a terceiros, e, nesses casos, o próprio comando do art. 421 do Código Civil autoriza a atuação jurisdicional pontual ilimitada, quando indispensável à produção dos contributos devidos a título de função social extrínseca.

A intervenção estatal mínima nos contratos não consiste, assim, em expressão de um modelo de Estado mínimo, haja vista não ser esse o modelo da Constituição de 1988, mas, sim, em comando dirigido ao julgador, a impor sua autocontenção no exercício do poder de intervenção sobre as relações contratuais.

Trata-se, em outras palavras, de a intervenção judicial não ser a regra, mas exceção. Quando devida, deve ser exercida de modo limitado àquilo que seja indispensável ao atendimento dos ditames impostos pela própria norma que autoriza a intervenção.[39]

Assim, se a intervenção for necessária para cumprir os contributos que sejam impostos pela ordem jurídica a determinado contrato – a título, por exemplo, de função social – a intervenção jurisdicional devida deve se dar no limite do indispensável para realização dos contributos cogentes.

Intervenção mínima consiste, pois, naquela que não exceda a atuação estritamente necessária à realização das finalidades da norma que autoriza, excepcionalmente, tal intervenção.

9 Presunção de paridade e simetria

Por fim, identifica-se na Lei da Liberdade Econômica a presunção *iuris tantum* de paridade e simetria nos contratos civis e empresariais. Não se trata, a presunção, de qualquer novidade, uma vez que tal paridade, nos sistemas jurídicos da modernidade, sempre foi presumida.

São paritários os contratos que não são celebrados por adesão. São simétricos, por sua vez, os contratos em que a disparidade entre as partes não for de tal ordem que implique sujeição ou dependência: de um contratante ante outro.

Não poderia ser diferente, uma vez que o sujeito de direito das codificações civis é um sujeito de direito abstrato, o que implicou, por meio da legislação especial, a necessidade de maior aproximação à concretude da vida para a proteção de sujeitos vulneráveis.

O que a norma trazida pela Lei da Liberdade Econômica apresenta de efetivamente inovador é a expressa autorização para que o juiz afaste a presunção de paridade diante

[39] Em linha com esse pressuposto, a regra proposta no Anteprojeto de Reforma do Código Civil para o art. 478, a autorizar a excepcional revisão contratual por fatos supervenientes, dispõe, em seu §3º: "§3º A revisão se limitará ao necessário para eliminar ou mitigar a onerosidade excessiva, observadas a boa-fé, a alocação de riscos originalmente pactuada pelas partes e a ausência de sacrifício excessivo às partes".

da identificação de elementos concretos bastantes que assim justifiquem fazer ceder tal presunção.

Consiste essa norma em verdadeira fissura no âmbito da codificação civil. Como regra, por certo, não é possível prescindir dessa abstração do sujeito de direito, haja vista que toda norma advinda do Poder Legislativo precisa ser dotada de um razoável grau de abstração e de generalidade, até mesmo para viabilizar o igual tratamento dos cidadãos perante a lei, atendendo aos ditames da própria Constituição.

Isso não significa, porém, que não deva haver, na própria legislação civil, espaços de abertura à concretude, que demandam, para esse fim, a demonstração da especialidade da situação jurídica em que o sujeito concreto está inserido.

Assim, para que a presunção de paridade seja mitigada mediante demonstração de elementos concretos, está o legislador a trazer à tona outra dimensão da liberdade econômica, que não se restringe à autonomia privada formal, mas consiste na própria liberdade substancial dos contratantes – ou seja da possibilidade concreta de realização de escolhas valorosas para o indivíduo.

A identificação, em concreto, de uma grave vulnerabilidade que prive o contratante de um nível de liberdade substancial elementar à realização de escolhas em um contrato – e que, por óbvio, não seja imputável à sua própria imperícia ou desídia no ingresso em dado mercado –, a ponto de permitir a conclusão de que há uma relação de dependência ante o contratante mais forte, pode autorizar, excepcionalmente, tratamento diferenciado em proveito de determinado contratante.

Não se trata, é certo, de autorização para tratamento paternalista em qualquer situação concreta de disparidade econômica – inerente às relações sociais – ou de assimetria de informações – ordinariamente presente nas relações econômicas, em maior ou menor grau.

Excepcionar a presunção legal demanda demonstrar que o tratamento desigual a ser admitido é necessário à própria liberdade do contratante vulnerável, em condição de dependência ante o outro, e, assim, somente se sustenta quando se estiver a tratar de déficit efetivamente relevante de liberdade substancial – conceito este que pode ser compreendido como situado no encontro entre liberdade e solidariedade.[40]

Como se observa, a previsão da regra a admitir, ainda que em caráter excepcional, o afastamento da presunção de paridade e de simetria, é congruente com os traços de socialidade preconizados na versão original do Código Civil, e, sobretudo, com a solidariedade constitucional e as balizas de sua força irradiadora sobre as relações entre particulares.

Mais do que isso, trata-se de abertura da codificação civil à concretude da vida, empregando as presunções abstratas como instrumentos para o atendimento às finalidades do sistema, mas admitindo que a força construtiva dos fatos se imponha, quando necessário ao atendimento dessas mesmas finalidades – notadamente, o exercício, a conservação e a promoção da(s) liberdade(s), em seus diferentes perfis.

---

40 RUZYK, Carlos Eduardo Pianovski. *Institutos fundamentais do direito civil e liberdade(s)*. Rio de Janeiro: GZ Ed., 2011. p. 308.

Referências

AZEVEDO, A. Junqueira de. O direito pós-moderno e a codificação. *Revista da Faculdade de Direito da Universidade de São Paulo*, v. 94, p. 3-12, 1999. Disponível em: https://www.revistas.usp.br/rfdusp/article/view/67429. Acesso em: 20 abr. 2022.

BERCOVICI, Gilberto. Parecer sobre a inconstitucionalidade da Medida Provisória da Liberdade Econômica (Medida Provisória nº 881, de 30 de abril de 2019). *Revista Fórum Direito Financeiro e Econômico*, Belo Horizonte, ano 8, n. 15, p. 173-202, mar./ago. 2019.

DWORKIN, Ronald. Rights as trumps. *In*: WALDRON, Jeremy. *Theories of rights*. Oxford: Oxford University, 1984.

FACHIN, Luiz Edson. *Direito civil*: sentidos, transformações e fim. Rio de Janeiro: Renovar, 2015.

FACHIN, Luiz Edson. O aggiornamento do direito civil brasileiro e a confiança negocial. *Scientia Iuris*, n. 2, 2006.

FERRI, Luigi. *La autonomía privada*. Tradução de Luis Sancho Mendizibal. Madrid: Revista de Derecho Privado, 1969.

FORGIONI, Paula Andrea. A interpretação dos negócios jurídicos II: alteração do art. 113 do Código Civil, art. 7. *In*: LEONARDO, Rodrigo Xavier; MARQUES NETO, Floriano Peixoto; RODRIGUES JUNIOR, Otávio Luiz. *Comentários à Lei da liberdade econômica*: Lei 13.874/2019. São Paulo: Revista dos Tribunais, 2019.

JUSTEN FILHO, Marçal. *Curso de direito administrativo*. 4. ed. São Paulo: Saraiva, 2009.

JUSTEN FILHO, Marçal. O direito administrativo de espetáculo. *Revista Fórum Administrativo*, Belo Horizonte, ano 9, n. 100, jun. 2009.

MARTINS-COSTA, Judith. O Novo Código Civil brasileiro: em busca da "ética da situação". *Revista da Faculdade de Direito da UFRGS*, v. 20, 2001.

MERTON, Robert. *Social theory and social structure*. New York: The Free Press, 1968.

MOREIRA, Egon Bockmann. A indisponibilidade do interesse público ainda faz algum sentido? *Jota*, 2020. Disponível em: https://www.jota.info/opiniao-e-analise/colunas/publicistas/a-indisponibilidade-do-interesse-publico-ainda-faz-algum-sentido-22122020. Acesso em: 18 abr. 2022.

MOREIRA, Egon Bockmann. Os princípios constitucionais da atividade econômica. *Revista da Faculdade de Direito UFPR*, Curitiba, dez. 2006.

NALIN, P. *Do contrato*: conceito pós-moderno. Em busca de sua formulação da perspectiva civil-constitucional. 1. ed. 3. tir. Curitiba: Juruá, 2003.

NOVAIS, Jorge Reis. Renúncia a direitos fundamentais. *In*: MIRANDA, Jorge. *Perspectivas constitucionais nos 20 anos da Constituição de 1976*. Coimbra: Coimbra, 1996.

RAMOS, André Arnt; CATALAN, Marcos. A interpretação dos contratos à luz da Lei da Liberdade Econômica: por ora, Hermes nada de novo tem a dizer. *Civilistica.com*, v. 10, n. 1, p. 1-22, 1 maio 2021.

RAMOS, André Luiz Arnt. *Segurança jurídica e enunciados normativos deliberadamente indeterminados*: o caso da função social do contrato. Tese (Doutorado em Direito) – Faculdade de Direito da Universidade Federal do Paraná, 2019.

REALE, Miguel. *O projeto de Código Civil*: situação atual e seus problemas fundamentais. São Paulo: Saraiva, 1986.

RODRIGUES JÚNIOR, Otavio. *Revisão judicial dos contratos*: autonomia da vontade e teoria da imprevisão. São Paulo: Atlas, 2006.

ROPPO, Enzo. *O contrato*. Coimbra: Almedina, 2009.

RUZYK, Carlos Eduardo Pianovski. *Institutos fundamentais do direito civil e liberdade(s)*. Rio de Janeiro: GZ Ed., 2011.

RUZYK, Carlos Eduardo Pianovski. O valor social da livre iniciativa e a função social dos contratos na MP 881. *Jota*. 15 maio 2019. Disponível em: https://www.jota.info/opiniao-e-analise/artigos/o-valor-social-da-livre-iniciativa-e-a-funcao-social-dos-contratos-na-mp-881-15052019. Acesso em: 15 maio 2019.

SARMENTO, Daniel. *Direitos fundamentais e relações privadas*. 2. ed. Rio de Janeiro: Lumen Juris, 2010.

SUPERIOR TRIBUNAL DE JUSTIÇA. REsp 945.166/GO. Rel. Min. Luis Felipe Salomão. *DJ*, 12 mar. 2021. Disponível em: https://processo.stj.jus.br/SCON/jurisprudencia/toc.jsp?livre=%28RESP.clas.+e+%40num%3D%22945166%22%29+ou+%28RESP+adj+%22945166%22%29.suce. Acesso em: 18 abr. 2022.

SUPREMO TRIBUNAL FEDERAL. *ADI 6528*. Rel. Min. Ricardo Lewandowski. Disponível em: https://portal.stf.jus.br/processos/detalhe.asp?incidente=5972781. Acesso em: 20 abr. 2022.

TEPEDINO, Gustavo; KONDER, Carlos Nelson: Contratos: teoria geral. *In*: TEPEDINO, Gustavo; KONDER, Carlos Nelson; BANDEIRA, Paula Greco. *Fundamentos do direito civil*. Contratos. 2. ed. Rio de Janeiro: Forense, 2021. v. 3.

TERRA, Aline de Miranda Valverde; BANDEIRA, Paula Greco. A cláusula resolutiva expressa como instrumento de gestão positiva de risco nos contratos. *Cadernos do Programa de Pós-Graduação em Direito PPGDIr./UFRGS* – Edição Digital, Porto Alegre, v. XI, n. 1, p. 93-115, 2016. Disponível em: https://seer.ufrgs.br/index.php/ppgdir/article/view/61968/38137. Acesso em: 18 abr. 2022.

TERRA, Aline de Miranda Valverde; BANDEIRA, Paula Greco. A cláusula resolutiva expressa e o contrato incompleto como instrumento de gestão de riscos nos contratos. *Revista Brasileira de Direito Civil – RBDCivil*, v. 6, out./dez. 2015. ISSN 2358-6974.

Informação bibliográfica deste livro, conforme a NBR 6023:2018 da Associação Brasileira de Normas Técnicas (ABNT):

RUZYK, Carlos Eduardo Pianovski; KRIEGER, Carolina Kosma. Liberdade econômica e direito contratual. *In*: CORTIANO JUNIOR, Eroulths; SILVA, Alexandre Barbosa da (coord.). *O Código Civil e a Contemporaneidade*: Estudos do Grupo Virada de Copérnico em Homenagem ao Ministro Luiz Edson Fachin. Belo Horizonte: Fórum, 2025. p. 175-192. ISBN 978-65-5518-990-2.

O PROBLEMA DA REVISÃO DOS CONTRATOS NOS VINTE ANOS DO CÓDIGO CIVIL

CARLOS EDISON DO RÊGO MONTEIRO FILHO

1 Economia e principiologia dos contratos: evolução e novos desafios

Enzo Roppo, em seu clássico *O contrato*, adverte que "falar de contrato significa sempre remeter para a ideia de operação econômica". A pontuação evidencia a associação entre esse instituto central da civilística e a ampla perspectiva da circulação de riqueza, por meio de aquisição ou troca de bens e serviços. Assim, observa que o instituto jurídico do contrato nunca é construído como fim em si mesmo, mas com vista e em função da operação econômica.[1] Sem desconhecer a existência de negócios com conteúdo não patrimonial,[2] ao presente texto interessará sobretudo a concepção de contrato identificada, grosso modo, com a normativa formulada pelo legislador e pelas partes, por meio de atos e atividades, para regular e efetuar trocas econômicas. Georges Ripert, ao descrever as circunstâncias sociais e econômicas na França que antecederam a edição do Código Napoleão, anota que os momentos imediatamente subsequentes à Revolução, com a afirmação ampla do liberalismo, caracterizaram-se pela especulação e pela agiotagem. Esse contexto, de acordo com o autor, estimulou a elaboração do Código que deu "à França unificada a armação jurídica sólida que permitirá a constituição de uma nova economia", a se destacarem as previsões acerca da *liberdade* e da *força obrigatória* das convenções, noções centrais do espectro obrigacional até hoje.[3]

De fato, não há como se estudar o instituto da revisão sem partir de seus antecedentes expressos no brocardo *pacta sunt servanda*. E, ainda, sem deixar de destacar que a obrigatoriedade dos pactos se mostra histórica e umbilicalmente ligada à tutela da autonomia privada. A capacidade de as manifestações de vontade vincularem os

---

[1] ROPPO, Enzo. *O contrato*. Tradução de Ana Coimbra e M. Januário C. Gomes. Coimbra: Almedina, 2009. p. 8-9.

[2] Tais negócios fogem ao escopo principal deste trabalho. Para uma visão panorâmica acerca dos limites e possibilidades da autonomia existencial, v. TEIXEIRA, Ana Carolina Brochado. Autonomia existencial. *Revista Brasileira de Direito Civil – RBDCivil*, v. 16, p. 75-104, abr./jun. 2018.

[3] RIPERT, Georges. *Aspectos jurídicos do capitalismo moderno*. São Paulo: AM2, [s.d.]. p. 34.

declarantes, com previsão de sanções, pelo ordenamento, em caso de descumprimento, consiste na fórmula encontrada pelo legislador para tutelar a confiança depositada pelos contratantes quando da celebração do negócio.[4] Nessa direção, Judith Martins-Costa leciona que "no negócio jurídico, expresso em declarações negociais e em comportamentos concludentes, confiança e autonomia se unem de modo dinâmico, de tal sorte a provocar, por suas forças mutuamente implicadas, uma potencialização de suas respectivas eficácias jurídicas".[5]

A obrigatoriedade dos pactos consiste, portanto, em alicerce essencial da disciplina jurídica dos contratos e, mais que isso, do funcionamento prático da própria autonomia privada. Não à toa, Emilio Betti pontua o sentimento comum que advém da vinculação típica das transações econômicas, na medida em que o descumprimento do combinado, para além de ser juridicamente sancionado, é socialmente reprovado.[6] Costuma-se dizer, inclusive, que a efetivação do contrato carrega em si algum efeito civilizatório, como se depreende da clássica passagem de Caio Mário: "dois indivíduos que contratam, mesmo que se não estimem, respeitam-se".[7]

No entanto, e nada obstante a relevância do princípio da força obrigatória nas relações contratuais, parece certo que o direito contemporâneo não lhe atribui contornos absolutos. Conforme apontado por Pietro Perlingieri, a segurança jurídica e a tutela da confiança veiculadas pela obrigatoriedade dos pactos deve ser sempre ponderada com a ideia de justiça contratual. Dessa forma, "a autonomia negocial se conforma às escolhas de fundo que caracterizam o ordenamento" e institutos como a rescisão por lesão e a resolução por excessiva onerosidade, segundo o autor, configuram indícios da necessidade de se evitarem desproporções a favor de quem não as merece.[8] [9]

---

4 Emilio Betti observa que "o direito, quando se decide a elevar os contratos sob palavra, ao nível de negócios jurídicos, não faz mais do que reconhecer, em vista da sua função socialmente relevante, aquele vínculo que, segundo a consciência social, os próprios particulares anteriormente já admitiam existir na relação entre eles. Não faz mais que reforçar e tornar mais sólido esse vínculo, acrescentando-lhe a sua sanção" (BETTI, Emilio. *Teoria geral do negócio jurídico*. Tradução de Ricardo Rodrigues Gama. Campinas: LZN, 2003. t. I. p. 66).

5 MARTINS-COSTA, Judith. *A boa-fé no direito privado*. 2. ed. São Paulo: Saraiva, 2018. p. 252. Prossegue a autora: "É que, se por um lado a confiança é um dos fundamentos dos negócios jurídicos, por outro a constituição de uma relação de confiança se realça quando vinculada a uma declaração negocial. A manifestação negocial, assim, constitui a confiança legítima, ao mesmo tempo em que o negócio jurídico se fundamenta na confiança gerada pela declaração". No mesmo sentido, Antunes Varela registra: "o princípio da confiança explica, por sua vez, a força vinculativa do contrato, a doutrina válida em matéria de interpretação e integração dos contratos (arts. 236º, 238º, 239º, cfr. art. 217º) e a regra da imodificabilidade do contrato por vontade (unilateral) de um dos contraentes (art. 406º, 1): *quod prius est libertatis postea fit necessitatis*. É, com efeito, a proteção da legítima expectativa criada pelo recebimento da proposta contratual no espírito do destinatário que explica a irrevogabilidade dela pelo proponente durante o período razoavelmente reservado à reflexão e decisão deste (art. 230º)" (VARELA, João de Matos Antunes. *Das obrigações em geral*. 10. ed. Coimbra: Almedina, 2000. v. I. p. 227).

6 "Pense-se, antes de mais, no contrato que realiza, sob a forma mais rudimentar, a função de trocas de mercadorias: a permuta. É inegável que a vemos universalmente praticada, até por tribos selvagens, entre as quais não há quaisquer vestígios de um estado, tanto nas relações entre elas, como nas relações com os povos civilizados. Vemos que, não obstante a falta de um ordenamento superior, as negociações que antecedem à conclusão do contrato são conduzidas com escrupulosa correção, e que, obtido o acordo, ambas as partes mostram, ao concluir o contrato, plena consciência do seu valor vinculativo" (BETTI, Emílio. *Teoria geral do negócio jurídico*. Tradução de Ricardo Rodrigues Gama. Campinas: LZN, 2003. t. I. p. 64-65).

7 PEREIRA, Caio Mário da Silva. *Instituições de direito civil*. 19. ed. Atualização de Caitlin Mulholland. Rio de Janeiro: Forense, 2015. v. III. p. 17.

8 PERLINGIERI, Pietro. *O direito civil na legalidade constitucional*. Tradução de Maria Cristina de Cicco. Rio de Janeiro: Renovar, 2008. p. 403-404.

9 A propósito da concepção de justiça contratual, Arnoldo Medeiros da Fonseca explica da seguinte forma o ressurgimento da doutrina da cláusula *rebus sic stantibus* no direito europeu na primeira metade do século XX:

Na analogia forjada por Antônio Junqueira de Azevedo, a hipercomplexidade da sociedade contemporânea impõe "uma acomodação das camadas fundamentais do direito contratual, algo semelhante ao ajustamento subterrâneo das placas tectônicas". Decorre daí a máxima de que os três princípios clássicos – obrigatoriedade dos pactos, relatividade e liberdade contratuais – precisam ser conformados com novas demandas sociais que os relativizam por meio dos denominados novos princípios – equilíbrio das prestações, função social do contrato e boa-fé objetiva.[10] A didática imagem veiculada por Junqueira projeta luzes sobre as relações entre a principiologia obrigacional clássica e contemporânea, permitindo que se conclua não haver relação de sucessão entre ambas, vale dizer, os assim chamados novos princípios não tomaram lugar dos anteriores, fazendo-os terra arrasada. Longe disso, o que se verifica é a correlação harmônica entre todos os seis princípios aludidos, solucionando-se os eventuais tensionamentos entre eles por meio de método ponderativo, funcionalizado à hierarquia axiológica de base constitucional, à luz das indissociáveis circunstâncias de cada conflito em concreto.

Nesse contexto, enquanto buscávamos no Brasil o equilíbrio e a harmonia destacados no parágrafo anterior, próximos da cristalização de certos entendimentos jurisprudenciais e doutrinários, fomos atingidos, no limiar do vigésimo aniversário do Código Civil, pela maior crise global jamais vista nos últimos 100 anos, a pandemia da Covid-19. A megacatástrofe produziu aqui, e em todo o planeta, descumprimentos em larga escala, a ocasionar situações de mora e inadimplemento absoluto nos negócios em execução, trazendo à tona novos desafios a magistrados e árbitros no que tange à configuração, entre outras, das hipóteses de renegociação, suspensão, prorrogação, resolução e revisão dos pactos.

Com efeito, diversas são as vicissitudes supervenientes capazes de afetar o equilíbrio prestacional, sendo certo que, a depender da forma como determinada relação obrigacional se torne afetada, diferente será o remédio legal aplicável.[11] Em breve esboço de uma teoria, as impossibilidades de cumprimento parecem apresentar, no rigor técnico, *diferentes graus* de incidência na concreta relação negocial. Pondo-se em escala, em primeiro plano tem-se a impossibilidade subjetiva em obrigações fungíveis, a resultar em eventual desempenho da prestação por terceiro, substituto do devedor, às expensas

"Depois da guerra de 1914, que tão profundamente abalou as condições econômicas do mundo, a investigação da influência jurídica, que devia ter, sobre as obrigações contratuais, não executadas ainda, a superveniência de acontecimentos imprevistos e imprevisíveis, por ocasião da formação do vínculo, acarretando para um os contratantes uma onerosidade maior e ruinosa, embora sem obstar em definitivo ao seu cumprimento, voltou a despertar especial interesse, provocando eruditos estudos dos juristas. Seria justo fazer recair, em tal caso, todo o prejuízo sobre quem era apenas culpado de não ter previsto o imprevisível, por um supersticioso respeito ao princípio da irretratabilidade das convenções, consagrado pelo Código Civil francês, e outros que tomaram seu modelo? Ou, ao contrário, permitia o direito uma solução equitativa e humana, fosse a exoneração pura e simples da responsabilidade do estipulante, ou a modificação dos efeitos jurídicos da convenção, por intermédio do juiz?" (FONSECA, Arnoldo Medeiros da. *Caso fortuito e teoria da imprevisão*. São Paulo: Forense, 1958. p. 13-14).

10 AZEVEDO, Antônio Junqueira de. Princípios do novo direito contratual e desregulamentação do mercado – direito de exclusividade nas relações contratuais de fornecimento – função social do contrato e responsabilidade aquiliana do terceiro que contribui para inadimplemento contratual. *Revista dos Tribunais*, São Paulo, ano 87, v. 750, abr. 1998. p. 115.

11 Clóvis do Couto e Silva analisa as diferentes consequências jurídicas da impossibilidade de prestação variáveis de acordo com sua natureza absoluta ou relativa, com o momento de sua ocorrência, se inicial ou superveniente, e com a culpabilidade do devedor (SILVA, Clóvis do Couto e. *A obrigação como processo*. Rio de Janeiro: Editora FGV, 2006. p. 98-105).

deste (CC, art. 249); nas infungíveis, passo adiante, aflora o debate do *limite de sacrifício/exigibilidade* impostos ao devedor, à luz dos princípios contratuais contemporâneos. Em seguida, passa-se às impossibilidades temporárias, as quais, por atuarem como *fatores de diferimento de eficácia*, podem indicar redução da contraprestação, prorrogação de prazos, ou eventualmente suspensão de pagamento. Em nível mais avançado, encontram-se as impossibilidades parciais que, a depender da gravidade, à luz e em função do interesse útil do credor, podem sinalizar distintas consequências, desde a redução do programa contratual à parte aproveitável (CC, art. 184) até a revisão (CC, art. 317), ou mesmo a resilição, e a resolução dos contratos (CC, art. 478). E, finalizando a gradação, destaca-se a impossibilidade definitiva, apta a exonerar o devedor, libertando-o de quase todas as consequências do inadimplemento (CC, art. 393).[12]

Sobreleva aqui a importância de se efetivar *controle funcional do negócio em sua integralidade* diante do grau da impossibilidade e da atuação das partes no mister de evitar ou minorar possíveis efeitos prejudiciais em cada situação jurídica subjetiva.[13] [14] Ganha relevo, em particular, a função de regra de conduta que emana do princípio da boa-fé objetiva,[15] na apreciação dinâmica do processo obrigacional.

---

12 MONTEIRO FILHO, Carlos Edison do Rêgo. Coronavírus e força maior: configuração e limites. *In*: MONTEIRO FILHO, Carlos Edison do Rêgo; ROSENVALD, Nelson; DENSA, Roberta (Coord.). *Coronavírus e responsabilidade civil*: impactos contratuais e extracontratuais. 2. ed. Indaiatuba: Foco, 2021. p. 29.

13 Em tempos de exceção, como os resultantes da crise que assola o mundo gerada pela Covid-19, instrumentos do direito civil, como a revisão contratual, devem ser empregados cautelosamente em cada caso concreto. Nesse sentido, para que a revisão seja uma opção de remédio jurídico, não é suficiente somente comprovar que o evento gerador da revisão seja extraordinário, excedendo os riscos normais do negócio, e imprevisível, mas é preciso que os efeitos concretos deste evento na economia do contrato também possuam essas características. Assim, como Carlos Eduardo Pianovski leciona, "haverá contratos que, mesmo com elevada repercussão na equação econômico-financeira, não poderão ser revisados, pois os efeitos concretos do evento pandemia integrarão o âmbito dos riscos normais do negócio (não se tratando, pois, de efeito extraordinário sobre a avença, a despeito do fato extraordinário da própria pandemia)" (PIANOVSKI, Carlos Eduardo. A força obrigatória dos contratos nos tempos do coronavírus. *Migalhas*, 26 mar. 2020. Disponível em: https://www.migalhas.com.br/coluna/migalhas-contratuais/322653/a-forca-obrigatoria-dos-contratos-nos-tempos-do-coronavirus. Acesso em: 28 abr. 2022). Na mesma direção, o Enunciado nº 366 da IV Jornada de Direito Civil do CJF estabelece: "O fato extraordinário e imprevisível causador de onerosidade excessiva é aquele que não está coberto objetivamente pelos riscos próprios da contratação".

14 João de Matos Antunes Varela avalia o debate teórico no plano da legislação portuguesa: "A doutrina do limite do sacrifício (*der Opfergrenze*), encabeçada por Brecht, Stoll e Heck, não é geralmente aceita noutros países, nem é perfilhada pela doutrina de longe dominante na literatura e na jurisprudência alemãs, pela perigosa incerteza e pelos inevitáveis arbítrios a que daria lugar a sua aplicação prática. E também pode considerar-se afastada pela nova lei civil portuguesa, que, eliminando intencionalmente os preceitos do anteprojecto Vaz Serra (direito das obrigações) referentes ao caráter (custo ou peso) excessivo da prestação (art. 8º.), apenas alude ao artigo 790º à impossibilidade da prestação como causa extintiva da obrigação" (VARELA, João de Matos Antunes. *Das obrigações em geral*. 7. ed. Coimbra: Almedina, 1997. v. II. p. 69-70). Mário Júlio de Almeida Costa ressalta esta opção da lei civil portuguesa: "Estatui o nº 1 do art. 790º que a obrigação se extingue quando, por causa não imputável ao devedor, ocorre impossibilidade objectiva da prestação. Mas só a impossibilidade absoluta libera o devedor e não a mera impossibilidade relativa (*difficultas praestandi*), que se traduz na simples dificuldade ou onerosidade exagerada da prestação, de ordem financeira, pessoal ou moral. Ao consagrar-se esta solução houve o manifesto propósito de impedir as incertezas e os riscos de arbítrio que podem resultar da orientação oposta". Todavia, o autor ressalva exceções na legislação portuguesa: "Em todo caso, a própria lei expressa algumas atenuações. Designadamente: a resolução ou modificação do contrato por alteração das circunstâncias (art. 437º); a substituição da restauração natural pela indemnização pecuniária, sempre que o interesse do credor não justifique a excessiva onerosidade daquela para o devedor (art. 566º, nº 1)" (COSTA, Mário Júlio de Almeida. *Direito das obrigações*. 12. ed. Coimbra: Almedina, 2013. p. 1074-1075).

15 "Sob essa ótica, apresenta-se a boa-fé como norma que não admite condutas que contrariem o mandamento de agir com lealdade e correção, pois só assim se estará a atingir a função social que lhe é cometida. Nesse campo, tem a boa-fé objetiva particularíssima operatividade em matéria de *resolução contratual*" (MARTINS-COSTA, Judith. *A boa-fé no direito privado*. São Paulo: Revista dos Tribunais, 2000. p. 457).

2 Patologia dos contratos: a revisão e seus pressupostos entre autonomia negocial e equilíbrio funcional

A revisão contratual, ao contrário da resolução por onerosidade excessiva, não restou positivada de maneira clara no Código Civil de 2002. Por essa razão e também por conta da interpretação literal dos arts. 478 e 479, de início, difundiu-se a compreensão de que existiria, no direito brasileiro, preferência pela resolução, sendo a revisão apenas mecanismo de defesa do contratante que pretendesse evitar a resolução, em simetria ao que ocorria no direito italiano.[16] Isso porque, apenas os arts. 478, 479 e 480 teriam caráter de norma geral, sendo as demais disposições a respeito da revisão contratual normas setoriais e subsidiárias, inclusive o art. 317, que, embora possua redação abrangente, originalmente se referia apenas a prestações pecuniárias e tinha o escopo específico de tutela das partes contra a "desvalorização monetária", referência suprimida quando da tramitação do Projeto do Código Civil de 2002 no Senado Federal.[17]

Atualmente, porém, fez-se amplamente aceito o entendimento de que o art. 317 deve ser interpretado de maneira *lata*, não adstrita às hipóteses de desvalorização monetária de prestação pecuniária.[18] Ademais, à luz da carga axiológica da principiologia contratual contemporânea, prevaleceu o entendimento de que, não obstante a literalidade do art. 478, não constitui mácula à *autonomia negocial* poder a parte, afetada pela modificação superveniente das circunstâncias, exigir a revisão judicial da avença, e não somente a resolução do contrato.[19] Inclusive, de há muito Gustavo Tepedino alertava para a devida prioridade que se deveria atribuir à revisão em detrimento da resolução, sempre que aquela for possível.[20] Nessa toada, a partir da releitura da autonomia privada conforme os princípios e valores centrais do ordenamento, mostra-se viável o reconhecimento de que "a revisão dos contratos passa a ser entendida como instrumento de preservação – não já de violação – da autonomia dos contratantes".[21] Afinal, como esclarece Maria Celina Bodin de Moraes, "no novo modelo, o enfoque não é mais voluntarista, voltando-se para a busca de um concreto equilíbrio entre as partes contratantes".[22] E Luís Renato Ferreira da Silva, em viés análogo, arremata que "a autonomia deixa de ser vista como

---

16 A respeito da trajetória da revisão e da resolução por onerosidade excessiva no ordenamento jurídico brasileiro, v. DIAS, Antônio Pedro Medeiros. *Revisão e resolução do contrato por onerosidade excessiva*. Belo Horizonte: Fórum, 2017. p. 125-141.

17 TEPEDINO, Gustavo; BARBOZA, Heloisa Helena; MORAES, Maria Celina Bodin de. *Código Civil interpretado conforme a Constituição da República*. 2. ed. Rio de Janeiro: Renovar, 2012. v. II. p. 13[illegible].

18 Nesse sentido, TABET, Gabriela. Obrigações pecuniárias e revisão obrigacional. *In*: TEPEDINO, Gustavo (Coord.). *Obrigações*: estudos na perspectiva civil-constitucional. Rio de Janeiro: Renovar, 2005. p. 342.

19 A respeito do desenvolvimento do conceito de autonomia negocial, v. PERLINGIERI, Pietro. *O direito civil na legalidade constitucional*. Tradução de Maria Cristina de Cicco. Rio de Janeiro: Renovar, 2008. p. 338: "a locução mais idônea a acolher a vasta gama das exteriorizações da autonomia é aquela de 'autonomia negocial', enquanto capaz também de se referir às hipóteses dos negócios com estrutura unilateral e dos negócios com conteúdo não patrimonial".

20 TEPEDINO, Gustavo. A teoria da imprevisão e os contratos de financiamento firmados à época do chamado plano cruzado. *Revista Forense*, São Paulo, v. 301, jan./mar. 1988. p. 82.

21 DIAS, Antônio Pedro Medeiros. *Revisão e resolução do contrato por onerosidade excessiva*. Belo Horizonte: Fórum, 2017. p. 137. Nesse sentido, foi editado o Enunciado nº 176, da III Jornada de Direito Civil do Conselho da Justiça Federal, no qual se estabeleceu a seguinte orientação interpretativa: "Em atenção ao princípio da conservação dos negócios jurídicos, o art. 478 do Código Civil de 2002 deverá conduzir, sempre que possível, à revisão judicial dos contratos e não à resolução contratual".

22 MORAES, Maria Celina Bodin de. O princípio da solidariedade. *In*: PEIXINHO, Manuel Messias *et al.* (Org.). *Os princípios da Constituição de 1988*. Rio de Janeiro: Lumen Juris, 2001. p. 180.

um poder puro e desinibido, para ser encarada como um poder-função [...] a bem de proporcionar-se uma relação justa e útil nos negócios privados".[23]

Passando ao plano dos pressupostos, os dois primeiros pontos de análise considerados genericamente pelo Superior Tribunal de Justiça têm-se no fato de o evento gerador do desequilíbrio financeiro ser *extraordinário* e *imprevisível*. Trata-se de tema relevante, advirta-se desde logo, porque se relaciona à formulação da diferença entre a teoria da excessiva onerosidade, aplicável a contratos paritários regulados pelo Código Civil, e a teoria da base objetiva do negócio, adotada pelo Código de Defesa do Consumidor, de contornos bem mais flexíveis.[24] [25]

Ilustrativos de tal distinção são os julgados do STJ acerca da maxidesvalorização do real perante o dólar ocorrida em 1999. Em 2003, a Segunda Seção da Corte qualificou tal evento como extraordinário, capaz de ensejar a revisão de contratos de consumo com fundamento da teoria da base objetiva do negócio, entendimento posteriormente replicado em diversos julgados.[26] Por outro lado, em 2014, a Terceira Turma, após afastar a incidência do CDC ao caso então analisado, concluiu que o mesmo evento – maxidesvalorização do real de 1999 –, embora extraordinário, não poderia ser qualificado como imprevisível a dar azo à teoria da imprevisão. Assim, consignou-se o seguinte no acórdão:

> O histórico inflacionário e as sucessivas modificações no padrão monetário experimentados pelo país desde longa data até julho de 1994, quando sobreveio o Plano Real, seguido de período de relativa estabilidade até a maxidesvalorização do real em face do dólar americano, ocorrida a partir de janeiro de 1999, não autorizam concluir pela imprevisibilidade desse fato nos contratos firmados com base na cotação da moeda norte-americana, em se tratando de relação contratual paritária.[27]

---

[23] SILVA, Luís Renato Ferreira da. *Revisão dos contratos*: do Código Civil ao Código do Consumidor. Rio de Janeiro: Forense, 2001. p. 149. Em outra passagem, afirma o autor: "A clássica solução, quando havia dissenso entre as partes, era o caminho da resolução, caso houvesse inadimplemento, ou da rescisão, quando houvesse mácula congênita à formação do contrato, como no caso da lesão. Esta tendência parece estar mudando. Privilegia-se, em diversas circunstâncias, a manutenção do pactuado em detrimento de seu desfazimento" (*ob. cit.*, p. 2).

[24] De acordo com doutrina e jurisprudência majoritárias, a teoria da base objetiva do negócio foi adotada pelo art. 6º, inc. V, do CDC: "a modificação das cláusulas contratuais que estabeleçam prestações desproporcionais ou sua revisão em razão de fatos supervenientes que as tornem excessivamente onerosas".

[25] Orlando Gomes explica a teoria da base objetiva do negócio, desenvolvida por Karl Larenz, da seguinte forma: "A base objetiva constitui-se do conjunto de circunstâncias cuja existência, ou persistência, se considera necessária a que o propósito das partes contratantes seja atingido. Se as circunstâncias não existem, ou não perduram, a conservação do contrato não tem sentido". E, adiante, complementa: "Segundo, pois, a teoria de Larenz, o contrato se desfaz se fica desprovido de sua base, ou perde o sentido, em consequência de uma alteração das circunstâncias, previsíveis ou não". Lembra Orlando Gomes, ainda, que Larenz desenvolveu sua tese a partir da construção de Paul Oertmann, para quem "a base do negócio é a representação mental de uma das partes de um contrato, conhecida e admitida pela outra, ou a comum representação das duas, sobre a existência ou o aparecimento de certas circunstâncias que condicionam a vontade negocial". E, na sequência, o autor tece as seguintes críticas a tal elaboração: "Não obstante exigir Oertmann como requisito para a base do negócio que a outra parte conheça e não repila o condicionamento da vontade à permanência de certas circunstâncias, padece sua teoria do defeito de origem, proveniente como é da concepção voluntarista do negócio jurídico. Não se liberta, com efeito, do subjetivismo de que está impregnado o conceito de pressuposição" (GOMES, Orlando. *Transformações gerais do direito das obrigações*. 2. ed. São Paulo: Revista dos Tribunais, 1980. p. 100-103).

[26] STJ, 2ª Seção. REsp 472.594/SP. Rel. p/ acórdão Min. Aldir Passarinho Júnior, julg. 12.2.2003: "Admissível, contudo, a incidência da Lei n. 8.078/90, nos termos do art. 6º, V, quando verificada, em razão de fato superveniente ao pacto celebrado, consubstanciado, no caso, por aumento repentino e substancialmente elevado do dólar, situação de onerosidade excessiva para o consumidor que tomou o financiamento".

[27] STJ, 3ª Turma. REsp 1.321.614/SP. Rel. p/ acórdão Min. Ricardo Villas Bôas Cueva, julg. 16.12.2014.

Não se pode finalizar a investigação desses dois pressupostos sem destacar o tempero à rigidez da dicção voluntarista dos arts. 478 e 317 do Código. Assim, a imprevisibilidade e a extraordinariedade referidas no art. 478 podem se referir não só a evento superveniente, como também às suas consequências. De modo rigorosamente semelhante, a expressão "motivos imprevisíveis" constante do art. 317 abarca igualmente os motivos previsíveis, mas de consequências imprevisíveis. Tal linha de raciocínio, de cunho mais flexível, ganhou renovado impulso com o advento da pandemia e seus efeitos sobre as relações contratuais.[28]

Outro pressuposto comumente indicado pela jurisprudência como necessário à revisão contratual por onerosidade excessiva consiste na *inexistência de mora* por parte do requerente. Conforme restou decidido no julgamento do Recurso Especial nº 1.581.075/PA, julgado pela 3ª Turma, "o pedido judicial fundado na onerosidade excessiva deve ser intentado quando o cumprimento da obrigação se tornar insustentável, porém antes de ocorrido o inadimplemento".[29]

O quarto pressuposto consiste em que o evento superveniente, extraordinário e imprevisível, incida *sobre as prestações objetivamente consideradas e não sobre a pessoa* de um dos contratantes. Há, neste particular, certo dissenso entre a doutrina, que se divide quanto a seu reconhecimento. Uma primeira corrente, predominante, orienta-se de modo a afastar a revisão por onerosidade excessiva nos casos de diminuição na renda de uma das partes em decorrência da perda de emprego, por exemplo.[30] A jurisprudência do Superior Tribunal de Justiça, por sua vez, costuma seguir tal orientação e consigna que "a simples diminuição da renda com a perda do emprego não pode ser considerada como um evento extraordinário".[31] Por outro lado, há julgados de tribunais locais que relativizam esse entendimento ao admitir a redução de renda de uma das partes como capaz de provocar a revisão contratual, movimento que ganhou força com a pandemia de Covid-19, tendo em vista a capacidade de tal evento provocar a redução de renda de modo genérico, conferindo contornos objetivos a circunstâncias que, em tempos de normalidade, consideram-se de natureza eminentemente subjetiva, como o desemprego e a impossibilidade de exercer atividade laborativa.[32]

---

28 De acordo com o Enunciado nº 175, da III Jornada de Direito Civil do Conselho da Justiça Federal: "A menção à imprevisibilidade e à extraordinariedade, insertas no art. 478 do Código Civil, deve ser interpretada não somente em relação ao fato que gere o desequilíbrio, mas também em relação às consequências que ele produz". O mesmo entendimento foi firmado em relação à teoria da imprevisão contida no art. 317 do Código Civil no Enunciado nº 17 da I Jornada de Direito Civil do CJF: "A interpretação da expressão 'motivos imprevisíveis' constante do art. 317 do novo Código Civil deve abarcar tanto causas de desproporção não-previsíveis como também causas previsíveis, mas de resultados imprevisíveis".

29 STJ, 3ª Turma. REsp 1.581.075/PA. Rel. Min. Moura Ribeiro, julg. 19.3.2019.

30 "Conforme entendimento doutrinário clássico, para a aplicação dos remédios da excessiva onerosidade previstos nos artigos 478 e 317 do Código Civil, não é suficiente que o evento superveniente perturbador do equilíbrio contratual, ainda que dramático, se manifeste na esfera individual do contraente, devendo ser dotado de generalidade. A situação patrimonial subjetiva do contratante não se mostra, portanto, hábil a deflagrar a incidência da teoria da excessiva onerosidade" (TEPEDINO, Gustavo; OLIVA, Milena Donato; DIAS, Antônio Pedro Medeiros. Contratos, força maior, excessiva onerosidade e desequilíbrio patrimonial. *Conjur*, 20 abr. 2020. Disponível em: https://www.conjur.com.br/2020-abr-20/opiniao-efeitos-pandemia-covid-19-relacoes-patrimoniais. Acesso em: 28 abr. 2022).

31 STJ, 4ª Turma. REsp 1.514.093/CE. Rel. Min. Marco Buzzi, julg. 25.10.2016.

32 Ilustrativamente, v. TJSP, 29ª Câmara de Direito Privado. Apelação 1003205-07.2020.8.26.0006. Rel. Des. Alves Braga Junior, julg. 4.6.2021: "APELAÇÃO. REVISÃO DE ALUGUEL. REDUÇÃO SALARIAL NO PERÍODO DA PANDEMIA (COVID-19). Pretensão de redução do valor do aluguel em 50%, pelo período de 5 meses, em razão

Por fim, o problema da *vantagem extrema* indicada no art. 478 do Código Civil tem atraído severas apreciações por não encontrar raízes na elaboração clássica do instituto e por representar óbice prático à sua aplicação.[33] Em decorrência dessa perspectiva crítica, aprovou-se o Enunciado nº 365 da IV Jornada de Direito Civil da Justiça Federal, no qual se lê: "A extrema vantagem do art. 478 deve ser interpretada como elemento acidental da alteração das circunstâncias, que comporta a incidência da resolução ou revisão do negócio por onerosidade excessiva, independentemente de sua demonstração plena".

De ângulo semelhante, indica-se que a extrema vantagem não pode ser apreciada somente como efetivo enriquecimento patrimonial, "de dimensões econômicas", e tampouco "como um pressuposto a ser isoladamente analisado para a revisão ou resolução obrigacional, tendo em vista que o que se encontra sob análise é a equação contratual e o equilíbrio concreto entre as prestações".[34] Assim, a extrema vantagem deve ser interpretada como o outro lado da moeda da excessiva onerosidade, na medida em que se procura resguardar o que temos denominado *equilíbrio funcional* entre as prestações.[35]

O Superior Tribunal de Justiça tem se posicionado de acordo com tais linhas de entendimento em seus julgados. A título de exemplo, no 1.632.842/RS, a 3ª Turma afastou a aplicação do dispositivo ao argumento de que, na hipótese, "a alteração afetou a ambos os contratantes, razão pela qual inaplicável a teoria da imprevisão".[36]

---

de diminuição salarial durante o período de pandemia do coronavírus (COVID-19). Possibilidade. Locação de imóvel que não representa a fonte principal de renda do locador. Situação excepcional que gerou considerável diminuição na renda do núcleo familiar do locatário. Sentença mantida. RECURSO DESPROVIDO".

33 "Na prática, nem sempre a onerosidade excessiva para uma das partes irá refletir automaticamente em vantagem extrema para a outra parte. Pode ocorrer, muitas vezes, uma vantagem indireta, mas que não trará grandes benefícios para a parte. A verificação do ganho da outra parte com a onerosidade da prestação da parte contrária é algo de difícil constatação, além de não ser estritamente necessário para se verificar o desequilíbrio contratual, pois a mudança nas condições externas ao contrato que onerem excessivamente a prestação de uma das partes já é suficiente para provocar o desequilíbrio na relação contratual" (ALVES JUNIOR, Milton. A revisão judicial dos contratos. *Revista Meritum*, v. 2, n. 1, jan./jun. 2007. p. 182-183). No mesmo sentido, v. PUGLIESE, Antonio Celso Fonseca. Teoria da imprevisão e o Novo Código Civil. *Revista dos Tribunais*, v. 830, dez. 2004. p. 15-16.

34 "Em termos práticos, a interpretação aqui defendida do requisito da extrema vantagem importa na inversão do ônus da prova nas situações envolvendo aplicação da teoria da imprevisão. Não se exige do devedor afetado pela excessiva onerosidade que demonstre que o credor auferiu lucros exorbitantes em razão da incidência do evento superveniente, mas o credor possui o ônus de provar que o evento superveniente o afetou de igual forma, a ponto de anular o suposto desequilíbrio da relação original. Não há justificativa para a revisão ou resolução de um contrato em razão de aplicação da teoria da imprevisão na hipótese de o evento superveniente incidir por igual em ambos os contratantes, onerando de igual forma as posições contratuais tanto do credor como do devedor, hipótese em que não se poderá cogitar de desequilíbrio entre as prestações" (DIAS, Antônio Pedro Medeiros. *Revisão e resolução do contrato por onerosidade excessiva*. Belo Horizonte: Fórum, 2017).

35 Sobre a noção de *equilíbrio funcional*, já tivemos oportunidade de ressaltar que: "O estudo do equilíbrio não deve ser realizado pontualmente apenas no tocante a determinada obrigação estaticamente considerada, mas de forma global, levando em conta a relação jurídica como um todo, a abranger as especificidades de cada situação jurídica em concreto, em perspectiva dinâmica. Na busca do equilíbrio funcional, devem ser avaliadas, por exemplo, circunstâncias contratuais além daquelas traduzidas nos clássicos binômios preço-serviço ou preço-coisa. [...] A busca do equilíbrio requer a investigação ampla da relação, o que impõe ao intérprete o dever de mirar também aspectos negociais não clausulados, provenientes não já do ato jurídico formal, mas da atividade, da obrigação como processo em execução, e mesmo eventuais coligações contratuais" (MONTEIRO FILHO, Carlos Edison do Rêgo. *Pacto comissório e pacto marciano no sistema brasileiro de garantias*. Rio de Janeiro: Processo, 2017. p. 236-237).

36 STJ, 3ª T. 1.632.842/RS. Rel. Min. Paulo de Tarso Sanseverino, julg. 12.9.2017.

3 Vetores interpretativos da revisão dos contratos: o entrechoque da Lei da Liberdade Econômica com a pandemia de Covid-19

A Lei da Liberdade Econômica (LLE), epíteto da Lei nº 13.874, promulgada em 2019, em contexto de certo recrudescimento das teorias econômicas liberais, tinha por objetivo declarado fortalecer a autonomia privada, conforme se constata na Declaração de Direitos de Liberdade Econômica, incluída no art. 3º da referida normativa. Ao fazê-lo, parece ter tomado como inimigos a serem combatidos os chamados novos princípios contratuais, na convicção de que permitiriam suposta ingerência excessiva do Poder Judiciário e das agências reguladoras nas relações privadas. Com o fim de impor limites a esse fenômeno, buscou: (i) definir o conteúdo da boa-fé objetiva na interpretação dos contratos, em aproximação da técnica regulamentar; (ii) fortalecer a capacidade das partes de pactuarem regras de interpretação contratual; e (iii) conter a revisão judicial dos contratos.

Especificamente no que toca à revisão contratual, como mecanismo associado ao princípio do equilíbrio das prestações, a LLE, no afã de fortalecer a autonomia privada, buscou contê-la por meio da inclusão de parágrafo único ao art. 421, bem como do art. 421-A, em especial inc. III, todos com objetivo e teor redundantes de jogar luzes sobre o caráter excepcional da revisão dos contratos.[37]

A elaboração da referida lei, no entanto, parece ter passado ao largo da percepção que sempre prevaleceu no direito brasileiro acerca da excepcionalidade das medidas de revisão, que vinham sendo – como devia e deve ser mesmo – manejadas com parcimônia e apenas quando "ultrapassado um grau de razoabilidade", como anota Caio Mário da Silva Pereira:

> Todo contrato é previsão, e em todo contrato há margem de oscilação do ganho e da perda, em termos que permitem o lucro ou o prejuízo. Ao direito não podem afetar estas vicissitudes, desde que constritas nas margens do lícito. Mas, quando é ultrapassado um grau de razoabilidade, que o jogo da concorrência livre tolera, e é atingido o plano do desequilíbrio, não pode omitir-se o homem do direito, e deixar que em nome da ordem jurídica e por amor ao princípio da obrigatoriedade do contrato um dos contratantes leve o outro à ruína completa, e extraia-se para si o máximo de benefício.[38]

Assim, nada obstante a LLE tenha positivado a excepcionalidade da revisão judicial dos contratos, isso já decorria da própria natureza do instituto, que tem por função reequilibrar as prestações apenas nas hipóteses em que estiverem demonstrados todos os requisitos identificados no item anterior, e justificados axiologicamente. Dita concepção sempre triunfou também no plano da jurisprudência. Em pesquisa realizada no âmbito do Tribunal de Justiça do Estado do Rio de Janeiro entre 2014 e 2019 (período

---

[37] Vale, aqui, fazer crítica à atecnia do legislador, que vez se mostrou repetitivo ao incluir dois dispositivos com redações praticamente idênticas. Ao passo que o parágrafo único do art. 421 estabelece que "nas relações contratuais privadas, prevalecerão o princípio da intervenção mínima e a excepcionalidade da revisão contratual", o inc. III do art. 421-A prevê que "a revisão contratual somente ocorrerá de maneira excepcional e limitada". Ora, os dispositivos possuem conteúdo idêntico, alterando-se apenas a escolha de palavras.

[38] PEREIRA, Caio Mário da Silva. *Instituições de direito civil*. 19. ed. Atualização de Caitlin Mulholland. Rio de Janeiro: Forense, 2015. v. III. p. 141.

pré-pandêmico), tendo como escopo os contratos de franquia, por exemplo, constatou-se que dos 50 casos encontrados nos quais houve cognição exauriente, em apenas um deles houve revisão do contrato pelo tribunal. Em 30 casos, deu-se a resolução do contrato e em 19 houve decisões de outra natureza.[39]

O que se constata, a rigor, a respeito das alterações trazidas pela LLE no que toca à revisão contratual, é que parece haver pouca ou nenhuma inovação. Isso porque, em primeiro lugar, a doutrina e a jurisprudência já entendiam consistir a revisão judicial dos contratos em mecanismo de exceção, aplicável apenas em casos de flagrante desequilíbrio entre as prestações. Em segundo lugar, a revisão dos contratos por onerosidade excessiva exerce relevantíssimo papel no controle de merecimento de tutela da liberdade negocial, vez que permite o reequilíbrio da relação contratual à luz do princípio da solidariedade social. Assim, não parece que as pontuais proclamações legislativas com o fito de limitar a revisão dos contratos impedirão o magistrado de reestabelecer o equilíbrio da avença quando, diante do caso concreto, notar patentes desequilíbrio e disfuncionalidade entre as prestações, em exercício de juízo de ponderação entre justiça e segurança, entre equilíbrio e autonomia contratuais.

Paradoxalmente, porém, poucos meses após a entrada em vigor da LLE, a realidade impôs o cenário cruel da pandemia de Covid-19, carregando a reboque a gigantesca onda de discussões acerca das incontáveis hipóteses de descumprimento decorrentes dos impactos da pandemia sobre as prestações negociais.[40]

Em conseguinte, chegaram ao Judiciário diversas ações pleiteando revisão contratual e leis foram editadas para tratar da questão, a se destacar o denominado Regime Jurídico Emergencial e Transitório das Relações Jurídicas de Direito Privado no período de pandemia de Covid-19 (Lei nº 14.010/2020). Conforme antes constatara António Menezes Cordeiro,

> numa situação de crise, os diversos contratos e demais estruturas jurídico-sociais devem comportar-se como uma teia amortecedora: cabe-lhes redistribuir e difundir o risco, de modo a que os diversos agentes absorvam, em termos tanto quando possível comportáveis, os danos ou os menores lucros ocasionados.

Na sequência, admite o autor que nem sempre isso será possível, tendo em vista que determinados contratos comportam rigidez intrínseca, a exigir intervenção legislativa e jurisprudencial.[41]

---

[39] O autor agradece ao professor, mestre em direito civil, Vynicius Guimarães pela gentileza ao oferecer os dados pesquisados, os quais constam de sua dissertação defendida no Programa de Pós-Graduação em Direito da Universidade do Estado do Rio de Janeiro (UERJ), ainda não publicada.

[40] Para estudo mais detido acerca dos impactos da pandemia nas relações contratuais, v. MONTEIRO FILHO, Carlos Edison do Rêgo. Coronavírus e força maior: configuração e limites. *In*: MONTEIRO FILHO, Carlos Edison do Rêgo; ROSENVALD, Nelson; DENSA, Roberta (Coord.). *Coronavírus e responsabilidade civil*: impactos contratuais e extracontratuais. 2. ed. Indaiatuba: Foco, 2021; e ROSENVALD, Nelson. O coronavírus e a responsabilidade nos contratos internacionais. *In*: MONTEIRO FILHO, Carlos Edison do Rêgo; ROSENVALD, Nelson; DENSA, Roberta (Coord.). *Coronavírus e responsabilidade civil*: impactos contratuais e extracontratuais. 2. ed. Indaiatuba: Foco, 2021.

[41] CORDEIRO, António Menezes. A crise e a alteração de circunstâncias. *Revista de Direito Civil*, Coimbra, ano 1, n. 1, 2016. p. 22-24.

Direcionamento interessante a bem da conservação dos contratos consiste em se estimular os próprios contraentes a enfrentar e traçar consensualmente caminhos para superar as inconveniências do evento superveniente. Os Princípios do Direito Europeu dos Contratos (*Principles of European Contracr Law* – PECL), nessa direção, estabelecem obrigação de renegociar em razão de onerosidade excessiva provocada por alterações nas circunstâncias. Apenas se as partes não chegarem a acordo, poderá o julgador intervir na relação, seja para revisar, seja para resolver o contrato.[42] No mesmo sentido, os Princípios do UNIDROIT sobre contratos internacionais estabelecem, no art. 6.2.3, como consequência imediata da excessiva onerosidade, a obrigatoriedade de a parte prejudicada requerer à outra a renegociação da relação e – mais uma vez –, apenas se não houver acordo, passa-se à intervenção do julgador.

Entre os incontáveis casos em que se litigou sobre os pressupostos da revisão, destaca-se, ilustrativamente, decisão do Tribunal de Justiça do Estado do Rio de Janeiro em pedido liminar de loja varejista para revisão de contrato de locação de galpões durante a pandemia. No acórdão, decidiu-se pela *suspensão da exigibilidade* de 50% do aluguel durante os meses relativos ao período mais agudo da pandemia, em fórmula que bem expressa solução de compromisso entre liberdade e justiça contratuais, por meio de intervenção judicial mais branda na equação contratual do que as adotadas em casos congêneres, nas quais se interveio diretamente na fixação do valor da prestação.[43]

No plano legislativo, em muitas assembleias estaduais verificou-se esforço na tentativa de redução do valor da prestação de serviços educacionais, editando-se leis que fixavam obrigatoriamente percentuais de descontos a incidir sobre as mensalidades escolares, em função da pandemia. No caso do Rio de Janeiro, *v.g.*, foi imposta redução, em certas hipóteses, de 30%.[44] Tal lei, no entanto, foi julgada inconstitucional pelo Supremo Tribunal Federal na ADI nº 6.448, por violação da competência privativa da

---

[42] Nesse sentido, o art. 6:111, §2º, estabelece que "Se o cumprimento do contrato se tornar excessivamente oneroso em razão da alteração das circunstâncias, as partes ficam obrigadas a entrar em negociações com o objetivo de adaptar ou resolver o contrato". E, na sequência, o §3º prevê: "Se as partes não alcançarem um acordo em período de tempo razoável, o tribunal poderá: (a) resolver o contrato; (b) adaptar o contrato com o objetivo de distribuir entre as partes, de maneira justa e equitativa, as perdas e ganhos resultantes da alteração de circunstâncias" (tradução livre).

[43] "Agravo de instrumento. Tutela antecipada requerida em caráter antecedente. Locação de containers. Pretensão de suspender a exigibilidade de pelo menos 50% do valor da locação, em razão da pandemia do coronavírus. Recurso manejado contra decisão que indeferiu a tutela antecipada em caráter antecedente. Recurso da parte autora, pelo seu deferimento, que merece prosperar em parte. [...] Os efeitos da pandemia sobre as relações jurídicas devem ser analisados à luz do caso concreto. Requerimento que visa suspender a exigibilidade parte do pagamento dos alugueres e não sua isenção. A agravante é empresa do comércio de varejo, Bagaggio, que teve suas lojas fechadas, em decorrência das medidas de isolamento social determinadas pelas autoridades públicas, na tentativa de conter o ritmo de contágio pelo coronavírus. Indubitável que o setor de varejo tradicional é um dos mais afetados pela pandemia. Abrupta interrupção da atividade econômica. Queda inesperada do Faturamento. Sopesando o impacto causado pelo atual cenário de força maior, absolutamente sem precedentes na história, inarredável o desequilíbrio entre as prestações decorrentes dos variados negócios jurídicos, em razão da onerosidade excessiva superveniente. [...] Recurso a que se dá parcial provimento, para determinar a suspensão da exigibilidade de 50% do valor da locação dos containers, nos meses de abril, maio e junho de 2020" (TJRJ, 24ª C.C. AI 0044496-17.2020.8.19.0000. Rel. Des. Cintia Cardinali, julg. 5.8.2020).

[44] Lei Estadual nº 8.864/2020. Veja-se o teor de seu art. 1º: "Ficam os estabelecimentos de educação infantil, de ensino fundamental, de ensino médio, inclusive técnico ou profissionalizante, ou de educação superior da rede particular, em atividade no Estado do Rio de Janeiro, obrigados a reduzir suas mensalidades, nos termos do disposto nesta Lei, durante o período de vigência do estado de calamidade pública, instituído pela Lei nº 8.794, de 17 de abril de 2020".

União para legislar sobre direito civil.[45] Não foram poucos, porém, os casos concretos que, ao desaguarem no Judiciário, levaram à redução de mensalidades, a título de revisão dos contratos.[46]

Na interpretação dos múltiplos problemas contratuais impostos pela Covid-19, em particular nas hipóteses que tenham como causa de pedir a revisão, recomenda-se ao aplicador prudência na investigação das especificidades peculiares de cada caso, pois, a depender da composição de interesses atingidos, no concreto programa contratual em análise, diversa será a qualificação do fato jurídico pandemia.[47] Destarte, faz-se, na sequência, alusão à enumeração aberta de fatores que precisam necessariamente ser tomados em consideração para o deslinde de cada caso, ora divididos em três blocos: (i) suporte fático, (ii) regramento contratual e (iii) disciplina legislativa emergencial.

Quanto ao primeiro grupo, o intérprete deverá observar: o modo e o tempo em que os efeitos do ciclo epidêmico alcançam as prestações pactuadas; os possíveis meios alternativos de execução da prestação; os abalos do mercado em que se insere a atividade em análise; o eventual aumento do custo de insumos necessários à produção

---

[45] STF, Tribunal Pleno. ADI 6448. Rel. Min. Ricardo Lewandowski, julg. 8.9.2021: "AÇÃO DIRETA DE INCONSTITUCIONALIDADE. LEI 8.864/2020 DO ESTADO DO RIO DE JANEIRO. [...] REDUÇÃO OBRIGATÓRIA DAS MENSALIDADES NA REDE PRIVADA DE ENSINO DURANTE O PLANO DE CONTINGÊNCIA DO NOVO CORONAVÍRUS. FEDERALISMO. REGRAS DE COMPETÊNCIA. USURPAÇÃO DE COMPETÊNCIA DA UNIÃO EM MATÉRIA DE DIREITO CIVIL. ART. 22, I, DA CF. PRECEDENTES. AÇÃO DIRETA DE INCONSTITUCIONALIDADE JULGADA PROCEDENTE. PREJUDICADO EXAME DO PEDIDO CAUTELAR. [...] III – O ato normativo questionado, ao impor a redução das mensalidades na rede privada de ensino durante o Plano de Contingência do novo Coronavírus, adentrou na competência privativa da União, prevista no art. 22, I, da Constituição Federal, para legislar sobre direito civil. IV – O Plenário consolidou o mesmo entendimento por ocasião dos recentes julgamentos das ADIs 6.423/CE, 6.435/MA e 6.445/PA. IV – Ação direta de inconstitucionalidade julgada procedente para declarar a inconstitucionalidade da Lei 8.864/2020 do Estado do Rio de Janeiro".

[46] Exemplificativamente, veja-se: TJRJ, Decisão monocrática. AI 0038599-08.2020.8.19.0000. Rel. Des. Marcia Ferreira Alvarenga, julg. 22.7.2020. "Agravo de instrumento. Direito civil e do consumidor. Ação revisional. Contratos de prestações de serviços educacionais. Ação multitudinária. Autores matriculados no curso de medicina da faculdade ré (Estácio de Sá). Pandemia da covid-19. Imposição da suspensão das aulas presenciais. Conversão para aulas ministradas por via de plataformas on-line. Alunos matriculados em períodos (6º e 7º) que exigem a atividade de ensino presencial. Ausência de autorização formal do poder público, em qualquer esfera, para a conversão de disciplinas práticas da medicina para a modalidade à distância. Peculiaridades do caso concreto. Alteração temporária da base do negócio. Onerosidade excessiva. Decisão que deferiu a tutela provisória de urgência antecipada, para conceder desconto de 25% no valor da mensalidade enquanto durar a proibição de retorno às aulas presenciais. Recurso da parte ré. [...] Adequação do percentual de desconto àquele definido nos autos da ação civil pública. Recurso que se adequa à hipótese do art. 932, V, 'b', do CPC. Agravo de instrumento que se conhece e se dá parcial provimento".

[47] Como já tive oportunidade de ressaltar em outro estudo (MONTEIRO FILHO, Carlos Edison do Rêgo. Coronavírus e força maior: configuração e limites. *In*: MONTEIRO FILHO, Carlos Edison do Rêgo; ROSENVALD, Nelson; DENSA, Roberta (Coord.). *Coronavírus e responsabilidade civil*: impactos contratuais e extracontratuais. 2. ed. Indaiatuba: Foco, 2021. p. 26-27. Na explicação de Pietro Perlingieri: "Ao mesmo fato histórico o direito pode atribuir uma pluralidade de qualificações, tomando-o em consideração em várias normas e para diversos fins. O fato 'granizo' pode adquirir relevância jurídica em relação a vários perfis. Um agricultor pode ter concluído um contrato de seguro contra danos decorrentes de granizo (art. 1882 ss. Cód. Civ.). Ao fato 'granizo' se coliga o dano assegurado e nasce a favor do agricultor o direito a ressarcimento por parte da empresa seguradora. O mesmo fato pode funcionar como pressuposto para o agricultor, na qualidade de arrendatário (art. 1615 ss. do Cód. Civ.), possa obter a redução do cânon do arrendamento segundo o art. 1635 Cód. Civ. Mas não só. O mesmo granizo, que pode ser de tal modo abundante que não permita a circulação sobre o terreno e impeça a entrega dos frutos ao credor, pode constituir uma hipótese de impossibilidade de adimplemento não imputável ao devedor-agricultor, liberatória (ainda que temporária) do débito (art. 1256 Cód. Civ.). A obrigação fica suspensa e volta a ter eficácia, presentes determinados requisitos, assim que o impedimento cessar" (PERLINGIERI, Pietro. *O direito civil na legalidade constitucional*. Tradução de Maria Cristina de Cicco. Rio de Janeiro: Renovar, 2008. p. 640-641).

convencionada, ou sua possível substituição por equivalentes (cujo exemplo de destaque tem-se nas obrigações genéricas – art. 246, CC).

Do segundo, levará em consideração a presença de cláusulas limitativas ou excludentes de responsabilidade; cláusulas de *hardship*;[48] cláusulas de garantia; cláusulas de força maior; cláusulas penais; cláusula resolutiva expressa; cláusulas de mediação, conciliação e arbitragem; entre outras.[49] Na síntese dialética fatualidade-normatividade (indissociáveis), o operador analisará os termos da estipulação contratual e sua natureza (contrato benéfico, paritário, de consumo), em meio às circunstâncias irrepetíveis que individualizam cada pactuação (eventual mora de uma ou de ambas as partes; os limites de sacrifício exigível do devedor), sem descurar da equação negocial no equilíbrio funcional do contrato.[50]

O itinerário se completa com um terceiro fator a ser levado em conta no processo interpretativo, particularmente relevante no período pandêmico. Regimes legislativos emergenciais têm formulado políticas públicas que aportam benefícios às relações privadas, como empréstimo subsidiado, flexibilização do ambiente regulatório, subvenção de capital público, isenção fiscal, ou mesmo indenização securitária. Nesse quadrante, saber se um dos contratantes recebeu vantagem direta ou indireta constitui variável *sine qua non* na apreciação funcional do caso, sob pena de enriquecimento sem causa (CC, art. 884) – situação ordinariamente normatizada em ordenamentos europeus que a denominam *commodum* de representação.

Informação bibliográfica deste livro, conforme a NBR 6023:2018 da Associação Brasileira de Normas Técnicas (ABNT):

MONTEIRO FILHO, Carlos Edison do Rêgo. O problema da revisão dos contratos nos vinte anos do Código Civil. *In*: CORTIANO JUNIOR, Eroulths; SILVA, Alexandre Barbosa da (coord.). *O Código Civil e a Contemporaneidade*: Estudos do Grupo Virada de Copérnico em Homenagem ao Ministro Luiz Edson Fachin. Belo Horizonte: Fórum, 2025. p. 193-205. ISBN 978-65-5518-990-2.

48 O remédio por essa cláusula proposto consiste em dever de renegociação do contrato sempre que sobrevier situação aflitiva e, no caso de impossibilidade de novo acordo, em revisão ou resolução por um árbitro.

49 Nessa direção, o Enunciado nº 23 da I Jornada de Direito Comercial do CJF fixou: "Em contratos empresariais, é lícito às partes contratantes estabelecer parâmetros objetivos para a interpretação dos requisitos de revisão e/ou resolução do pacto contratual".

50 A necessidade de se analisar a onerosidade excessiva à luz de relação contratual em concreto já foi verificada no Enunciado nº 25 da I Jornada de Direito Comercial do CJF e no Enunciado nº 439 da V Jornada de Direito Civil do CJF, ambos com a mesma redação: "A revisão do contrato por onerosidade excessiva fundada no Código Civil deve levar em conta a natureza do objeto do contrato. Nas relações empresariais, deve-se presumir a sofisticação dos contratantes e observar a alocação de riscos por eles acordada".

A ATIPICIDADE NA EXPERIÊNCIA RECODIFICADORA

MARCOS CATALAN

A possibilidade de pactuação de contratos atípicos no direito brasileiro, hodiernamente, tem expressa previsão legal, prescrevendo o art. 425 da codificação civil ser "lícito às partes" estipulá-los, desde que, "observadas as normas gerais fixadas neste Código", restrição que, evidentemente, deve ser interpretada de forma a absorver tanto eventuais limitações expressas como vetores normativos gestados noutras fontes jurídicas, legislativas ou não, afinal, há muito o Código Civil deixou de ser o eixo gravitacional do direito privado e a lei deixou de ser sua única fonte.

Independentemente disso, a escorreita intelecção da matéria pressupõe apreender que o adjetivo *típico* provém do grego τύπος, *týpos*, signo aqui semanticamente significado como impressão e, por derivação, moldura, caixilho, modelo, fôrma, bitola, roupagem etc. Atípico, assim, será todo contrato que a lei não regrou ou que não foi regulado "em seus aspectos essenciais",[1] o contrato cujos elementos categoriais não foram socialmente filtrados como antecedente lógico na sua impressão legislativa em um dado momento do tempo e do espaço.

Antes de prosseguir, aclare-se que "la concepción del contrato atípico como categoría jurídica marginal, relegada a una suerte de submundo de estructuras poco claras y definidas dentro del ordenamiento legal amerita, desde luego, una insistente rectificación correctora",[2] em especial, quando se identifica que suas possibilidades latentes são algo inconteste. É preciso, assim, ter sempre em mente que o "contrato é uma forma jurídica, com função instrumental, de realização de interesses"[3] e que esses,

1 SALCEDO FLÓREZ, Álvaro. Los contratos atípicos y los mecanismos para su interpretación. *Revista Análisis Internacional*, Bogotá, n. 7, p. 251-270, 2013. p. 258.

2 BUSTOS LAGOS, Daniel Roberto. Atipicidad contractual: ¿regla o excepción? *Revista de la Universidad de Mendoza*, Mendoza, n. 15, p. 85-106, 2013. p. 95.

3 RIBEIRO, Joaquim de Souza. A economia do contrato como categoria jurídica *Revista Brasileira de Direito Comparado*, Rio de Janeiro, n. 35, p. 69-82, 2008. p. 69.

sendo incomensuráveis ante a ausência de limites à imaginação humana, jamais poderão ser aprisionados em modelos normativos socialmente gestados;[4] afinal "a possibilidade de formação de relações jurídicas por declaração de vontade é emanação da liberdade da pessoa que, por sua vez, é consequência da dignidade do homem" e "autonomia proveniente desta raiz está ancorada na Constituição" tendo "origem em uma decisão valorativa fundamental da ordem jurídica". Em síntese: "a declaração de vontade é vinculante em virtude do ser humano".[5]

De outra banda, ao refletir com vagar sobre o tema em distintos momentos ao largo dos últimos vinte anos, pude concluir que nada há de novidade em tal previsão que vá além do expresso regramento do assunto, afinal, o direito privado legado aos brasileiros pela tradição europeia decimonônica tem nítido cariz liberal, valorizando, nessa perspectiva, o exercício de tão incomensuráveis como inantecipáveis liberdades fáticas aprioristicamente garantidas pelo tão só fato de não terem sido vedadas; o que não implica desprezar a análise da validade do conteúdo de cada contrato fenomenicamente gestado.

Um direito, não se nega, que tendo sido moldado no *individualismo*, doutrina que hipertrofia o papel da vontade humana,[6] no *racionalismo* que sugere ser inaceitável que qualquer pessoa se vincule voluntariamente a obrigações que possam ser-lhes prejudiciais, no *patrimonialismo* e, ainda, na ideia puramente formal de *igualdade*,[7] precisou ser reinventado quando do seu contato com a constitucionalização do direito privado.[8] Sem que haja espaço para avançar no tema e, também, por conta dos deliciosos artigos e livros escritos sobre o assunto – muitos deles, pelo homenageado –,[9] foquemos então a atenção na pragmática do contrato, de modo a identificar de forma bastante nítida que

---

4 MOSSET ITURRASPE, Jorge. *Los contratos atípicos*. Buenos Aires: La Ley, 1º jun. 2021. "El legislador no crea los contratos típicos. No los inventa y les establece una disciplina. La idea de la tipificación contractual como hija de la imaginación y fecundidad legislativa es enteramente falsa. Equivaldría a crear moldes sin utilidad, puesto que nadie o muy pocos recurrirían a ellos. La tipificación legislativa debe ir precedida de la tipificación social; esto es de la existencia del contrato y de reglas de celebración y efectos en la realidad del tráfico. Ello equivale a sostener que la tipificación legislativa debe ir precedida de una tipificación consuetudinaria, hija de los usos y de las costumbres".

5 WESTERMANN, Harry. *Código civil alemão*: parte geral. Tradução de Luis Dória Furquim. Porto Alegre: SAFE, 1991. p. 153.

6 FREDES, Esteban Pereira. The binding force and social function of contracts: a state of the art in Brazil and Chile. *Latin American Legal Studies*, Santiago, v. 1, p. 227-261, 2017.

7 CAFFERA, Gerardo. Autonomía privada: los cambios y las tensiones del presente. *In*: LÓPEZ FERNÁNDEZ, Carlos; CAUMONT, Arturo; CAFFERA, Gerardo (Coord.). *Estudios de derecho civil en homenaje al profesor Jorge Gamarra*. Montevideo: FCU, 2001. p. 88-89.

8 NALIN, Paulo. *Do contrato*: conceito pós-moderno em busca de sua formulação na perspectiva civil-constitucional. 2. ed. Curitiba: Juruá, 2008.

9 FACHIN, Luiz Edson. *Direito civil*: sentidos, transformações e fim. Rio de Janeiro: Renovar, 2014; FACHIN, Luiz Edson. *Teoria crítica do direito civil*. 3. ed. Rio de Janeiro: Renovar, 2012; FACHIN, Luiz Edson. Contratos e responsabilidade civil: duas funcionalizações e seus traços. *Revista dos Tribunais*, São Paulo, v. 903, p. 26-38, 2011; FACHIN, Luiz Edson. Famílias: entre o público e o privado: problematizando espacialidades à luz da fenomenologia paralática. *Revista Brasileira de Direito das Famílias e Sucessões*, Porto Alegre, v. 23, p. 5-14, 2011; FACHIN, Luiz Edson. Aspectos de alguns pressupostos histórico-filosóficos hermenêuticos para o contemporâneo direito civil brasileiro: elementos constitucionais para uma reflexão crítica. *Revista do Tribunal Superior do Trabalho*, Brasília, v. 77, p. 186-203, 2011; FACHIN, Luiz Edson. Los derechos fundamentales en la construcción del derecho privado contemporáneo brasileño a partir del derecho civil-constitucional. *Revista de Derecho Comparado*, n. 15, p. 243-272, 2009; FACHIN, Luiz Edson. Constituição e relações privadas: questões de efetividade no tríplice vértice entre o texto e o contexto. *Revista do Instituto dos Advogados Brasileiros*,

> na vida social, antes ainda de qualquer intervenção da ordem jurídica, os particulares procuram, por si mesmos, obter os meios mais aptos. Ora, os meios dessa natureza são, por excelência, os negócios jurídicos. É bastante elucidativa, sob tal aspecto, a gênese que eles costumam ter no terreno social. Os negócios jurídicos têm sua gênese na vida relacional: surgem como atos por meio dos quais os particulares dispõem, para o futuro, um regulamento obrigatório de interesses das suas recíprocas relações, e desenvolvem-se, espontaneamente, sob o impulso das necessidades, para satisfazer diversas funções econômico-sociais, sem a ingerência de qualquer ordem jurídica.[10]

Tais lições reforçam a importância dos contratos atípicos na vida em sociedade, explicitando porque sem a identificação de limites claramente delineados pelo direito – até recentemente, algo identificado com a lei – não há como impedir a gênese de relações contratuais sob o argumento de que não foram antevistas pelo legislador, essa personagem usualmente caricata e comumente míope, mesmo quando resta inconteste que a "tipificação" simplifica a contratação[11] e, especialmente, a decodificação hermenêutica do que fora contratado. Assim,

> na medida em que as próprias partes são, normalmente, o melhor juiz de seus interesses, a substância dos acordos que resultam do consentimento delas também é provavelmente justa. Mas, na medida em que as condições normais não existam, o consentimento das partes fornece apenas uma base *prima facie* para a exequibilidade. As defesas contratuais que permitem que o consentimento seja anulado em circunstâncias como fraude, coação, várias formas de incompetência, influência indevida etc. identificam as circunstâncias nas quais o consentimento das partes pode não produzir acordos substantivamente justos ou eficientes. Finalmente, o critério de consentimento ajuda a policiar os limites da barganha em nome das normas sociais de justiça.[12]

Contratos atípicos, são, portanto, nada mais que lídimo reflexo da instrumentalidade e potencial criativo imanentes à autonomia privada,[13] princípio que legitima o

---

Rio de Janeiro, ano 35, n. 95, p. 5-24, 2007; FACHIN, Luiz Edson. Direito civil e dignidade da pessoa humana: um diálogo constitucional contemporâneo. *Revista Forense*, Rio de Janeiro, ano 102, v. 385, p. 113-126, maio/jun. 2006; FACHIN, Luiz Edson. O direito civil brasileiro contemporâneo e a principiologia axiológica constitucional. *Revista Autônoma de Direito Privado*, São Paulo, v. 1, p. 161-178, 2006; FACHIN, Luiz Edson. Fundamentos, limites e transmissibilidade: anotações para uma leitura crítica, construtiva e de índole constitucional da disciplina dos direitos da personalidade no código civil brasileiro. *Revista da EMERJ*, Rio de janeiro, v. 8, n. 31, p. 51-70, 2005; FACHIN, Luiz Edson. Em algum lugar do futuro *Novos Estudos Jurídicos*, Itajaí, v. 10, n. 2, p. 613-622, 2005; FACHIN, Luiz Edson. A reconstitucionalização do direito civil brasileiro: lei nova e velhos problemas à luz de dez desafios. *Revista Jurídica*, Guarapuava, v. 52, n. 324, p. 16-19, 2004; RUZYK, Carlos Eduardo Pianovski; FACHIN, Luiz Edson. Um projeto de código civil na contramão da Constituição. *Revista Trimestral de Direito Civil*, Rio de Janeiro, v. 4, p. 243-264, 2004.

10 BETTI, Emílio. *Teoria geral do negócio jurídico*. Tradução de Fernando de Miranda. Coimbra: Coimbra, 1969. t. I. p. 88-89.

11 VASCONCELOS, Pedro Pais de. *Contratos atípicos*. Coimbra: Almedina, 1995. p. 71-90.

12 DALTON, Claire. An essay on the deconstruction of contract doctrine. *Yale Law Review*, New Haven, n. 94, p. 997-1114, 1987. p. 1001.

13 Em sentido contrário, v. COMIRAN, Giovana Cunha. *Atipicidade contratual*: entre autonomia privada e o tipo. Orientadora: Profa. Dra. Judith Martins-Costa, 169 fl. Dissertação (Mestrado) – UFRGS, 2007. "Explica-se: é que, paradoxalmente, o tipo, com suas notas de elasticidade, totalidade e empirismo, evidenciado em seu caráter de formação a partir de uma frequência de comportamentos humanos, serve como verdadeiro substrato fático normativo para a configuração das atipicidades e aplicação do direito a elas. Isso se evidencia quando, ao procurar as manifestações genuínas da atipicidade, o jurista se depara com múltiplas mesclas de tipos legais de contratos" (*Id*. p. 149).

regramento dos próprios interesses,[14] o que não quer dizer que não existam limites[15] que o circundem, em especial, porque em sua versão contemporânea a autonomia privada, ao distanciar-se da agonizante autonomia da vontade, pressupõe a coexistência pensada em sua mais crua concretude e tem no personalismo ético uma de suas balizas mais fortes, pois tem na pessoa humana sua destinatária,[16] aliás, centro das preocupações do direito privado.

Em tal contexto, como ensina Mosset Iturraspe, mestre de todos nós, "las normas generales sobre obligaciones y contratos se aplican en primer lugar, antes que nada, incluso condicionando la voluntad de las partes, por su fuerza imperativa, y no subsidiariamente".[17] Noutras palavras, a constatação da existência de inconteste poder jurígeno "não torna o intérprete refém apenas da vontade das partes, muito menos constrito às normas [*sic*] [leia-se, regras] gerais do ordenamento apenas subsidiariamente"[18] e, assim, aquilo que é buscado pelas partes somente se sustenta enquanto possa ser esboçado com matizes que remetem à justiça contratual.

> Na liberdade contratual, os interesses humanos existem, teoricamente, em pé de igualdade, pois o mais forte, economicamente, no mais das vezes, reduz, na avença, a área de atuação do direito do mais fraco, que fica desprotegido, assim, se dermos força demais à liberdade contratual, ficando o homem livre, na sociedade, sem condições de discutir razoavelmente sobre suas convenções, será ele o mesmo que um pássaro libertado da gaiola, ao fácil alcance de um gavião, pronto para atacá-lo.[19]

Há quem sugira, nesta linha, com alguma razão, que no Brasil a liberdade contratual, logo, o poder de clausular contratos atípicos, deva ser submetida a cinco limites distintos.[20] O primeiro estaria na lei, não havendo dúvida de que, enquanto espécie pertencente ao gênero negócio jurídico, aqueles devem ser lícitos (CC, art. 166, II. III, VI e VII). O segundo e terceiro, temas bastante sensíveis no direito civil contemporâneo, dizem respeito à ordem pública e aos bons costumes (CC, art. 122 e 187). Os princípios da boa-fé objetiva (CC, art. 187) e da função social do contrato (CC, art. 421) emergem como outros vetores conformadores da autonomia privada[21] e cuja ofensa pode ser sancionada, como antecipado, embora não apenas, com a nulidade. E não apenas porque, eventualmente, o negócio pode ser corrigido em sua dimensão eficacial.

O equilíbrio material e, é claro, toda a principiologia que informa a legalidade constitucional não podem ser desprezados na avaliação da validade e eficácia almejadas pelos

---

14 AMARAL, Francisco. *Direito civil*: introdução. Rio de Janeiro: Renovar, 2002. p. 77-78.

15 BARNETT, Randy. Contract is not a promise, contract is consent. *In*: KLASS, Gregory; LETSAS, George; SAPRAI, Prince (Ed.). *Philosophical foundations of contract law*. Oxford: Oxford, 2014.

16 AMARAL, Francisco. Autonomia privada. *In*: CJF. *Comentários sobre o Projeto de Código Civil brasileiro*. Brasília: CJF, 2002. p. 80.

17 MOSSET ITURRASPE, Jorge. *Los contratos atípicos*. Buenos Aires: La Ley, 1º jun. 2021.

18 KONDER, Carlos Nelson. Qualificação e coligação contratual. *RJLB*, Lisboa, ano 4, n. 1, p. 355-404, 2018. p. 388. Continua o autor alertando que "tal entendimento colide com os pressupostos metodológicos da transformação da autonomia privada, pelos quais a vontade para surtir efeitos jurídicos demanda uma análise de merecimento de tutela a partir do ordenamento".

19 AZEVEDO, Álvaro Villaça. *Teoria geral dos contratos típicos e atípicos*. São Paulo: Atlas, 2002. p. 24.

20 MORRIS, Amanda Zoe *et al*. *Direito dos contratos*. São Paulo: RT, 2008. p. 62-64.

21 MORRIS, Amanda Zoe *et al*. *Direito dos contratos*. São Paulo: RT, 2008. p. 62-64.

contratantes. Eventuais situações de vulnerabilidade também precisam ser mapeadas em cada situação concreta e isso não apenas no que toca aos efeitos contidos nos arts. 423 e 424 da codificação civil.

E que não se olvide o básico: a inocência em sua forma mais pura (CC, art. 3º), a falta de maturidade para agir só (CC, art. 4º, I), a embriaguez contumaz ou a dependência de drogas, lícitas ou ilícitas (CC, art. 4º, II), a ausência de recursos psíquicos para controlar a manifestação ou a declaração de vontade vertida ao plano fenomênico (CC, art. 4º, III) são suportes fáticos que induzem à invalidade do contrato. Idêntica solução fora prevista para os casos nos quais o raciocínio indutor do vínculo jurídico foi capturado pela malícia (CC, art. 145) ou maldade alheias (CC, art. 151) ou, de alguma outra forma, distanciou-se da utópica perfeição de *Apolo* vindo ao mundo sob formas que lembram *Hefesto*, *Quasimodo* ou mesmo *Harpagão*.

Dito isto, sejam permitidos alguns apontamentos acerca das principais controvérsias fundidas ao tema no contexto da dogmática contratual, salientando-se, desde logo, que a atipicidade no âmbito das reflexões levadas a cabo refere-se à atipicidade legal, não à atipicidade social, mormente porque a questão que sobreleva não diz respeito à atribuição de um nome ao contrato, mas à identificação das regras e princípios aplicáveis e, eventualmente, da maior ou menor incidência dos usos e costumes no âmbito interpretativo.[22]

Sobreleva enfatizar a que diz respeito à identificação das respostas normativas a serem dadas caso os contratantes controvertam acerca do ajustado. Usualmente as soluções oscilam entre recorrer à *absorção* da disciplina do tipo mais saliente em concreto ou *combinar* as regras dos diferentes contratos fundidos como um todo.[23] Em nosso sentir, ambas as respostas são manifestamente insuficientes, o que reforça a percepção de Calos Konder ao enaltecer a pouca atenção dedicada pela doutrina ao assunto e a escassa e errática orientação pretoriana de matiz predominantemente estrutural e subsuntivo.[24]

A crítica externada no parágrafo anterior tem por lastro o fato de que pode não existir um *contrato típico base*, tampouco contratos típicos combinados. É preciso identificar, ademais, que as partes podem delinear as bitolas interpretativas, elegendo, nos termos da codificação civil (art. 113, §2º), as pautas que balizarão a interpretação,

22 TINTI, Guillermo; CURCHOD, Carla. Los contratos atípicos. *Anuário de Derecho Civil*. Córdoba, n. 1, p. 169-185, 1994. p. 171.

23 VASCONCELOS, Pedro Pais de. *Contratos atípicos*. Coimbra: Almedina, 1995, *passim*.

24 KONDER, Carlos Nelson. Qualificação e coligação contratual. *RJLB*, Lisboa, ano 4, n. 1, p. 355-404, 2018. p. 361-362. "O exemplo mais ilustrativo é o do arrendamento mercantil (leasing), no julgamento a respeito de sua eventual descaracterização no caso de antecipação do pagamento do valor residual garantido (VRG). Como se sabe, normalmente no arrendamento mercantil o interessado em fruir de um bem, mas incerto quanto à conveniência de sua aquisição, requer à uma instituição financeira que o adquira e ceda a ele seu uso, por prazo determinado, mediante remuneração periódica. Findo o prazo, o arrendatário tem a opção de renovar o contrato, devolver o bem à proprietária ou ainda adquiri-lo, mas em vez de pagar o seu preço cheio, serão computados os valores já pagos e caberá a ele, exercendo a opção de compra, pagar apenas o faltante para completar a totalidade do seu valor (o VRG). A questão suscitada era se o pagamento antecipado desse valor, no momento da celebração do contrato, como forma de garantia, descaracterizava a opção de compra própria do arrendamento e convertia-o em uma regular compra e venda a prazo, com os efeitos tributários que lhe são próprios. Independentemente da posição a ser tomada a respeito do problema em exame – se a antecipação do VRG descaracteriza ou não o arrendamento mercantil – o fato é que a drástica mudança no entendimento da jurisprudência sobre o tema, produzindo dois enunciados de súmula de nossa corte superior opostos no curto período de dois anos, é simbólica da falta de coerência científica nesse aspecto do direito contratual e, portanto, merecimento de um exame doutrinário mais cuidadoso".

os critérios a serem usados na eventual necessidade de preenchimento de lacunas, preocupação que se recomenda fortemente adotar.

Um *insight* bastante feliz do Professor Álvaro Villaça Azevedo resgata que "a pluralidade de obrigações fora dos tipos contratuais" reclama unidade de tratamento[25] e, ainda, outra valiosíssima lição do genial e saudoso Luciano de Camargo Penteado, ao buscar na causa um excelente critério de interpretação dos contratos atípicos, aponta que

> em situações de contratos atípicos, pode-se utilizar a ideia de causa contratual para buscar sempre um equilíbrio jurídico entre as posições das diferentes partes, quer em sentido estritamente comutativo, quando elas estão em simetria de poder fático, quer em sentido redistributivo, quando estão em assimetria de poder fático, quer este diga respeito ao plano informacional, econômico ou técnico.[26]

Ideia correlata é encontrada em Joaquim de Souza Ribeiro, lembrando o professor português que a expectativa legítima não deriva, exclusivamente, do que fora acordado, para sugerir na sequência a avaliação de "padrões de comportamento não expressamente contratualizados", que devem ser pinçados na "racionalidade intrínseca" afeta a cada operação negocial havida em concreto.[27]

Noutro vértice, não se pode ignorar que parte do problema no âmbito da interpretação deriva das tentativas de classificação dos contratos atípicos, parecendo-nos suficiente a que os divide em (a) puros e (b) mistos ou complexos. Os últimos derivam da fusão de características de distintos contratos abstratamente previstos na legislação, tenham eles (ou não) incorporado elementos novos, os primeiros, ao contrário, são despidos de tal vestimenta.[28]

Referências

AMARAL, Francisco. Autonomia privada. *In*: CJF. *Comentários sobre o Projeto de Código Civil brasileiro*. Brasília: CJF, 2002.

AMARAL, Francisco. *Direito civil*: introdução. Rio de Janeiro: Renovar, 2002.

ARANTES, Isabella Branquinho; MILAN, Victor Hugo Polim. *Revista de Iniciação Científica e Extensão da Faculdade de Direito de Franca*, Franca, v. 3, n. 1, p. 325-347, jun. 2018.

AZEVEDO, Álvaro Villaça. *Teoria geral dos contratos típicos e atípicos*. São Paulo: Atlas, 2002.

BARNETT, Randy. Contract is not a promise, contract is consent. *In*: KLASS, Gregory; LETSAS, George; SAPRAI, Prince (Ed.). *Philosophical foundations of contract law*. Oxford: Oxford, 2014.

BETTI, Emílio. *Teoria geral do negócio jurídico*. Tradução de Fernando de Miranda. Coimbra: Coimbra, 1969. t. I.

BOLIVAR, Analluza Bravo. O contrato de pesquisa clínica – Estratégias para a negociação de um contrato atípico. *Revista Acadêmica*, Recife, v. 86, n. 2, p. 211-229, jul./dez. 2014.

---

25 AZEVEDO, Álvaro Villaça. *Teoria geral dos contratos típicos e atípicos*. São Paulo: Atlas, 2002. p. 133.

26 PENTEADO, Luciano de Camargo. Causa concreta, qualificação contratual, modelo jurídico e regime normativo: notas sobre uma relação de homologia a partir de julgados brasileiros. *Revista de Direito Privado*, São Paulo, n. 20, p. 233-265, out./dez. 2004. p. 264.

27 RIBEIRO, Joaquim de Souza. A economia do contrato como categoria jurídica. *Revista Brasileira de Direito Comparado*, Rio de Janeiro, n. 35, p. 69-82, 2008. p. 70.

28 TINTI, Guillermo; CURCHOD, Carla. Los contratos atípicos. *Anuário de Derecho Civil*, Córdoba, n. 1, p. 169-185, 1994. p. 174-175.

BUSTOS LAGOS, Daniel Roberto. Atipicidad contractual: ¿regla o excepción? *Revista de la Universidad de Mendoza*, Mendoza, n. 15, p. 85-106, 2013.

CAFFERA, Gerardo. Autonomía privada: los cambios y las tensiones del presente. *In*: LÓPEZ FERNÁNDEZ, Carlos; CAUMONT, Arturo; CAFFERA, Gerardo (Coord.). *Estudios de derecho civil en homenaje al profesor Jorge Gamarra*. Montevideo: FCU, 2001.

CASTAÑEDA, Adalberto *et al*. Los contratos atípicos en Colombia: joint venture. *Revista de Derecho*, Barranquilla, n. 11, p. 93-111, ene./jun. 1999.

CAUMONT, Arturo. Por uma teoria ética do contrato. *Revista Eletrônica Direito e Sociedade*, Canoas, v. 8, n. 1, p. 91-101, abr. 2020.

COMIRAN, Giovana Cunha. *Atipicidade contratual*: entre autonomia privada e o tipo. Orientadora: Profa. Dra. Judith Martins-Costa, 169 fl. Dissertação (Mestrado) – UFRGS, 2007.

DALTON, Claire. An essay on the deconstruction of contract doctrine. *Yale Law Review*, New Haven, n. 94, p. 997-1114, 1987.

FACHIN, Luiz Edson. A reconstitucionalização do direito civil brasileiro: lei nova e velhos problemas à luz de dez desafios. *Revista Jurídica*, Guarapuava, v. 52, n. 324, p. 16-19, 2004.

FACHIN, Luiz Edson. Aspectos de alguns pressupostos histórico-filosóficos hermenêuticos para o contemporâneo direito civil brasileiro: elementos constitucionais para uma reflexão crítica. *Revista do Tribunal Superior do Trabalho*, Brasília, v. 77, p. 186-203, 2011.

FACHIN, Luiz Edson. Constituição e relações privadas: questões de efetividade no tríplice vértice entre o texto e o contexto. *Revista do Instituto dos Advogados Brasileiros*, Rio de Janeiro, ano 35, n. 95, p. 5-24, 2007.

FACHIN, Luiz Edson. Contratos e responsabilidade civil: duas funcionalizações e seus traços. *Revista dos Tribunais*, São Paulo, v. 903, p. 26-38, 2011.

FACHIN, Luiz Edson. Direito civil e dignidade da pessoa humana: um diálogo constitucional contemporâneo. *Revista Forense*, Rio de Janeiro, ano 102, v. 385, p. 113-126, maio/jun. 2006.

FACHIN, Luiz Edson. *Direito civil*: sentidos, transformações e fim. Rio de Janeiro: Renovar, 2014.

FACHIN, Luiz Edson. Em algum lugar do futuro. *Novos Estudos Jurídicos*, Itajaí, v. 10, n. 2, p. 613-622, 2005.

FACHIN, Luiz Edson. Famílias: entre o público e o privado: problematizando espacialidades à luz da fenomenologia paralática. *Revista Brasileira de Direito das Famílias e Sucessões*, Porto Alegre, v. 23, p. 5-14, 2011.

FACHIN, Luiz Edson. Fundamentos, limites e transmissibilidade: anotações para uma leitura crítica, construtiva e de índole constitucional da disciplina dos direitos da personalidade no código civil brasileiro. *Revista da EMERJ*, Rio de janeiro, v. 8, n. 31, p. 51-70, 2005.

FACHIN, Luiz Edson. Los derechos fundamentales en la construcción del derecho privado contemporáneo brasileño a partir del derecho civil-constitucional. *Revista de Derecho Comparado*, n. 15, p. 243-272, 2009.

FACHIN, Luiz Edson. O direito civil brasileiro contemporâneo e a principiologia axiológica constitucional. *Revista Autônoma de Direito Privado*, São Paulo, v. 1, p. 161-178, 2006.

FACHIN, Luiz Edson. *Teoria crítica do direito civil*. 3. ed. Rio de Janeiro: Renovar, 2012.

FOUILLÉE, Alfred. *La science sociale contemporaine*. Paris: Hachette, 1880.

FREDES, Esteban Pereira. The binding force and social function of contracts: a state of the art in Brazil and Chile. *Latin American Legal Studies*, Santiago, v. 1, p. 227-261, 2017.

GERCHMANN, Suzana; CATALAN, Marcos. Duzentos anos de historicidade na ressignificação da ideia de contrato. *Revista de Direito do Consumidor*, São Paulo, v. 90, p. 191-211, 2013.

KONDER, Carlos Nelson. Qualificação e coligação contratual. *RJLB*, Lisboa, ano 4, n. 1, p. 355-404, 2018.

MORRIS, Amanda Zoe *et al*. *Direito dos contratos*. São Paulo: RT, 2008.

MOSSET ITURRASPE, Jorge. *Los contratos atípicos*. Buenos Aires: La Ley, 1º jun. 2021.

NALIN, Paulo. *Do contrato*: conceito pós-moderno em busca de sua formulação na perspectiva civil-constitucional. 2. ed. Curitiba: Juruá, 2008.

OST, François. Tiempo y contrato: crítica del pacto fáustico. *Doxa*, Alicante, n. 25, p. 597-626, 2002.

PENTEADO, Luciano de Camargo. Causa concreta, qualificação contratual, modelo jurídico e regime normativo: notas sobre uma relação de homologia a partir de julgados brasileiros. *Revista de Direito Privado*, São Paulo, n. 20, p. 233-265, out./dez. 2004.

PEREIRA, Paula Moura Francesconi de Lemos. Controvérsias sobre o âmbito de aplicação da lei do inquilinato nos contratos "built to suit". *Revista Brasileira de Direito Civil*, Rio de Janeiro, v. 5, p. 77-101, jul./set. 2015.

POLIDO, Walter; VILLAS BÔAS, Regina. O contrato atípico de resseguro e as discussões contemporâneas sobre a sua natureza jurídica, fontes jurídicas que o fundamentam e função social exercida: garantia do efetivo equilíbrio do mercado segurador e do resseguro. *Revista de Direito Privado*, São Paulo, ano 16, n. 61, p. 193-230, jan./mar. 2015.

RIBEIRO, Joaquim de Souza. A economia do contrato como categoria jurídica. *Revista Brasileira de Direito Comparado*, Rio de Janeiro, n. 35, p. 69-82, 2008.

RUZYK, Carlos Eduardo Pianovski; FACHIN, Luiz Edson. Um projeto de código civil na contramão da Constituição. *Revista Trimestral de Direito Civil*, Rio de Janeiro, v. 4, p. 243-264, 2004.

SALCEDO FLÓREZ, Álvaro. Los contratos atípicos y los mecanismos para su interpretación. *Revista Análisis Internacional*, Bogotá, n. 7, p. 251-270, 2013.

TINTI, Guillermo; CURCHOD, Carla. Los contratos atípicos. *Anuário de Derecho Civil*, Córdoba, n. 1, p. 169-185, 1994.

VASCONCELOS, Pedro Pais de. *Contratos atípicos*. Coimbra: Almedina, 1995.

WESTERMANN, Harry. *Código civil alemão*: parte geral. Tradução de Luis Dória Furquim. Porto Alegre: SAFE, 1991.

Informação bibliográfica deste livro, conforme a NBR 6023:2018 da Associação Brasileira de Normas Técnicas (ABNT):

CATALAN, Marcos. A atipicidade na experiência recodificadora. *In*: CORTIANO JUNIOR, Eroulths; SILVA, Alexandre Barbosa da (coord.). *O Código Civil e a Contemporaneidade*: Estudos do Grupo Virada de Copérnico em Homenagem ao Ministro Luiz Edson Fachin. Belo Horizonte: Fórum, 2025. p. 207-214. ISBN 978-65-5518-990-2.

RELEVÂNCIA DA CULPA NO SISTEMA DE RESPONSABILIDADE CIVIL DO CÓDIGO CIVIL BRASILEIRO

MARIA CANDIDA DO AMARAL KROETZ

1 As premissas

As efemérides permitem não apenas reexaminar fatos, mas também fazer a indicação das circunstâncias que os envolveram. Honrou-nos o convite para participar da obra coletiva do Grupo de Pesquisa Virada de Copérnico para marcar as duas décadas de vigência do Código Civil brasileiro com uma homenagem ao civilista Luiz Edson Fachin.

Comemoram-se os 20 anos do Código Civil brasileiro para laurear a importância do diploma como estruturante de nosso sistema de direito privado. A lei, em sua acepção lata, é parte da morfologia do poder em uma sociedade. Como tal é um elemento-chave no desenvolvimento socioeconômico e na superação das incertezas próprias ao tráfico comercial e ao convívio social. Isso deveras não exclui a consciência jurídica fundamental, verbalizada pelo sempre mestre Francisco Muniz de maneira muito simples: "as coisas são o que são, e não o que o direito diz que elas são". Lei que não consente com princípios de natureza ético-moral é paradoxalmente antijurídica.[1]

O revolucionário século XX foi marcado pela ascendente incorporação de riscos na atividade socioeconômica com a consequente objetivação da responsabilidade civil. O Código Civil brasileiro, apesar de ter vindo a lume no novo milênio, incorporou os aquestos do período que o precede, mas manteve a espinha dorsal da sistemática tradicional da responsabilidade civil que se baseia na culpabilidade do agente. A passagem de seu primeiro vinteno de vigência permite um olhar retrospectivo e crítico,

---

[1] Esta premissa foi bem traduzida por José Lamartine Correia de Oliveira, em discurso proferido no ano de 1965, "Não creio numa separação artificial entre Moral e Direito. [...] a ordem jurídica deverá estar baseada em princípios de natureza ética" (OLIVEIRA, J. Lamartine Corrêa de. Lição de resistência. Discurso de paraninfo aos Bacharéis em Direito de 1965 da Universidade Federal do Paraná, turma Ministro Álvaro Ribeiro da Costa. *In*: KROETZ, Maria Candida Pires Vieira do Amaral (Org.). *Direito civil inventário teórico de um século*. Curitiba: Kairós, 2012).

porque neste tempo verificou-se um expressivo refinamento hermenêutico. Este é talvez o momento adequado para se fazer um balanço das transformações observadas, sem descurar da racionalidade do sistema de responsabilidade civil inserto no Código pelo legislador cível há vinte anos.

De forma muito consistente, a responsabilidade civil tem sido expandida, complexificando-se e impondo novos desafios ao jurista. Observa-se que, com frequência e intensidade crescentes, atribuem-se-lhe novas funções e desafios. Note-se que, por vezes, estas jactanciosas inovações, sobretudo quando pesam no viés da justiça distributiva,[2] traem a natureza do instituto por desbordarem sua essência. Não se desconhece este movimento de alargamento das fronteiras da responsabilidade civil, motivado pelas exigentes demandas sociais. Todavia, o direito civil é compelido a ater-se aos parâmetros de uma dogmática própria sob pena de esgarçar-se a ponto de comprometer sua coerência.

O objeto deste estudo é somente o sistema de responsabilidade civil no Código Civil, entendido como diploma alicerçante do direito privado. A ampliação dos horizontes da responsabilidade civil é verificada amiúde alhures. Todavia, o Código Civil, iluminado por grandes princípios, permanece como travejamento básico do ordenamento jurídico privado. Como tal, mostra-se fiel à coerência sistemática e menos permeável a iniciativas descoladas de seu fundamento que é a autonomia privada. Daí a advertência inicial de que este trabalho se dedica unicamente a captar a dimensão codificada, e como tal estruturante, da responsabilidade civil extracontratual.

Com o objetivo de explicitar as premissas das quais parte este escrito, traz-se à colação a lição de Carlos Pianovski Ruzyk que ressalta estar a responsabilidade civil, como instituto integrante do direito civil, afeta à *ratio* estrutural própria das relações interprivadas, cuja dimensão funcional compreende o exercício, a conservação e a expansão da liberdade dos particulares.[3]

A liberdade de escolher leva cada homem a assumir de forma consciente a autoria do seu agir e de suas consequências. A capacidade de aceitar responsabilidades e de arcar com as obrigações decorrentes é um dos traços marcantes e próprios da condição humana, como bem dito no brocardo inglês: *The burden of choice follows the freedom of choice.*

Segundo o filósofo existencialista Sartre, "O homem está condenado a ser livre. Condenado, porque não criou a si mesmo, e, como, no entanto, é livre, uma vez que foi lançado ao mundo, é responsável por tudo o que faz".[4] No mesmo sentido Paul Ricoeur ao asseverar que a ética e a moral impõem ao sujeito capaz a inelutável faina de reconhecer-se responsável por suas ações e consciente das consequências de seu agir em relação aos outros e à comunidade.[5]

---

[2] A responsabilidade civil é o campo do direito privado em que se executa a justiça corretiva. "A justiça distributiva define a retidão dento de uma comunidade. Temo como propósito instituir, entre os seus membros, uma igualdade de proporções geométricas. A justiça corretiva, diversamente, determina o que é reto numa relação entre dois indivíduos e apresenta-se como uma igualdade de proporções aritméticas" (GONZÁLEZ, José Alberto. *Direito da responsabilidade civil*. Lisboa: Quid Juris? Sociedade Editora Ltda., 2017. p. 26-27).

[3] RUZYK, Carlos Eduardo Pianovski. As fronteiras da responsabilidade civil e o princípio da liberdade. *In*: ROSENVALD, Nelson; RUZYK, Carlos Eduardo Pianovski (Coord.). *Novas fronteiras da responsabilidade civil*: direito comparado. Indaiatuba: Foco, 2020. p. 38.

[4] SARTRE, Jean Paul. *O existencialismo é um humanismo*. Tradução de Rita Correia Guedes. São Paulo: Abril Cultural, 1987. p. 8.

[5] RICOEUR, P. *O si-mesmo como um outro*. Tradução de Lucy Moreira Cesar. Campinas: Papirus, 1991.

Esta liberdade, todavia, não se encerra em sua concepção exclusivamente negativa que faculta a livre ação do homem, desde que não atinja esferas alheias culposamente causando danos. Inclui também a liberdade positiva e substancial no sentido de garantir um espaço axiológico-normativo à autodeterminação em que o sujeito tem efetiva autonomia para ação, com a certeza da consequente responsabilidade por seus resultados. O caráter repreensível da conduta surge sempre que seja passível de um juízo de censurabilidade. O autor do malfeito danoso, por esponte própria, toma uma atitude comportamental, quando outra lhe era exigível.[6] Em assim agindo, põe em marcha os mecanismos próprios da responsabilidade civil, vale dizer, obriga-se, perante o lesado, a ressarcir os danos que, por agir livremente, causou.

Sob as lentes deste paradigma dogmático-normativo, que associa a liberdade e responsabilidade civil, é que passamos a examiná-la como um instituto autônomo, mas inserto e coerente com o sistema privatístico do Código Civil que está ancorado na pessoa, compreendida em sua relação com os outros.[7]

2 O sistema de responsabilidade civil e sua dimensão ética

A responsabilidade civil, em última análise, é uma estrutura de alocação dos prejuízos decorrentes de um encontro de social em que alguém experimenta danos. Esta estrutura se presta a articular a convivência pacífica dos cidadãos, conciliando posições adversariais, mediante articulações internas, que coordenam teorias, legislação, doutrina, jurisprudência e outros aportes para absorver os influxos que impactam a distribuição de perdas da melhor forma possível.

O sistema é integrado por impulsos dissonantes que lhe dão uma conformação aberta, dinâmica, sinergética e complexa na busca da auto-organização social. Os elementos integrantes, se considerados isoladamente, podem chocar-se entre si ou com os objetivos do próprio sistema. Mas para preservar-se este sistema de responsabilidade civil reinventa-se, altera-se e se reorganiza com base em princípios colhidos no sistema sociocultural de valores que, sendo maior e mais amplo, o envolve. Observa-se, pois, que há uma permeabilidade da responsabilidade civil à moral, ensejando uma acomodação pelo temperamento dos argumentos jurídicos por valores éticos subjacentes. Cada uma das modalidades de responsabilidade civil se conecta mais de perto com um componente distinto da moralidade humana.[8] Mas os regimes diferenciados não deixam de ser partes

---

6 GONZÁLEZ, José Alberto. *Direito da responsabilidade civil*. Lisboa: Quid Juris? Sociedade Editora Ltda., 2017. p. 38

7 "A liberdade é então ancorada na pessoa. [...] O homem já não é identificado com o dessolidário eu, mas passa a ser compreendido na pressuposição de um tu" (BARBOSA, Mafalda. *Direito da responsabilidade* – Uma disciplina jurídica autónoma. Cascais: Princípia, 2021. p. 74).

8 Conforme já referido alhures, "Malfeitos intencionais são instantaneamente reprovados, com fulcro nos valores fundamentais da humanidade que rechaçam atitudes que firam, ofendam, logrem ou degradem o outro. Atos negligentes são diferentes porque não intentam lesar ou ferir a autonomia e dignidade dos outros, por isso podem ensejar reações menos gravosas. Isto contempla um senso binário de moralidade, pois, como a mera negligência não induz uma resposta intuitiva negativa, atribui-se uma discricionariedade maior ao julgador para definir suas consequências. Com base em standarts sociais de razoabilidade ele promove a harmonia do sistema reforçando seu aspecto solidário. Por fim, a razão de ser da responsabilização objetiva não é tão óbvia ou uniforme. Nem sempre ela recai sobre o autor da conduta e nem sempre deriva de uma conduta reprovável. Às vezes surge apenas para regular um desequilíbrio de forças. como nas relações consuumeristas. Em geral a responsabilidade objetiva se funda em razões políticas que investigam as fissuras do sistema e submetem-nas a

operantes do mesmo sistema que se autoencarrega de conciliar dinâmicas diversas para garantir a própria integridade.

O risco pelo perecimento ou deterioração de bens e direitos compete a seu titular, a quem incumbe arcar com os respectivos prejuízos – *res perit domino*. Excepcionalmente, em homenagem ao princípio da incolumidade das esferas jurídicas, o direito realoca danos observados. O acionamento desta regra excepcional só acontece quando alguém transgride o dever geral de não lesar ninguém – *neminem laedere*.[9]

Tradicionalmente, esta transferência de resultados desvantajosos das lesões sofridas só ocorre como reação a uma conduta intencional e ilícita do ofensor. A obrigação de ressarcir danos alheios surge como resposta à atitude reprovável de alguém que, podendo agir de maneira diversa, adota conscientemente comportamento distinto daquele que lhe era prescrito.[10] A liberdade de agir do ofensor legitima a sua responsabilização pelas consequências jurídicas oneratórias que defluem deste agir.[11]

A culpa individual do ofensor exsurge como elemento primaz da racionalidade que rege o sistema de responsabilidade civil. O fundamento basilar é a reação a condutas intencionais injustas. É, pois, uma proposição jurídica que espelha um substrato moral. Há mais de um século, Georg Ripert já preconizava a centralidade da regra moral nas obrigações civis. Quando reflete sobre a culpa, assevera:

> Quando a teoria do risco entende fazer derivar a lei da responsabilidade da lei de causalidade, destrói a idéia moral que é a única que pode justificar a responsabilidade. O homem sente-se responsável pelos prejuízos que causa por sua culpa, mas não pelos que causa pela sua ação sem que os tenha podido prever ou impedir.[12]

Mesmo nos casos da responsabilidade civil objetiva, que é posta em marcha por fatores ligados ao risco da atividade desenvolvida, a intencionalidade da conduta do ofensor não perde a relevância.[13] Apesar de ela operar efeitos independentemente da

---

um escrutínio diverso daquele que moralmente sustenta as demais formas de atribuição de responsabilidade, criando novos padrões para a solução de conflitos" (KROETZ, Maria Candida. A responsabilidade civil na mira da teoria dos sistemas dinâmicos. *Migalhas*. Disponível em: https://www.migalhas.com.br/coluna/migalhas-de-responsabilidade-civil/355705/a-responsabilidade-civil-na-mira-da-teoria-dos-sistemas-dinamicos).

9 Segundo Marcos Bernardes de Mello, "a ninguém é dado interferir, legitimamente, na esfera jurídica alheia, sem o consentimento de seu titular ou autorização do ordenamento jurídico", e continua o autor, asseverando que existe um "*dever genérico absoluto*, no sentido de que cabe a todos, de não causar danos aos outros" (MELLO, Marcos Bernardes de. *Teoria do fato jurídico*: plano da existência. 20. ed. São Paulo: Saraiva, 2014. p. 279-280).

10 Vera Fradera invoca o v. 65, §1º do *Corpus Iuris Civilis* para sustentar que culpa é uma conduta e não aquilo que pode ter causado a conduta. É um agir desacompanhado da atenção esperada de um homem prudente ou das considerações relacionadas às consequências de sua conduta (FRADERA, Vera. O conceito de culpa. *Revista dos Tribunais*, v. 770, 1999. p. 117 e ss.).

11 Neste sentido, a lição de Carlos Pianovski Ruzyk: "A alteridade é traço inevitável da liberdade. Essa alteridade, entretanto, não é mera justaposição de espaços reciprocamente delimitados externamente: ela implica interseção de vidas livres, o que importa a responsabilidade intersubjetiva recíproca pelas liberdades dos indivíduos em relação. Não se é livre sozinho: a liberdade é sempre coexistencial" (RUZYK, Carlos Eduardo Pianovski. *Institutos fundamentais do direito civil e liberdade(s)*: repensando a dimensão funcional do contrato, da propriedade e da família. Rio de Janeiro: GZ, 2011. p. 342).

12 RIPERT, George. *A regra moral nas obrigações civis*. Campinas: Bookseller, 2002. p. 214.

13 Novamente invoca-se Ripert: "Não é por ter causado o risco que o autor é obrigado à reparação, mas sim porque o causou *injustamente*, o que não quer dizer contra o direito, mas contra a justiça. A responsabilidade civil não é mais do que a determinação e a sanção legal da responsabilidade moral" (RIPERT, George. *A regra moral nas obrigações civis*. Campinas: Bookseller, 2002. p. 226).

existência de culpa do agente, há aberturas no sistema jurídico para que a aferição da eticidade do comportamento do causador do dano reflita na imputação de consequências jurídicas para o fato lesivo. Há permeabilidade do sistema para transparecer os impactos da regra moral em que se apoia.

Embora se observe uma tendência de objetivação da responsabilidade civil, calcando-se a obrigação de indenizar na comprovação do nexo entre o ato jurídico e o dano e prescindindo na análise da intencionalidade da conduta do ofensor, o fundamento moral tem relevância. A reparação de danos causados, além de restituir o ofendido ao estado anterior à lesão, oportuniza conforto ao ofensor que, reconhecendo-se falível, ao reparar o mal que causou, sente-se liberado do peso de suas falhas.

Mais, o direito não é insensível a este substrato ético. Admitir um vazio moral em qualquer espaço do sistema de responsabilidade civil seria desolador. O sistema extrai sua força de seu fundamento ético, porque não é indiferente à atitude do agente, ainda que este esteja obrigado a indenizar até quando não tenha podido prever ou impedir o dano. A coerência sistemática pede que se reconheçam e valorem as condutas para que não se perca sua inerente capacidade de desestimular atos lesivos ou fomentar medidas de prevenção de danos. O sistema não sustenta um regime que legue ao potencial ofensor uma escolha indene entre lesar ou não lesar.

O sistema de responsabilidade civil não descura do papel da culpa como valor fundante tanto para sancionar o que reprime quanto para premiar o que acolhe. Para desenredar este argumento e seu relevo nacional, é necessário entender o trajeto que conduziu à disciplina da responsabilidade civil consagrada no Código Civil de 2002, que é sua espinha dorsal.

3 O trajeto primeiro

Desde que a responsabilidade por danos, da rudimentar conformação clânica ou grupal, gradualmente, passou a ser polarizada nos indivíduos, orientou-se por uma tendência de equilíbrio entre ofensa e retribuição, consagrada em ancestrais normas como a Lei de Talião e o bíblico "olho por olho, dente por dente".

Com movimento de individualização da responsabilidade, também se observou a cisão entre a responsabilidade penal e a responsabilidade civil e, nesta última, um esmaecimento da feição punitiva na medida que se acentuava a índole ressarcitória. Já no período da República romana, editou-se a *lex Poetelia Papiria* (326 a.C.), que foi o primeiro registro legal a traduzir a gradativa patrimonialização da reação aos *delitti privatti*, que eram assim chamados porque concernentes à esfera individual e legitimadores de uma reação pessoal do próprio ofendido.

A percepção dos antigos romanos de associar os delitos privados causadores de dano à valoração econômica destes acabou por indicar a cisão entre a responsabilidades de cunho obrigacional e delitual. Neste contexto, e com o contributo da *Lex Aquilia de Damno* (286 a.C.), estabeleceu-se um remédio jurídico geral de reação a danos culposamente provocados, independentemente de relação obrigacional preexistente, chancelando a secção entre as responsabilidades civil contratual e extracontratual.

Estes aquestos conceituais perduraram no medievo com a agudização da culpa como fundamento central de imputação de responsabilidade civil, pela influência do jusnaturalismo cristão que assimilava ofensa cível ao pecado.

É com esta conformação individual, proporcional, patrimonial, delitual e culposa que a responsabilidade civil aporta na Europa do século XVII, para receber os influxos do jusracionalismo que a encerrou nos sistemas fechados de direito positivo cristalizados nas codificações do século XIX em diante.

De um lado, a responsabilidade civil sistematizou-se nas grandes codificações, como uma exceção ao princípio do *res perit domino*. Os bens terrestres são por essência transitórios e perecíveis. Aquele que os possui convive com o risco natural de sua perda ou deterioração. É por conta do dono que correm os prejuízos ou incômodos resultantes de uma lesão a estes bens. Somente a título extraordinário, o lesado pode buscar ressarcimento junto a terceiro. A responsabilidade civil seria a forma de, observados os requisitos por ela preconizados, excepcionalmente se transferir as consequências desvantajosas da lesão sofrida para outrem.[14]

De outro lado, serviu à afirmação do *neminem laedere* que é o princípio ético-jurídico que sagra o dever geral de não prejudicar ninguém. A noção seminal de responsabilidade está ligada à noção de desvio de conduta. É a expressão de um dever jurídico sucessivo que surge para recompor o dano decorrente da violação de um dever jurídico originário de não lesar ninguém. Quem causa dano a outrem deve repará-lo porque violou um dever jurídico de respeito e cuidado preexistente. A célebre lição de Larenz,[15] de que a *responsabilidade* é *a sombra da obrigação*, vem a calhar porque reafirma a característica de ser a responsabilidade civil uma fonte de obrigações *a posteriori*, vale dizer, só surge após o descumprimento de um dever previamente assentado.

A ideologia liberal, cristalizada na onda de codificações privatistas que se iniciou século XIX, apadrinhou a autonomia da vontade, com fito de dar azo à máxima liberdade econômica dos particulares, sujeita à mínima intervenção estatal. O direito das obrigações é estruturado sob a égide do voluntarismo que restringia a vinculação dos sujeitos a duas fontes principais: os contratos e, com menor ênfase, a responsabilidade civil assentada na culpa lida como a vontade de agir em desconformidade com os deveres atinentes ao *neminem laedere*.

À exemplo de diversas nações da Europa continental, que se inspiraram no Código napoleônico de 1804, também o Código Civil brasileiro de 1916 herdou extrema generalidade no trato da responsabilidade civil. Consagrou a responsabilidade civil tendo como ato gerador o ato ilícito, definido pelo art. 159 como ação ou omissão voluntária, negligência ou imprudência que violasse direito ou causasse prejuízo a outrem. A parte final do dispositivo atribuía ao ofensor o dever de reparar o dano causado. A avaliação da responsabilidade foi regulada pelo disposto nos arts. 1.518 a 1.532 e 1.537 a 1.553 do revogado Código Bevilaqua.

---

[14] GONZÁLEZ, José Alberto. *Direito da responsabilidade civil*. Lisboa: Quid Juris? Sociedade Editora Ltda., 2017. p. 12.

[15] No original: "Cabe distinguir conceptualmente la responsabilidad de la deuda, del deber de prestar, pero aquélla sigue a ésta como la sombra al cuerpo. El que asume una obligación no se hace cargo sólo de un deber jurídico moral (lo que para algunos significaría muy poco), sino que corra el riesgo de perder su patrimonio (a una parte del mismo) por via ejecutiva. De esta suerte la 'responsabilidad' que acompaña a la 'deuda' transmite a ésta una especie de gravitación" (LARENZ, Karl. *Derecho de Obligaciones*. Madrid: Editorial Revista de Derecho Privado, 1959. t. I. p. 34).

Esta regulação da responsabilidade civil, mesmo antes da promulgação do Código Civil de 1916, revelou-se insuficiente para atender às demandas de uma sociedade que se transformava rapidamente pela industrialização e urbanização. A concepção oitocentista da responsabilidade civil exclusivamente fundada na culpa foi sendo abalada por normas constitucionais, por leis especiais e pela ação inovadora da jurisprudência.

4 A reação à pulverização de fontes legislativas

As imperfeições e insuficiências do Código Civil de 1916 em matéria de responsabilidade civil se fizeram notar muito precocemente, ensejando uma intensa atividade legislativa e jurisprudencial. Pouco a pouco, as normas específicas sobre acidentes de trabalho, transportes, administração pública e consumo, por exemplo, contribuíram para tornar rarefeito o papel central e estruturante do Código Civil em matéria de responsabilidade civil. Imersa em um processo de dispersão de fontes legislativas, a disciplina da responsabilidade civil foi gradativamente sendo pulverizada em diversas normas esparsas que comungavam do pendor de deslocar a imputação da obrigação de indenizar da culpa do agente para os riscos da atividade econômica desenvolvida.

O movimento de descodificação do direito, que ganhou prestígio na segunda metade do século XX, encontrou na responsabilidade civil um de seus exemplos mais eloquentes. As rápidas mudanças socioeconômicas que revolucionavam as condições de vida e os meios de produção exigiam respostas rápidas do ordenamento jurídico, incompatíveis com a rigidez monolítica do Código. À época profetizava-se, sob os auspícios do texto primeiro de Natalino Irti,[16] o declínio da era das codificações. O direito privado seria ressistematizado em microssistemas gravitando em torno das constituições.

Neste ambiente, principalmente após a promulgação da Constituição de 1988, proliferaram as reflexões tendentes a autonomizar as secundárias funções punitiva[17] e preventiva[18] da responsabilidade civil e a questionar seus tradicionais pressupostos,[19] culminando com a cogitação de uma responsabilidade civil sem danos.[20] Em 2012, o Professor Luiz Edson Fachin, mencionando preocupações e enaltecimentos, sintetizou estas tendências de, como chamou, "retificação" da responsabilidade civil.[21]

---

[16] IRTI, Natalino. *L'età della decodificazione*. Milano: Giuffrè, 1979.

[17] ANDRADE, André Gustavo Corrêa de. *Dano moral e indenização punitiva*: os punitive damages na experiência da common law e na perspectiva do direito brasileiro. 2. ed. Rio de Janeiro: Lumen Juris, 2009.

[18] VENTURI, Thaís G. P. *Responsabilidade civil preventiva*. São Paulo: Malheiros, 2014.

[19] "a primeira tendência é justamente aquela que se pode chamar com o nome, algo hidráulico, de 'erosão dos filtros tradicionais da responsabilidade civil'. Quer a expressão significar a relativa perda de importância da prova da culpa e da prova do nexo causal na dinâmica contemporânea das ações de responsabilização" (SCHREIBER, Anderson. Novas tendências da responsabilidade civil brasileira. *Revista Trimestral de Direito Civil*, Rio de Janeiro, v. 22, abr./jun. 2005. p. 3).

[20] LEVY, Daniel de Andrade. *Responsabilidade civil*: de um direito de danos a um direito das condutas lesivas. São Paulo: Atlas, 2012.

[21] "Dentre os aspectos a enaltecer, o porvir vem batendo às portas com a reparação que relativiza o nexo de causalidade na perspectiva de proteção da vítima ou do ofendido; por igual, quiçá deixar-se-á de excluir a responsabilidade do agente por risco do desenvolvimento do bem ou serviço. Impende, ainda, altear a passagem da responsabilidade civil ao direito de danos, mais focado na vítima e menos no causador ou na reprovação de sua conduta. O dano ao projeto de vida é outro exemplo de compensação relevante que a racionalidade jurídica vai abrigando. A própria ideia decorrente do princípio da precaução que pode conduz à indenizabilidade da ameaça de dano, representa um interesse, ainda que paradoxal, passo à frente ao expor a responsabilidade sem

Ocorre que o século XXI trouxe consigo um círculo virtuoso de novas codificações que, no Brasil, foi inaugurado com a edição do Código Civil de 2002. A codificação, embora nem sempre absorva a regulação de todas as espécies de relações jurídicas, é estruturante do sistema jurídico. O Código, porque arquitetado como expressão da dogmática de uma cultura jurídica, contém regras e princípios organizados com o fito de lhe conferir as necessárias integração, interação e coerência que o definem, distinguindo-o dos demais diplomas legais com que ele interage.

Conforme Otávio Luiz Rodrigues Jr., a autonomia epistemológica do direito civil "permite o desenvolvimento de uma metódica própria, com princípios autônomos e com finalidades diferenciadas".[22] Os problemas que enfrenta são resolvidos à luz de seu fundamento que é a autonomia privada e dentro um sistema peculiar presidido pela racionalidade consignada no próprio Código Civil.

Como bem colocou o Professor Rodrigo Xavier Leonardo, "Pede-se permissão para sublinhar que, *vent'anni doppo*, Natalino Irti,[23] o civilista tantas vezes citado e identificado como o autor da 'descodificação', reconheceu ao Código Civil um *plusvalor político*".[24] O Código Civil, em especial, tem papel central porque exerce uma função unificadora. Numa perspectiva histórica, o direito romano é monumento cultural que, além da nomenclatura, categorias e classificações, formulou algo muito valioso que são os quadros de raciocínio jurídico. E é no Código Civil, notadamente quando regula o direito das obrigações, que vive este legado e onde se enraízam as origens da ciência do direito.[25]

Princípios como "repararás o dano que causaste" traduzem valores políticos ancestrais e vêm carregados de um peso ético-moral que não pode ser desprezado ou descartado porque fundante de uma geometria invisível que logicamente reflete uma civilização e, como tal, consiste em instrumental relevante para a afirmação de seus valores, máxime em épocas de crise. Como princípio, não é absoluto, mas sempre presente, ainda que, quando confrontado com outros princípios, tenha de ser flexibilizado.

Desde o século XIX, o direito civil encontra sua principal forma de expressão nos Códigos. Apesar das contundentes críticas com que o alcunhado "revelho"[26] o Código Civil brasileiro foi recepcionado em 2002, ele é o testemunho nacional da permanência do modelo de sistematização das normas de direito civil na contemporaneidade. Com efeito, ainda que em alguns aspectos tenha ignorado avanços sociais que o precederam, o diploma, mantendo a essência civilista de seu antecessor, incorporou mudanças que o aproximaram da realidade que iria regular. Na seara da responsabilidade civil não foi diferente.

---

dano" (FACHIN, Luiz Edson. Contratos e responsabilidade civil: duas funcionalizações e seus traços. *Revista dos Tribunais*, São Paulo, v. 903, jan. 2011. p. 7).

[22] RODRIGUES JR., Otávio L. *Direito civil contemporâneo*: estatuto epistemológico, constituição e direitos fundamentais. Rio de Janeiro: Forense Universitária, 2019. p. 340.

[23] IRTI, Natalino. L'età della decodificazione vent'anni doppo. *In*: IRTI, Natalino. *L'età della decodificazione*. Milano: Giuffrè, 1979. p. 10.

[24] LEONARDO, Rodrigo Xavier. Codificação do direito civil no século XXI: de volta para o futuro? (parte 1). *Revista Consultor Jurídico*, 4 abr. 2016. Disponível em: https://www.conjur.com.br/2016-abr-04/codificacao-direito-civil-seculo-xxi-volta-futuro-parte?.

[25] NORONHA, Fernando. *Direito das obrigações*. 4. ed. São Paulo: Saraiva, 2013. p. 113.

[26] TEPEDINO, Gustavo. O velho Projeto de um revelho Código Civil. *In*: TEPEDINO, Gustavo. *Temas de direito civil*. Rio de Janeiro: Renovar, 2000. p. 437 e seguintes.

5 A cláusula geral de responsabilidade civil codificada em 2002

Desde o direito romano arcaico, quando A *Lex Poetelia Papiria* encetou a autonomização do ilícito civil em relação ao penal, o progresso da responsabilidade civil tem sido marcado pela generalização das normas cíveis em oposição a uma especificação legal precisa priorizada pelas leis penais. Fiel à tradição, o Código Civil atual (Lei nº 10.406/2002) demarca os contornos da responsabilidade civil por meio de cláusulas gerais. Nele convivem dois sistemas distintos: o que resulta da inexecução contratual que está nos arts. 389 e seguintes e outro, conhecido por responsabilidade civil geral, extracontratual, extranegocial ou em sentido estrito, de que nos ocupamos neste texto e ao qual referimos simplesmente como responsabilidade civil.

No Código de 2002, a responsabilidade civil é concebida como fonte da obrigação que, nas circunstâncias nele definidas, incumbe pessoas de reparar os danos causados a outrem. Vale dizer, transfere os prejuízos advindos do dano de quem o sofreu para quem o deverá ressarcir.

5.1 A regra

A norma geral da responsabilidade civil do ordenamento jurídico brasileiro, à luz da concepção ponteana do fato jurídico desenvolvida por Marcos Bernardes de Mello,[27] está desmembrada dentro do Código Civil. No Título III, do Livro III da Parte Geral, o Código Civil consigna disposições gerais sobre atos ilícitos e descreve as hipóteses de incidência pelo assim disposto: "Art. 186. Aquele que, por ação ou omissão voluntária, negligência ou imprudência, violar direito e causar dano a outrem, ainda que exclusivamente moral, comete ato ilícito". A sanção, por sua vez, está posta no Título IX, Livro I (Da Responsabilidade Civil) da Parte Especial, com a seguinte redação: "Art. 927. Aquele que, por ato ilícito (arts. 186 e 187), causar dano a outrem, fica obrigado a repará-lo". A descrição do suporte fático na Parte Geral antecede o preceito da Parte Especial, em que se fixa a sanção como consequência jurídica da concreção de certo fato da vida de relação àquela *fattispecie* anteriormente delineada em abstrato.

Destes dispositivos se infere a tipicidade aberta da responsabilidade civil, consagrada numa cláusula geral instituidora da responsabilidade subjetiva e a predominância de sua função reparatória acionada pela constatação de dano decorrente da violação do dever geral de cuidado imposto *erga omnes*. Esse modelo jurídico, costumeiramente, é estudado e aplicado a partir de seus elementos constituintes, cujo elenco é objeto de divergências na doutrina. Optamos pelo rol quadripartido: ato ilícito, culpa, dano e nexo de causalidade.

A análise de todos estes elementos escapa às limitações deste estudo. Apesar de alguns autores cogitarem de uma responsabilidade civil independente de dano,[28] com certeza não é esta a racionalidade que preside o sistema do Código Civil. Pode-se dizer que há um consenso firmado no sentido de que dano e seu nexo causal com o fato

---

[27] MELLO, Marcos Bernardes de. *Teoria do fato jurídico*: plano da existência. 20. ed. São Paulo: Saraiva, 2014.

[28] LOPEZ, Teresa A. *Princípio da precaução e evolução da responsabilidade civil*. São Paulo: Quartier Latin, 2010. p. 132-139.

jurídico acorrido na vida de relação são essenciais à caracterização da responsabilidade civil. Sob os auspícios da repetida lição da Professora Judith Martins-Costa de que *lidar com direito é a arte de fazer distinções*, e reconhecendo a nota dissonante deste discurso em relação àquele de pretensos progressistas, optamos por destacar a relevância do elemento culpa, em seu *lato sensu*,[29] na concepção codificada primaz da responsabilidade civil.

A tônica distintiva do paradigma geral codificado no art. 186 combinado com o *caput* do art. 927 é o fato de que ele assenta seu traço valorativo no elemento subjetivo, na culpa do agente. Este pensamento encontra sentido no fato de que, para ser efetiva, a responsabilidade não pode ser rarefeita, mas sim claramente delimitada e consente às capacidades humanas do agente, tanto intelectuais quanto emocionais. Dizer que alguém pode ser responsável por qualquer coisa é tão destrutivo para sua consciência de justiça e discernimento pessoal quanto dizer que ele não pode ser responsabilizado por nada. A liberdade exige que a responsabilização do indivíduo vá, e só vá, até onde ele possa avaliar as consequências de suas próprias ações.[30]

O Código Civil adotou esta perspectiva tradicional da responsabilidade subjetiva assumindo que está moralmente fundada no dogma da liberdade individual e, portanto, indissociavelmente ligada à capacidade de entender e de querer do ser humano. A autonomia privada expressa o modo de ser da pessoa livre que age conforme o seu desejo e não o de outrem. Quando se reconhece a ampla liberdade aos indivíduos para agir em sociedade, também exige que se conforme com as consequências, favoráveis ou desfavoráveis, das opções feitas. Se fosse diferente, se se recusasse a responsabilização do indivíduo pelo desfecho de suas ações à semelhança do que se faz aos inimputáveis, estar-se-ia menorizando tanto o homem, a ponto de negar sua autonomia, negar sua humanidade. O sistema não é insensível às escolhas do indivíduo. Mesmo quando reprováveis, ele as reconhece, valora e reage pela imputação do ônus ressarcitório. Sob este ângulo, a responsabilização é tributo que o ordenamento presta à autonomia privada.

Ao fim e ao cabo, a culpa é a ligação subjetiva entre o sujeito e seu ato censurável pelo crivo ético-jurídico, pois ele podia e devia ter agido de outro modo. Trata-se de um desvalor subjetivo que não se confunde com o desvalor objetivo da ilicitude. Na culpa a tônica recai sobre a reprovabilidade da violação de direitos absolutos perpetrada pelo ofensor, realçando o cunho sancionatório da responsabilidade civil. Já o cerne da ilicitude objetiva é a antijuridicidade da conduta, o comportamento contrário ao direito posto, a oposição ao ordenamento jurídico. Ao nível da culpa, o que sobressai é a censurabilidade da conduta do ofensor, é o poder ter agido de forma diversa, em suma, o aspecto subjetivo da ilicitude.[31]

---

[29] Entre o dolo direto e a culpa leve há uma série infindável de graduações, inclusive nas modalidades de negligência, imprudência e imperícia, de que a valoração do moto volitivo é suscetível. A noção de culpa em sentido lato abrange todas estas variações do seu grau e também a noção de culpa presumida.

[30] "Só a imputação de um resultado à conduta individual que leve em consideração a respetiva subjetividade – juridicamente captável mediante a formulação do juízo de culpabilidade – dá lugar a verdadeira responsabilização" (GONZÁLEZ, José Alberto. *Direito da responsabilidade civil*. Lisboa: Quid Juris? Sociedade Editora Ltda., 2017. p. 39).

[31] "Como consequência, admite-se uma complexa dimensão da ilicitude que engloba a chamada ilicitude subjetiva e a objetiva: é subjetiva quando a norma determina seja o nexo de imputação balizado pela culpa, impondo-se a verificação da negligência ou da imprudência ou, ainda no caso do dolo, também da intencionalidade; é objetiva quando não é necessário averiguar se, subjacente ao ato ou conduta, houve ato negligente ou imprudente,

O indivíduo que, intencionalmente ou por descuido, causa dano a outrem atrai para si a imputação do dever jurídico de responder por seus atos antijurídicos. O fundo anímico do malfeito releva, já que a culpa tem o condão de conectar o agente livre aos consequentes imperativos jurídicos.

5.2 A exceção

A mais festejada inovação do Código Civil de 2002 na seara da responsabilidade civil foi o acolhimento de hipóteses de responsabilidade civil independente de culpa por meio do disposto no parágrafo único do art. 927, que está assim redigido: "Haverá obrigação de reparar o dano, independentemente de culpa, nos casos especificados em lei, ou quando a atividade normalmente desenvolvida pelo autor do dano implicar, por sua natureza, risco para os direitos de outrem".

Pela expressão "nos casos especificados em lei", o Código acolheu a longa elaboração legislativa da Constituição Federal, dos diplomas especiais, bem como de situações descritas em seu próprio corpo a justificar a responsabilização independentemente da investigação de culpa, desde que previamente previstas em lei. Em assim procedendo, o legislador prestigiou o positivismo que marcou o surgimento e a difusão da responsabilidade civil objetiva, bem como sua operacionalização.

A originalidade do dispositivo, a seu turno, está alocada em sua parte final, na expressão "ou quando a atividade normalmente desenvolvida pelo autor do dano implicar, por sua natureza, riscos para os direitos de outrem". O parágrafo único fixa o nexo de imputação da obrigação de reparar danos no exercício habitual de atividades de risco. O inerente potencial lesivo de certas atividades continua e organizadamente desenvolvidas enseja a obrigação de indenizar quando observados danos na esfera jurídica alheia.

Note-se que o teor do parágrafo único é uma exceção à regra geral do *caput* do art. 927. A figura da culpa é primordial e a do risco excepcional na codificação civil brasileira também à luz da lei que regula a elaboração, alteração e consolidação da leis e atos normativos (LC nº 95/98). Ao enunciar em seu art. 11, III, "c" que, para obtenção de ordem lógica, a função dos parágrafos é a de desenvolver "os aspectos complementares à norma enunciada no caput do artigo e as exceções à regra por este estabelecida", ela ratifica o argumento *supra* de que a norma do *caput* é geral e a do parágrafo, excepcional.

Subsidiariamente, o Código Civil, diante de danos causados no curso de atividades perigosas habitualmente desenvolvidas ou outras situações que a lei tenha previsto, impõe a obrigação de reparação, sem que seja necessária a comprovação da culpa do agente. Ao fazer este discrímen, o diploma legal admite uma nova espécie de responsabilidade civil, menos exigente, a que se convencionou chamar objetiva, porque ela prescinde da investigação da presença do elemento subjetivo culpa do agente para que seja gerada a obrigação de indenizar danos.

---

pois a ilicitude estará caracterizada pelo desvio ou pela contrariedade à norma de dever-ser imposta pelo Ordenamento" (MARTINS-COSTA, Judith. Os avatares do abuso do direito e o rumo indicado pela boa-fé. *In*: DELGADO, Mário Luiz; ALVES, Jones Figueirêdo (Coord.). *Novo Código Civil*: questões controvertidas, Parte Geral do Código Civil. São Paulo: Método. 2007. v. 6. p. 520).

Isto não significa que a culpa seja irrelevante na seara da responsabilidade civil objetiva que admite múltiplos critérios para a imputação da obrigação de reparar como risco da atividade, a qualidade de alguns sujeitos de direito ou o dever de cuidado em relação a incapazes, prepostos, certos clientes e bens.

A percepção da relevância da culpa na responsabilidade civil objetiva depreende-se inicialmente da estrutura metodológica do Código Civil. A proposição do *caput* do art. 927 é amplificada quando em conexão com a proposição jurídica inserta no parágrafo único do dispositivo, pois consolida sua força constitutiva de consequências jurídicas em situações jurídicas que antes lhe escapavam. Em outras palavras, a regra excepcional do parágrafo único, ao dispensar a culpa, amplia as hipóteses de geração da obrigação de indenizar.

O elastecimento da responsabilização civil que levou à modalidade objetiva que prescinde do exame da culpa do agente para ensejar a imputação do dever de indenizar não se faz linearmente. Não se trata de um sistema binário estanque, mas de diversos paradigmas que se intercomunicam, pesando mais ou menos na relevância do elemento subjetivo.[32] Na feliz expressão de José González, "Pode afirmar-se com propriedade, por isso, que em rigor a responsabilidade civil é *mais* ou é *menos objetiva* ou é *mais* ou é *menos subjetiva*".[33]

Nas hipóteses arroladas no parágrafo único do art. 927, excepcionalmente, impõe-se a obrigação de indenizar sem a necessidade de comprovação de culpa do ofensor. Contudo, o dispositivo não esvazia a relevância da culpa na compreensão da dinâmica da responsabilização do agente e na modulação da obrigação de indenizar no plano da eficácia.

6 O atual viés de revivescência da culpa

Não há responsabilidade civil sem culpa, embora se admitam casos de responsabilidade civil objetiva independentemente de culpa. A culpa, em sua concepção ético-normativa, segundo Mafalda Miranda Barbosa, mantém uma nota de ligação subjetiva entre o sujeito e seu ato e "assume-se como um juízo de censura ético-jurídica, a traduzir um desvalor: a pessoa podia e devia ter agido de outro modo",[34] conforme padrões conhecidos de cuidado, perícia, prudência e diligência, pelo que se privilegia sua apreciação *in abstracto*.

Em homenagem à tradição romanística, a culpa em sentido lato abrange diversas espécies que se distinguem pelo grau de intensidade. A espécie mais intensa é o dolo que consiste na intenção de violar interesses jurídicos, causando dano desejado (dolo

---

[32] Segundo Nelson Rosenvald, "há um 'continuum', sendo que as imputações subjetiva e objetiva de danos consistem apenas em dois extremos de uma longa linha reta, em um perímetro que acomoda várias figuras intermediárias" (ROSENVALD, Nelson. Os reais confins entre as responsabilidades subjetivam e objetiva. *In*: ROSENVALD, Nelson. *O direito civil em movimento*: desafios contemporâneos. 3. ed. Salvador: JusPodivm, 2019. p. 184).

[33] GONZÁLEZ, José Alberto. *Direito da responsabilidade civil*. Lisboa: Quid Juris? Sociedade Editora Ltda., 2017. p. 45

[34] BARBOSA, Mafalda. *Direito da responsabilidade* – Uma disciplina jurídica autónoma. Cascais: Princípia, 2021. p. 150.

direto) ou conhecido (dolo eventual). Já a culpa em sentido estrito é caracterizada por uma conduta descuidada, mas voluntária, que causa resultado involuntário, mas previsível. A doutrina faz a gradação da culpa *stricto sensu* em grave, leve e levíssima.[35] Fernando de Noronha, no entanto, entende que na atualidade justifica-se a equiparação entre dolo e culpa grave e que carece de fundamento a responsabilização com base em culpa levíssima, por não fazer sentido exigir de alguém pautar sua conduta por padrões excepcionais de diligência e cuidado.[36]

Seja como for, na responsabilidade civil subjetiva, a culpa, em qualquer grau, basta para desencadear o dever de indenizar. É condição de existência da obrigação indenitária e, como tal, de indiscutível relevância. Incide para caracterizar o *an debeatur*, ou seja, para definir se há ou não o dever de indenizar.

Mas esse não é o único papel da culpa no sistema de responsabilidade civil. Ela tem outras funções, talvez veladas pelo entusiasmo que amplifica o espectro de imputação baseado no parágrafo único do art. 927. Como elo de permeabilidade do sistema de responsabilidade civil à moral, a culpa serve como contraponto a eventuais extremismos de uma excessiva objetivação que opacifique a função da responsabilidade civil de desestímulo a condutas que revelam descaso pelos direitos alheios.[37]

Em muitos espaços, o recurso à culpa é chave para solução de impasses, servindo de parâmetro e substrato hermenêutico para garantir minimamente a coesão estrutural de um sistema que não busca apenas um pagador, mas sim um autêntico responsável. Afora o consagrado posto de elemento do nexo de imputação subjetiva, segue um rol de situações em que o sistema de responsabilidade civil do Código de 2002 recorre à culpa:

a) O exame do grau de culpa contribui na definição do *quantum debeatur* em qualquer modalidade de responsabilidade civil, mesmo que objetiva.[38] Havendo responsabilidade de indenizar, o grau de culpa incide no plano da eficácia, par influir na definição do montante da indenização, mesmo que seja apenas para reduzi-lo. Este é o teor do parágrafo único do art. 944 do Código Civil, que

---

35 Relembremos que temos *culpa grave* (em latim, *culpa lata)* quando o agente tiver procedido de forma anormalmente falha, seja por displicência, seja por impreparação, seja por outros motivos; temos *culpa simples* (em latim, *culpa levis)* quando o agente apenas não observou os cuidados do homem comum, do bom cidadão, e que os romanos traduziam na ideia do *bonus pater familias* (NORONHA, F. Responsabilidade civil: uma tentativa de ressistematização. *Doutrinas Essenciais de Responsabilidade Civil*, v. 1, p. 145-195, out. 2011).

36 A culpa só passa a ser relevante no grau que os antigos chamavam de culpa leve – e que hoje poderemos chamar de mera culpa, ou culpa simples, para distingui-la da culpa grave, equiparada nos efeitos ao dolo (NORONHA, F. Responsabilidade civil: uma tentativa de ressistematização. *Doutrinas Essenciais de Responsabilidade Civil*, v. 1, p. 145-195, out. 2011).

37 Com base nas considerações do impacto das atividades humanas sobre o corpo social, a aferição da culpa será valorizada sob o ponto de vista interpretativo das hipóteses concretas de responsabilidade civil. Todavia sem o recurso tradicional ao antagonismo entre imputação objetiva ou subjetiva, como polos opostos, porém em uma linha de complementaridade. A finalidade da conjunção entre o risco da atividade e a aferição do comportamento do autor do ilícito e uma atividade de fortalecimento de um modelo jurídico fragilizado pelo câmbio das técnicas e imputação de danos que acentuam o esvaziamento da função preventiva e punitiva da responsabilidade civil (FARIAS, Cristiano C.; BRAGA NETO, Felipe P.; ROSENVALD, Nelson. *Novo tratado de responsabilidade civil*. São Paulo: Atlas, 2015. p. 193).

38 "Todavia, é mérito da doutrina recente negar a tradicional indiferença da responsabilidade civil perante a gradação da culpa e demonstrar que existem, sim, hipóteses em que culpa e dolo possuem relevância autônoma. Ou seja, se em grande parte dos casos há um menoscabo por parte do juízo de responsabilidade quanto ao fato de o dano ser intencionalmente provocado ou não, existem, todavia, situaçãc em que a diferença avulta" (FARIAS, Cristiano C.; BRAGA NETO, Felipe P.; ROSENVALD, Nelson. *Novo tratado de responsabilidade civil*. São Paulo: Atlas, 2015. p. 186).

dispõe "se houver excessiva desproporção entre a gravidade da culpa e o dano, poderá o juiz, reduzir, equitativamente, a indenização". Trata-se de exceção ao *princípio da reparação integral*, consagrado pelo *caput* do mesmo artigo. Ele se aplica tanto às hipóteses de responsabilidade subjetiva quanto objetiva.[39] Em certos casos, a culpa serve para parametrizar a ação do operador do direito, quando se lhe abre espaço para julgar equitativamente.

b) Na fixação da compensação por dano moral, ante a falta de melhores parâmetros de quantificação, o grau de culpa também vem sendo utilizado como critério para a estipulação do montante devido, na esteira do que preconiza o Enunciado nº 458, da V Jornada de Direito Civil: "O grau de culpa do ofensor, ou a sua eventual conduta intencional, deve ser levado em conta pelo juiz para a quantificação do dano moral". Quando não há outros mecanismos disponíveis para parametrizar o cálculo das compensações ou quando estes sejam muito abertos ou imprecisos, o recurso ao exame da culpa do ofensor comparece.

Utilizar, sem legal previsão anterior ou balizas precisas, o grau de reprovabilidade da conduta de quem despreza a integridade psicofísica dos outros para fixar o valor da compensação pecuniária à vítima não parece ser uma solução adequada. A importação casuística dos *punitive damages* é equivocada e condenável,[40] já que a eventual implantação da pena civil no ordenamento jurídico nacional precisa atender aos princípios constitucionais da legalidade e da irretroatividade. Inobstante a crítica, observa-se nos tribunais a frequente utilização da culpa como como critério para estipulação do *quantum* da compensação por danos morais.[41]

c) Não que se admita uma função punitiva autônoma para a responsabilidade civil, mas uma das novas tendências da responsabilidade civil é acentuação de seu caráter sancionatório pela aproximação com esfera penal, em que a intencionalidade da conduta é muito relevante. A parte final do art. 935 do Código Civil deixa claro que não há independência absoluta entre as jurisdições civil e penal, o que é reforçado por diversas outras regras, em especial o art. 91, I, do Código Penal, que estatui que a sentença criminal condenatória torna certa a obrigação de indenizar o dano causado.

O art. 45, §1º do Código Penal autoriza que o juiz criminal substitua pena restritiva de direitos por prestação pecuniária em favor da vítima, cujo valor será deduzido do montante da indenização civil, o art. 297 do Código Nacional de Trânsito prevê multa

---

39 O Enunciado nº 46 da I Jornada de Direito Civil, que estatuía que o parágrafo único do art. 944 não se aplicava às hipóteses de responsabilidade objetiva, foi alterado pelo Enunciado nº 380, da IV Jornada de Direito Civil para retirar esta ressalva com a anuência de seu próprio proponente, o Ministro Paulo de Tarso Sanseverino (SANSEVERINO, Paulo de Tarso. *Princípio da reparação integral*: a indenização no Código Civil de 2002. São Paulo: Saraiva, 2010. p. 121-122).

40 "Nem os *punitive damages* são o único (ou melhor) mecanismo apto a punir danos extrapatrimoniais, nem a pena privada – no modelo traçado pela tradição anglo-saxã – pode ser acolhida livremente por via jurisprudencial, com desprezo aos critérios e condições que justificam, axiológica e teologicamente, esse instituto" (MARTINS-COSTA, Judith; PARGENDLER, Mariana Souza. Usos e abusos da função punitiva (punitive damages e o direito brasileiro). *Revista CEJ*, Brasília, n. 28, p. 15-32, jan./mar. 2005. p. 16).

41 Para exemplificar, referimo-nos às decisões paradigmáticas do Supremo Tribunal Federal no AI 455.846/RJ. Rel. Min. Celso de Mello. *DJ*, 11.10.2004; do Superior Tribunal Justiça no REsp 839.923/MG, Rel. Min. Raul Araújo, Quarta Turma, j. 15.5.2012. *DJe*, 21.5.2012; e no REsp 355.392/RJ. Rel. Min. Nancy Andrighi, Rel. p/ Acórdão Min. Castro Filho. *DJ*, 17.6.2002, p. 00258.

reparatória em favor da vítima a ser descontado da indenização civil e o art. 387, IV do Código de Processo Penal faculta ao juiz criminal fixar um valor mínimo para a indenização do dano sofrido pela vítima na sentença condenatória. Observa-se, pois, a hibridização das instâncias cível e penal,[42] com um avanço das competências do juiz criminal para aplicar sanções de natureza cível reparatória. Nesta tarefa, a consideração do grau de culpa do causador do dano inevitavelmente impacta a aferição do montante da indenização privada, porque isto é próprio da racionalidade do sistema criminal.

d) O exame da culpa da vítima também releva para o estabelecimento da responsabilidade em situações de concausalidade ou de majoração de prejuízos pelo ofendido. A responsabilidade do causador de danos pode ser reduzida na proporção em que a vítima contribuiu para o evento lesivo ou para o agravamento do quadro. É o que se depreende do disposto no Código Civil: "Art. 945. Se a vítima tiver concorrido culposamente para o evento danoso, a sua indenização será fixada tendo-se em conta a gravidade de sua culpa em confronto com a do autor do dano".

O dispositivo legal se debruça sobre a avaliação do nexo de causalidade, mas não exime o intérprete de recorrer à averiguação ponderada da culpa da vítima.[43] É preciso analisar o comportamento da vítima comparativamente com os *standards* sociais de conduta, confrontando-o com os padrões de autorresponsabilidade de si esperados. Assim, pode-se estabelecer em que medida a intencionalidade da conduta da vítima incidiu para que ela agisse de forma relevante ao resultado danoso.[44] Por analogia o mesmo raciocínio, pode aplicar-se para incluir o impacto da intencionalidade da ação de terceiros no equacionamento de situações lesivas em que múltiplos agentes e fatores estão envolvidos.

e) Também na aferição da aplicabilidade da excludente de nexo de causalidade pelo fortuito pode relevar o exame da culpa. Agostinho Alvim distinguiu fortuito interno, relativo ao risco normal da atividade desenvolvida, de fortuito externo, que, por ser imprevisível, tem a aptidão de romper o nexo

42 "Já não mais corresponde à verdade, a noção de que a compensação de danos é uma tarefa monopolisticamente assumida por um magistrado civil. O fenômeno da hibridização do remédio compensatória é uma realidade. Quando tratamos de veículos compensatórios de danos, o juízo criminal assume relevante função compensatória" (ROSENVALD, Nelson. A compensação de danos: entre a responsabilidade civil e a criminal. *In*: ROSENVALD, Nelson; RUZYK, Carlos Eduardo Pianovski (Coord.). *Novas fronteiras da responsabilidade civil*: direito comparado. Indaiatuba: Foco, 2020. p. 382).

43 "As peculiaridades da figura do lesado, sua atuação à frente da eventual ruptura do nexo – ou até mesmo na atenuação do *quantum indenizatório* – importam numa consideração flexível, [...], que impede uma consideração abstrata (e simétrica) pura, a considerar um questionamento de um padrão monolítico de interpretação da culpa" (MELO, Diogo L. M. 18 anos de Código Civil e a maioridade do papel da "culpa" na consolidação do sistema de imputação da responsabilidade fundado no risco. Uma visão a partir de Renan Lotufo. *In*: PIRES, Fernanda Ivo (Org.). *Da estrutura à função da responsabilidade civil*: uma homenagem do Instituto Brasileiro de Estudos de Responsabilidade Civil (IBERC) ao Professor Renan Lotufo. Indaiatuba: Foco, 2021. p. 177).

44 Daí a formulação da regra: a redução no *quantum* indenizatório em razão da conculpabilidade do prejudicado só é razoável quando o prejudicado não tenha adotado as medidas exigíveis com que poderia ter impedido o prejuízo. Assim, conclui acertadamente Vaz Serra, "há de o procedimento do prejudicado ter sido culposo, no sentido de ele ter omitido, contra o que podia e devia ter feito, as cautelas necessárias e concorrente para evitar o dano" (MARTINS-COSTA, Judith; GIANNOTTI, Luca. A culpa no direito das obrigações: notas para uma história de conceitos jurídicos fundamentais. *In*: PIRES, Fernanda Ivo (Org.). *Da estrutura à função da responsabilidade civil*: uma homenagem do Instituto Brasileiro de Estudos de Responsabilidade Civil (IBERC) ao Professor Renan Lotufo. Indaiatuba: Foco, 2021. p. 177).

de causalidade.[45] Para se definir se uma circunstância se caracteriza como fortuito interno é preciso recorrer ao exame do grau de diligência do agente em comparação com a conduta padrão para atividade, avaliando se o agente adotou o comportamento esperado para evitar danos. Assim a caracterização ou não de fortuito interno passa à configuração ou não de conduta desidiosa do agente, conforme *standards* reconhecidos.[46]

7 Diagnóstico e prognóstico da culpa no sistema de responsabilidade civil do Código de 2002

Em passado não muito distante, vaticinou-se o ocaso da culpa na responsabilidade civil,[47] sob os auspícios da dilatação do regime de responsabilização objetiva que a dispensa para imputar o dever indenizatório pelo mero exercício de atividade de risco.

Todavia, assim como Judith Martins-Costa:

> Pensamos que a culpa não saiu de cena. Continua a ser o fator de imputação de responsabilidade geral, embora, paradoxalmente, o geral seja cada vez mais residual, em face do crescimento das hipóteses de imputação pelo risco e da ampliação das obrigações de garantia.[48]

Nos primeiros vinte anos de vigência do Código Civil, observou-se um agigantamento da responsabilidade civil objetiva, que foi associado a um movimento para dispensar a culpa como um dos fundamentos do sistema. Todavia, obscurecer a culpa acaba por privilegiar o patrimonialismo em detrimento de valores ético-jurídicos que consagram a reprovabilidade das condutas lesivas. Não é desejável um sistema de responsabilidade civil totalmente depurado do exame da culpabilidade do agente causador dos danos, sob pena de reduzi-lo a um mecanismo de tutela pecuniária.

Todavia, o Código Civil permite identificar onde desponta o valor da culpa, corrigindo distorções sistemáticas que incompatibilizariam o sistema com sua matriz ético-moral.[49] Pontuou-se a relevância da culpa no plano da eficácia como fator de mitigação equitativa do valor das indenizações e como critério de mensuração do valor das

---

45 ALVIM, Agostinho. *Da inexecução das obrigações e suas consequências*. 2. ed. São Paulo: Saraiva, 1955. p. 352.

46 MELO, Diogo L. M. 18 anos de Código Civil e a maioridade do papel da "culpa" na consolidação do sistema de imputação da responsabilidade fundado no risco. Uma visão a partir de Renan Lotufo. *In*: PIRES, Fernanda Ivo (Org.). *Da estrutura à função da responsabilidade civil*: uma homenagem do Instituto Brasileiro de Estudos de Responsabilidade Civil (IBERC) ao Professor Renan Lotufo. Indaiatuba: Foco, 2021. p. 185.

47 SCHREIBER, Anderson. Novas tendências da responsabilidade civil brasileira. *Revista Trimestral de Direito Civil*, Rio de Janeiro, v. 22, abr./jun. 2005. p. 47.

48 MARTINS-COSTA, Judith; GIANNOTTI, Luca. A culpa no direito das obrigações: notas para uma história de conceitos jurídicos fundamentais. *In*: PIRES, Fernanda Ivo (Org.). *Da estrutura à função da responsabilidade civil*: uma homenagem do Instituto Brasileiro de Estudos de Responsabilidade Civil (IBERC) ao Professor Renan Lotufo. Indaiatuba: Foco, 2021. p. 178.

49 "O sistema de responsabilidade civil deve incluir valorações de caráter moral, sancionando o lesante pelo fato de adotar um comportamento desconforme aos princípios éticos seguidos pela maioria das pessoas, realizando as expectativas de justiça corretiva. Portanto, não se pode ceder ao maniqueísmo e concentrar a responsabilidade civil em uma estrutura binária, de repartição em uma área em que a culpa é relevante (imputação subjetiva) de outra área em que ela não será relevante (imputação objetiva)" (FARIAS, Cristiano C.; BRAGA NETO, Felipe P.; ROSENVALD, Nelson. *Novo tratado de responsabilidade civil*. São Paulo: Atlas, 2015. p. 92).

compensações ao dano moral; na interferência da racionalidade culpabilizante própria ao direito criminal na compensação de danos de direito privado; na fixação da proporção de participação da vítima ou terceiros para a definição do nexo na concausalidade ou na observância de suas excludentes.

A ductibilidade do conceito de culpa favorece sua constante adaptação e atualização, garantindo que ela marque presença como elemento indispensável à estruturação de um sistema de responsabilidade civil que se quer hábil a equacionar a alocação de prejuízos na vida prática de forma justa e coerente com os valores fundantes de uma sociedade. O trabalho cuidou de evidenciar a revivescência atual da culpa em múltiplos aspectos. Mas há margem para que se persista no intento de desvelar a presença, a influência e as potencialidades da culpa no sistema de responsabilidade civil do Código Civil de 2002, reputado central, inclusive para uma unidade hermenêutica da legislação extravagante correlata.

Referências

ALVIM, Agostinho. *Da inexecução das obrigações e suas consequências*. 2. ed. São Paulo: Saraiva, 1955.

ANDRADE, André Gustavo Corrêa de. *Dano moral e indenização punitiva*: os punitive damages na experiência da common law e na perspectiva do direito brasileiro. 2. ed. Rio de Janeiro: Lumen Juris, 2009.

BARBOSA, Mafalda. *Direito da responsabilidade* – Uma disciplina jurídica autónoma. Cascais: Princípia, 2021.

FACHIN, Luiz Edson. Contratos e responsabilidade civil: duas funcionalizações e seus traços. *Revista dos Tribunais*, São Paulo, v. 903, jan. 2011.

FARIAS, Cristiano C.; BRAGA NETO, Felipe P.; ROSENVALD, Nelson. *Novo tratado de responsabilidade civil*. São Paulo: Atlas, 2015.

FRADERA, Vera. O conceito de culpa. *Revista dos Tribunais*, v. 770, 1999.

GONZÁLEZ, José Alberto. *Direito da responsabilidade civil*. Lisboa: Quid Juris? Sociedade Editora Ltda., 2017.

IRTI, Natalino. *L'età della decodificazione*. Milano: Giuffrè, 1979.

KFOURI NETO Miguel. Graus da culpa e redução equitativa da indenização. *Revista do Tribunais*, v. 839, set. 2005.

KROETZ, Maria Candida. A responsabilidade civil na mira da teoria dos sistemas dinâmicos. *Migalhas*. Disponível em: https://www.migalhas.com.br/coluna/migalhas-de-responsabilidade-civil/355705/a-responsabilidade-civil-na-mira-da-teoria-dos-sistemas-dinamicos.

LARENZ, Karl. *Derecho de Obligaciones*. Madrid: Editorial Revista de Derecho Privado, 1959. t. I.

LEONARDO, Rodrigo Xavier. Codificação do direito civil no século XXI: de volta para o futuro? (parte 1). *Revista Consultor Jurídico*, 4 abr. 2016. Disponível em: https://www.conjur.com.br/2016-abr-04/codificacao-direito-civil-seculo-xxi-volta-futuro-parte?.

LOPEZ, Teresa A. *Princípio da precaução e evolução da responsabilidade civil*. São Paulo: Quartier Latin, 2010.

MARTINS-COSTA, Judith. Os avatares do abuso do direito e o rumo indicado pela boa-fé. *In*: DELGADO, Mário Luiz; ALVES, Jones Figueirêdo (Coord.). *Novo Código Civil*: questões controvertidas, Parte Geral do Código Civil. São Paulo: Método. 2007. v. 6.

MARTINS-COSTA, Judith; GIANNOTTI, Luca. A culpa no direito das obrigações: notas para uma história de conceitos jurídicos fundamentais. *In*: PIRES, Fernanda Ivo (Org.). *Da estrutura à função da responsabilidade civil*: uma homenagem do Instituto Brasileiro de Estudos de Responsabilidade Civil (IBERC) ao Professor Renan Lotufo. Indaiatuba: Foco, 2021.

MARTINS-COSTA, Judith; PARGENDLER, Mariana Souza. Usos e abusos da função punitiva (punitive damages e o direito brasileiro). *Revista CEJ*, Brasília, n. 28, p. 15-32, jan./mar. 2005.

MELLO, Marcos Bernardes de. *Teoria do fato jurídico*: plano da existência. 20. ed. São Paulo: Saraiva, 2014.

MELO, Diogo L. M. 18 anos de Código Civil e a maioridade do papel da "culpa" na consolidação do sistema de imputação da responsabilidade fundado no risco. Uma visão a partir de Renan Lotufo. *In*: PIRES, Fernanda Ivo (Org.). *Da estrutura à função da responsabilidade civil*: uma homenagem do Instituto Brasileiro de Estudos de Responsabilidade Civil (IBERC) ao Professor Renan Lotufo. Indaiatuba: Foco, 2021.

NORONHA, F. Responsabilidade civil: uma tentativa de ressistematização. *Doutrinas Essenciais de Responsabilidade Civil*, v. 1, p. 145-195, out. 2011.

NORONHA, Fernando. *Direito das obrigações*. 4. ed. São Paulo: Saraiva, 2013.

OLIVEIRA, J. Lamartine Corrêa de. Lição de resistência. Discurso de paraninfo aos Bacharéis em Direito de 1965 da Universidade Federal do Paraná, turma Ministro Álvaro Ribeiro da Costa. *In*: KROETZ, Maria Candida Pires Vieira do Amaral (Org.). *Direito civil inventário teórico de um século*. Curitiba: Kairós, 2012.

RICOEUR, P. *O si-mesmo como um outro*. Tradução de Lucy Moreira Cesar. Campinas: Papirus, 1991.

RIPERT, George. *A regra moral nas obrigações civis*. Campinas: Bookseller, 2002.

RODRIGUES JR., Otávio L. *Direito civil contemporâneo*: estatuto epistemológico, constituição e direitos fundamentais. Rio de Janeiro: Forense Universitária, 2019.

ROSENVALD, Nelson. A compensação de danos: entre a responsabilidade civil e a criminal. *In*: ROSENVALD, Nelson; RUZYK, Carlos Eduardo Pianovski (Coord.). *Novas fronteiras da responsabilidade civil*: direito comparado. Indaiatuba: Foco, 2020.

ROSENVALD, Nelson. Os reais confins entre as responsabilidades subjetivam e objetiva. *In*: ROSENVALD, Nelson. *O direito civil em movimento*: desafios contemporâneos. 3. ed. Salvador: JusPodivm, 2019.

RUZYK, Carlos Eduardo Pianovski. As fronteiras da responsabilidade civil e o princípio da liberdade. *In*: ROSENVALD, Nelson; RUZYK, Carlos Eduardo Pianovski (Coord.). *Novas fronteiras da responsabilidade civil*: direito comparado. Indaiatuba: Foco, 2020.

RUZYK, Carlos Eduardo Pianovski. *Institutos fundamentais do direito civil e liberdade(s)*: repensando a dimensão funcional do contrato, da propriedade e da família. Rio de Janeiro: GZ, 2011.

SANSEVERINO, Paulo de Tarso. *Princípio da reparação integral*: a indenização no Código Civil de 2002. São Paulo: Saraiva, 2010.

SARTRE, Jean Paul. *O existencialismo é um humanismo*. Tradução de Rita Correia Guedes. São Paulo: Abril Cultural, 1987.

SCHREIBER, Anderson. Novas tendências da responsabilidade civil brasileira. *Revista Trimestral de Direito Civil*, Rio de Janeiro, v. 22, abr./jun. 2005.

TEPEDINO, Gustavo. O velho Projeto de um revelho Código Civil. *In*: TEPEDINO, Gustavo. *Temas de direito civil*. Rio de Janeiro: Renovar, 2000.

VENTURI, Thaís G. P. *Responsabilidade civil preventiva*. São Paulo: Malheiros, 2014.

Informação bibliográfica deste livro, conforme a NBR 6023:2018 da Associação Brasileira de Normas Técnicas (ABNT):

KROETZ, Maria Candida do Amaral. Relevância da culpa no sistema de responsabilidade civil do Código Civil brasileiro. *In*: CORTIANO JUNIOR, Eroulths; SILVA, Alexandre Barbosa da (coord.). *O Código Civil e a Contemporaneidade*: Estudos do Grupo Virada de Copérnico em Homenagem ao Ministro Luiz Edson Fachin. Belo Horizonte: Fórum, 2025. p. 215-232. ISBN 978-65-5518-990-2.

A CLÁUSULA GERAL DO RISCO DA ATIVIDADE

CARLOS EDISON DO RÊGO MONTEIRO FILHO

NELSON ROSENVALD

1 Introdução

Para além dos pontos que representam o início e o fim do trajeto, há um percurso. Equívoco comum consiste em se desprezar a trajetória e se concentrar somente no início e no fim da viagem. A metáfora é inevitável. Há uma disseminada ideia quanto ao fato de que responsabilidade subjetiva e objetiva representariam paradigmas antitéticos do direito de danos. Na verdade, o que existe é um *continuum*, sendo certo que imputação subjetiva e objetiva consistem apenas em dois extremos de uma longa linha reta, em um perímetro que acomoda várias figuras intermediárias.[1] Dentre esses modelos jurídicos, alguns já são bem assimilados pela doutrina brasileira. Contudo, algumas hipóteses legais que o senso comum já traduziu como incidências de responsabilidade objetiva não se acomodam verdadeiramente à exatidão que o conceito demanda; em verdade, são estações que se encontram pelo caminho.

Responsabilidade objetiva é aquela que independe da existência de ilícito.[2] Tanto faz se o agente adotou comportamento antijurídico ou não, pois esse debate é intenso ao objeto da sentença. Releva perquirir, aqui, o nexo causal entre a conduta/atividade do agente e o dano. Isto significa que a obrigação objetiva de indenizar não consiste em uma *espécie* de responsabilidade sem culpa. Os conceitos não se equivalem, não há

---

1 Nesse sentido, Maria Celina Bodin de Moraes observa: "Com efeito, a cada dia tem-se mais e mais hipóteses de regimes especiais diferenciados, tornando impossível a tarefa de sistematizar a matéria da responsabilidade civil. Para um exemplo, basta pensar em quantos regimes diferentes temos apenas ao interno do Código Civil" (MORAES, Maria Celina Bodin de. LGPD: um novo regime de responsabilização civil dito proativo. *Civilistica.com*, ano 2, n. 3, 2019. Editorial).

2 Na lição clássica de Josserand: "não convém admitir que somos responsáveis, não somente por nossos atos culposos, mas pelos atos pura e simplesmente, pelo menos, bem entendido, se causarem um dano injusto, anormal a outrem? O fazedor de danos, como dizem os americanos, não deve ser responsável por seus atos? Problema capital, que é o da objetivação da responsabilidade, da substituição do ponto de vista subjetivo pelo ponto de vista objetivo, da noção de culpa pela do risco" (JOSSERAND, Louis. Evolução da responsabilidade civil. Tradução de Raul Lima. *Revista Forense*, ano 38, v. 86, abr. 1941. p. 556).

relação de pertencimento. Tradicionalmente a culpa representa elemento psicológico do agente. Contemporaneamente se normatizou, admitindo-se sua demonstração mediante contraste com padrões objetivos de comportamento.[3] Mesmo assim, em jogo uma adjetivação de conduta, será possível avançar na perquirição do estado anímico do ofensor, conforme a cláusula geral do art. 186 do Código Civil. No entanto, nas reais hipóteses de incidência da teoria objetiva, essa questão não está em jogo, pois o fator de atribuição da obrigação de compensar danos (nexo de imputação) recebe justificação diversa do fato ilícito (*v.g.* equidade, dever de cuidado, risco da atividade).

Nada obstante, a precisão técnica é dardejada ao se descrever como hipóteses de responsabilidade puramente objetiva tanto a responsabilidade dos empregadores pelos danos causados por seus empregados contra terceiros,[4] como a responsabilidade do fornecedor por danos derivados de produtos e serviços defeituosos. Há erros de perspectiva em ambos os casos, mas por motivos diversos. A responsabilidade vicária (*vicarious liability*) dos patrões por fatos danosos de seus auxiliares é alheia a um ilícito do empregador (art. 933, CC). Aplica-se o princípio, *let the superior answer*, desde que o representante esteja agindo em nome do representado e em benefício deste. Todavia, somente será possível imputar obrigação de indenizar em face da pessoa jurídica, caso seja previamente comprovado o ilícito culposo do funcionário. Se o dano produzido pelo empregado não corresponde à violação de um dever de cuidado, fecha-se a via de acesso ao empregador. Alguns denominariam essa obrigação de indenizar de responsabilidade objetiva *impura*, por demandar aferição de culpa no antecedente (empregado) e a sua dispensa no consequente (patrão). Em essência, contudo, responsabilidade objetiva requer tão somente lesão a interesse jurídico protegido e relação de causalidade, elidindo-se considerações sobre antijuridicidade.

Também não é puramente objetiva a responsabilidade do fornecedor pelos danos causados por produtos ou serviços defeituosos (arts. 12 e 14, CDC). O "defeito" é um fato antijurídico, uma desconformidade entre um padrão esperado de qualidade de um bem ou de uma atividade e a insegurança a que efetivamente foi exposta a incolumidade psicofísica do consumidor. O CDC abole a discussão da culpa, mas sem

---

[3] "Mesmo nos casos de incidência da regra subjetiva, a culpa torna a revelar outro perfil: afasta-se de sua tendência original moralizadora (ligada à violação de deveres preexistentes na lei ou no contrato), e conecta-se à figura do desvio de conduta, verificável por meio de standards correlacionados a cada situação específica. Noutras palavras, assume uma feição menos psicológica e mais objetiva, normativa" (MONTEIRO FILHO, Carlos Edison do Rêgo. O princípio da reparação integral e sua exceção no direito brasileiro. *In*: MONTEIRO FILHO, Carlos Edison do Rêgo. *Rumos contemporâneos do direito civil*: estudos em perspectiva civil-constitucional. Belo Horizonte: Fórum, 2017. p. 105).

[4] "Esta [a responsabilidade civil por fato de outrem] é uma classificação independente da que distingue as responsabilidades subjetiva e objetiva, vista na seção anterior. Sendo independentes, a as duas classificações podem ser intercruzadas: assim, em rigor, podemos ter tanto uma responsabilidade subjetiva como uma responsabilidade objetiva, por fato próprio ou por fato de outrem, e até por fato de coisas ou animais" (NORONHA, Fernando. *Direito das obrigações*. São Paulo: Saraiva, 2003. v. 1. p. 491). Ainda sobre o tema, Aguiar Dias anota que, nas hipóteses de responsabilidade por fato de outrem e de responsabilidade por fato da coisa, há presunção de causalidade entre o evento danoso e o responsável. Nas palavras do autor: "consideramos infundado o vivo debate, travado na jurisprudência francesa, sobre se tal presunção se refere à culpa ou à responsabilidade: a presunção é de causalidade; o que se presume é nexo de causa entre o fato da coisa e o dano". E continua: "O dever jurídico de cuidar das coisas que usamos se funda em superiores razões de política social, que induzem, por um ou outro fundamento, à presunção de causalidade aludida e, em consequência, à responsabilidade de quem se convencionou chamar o guardião da coisa, para significar o encarregado dos riscos dela decorrentes" (DIAS, José de Aguiar. *Da responsabilidade civil*. 11. ed. Atualização de Rui Berford Dias. Rio de Janeiro: Renovar, 2006. p. 588-589).

que se evidencie a presença do defeito (sujeita, claro, a inversão do ônus probatório) inexiste responsabilidade, mesmo se evidenciado eventual dano patrimonial e/ou moral.[5] Em sentido diverso, no Código Civil, a responsabilidade objetiva pelo risco (art. 927, parágrafo único) exige apenas que a atividade danosa seja indutora de um risco anormal, excessivo no cotejo com as demais atividades, por ser apta a produzir danos quantitativamente numerosos ou qualitativamente graves, independentemente da constatação de um defeito ou perigo. Isto é, por mais que seja exercitada com absoluto zelo, desgarra-se da perquirição subjetiva: não se indaga se *A exercia uma atividade de risco*, pois, pela própria dinâmica dos fatos, mesmo *que exercida por B, C ou D*, os danos decorreriam do *risco intrínseco da atividade*.

No rigor da precisão terminológica, nem mesmo a própria, e tão difundida, expressão "responsabilidade objetiva" mereceria aplausos. Responsabilizar, em sentido lato, significa atribuir a alguém uma sanção por um comportamento desviante. Definitivamente, isso é o que ocorre na *teoria subjetiva*. Entretanto, a *teoria objetiva* associa-se a uma discussão finalística, orientada pela necessidade de se assegurar a reparação de danos, que não devem ser suportados exclusivamente pela vítima.[6] Alguém será convocado a suportar os custos pela violação a um interesse merecedor de tutela por diversos fundamentos, sem que nenhum deles se relacione à ofensa a um dever de cuidado.[7] Melhor então será renomear o modelo jurídico para imputação objetiva de

---

5 Assim, ao tratarmos de um defeito do serviço, referimo-nos a uma conduta antijurídica consistente em introduzir no mercado uma atividade capaz de lesar a legítima expectativa de confiança dos consumidores, vulnerando a saúde ou a segurança de uma coletividade indeterminada de pessoas, expondo-as a danos patrimoniais e/ ou psicofísicos. Exemplificando, a responsabilidade objetiva da clínica médica pelo fato de o paciente contrair infecção hospitalar decorre de um inesperado defeito do serviço de prevenção daquela instituição e não do risco indistintamente acentuado da referida atividade. Não por outra razão, poderá o hospital excluir a obrigação de indenizar se demonstrar que, tendo prestado o serviço, o defeito inexiste (art. 14, §3º, CDC). Nesse sentido, colha-se lição análoga, do direito português: "Não basta que o produtor coloque o produto em circulação. É necessário que o produto seja defeituoso. O defeito de que se cura tem, no entanto, uma abrangência muito mais do que ampla do que aquela com que somos confrontados ao nível da linguagem corrente ou no quadro de outros regimes privatísticos. Na verdade, o produto tem-se por defeituoso quando não oferece a segurança com que legitimamente se pode contar, tendo em atenção todas as circunstâncias, designadamente a apresentação, a utilização que dele razoavelmente possa ser feita e o momento da sua entrada em circulação" (BARBOSA, Mafalda Miranda. Responsabilidade civil do produtor e nexo de causalidade: breves considerações. *FIDES – Revista de Filosofia do Direito, do Estado e da Sociedade*, v. 8, n. 2, jul./dez. 2017. p. 175). Na jurisprudência, cite-se, a título ilustrativo, o seguinte julgado: STJ, 3ª T. REsp 1.763.156/RS. Rel. Min. Marco Aurélio Bellizze, julg. 05.02.2019: "RECURSO ESPECIAL. AÇÃO DE INDENIZAÇÃO POR DANOS MATERIAIS E MORAIS. ROUBO COM ARMA DE FOGO *COMETIDO CONTRA HÓSPEDE DE HOTEL EM VIA PÚBLICA. RESPONSABILIDADE CIVIL DO ESTABELECIMENTO HOTELEIRO. INEXISTÊNCIA. FORTUITO EXTERNO. ROMPIMENTO DO NEXO DE CAUSALIDADE. AUSÊNCIA DE DEFEITO NO SERVIÇO PRESTADO. RECURSO* PROVIDO. 1. Discute-se neste feito se o hotel recorrente tem responsabilidade por crime de roubo cometido com emprego de arma de fogo contra hóspede em estacionamento gratuito, localizado em área pública em frente ao respectivo estabelecimento hoteleiro. [...] 3. No caso em julgamento, não há que se falar em responsabilidade civil do hotel pelo roubo cometido com emprego de arma de fogo contra hóspede em via pública, mesmo que a ação delituosa tenha ocorrido em frente ao respectivo estabelecimento hoteleiro, porquanto, além de não ter ficado comprovado qualquer defeito no serviço prestado, houve rompimento do nexo de causalidade na hipótese, em razão da culpa exclusiva de terceiro (CDC, art. 14, §3º, li), equiparado ao fortuito externo. 4. Recurso especial provido".

6 A expansão das fronteiras da responsabilidade objetiva compõe o contexto de avanço tridimensional da reparação integral no sistema jurídico brasileiro, do qual também fazem parte a simplificação da comprovação do nexo causal e o reconhecimento da necessidade de reparação plena dos danos extrapatrimoniais, dentre outros fatores. Nesse sentido, v. MONTEIRO FILHO, Carlos Edison do Rêgo. Limites ao princípio da reparação integral no direito brasileiro. *Civilistica.com*, ano 7, n. 1, 2018. p. 2.

7 "A responsabilidade é imputada em comunicações sociais: uma pessoa é feita responsável por algo *por parte de outrem* ou faz-se responsável a si mesma *perante outrem*. Por meio dessa prática social de auto ou heteroimputação

danos, obrigação objetiva de indenizar ou responsabilidade independente de ilícito. Enfim, da responsabilidade subjetiva à imputação objetiva, o país atravessou longa e sinuosa estrada, sem que nestes 18 anos de vigência do Código Civil tenha localizado a estação derradeira. Afinal, na era das tecnologias digitais emergentes, caminha-se do risco da atividade para o alto risco da atividade.

2 Teoria objetiva e a construção da cláusula geral no Código Civil de 2002

Há 18 anos – em janeiro de 2003 –, a doutrina objetiva saiu de uma posição lateral, posto que em inegável expansão, para ocupar papel de centralidade no ordenamento jurídico.[8] O parágrafo único do art. 927 do Código Civil merece detalhado exame, pois a partir de seu teor pode-se compreender a real extensão da objetivação da responsabilidade civil e o significado concreto da teoria do risco no Brasil em comparação com o seu desenvolvimento no ordenamento jurídico de outras nações.[9]

Proclama o parágrafo único do art. 927 do Código Civil: "Haverá obrigação de reparar o dano, independentemente de culpa, nos casos especificados em lei, ou quando a atividade normalmente desenvolvida pelo autor do dano implicar, por sua natureza, risco para os direitos de outrem".

A melhor forma de compreender as várias nuances do dispositivo é seccionando-o em três partes. A primeira parte estatui: "haverá obrigação de reparar o dano, independentemente de culpa". Acertadamente, o legislador não adotou as expressões "responsabilidade objetiva", "responsabilidade sem culpa" ou "presunção de culpa". O Código Civil precisamente inseriu a responsabilidade civil no livro dedicado ao estudo das obrigações como uma sanção a um fato jurídico danoso e fonte de prestação devida pelo autor do fato à vítima. A obrigação de reparar o dano corresponde a uma função

---

de responsabilidade estrutura-se o fluxo infinito dos acontecimentos, de modo que determinados fatos são atribuídos a uma pessoa como conseqüência de uma ação ou omissão sua. Entre os diversos fatores que envolvem todo acontecimento, o complexo e obscuro novelo de relações de causalidade e de probabilidade é reduzido a um ponto escolhido de modo mais ou menos arbitrário: a uma pessoa agente. A busca de nexos causais é interrompida em um certo ponto, e se a decisão acerca dessa interrupção não deve ser completamente arbitrária, então é preciso justificá-la com critérios de imputação sobre os quais seja possível haver dissenso, assim como deve ser possível haver dissenso acerca de seu emprego correto e adequado" (GÜNTHER, Klaus. Responsabilização na sociedade civil. Tradução de Flavia Portella Püschel. *Revista Novos Estudos*, ed. 63, v. 2, jul. 2002. p. 108).

8 Caio Mário da Silva Pereira descreve com precisão o processo de objetivação da responsabilidade civil no direito brasileiro a partir da Lei nº 2.681/1912, que estatuiu a responsabilidade das estradas de ferro por todos os danos causados pela exploração de suas linhas até se chegar à cláusula geral da responsabilidade por risco prevista no art. 927, parágrafo único, do Código Civil de 2002 (PEREIRA, Caio Mário da Silva. *Responsabilidade civil*. 11. ed. Atualização de Gustavo Tepedino. Rio de Janeiro: Forense, 2016. p. 357-361).

9 Em artigo publicado originariamente antes da vigência do CC2002 (*RTDC*, v. 11, jul./set. 2002), já se destacava a impropriedade das associações entre responsabilidade subjetiva-regra, objetiva exceção: "Assim, já não satisfaz a afirmação tantas vezes repetida pela doutrina tradicional de que, em regra, a responsabilidade civil é subjetiva, sendo a responsabilidade objetiva a exceção. [...] Em rigor, a responsabilidade por culpa no contexto atual perde o *status* de centro do sistema e passa a se revestir de cunho nitidamente subsidiário, a atuar somente na ausência de disposição impondo a responsabilidade objetiva, em um campo cujos confins mostram-se mais estreitos que outrora, eis que o número de normas dispondo sobre a responsabilidade objetiva encontrou franca progressão" (MONTEIRO FILHO, Carlos Edison do Rêgo. Problemas de responsabilidade civil do Estado. *In*: MONTEIRO FILHO, Carlos Edison do Rêgo. *Rumos contemporâneos do direito civil*: estudos em perspectiva civil-constitucional. Belo Horizonte: Fórum, 2017. p. 175).

primária da responsabilidade civil: a de recompor o patrimônio do lesado ao momento anterior ao da lesão.[10]

Ao mencionar que essa reparação se efetiva "independentemente de culpa", faz-se um contraponto ao *caput* do art. 927. O legislador se antecipa ao anúncio das situações em que a teoria objetiva prevalecerá para peremptoriamente excluir da investigação judicial qualquer relevância sobre a licitude ou ilicitude do fato jurídico danoso. Vale dizer, nas hipóteses em que prevalece a obrigação objetiva de indenizar, o processo não será palco de controvérsias quanto à antijuridicidade do evento ou à reprovabilidade do comportamento do agente, seja pela via da culpa ou do abuso do direito. Destarte, na teoria objetiva, os pressupostos para a aferição da responsabilidade civil serão apenas o fato (ato ou atividade) do agente, o dano e o nexo causal entre ambos.

Inexiste hierarquia normativa ou axiológica entre teoria subjetiva ou objetiva. O Código Civil não concedeu primazia a um ou outro regime.[11] Nas hipóteses em que prevalece a teoria subjetiva (art. 927, *caput*), mantém-se firme o substrato moral da responsabilidade civil, sendo imperiosa a investigação da falta do agente diante do descumprimento de um dever de cuidado e a consequente reprovação do ilícito e sua censurabilidade pela imposição da sanção reparatória. A outro lado, se a pretensão do legislador for a de promover o princípio da solidariedade, mediante a repartição de riscos sociais, direcionará a norma para a teoria objetiva. O ideal, como vimos, é a convivência entre vários fatores de imputação de danos, cada qual com os seus próprios fundamentos.[12]

A restruturação do Código Civil brasileiro em termos de relação entre o art. 927 do Código Civil (imputação subjetiva) e o seu parágrafo único (imputação objetiva) viabilizou aquilo que na Itália gerou, nas palavras de Luigi Mengoni,[13] um esquema lógico diverso daquele que tradicionalmente operava na base da regra-exceção. A substituição

---

10 "Propendemos para achar que a função primária da responsabilidade civil não pode deixar de ser ressarcitória ou reparadora, para o que se invoca a presença de prejuízos como pressuposto indispensável a cada uma das formas de responsabilidade civil. Acresce que o dano surge sempre como limite e medida da indemnização. Afirmar esta evidência não elimina, porém, todos os nossos problemas. Como adiantamos, uma coisa é considerar que a finalidade ressarcitória jamais estaria ausente do desenho concreto da responsabilidade civil, outra distinta é tentar perceber em que medida ela se compagina com outras finalidades" (BARBOSA, Mafalda Miranda. Reflexões em torno da responsabilidade civil: teleologia e teleonomologia em debate. *Boletim da Faculdade de Direito da Universidade de Coimbra*, v. 51, 2005. p. 516-519).

11 Caio Mário da Silva Pereira anota que "é a convivência dos dois conceitos – subjetivo e objetivo – que deve inspirar a manutenção de preceitos que atendam às duas tendências, não obstante as reservas que os objetivistas fazem a esta convivência. Entendo eu que, se no plano teórico ela é aconselhável, igualmente será no direito positivo" (PEREIRA, Caio Mário da Silva. *Responsabilidade civil*. 11. ed. Atualização de Gustavo Tepedino. Rio de Janeiro: Forense, 2016. p. 357). Semelhantemente, "(a) ascensão da responsabilidade objetiva, posto tenha conduzido à retração da responsabilidade subjetiva, não a eliminou ou substituiu. Culpa e risco encerram, contemporaneamente, dois paradigmas sobre os quais se erguem, de um lado, a responsabilidade subjetiva, tendo por fonte o ato ilícito, e, de outro, a responsabilidade objetiva, mediante opções legislativas de alocação de riscos a certos agentes econômicos ou a certas atividades" (TEPEDINO, Gustavo; TERRA, Aline de Miranda Valverde; GUEDES, Gisela Sampaio da Cruz. *Fundamentos do direito civil*. Rio de Janeiro: Forense, 2020. v. 4. p. 114).

12 "O conceito de imputação, na responsabilidade civil atual, é mais amplo: pode indicar o autor imediato da ação, quando a responsabilidade tiver por pressuposto a culpa, ou um sujeito remotamente posicionado em relação ao contexto fático da verificação do dano, que será responsabilizado pela obrigação de indenizar em função do papel que desempenha, ou porque gerou o risco do dano, ou por outro fator que o legislador considerou relevante" (PASQUALOTTO, Adalberto. Causalidade e imputação na responsabilidade civil objetiva: uma reflexão sobre os assaltos em estacionamentos. *Revista de Direito Civil Contemporâneo*, v. 7, abr./jun. 2016).

13 MENGONI, Luigi. *Le obbligazioni*. I cinquant'anni dei Godice Civile. Milano: Giuffré, 1993. p. 242.

do princípio da culpa pelo princípio do risco ocorrerá com base nas considerações das consequências de uma conduta no ambiente social, tido agora como critério hermenêutico de escolha de uma regra de decisão. Essa valoração social assumirá uma função não apenas corretiva, mas constitutiva de princípios.

A partir das considerações sobre o impacto das atividades humanas sobre o corpo social, a aferição da culpa será valorizada sob o ponto de vista interpretativo das hipóteses concretas de responsabilidade civil. Todavia, sem o recurso tradicional ao antagonismo entre imputação objetiva ou subjetiva, como polos opostos, porém em uma linha de complementariedade. A finalidade da conjunção entre o risco da atividade e a aferição do comportamento do autor do ilícito é uma atividade de fortalecimento de um modelo jurídico fragilizado pelo câmbio das técnicas de imputação que acentuam o esvaziamento da função preventiva e punitiva da responsabilidade civil.

Em sua segunda parte, acresce o parágrafo único do art. 927: "nos casos especificados em lei". O primeiro local de irrupção da imputação objetiva de danos consistirá em diplomas legislativos especiais ou em dispositivos localizados no interior do próprio Código Civil que explicitamente revelem a sua opção pela responsabilidade independente de culpa.[14]

Se por acaso a redação do parágrafo único se resumisse às duas partes já destacadas, certamente seria legítimo concluir que o Código Civil optara por conceder protagonismo à responsabilidade subjetiva, reservando à teoria objetiva um espaço periférico em leis especiais e dispositivos que excepcionalmente dispensassem os pressupostos do ilícito e da culpa. Todavia, não foi esse o sucedido. Assim, caminha-se para a pesquisa da parte derradeira do parágrafo único do art. 927 do Código Civil: "ou quando a atividade normalmente desenvolvida pelo autor do dano implicar, por sua natureza, risco para os direitos de outrem".

Trata-se de criação de *cláusula geral* do risco da atividade. As cláusulas gerais, como cediço, são normas de conteúdo vago, impreciso, que remetem o seu preenchimento a princípios e direitos fundamentais.[15] A abertura dessas normas de forte carga semântica

---

[14] Há uma cronologia de normas editadas no século XX que já se prestavam à salvaguarda da pessoa humana, eliminando o filtro da culpa para o deslinde favorável em uma pretensão de reparação de danos. Para além da ressalva à legislação especial, temos uma série de artigos do Código Civil que guarnecem a obrigação objetiva de indenizar. Nesse sentido, cumpre citar: (a) art. 931: "Ressalvados outros casos previstos em lei especial, os empresários individuais e as empresas respondem independentemente de culpa pelos danos causados pelos produtos postos em circulação"; (b) a responsabilidade civil pelo fato de terceiros, como atos de incapazes e empregados. De acordo com o art. 933, "As pessoas indicadas nos incisos I a V do artigo antecedente, ainda que não haja culpa de sua parte, responderão pelos atos praticados pelos terceiros ali referidos"; (c) a responsabilidade civil pelo fato da coisa animal – art. 936: "O dono, ou detentor, do animal ressarcirá o dano por este causado, se não provar culpa da vítima ou força maior"; (d) a responsabilidade pela queda de prédio – art. 937: "O dono de edifício ou construção responde pelos danos que resultarem de sua ruína, se esta provier de falta de reparos, cuja necessidade fosse manifesta"; (e) a responsabilidade pelo fato da coisa inanimada – art. 938: "Aquele que habitar prédio, ou parte dele, responde pelo dano proveniente das coisas que dele caírem ou forem lançadas em lugar indevido"; (f) a responsabilidade do transportador – art. 734: "O transportador responde pelos danos causados às pessoas transportadas e suas bagagens, salvo motivo de força maior, sendo nula qualquer cláusula excludente da responsabilidade".

[15] Na definição de Judith Martins-Costa: "Considerada do ponto de vista da técnica legislativa, a cláusula geral constitui, portanto, uma disposição normativa que utiliza, no seu enunciado, uma linguagem de tessitura intencionalmente aberta, fluida ou vaga, caracterizando-se pela ampla extensão do seu campo semântico, a qual é dirigida ao juiz de modo a conferir-lhe um mandato (ou competência) para que, à vista dos casos concretos, crie, complemente ou desenvolva normas jurídicas, mediante o reenvio para elementos cuja concretização pode estar fora do sistema" (MARTINS-COSTA, Judith. *A boa-fé no direito privado*: sistema e tópica no processo obrigacional. São Paulo: Revista dos Tribunais, 2000. p. 303).

permite a constante atualização de seu conteúdo e impede que o passar dos anos deteriore a sua eficácia social, eis que os "riscos da atividade" invariavelmente serão aqueles que a doutrina e os tribunais considerem pertinentes em cada contexto, oscilando conforme espaço e tempo.[16]

Com efeito, essa cláusula geral possui enorme potencial de renovação do modelo da responsabilidade civil, pois atende à diretriz da operabilidade, tão cara ao Código Reale.[17] A diretriz da operabilidade pretende que as normas do Código Civil sejam munidas de concretude, em razão dos elementos de fato e valor que devem ser levados em consideração no momento interpretativo-aplicativo.

O nexo de imputação da obrigação objetiva de indenizar será duplo: a lei ou o risco da atividade. Lembra-se que o nexo de imputação[18] é a razão pela qual se atribui a alguém a obrigação de indenizar. Caso se concedesse ao legislador o monopólio da formulação de *fattispecies* em que se dispensasse o ato ilícito como nexo de imputação da reparação de danos, a teoria objetiva manteria a sua posição de subserviência perante a responsabilidade subjetiva. Isso parece evidente. Diz-se que a ciência é lebre e o direito, tartaruga; mas não se precisa recorrer às fábulas de Esopo para evidenciar que a sociedade tecnológica da pós-modernidade alargou o risco de atividades potencialmente danosas para a sociedade. Em paralelo a todos os benefícios e comodidades propiciados pela capacidade de inovação humana, evidencia-se que a vida humana se tornou uma incessante luta contra o impacto potencialmente incapacitante dos perigos, genuínos ou supostos, que nos tornam temerosos.[19]

---

16 "Apenas aguardar a previsão legal, caso a caso, para a conformação do viés objetivo da responsabilização é circunstância que tantas vezes tem atado a percuciência do direito, tem engessado seu exercício em face do dano concretizado e tem, insuportavelmente, deixado sem resultado a situação prejudicial enfrentada pela vítima de danos" (HIRONAKA, Giselda Maria Novaes. *Responsabilidade pressuposta*. Belo Horizonte: Del Rey, 2003. p. 229).

17 A diretriz da operabilidade, ensina Miguel Reale, é condição necessária para que se "realize o direito em sua concretude, sendo oportuno lembrar que a teoria do direito do concreto, e não puramente abstrato, encontra apoio de jurisconsultos do porte de Engisch, Betti, Larenz, Esser e muitos outros, implicando maior participação decisória conferida aos magistrados" (REALE, Miguel. *História do novo Código Civil*. São Paulo: Revista dos Tribunais, 2005. p. 41).

18 A base da responsabilidade civil não é a caridade, e para que os prejuízos sejam transferidos da vítima para alguém, deve haver algum argumento convincente para que ao menos em parte alguém tenha que indenizar a vítima. Nessa primeira barreira, a maior parte dos danos é contida, tendo as vítimas que suportar os próprios infortúnios. Parte-se da premissa de que o ordenamento jurídico apenas trasladará danos do demandado ao demandante se houver um nexo de imputação capaz de atribuir o comportamento ao causador do dano, seja ele um ilícito, um dever de custódia ou o risco de uma atividade (ROSENVALD, Nelson. *A responsabilidade civil pelo ilícito lucrativo*. Salvador: JusPodivm, 2019. p. 345).

19 Josserand já na década de 1930 identificava o incremento do risco como uma marca da modernidade: "a que se deve a evolução constante e acelerada da responsabilidade? Como explicar seu voo tão prodigioso? Quais são as causas profundas, sejam sociais ou individuais, materiais ou psicológicas? A causa essencial, a mais tangível e que mais toca ao espírito, é ao mesmo tempo de ordem social e mecânica, científica e material; deve ser procurada na multiplicidade dos acidentes, no caráter cada vez mais perigoso da vida contemporânea. Antes, ao tempo dos nossos antepassados, o acidente era raro, ou, pelo menos, apresentava-se sob uma feição tal que não era absolutamente gerador de responsabilidades; as guerras, os assassinatos, as epidemias, a fome faziam muitas vítimas, mas se suportava então, sem recursos, o que se chamou os riscos da humanidade, pois não se podia cogitar de pedir contas de sua desgraça a quem quer que fôsse. Numa época em que reinava só a pequena indústria, quando o operário manejava individualmente utensílios inofensivos, quando as viagens, mesmo consideráveis, eram feitas a pé ou em veículos a tração animal, os fatos suscetíveis de importar a responsabilidade delitual, puramente civil, eram pouco frequentes, e o homem se sentia em segurança, na rua como na oficina ou na loja" (JOSSERAND, Louis. Evolução da responsabilidade civil. Tradução de Raul Lima. *Revista Forense*, ano 38, v. 86, abr. 1941. p. 556).

O Estado, explica Bauman, tendo encontrado sua razão de ser e o direito à obediência dos cidadãos na promessa de protegê-los das ameaças à existência, não é mais capaz de cumpri-la, nem de reafirmá-la responsavelmente em vista da rápida globalização e dos mercados crescentemente extraterritoriais.[20] Infelizmente, o legislador é incapaz de prever e controlar normativamente todas as novas atividades evidenciadoras de risco. O nexo de imputação apriorístico é um dado frágil em um mundo em rápida mutação. Sabe-se que o processo legislativo é naturalmente vagaroso e incapaz de criar uma redoma artificial plenamente capaz de assegurar incolumidade psicofísica e patrimonial a uma sociedade circundada por riscos difusos, dispersos, desprovidos de endereço ou causa.

Mediante a cláusula geral do risco de atividade, surge zona mais ampla de proteção em face dos perigos calculáveis emanados de atividades potencialmente danosas. Mesmo que o legislador, *a priori*, não tenha previsto as consequências indesejáveis de certa atividade, poderá a vítima alicerçar a sua pretensão na teoria objetiva, caso reste demonstrado o liame de causalidade entre o risco da atividade e o dano sofrido. A cláusula geral se abre para acomodar as transformações para o futuro. Conforme disciplina a parte final do parágrafo único do art. 927, para que se condene o agente à reparação de danos patrimoniais ou extrapatrimoniais na ausência de norma, será necessário o preenchimento da cláusula geral a fim de que se evidencie que a atividade normalmente desenvolvida pelo autor do dano concretamente implica, por sua natureza, risco para os direitos de outrem. As atividades que naturalmente são fontes de riscos somente poderão ser dessa forma caracterizadas em determinado patamar da história, com possibilidade de mudança em razão das transformações sociais e tecnológicas que acompanham a humanidade.[21] [22]

A opção metodológica do Código Civil consiste na edificação de um sistema misto de imputação objetiva, no qual haverá distribuição de tarefas entre o legislador e o Judiciário: aquele, *a priori*, tomou a seu cargo a especificação de um razoável número de hipóteses em que haverá responsabilidade objetiva, porém delegou à doutrina e aos tribunais a tarefa complementar de construir novas situações de obrigação objetiva de

---

20 De acordo com Bauman, "os perigos dos quais se tem medo podem ser de três tipos. Alguns ameaçam o corpo e as propriedades. Outros são de natureza mais geral, ameaçando a durabilidade da ordem social e a confiabilidade nela, da qual depende a segurança do sustento (renda, emprego) ou mesmo da sobrevivência no caso de invalidez ou velhice. Depois vêm os perigos que ameaçam o lugar da pessoa no mundo – a posição na hierarquia social, a identidade (de classe, gênero, étnica, religiosa) e, de modo mais geral, a imunidade à degradação e à exclusão sociais" (BAUMAN, Zygmunt. *Medo líquido*. São Paulo: Zahar, 2008. p. 10).

21 "A abertura do sistema jurídico não contradita a aplicabilidade do pensamento sistemático na Ciência do Direito. Ela partilha a abertura do sistema científico com todas as outras Ciências, pois enquanto no domínio respectivo ainda for possível um progresso no conhecimento, e, portanto, o trabalho científico fizer sentido, nenhum desses sistemas pode ser mais do que um projecto transitório. A abertura do sistema objectivo é, pelo contrário, possivelmente, uma especialidade da Ciência do Direito, pois ela resulta logo do seu objecto, designadamente, da essência do Direito, como um fenômeno situado no processo da História e, por isso, mutável" (CANARIS, Claus-Wilhem. *Pensamento sistemático e conceito de sistema na ciência do direito*. Lisboa: Fundação Calouste Gulbenkian, 1996. p. 281).

22 "Se aquele que atua na vida jurídica desencadeia uma estrutura social que, por sua própria natureza, é capaz de pôr em risco os interesses e direitos alheios, a sua responsabilidade passa a ser objetiva. Em outras palavras, é a noção metajurídica de 'atividade normalmente exercida pelo autor do dano, que implique risco', a ser necessariamente concretizada pelo intérprete, que definirá qual o regime aplicável à responsabilidade, constituindo esta norma a projeção da diretriz da solidariedade social" (MARTINS-COSTA, Judith; BRANCO, Gerson Luiz Carlos. *Diretrizes teóricas do novo Código Civil brasileiro*. [s.l.]: [s.n.], [s.d.]. p. 75-76; 128).

indenizar, forjando-se uma atividade conjunta de delimitação das áreas de liberdade e risco. A coexistência genérica entre a rigidez de previsões específicas com a cláusula geral do risco defere ao sistema abertura para atualização constante das hipóteses de aplicação da teoria objetiva.[23] Esse é o dado da operabilidade.[24]

Mas o que exatamente significa a expressão "atividade normalmente desenvolvida"? De plano, compreende-se que o objetivo do legislador foi destacar o termo *atividade* da noção de fato ou ato. O fato do agente é um comportamento humano comissivo ou omissivo, normalmente uma conduta isolada, que será negativamente valorada no plano do direito obrigacional quando se tratar de uma atuação ilícita, evidenciada como a causa adequada para a verificação do dano. Daí surgirá a responsabilidade subjetiva, estampada no *caput* do art. 927 do Código Civil. Aqui se está no terreno da teoria geral do direito privado, no plano da eficácia dos fatos jurídicos.

A rigor, a noção do exercício de uma atividade se assemelha a um processo, ou seja, uma dinâmica de calculada reiteração de atos ao longo do tempo, com os atributos da *continuidade* em seu desenvolvimento e execução, e da *predisposição* dos meios empregados para a sua efetivação. Demanda uma organização de fatores de produção incompatível com a prática de condutas momentâneas ou esporádicas.[25]

---

23 Pietro Perlingieri leciona a respeito da historicidade dos institutos jurídicos: "A relativização dos conceitos introduz o problema da sua historicidade. Pouco vale definir o direito de propriedade como direito subjetivo: é necessário identificar o seu conteúdo, individuar quais poderes efetivamente tem o proprietário em uma certa ordem histórico-política. A propriedade pode ser definida como direito subjetivo, mas é necessário ter presente que em uma determinada ordem normativa e política pode encontrar maiores limites quantitativos e qualitativos. Os conceitos jurídicos não pertencem apenas à história, mas, com oportunas adaptações, podem ser utilizados para realizar novas funções" (PERLINGIERI, Pietro. *O direito civil na legalidade constitucional*. Tradução de Maria Cristina de Cicco. Rio de Janeiro: Renovar. 2008. p. 142).

24 Ou, como obtempera a doutrina, "a responsabilidade objetiva revela um núcleo relacional de direitos e responsabilidades de primeira e segunda ordem em relação aos quais, em atividades de risco, os idealizadores, realizadores e aproveitadores desses empreendimentos devem suportar todas as perdas imerecidas que causem as pessoas afetadas, tal como se fosse um preço a pagar para continuar desempenhando determinados papéis. Em outras palavras, o dever de indenizar pode ser aferido preteritamente à ocorrência do dano como correlativo ao direito a não ser lesado em determinados interesses juridicamente protegidos. Tal fundamento relacional também se apoia na ideia de que na responsabilidade objetiva há um desequilíbrio anterior ao dano calcado na produção de um risco pelo ofensor em relação às vítimas, que não é recíproco. As vítimas estão expostas a esse risco desproporcional, de modo que, caso esse risco se consume e se materialize, quando de fato o ofensor podia e deveria desenvolver medidas adequadas, deve ser obrigado a indenizar de modo a equilibrar uma relação marcada pela injustiça e desequilíbrio em seu nascedouro" (BONNA, Alexandre. *Indenização punitiva e responsabilidade objetiva no Brasil*. [s.l.]: [s.n.], [s.d.]. p. 105).

25 "Uma atividade é uma série contínua e coordenada de atos e não se confunde com um ato único ou com atos isolados, que permanecem sob o âmbito de incidência da culpa. Nesse caso, a imputação não decorre de alguma 'ação subjetiva' mas da atribuição a um sujeito da responsabilidade pelos danos causados pela atividade de que é titular, isto é, da atividade por ele explorada. Assim, a expressão 'atividade normalmente desenvolvida' deve ser interpretada como 'atividade organizada': no estágio atual de nossa sociedade, o desenvolvimento continuado (não eventual ou errático) de qualquer atividade demanda, e impõe, a sua organização. Nesses casos não tem sentido isolar um comportamento, gerador em concreto do dano, sem referi-lo à inteira atividade em virtude da qual o dano ocorreu. Confirma esta interpretação o entendimento usual de que a culpa era critério de imputação suficiente no 'mundo dos atos'; no chamado 'mundo das atividades', ambiente por excelência dos já aludidos 'danos anônimos', a responsabilidade objetiva faz-se imprescindível" (MORAES, Maria Celina Bodin de. Risco, solidariedade e responsabilidade objetiva. *Revista dos Tribunais*, ano 95, v. 854, dez. 2006. p. 27-28). Nesse mesmo sentido, Cláudia Lima Marques, ao se debruçar a respeito do termo "que desenvolvem atividade", presente no art. 3º do CDC, destinado à qualificação de fornecedor para fins de aplicação do regime consumerista, observa: "a expressão 'atividades', no caput do art. 3º parece indicar a exigência de alguma reiteração ou habitualidade" (MARQUES, Cláudia Lima. *Contratos no Código de Defesa do Consumidor*. 3. ed. São Paulo: Revista dos Tribunais, 1998. v. 1. p. 163).

Não se sujeita à responsabilização independente de culpa quem apenas pratique um ato, posto que de causação de dano a outrem e a despeito até de seu eventual caráter perigoso e de extremo risco. A atividade requer continuidade e organização dos atos praticados, nunca a prática ocasional. Ilustrativamente, pensemos na carona, por mera cortesia. Faltaria pressuposto para a incidência do parágrafo único do art. 927, justamente pela não caracterização de uma atividade, cuidando-se, antes, da prática de um ato, ainda que recoberto de risco e mesmo que habitual ou costumeiro o oferecimento de carona ou a utilização de carro para locomoção. Não se configuraria a atividade pela ausência de uma sequência coordenada de atos organizados para o alcance de uma dada finalidade, de um escopo, de um objetivo único juridicamente considerado.[26]

Em seguida, "na atividade normalmente desenvolvida", destaca-se o advérbio *normalmente*. "Normalmente" significa que a atividade é lícita, autorizada e regulamentada pelo Estado. Na teoria do risco, não mais se indaga a respeito do bom ou mau comportamento do agente – pois despiciendo localizar um erro de conduta ou infração a um dever preexistente. Na expressão "atividade normalmente desenvolvida pelo agente", a dicção normativa afasta qualquer discussão sobre a eventual *anormalidade* do ato danoso, tratando-se de atividade lícita, adequada à ordem econômica e social, que inclusive pode ser fonte de inegáveis ganhos para toda a coletividade. Daí que o dispositivo em comento rechaça não só a avaliação sobre uma possível falha de comportamento do autor do fato (fator anímico da culpa), como também abdica do pressuposto do fato ilícito – cerne da teoria subjetiva –, conforme se extrai do *caput* do art. 927 do Código Civil.

Tradicionalmente, a antijuridicidade se limitava à ilicitude. Hoje, já se reconhecem novas fronteiras da antijuridicidade, para além do exame da ilicitude, no controle de abusividade e no juízo de merecimento de tutela. Porém, na cláusula geral do risco, o Código Civil parte da premissa de que mesmo uma atividade lícita e regularmente exercitada poderá ser fonte de danos reparáveis, sendo suficiente o liame causal entre o risco inerente ao seu desenvolvimento e as lesões sofridas pela vítima.[27]

A expressão "atividade normalmente desenvolvida" envolve ainda a questão crucial da *alocação de riscos*, isto é, da necessidade de somente se imputar objetivamente a reparação de um dano a uma pessoa se o risco for *próprio* à atividade. Apenas quem tem condições de evitar um risco ou mitigá-lo de forma eficiente deverá suportá-lo caso ocorra.[28] Ilustre-se com o atualíssimo debate respeitante à obrigação dos provedores de

---

[26] GODOY, Cláudio Bueno de. *Responsabilidade civil pelo risco da atividade*. São Paulo: Saraiva, 2006. p. 56-57.

[27] "O regime da responsabilidade está passando por uma revisão importante, e manifestam-se tendências que o renovam significativamente. A mais interessante mudança de ângulo visual é o giro conceituai do *ato ilícito* para o *dano injusto*". E continua o autor: "Dentre as tendências renovadoras, salientam-se a que induz à mudança de justificação da obrigação de indenizar, o alargamento da noção de dano, a aceitação ampla do dano moral e a tutela aquiliana do crédito" (GOMES, Orlando. Tendências modernas na teoria da responsabilidade civil. *In*: FRANCESCO, José Roberto Pacheco Di (Org.). *Estudos em homenagem ao Professor Silvio Rodrigues*. São Paulo: Saraiva, 1989. p. 293-294).

[28] Por essa razão, aliás, faz-se a distinção entre fortuito interno e fortuito interno para distinguir os riscos inerentes à atividade e, por isso, assumido pelo agente, dos riscos que lhe são alheios e, por isso, são capazes de romper o nexo de causalidade: "Com a entrada em vigor da necessidade de proteção aos direitos do consumidor, foi criada uma teoria que, mesmo em situação de responsabilidade objetiva, pudesse, ainda mais, favorecer a necessidade de reparação que passou a andar de mãos dadas à crescente complexidade de relações sociais. Era a teoria do fortuito interno. Foram, portanto, estabelecidas situações que o nexo de causalidade não poderia ser

internet de suprimir conteúdo ofensivo de páginas virtuais e de reparar danos morais causados por ofensas propagadas em *sites*. Aqui reside um risco inerente à atividade, potencialmente apta a gerar danos existenciais a um elevado número de pessoas. Efetivamente, cumpre ao fornecedor adotar todas as medidas idôneas para excluir prontamente o conteúdo ofensivo de sua base de dados, bem como facilitar a identificação dos ofensores anônimos e, preventivamente, realizar um controle mínimo para individualizar os participantes do *site*. Esses são os riscos que podem ser alocados ao fornecedor, como intrínsecos à sua atividade. Contudo, não se pode considerar como *própria* a essa atividade a tutela dos usuários quanto ao risco de lesão à honra ou à intimidade por eventuais ofensas advindas de outros usuários do mesmo serviço, mesmo que de forma anônima. Ademais, exclui-se do risco inerente à atividade do fornecedor a realização de análise prévia do material veiculado pelos internautas, o que demandaria uma complexidade técnica desproporcional, além de um dilema ético de se conferir a um provedor de internet a função de gestor sobre a liberdade de expressão.[29] Em outros termos, de forma segura o STJ se perfilha ao consenso construído em âmbito global, no sentido de limitar a responsabilidade civil dos provedores de aplicações pelos danos eventualmente causados; consenso do qual se tem extraído a noção segundo a qual "onde há controle haverá responsabilidade, mas na falta desse controle o fornecedor não é responsável". Assim, identificando-se uma atividade de mero transporte de informações, não tendo o provedor qualquer decisão quanto ao conteúdo da informação ou à seleção dos destinatários do referido conteúdo, afastada estará sua eventual responsabilização.

Adiante, o trecho derradeiro do parágrafo único do art. 927 enuncia: "risco para os direitos de outrem". Por conseguinte, o termo *outrem* abrange tanto as vítimas que

---

rompido. Assim, danos que tivessem sua origem dentro do círculo de proteção da empresa não teriam o condão de afastar o nexo, o que, por consequência, manteria intacto o dever reparatório" (CORRÊA, Thiago Pinheiro. Considerações sobre a teoria do fortuito externo. *Revista Trimestral de Direito Civil*, v. 52, out./dez. 2012. p. 157).

29 STJ, Terceira Turma. *Informativo n. 55*, 19 mar./6 abr. 2015. "RESPONSABILIDADE POR OFENSAS PROFERIDAS POR INTERNAUTA E VEICULADAS EM PORTAL DE NOTÍCIAS. A sociedade empresária gestora de portal de noticias que disponibilize campo destinado a comentários de internautas terá responsabilidade solidária por comentários, postados nesse campo, que, mesmo relacionados à matéria jornalística veiculada, sejam ofensivos a terceiro e que tenham ocorrido antes da entrada em vigor do marco civil da internet (Lei 12.965/2014). Inicialmente, cumpre registrar que, de acordo com a classificação dos provedores de serviços na internet apresentada pela Min. Nancy Andrighi no REsp 1.381.610-RS, essa sociedade se enquadra nas categorias: provedora de informação-, que produz as informações divulgadas na Internet-, no que tange à matéria jornalística divulgada no *site*; e provedora de conteúdo –, que disponibiliza na rede as informações criadas ou desenvolvidas pelos provedores de informação –, no que tocante as postagens dos usuários. Essa classificação é importante porque tem reflexos diretos na responsabilidade civil do provedor. De fato, a doutrina e a jurisprudência do STJ têm se manifestado pela ausência de responsabilidade dos provedores de conteúdo pelas mensagens postadas diretamente pelos usuários e, de outra parte, pela responsabilidade dos provedores de informação pelas matérias por ele divulgadas. Não obstante o entendimento doutrinário e jurisprudencial contrario à responsabilização dos provedores de conteúdo pelas mensagens postadas pelos usuários, o caso em analise traz a particularidade de o provedor ser um portal de notícias, ou seja, uma sociedade cuja atividade é precisamente o fornecimento de informações a um vasto público consumidor. Essa particularidade diferencia o presente caso daqueles outros julgados pelo STJ, em que o provedor de conteúdo era empresa da área da informática, como a Google, a Microsoft etc. Efetivamente, não seria razoável exigir que empresas de informática controlassem o conteúdo das postagens efetuadas pelos usuários de seus serviços ou aplicativos. Todavia, tratando-se de uma sociedade que desenvolve atividade jornalística, o controle do potencial ofensivo dos comentários não apenas é viável, como necessário, por ser atividade inerente ao objeto da empresa. Consigne-se, finalmente, que a matéria poderia também ter sido analisada na perspectiva do art. 927, parágrafo único, do CC, que estatuiu uma cláusula geral de responsabilidade objetiva pelo risco, chegando-se a solução semelhante à alcançada mediante a utilização do CDC" (REsp 1.352.053-AL, Rel. Min. Paulo de Tarso Sanseverino).

participaram do desenvolvimento da atividade, como também terceiros, estranhos aos riscos da atividade e alheios à sua execução, sem se olvidar que os empregados eventualmente lesados já possuem amparo em termos de imputação objetiva pela legislação previdenciária (Lei nº 8.213/91). Imagine-se uma explosão em posto de combustíveis com inúmeras vítimas entre transeuntes e empregados, ou uma tragédia em festa realizada em um clube, na qual vários sócios se ferem pela má manipulação dos explosivos realizada pelo encarregado da cerimônia. Realmente, é visando precipuamente à tutela da sociedade em face dos múltiplos riscos oriundos de empreendimentos intrinsecamente danosos que o Enunciado nº 445 do Conselho de Justiça Federal proclama que "A responsabilidade civil prevista na segunda parte do parágrafo único do art. 927 do Código Civil deve levar em consideração não apenas a proteção da vítima e a atividade do ofensor, mas também a prevenção e o interesse da sociedade".

Ademais, ao mencionar o risco para os *direitos de outrem*, quais direitos seriam esses? Se se entende que uma cláusula geral desse jaez deva estabelecer imediata conexão com a tutela da dignidade da pessoa humana e da solidariedade social, como de fato se acredita, nada mais natural do que considerar que o risco da atividade seja suscetível de ofender situações jurídicas patrimoniais e existenciais do indivíduo. Não se cuida tão somente de uma atividade de inerente potencial lesivo para a incolumidade econômica ou psicofísica de vítimas em potencial, mas também por sua natural aptidão para vilipendiar a honra, intimidade, liberdade e outros bens jurídicos inerentes à personalidade humana. Nesse diapasão, afigura-se adequado o teor abrangente do Enunciado nº 555 do Conselho de Justiça Federal: "'Os direitos de outrem' mencionados no parágrafo único do art. 927 do Código Civil devem abranger não apenas a vida e a integridade física, mas também outros direitos, de caráter patrimonial ou extrapatrimonial".

Destarte, com espeque no parágrafo único do art. 927 do Código Civil, estabelece-se a tríade de pressupostos hábeis à eclosão da teoria objetiva quando o nexo de imputação se traduzir no elemento do risco: (a) risco da atividade; (b) dano; (c) nexo causal.

3 Ainda a questão: risco proveito ou risco criado?

São sutis as estremas entre as teorias do risco proveito e risco criado. A primeira exigindo a demonstração do proveito auferido pelo agente com a atividade indutora de risco; em contrapartida, a teoria do risco criado se satisfaz com a constatação objetiva da relação de causalidade entre o risco de uma atividade e o dano reparável, ou seja, independentemente da obtenção de qualquer proveito, basta perquirir se, em seu exercício e desenvolvimento, a atividade criou risco para terceiros.

Em sua parte final, o dispositivo analisado não fornece resposta imediata, veja se: "ou quando a atividade normalmente desenvolvida pelo autor do dano implicar, por sua natureza, risco para os direitos de outrem". A teoria do risco proveito não se compraz com a aferição de um dano proveniente do risco de uma atividade qualquer. Ela demanda mais do que isso. Requer a evidência de um *proveito* para o seu titular. Certo é que o *proveito* é inerente a toda e qualquer atividade levada a efeito por um ser humano, exceto se não resultar de um ato de liberdade (se a autodeterminação do agente estiver afetada, ingressa-se no plano dos vícios do consentimento). Esse proveito pode ser de ordem econômica, social ou particular. Assim, se o legislador realmente desejasse vincular a origem do proveito do agente com o desempenho da atividade, paradoxalmente retornaria à teoria subjetiva. A investigação do elemento intencional, anímico, respeitante às motivações do protagonista da atividade, representa por via oblíqua um resgate da abordagem psicológica que a doutrina objetiva justamente quis suprimir.[30]

Então, para a legitimação da teoria do risco proveito no Código Civil de 2002, necessariamente teríamos que admitir que o vocábulo *proveito* se ajusta a uma objetiva e rigorosa definição econômica de atividade voltada ao lucro, ou melhor, "atividade empresarial".[31] A empresa é uma organização de pessoas, bens e atos voltada para a produção e circulação de mercadorias ou serviços destinados ao mercado, com o fim de lucro e sob a iniciativa e o comando de um empresário. Constitui-se em estrutura econômica complexa, formada pela reunião e disposição racional de elementos totalmente heterogêneos, cuja concepção está identificada com a criação de formas extremamente intensivas de emprego de capital, isto é, com o capitalismo pós-industrial ou financeiro, não se enquadrando perfeitamente em qualquer das categorias fundamentais da teoria geral do direito, mas congregando elementos próprios a várias delas.[32]

Seguindo esse raciocínio, para os adeptos da teoria do risco proveito, em qualquer processo que se desconecte de um objetivo econômico e organizado para a produção ou circulação de bens e serviços, todos os danos decorrentes do desenvolvimento da atividade não serão remetidos ao parágrafo único do art. 927. Ilustrativamente, se uma entidade beneficente causasse danos a terceiros no desempenho de seus objetivos institucionais, mesmo que evidenciado o risco da atividade, a solução se daria no terreno da responsabilidade subjetiva. Da mesma forma, se um surfista treina diariamente em uma praia indistintamente frequentada por banhistas e em alguns deles provocasse lesões, estas só seriam imputadas ao profissional do esporte se evidenciado o ilícito culposo.

Em termos pragmáticos, sabe-se que a quase totalidade de eventos lesivos desencadeados por atividades será emanada de empresas, seja o agente um empresário individual ou coletivo (pessoa jurídica). Decisivamente, o núcleo da empresa é forjado pelo binômio iniciativa/risco. Sendo sua atuação invariavelmente vinculada a um mercado, suportará o bônus e o ônus, o cômodo e o incômodo. Outrossim, a empresa revela-se o agente econômico que possui as condições necessárias para absorver o abalo negativo de obrigações objetivas de indenizar. Pelo fato de deter estrutura voltada à introdução massificada e impessoal de produtos e serviços no mercado, os danos são

---

30 Nessa linha também caminha Caio Mário da Silva Pereira: "Muito embora a ideia de proveito haja influenciado de maneira marcante a teoria do risco, a meu ver é indispensável eliminá-la, porque a demonstração, por parte da vítima, de que o mal foi causado não porque o agente empreendeu uma atividade geradora de dano, porém porque desta atividade ele extraiu um proveito, é envolver, em última análise, uma influência subjetiva na conceituação da responsabilidade civil" (PEREIRA, Caio Mário da Silva. *Responsabilidade civil*. 2. ed. Rio de Janeiro: Forense, 1999. p. 287).

31 "Para a teoria do risco proveito, construída por Raymond Saleilles, o fundamento da responsabilização objetiva residiria justamente nos benefícios auferidos por aqueles cuja atividade cria ou agrava o risco, restringindo-se, portanto, as hipóteses de incidência do dispositivo às atividades lucrativas cujo desenvolvimento, representando considerável risco, gerasse proveito econômico para os seus titulares" (TEPEDINO, Gustavo; TERRA, Aline de Miranda Valverde; GUEDES, Gisela Sampaio da Cruz. *Fundamentos do direito civil*. Rio de Janeiro: Forense, 2020. v. 4. p. 114).

32 BARBOSA FILHO, Marcelo Fortes. *Código Civil comentado*. 14. ed. São Paulo: Manole, 2020. p. 964.

estatisticamente previsíveis e o impacto das condenações será mitigado ou mesmo neutralizado pela técnica da securitização privada, ou pela internalização dos prejuízos pela via da socialização dos custos dos produtos.

Nada obstante, o acolhimento da teoria do risco proveito na hermenêutica do parágrafo único do art. 927 provocaria uma fratura entre o Código Civil e a sua diretriz da eticidade. A teoria subjetiva possui sólido fundamento moralista. A sua intenção é a de reprovar o comportamento do causador do dano quando este se divorcia de bom senso e da normalidade. Naqueles casos em que o agente poderia ter optado por outra forma de agir, mas não o fez.[33] Em suma, a doutrina subjetiva assume a responsabilidade como reverso da liberdade somente nos casos em que a vítima demonstre que o ofensor irresponsavelmente se serviu do livre-arbítrio. Se, sob o ponto de vista da moral cristã, a teoria reflete a condenação como reprovação social ao pecado, certamente a necessidade de se encontrar um culpado pelo ilícito se ajustava perfeitamente às necessidades de um sistema capitalista em formação, no qual a preservação do *status quo* da classe em ascensão seria fortemente auxiliada por um ordenamento jurídico que cultuasse a "irresponsabilidade civil".[34]

Contudo, a teoria objetiva parte de uma concepção ética, e não moral. A ética é uma filosofia de resultados. Ela se preocupa com as consequências das ações assumidas por quem detém o poder. O protagonismo da doutrina objetiva é deferido à tutela da integridade patrimonial e psicofísica da vítima em detrimento de considerações subjetivas sobre a censura ao comportamento do agente. Se a responsabilidade subjetiva foi eficiente em garantir a segurança jurídica, a propriedade e os privilégios de determinado grupo, a teoria objetiva investe suas energias no acesso a direitos fundamentais.[35] Acesso à cidadania, ao mínimo existencial e, principalmente, ao Judiciário mediante o exercício de pretensões de reparações de danos, sem que o ofendido seja constrangido a produzir *prova diabólica* do ilícito culposo do agente.

Assim, para fins de restauração do equilíbrio desfeito pela lesão, a teoria objetiva é extremamente positiva no sentido de reduzir a duração do litígio, barateá-lo e gerar efetividade. Nesses termos, na comparação entre a teoria do risco proveito e a do risco criado, em termos de eticidade, esta última nos parece mais adequada, pois expande a proteção das situações existenciais da pessoa humana, deferindo a obrigação objetiva de indenizar mesmo que os danos não tenham sido produzidos no exercício de uma atividade empresarial.[36] Nos exemplos acima considerados, a entidade beneficente e

---

[33] "Agir culpavelmente significa atuar o agente em termos de, pessoalmente, merecer a censura ou reprovação do Direito. Mas só merece esse juízo de reprovação, repita-se, o agente que, em face das circunstâncias concretas, podia ou devia ter agido de outro modo" (CAVALIERI FILHO, Sergio. *Programa de responsabilidade civil*. São Paulo: Atlas, 2014. p. 43).

[34] ROSENVALD, Nelson. *As funções da responsabilidade civil*. 3. ed. São Paulo: Saraiva, 2018. p. 12.

[35] "a responsabilidade objetiva 'ocupa espaços que deveriam ser ocupados pela segurança social'; o ônus do dano não imputável, em uma moderna concepção, 'deveria ser, antes de tudo, um ônus social, de natureza tributária, inspirado no princípio da capacidade contributiva'. Esta tendência, que permitiria o restabelecimento de relações mais homogêneas e corretas entre civil e penal, partes de um sistema único, idôneo para realizar finalidades preventivas, de desestímulo e, ao mesmo tempo, uma mais equânime distribuição dos ônus" (PERLINGIERI, Pietro. *O direito civil na legalidade constitucional*. Tradução de Maria Cristina de Cicco. Rio de Janeiro: Renovar, 2008. p. 155).

[36] "A teoria do risco criado importa em ampliação do conceito de risco proveito. Aumenta os encargos do agente; é, porém, mais equitativa para a vítima, que não tem de provar que o dano resultou de uma vantagem ou de

o surfista serão obrigados a reparar, objetivamente, os danos causados pelo risco da atividade, apesar de em nenhuma das hipóteses se configurar uma atividade empresarial voltada ao mercado de produtos e serviços.

Uma concepção ética de responsabilidade civil requer um necessário liame entre os objetivos vislumbrados pelo ordenamento ao sistematizar esse modelo jurídico com a tutela da dignidade da pessoa humana, viga mestra do ordenamento, nos termos da Constituição de 1988. Em sede de obrigação de reparar danos, o preenchimento do conteúdo da cláusula geral do parágrafo único do art. 927 do Código Civil se dará em conexão sistemática com a Constituição Federal, densificando não apenas os princípios da dignidade, como da solidariedade, mediante linha doutrinária que melhor considere a tutela da vítima, sopesando o contexto cultural e os problemas concretos da sociedade brasileira, majoritariamente excluída do direito fundamental ao acesso substancial ao Judiciário e à ordem jurídica justa.[37]

Aliás, se realmente o legislador desejasse a aplicação da teoria do risco proveito, em vez de se referir à *atividade normalmente desenvolvida pelo autor* (parágrafo único do art. 927), teria seguido a fórmula empregada na redação do art. 966 do Código Civil e se servido do conceito de "atividade econômica", tal como obrou para qualificar o empresário. No mais, não há qualquer referência na lei à necessidade de lucratividade, o que evidencia que o legislador não quis distinguir a atividade remunerada da não remunerada. Por fim, lembra a doutrina[38] que o advérbio de frequência *normalmente*, indicado na norma, se por um lado indica que não se pode pensar em atividade que seja esporádica, de outra parte não autoriza compreendê-la necessariamente econômica, profissional ou empresarial, em redução indevida do elastério da cláusula geral que ora se agita. Exemplifica com "uma aeronave particular, não usada comercialmente, que, ao pousar num campo, mate uma res, sem que tenha havido culpa do piloto (o animal, assustado, precipitou-se contra o artefato), o qual era devidamente habilitado. Em tal caso, poderá o piloto ser responsabilizado objetivamente com base na regra em análise".

Ilustrativamente, se várias pessoas se integram como membros de uma torcida organizada de determinada equipe ou são participantes habituais de "rachas" de automóveis, mesmo que inexista intuito de lucro nos jogos de futebol ou nos "pegas", o

---

um benefício obtido pelo causador do dano. Deve este assumir as consequências de sua atividade" (PEREIRA, Caio Mário da Silva. *Responsabilidade civil*. 11. ed. Atualização de Gustavo Tepedino. Rio de Janeiro: Forense, 2016. p. 357-361). Ainda sobre a teoria do risco criado, José Acir Lessa Giordani anota que a atividade "pode ser de cunho profissional, recreativa, de mero lazer, não havendo, assim, necessidade de que resulte em lucro ou vantagem econômica para o agente para que haja a caracterização da responsabilidade objetiva" (GIORDANI, José Acir Lessa. Responsabilidade civil objetiva genérica no direito brasileiro: 100 anos de atraso. *In*: MARTINS, Guilherme Magalhães (Org.). *Temas de responsabilidade civil*. Rio de Janeiro: Lumen Juris, 2011. p. 258).

37 Observe-se que não apenas a responsabilidade objetiva, mas também a subjetiva encontra fundamento no personalismo e no solidarismo constitucionais: "torna novamente atual o debate, na realidade nunca exaurido, sobre o papel da culpa, ou melhor, do perfil subjetivo do sistema da responsabilidade civil. Elemento este não excluído por quem, identificando o fundamento da responsabilidade civil no princípio solidarístico, propugnou 'o deslocamento da atenção do autor do dano para a vítima' e atribuiu ao ressarcimento o papel de remédio para o dano, não de sanção para a ilicitude. Na realidade, à solidariedade se adapta não apenas o conteúdo do direito do lesado ao ressarcimento do dano sofrido, mas também o dever de comportamento do agente. O agir dos sujeitos, por força do cânon solidarista, se deve uniformizar a parâmetros constitucionais" (PERLINGIERI, Pietro. *O direito civil na legalidade constitucional*. Tradução de Maria Cristina de Cicco. Rio de Janeiro: Renovar, 2008. p. 155).

38 GOMES, José Jairo. *Responsabilidade civil e eticidade*. Belo Horizonte: Del Rey, 2005. p. 325.

simples fato de empreenderem atividade indutora de especial risco contra terceiros já será fundamento suficiente para que eventuais ofendidos se sirvam do parágrafo único do art. 927 do Código Civil.

Apesar de sua incompatibilidade com uma cláusula geral do risco da atividade, o sistema de direito privado não abandonou por completo a teoria do risco proveito. Ela ainda pode ser encontrada em domínios específicos.[39]

4 À guisa de conclusão: risco criado pela particular potencialidade lesiva da atividade

A insuficiência da expressão "teoria do risco criado" já fora objeto de apreciação crítica por Aguiar Dias.[40] Afinal, por deficiência técnica deixa sem resposta a questão capital da causa: por que deve o homem arcar com o risco, ou, ainda, por que deve suportar o risco que criou? Uma cláusula geral que genericamente estipulasse obrigação objetiva de indenizar, pelo simples fato de o agente criar um risco no desenvolvimento de sua atividade, seria contraproducente em sua base teórica e nos resultados práticos.

No aspecto pragmático, poder-se-ia argumentar que, se o risco gerado por qualquer atividade se converter em fator de imputação objetiva, irremediavelmente restará comprometido o avanço da livre-iniciativa e empreendedorismo, fundamentos do enriquecimento material e intelectual das sociedades contemporâneas. Entretanto, não foi isso que se viu desde a inclusão da cláusula geral de responsabilidade objetiva no direito brasileiro, tendo havido, na realidade, a incorporação dos custos decorrentes da adoção do modelo do risco "pelo mercado sem prejuízo do ressarcimento das vítimas de danos injustos, implementando-se o modelo solidarista de responsabilidade fundado na atenção e no cuidado para com o lesado".[41]

Qual seria o potencial de risco de uma atividade que justifique a imputação objetiva de danos ao agente? Quais serão as circunstâncias não aleatórias que legitimam o sistema privado a ir além da responsabilidade subjetiva para proporcionar às vítimas a superação do requisito da culpa? Quando o dispositivo legal em comento enuncia que a atividade implica risco, *por sua natureza*, oferece importante subsídio. Isso significa que o risco é um *dado da atividade*, tratando-se de uma qualidade preexistente e intrínseca a ela. Isso significa que por mais que o empreendedor atue de forma diligente, a atividade, por sua própria *natureza* ou pela *natureza* dos meios empregados, produz um alto

---

[39] Ilustrativamente, assevera a Súmula nº 492 do Supremo Tribunal Federal que: "A empresa locadora de veículos responde, civil e solidariamente com o locatário, pelos danos por este causados a terceiros, no uso do carro locado". Se o locatário se responsabiliza subjetivamente pelos danos causados à vítima, a pessoa jurídica locadora se submeterá à reparação objetiva pelo nexo causal entre o proveito econômico de sua atividade e os aludidos danos. No mesmo apelo ao risco proveito se consubstancia o inciso IV do art. 932 do Código Civil: "São também responsáveis pela reparação civil: [...] IV – os donos de hotéis, hospedarias, casas ou estabelecimentos onde se albergue por dinheiro, mesmo para fins de educação, pelos seus hóspedes, moradores e educandos". Daí se dessume que o hoteleiro apenas se vinculará à teoria objetiva quando exercer atividade econômica voltada a esse serviço. Eventual dano na constância de hospedagem gratuita será objeto de responsabilidade subjetiva.

[40] DIAS, José de Aguiar. *Da responsabilidade civil*. 11. ed. Atualização de Rui Berford Dias. Rio de Janeiro: Renovar, 2006. p. 76.

[41] MORAES, Maria Celina Bodin de. LGPD: um novo regime de responsabilização civil dito proativo. *Civilistica.com*, ano 2, n. 3, 2019. Editorial.

índice de danosidade. O responsável pela reparação será a pessoa que empreende, seja por dirigir ou apenas organizar a atividade, disciplinando os meios e mecanismos de sua execução. Através de seus subordinados – aqueles que desempenhem a atividade mediante ordens ou instruções –, será possível identificar o responsável e lhe atribuir a obrigação objetiva de indenizar.

Por aí já se alcança uma primeira conclusão: não é exata a menção à expressão *atividade de risco*, mas sim *risco da atividade*. A adoção daquela causa dá a errônea noção de que o agente poderia ter atuado de forma vigilante e responsável, mas deliberou por converter a sua atividade em uma "atividade de risco". Mais uma vez, por um paradoxo, alcançaríamos a teoria subjetiva. Porém, o risco não se situa no desempenho bom ou ruim da iniciativa por A, B ou C, mas no *risco inerente* à própria atividade. Isto é, tanto faz se a empresa é conduzida por uma ou outra pessoa, pois é da própria *natureza* daquela atividade que se produzam danos em escala anormal, em comparação com outras atividades realizadas no mercado.[42]

Com razão, o Enunciado nº 38 do Conselho de Justiça Federal proclama:

> a responsabilidade fundada no risco da atividade, como prevista na segunda parte do parágrafo único do art. 927 do novo Código Civil, configura-se quando a atividade normalmente desenvolvida pelo autor do dano causar a pessoa determinada um ônus maior do que aos demais membros da coletividade.

Sua mensagem é significativa: o risco é especial e inerente à particular potencialidade lesiva de uma atividade, pois, a despeito de quem a coordena, o seu simples desenvolvimento induzirá a produção de danos quantitativamente numerosos ou qualitativamente graves. A atividade em si é lícita e tolerada por sua utilidade social, apesar de ser fonte de cometimento de danos.

Aliás, não se pode confundir o risco inerente a certa atividade com o *perigo* à exposição a essa atividade. Elevada danosidade não é consequência obrigatória da periculosidade de uma atividade. Certamente, grande parte dos eventos danosos será atribuída a empreendimentos intrinsecamente perigosos (*v.g.*, atividade elétrica, gás, farmacêutica, explosivos etc.). Nada obstante, o que avulta não é a periculosidade dos meios empregados pelo agente, mas a potencialidade lesiva de sua atividade. Quer dizer, exige-se não um perigo anormal, nem propriamente um perigo, mas antes um risco especial naturalmente induzido pela atividade e identificado de acordo com dados estatísticos existentes sobre danos que lhe sejam resultantes, ou seja, conforme a verificação da regularidade estatística com que o evento lesivo aparece como decorrência da atividade exercida. Tomem-se exemplos como o da atividade de cobrança de títulos, como protesto e negativação, ou da atividade de bancos de dados e de cadastro de

---

42 "a exigência da lei, está em que a atividade do agente deva normalmente induzir particular risco, isto é, por sua natureza deve ser foco de risco a outras pessoas ou seus bens. O risco deve ser inerente à atividade e não resultar do específico comportamento do agente. Trata-se de uma potencialidade danosa intrínseca do que seja uma atividade organizada. São hipóteses em que, mesmo lícita e exercitada regular e normalmente, a atividade por si cria maior risco a terceiros, independentemente de quem a exerça" (GODOY, Claudio Luiz Bueno de. *Código Civil comentado*. 20. ed. São Paulo: Manole, 2020. p. 910).

consumidores.[43] Foco, ambos os casos, de constante causação de danos, mesmo que não se trate propriamente de atividades perigosas.[44]

Deve ficar claro que o risco é conceito mínimo. Obviamente, as atividades perigosas, mais do que arriscadas, estão acobertadas pelo parágrafo único do art. 927. Se o menos – o risco – gera a imputação objetiva de danos, o mais – o perigo – também o faz. Em suma, o risco é o piso mínimo para a incidência da norma. A conclusão não seria esta se o nosso Código Civil adotasse o mesmo vocábulo – *perigo* – que consta dos códigos da Itália e Portugal. Por certo, caso se responda objetivamente pelo perigo – conceito maior e mais agravado –, não se pode deduzir que se responda da mesma forma pelo risco, que é conceito menor e menos agravado.[45]

Nesse passo, acertado o Enunciado nº 553 do Conselho de Justiça Federal por dispor que "Nas ações de responsabilidade civil por cadastramento indevido nos registros de devedores inadimplentes realizados por instituições financeiras, a responsabilidade civil é objetiva". Ilustrativamente, são milhares os casos de correntistas que sofrem danos a situações patrimoniais e/ou existenciais por negativação cadastral, em face do risco inerente à atividade bancária de controle de títulos falsificados ou obtidos por via criminosa (*v.g.*, furto ou roubo). Cuida-se de um risco especial e anormal induzido pela atividade bancária, independentemente de qualquer cautela específica da instituição financeira A, B ou C. Todavia, o correntista não está propriamente exposto a um *perigo*, mas sim a um dano econômico e/ou moral.[46]

Tratando-se de potencialidade lesiva intrínseca de uma atividade, não se pode restringir a irradiação do preceito legal às clássicas atividades empresariais. Deve-se ir além: pense-se em um espetáculo desportivo, um *show* de música ou um parque de diversão. Em comum, locais em que se desenvolvem atividades em que a própria aglomeração de pessoas incentiva a disseminação de riscos. Eventos multitudinários em

---

[43] Súmula nº 572, STJ: "O Banco do Brasil, na condição de gestor do Cadastro de Emitentes de Cheques sem Fundos (CCF), não tem a responsabilidade de notificar previamente o devedor acerca da sua inscrição no aludido cadastro, tampouco legitimidade passiva para as ações de reparação de danos fundadas na ausência de prévia comunicação".

[44] GODOY, Claudio Luiz Bueno de. *Código Civil comentado*. 20. ed. São Paulo: Manole, 2020. p. 910.

[45] TARTUCE, Flávio. *Responsabilidade civil objetiva e o risco*. São Paulo: Gen/Método, 2011. p. 195.

[46] "O correntista tem direito a ser indenizado pela instituição financeira em razão dos prejuízos decorrentes da compensação de cheque em valor superior ao de emissão na hipótese em que esse título tenha sido objeto de sofisticada adulteração por terceiro. O parágrafo único do art. 39 da Lei 7.357/1985 preconiza que 'o banco sacado responde pelo pagamento do cheque falso, falsificado ou alterado, salvo dolo ou culpa do correntista, do endossante ou do beneficiário, dos quais poderá o sacado, no todo ou em parte, reaver o que pagou'. Esse dispositivo sinaliza a responsabilidade objetiva dos bancos pelo pagamento de cheque alterado, sem fazer nenhuma menção quanto à qualidade dessa adulteração. Nesse contexto, no que tange ao falso hábil – aquele cuja falsidade é perceptível somente com aparelhos especializados de grafotécnica –, abrem-se três possibilidades: inexistência de culpa do correntista, culpa exclusiva do cliente e culpa concorrente. Na primeira hipótese, que retrata a situação em análise, o banco procede ao pagamento do cheque habilmente falsificado sem que o correntista tenha qualquer parcela de culpa no evento danoso. Nesse caso, a instituição bancária responde objetivamente pelos danos causados por fraudes ou delitos praticados por terceiros, porquanto essa responsabilidade decorre de violação da obrigação contratualmente assumida de gerir com segurança as movimentações bancárias de seus clientes. Assim, a ocorrência de fraudes e delitos contra o sistema bancário dos quais resultem danos a correntistas insere-se na categoria doutrinária de fortuito interno, pois faz parte do próprio risco do empreendimento, atraindo, portanto, a responsabilidade objetiva da instituição bancária. Diferentemente, a culpa exclusiva de terceiro que não guarde relação de causalidade com a atividade do fornecedor, sendo absolutamente estranha ao produto ou serviço, é considerada apta a elidir a responsabilidade objetiva da instituição bancária, pois é caracterizada como fortuito externo" (STJ, 4ª Turma. REsp 1.093.440- PR, Rel. Min. Luis Felipe Salomão. *Informativo*, n. 520, 12 jun. 2013).

que situações de baixo risco rapidamente podem se converter em tragédias de grandes proporções. Meritório, nesse sentido, o Enunciado nº 447 do Conselho de Justiça Federal:

> As agremiações esportivas são objetivamente responsáveis por danos causados a terceiros pelas torcidas organizadas, agindo nessa qualidade, quando, de qualquer modo, as financiem ou custeiem, direta ou indiretamente, total ou parcialmente.

Por outro ângulo, discute-se se haveria espaço para a aplicação da doutrina do risco nos danos causados por veículos automotores. A questão é relevante, tratando-se de um país em que cerca de quarenta mil pessoas morrem anualmente por essas circunstâncias. Esses números provocam elevada sensação de insegurança e geram um clamor pela extensão do parágrafo único do art. 927 do Código Civil a esses eventos lesivos em razão da alta e ínsita potencialidade lesiva de ônibus, automóveis e motocicletas. Observe-se que a teoria do risco proveito acabaria por limitar o alcance da imputação objetiva de danos apenas a taxistas e demais profissionais das vias públicas.[47] De qualquer sorte, a questão não se apresenta pacificada, mesmo no limiar da maioridade do CC. Maria Celina Bodin de Moraes, em posição intermediária, defende a incidência do regime objetivo para responsabilização do motorista em face do pedestre e do regime subjetivo na relação entre motoristas pautada no seguinte raciocínio: "A aplicação da responsabilidade objetiva aos condutores de automóveis [...] deve, todavia, levar em consideração a tese, antes referida, acerca da reciprocidade ou da não reciprocidade do risco". E conclui no seguinte sentido: "[...] mantém-se para a relação entre condutores (que configura hipótese de risco recíproco) a teoria da culpa, e adota-se para a relação condutor-pedestre (hipótese de risco não recíproco) a teoria do risco".[48]

Sabe-se que o conceito de "risco da atividade", além de não significar risco integral, é dúctil e cambiante e que, ao longo dos anos, ocorrem variações na concretização da cláusula geral do risco. A jurisprudência reflete tais oscilações, mas tem prevalecido o entendimento de que a solução das questões que envolvem *colisão entre veículos* situa-se no plano da culpa;[49] com menor ênfase, prevalece a modalidade culposa também para *atropelamentos*.[50] Ressalvados, evidentemente, os casos nos quais incide algum regime

---

47 Acresça-se a isso o relevante papel desempenhado pelo seguro obrigatório de veículos (DPVAT) no sentido de atribuir uma socialização das perdas, gerando uma coletivização da responsabilidade objetiva por fundamento distinto ao risco da atividade e agindo lateralmente à tradicional responsabilidade subjetiva do eventual culpado pelo dano, mesmo que essa culpa não se confirme ou que o autor do fato sequer seja identificado (Súmula nº 246, STJ) ou, se identificado, não tenha pagado o valor do seguro obrigatório (Súmula nº 257, STJ).

48 MORAES, Maria Celina Bodin de. Risco, solidariedade e responsabilidade objetiva. *Revista dos Tribunais*, ano 95, v. 854, dez. 2006. p. 34-35.

49 Como exemplo da aplicação majoritária da responsabilidade subjetiva, pelos tribunais brasileiros, em casos envolvendo acidente de trânsito, v.: TJRJ, 20ª e.e., Apelação 0000340- 50.2014.8.19.0065, Rel. JDS. Ricardo Alberto Pereira, julg. 31.08.2020: "Direito civil e processual civil. Acidente de trânsito. Colisão. Morte de motociclista. Ação proposta pelos filhos do morto em face de motorista e da proprietária do veículo. Litisconsórcio passivo. Responsabilidade subjetiva e solidária. Dano moral. Indenização bem arbitrada. Dano material reparado. [...] A responsabilidade civil por acidente de trânsito, como na hipótese dos autos, é subjetiva, incumbindo aos autores, com espeque no art. 333, 1, do CPC, comprovar o fato constitutivo de seu direito, ou seja, a culpa do motorista, consubstanciada em violação do dever de cuidado, o que foi feito. Comprovada a culpa, incumbe ao causador do acidente reparar os danos deles decorrentes. R$50.000,00 por autor, atendeu aos princípios da proporcionalidade e razoabilidade. [...] Conhecimento e não provimento dos recursos".

50 Já como exemplo de aplicação da responsabilidade objetiva, menos frequente, em casos de atropelamento, v.: TJRJ, 12ª C.C., Apelação 0016096-07.2013.8.19.0204, Rel. Des. José Acir Lessa Giordani, julg. 14.07.2020:

especial de responsabilidade objetiva, como a do Estado ou a do fornecedor de produtos e serviços no mercado de consumo.

Por fim, além de dispensar o atributo do "perigo" da atividade, a teoria do risco criado – tal qual projetada no Código Civil – também exime a constatação do elemento "defeito", contentando-se com o maior risco da atividade desenvolvida. Coloca-se, assim, um passo adiante da teoria do defeito do produto e do serviço, esposada pelo Código de Defesa do Consumidor.

Vale dizer, o defeito converte uma atividade em princípio sem potencialidade danosa em uma atividade com potencialidade danosa! Diferentemente, no Código Civil o risco maior de certa atividade é intrínseco a ela e não resulta de uma periculosidade anormal, mas de sua própria estrutura e funcionamento, a despeito de quem quer que a coordene ou execute.

Todas as constatações desses tópicos e dos que lhe imediatamente precedem remetem ao seguinte enunciado do Conselho de Justiça Federal:

> Enunciado n. 448. A regra do art. 927, parágrafo único, segunda parte, do CC aplica-se sempre que a atividade normalmente desenvolvida, mesmo sem defeito e não essencialmente perigosa, induza, por sua natureza, risco especial e diferenciado aos direitos de outrem. São critérios de avaliação desse risco, entre outros, a estatística, a prova técnica e as máximas de experiência.

Mas, afinal e diante do exposto, quais seriam os índices utilizados para a aferição da particular potencialidade lesiva de uma atividade? Já que a cláusula geral, em sua fluidez, não é o *locus* adequado para a prefixação de critérios de determinação ou escalonamento de riscos de atividades, cumpre aos tribunais se servir de estatísticas, pesquisas, métodos científicos ou técnicos que forneçam dados razoavelmente seguros sobre a probabilidade maior de certa atividade produzir danos. Será conveniente ainda a nomeação de peritos. O próprio mercado pode ser um indicador confiável, *vide* os prêmios estabelecidos pelas empresas de seguros. Trata-se de uma análise tópica com base nas noções correntes da comunidade. Ilustrativamente, da legislação trabalhista e previdenciária muito se pode inferir em termos de comparação entre as várias atividades distribuídas pelos diversos setores da economia.[51]

A propósito, aduz a Súmula nº 351 do Superior Tribunal de Justiça que "A alíquota de contribuição para o Seguro de Acidente do Trabalho – SAT – é aferida pelo grau de

---

"APELAÇÃO CÍVEL. AÇÃO DE INDENIZAÇÃO POR DANOS MATERIAL E MORAL. ACIDENTE DE TRÂNSITO. ATROPELAMENTO. AUTORA QUE ATRAVESSOU A RUA COM SEU FILHO NA GARUPA DA BICICLETA, SENDO ATINGIDA PELO VEÍCULO CONDUZIDO PELO RÉU. [...] Responsabilidade civil objetiva. Incidência da norma contida no artigo 927, parágrafo único, do Código Civil. Demonstrada a conduta, o dano e o nexo de causalidade. [...] RECURSO A QUE SE DÁ PARCIAL PROVIMENTO".

[51] "RESPONSABILIDADE CIVIL. SITE DE RELACIONAMENTO. MENSAGENS OFENSIVAS. A responsabilidade objetiva, prevista no art. 927, parágrafo único, do CC, não se aplica a empresa hospedeira de site de relacionamento no caso de mensagens com conteúdo ofensivo inseridas por usuários. O entendimento pacificado da Turma é que o dano decorrente dessas mensagens não constitui risco inerente à atividade dos provedores de conteúdo. A fiscalização prévia do teor das informações postadas pelo usuário não é atividade do administrador de rede social, portanto seu dever é retirar do ar, logo que for comunicado, o texto ou a imagem que possuem conteúdo ilícito, apenas podendo responder por sua omissão" (STJ, 3ª Turma, REsp 1.306.066-MT, Rel. Min. Sidnei Beneti. *Informativo*, n. 495, 9/20 abr. 2012).

risco desenvolvido em cada empresa, individualizada pelo seu CNPJ, ou pelo grau de risco da atividade preponderante quando houver apenas um registro". O Seguro de Acidentes de Trabalho tem a finalidade de custear os benefícios decorrentes de acidentes do trabalho e da aposentadoria especial (art. 72, *XXVIII*, da CF). Há uma parte variável da alíquota que é aplicável conforme o grau de risco da atividade preponderante desenvolvida na empresa (leve, médio ou grave). Há ainda um fator acidentário de prevenção (FAP), que afere o desempenho da empresa, dentro da respectiva atividade econômica, relativamente aos acidentes de trabalho ocorridos em determinado período.[52]

Se, em razão de seu ineditismo, certa atividade causadora do dano estiver fora das estatísticas de anormal potencialidade lesiva – levando-se em conta o extremo dinamismo e caráter de inovação das sociedades contemporâneas –, pode-se admitir a realização da prova da potencialidade lesiva no interno do próprio processo, em caráter *ex post*. Pense-se, a propósito, no desenvolvimento da técnica atinente a atividades como a manipulação de material genético. Ausentes os dados estatísticos a subsidiarem a avaliação, se os meios de demonstração científica não são suficientes, há sempre o recurso à experiência comum,[53] a bem da relevante tarefa de integração do conteúdo normativo da cláusula geral de risco da atividade, informado pelos vetores da dignidade humana, da solidariedade social e da reparação integral no ordenamento brasileiro.

Referências

BARBOSA FILHO, Marcelo Fortes. *Código Civil comentado*. 14. ed. São Paulo: Manole, 2020.

BARBOSA, Mafalda Miranda. Reflexões em torno da responsabilidade civil: teleologia e teleonomologia em debate. *Boletim da Faculdade de Direito da Universidade de Coimbra*, v. 51, 2005.

BARBOSA, Mafalda Miranda. Responsabilidade civil do produtor e nexo de causalidade: breves considerações. *FIDES – Revista de Filosofia do Direito, do Estado e da Sociedade*, v. 8, n. 2, jul./dez. 2017.

BAUMAN, Zygmunt. *Medo líquido*. São Paulo: Zahar, 2008.

BONNA, Alexandre. *Indenização punitiva e responsabilidade objetiva no Brasil*. [s.l.]: [s.n.], [s.d.].

CANARIS, Claus-Wilhem. *Pensamento sistemático e conceito de sistema na ciência do direito*. Lisboa: Fundação Calouste Gulbenkian, 1996.

CAVALIERI FILHO, Sergio. *Programa de responsabilidade civil*. São Paulo: Atlas, 2014.

CORRÊA, Thiago Pinheiro. Considerações sobre a teoria do fortuito externo. *Revista Trimestral de Direito Civil*, v. 52, out./dez. 2012.

DIAS, José de Aguiar. *Da responsabilidade civil*. 11. ed. Atualização de Rui Berford Dias. Rio de Janeiro: Renovar, 2006.

52 O FAP consiste num multiplicador variável num intervalo contínuo de cinco décimos (0,5000) a dois inteiros (2,0000), aplicado com quatro casas decimais sobre a alíquota RAT.

53 "Eventualmente pode ocorrer de a atividade não ser intrinsecamente de risco, mas os meios nela empregados a tornarem perigosa. Assim, por exemplo, no âmbito de uma atividade didática, a experimentação com elementos químicos. Do mesmo modo, cabe considerar as circunstâncias concretas em que se desenvolve a atividade: a instalação de uma rede de baixa tensão (em princípio uma atividade de natureza inócua) em um depósito de material inflamável configura, induvidosamente, uma atividade perigosa" (TEPEDINO, Gustavo; BARBOZA, Heloisa Helena; MORAES, Maria Celina Bodin de. *Código Civil interpretado*. [s.l.]: [s.n.], [s.d.]. p. 809).

GIORDANI, José Acir Lessa. Responsabilidade civil objetiva genérica no direito brasileiro: 100 anos de atraso. *In*: MARTINS, Guilherme Magalhães (Org.). *Temas de responsabilidade civil*. Rio de Janeiro: Lumen Juris, 2011.

GODOY, Cláudio Bueno de. *Código Civil comentado*. 20. ed. São Paulo: Manole, 2020.

GODOY, Cláudio Bueno de. *Responsabilidade civil pelo risco da atividade*. São Paulo: Saraiva, 2006.

GOMES, José Jairo. *Responsabilidade civil e eticidade*. Belo Horizonte: Del Rey, 2005.

GOMES, Orlando. Tendências modernas na teoria da responsabilidade civil. *In*: FRANCESCO, José Roberto Pacheco Di (Org.). *Estudos em homenagem ao Professor Silvio Rodrigues*. São Paulo: Saraiva, 1989.

GÜNTHER, Klaus. Responsabilização na sociedade civil. Tradução de Flavia Portella Püschel. *Revista Novos Estudos*, ed. 63, v. 2, jul. 2002.

HIRONAKA, Giselda Maria Novaes. *Responsabilidade pressuposta*. Belo Horizonte: Del Rey, 2003.

JOSSERAND, Louis. Evolução da responsabilidade civil. Tradução de Raul Lima. *Revista Forense*, ano 38, v. 86, abr. 1941.

MARQUES, Cláudia Lima. *Contratos no Código de Defesa do Consumidor*. 3. ed. São Paulo: Revista dos Tribunais, 1998. v. 1.

MARTINS-COSTA, Judith. *A boa-fé no direito privado*: sistema e tópica no processo obrigacional. São Paulo: Revista dos Tribunais, 2000.

MARTINS-COSTA, Judith; BRANCO, Gerson Luiz Carlos. *Diretrizes teóricas do novo Código Civil brasileiro*. [s.l.]: [s.n.], [s.d.].

MENGONI, Luigi. *Le obbligazioni*. I cinquant'anni dei Godice Civile. Milano: Giuffré, 1993.

MONTEIRO FILHO, Carlos Edison do Rêgo. Limites ao princípio da reparação integral no direito brasileiro. *Civilistica.com*, ano 7, n. 1, 2018.

MONTEIRO FILHO, Carlos Edison do Rêgo. O princípio da reparação integral e sua exceção no direito brasileiro. *In*: MONTEIRO FILHO, Carlos Edison do Rêgo. *Rumos contemporâneos do direito civil*: estudos em perspectiva civil-constitucional. Belo Horizonte: Fórum, 2017.

MONTEIRO FILHO, Carlos Edison do Rêgo. Problemas de responsabilidade civil do Estado. *In*: MONTEIRO FILHO, Carlos Edison do Rêgo. *Rumos contemporâneos do direito civil*: estudos em perspectiva civil-constitucional. Belo Horizonte: Fórum, 2017.

MORAES, Maria Celina Bodin de. LGPD: um novo regime de responsabilização civil dito proativo. *Civilistica.com*, ano 2, n. 3, 2019. Editorial.

MORAES, Maria Celina Bodin de. Risco, solidariedade e responsabilidade objetiva. *Revista dos Tribunais*, ano 95, v. 854, dez. 2006.

NORONHA, Fernando. *Direito das obrigações*. São Paulo: Saraiva, 2003. v. 1.

PASQUALOTTO, Adalberto. Causalidade e imputação na responsabilidade civil objetiva: uma reflexão sobre os assaltos em estacionamentos. *Revista de Direito Civil Contemporâneo*, v. 7, abr./jun. 2016.

PEREIRA, Caio Mário da Silva. *Responsabilidade civil*. 11. ed. Atualização de Gustavo Tepedino. Rio de Janeiro: Forense, 2016.

PERLINGIERI, Pietro. *O direito civil na legalidade constitucional*. Tradução de Maria Cristina de Cicco. Rio de Janeiro: Renovar, 2008.

REALE, Miguel. *História do novo Código Civil*. São Paulo: Revista dos Tribunais, 2005.

ROSENVALD, Nelson. *A responsabilidade civil pelo ilícito lucrativo*. Salvador: JusPodivm, 2019.

ROSENVALD, Nelson. *As funções da responsabilidade civil*. 3. ed. São Paulo: Saraiva, 2018.

TARTUCE, Flávio. *Responsabilidade civil objetiva e o risco*. São Paulo: Gen/Método, 2011.

TEPEDINO, Gustavo; BARBOZA, Heloisa Helena; MORAES, Maria Celina Bodin de. *Código Civil interpretado*. [s.l.]: [s.n.], [s.d.].

TEPEDINO, Gustavo; TERRA, Aline de Miranda Valverde; GUEDES, Gisela Sampaio da Cruz. *Fundamentos do direito civil*. Rio de Janeiro: Forense, 2020. v. 4.

Informação bibliográfica deste livro, conforme a NBR 6023:2018 da Associação Brasileira de Normas Técnicas (ABNT):

MONTEIRO FILHO, Carlos Edison do Rêgo; ROSENVALD, Nelson. A cláusula geral do risco da atividade. *In*: CORTIANO JUNIOR, Eroulths; SILVA, Alexandre Barbosa da (coord.). *O Código Civil e a Contemporaneidade*: Estudos do Grupo Virada de Copérnico em Homenagem ao Ministro Luiz Edson Fachin. Belo Horizonte: Fórum, 2025. p. 233-255. ISBN 978-65-5518-990-2.

OS DESAFIOS DA MULTIFUNCIONALIZAÇÃO DA RESPONSABILIDADE CIVIL

THAÍS G. PASCOALOTO VENTURI

1 Uma singela homenagem

Homenagear o Professor Fachin é uma daquelas atribuições desafiadoras, pois a trajetória do homenageado fala por si só. No entanto, diante de histórias inspiradoras como a do mestre, toda e qualquer passagem merece ser retratada.

O Professor Fachin escreveu:

> Dediquei-me a esse propósito em minha atuação acadêmica e profissional, isto é, a um projeto de parcela dos civilistas de minha geração a converter dogmaticamente sujeitos de direito em pessoas humanas, funcionalizando os institutos e categorias do direito civil à realização de valores constitucionais.[1]

Tenho o privilégio de me inserir nessa "parcela dos civilistas". Mas o que talvez o Professor Fachin desconheça é que foi a partir das suas aulas – na ocasião em que cursei o mestrado e o doutorado junto ao Programa de Pós-Graduação da Universidade Federal do Paraná – UFPR –, que fui provocada a repensar as funções da responsabilidade civil.

No ano de 2005, quando cursava uma disciplina ofertada pelo Professor Fachin no curso de mestrado, por ocasião da apresentação do seminário referente ao tema que vinha desenvolvendo (o caráter punitivo-pedagógico das reparações), fui indagada pelo Professor Fachin: "Punir para prevenir? Não seria melhor prevenir para não punir?".

A partir dessa ideia, construí minha dissertação sobre o caráter punitivo-pedagógico das indenizações, levando comigo a inquietude do referido questionamento.

---

1 FACHIN, Luiz Edson. Trinta anos da Constituição Federal: desafios constitucionais de hoje e propostas para os próximos trinta anos. *Revista de Direito Civil Contemporâneo*, São Paulo, ano 6, v. 18. p. 363-370, jan./mar. 2019. p. 368-369.

No ano de 2008, ingressei no doutorado com o projeto de tese a respeito da refundação da responsabilidade civil pela prevenção, o que culminou na defesa de tese doutoral intitulada "Responsabilidade civil preventiva", em 2012.

Dentre as inúmeras histórias inspiradoras que o Ministro Luiz Edson Fachin forjou em sua trajetória enquanto professor, a minha é apenas mais uma que demonstra como a dedicação e o brilhantismo de um mestre faz toda a diferença para aqueles que se prestam à difícil e inebriante arte de (re)pensar o direito.

Como disse Mário Quintana: "Se as coisas são inatingíveis...ora! Não é motivo para não querê-las... Que tristes os caminhos se não fora, A presença distante das estrelas".[2]

2 Introdução

As transformações pelas quais o direito privado vem passando não representam ciclos estanques e lineares. Suas funções têm sido constantemente (re)descobertas, de acordo com contingências de toda ordem (temporais, espaciais, socioeconômicas), no intuito de melhor instrumentalizar a adequada proteção dos direitos.

De acordo com Fachin, "Com o advento da Constituição da República de 1988, operou-se a já referida filtragem constitucional na legislação civil, incluído o vetusto Código Civil de 1916, visto a necessidade inadiável de atualização axiológica de suas categorias jurídicas".[3]

A promoção de uma efetiva proteção à pessoa humana constitui um dos pilares do ordenamento jurídico,[4] que não se contenta com a garantia de reparação dos danos pelas lesões perpetradas. Deve ir além, passando "da responsabilidade da pessoa à responsabilidade para com a pessoa".[5]

Nesse sentido, os próprios fundamentos da responsabilidade civil passam a ser repensados, na medida em que parece cada vez mais evidente a insatisfatoriedade de se confiná-los aos estreitos limites do chamado "direito de danos". A suposição de que o ser humano só é "responsável" em virtude e nos limites dos danos que provoca a outrem implica injustificável premissa que produz resultados práticos trágicos, especialmente quando se imagina a imprescindibilidade da proteção dos direitos fundamentais.

Diante dessa conjuntura, o direito da responsabilidade civil busca não apenas se reidentificar cientificamente, como também se justificar e se legitimar diante de uma sociedade cada vez mais exposta a danos graves e irreversíveis, e que não encontra proteção suficiente e adequada a partir dos clássicos fundamentos e funções pelas quais historicamente se tentou explicar o seu funcionamento.

Todavia, no caminho de uma possível e desejável refundamentação e multifuncionalização da responsabilidade civil, é preciso garantir a segurança jurídica e a

---

[2] QUINTANA, Mario. *Espelho mágico, das utopias*. Porto Alegre: Globo, 1951.

[3] FACHIN, Luiz Edson. Trinta anos da Constituição Federal: desafios constitucionais de hoje e propostas para os próximos trinta anos. *Revista de Direito Civil Contemporâneo*, São Paulo, ano 6, v. 18. p. 363-370, jan./mar. 2019. p. 368.

[4] SARMENTO, Daniel. A vinculação dos particulares aos direitos fundamentais no direito contemporâneo e no Brasil. *In*: BARROSO, Luiz Roberto (Org.). *A nova interpretação constitucional*: ponderação, direitos fundamentais e relações privadas. Rio de Janeiro: Renovar, 2003. p. 269 e ss.

[5] MONIER, Jean Claude. Personne humaine et responsabilité civile. *Droit et Cultures*, Paris, n. 31, 1996. p. 52; 59.

estabilidade das relações sociais, de maneira que o instituto não se afaste do cumprimento de sua tarefa primordial de restaurar o equilíbrio social rompido.[6]

O redimensionamento da responsabilidade civil como instrumento de tutela dos direitos inerentes à pessoa – e não apenas voltado à recomposição do patrimônio ou ao seu equivalente por meio da indenização – constitui um dos grandes desafios que a realidade do século XXI faz emergir.

Repensar a própria razão de ser da responsabilidade civil envolve uma análise dos seus fundamentos suscitando uma revisão do seu próprio conceito, levando à seguinte indagação: o que significa ser "responsável civilmente" na contemporaneidade?

As respostas oferecidas tradicionalmente a respeito do significado e do alcance da expressão "responsabilidade civil" parecem revelar-se, quando menos, intrigantes, ao serem confrontadas com a realidade atual das relações sociais e com a pretensão de utilidade e adequação do ordenamento jurídico.[7]

Nesse sentido, observe-se que a compreensão do sistema de responsabilidade civil como mecanismo de reparação de danos, a atuar somente após a violação do direito, afeiçoa-se coerente com uma visão distorcida e já ultrapassada segundo a qual a proteção ao próprio direito subjetivo só surgiria a partir da violação da norma.[8]

A construção de um adequado regime jurídico de responsabilização civil[9] se presta, sem dúvida, não só ao aprimoramento da prestação jurisdicional como também à formação de uma consciência coletiva a respeito dos comportamentos sociais tolerados ou incentivados, buscando-se a ética da responsabilidade e da solidariedade.[10]

A partir de uma visão ética da responsabilidade, suscitada originalmente por Max Weber,[11] a compreensão sobre o que consiste "ser responsável" desamarra-se espacial

6 Afirma José de Aguiar Dias, "O instituto é essencialmente dinâmico, tem de adaptar-se, transformar- se na mesma proporção em que envolve a civilização, há de ser dotado de flexibilidade suficiente para oferecer, em qualquer época, o meio ou processo pelo qual, em face de nova técnica, de novas conquistas, de novos gêneros de atividades, assegure a finalidade de restabelecer o equilíbrio desfeito por ocasião do dano, considerando, em cada tempo, em função das condições sociais então vigentes" (DIAS, José de Aguiar. *Da responsabilidade civil*. 12. ed. Atualização de Rui Berford Dias. Rio de Janeiro: Lumen Juris, 2011. p. 25).

7 Acerca dos sentidos da responsabilidade civil, consultar ROSENVALD, Nelson. A polissemia da responsabilidade civil na LGPD. *Migalhas*. Disponível em: https://www.migalhas.com.br/coluna/migalhas-de-protecao-de-dados/336002/a-polissemia-da-responsabilidade-civil-na-lgpd. Acesso em: jul. 2024.

8 Como lembra Ovídio Baptista da Silva, criticando o compromisso com o *normativismo* que inspirou a conceituação do direito nos séculos XIX e XX, "o direito subjetivo surigiria somente depois de a norma ser violada. Este modelo de compreender o que denominamos «direito material», além de restringir-lhe o conteúdo, ainda suprime as formas de tutela preventiva. A violação da norma era pressuposto para que o conceito de «direito subjetivo» se compusesse" (SILVA, Ovídio Baptista da. *Jurisdição, direito material e processo*. Rio de Janeiro: Forense, 2008. p. 170).

9 HIRONAKA, Giselda Maria F. N. *Responsabilidade pressuposta*. Belo Horizonte: Del Rey, 2005. p. 23.

10 "A despeito de a responsabilidade civil ter de reportar-se à previsão legal, que estabelece seus contornos, o sentido valorativo e filosófico que ela exprime prende-se à solidariedade e à cooperação que devem presidir qualquer sociedade humana; [...] é a solidariedade e a cooperação que impõem às pessoas o auxílio mútuo, cumprindo-lhes solidarizam-se entre si, mormente quando a ação ou a atividade de uma delas acarrete danos à outra; quem prejudica o próximo, e, todavia, permanece indiferente à sua sorte, comporta-se em desarmonia com a solidariedade que permeia a trama da teia social" (GOMES, José Jairo. *Responsabilidade civil e eticidade*. Belo Horizonte: Del Rey, 2005. p. 221-222). Ainda, ressalta Pietro Perlingieri que "merece tutela o ato de solidariedade realizado por determinados sujeitos em relação a indivíduos ou determinadas coletividades. A solidariedade política, econômica e social não é somente um direito, mas um dever [...]" (PERLINGIERI, Pietro. *Perfis do direito civil:* introdução ao direito civil constitucional. 3. ed. Rio de Janeiro: Renovar, 2002. p. 36).

11 Segundo o jusfilósofo alemão, "O partidário da ética da responsabilidade, [...] contará com as fraquezas comuns dos homens (pois, como dizia muito procedentemente Fichte, não temos o direito de pressupor a bondade e

e temporalmente, implicando a possível construção de uma renovada noção jurídica comprometida com a proteção dos valores existenciais do ser humano do presente e do futuro.[12]

A ética da responsabilidade implica constantes reflexões sobre a dinâmica dos direitos e deveres socialmente incindíveis não apenas sobre os indivíduos que se inter-relacionam diretamente, como também sobre indivíduos que dependem do equilíbrio geral das relações humanas e, portanto, por elas se responsabilizam. Como aponta Aron,

> a ética da responsabilidade é aquela que o homem de ação não pode deixar de adotar; ela lhe ordena a se situar numa situação, a prever as consequências das suas possíveis ações e decisões e a procurar introduzir na trama dos acontecimentos um ato que atingirá certos resultados ou determinará certas consequências que desejamos.[13]

O fundamento ético da responsabilidade foi destaque em recentíssima e polêmica decisão do Superior Tribunal de Justiça, envolvendo a fixação de danos morais, conforme o Ministro Relator Marcos Aurélio Bellizze:

> Cumpre destacar que o contínuo processo de evolução social coloca a responsabilidade civil em um processo permanente de reformulação, renovando-se constantemente, acumulando conhecimentos e incorporando novos modos de percepção da dinâmica social. Assim, a própria sociedade exige uma experiência jurídica que incorpore a ética e não se mostre tão hermeticamente fechada como por muito tempo se orgulhou de ser, reconhecendo a dignidade em cada ser humano como expoente de uma sociedade plural. Por conseguinte, a responsabilidade civil assume um papel mais flexível, menos dogmático e com maior atenção aos reais anseios da sociedade [...].[14]

Logo, torna-se necessário descobrir novos contornos que se prestem a fundamentar a aplicação da responsabilidade civil sob perspectivas sensivelmente distintas daquelas até então observadas, não sendo aceitável diante de uma sociedade globalizada e hiperexposta a danos graves e irreversíveis que se restrinja a aplicação do instituto exclusivamente pelo seu viés reparatório.

Faz-se necessário, em última análise, o pleno desenvolvimento de todas as dimensões pelas quais a responsabilidade civil pode e deve operar, como sustenta Thibierge:

> Não se trata absolutamente aqui de abalar o direito de responsabilidade e de recolocar em discussão a construção progressivamente elaborada pela ação conjugada da jurisprudência e do legislador. Naquilo, a experiência passada nos fornece ensinamentos preciosos: assim

---

a perfeição do homem), e entenderá que não pode lançar a ombros alheios as conseqüências previsíveis de suas próprias ações. Dirá, portanto "Essas conseqüências são imputáveis à minha própria ação" (WEBER, Max. *Ciência e política*: duas vocações. Tradução de Leônidas Hegenberg e Octavio Silveira da Mota. São Paulo: Cultrix, 1993. p. 113).

12 Sobre o conceito ético de responsabilidade, consulte-se JONAS, Hans. *Le principe responsabilité*: une éthique pour la civilisation technologique. Tradução de Jean Greich. 3. ed. Paris: Ed. Du Cerf, 1993, e, ainda, LAMBERT-FAIVRE, Yvonne. L'éthique de la responsabilité. *Revue Trimestrielle de Droit Civile*, Paris, n. 1, jan./mar. 1998.

13 ARON, Raymond. *As etapas do pensamento sociológico*. Tradução de Sérgio Bath. 4. ed. São Paulo: Martins Fontes, 1993. p. 487.

14 STJ. Recurso Especial nº 1.642.313- RJ. Rel. Min. Marcos Aurélio Bellizze, Quarta Turma, julgado em 26.10.21. *DJe*, 03.11.2021.

como os promotores do risco o vislumbravam como um substituto para a culpa, a evolução ulterior mostrou que esse novo fundamento permitiu enriquecer os fundamentos da responsabilidade e de modificar o seu regime, deixando à culpa o seu âmbito de aplicação própria. Ademais, nesse sentido, certos autores continuam a defender o fundamento da culpa e outros sublinham os perigos das soluções extremas de toda a culpa ou de todo o risco. Trata-se de responder à emergência dos novos danos e de ultrapassar os limites atuais de nossa responsabilidade civil, não por uma recolocação em questão dos fundamentos anteriores, mas por uma extensão daqueles, segundo a dinâmica da alteração de paradigma que permitirá à responsabilidade jurídica abranger a plenitude do termo responsabilidade. Nosso direito de responsabilidade já mostrou suas capacidades de evolução e de adaptação à emergência dos novos riscos. A avaliação dessa evolução pode nos ajudar a percorrer essa nova etapa sem muita resistência à necessária mudança. Para tanto, a «responsabilidade» ela própria, no sentido etimológico e filosófico, nos traz um precioso desafio.[15]

É justamente nesse contexto de refundamentação que exsurge o tema da multifuncionalidade da responsabilidade civil.[16]

---

15 Tradução livre: "Il ne s'agit nullement ici de bouleverser le droit de la responsabilité et de remettre en cause la construction progressivement élaborée par l'action conjuguée de la jurisprudence, de la doctrine et du législateur. En cela, l'expérience passée nous fournit des enseignements précieux : alors que les «promoteurs» du risque l'envisageaient comme un substitut à la faute, l'évolution ultérieure a montré que ce nouveau fondement a permis d'enrichir les fondements de la responsabilité et d'en modifier le régime, tout en laissant à la faute son domaine d'application propre. D'ailleurs, en ce sens, certains auteurs continuent à défendre le fondement de la faute, et d'autres soulignent les dangers des solutions extrêmes du tout-faute ou du tout-risque. Il s'agit de répondre à l'émergence de nouveaux dommages et de dépasser les limites actuelles de notre responsabilité civile, non par une remise en cause des fondements antérieurs mais par une extension de ceux-ci, selon la dynamique du changement de paradigme qui permettra à la responsabilité juridique de recouvrer la plénitude du terme «responsabilité». Notre droit de la responsabilité a déjà montré ses capacités d'évolution et d'adaptation à l'émergence de risques nouveaux. La mise en perspective de cette évolution peut nous aider à parcourir cette nouvelle étape sans trop de résistance au nécessaire changement. En cela, la «responsabilité» elle-même, au sens étymologique et philosophique nous apporte un précieux concours" (THIBIERGE, Catherine. Libres propos sur l'évolution du droit de la responsabilité. *Revue Trimestrielle de Droit Civil*, Paris, n. 3, p. 561-584, jul./set. 1999. p. 561 e ss.).

16 "RECURSO ESPECIAL. PROCESSUAL CIVIL E CONSUMIDOR. AÇÃO COLETIVA DE CONSUMO. EMBARGOS DE DECLARAÇÃO. OMISSÃO, CONTRADIÇÃO OU OBSCURIDADE. NÃO VERIFICAÇÃO. PUBLICIDADE ABUSIVA. ART. 37, §2º, DO CDC. TEMA MORALMENTE SENSÍVEL. DANO MORAL COLETIVO. LESÃO EXTRAPATRIMONIAL. VALORES ESSENCIAIS DA SOCIEDADE. HIPÓTESE CONCRETA. OCORRÊNCIA. 1. Ação coletiva de consumo por meio da qual se questiona a abusividade de publicidade que trata de tema moralmente sensível e na qual se pede seja vedada a veiculação da propaganda objurgada e compensados danos morais coletivos. 2. Recurso especial interposto em: 25/02/2015; conclusão ao Gabinete em: 25/08/2016; aplicação do CPC/73. 3. O propósito recursal consiste em determinar se: a) ocorreu negativa de prestação jurisdicional; e b) se, na hipótese concreta, a veiculação da publicidade considerada abusiva é capaz de configurar dano moral coletivo. 4. Ausentes os vícios do art. 535 do CPC/73, rejeitam-se os embargos de declaração. 5. Os danos morais coletivos configuram-se na própria prática ilícita, dispensam a prova de efetivo dano ou sofrimento da sociedade e se baseiam na responsabilidade de natureza objetiva, a qual dispensa a comprovação de culpa ou de dolo do agente lesivo, o que é justificado pelo fenômeno da socialização e coletivização dos direitos, típicos das lides de massa. 6. *Ademais, os danos morais coletivos têm como função a repressão e a prevenção à prática de condutas lesivas à sociedade, além de representarem uma forma de reverter a vantagem econômica obtida individualmente pelo causador do dano em benefício de toda a coletividade.* 7. A publicidade questionada reproduz o seguinte diálogo: '- Posso trazer meu namorado para dormir em casa, passar a noite fazendo sexo selvagem e acordando a vizinhança toda? – Claro filhote! – Aí paizão, valeu! Sabia que cê ia deixar. – Ufa! Achei que ela ia me pedir o carro!'. 8. Na hipótese concreta, tendo o acórdão recorrido reconhecido a reprovabilidade do conteúdo da publicidade, considerando-a abusiva, não poderia ter deixado de condenar a recorrida a ressarcir danos morais coletivos, sob pena de tornar inepta a proteção jurídica à indevida lesão de interesses transindividuais, deixando de aplicar a função preventiva e pedagógica típica de referidos danos e permitindo a apropriação individual de vantagens decorrentes da lesão de interesses sociais. 9. Recurso especial parcialmente provido. Sentença reestabelecida" (REsp 1655731/SC. Rel. Min. Nancy Andrighi, Terceira Turma, julgado em 14.5.2019. *DJe*, 16.5.2019).

3 Função reparatório-compensatória

A reparação como função precípua do direito da responsabilidade civil, em razão da própria forma de construção do sistema (pautada no binômio dano-reparação), sustentou-se inicialmente na exigência de se reagir diante de um dano que afetasse a esfera individual e patrimonial da pessoa.[17]

Toda a estrutura reparatória do direito da responsabilidade civil foi pensada na modernidade, precipuamente, sob uma ótica designadamente patrimonialista, dado que "o modelo patrimonial de dano e o ressarcimento através do pagamento do equivalente monetário são apropriados na sua totalidade, revelando-se razoável a uma economia de mercado na qual o dinheiro é fator de mensuração de cada bem e prestação".[18]

Referido modelo era contemplado pelo Código Civil de 1916, por forte influência do Código Civil francês, tendo o elemento *culpa* o fundamento do dever de indenizar, filiando-se à teoria da responsabilidade civil subjetiva – que era a regra geral no ordenamento jurídico brasileiro.

Gradativamente, a mudança ocorrida no sistema da responsabilidade civil mostrou que o fundamento da culpa deixou de ser a essencial justificativa da obrigação de indenizar, aliando-se, então, ao fundamento do risco (arts. 927, parágrafo único, 931 e 933 do Código Civil), que teve como principal objetivo a proteção da pessoa da vítima.[19]

---

[17] Afirma Cesare Salvi, "La nozione di ressarcimento, come figura generale e unitária, nasce, nella fase di formazione del diritto moderno, parallelamente a quella, altrettanto generale e unitaria, di danno. Allá base è l'esigenza di reagire nel modo più adeguato, e com uma regola di carattere generale, ai fatti Che determinamo una lesione della sfera giuridica individualem considerata sotto il profile della lesione della proprietà". E, continua, o referido autor "Nella fase di formazione del diritto moderno, due, idee si contendono il campo. La prima muove dall'identificazione del danno con la differenza negativa nel patrimônio del danneggiato. La finalità riparatoria è considerata pienamente soddisfatta attraverso il pagamento di una somma do denaro equivalente a quella differenza. [...] L'altra Idea di risarcimento, che caratterizza la fase formativa del moderno diritto privato, muove invece da um modello 'reale' o materiale del danno, identificato non con la differenza patrimoniale, ma con la distruzione o l'alterazione del bene fisico. L'essenza del risarcimento, parallelamente, è vista nella ricostituzione in 'natura' della situazione materiale. Importanti sistemi giuridici recepiscono questa Idea: che è codificata nel BGB, e fu Allá base dei diritti dei paesi socialisti. La prassi non tarda però a mostrare il carattere ideológico della scelta della riparazione in natura come principio generale: nella gran parte dei casi essa non è possibile, e, se possibile, non interessa AL creditore. In concreto, anche, in questi sistemi la prevalenza del risarcimento pecuniário e del modello patrimoniale do danno è indiscussa" (SALVI, Cesari. *La responsabilità civile*. 2. ed. Milano: Giuffrè, 2005. p. 243-244).

[18] "Il modelo patrimoniale di danno e il risarcimento attraverso il pagamento dell'equivalente monetário si attagliano in pieno, rivelandosi congrui a un'economia di mercato, nella quale il denaro è fattore do misurazione di ogni bene e prestazione" (tradução livre) (SALVI, Cesari. *La responsabilità civile*. 2. ed. Milano: Giuffrè, 2005. p. 244-245).

[19] "Note que os modelos de responsabilidade civil com culpa e sem culpa têm em comum o mérito de atender ao que é mais relevante no campo do Direito de Danos: buscam realizar o Princípio da reparação integral. Significa dizer, seja a responsabilidade civil objetiva, seja subjetiva, o foco aqui é tornar a vítima indene, isto é, é reparar, na melhor e maior extensão possível, os danos injustos pela vítima suportados. Entretanto, em pacífica convivência, é possível admitir uma terceira via da Responsabilidade Civil tarifada. Nela, a finalidade não é atender ao Princípio da reparação integral. São hipóteses específicas nas quais o legislador, independentemente de preocupações com os esquemas de responsabilidade subjetiva ou objetiva, indica valores preestabelecidos por lei em favor das vítimas de determinados eventos contemplados. De fato, em certas circunstâncias, os valores podem vir a atender ao Princípio da reparação integral. Em outras hipóteses, não. Aqui, não há preocupação imediata em reparar-se integralmente (mas, sim, em fornecer um mínimo célere de indenização). Depender-se-á da prova da extensão do dano suplementar para que, no futuro, possa haver a integral reparação. Daí que o valor a ser prontamente recebido pela vítima não implica, necessariamente, na quitação ampla geral e irrestrita de todo o valor devido. Será, sim, como sublinhei, o mínimo de indenização, se houver a prova de que

A desvinculação da reparação como ideia de "castigo" para sancionar quem causou o dano injustamente bem demonstra a mudança ocorrida no núcleo do sistema reparatório, que se volta para quem sofreu o dano e não para quem o cometeu,[20] o que forçou a moderna doutrina civilista a compreender a responsabilidade civil como um verdadeiro "direito de danos".[21]

Propiciar à vítima uma reparação efetiva, desfazendo tanto quanto possível os reflexos dos prejuízos causados, sobretudo diante do surgimento e da expansão de novos danos, representa uma conquista já consolidada pela legislação e absorvida pelos operadores do sistema de justiça.

Nesse sentido, a constitucionalização do direito ao pleno ressarcimento dos danos pode ser apontada como fenômeno ilustrativo da alteração paradigmática experimentada no próprio campo da responsabilidade civil, como afirma Carlos Edison do Rêgo Monteiro Filho:

> O *caput* do art. 944 do CC prevê a regra da extensão do dano como medida de indenização. Significa que a indenização deve cobrir o dano em toda a sua amplitude. Ou, por outras palavras, a reparação deve alcançar todo o dano. Precisa ser integral, pois. Com a promulgação do Código Civil de 2002, a rigor, consagrou-se de modo expresso princípio que já vigorava plenamente no ordenamento jurídico brasileiro, posto que implícito. [...] Com efeito, mercê de sua estrutura aberta, observa-se que a reparação integral não procura regrar determinado comportamento nem tampouco estabelecer parâmetros para a incidência de determinada normativa. Em rigor, traduz pilar essencial da responsabilidade civil, verdadeiro mandado de otimização, que visa a promover a reparação completa da vítima, na medida da extensão dos danos sofridos.[22]

o dano se deu em extensão superior. Nesse caso, deve o valor inicialmente recebido ser abatido do que se apurar realmente devido ao final, evitando-se com isso o enriquecimento indevido da vítima" (GUERRA, Alexandre. Reparação integral vs. indenização tarifada: o que a lei 14.128/21 espera de nós? *Migalhas*. Disponível em: https://www.migalhas.com.br/coluna/migalhas-de-responsabilidade-civil/344633/reparacao-integral-vs-indenizacao-tarifada. Acesso em: jul. 2024).

20 "Como o antigo fundamento da culpa já não satisfaz, outros elementos vêm concorrer para que a reparação se verifique, mesmo em falta daquela. Daí o surto das noções de assistência, de previdência e de garantia, como bases complementares da obrigação de reparar: o sistema da culpa, nitidamente individualista, evoluiu para o sistema solidarista da reparação do dano" (DIAS, José de Aguiar. *Da responsabilidade civil*. 12. ed. Atualização de Rui Berford Dias. Rio de Janeiro: Lumen Juris, 2011. p. 24-25).

21 Dentre os fatores que contribuíram para o desenvolvimento da responsabilidade civil por danos ou o "direito de danos", destacam-se pontualmente os seguintes: *(i)* o requisito da antijuridicidade deixa de ter uma conotação vinculada à culpa, e, portanto, subjetiva do agente, e passa a ter um conteúdo objetivo, vale dizer, a adoção da ilicitude em sentido amplo, como comportamento contrário ao direito desvinculado da noção de culpa; *(ii)* a mudança da própria concepção da culpa, que deixa de ter um conteúdo essencialmente moral e passa a ser concebida como culpa normativa; *(iii)* o desenvolvimento do sistema da responsabilidade civil objetiva coexistindo com a responsabilidade civil subjetiva; *(iv)* a utilização das hipóteses de culpa presumida; *(v)* o incremento dos legitimados ativos a partir do alcance de eventuais vítimas; *(vi)* ampliação dos sujeitos responsáveis e a previsão de um regime solidário. *(vii)* inicia-se uma fase da socialização dos danos por meio de mecanismos alternativos da responsabilidade civil; *(viii)* a flexibilização do nexo de causalidade. Nesse sentido, consultar MOSSET ITURRASPE, Jorge. *Responsabilidad por daños*: responsabilidad coletiva. Santa Fé: Rubinzal-Culzoni, 2004. p. 140-145; ALTHEIM, Roberto. *Direito de danos*: pressupostos contemporâneos do dever de indenizar. Curitiba: Juruá, 2008; FROTA, Pablo Malheiros da Cunha. *Responsabilidade por danos*: imputação e nexo de causalidade. Curitiba: Juruá, 2014.

22 MONTEIRO FILHO, Carlos Edison do Rêgo. Limites ao princípio da reparação integral no direito brasileiro. *Civilística.com*, ano 7, n. 1, 2018. p. 11.

Em que pese a prevalência da solução reparatória pelo equivalente pecuniário, certo é que, na experiência contemporânea, as noções de patrimonialidade do dano e ressarcimento pelo equivalente monetário foram sendo relativizadas.

É justamente nesse contexto que a própria concepção do dano vem sofrendo relevantes alterações, diante da necessidade da iminente proteção aos valores essenciais das pessoas. Assim, a noção jurídica de dano passa a ser concebida como a violação a um interesse tanto ao patrimônio da pessoa como àqueles valores que se referem à sua própria personalidade, e que implicam um desequilíbrio das próprias relações jurídicas, visto que tanto o patrimônio como a pessoa são protegidos pelo direito.

Apesar de todos os argumentos preconizados para justificar a plena reparação das vítimas de danos extrapatrimoniais, é importante salientar que, diante das profundas mutações que vem sofrendo o direito de responsabilidade civil, o efetivo comprometimento com os direitos inerentes às pessoas diz respeito não exatamente à promessa da *restitutio in integrum* na hipótese da violação dos seus direitos e do acarretamento de danos.[23]

Emerge, por outro lado, uma garantia muito mais apropriada e justificada sobretudo à tutela dos direitos de personalidade,[24] que se poderia denominar, com a permissão da mutação locutiva, *manutentio in integrum*.

Como esclarece Nelson Rosenvald, "o esquema monolítico de reparação de danos é exclusivamente focado na fictícia restituição da vítima ao estado anterior à lesão, quando na verdade, o direito pode ir além de simplesmente resgatar o passado pela camisa de força compensatória".[25]

Diante da mudança axiológica operada em torno da concepção da proteção da pessoa e de todos os problemas inerentes à quantificação das indenizações por danos extrapatrimoniais, evidencia-se o desvirtuamento na proteção somente repressiva dos valores existenciais, fruto de uma concepção patrimonialista da responsabilidade civil.[26]

---

23 Acerca dos desdobramentos envolvendo a temática, consultar SANSEVERINO, Paulo de Tarso Vieira. *Princípio da reparação integral:* indenização *no Código Civil*. São Paulo: Saraiva, 2010.

24 LUTZKY, Daniela Courtes. A necessidade de um verdadeiro olhar constitucional sobre a ação de reparação de danos imateriais. *Revista IBERC*, v. 2, n. 1, p. 1-28, jan./abr. 2019. Disponível em: https://revistaiberc.responsabilidadecivil.org/iberc/article/view/22/19. Acesso em: jul. 2024.

25 ROSENVALD, Nelson. *A responsabilidade civil pelo ilícito lucrativo*. Salvador: JusPodivm, 2019. p. 25-26.

26 Torna-se necessário destacar o movimento no sentido da "despatrimonialização da reparação" que não se vincula exclusivamente à pecúnia. Nesse sentido, *vide* o Enunciado nº 589 do Conselho da Justiça Federal na VII Jornada de Direito Civil – "A compensação pecuniária não é o único modo de reparar o dano extrapatrimonial, sendo admitida a reparação *in natura*, na forma de retratação pública ou outro meio" (Disponível em: https://www.cjf.jus.br/cjf/corregedoria-da-justica-federal/centro-de-estudos-judiciarios-1/publicacoes-1/jornadas-cej/vii-jornada-direito-civil-2015.pdf. Acesso em: 13 jul. 2021). Acerca de formas alternativas de reparação, *vide* KROETZ, Maria Cândida do Amaral. Adianta pedir desculpas? Reflexões sobre a reparação dos danos morais. *In*: RUZYK, Carlos Eduardo Pianovski; ROSENVALD, Nelson (Coord.). *Novas fronteiras da responsabilidade civil*. Indaiatuba: Foco, 2020. Em sede jurisprudencial, consultar STJ. Recurso Especial n. 1.771.866/DF. Rel. Min. Marco Aurélio Bellizze, T3 – Terceira Turma, julgado em 12.2.2019. *DJe*, 19.2.2019. Por fim, destaca-se a lei sobre o direito de resposta ou retificação do ofendido em matéria divulgada, publicada ou transmitida por veículo de comunicação social – Lei nº 13.188-2015.

4 Função punitivo-pedagógica

A expectativa criada com a aplicação, em alguma medida, da lógica do instituto anglo-saxônico dos *punitive damages* no sistema de justiça brasileiro foi a de funcionalizar o direito da responsabilidade civil. Para além da compensação das vítimas, também a punição e o desestímulo à reiteração da conduta lesiva por parte do agressor passaram a ser almejados pelo instituto.

A função punitivo-pedagógica, assim, passou a ser abertamente sustentada por boa parte da doutrina e da jurisprudência nacionais, com especial campo de incidência na compensação por danos morais –[27] do que decorreria um suposto fortalecimento nas quantias fixadas a tal título. Nesse sentido, inúmeras discussões foram geradas a respeito de seu cabimento e de seus limites.[28]

Atualmente, em que pesem todas as críticas formuladas contra a funcionalização punitiva da responsabilidade civil, não há mais como subestimar ou simplesmente desprezar o papel desempenhado pelo agravamento das condenações pecuniárias por danos morais. Trata-se de instrumento de repreensão e de dissuasão de graves e inescusáveis comportamentos ilícitos e antissociais, sendo inegável seu potencial para revitalizar funcionalmente o instituto da responsabilidade, inclusive no âmbito da proteção dos direitos extrapatrimoniais de dimensões transindividuais (o que ensejou a consagração da figura dos danos morais coletivos).[29]

Mediante uma breve análise da jurisprudência pátria, pode-se afirmar que os tribunais nacionais, ao seu modo, incorporaram a aplicação da doutrina dos *punitive* ou *exemplary damages*, por vezes expressamente, a título de punição exemplar e de dissuasão contra a reincidência de ações ou omissões gravemente culposas ou dolosas, agravando o valor das compensações por danos extrapatrimoniais.

A função punitivo-pedagógica passou a ser comumente empregada em nosso sistema jurisdicional sob locuções das mais diversas, como: *indenização punitiva, danos punitivos, pena privada* ou *sanção civil*. Todas essas expressões reportam-se, direta ou indiretamente, à figura dos *punitive damages* (condenações punitivas), originária do

---

[27] PASSOS, José Joaquim Calmon de. *O imoral nas indenizações por dano moral*. Disponível em: https://jus.com.br/artigos/2989/o-imoral-nas-indenizacoes-por-dano-moral. Acesso em: jul. 2024.

[28] Conforme Carlos Edison do Rêgo Monteiro Filho, "Nesse ponto, destaca-se o tortuoso problema da quantificação da reparação dos danos morais, no qual se evidencia a existência de alguma desconexão entre teoria e prática. Dá-se que, em determinadas decisões, mesmo que se privilegie, na fundamentação, a função punitiva da reparação dos danos morais, mostra-se perceptível o baixo valor da condenação. Em outras, o magistrado posiciona-se pela inadmissibilidade do caráter de punição no ordenamento jurídico pátrio, mas, ao quantificar o dano, arbitra valores curiosamente mais elevados".

[29] A respeito das diversas dimensões e funções dos danos morais coletivos, *vide* VENTURI, Elton; VENTURI, Thaís Goveia Pascoaloto. O dano moral em suas dimensões coletiva e acidentalmente coletiva. *In*: ROSENVALD, Nelson; TEIXEIRA NETO, Felipe (Coord.). *Dano moral coletivo*. São Paulo: Foco, 2018. Em recente julgamento, consagrou o STJ a função punitivo-pedagógica dos danos morais coletivos: "[...] os danos morais coletivos têm como função a repressão e a prevenção à prática de condutas lesivas à sociedade, além de representarem uma forma de reverter a vantagem econômica obtida individualmente pelo causador do dano em benefício de toda a coletividade" (REsp 1.655.731/SC. Rel. Min. Nancy Andrighi, Terceira Turma, julgado em 14.5.2019. *DJe*, 16.5.2019).

direito anglo-saxão,[30] mas que ganhou notoriedade pelos famosos e emblemáticos casos reportados no âmbito do sistema de justiça norte-americano.[31]

Por via de referida função, a responsabilidade civil passa a desempenhar duplo papel: o de punir o agente causador do dano e, ainda, o de constituir instrumento de dissuasão de comportamentos antissociais, possuindo um caráter de exemplaridade e, consequentemente, preventivo.[32]

A disseminação da aplicação do instituto no sistema norte-americano foi seguida da expansão de seu cabimento, no intuito de punir e dissuadir a provocação de danos graves, tanto de natureza patrimonial como extrapatrimonial, com essencial fundamento na conduta do agente. Assim foi que a jurisprudência dos tribunais americanos, já a partir do século XIX, passou a aplicar os *punitive damages* não apenas para os casos de condutas especialmente dolosas dos agentes infratores, mas também a casos nos quais se demonstrava a ocorrência da chamada "negligência grosseira".[33]

Muito embora a internalização da função punitiva no âmbito da responsabilidade civil venha sendo largamente sustentada e aplicada pelos tribunais brasileiros – especificamente no campo da fixação de compensação por danos morais – resta saber se o *devido processo legal* para a aplicação de tal função vem sendo observado, bem como se a *pedagogia* objetivada por via dessa funcionalização tem se revelado eficaz.

Nesse sentido, duas conclusões nos parecem claras: i) a eventual insuficiência do agravamento das condenações fixadas a título de punição por danos morais torna a funcionalização pretendida virtualmente esvaziada; ii) a ausência de destaque, nas decisões judiciais, a respeito do *quantum* fixado para atender a cada uma das multi-

---

30 Os casos paradigmáticos foram representados pelos processos *Huckle v. Money* e *Wilkes v. Wood*, datados de 1763, cujas decisões, pela primeira vez no sistema judiciário inglês, aplicaram uma espécie de pena privada (trezentas libras a título de *exemplaire condamnation*), fundamentada não em quaisquer danos sofridos pela vítima, mas sim na ilegalidade e abusividade representados por arrombamentos e buscas procedidas pela guarda real na casa de John Wilkes (um conhecido opositor ao regime de George III), sem a expedição de mandados de busca judiciais, motivados por interesses políticos. Gradativamente, os *exemplary damages* começaram a ser aplicados não só contra abusos de autoridades públicas, mas também contra particulares, como ocorrido no caso *Forde v. Skinner* (quando um empregador cortou abusivamente os cabelos de uma empregada), estabelecendo-se como importante instrumento de proteção da liberdade individual e da vida privada. Nada obstante tal uso precursor dos *exemplary damages* no direito inglês, a função punitiva da responsabilidade civil foi drasticamente restringida na Inglaterra a partir da decisão proferida pela Câmara dos Lordes no caso *Rookes v. Barnard*, em 1964, segundo a qual somente seria admissível a condenação exemplar quando expressamente prevista em lei; nas hipóteses em que o agente calculou que os lucros que viria a obter com a sua conduta excediam o valor da indenização que teria de pagar pelos danos causados; e, ainda, quando, a critério do juiz, estivesse em julgamento uma conduta opressiva, arbitrária ou inconstitucional de um funcionário do governo (abusos de poder de autoridade). Destaca-se, ainda, que a expressão *exemplary damages* é a mais adotada, enfatizando originariamente a ideia de desestímulo (CARVAL, Suzanne. *La responsabilité civile dans sa fonction de peine privée*. Paris: LGDJ, 1995).

31 Apesar de os Estados Unidos terem adotado os *punitive damages* por meio da colonização britânica, não seguiram as mesmas diretrizes firmadas no caso *Rooks v. Barnard*, no sentido de se restringir a aplicação do instituto para as três hipóteses mencionadas. Ao contrário, assistiu-se a uma verdadeira ampliação de seu campo de atuação.

32 "Punitive damages, sometimes called exemplary or vindictive damages, or 'smart money', consists of an additional sum, over and above the compensation of the plaintiff for the harm that he has suffered, which are awarded to him for the purpose of punishing the defendant, of admonishing him not to do again, and of deterring others from following his example" (SCHWARTZ, Victor; KELLY, Kathryn; PARTLETT, David. *Prosser, Wade and Schwartz's Torts, Cases and Materials*. 7. ed. New York: Foundation Press, 1982. p. 560).

33 Consultar POLINSKY, A. M.; SHAVELL, S. Punitive damages: an economic analysis. *Harvard Law Review*, p. 869-962, 1998. Disponível em: http://www.law.harvard.edu/programs/olin_center/papers/pdf/Shavell_212.pdf. Acesso em: 15 jul. 2021.

funcionalidades da responsabilidade civil no caso concreto, para além de comprometer a eficácia das funções, gera insegurança jurídica e viola o devido processo legal.

A princípio, o controle da aplicação da função punitiva ficaria a cargo do Superior Tribunal de Justiça, que chamou para si uma espécie de "função moderadora" relativamente às condenações por danos morais fixadas pelos diversos tribunais estaduais e federais, por via da verificação da razoabilidade e da proporcionalidade do agravamento das compensações pecuniárias por danos morais. Muito embora o exercício dessa função moderadora devesse envolver a reavaliação de diversas questões de fato, avessas ao próprio cabimento do recurso especial, a jurisprudência da Corte já sedimentou sua competência para tal objetivo.[34]

Segundo o STJ:

> Admite-se a revisão do valor fixado a título de condenação por danos morais em recurso especial quando ínfimo ou exagerado, ofendendo os princípios da proporcionalidade e da razoabilidade. A indenização por danos morais possui tríplice função, a compensatória, para mitigar os danos sofridos pela vítima; a punitiva, para condenar o autor da prática do ato ilícito lesivo, e a preventiva, para dissuadir o cometimento de novos atos ilícitos. Ainda, o valor da indenização deverá ser fixado de forma compatível com a gravidade e a lesividade do ato ilícito e as circunstâncias pessoais dos envolvidos.[35]

Apesar dessa correta fundamentação, todavia, as diversas funções da responsabilidade civil (dentre as quais, a compensatória, a punitivo-pedagógica e a preventiva, expressamente destacadas pela decisão citada) acabam sendo concretizadas por via da condenação ao pagamento de um montante único, sem qualquer estratificação dos valores devidos a título de compensação, de punição ou de restituição.

Vale dizer, não importa a que título seja justificado o agravamento da condenação do réu por danos morais, ao final acaba sendo incorporado ou absorvido pela tradicional função compensatória. Essa confusão acarreta, em última análise, a *invisibilidade* das diferentes funções da responsabilidade civil e a violação do devido processo legal.

Não é difícil perceber como a ausência de referida definição acarreta violação do devido processo legal (por força de fundamentação inadequada, restrição à ampla defesa e ao contraditório).

Como exemplo, tomemos novamente o julgado supracitado, lavrado pelo STJ. Após a deliberação do colegiado a respeito da necessidade da aplicação das funções compensatória, punitiva e preventiva, acabou-se concluindo:

> Indenização no valor de R$250.000,00 (duzentos e cinquenta mil reais), a cargo de cada recorrido, que, no caso, mostra-se adequada para mitigar os danos morais sofridos, cumprindo também com a função punitiva e a preventiva, sem ensejar a configuração de enriquecimento ilícito.[36]

---

34 A respeito do tema, *vide* KROETZ, Maria Cândida do Amaral; VENTURI, Thaís Goveia Pascoaloto. O papel do Superior Tribunal de Justiça na revisão das indenizações por danos extrapatrimoniais, *In*: CORTIANO JUNIOR, Eroulths *et al.* (Coord.). *Apontamentos críticos para o direito civil brasileiro contemporâneo*. Curitiba: Juruá, 2007.

35 STJ. REsp 1440721/GO. Rel. Min. Maria Isabel Gallotti, Quarta Turma, julgado em 11.10.2016. *DJe*, 11.11.2016.

36 STJ. REsp 1440721/GO. Rel. Min. Maria Isabel Gallotti, Quarta Turma, julgado em 11.10.2016. *DJe*, 11.11.2016.

Parece claro que, sem uma apropriada definição de quais valores são devidos a título de compensação, punição e prevenção, resta totalmente inviabilizado o adequado e justificado exercício da função moderadora a que se atribui o Tribunal.

A devida sistematização e procedimentalização da função punitiva da responsabilidade civil no Brasil não é tarefa a ser executada por via de raciocínios simplistas ou de meras tentativas de importação de institutos alienígenas como o dos *punitive damages*. Trata-se de tema demasiadamente complexo e relevante para o sistema de justiça nacional, exigindo interpretação que propicie um equilíbrio entre as diversas tensões substanciais e processuais envolvidas na sua aplicação.

5 Função preventiva

O desenvolvimento da função preventiva da responsabilidade civil se deve, sobretudo, às necessidades impostas pela realidade social do século XXI. As novas características qualitativas e quantitativas dos danos suportados pelas pessoas – não só a título individual, mas também sob o prisma coletivo – despertam a invocação dos princípios da solidariedade[37] e da justiça social no intuito de amenizar a crise de efetividade do direito da responsabilidade civil.

A refundamentação da responsabilidade civil sob perspectivas sensivelmente distintas daquelas até então observadas também abre caminho para a sua *funcionalização preventiva*, não sendo aceitável diante de uma sociedade globalizada e hiperexposta a danos graves e irreversíveis que se restrinja a aplicação do instituto exclusivamente pelo seu viés reparatório.

Assim, a prevenção deve, a um só tempo, fundamentar e funcionalizar a responsabilidade civil na atualidade em todos os cenários possíveis, como afirma Nelson Rosenvald, "a prevenção é o cerne da responsabilidade civil contemporânea",[38] não sendo lógico nem razoável relegar um tal papel dissuasório da ilicitude e da lesividade individual e social exclusivamente ao direito público. O direito privado igualmente possui tal encargo.[39]

---

[37] De acordo com Giselda Maria Fernandes Novaes Hironaka, "[...] os princípios constitucionais de solidariedade social e de dignidade humana encontram-se presentes como atributo valorativo fundante, mas não só assim, senão também como autocritério de justificação da responsabilidade civil, ela mesma" (HIRONAKA, Giselda Maria F. N. Responsabilidade civil: o estado da arte, no declínio do segundo milênio e albores de um tempo novo. *In*: ANDRADE NERY, Rosa Maria de; DONINI, Rogério (Coord.). *Responsabilidade civil*: estudos em homenagem ao professor Rui Geraldo Camargo Viana. São Paulo: Revista dos Tribunais, 2009. p. 192). E, ainda, MORAES, Maria Celina Bodin de. *O princípio da dignidade humana*. Princípios do direito civil contemporâneo. Rio de Janeiro: Renovar, 2006. p. 44 e seguintes. Da mesma autora, ver ainda, Risco, solidariedade e responsabilidade objetiva. *In*: TEPEDINO, Gustavo; FACHIN, Luiz Edson (Coord.). *O direito e o tempo*: embates jurídicos e utopias contemporâneas – Estudos em homenagem ao Professor Ricardo Pereira Lira. Rio de Janeiro: Renovar, 2008. p. 866 e seguintes.

[38] ROSENVALD, Nelson. *As funções da responsabilidade civil*. 3. ed. São Paulo: Saraiva, 2018. p. 96.

[39] Como assevera Jane Reis Gonçalves Pereira: "Já não é novidade afirmar que a força normativa da Constituição projeta-se sobre todo o ordenamento jurídico. Um dos traços fundamentais do constitucionalismo contemporâneo é a transformação de uma miríade de assuntos que eram tratados pelo direito civil em matéria constitucional, *tornando tênues as fronteiras entre o público e privado*. Se no século XIX o Código Civil desempenhara, em caráter exclusivo, a função de normatizar as relações jurídicas entre os indivíduos – ocupando, assim, posição central no sistema de fontes –, a partir do pós-guerra a Constituição passa a ser o elemento que confere unidade ao ordenamento jurídico, continente de valores e princípios que condicionam todos os ramos do Direito" (PEREIRA, Jane Reis Gonçalves. Apontamentos sobre a aplicação das normas de direito fundamental nas relações jurídicas

O direito da responsabilidade civil não pode mais implicar um mecanismo a funcionar apenas *ex post* (após a ocorrência do evento danoso), mas também, e sobretudo, *ex ante* (tendo como objetivo a inviolabilidade dos direitos e a prevenção de danos).

Como se percebe, antes de mais nada, trata-se de raciocínio econômico basilar. Não por outro motivo, a prevenção como fundamento e/ou como função da responsabilidade civil se sustenta na doutrina da análise econômica do direito, partindo de uma premissa lógica segundo a qual a prevenção dos danos deve ocupar o lugar central de qualquer sistema de direitos, apresentando uma racionalidade que pode contribuir de diferentes maneiras e mediante algumas condições.

O objetivo de prevenção pode ser aperfeiçoado,[40] segundo premissas da teoria econômica pautadas justamente na compreensão de que a eficiência de um sistema de responsabilidade mede-se não pela sua capacidade de curar danos, mas, antes, de os precaver.[41]

Assim, segundo a análise econômica, o benefício social representado pela aplicação das regras de responsabilidade civil não é o de compensar a vítima, mas o de evitar ou dissuadir condutas que possam causar acidentes.[42] O deslocamento da função reparatória para a função preventiva, aliás, vem sendo destacado pela doutrina da *law and economics* como uma realidade inegável, visto que "se o sistema da responsabilidade civil possui um verdadeiro propósito atualmente, deve estar ligado à criação de incentivos para a redução dos riscos", com o que se consegue alcançar o benefício social esperado do instituto.[43]

Considerando que as normas de responsabilidade civil atuam como sistema de incentivos à adoção de condutas preventivas pelas partes envolvidas em situação de risco, Calabresi já apontava a existência de ao menos cinco fundamentos para validar o emprego de meios de prevenção em um sistema de responsabilidade civil, concernentes: i) à ignorância dos particulares a respeito do que mais lhes convêm; ii) aos custos de acidentes não reduzíveis a dinheiro; iii) aos juízos morais envolvidos; iv) às limitações intrínsecas à teoria da repartição dos recursos e v) à necessidade de a prevenção influenciar, eficazmente, certas atividades e atos.[44]

Constata-se, a partir disso, que na perspectiva da análise econômica da responsabilidade civil a grande vantagem social da responsabilidade civil é a de prevenir danos, pois, para Calabresi,

---

entre particulares. *In*: BARROSO, Luís Roberto (Org.). *A nova interpretação constitucional*: ponderação, direitos fundamentais e relações privadas. Rio de Janeiro: Renovar, 2003. p. 120; TEPEDINO, Gustavo. Itinerário para um imprescindível debate metodológico. *Revista Trimestral de Direito Civil*, Rio de Janeiro, n. 35, jul./set. 2008. p. iv).

40 SHAVELL, Steven. *Foundations of economic analysis of law*. Cambridge: Harvard University Press, 2004; MATHIS, Klaus. Efficiency instead of justice? Searching for the Philosophical Foundations of the Economic Analysis of Law. *Law and Philosophy Library*, v. 84, Springer, 2009; POLINSKY, A. Mitchell. *An introduction to law and economics*, 3. ed. New York: Aspen, 2003.

41 VINEY, Geneviève. *Traité de droit civil*: introduction à la responsabilité. 3. ed. Paris: LGDJ, 2007. p. 155.

42 GAROUPA, Nuno. *Combinar a economia e o direito*. A análise econômica do direito. Disponível em: file:///C:/Users/Tha%C3%ADs/Downloads/Combinar_a_economia_eo_direito_a_analise.pdf. Acesso em: jul. 2024.

43 "If the liability system has a real purpose today, it must lie in the creation of incentives to reduce risk" (tradução livre) (SHAVELL, Steven. *Foundations of economic analysis of law*. Cambridge: Harvard University Press, 2004. p. 268).

44 CALABRESI, Guido. *El coste de los accidentes*: Análisis económic y jurídico de la responsabilidad civil. Barcelona: Ariel, 1984. p. 107-118.

> A teoria econômica pode sugerir um método de adotar decisões: o mercado, por exemplo. Não obstante, as alternativas nas quais se enfrentam vidas humanas e razões monetárias ou de conveniência nunca podem reduzir-se a termos pecuniários, e por isso nunca usamos o mercado como método único.[45]

É imprescindível anotar que as críticas voltadas contra a viabilidade da aplicação da análise econômica merecem ser mais bem ponderadas ou relativizadas, na exata medida da necessidade de verificação das possibilidades e dos limites de integração entre as próprias ciências sociais.[46] Nas últimas décadas, a análise econômica do direito acabou por criar um notável preconceito contra o seu emprego, sobretudo em relação àqueles que nela veem uma indevida mecanização da distribuição da justiça ou o triunfo do mercado sobre os direitos fundamentais.[47]

No entanto, como já tivemos a oportunidade de esclarecer:[48]

> Na verdade, a própria doutrina da *Law and Economics* nunca parece ter negado ou incompreendido suas próprias limitações, na medida em que a aplicação da teoria da escolha racional, por ela preconizada, depende de uma complementação a partir da constatação de que "os homens podem atuar com menos previsão do que aquela que o modelo do homem racional considera. É isso justamente o que mostra o modelo de Coase: o vazio de racionalidade do mundo real".[49] Vale dizer, partindo-se da premissa segundo a qual a racionalidade da ação humana não é um axioma inquestionável, bem se compreende a relatividade das bases sob as quais se assentam quaisquer ciências sociais.[50]

A responsabilidade preventiva deve ser encarada como técnica de tutela civil direcionada à proteção dos direitos, por meio de mecanismos inibitórios atrelados, fundamentalmente, aos deveres jurídicos de diligência e proteção, referentes à não violação

---

[45] Tradução livre. "La teoría económica puede sugerir un método de adoptar decisiones: el mercado, por ejemplo. No obstante, las alternativas en las que se enfrentan vidas humanas y razones monetarias o de conveniencia nunca pueden reducirse a términos pecuniarios, y por ello nunca usamos el mercado como método único" (CALABRESI, Guido. *El coste de los accidentes*: Análisis económic y jurídico de la responsabilidad civil. Barcelona: Ariel, 1984. p. 36).

[46] Já tivemos a oportunidade de discorrer acerca das inevitáveis e naturais limitações de sua perspectiva diante do multifacetário fenômeno jurídico, fundado em primados de justiça muitas vezes incompatíveis com a própria concepção de eficiência (VENTURI, Thaís Goveia Pascoaloto. *Responsabilidade civil preventiva*: a proteção contra a violação dos direitos e a tutela inibitória material. São Paulo: Malheiros, 2014. p. 160-172).

[47] Tal temor pode ser ilustrado pelo texto de Luiz Edson Fachin: "A superação daquele legado do positivismo científico teria transitado para a contemporaneidade vincada pela incidência dos direitos fundamentais nas relações interprivadas, pela interpenetração dos espaços público e privado, entre outros elementos que teriam fundado um *locus* diferenciado de compreensão e formulação das situações jurídicas existenciais e patrimoniais. Porém, no meio do caminho, havia mais que uma pedra. Entre as duas margens o ponto mais profundo não sonegou ao presente a vocação que permeia uma sociedade de classes. Por isso, hoje uma aliança sutil abraça o que entre essas duas modernidades se fez percurso. Recolocou-se na travessia um novo leito de Procusto, agora não mais na cultura, no direito ou na política, mas sim na economia. Repita-se: o primado dos padrões sobre a essência é só operação econômica, vale dizer, era e agora mais que antes se confirmou, como escrevera Avelãs Nunes, a própria capacidade de concreta ação normativa do mercado" (FACHIN, Luiz Edson. *Entre duas modernidades*: a constituição da persona e o mercado. *Revista de Direito Brasileira*, v. 1, jul. 2011. p. 101).

[48] VENTURI, Thaís Goveia Pascoaloto. *Responsabilidade civil preventiva*: a proteção contra a violação dos direitos e a tutela inibitória material. São Paulo: Malheiros, 2014. p. 148 e seguintes.

[49] LORENZETTI, Ricardo Luis. *Teoria da decisão judicial*: fundamentos de direito. São Paulo: Revista dos Tribunais, 2009. p. 206.

[50] ARAÚJO, Fernando. *Análise económica do direito*: programa e guia de estudo. Coimbra: Almedina, 2008. p. 23-27.

dos direitos, que não implementa uma relação jurídica obrigacional propriamente dita,[51] na medida em que

> se trata dos deveres impostos aos indivíduos porque, na explicação das atividades consentidas na esfera jurídica a eles reservada ou que constituem o domínio da sua liberdade, utilizam um comportamento que de um lado também permite outras explicações das atividades que lhes são consentidas desde que não prejudiquem ou coloquem em risco a pessoa ou os bens dos outros.[52]

Se, por um lado, a responsabilidade civil repressiva constitui categoria de obrigação derivada do interesse do credor na reparação de danos sofridos,[53] por outro a responsabilidade preventiva não deve ser encarada como obrigação propriamente dita, senão, como um verdadeiro dever jurídico, seja ele compreendido como instrumental, lateral ou acessório, no intuito de proteger o adimplemento contratual (no campo da responsabilidade negocial), seja ele compreendido como originário, decorrente do *princípio neminem laedere* (no campo da responsabilidade extracontratual).[54]

Como se percebe, a ideia da prevenção inserida no campo do direito da responsabilidade civil demanda uma verificação *prospectiva* (futura) e não *retrospectiva* (passada). Por esse motivo, não parece correto afirmar que deriva ela da existência de uma *obrigação*, mas sim de um dever imposto seja aos contratantes, seja a todos (eficácia *erga omnes*), no sentido de não violar direitos alheios e não causar danos a outrem.

Essa perspectiva é levada em consideração pela responsabilidade civil preventiva no momento em que, quando da prática de um ilícito ou quando da iminência de sua prática (mas antes ainda de qualquer alusão à causação de um dano concreto), pretende-se tutelar a violação ou a continuidade da violação dos direitos.

Ao se preconizar a responsabilidade civil preventiva para a tutela da integridade dos direitos, o grande objetivo é a proteção dos titulares dos direitos subjetivos, tanto

---

51 VENTURI, Thaís Goveia Pascoaloto. *Responsabilidade civil preventiva*: a proteção contra a violação dos direitos e a tutela inibitória material. São Paulo: Malheiros, 2014. p. 234-241.

52 "Si tratta dei doveri imposti all'individuo perchè, nella esplicazione delle attività consentitegli nella sfera giuridica a lui riservata o che costituisce il dominio della sua libertà, usi un comportamento che da un canto consenta anche agli altri l'esplicazione della atività consentite, e dall'altro non danneggi o ponga in pericolo la persona o i beni altrui" (GIORGIANNI, Michele. *L'obbligazione*. Milano: Giufrè, 1968 p. 70).

53 Conforme classificação tripartite sustentada por Fernando Noronha, as obrigações devem ser compreendidas em três categorias, a partir das diferentes perspectivas do interesse do *credor*. Assim, haveria as *obrigações negociais* (interesse na realização das expectativas nascidas de compromissos assumidos por outra pessoa em negócio jurídico), as *obrigações de responsabilidade civil em sentido estrito* (interesse do credor à reparação dos danos sofridos) e as obrigações de restituição por *enriquecimento sem causa* (interesse em se assegurar a devolução ao patrimônio do credor dos ganhos de outrem conquistados à custa de bens ou da pessoa do credor) (NORONHA, Fernando. *Direito das obrigações*. 2. ed. São Paulo: Saraiva, 2007. p. 416-417).

54 Para que se possa bem compreender a noção de que a responsabilidade civil preventiva se funda na observância de *deveres jurídicos*, cumpre destacar, ainda que sucintamente, as diferenças existentes entre *dever jurídico* e *obrigação*, conceitos que muitas vezes são utilizados indistintamente pela doutrina e jurisprudência nacionais como se fossem sinônimos, mas que trazem em seu núcleo fundamentos diversos. O *dever jurídico* caracteriza-se por uma determinação geral de observância de certa conduta ou abstenção, imposta pelo ordenamento jurídico em prol da tutela de interesses de outrem, geralmente garantida por meios coercitivos. O dever jurídico, portanto, seria uma categoria abrangente, verdadeiro gênero em relação ao qual as obrigações constituiriam espécie. Vale dizer, a obrigação pertence à categoria de dever jurídico. Afirma Costa que dever jurídico "consiste na necessidade de observância de determinada conduta, imposta pela ordem jurídica a uma ou a diversas pessoas para tutela de um interesse de outrem e cujo cumprimento se garante através de meios coercitivos adequados" (COSTA, Mário Júlio de Almeida. *Direito das obrigações*. 4. ed. Coimbra: Coimbra Editora, 1982. p. 39-40).

como persegue a responsabilidade civil repressiva. Vale dizer, não se pretende retirar de foco a possível e eventual vítima, mas, ao contrário, priorizar-se a sua tutela, viabilizada de forma a evitar que os titulares dos direitos passem à condição de "vítimas".[55]

Por fim, destaca-se a pretensão de reforma inscrita no art. 927-A do Anteprojeto do Código Civil, que inaugura a função preventiva da responsabilidade civil:

> Art. 927-A. Todo aquele que crie situação de risco, ou seja responsável por conter os danos que dela advenham, obriga-se a tomar as providências para evitá-los.
>
> §1º Toda pessoa tem o dever de adotar, de boa-fé e de acordo com as circunstâncias, medidas ao seu alcance para evitar a ocorrência de danos previsíveis que lhe seriam imputáveis, mitigar a sua extensão e não agravar o dano, caso este já tenha ocorrido. [...]
>
> §3º Sem prejuízo do previsto na legislação especial, a tutela preventiva do ilícito é destinada a inibir a prática, a reiteração, a continuação ou o agravamento de uma ação ou omissão contrária ao direito, independentemente da concorrência do dano, ou da existência de culpa ou dolo. Verificado o ilícito, pode ainda o interessado pleitear a remoção de suas consequências e a indenização pelos danos causados.
>
> §4º Para a tutela preventiva dos direitos são admissíveis todas as espécies de ações e de medidas processuais capazes de propiciar a sua adequada e efetiva proteção, observando-se os critérios da menor restrição possível e os meios mais adequados para garantir a sua eficácia.[56]

Como se percebe, a proposta de reforma refundamenta a responsabilidade civil sob perspectivas sensivelmente distintas daquelas até então observadas, abrindo caminho para a sua funcionalização preventiva.

6 Função precaucional

Para além da função preventiva – ou talvez como uma verdadeira subespécie dessa –, também vem ganhando força no campo da responsabilidade civil a chamada *função precaucional*, que objetivaria a adequada proteção das pessoas contra o risco de produção de danos gravíssimos e irremediáveis.

Nesses casos, em que pese a inegável abstração que reconduz a uma virtual "idealização dos riscos", tem-se compreendido tratar-se de abstração não apenas justificável como necessária, no intuito de fundamentar um regime diferenciado de imputação de uma renovada hipótese de responsabilidade, voltada eminentemente para o futuro, e antecipatória dos prejuízos que se pretendem evitar.

Nessas hipóteses, a adequada assimilação da função precaucional passa a ser absolutamente vital, "porquanto o modo de atuação dessa figura jurídica vai levar à consequência da sua inclusão ou não dentro da sistemática de responsabilidade civil como um modo de antecipação dos danos futuros".[57]

---

[55] VENTURI, Thaís Goveia Pascoaloto. *Responsabilidade civil preventiva*: a proteção contra a violação dos direitos e a tutela inibitória material. São Paulo: Malheiros, 2014. p. 246 e seguintes.

[56] Relatório Final dos trabalhos da Comissão de Juristas responsável pela revisão e atualização do Código Civil (p. 292. Disponível em: chrome-extension://efaidnbmnnnibpcajpcglclefindmkaj/https://legis.senado.leg.br/sdleg-getter/documento/download/68cc5c01-1f3e-491a-836a-7f376cfb95da. Acesso em: jun. 2024).

[57] LOPEZ, Teresa Ancona. *Princípio da precaução e evolução da responsabilidade civil*. São Paulo: Quartier Latin, 2010. p. 90.

Com base na função precaucional, alude-se inclusive à instauração de um novo regime de responsabilidade civil objetiva, fundada no *risco abstrato*. Tratar-se-ia da já denominada "responsabilidade civil sem dano" que intenta, na verdade, evitar eventuais danos gravíssimos como possível consequência da adoção de técnicas tipicamente inibitórias – voltadas contra a ilicitude.

A incidência de tal modelo de responsabilidade civil, fundada no princípio da precaução, já é largamente sustentada no campo do direito ambiental[58] que, no Brasil, possui uma importante e moderna regulação constitucional[59] e infraconstitucional,[60] para além de uma cada vez mais ativa intervenção protetiva em sede jurisprudencial.[61] Muito embora por vezes os conceitos sejam confundidos, a distinção entre prevenção e precaução reside, fundamentalmente, no grau de possibilidade da efetiva ocorrência das consequências lesivas decorrentes da hipótese cujo risco se busca calcular. Como salientam Kourilsky e Viney:

> A distinção entre risco potencial e risco comprovado fundamenta a distinção paralela entre precaução e prevenção. A precaução é relativa a riscos potenciais e a prevenção a riscos conhecidos. Confundem-se frequentemente precaução e prevenção. Pensa- se geralmente que os riscos potenciais são pouco prováveis e se os assimila inconscientemente a riscos comprovados cuja probabilidade é tão menor que eles estão bem controlados. Isso é duplamente inexato. Primeiro, as probabilidades não são da mesma natureza (no caso da precaução, trata-se da probabilidade de que a hipótese seja exata; no caso de prevenção, a periculosidade é estabelecida se trata da probabilidade de acidente). Além disso, e sobretudo, os riscos potenciais, apesar do seu carácter hipotético, podem ter uma alta probabilidade de ocorrência. Na prática, contudo, a precaução pode ser compreendida como uma extensão dos métodos de prevenção aplicado a riscos incertos.[62]

---

58 Conferência das Nações Unidas para o Meio Ambiente e o Desenvolvimento – Declaração do Rio de Janeiro (ECO-1992), Princípio 15: "De modo a proteger o meio ambiente, o princípio da precaução deve ser amplamente observado pelo Estado, de acordo com suas capacidades. Quando houver ameaça de danos sérios ou irreversíveis, a ausência de absoluta certeza científica não deve ser utilizada como razão para postergar medidas eficazes e economicamente viáveis para prevenir a degradação ambiental".

59 Verifique-se o regime protetivo ambiental estabelecido pelo art. 225 da CF.

60 Para além da previsão constitucional do art. 225 (supracitado), a Lei nº 6.938 estabelece (art. 4º, I e VI) como objetivos da política nacional do meio ambiente, respectivamente, a "compatibilização do desenvolvimento econômico-social com a preservação da qualidade do meio ambiente e do equilíbrio ecológico" e a "preservação e restauração dos recursos ambientais com vistas à sua utilização racional e disponibilidade permanente, concorrendo para a manutenção do equilíbrio ecológico propício à vida".

61 O Supremo Tribunal Federal já teve a oportunidade de admitir a aplicabilidade do princípio da precaução, especificamente no campo do direito ambiental, *v.g.*, no âmbito da ADPF nº 101, pela qual se pleiteou a vedação da importação de pneus usados para fins de reciclagem. No âmbito do julgamento de parcial procedência da ação em Plenário, em 11.3.2009, "a Ministra Carmen Lúcia deixou consignado histórico sobre a utilização do pneu e estudos sobre os procedimentos de sua reciclagem, que demonstraram as graves consequências geradas por estes na saúde das populações e nas condições ambientais, em absoluto desatendimento as diretrizes constitucionais que se voltam exatamente ao contrário, ou seja, ao direito à saúde e ao meio ambiente ecologicamente equilibrado. Asseverou que, se há mais benefícios financeiros no aproveitamento de resíduos na produção do asfalto borracha ou na indústria cimenteira, haveria de se ter em conta que o preço industrial a menor não poderia se converter em preço social a maior, a ser pago com a saúde das pessoas e com a contaminação do meio ambiente. Fez ampla consideração sobre o direito ao meio ambiente – salientando a observância do princípio da precaução pelas medidas impostas nas normas brasileiras apontadas como descumpridas pelas decisões ora impugnadas –, e o direito à saúde" (*Informativo do STF*, n. 538. Disponível em: www.stf.jus.br/informativos/538).

62 "La distinction entre risque potentiel et risque avéré fonde la distinction parallèle entre précaution e prévention. La précaution est relative à des risques potentiels et la prévention à des risques avérés. On confond fréquemment précaution et prévention. On pense souvent que les risques potentiels sont peu probables et on les assimile inconsciemment à des risques avérés dont la probabilité est d'autant plus faible qu'ils sont bien maîtrisés. Ceci

Muito mais do que um princípio político a incidir em específicos campos da responsabilidade civil, como a ambiental, a precaução tem sido apontada como uma nova função de uma renovada responsabilidade, comprometida com a prevenção de futuros e graves danos.

Nesse passo, a mais destacada e original doutrina a respeito dessa refundamentação da responsabilidade viabilizada por via da aplicação do princípio da precaução provém dos estudos empreendidos por Thibierge, para quem:

> Esse novo fundamento, a pesquisar e a introduzir pouco a pouco, poderia ser aquele da precaução, noção que possui a vantagem de já constituir um princípio internacional, comunitário e interno, em áreas tão diversas – mas ligadas – como o meio ambiente e a saúde; segundo esse princípio, «a ausência de certezas, tendo em conta os conhecimentos científicos e técnicos do momento», não deve retardar a adoção de medidas efetivas e proporcionais visando prevenir um risco de danos graves e irreversíveis. De outro lado, esse novo fundamento permitiria o alargamento da função da responsabilidade civil. A isso poderíamos ser tentados a responder que dentro da teoria clássica, à função normativa da responsabilidade se junta uma função preventiva antes vigorosamente destacada pelo professor Tunc, que sublinhou seu caráter indiscutível. Essa função de prevenção não é nova. O que é novo, em compensação, é que atualmente ela parece suscetível de revestir uma dimensão mais vasta: ela pode assumir duas formas quanto às funções e objetivos distintos: uma função clássica de dissuasão, que visa à prevenção de comportamentos antissociais e que é fundada sobre a ameaça de uma sanção; e uma nova função de antecipação, que visa à prevenção dos danos e que é fundada sobre a ameaça de danos graves e irreversíveis. O aprofundamento da reflexão doutrinária sobre o fundamento da precaução poderia talvez permitir ultrapassar certas crenças, notadamente aquela de um recuo da responsabilidade fundada sobre o risco devido a uma regressão sobre o antigo fundamento da culpa, e articular esse novo fundamento da precaução com os fundamentos atuais da culpa e do risco, permitindo enriquecer uma responsabilidade não mais somente voltada para o passado, mas também para o futuro. Isso faz apostar que a precaução seja uma das chaves da ética da responsabilidade, já reclamada por seus defensores, para uma responsabilidade que não seja somente aquela dos filósofos, mas também aquela dos juristas, simplesmente para que a evolução das ciências não ande irremediavelmente mais rápido que a de nossas consciências.[63]

---

est doublement inexact. D'abord, les probabilités ne sont pas de même nature (dans le cas de la précaution, Il s'agit de la probabilité que l'hypotèse soit exacte; dans le cas de la prévention, la dangerosité est établie et il s'agit de la probabilité d'accident). En outre, et surtout, les rieques potentiels, en dépit de leur caractere hypothétique, peuvent avoir une probabilité de réalisation élevée. Dans la pratique, néanmoins, la précaution peut être comprise comme le prolongement des méthodes de prévention appliquées aux risques incertains" (KOURILSKY, Philippe; VINEY, Geneviève. *Le principe de précaution*. Paris: Editions Odile Jacob, 2000. p. 18).

63 THIBIERGE, Catherine. Libres propos sur l'évolution du droit de la responsabilité. *Revue Trimestrielle de Droit Civil*, Paris, n. 3, p. 561-584, jul./set. 1999. p. 561 e seguintes. Tradução livre. "Ce nouveau fondement, à rechercher et à introduire peu à peu, pourrait être celui de la précaution, notion qui a le mérite d'être déjà un principe international, communautaire et interne, dans des domaines aussi variés – mais reliés – que l'environnement et la santé ; selon ce principe, «l'absence de certitudes, compte tenu des connaissances scientifiques et techniques du moment, ne doit pas retarder l'adoption de mesures effectives et proportionnées visant à prévenir un risque de dommages graves et irréversibles». En outre, ce fondement nouveau permettrait l'élargissement de la fonction de la responsabilité civile. A cela on pourrait être tenté de répondre que dans la théorie classique, à la fonction normative de la responsabilité s'ajoute une fonction préventive d'ailleurs vigoureusement remise à l'honneur par le professeur Tunc, qui a souligné son caractère indiscutable. Cette fonction de prévention n'est donc pas nouvelle. Ce qui est nouveau en revanche c'est qu'aujourd'hui elle paraît susceptible de revêtir une dimension plus vaste : elle peut prendre en effet deux formes aux fonctions et aux objets distincts: une fonction classique de dissuasion, qui vise la prévention des comportements anti-sociaux et qui est fondée sur la menace d'une sanction ; et une fonction nouvelle d'anticipation, qui vise la prévention des dommages et qui est fondée sur la

Aderindo ao pensamento da jurista francesa, no Brasil, destaca-se a doutrina de Lopez, para quem

> o princípio da precaução é, desde já e para o futuro, um dos princípios da responsabilidade civil. Os princípios da prevenção e da precaução fazem parte da 'responsabilidade civil preventiva', que emerge da sociedade de risco e que não se choca com o tema da responsabilidade civil, porquanto tem o mesmo fundamento da responsabilidade civil ressarcitória, qual seja, *alterum non laedere*.[64]

Os tribunais nacionais já vêm, por diversos meios, internalizando a precaução no direito da responsabilidade civil, seja para fundamentar o direito à reparação de pessoas vitimadas pela ausência da adoção de cuidados especiais na implementação da prestação de determinadas obrigações, seja para fundamentar a inversão do ônus da prova ou a concessão de tutelas inibitórias em ações de responsabilidade em matéria ambiental e em matéria de saúde dos consumidores.[65]

7 Função promocional

A partir da ideia de que o ordenamento jurídico deve estar comprometido com a criação de incentivos para a obtenção de comportamentos (positivos ou negativos) socialmente desejados, o princípio constitucional da *solidariedade* constituiria o fundamento da função promocional da responsabilidade civil.

Para tanto, devem ser empregadas, instrumentalmente, tanto *sanções negativas* como *sanções positivas*, a fim de, respectivamente, coibir ou premiar o agente que praticou comportamentos indesejados ou desejados.

Para compreender o conteúdo promocional, contudo, é necessário pensar por uma lógica diferente daquela comumente utilizada quando do emprego das medidas puramente sancionatórias, pautadas pelo modelo clássico reparatório de reação a um evento danoso causado na esfera jurídica de outrem.[66] Percebe-se, inclusive, que, na

---

menace de dommages graves et irréversibles. L'approfondissement de la réflexion doctrinale sur le fondement de la précaution pourrait peut-être permettre de dépasser certaines craintes, notamment celle d'un recul de la responsabilité fondée sur le risque dû à une régression vers l'ancien fondement de la faute, et d'articuler ce nouveau fondement de la précaution avec les fondements actuels de la faute et du risque, tout en lui permettant d'enrichir une responsabilité non plus seulement tournée vers le passé mais aussi vers l'avenir. C'est faire le pari que la précaution est l'une des clés de l'éthique de la responsabilité que certains appellent déjà de leurs voeux, pour une responsabilité qui ne soit pas seulement celle des philosophes, mais aussi celle des juristes, simplement pour que l'évolution des sciences n'aille pas irrémédiablement plus vite que celle de nos consciences".

64 LOPEZ, Teresa Ancona. *Princípio da precaução e evolução da responsabilidade civil*. São Paulo: Quartier Latin, 2010. p. 141.

65 "ADMINISTRATIVO. REVALIDAÇÃO DO REGISTRO DE MEDICAMENTO CONDICIONADA À COMPROVAÇÃO DE EFICÁCIA TERAPÊUTICA. POSSIBILIDADE. FALTA DE CUMPRIMENTO DE EXIGÊNCIA DA ANVISA. PRINCÍPIO DA PRECAUÇÃO. POLÍCIA ADMINISTRATIVA. [...] A atuação fiscal-inibitória da ANVISA não se limita àquelas hipóteses em que o produto/medicamento comporta risco à saúde e qualidade de vida, mas, também, em relação à eventual ausência de comprovação da sua eficácia, com vistas na proteção dos direitos do consumidor" (TRF1, Quinta Turma. AC nº 200634000249385. Rel. Juiz Federal Evaldo de Oliveira Fernandes. *e-DJF1*, 30.9.2011, p. 597).

66 REIS JÚNIOR, Antonio dos. Por uma função promocional da responsabilidade civil. *In*: SOUZA, Eduardo Nunes de; SILVA, Rodrigo da Guia (Coord.). *Controvérsias atuais em responsabilidade civil*. São Paulo: Almedina, 2018. p. 573-606.

perspectiva das sanções negativas (tal como a lógica do dano-reparação), a função preventiva se realiza de maneira apenas reflexa e indireta.

Para o florescimento da função promocional da responsabilidade civil, "faz se mister que se desperte a doutrina de seu sono dogmático, ao crer que o estudo das sanções positivas deve ser relegado ao âmbito do direito administrativo, regulatório ou, em termos gerais, às questões de política legislativa".[67]

De acordo com Antônio dos Reis Júnior:

> [...] assentir com a existência de uma função promocional da responsabilidade civil pressupõe, fundamentalmente, aderir à tese de que (i) a ordem jurídica positiva visa cumprir determinadas finalidades, podendo delas extrair uma teleologia; (ii) em razão disso, os institutos e categorias devem ser interpretados de maneira funcionalizada ao cumprimento de tais finalidades; (iii) os mecanismos normativos, definidores dos comportamentos desejados, pela via da previsão de reação do direito diante da conduta dos sujeitos, apresentam –se de duas formas: sanções negativas e positivas; (iv) a sanção positiva, definida como uma resposta benéfica do ordenamento a um comportamento desejável, que se faz necessário estimular, é admitida no âmbito da responsabilidade civil e extraída do contexto global do sistema; (v) os seus efeitos podem ser revelados mediante um a interpretação teleológica do direito posto, no qual já se pode vislumbrar uma aplicação prática, mesmo sem a existência de uma regulamentação específica; (vi) a sua construção dogmática deve gozar de autonomia suficiente para não se confundir com as demais funções já consagradas, ainda que possa ter relação de dependência com uma delas.[68]

Nesse cenário, a responsabilidade civil contemporânea estaria pautada pela solidariedade como finalidade última para a concretização dos direitos.[69] Tornam-se evidentes alguns movimentos que se desenvolvem tendo como mote o valor da solidariedade, como i) a objetivação da responsabilidade civil; ii) a socialização dos riscos; iii) como atributo para o desenvolvimento da função preventiva.

No entanto, dentre os vários contributos da solidariedade para a concretização dos direitos, destaca-se a liberdade a partir de um novo sentido, "entendida em contexto inter-relacional, não individualista e não – voluntarista, mas que encontra na pessoa humana o *locus* de sua atuação, considerando toda a complexidade de interesses que a envolvem, máxime aqueles de natureza existencial".[70]

Assim, a liberdade e a solidariedade não seriam conceitos contrapostos, mas que dialogam e se otimizam, a partir de uma sanção positiva (prêmios ou recompensas), para a criação de incentivos com vistas a uma reparação espontânea dos danos. O desafio que se impõe é a delimitação de como funcionaram os referidos critérios para a

---

67 REIS JÚNIOR, Antonio dos. Aplicações da função promocional na responsabilidade civil ambiental. *Revista Brasileira do Instituto de Responsabilidade Civil – IBERC*, Minas Gerais, v. 3, n. 1, p. 1-33, jan./abr. 2020. p. 5. Disponível em: www.responsabilidadecivil.org/revista-iberc.

68 REIS JÚNIOR, Antonio dos. Aplicações da função promocional na responsabilidade civil ambiental. *Revista Brasileira do Instituto de Responsabilidade Civil – IBERC*, Minas Gerais, v. 3, n. 1, p. 1-33, jan./abr. 2020. p. 7. Disponível em: www.responsabilidadecivil.org/revista-iberc.

69 Art. 3º, I, da CF, que define como "objetivo fundamental" da República Federativa do Brasil "construir uma sociedade livre, justa e solidária".

70 REIS JÚNIOR, Antonio dos. Aplicações da função promocional na responsabilidade civil ambiental. *Revista Brasileira do Instituto de Responsabilidade Civil – IBERC*, Minas Gerais, v. 3, n. 1, p. 1-33, jan./abr. 2020. p. 9. Disponível em: www.responsabilidadecivil.org/revista-iberc.

definição de vantagens ou desvantagens que incidirão diretamente no comportamento dos envolvidos.[71]

Por fim, ressalta-se que a função promocional não tem comprometimento com a reparação integral do dano, visto que foca essencialmente na criação de estímulos com vistas ao alcance de um comportamento ético, na medida em que "a integralidade ou plenitude que deve ser buscada é da realização do interesse subjetivo da vítima, para uma reparação que preencha suficientemente o vácuo causado pelo dano".[72]

8 Função restitutória

A afirmação da função reparatória da responsabilidade civil representou uma virada no eixo estrutural do instituto – mirando não tão somente a conduta do ofensor, mas, sobretudo, a pessoa da vítima. Essa lógica demarca, até hoje, o denominado "direito de danos".

Contudo, para além dos problemas já referidos anteriormente – que acabam reduzindo a aplicação da responsabilidade civil contemporânea apenas para a busca da compensação – é importante perceber que, muitas vezes, o ofensor acaba sendo beneficiado pela lógica indenizatória, na medida em que se fundamenta na ideia de dano-reparação, e é contabilizada somente na estrita extensão dos danos provocados à vítima.

Dessa forma, todo e qualquer proveito ilícito auferido pelo causador do dano que não seja identificável como efetivo "dano à vítima" jamais encontrou resposta adequada, ao menos dentro do direito da responsabilidade civil. Daí a necessidade de o instituto voltar a se preocupar com a figura do ofensor, mas não pelos mesmos contornos punitivistas ou sancionatórios de outrora.

Como não é novidade para quem quer que seja, há uma aposta por parte dos agentes econômicos em uma responsabilidade civil disfuncional – caracterizada pela análise econômica do direito como o *curto-circuito do contrato*. A falta de percepção da necessidade de se imputar um dever não apenas de indenizar os danos causados, mas também o de restituir proveitos indevidamente obtidos com o ilícito, ilustra exatamente a ideia de um direito de responsabilidade civil disfuncional.

É nesse panorama que se passa a desenvolver a *função restitutória* da responsabilidade civil, tendo por base a ideia do *ilícito lucrativo*. Um dos precursores do tema no Brasil, Nelson Rosenvald recorda que se tratam de "ilícitos que geram resultados extremamente vantajosos para os infratores [...], pois na prática comportamentos antijurídicos costumam ser muito bem remunerados".[73]

---

71 "Aqui entra o estímulo externo à autocomposição: a formatação de arcabouço legislativo, com normas de direito material e processual, que criam ambiente propício à transação, sendo este um ingrediente de estímulo normativo. É o espaço de atuação da função promocional da responsabilidade civil. A transação é o instrumento mais utilizado ao cumprimento da função promocional, ainda que as partes a realizem de modo inconsciente" (REIS JÚNIOR, Antonio dos. Aplicações da função promocional na responsabilidade civil ambiental. *Revista Brasileira do Instituto de Responsabilidade Civil – IBERC*, Minas Gerais, v. 3, n. 1, p 1-33, jan./abr. 2020. p. 18. Disponível em: www.responsabilidadecivil.org/revista-iberc).

72 REIS JÚNIOR, Antonio dos. Aplicações da função promocional na responsabilidade civil ambiental. *Revista Brasileira do Instituto de Responsabilidade Civil – IBERC*, Minas Gerais, v. 3, n. 1, p 1-33, jan./abr. 2020. p. 16. Disponível em: www.responsabilidadecivil.org/revista-iberc.

73 ROSENVALD, Nelson. *A responsabilidade civil pelo ilícito lucrativo*. Salvador: JusPodivm, 2019. p. 29. Acerca do tema, ainda, *vide* a obra de SILVA, Rodrigo da Guia. *Enriquecimento sem causa*: as obrigações restitutórias no direito civil. 1. ed. São Paulo: Revista dos Tribunais, 2018.

A função restitutória almeja a imputação de um *dever de restituir*, aplicado ao agente causador do ilícito pela obtenção de ganhos indevidos, em razão das escolhas desses agentes econômicos que optam pela prática do ilícito (em função do lucro) em detrimento de qualquer compensação pelo evento danoso praticado.

O movimento de combate à prática ao ilícito lucrativo iniciou-se na Inglaterra, com a abertura de um sistema de responsabilização que deixa de se preocupar apenas com as compensações pelos eventos danosos – pautada pelo sistema clássico – passando a considerar uma responsabilidade voltada à inibição dos ilícitos, não apenas no seu aspecto preventivo e punitivo, como também de restituição de lucros ilícitos.[74]

Assim, o sistema anglo-saxônico passa a considerar não apenas o sistema indenizatório pautado pelo cometimento dos danos, como, também, um sistema pautado pelos ganhos. Como explica Nelson Rosenvald:

> a restituição de lucros ilícitos se mostra um remédio diferenciado, restaurando o equilíbrio patrimonial por uma forma diversa: enquanto a pretensão compensatória busca repor a vítima ao estágio pré-dano, a pretensão de restituição de ganhos indevidos objetiva restituir o ofensor ao estágio pré-ilícito.[75]

Dentre os mecanismos que consubstanciam a função restitutória, destacam-se o *disgorgement damages* e a *reasonable fee damages (ou restitutionary damages*), que se diferenciam pelas suas funções e pela forma de apuração do valor da obrigação de restituição.

O fundamento do *disgorgement* é essencialmente pautado na *remoção dos lucros ilícitos* em situações em que muitas vezes os danos são de difícil percepção e apenas o ilícito é capaz de justificar a obtenção dos lucros. É importante ressaltar que não se trata de um enriquecimento injustificado, pois ele tem por base a prática de um ato ilícito, um comportamento antijurídico.

Na medida em que o *disgorgement* instrumentaliza uma função diferenciada da responsabilidade civil que não intenta punir ou sancionar, não se confunde a função punitivo-pedagógica. No direito norte-americano, inclusive, a restituição é imputada ao causador do dano independentemente dos *punitive damages*, seja do ponto de vista estrutural, seja funcional.

Como já aduzido anteriormente, os *punitive damages* visam sancionar uma conduta extremamente reprovável. Diferentemente, a figura do *disgorgement* objetiva remover os lucros ilícitos e não sancionar propriamente um comportamento demeritório do agente econômico.

Ademais, ressalta-se que, por via do *disgorgement*, o limite da restituição se restringe ao benefício auferido indevidamente, diferentemente do que ocorre com a aplicação dos *punitive damages*, quando as condenações ultrapassam, e muito, o valor dos *compensatory damages*.[76]

---

74 ROSENVALD, Nelson. *A responsabilidade civil pelo ilícito lucrativo*. Salvador: JusPodivm, 2019. p. 47 e seguintes.

75 ROSENVALD, Nelson. *A responsabilidade civil pelo ilícito lucrativo*. Salvador: JusPodivm, 2019. p. 222-223.

76 Como já tivemos oportunidade de defender em nossa coluna *O direito privado no common law*.

Por outro lado, destaca-se ainda no desenvolvimento da função restitutória o instrumento da *reasonable fee*, representando uma espécie de valor de uso do mercado, um preço de uso. Assim, em casos nos quais se observa a prática de um ato ilícito, porém sem lucro, a *reasonable fee* constituiria um valor de mercado, funcionando como um preço pelo uso indevido, podendo ser assim remunerado.

É uma espécie de barganha hipotética que as partes realizariam mesmo sem ganho econômico, que não se confunde com a função compensatória da responsabilidade civil em que se caracterizariam os lucros cessantes.

Em nosso ordenamento, a ideia da restituição de ganhos indevidos passou a ser desenvolvida a partir do instituto do enriquecimento injustificado.[77] Foi esse, ao menos, o entendimento do Superior Tribunal de Justiça em famoso caso envolvendo o lucro ilícito obtido em razão da exploração da imagem de uma conhecida atriz.[78]

No referido caso, o Superior Tribunal de Justiça, com forte influência do direito alemão, posicionou-se no sentido de que o lucro da intervenção estaria caracterizado pelo instituto do enriquecimento injustificado e não pela responsabilidade civil, na medida que o art. 944 do Código Civil contempla essencialmente a compensação dos danos e que o lucro da intervenção estaria dentro do enriquecimento injustificado.

No entanto, de acordo com Nelson Rosenvald, a função restitutória não existiria só no âmbito do enriquecimento injustificado, devendo também ser aplicada nos contratos e na responsabilidade civil. Em resumo, trata-se de função que deve ser pensada de forma autônoma, como um instrumento para regatar o lucro ilícito, devendo ir além do enriquecimento injustificado, sobretudo, em áreas sensíveis, como os direitos da personalidade, a propriedade imaterial, os direitos individuais homogêneos e os direitos metaindividuais.

O referido autor justifica o seu entendimento tendo por base os estudos de Peter Birks e na necessidade de distinção entre as fontes de obrigações (contratos, responsabilidade civil e enriquecimento injustificado), dos remédios das obrigações (pretensões, respostas para qualquer violação do direito).[79]

Como grande novidade no tema da função restitutória da responsabilidade civil, o Projeto de Lei nº 1.641/2021,[80] em tramitação na Câmara dos Deputados e que objetiva implementar profundas reformas na Lei da Ação Civil Pública, insere pioneiramente referida função no sistema dos processos coletivos ao tratar dos princípios fundamentais da tutela coletiva dos direitos. Segundo dispõe o inc. VI, do art. 2º do referido Projeto, "A tutela coletiva rege-se, dentre outros, pelos seguintes princípios: [...] VI – responsabilidade punitivo-pedagógica e *restituição integral dos lucros ou vantagens obtidas ilicitamente com a prática do ilícito ou a ela conexas*".

Assim, se um dos objetivos fundamentais da responsabilidade civil é a reparação integral, a ideia não é restituir somente a vítima à situação anterior ao ilícito, mas sim

77 SILVA, Rodrigo da Guia. *Enriquecimento sem causa*: as obrigações restitutórias no direito civil. 1. ed. São Paulo: Revista dos Tribunais, 2018.

78 STJ. REsp 1.698.701-RJ. Rel. Min. Ricardo Villas Bôas Cueva, julg. 2.10.2018, publ. 8.10.2018.

79 ROSENVALD, Nelson. *A responsabilidade civil pelo ilícito lucrativo*. Salvador: JusPodivm, 2019. p. 259-266.

80 Anteprojeto de autoria de comissão de juristas nomeada pelo Instituto Brasileiro de Direito Processual (IBDP), denominada Projeto Ada Pellegrini Grinover, em homenagem à saudosa jurista.

restituir as partes à situação anterior ao dano, o que só ocorrerá por meio de um equilíbrio relacional com a aplicação da função reconstitutiva da responsabilidade civil que deve ser pensada de forma mais ampla.[81]

9 Os desafios da aplicação concreta da multifuncionalização

O surgimento de novas funções – ou a flexibilização daquelas classicamente conhecidas – demonstra o comprometimento do instituto da responsabilidade civil em se adaptar para atender às necessidades da sociedade contemporânea. A multifuncionalização aponta precisamente para esse caminho.

Todavia, há entre os juristas – mesmo dentre aqueles notoriamente comprometidos com a modernização e adequação dos institutos jurídicos ao movimento de constitucionalização – visível prudência a respeito das possíveis consequências geradas por um suposto "superdimensionamento" da responsabilidade civil.[82]

Não nos parece verossímil, contudo, que um tal suposto superdimensionamento do instituto possa acarretar mal maior do que o seu infradimensionamento atualmente verificado.

A revisão crítica da responsabilidade civil insere-se em um movimento muito maior de reconstrução ou de releitura pelo qual passa todo o direito privado, alicerçado na força da teoria constitucional de proteção dos direitos fundamentais.[83]

Assim, a responsabilidade civil, embora não seja obviamente reduzível a mero instrumento,[84] deve implementar mecanismos predispostos a regular as condutas

---

[81] Para Nelson Rosenvald, um dos fundamentos para pensar a responsabilidade civil de forma mais ampla está ínsito na noção de justiça corretiva que envolve uma análise bilateral – tanto a vítima como o agente – restituindo às partes a situação anterior ao fato e não apenas a restituição somente à vítima (ROSENVALD, Nelson. *A responsabilidade civil pelo ilícito lucrativo*. Salvador: JusPodivm, 2019. p. 257-258).

[82] Ilustrativamente, consulte-se a ponderação de Gustavo Tepedino: "E nem mesmo a caótica intervenção do Estado em áreas sociais críticas – como saúde, transporte, segurança pública – autoriza o superdimensionamento do dever de reparar para a promoção de justiça retributiva entre particulares. Tão grave quanto a ausência de reparação por um dano injusto mostra-se a imputação do dever de reparar sem a configuração de seus elementos essenciais, fazendo-se do agente uma nova vítima. A indenização imposta sem a observância dos seus pressupostos representa, a médio prazo, o colapso do sistema, uma violência contra a atividade econômica e um estímulo ao locupletamento. Há de se conjuminar a técnica indenizatória própria da responsabilidade com o sistema de seguros privados, ao lado dos mecanismos impostos ao Poder Público para a promoção da solidariedade constitucional. Aos estudiosos da responsabilidade civil apresenta-se, portanto, o desafio de garantir o ressarcimento amplo, de modo compatível com a locação de riscos estabelecida na sociedade atual, sem que se pretenda transferir para a reparação civil os deveres de justiça social desdenhados por insuficientes políticas públicas e deficitária seguridade social" (TEPEDINO, Gustavo. O futuro da responsabilidade civil. *Revista Trimestral de Direito Civil*, Rio de Janeiro, v. 24, 2005. Editorial).

[83] Segundo Giselda Maria Fernandes Novaes Hironaka, em todo o ordenamento civil, e, portanto, também na responsabilidade civil, "os princípios constitucionais da solidariedade social e de dignidade humana encontram-se presentes como atributo valorativo fundante, mas não só assim, senão também como autocritério de justificação da responsabilização civil, ela mesma" (HIRONAKA, Giselda Maria F. N. Responsabilidade civil: o estado da arte, no declínio do segundo milênio e albores de um tempo novo. *In*: ANDRADE NERY, Rosa Maria de; DONINI, Rogério (Coord.). *Responsabilidade civil*: estudos em homenagem ao professor Rui Geraldo Camargo Viana. São Paulo: Revista dos Tribunais, 2009. p. 192).

[84] Neste sentido, Giselda Maria F. Novaes Hironaka esclarece não se tratar o instituto da responsabilidade civil de mera técnica, *tout court* (HIRONAKA, Giselda Maria F. N. Responsabilidade civil: o estado da arte, no declínio do segundo milênio e albores de um tempo novo. *In*: ANDRADE NERY, Rosa Maria de; DONINI, Rogério (Coord.). *Responsabilidade civil*: estudos em homenagem ao professor Rui Geraldo Camargo Viana. São Paulo: Revista dos Tribunais, 2009. p. 191).

humanas, sobretudo comportamentos potencialmente causadores de danos graves e irreversíveis, tendo em vista a premissa fundamental de que "não há como reparar o irreparável".[85]

No entanto, muito mais do que se defender a necessidade da multifuncionalização da responsabilidade civil, o grande desafio que se põe ao sistema de justiça nacional diz respeito à *forma* pela qual o Poder Judiciário deve levá-la a efeito.

Os tribunais superiores – em especial o STJ – podem perfeitamente delinear todos os aspectos substanciais e procedimentais envolvidos, delimitando com maior precisão, para além das hipóteses em que realmente seja necessário um meio sancionatório extraordinário, também os seus limites, a discriminação específica dos respectivos valores nas decisões judiciais e a sua destinação, no intuito de se buscar o reequilíbrio das relações jurídicas especialmente atingidas pelos danos graves e inescusáveis.[86]

A retórica fundamentação externada pelas decisões judiciais, no sentido da incidência das diversas funções antes citadas, acaba se esvaziando diante da grande discricionariedade à qual o STJ se confere para reavaliar a insuficiência ou o exagero na quantificação dos danos morais.

Assim, deveria o próprio STJ exercer o adequado controle das decisões dos tribunais nacionais a respeito da especificação dos montantes pecuniários fixados a título de reparação, punição, prevenção, restituição e qualquer outra funcionalização da responsabilidade civil que se faça necessária. A ausência de discriminação dos valores atribuídos na condenação por danos pode implicar, no final das contas, uma funcionalização meramente simbólica.

O devido processo legal para a aplicação de referida funcionalização, ao que parece, não careceria de regulamentação legislativa – nada obstante talvez fosse esse o caminho mais apropriado.

Nesse sentido, o anteprojeto de reforma ao Código Civil, visando acompanhar as grandes modificações sofridas pela responsabilidade civil ao longo do século XX, buscou reestruturá-la. De acordo com o relatório final da comissão redatora do anteprojeto de reforma do Código Civil,

> Para evitar que prevaleça a aplicação jurisprudencial desordenada de respostas aos novos desafios que não são solucionados pela função compensatória, consideramos a necessidade de adequar a responsabilidade civil aos mais avançados ordenamentos, para que seja compreendida como um sistema de gestão de riscos e de restauração de um equilíbrio injustamente rompido.[87]

---

85 LOPEZ, Teresa Ancona. *Princípio da precaução e evolução da responsabilidade civil*. São Paulo: Quartier Latin, 2010. p. 134; THIBIERGE, Catherine. Libres propos sur l'evolution du droit de la responsabilité. *Revue Trimestrielle de Droit Civil*, Paris, n. 3, p. 561-584, jul./set. 1999.

86 Acerca dos problemas inerentes à fixação dos danos morais pelos tribunais, *vide* CORTIANO JÚNIOR, Eroulths. Os tribunais e a fixação da indenização por danos morais: reflexões a partir de um caso – Parte I. *Migalhas*. Disponível em: https://www.migalhas.com.br/coluna/migalhas-de-responsabilidade-civil/354073/os-tribunais-e-a-fixacao-da-indenizacao-por-danos-morais. Acesso em: jul. 2024.

87 Relatório Final dos trabalhos da Comissão de Juristas responsável pela revisão e atualização do Código Civil (p. 292. Disponível em: chrome-extension://efaidnbmnnnibpcajpcglclefindmkaj/https://legis.senado.leg.br/sdleg-getter/documento/download/68cc5c01-1f3e-491a-836a-7f376cfb95da. Acesso em: jun. 2024).

Diante do exposto, vislumbrando as possibilidades geradas a partir da multifuncionalização da responsabilidade civil, o instituto se renova no intuito de dispensar tratamento adequado à proteção dos direitos essenciais não apenas das gerações presentes, mas também das futuras, por via da gradativa implementação de técnicas que se revelem úteis à garantia da inviolabilidade dos direitos fundamentais constitucionalmente determinada.

Referências

ALTHEIM, Roberto. *Direito de danos*: pressupostos contemporâneos do dever de indenizar. Curitiba: Juruá, 2008.

ARAÚJO, Fernando. *Análise económica do direito*: programa e guia de estudo. Coimbra: Almedina, 2008.

ARON, Raymond. *As etapas do pensamento sociológico*. Tradução de Sérgio Bath. 4. ed. São Paulo: Martins Fontes, 1993.

AZEVEDO, Antônio Junqueira de. Por uma nova categoria de dano na responsabilidade civil: o dano social. *Revista Trimestral de Direito Civil*, v. 19, 2004.

CALABRESI, Guido. *El coste de los accidentes*: Análisis económic y jurídico de la responsabilidad civil. Barcelona: Ariel, 1984.

CARVAL, Suzanne. *La responsabilité civile dans sa fonction de peine privée*. Paris: LGDJ, 1995.

CORTIANO JÚNIOR, Eroulths. Os tribunais e a fixação da indenização por danos morais: reflexões a partir de um caso – Parte I. *Migalhas*. Disponível em: https://www.migalhas.com.br/coluna/migalhas-de-responsabilidade-civil/354073/os-tribunais- e-a-fixacao-da-indenizacao-por-danos-morais. Acesso em: jul. 2024.

COSTA, Mário Júlio de Almeida. *Direito das obrigações*. 4. ed. Coimbra: Coimbra Editora, 1982.

DIAS, José de Aguiar. *Da responsabilidade civil*. 12. ed. Atualização de Rui Berford Dias. Rio de Janeiro: Lumen Juris, 2011.

FACHIN, Luiz Edson. *Entre duas modernidades*: a constituição da persona e o mercado. *Revista de Direito Brasileira*, v. 1, jul. 2011.

FACHIN, Luiz Edson. Trinta anos da Constituição Federal: desafios constitucionais de hoje e propostas para os próximos trinta anos. *Revista de Direito Civil Contemporâneo*, São Paulo, ano 6, v. 18. p. 363-370, jan./mar. 2019.

FROTA, Pablo Malheiros da Cunha. *Responsabilidade por danos*: imputação e nexo de causalidade. Curitiba: Juruá, 2014.

GAROUPA, Nuno. *Combinar a economia e o direito*. A análise econômica do direito. Disponível em: file:///C:/Users/Tha%C3%ADs/Downloads/Combinar_a_economia_eo_direito_a_analise.pdf. Acesso em: jul. 2024.

GEISTFELD, Mark A. Due process and the deterrence rationale for punitive damages. *New York University Public Law and Legal Theory Working Papers*, Paper 311, 2011. Disponível em: http://lsr.nellco.org/nyu_plltwp/311. Acesso em: jul. 2024.

GIORGIANNI, Michele. *L'obbligazione*. Milano: Giufrè, 1968.

GOMES, José Jairo. *Responsabilidade civil e eticidade*. Belo Horizonte: Del Rey, 2005.

GUERRA, Alexandre. Reparação integral vs. indenização tarifada: o que a lei 14.128/21 espera de nós? *Migalhas*. Disponível em: https://www.migalhas.com.br/coluna/migalhas-de-responsabilidade-civil/344633/reparacao-integral-vs-indenizacao-tarifada. Acesso em: jul. 2024.

HIRONAKA, Giselda Maria F. N. Responsabilidade civil: o estado da arte, no declínio do segundo milênio e albores de um tempo novo. *In*: ANDRADE NERY, Rosa Maria de; DONINI, Rogério (Coord.). *Responsabilidade civil*: estudos em homenagem ao professor Rui Geraldo Camargo Viana. São Paulo: Revista dos Tribunais, 2009.

HIRONAKA, Giselda Maria F. N. *Responsabilidade pressuposta*. Belo Horizonte: Del Rey, 2005.

JONAS, Hans. *Le principe responsabilité*: une éthique pour la civilisation technologique. Tradução de Jean Greich. 3. ed. Paris: Ed. Du Cerf, 1993.

KOURILSKY, Philippe; VINEY, Geneviève. *Le principe de précaution*. Paris: Editions Odile Jacob, 2000.

KROETZ, Maria Cândida do Amaral. Adianta pedir desculpas? Reflexões sobre a reparação dos danos morais. *In*: RUZYK, Carlos Eduardo Pianovski; ROSENVALD, Nelson (Coord.). *Novas fronteiras da responsabilidade civil*. Indaiatuba: Foco, 2020.

KROETZ, Maria Cândida do Amaral; VENTURI, Thaís Goveia Pascoaloto. O papel do Superior Tribunal de Justiça na revisão das indenizações por danos extrapatrimoniais, *In*: CORTIANO JUNIOR, Eroulths *et al.* (Coord.). *Apontamentos críticos para o direito civil brasileiro contemporâneo*. Curitiba: Juruá, 2007.

LAMBERT-FAIVRE, Yvonne. L'éthique de la responsabilité. *Revue Trimestrielle de Droit Civile*, Paris, n. 1, jan./mar. 1998.

LIMA, Alvino. *Culpa e risco*. 2. ed. São Paulo: Revista dos Tribunais, 1998.

LOPEZ, Teresa Ancona. *Princípio da precaução e evolução da responsabilidade civil*. São Paulo: Quartier Latin, 2010.

LORENZETTI, Ricardo Luis. *Teoria da decisão judicial*: fundamentos de direito. São Paulo: Revista dos Tribunais, 2009.

LUTZKY, Daniela Courtes. A necessidade de um verdadeiro olhar constitucional sobre a ação de reparação de danos imateriais. *Revista IBERC*, v. 2, n. 1, p. 1-28, jan./abr. 2019. Disponível em: https://revistaiberc.responsabilidadecivil.org/iberc/article/view/22/19. Acesso em: jul. 2024.

MATHIS, Klaus. Efficiency instead of justice? Searching for the Philosophical Foundations of the Economic Analysis of Law. *Law and Philosophy Library*, v. 84, Springer, 2009.

MONTEIRO FILHO, Carlos Edison do Rêgo. Limites ao princípio da reparação integral no direito brasileiro. *Civilística.com*, ano 7, n. 1, 2018.

MOSSET ITURRASPE, Jorge. *Responsabilidad por daños*: responsabilidad coletiva. Santa Fé: Rubinzal-Culzoni, 2004.

NORONHA, Fernando. *Direito das obrigações*. 2. ed. São Paulo: Saraiva, 2007.

PASSOS, José Joaquim Calmon de. *O imoral nas indenizações por dano moral*. Disponível em: https://jus.com.br/artigos/2989/o-imoral-nas-indenizacoes-por-dano-moral. Acesso em: jul. 2024.

PEREIRA, Jane Reis Gonçalves. Apontamentos sobre a aplicação das normas de direito fundamental nas relações jurídicas entre particulares. *In*: BARROSO, Luís Roberto (Org.). *A nova interpretação constitucional*: ponderação, direitos fundamentais e relações privadas. Rio de Janeiro: Renovar, 2003.

PERLINGIERI, Pietro. *Perfis do direito civil:* introdução ao direito civil constitucional. 3. ed. Rio de Janeiro: Renovar, 2002.

POLINSKY, A. Mitchell. *An introduction to law and economics*, 3. ed. New York: Aspen, 2003.

REIS JÚNIOR, Antonio dos. Aplicações da função promocional na responsabilidade civil ambiental. *Revista Brasileira do Instituto de Responsabilidade Civil – IBERC*. Minas Gerais, v. 3, n. 1, p. 1-33, jan./abr. 2020. Disponível em: www.responsabilidadecivil.org/revista-iberc.

REIS JÚNIOR, Antonio dos. Por uma função promocional da responsabilidade civil. *In*: SOUZA, Eduardo Nunes de; SILVA, Rodrigo da Guia (Coord.). *Controvérsias atuais em responsabilidade civil*. São Paulo: Almedina, 2018. p. 573-606.

RICOEUR, Paul. *Le concept de responsabilité* – Essai d'analyse sémantique. Le juste. Paris: Ed. Esprit, 1995.

ROSENVALD, Nelson. A polissemia da responsabilidade civil na LGPD. *Migalhas*. Disponível em: https://www.migalhas.com.br/coluna/migalhas-de-protecao-de-dados/336002/a-polissemia-da-responsabilidade-civil-na-lgpd. Acesso em: jul. 2024.

ROSENVALD, Nelson. *A responsabilidade civil pelo ilícito lucrativo*. Salvador: JusPodivm, 2019.

SALVI, Cesari. *La responsabilità civile*. 2. ed. Milano: Giuffrè, 2005.

SANSEVERINO, Paulo de Tarso Vieira. *Princípio da reparação integral:* indenização *no Código Civil*. São Paulo: Saraiva, 2010.

SCHWARTZ, Victor; KELLY, Kathryn; PARTLETT, David. *Prosser, Wade and Schwartz's Torts, Cases and Materials*. 7. ed. New York: Foundation Press, 1982.

SHAVELL, Steven. *Foundations of economic analysis of law*. Cambridge: Harvard University Press, 2004.

SILVA, Ovídio Baptista da. *Jurisdição, direito material e processo*. Rio de Janeiro: Forense, 2008.

SILVA, Rodrigo da Guia. *Enriquecimento sem causa*: as obrigações restitutórias no direito civil. 1. ed. São Paulo: Revista dos Tribunais, 2018.

TEPEDINO, Gustavo. Itinerário para um imprescindível debate metodológico. *Revista Trimestral de Direito Civil*, Rio de Janeiro, n. 35, jul./set. 2008.

TEPEDINO, Gustavo. O futuro da responsabilidade civil. *Revista Trimestral de Direito Civil*, Rio de Janeiro, v. 24, 2005. Editorial.

THIBIERGE, Catherine. Libres propos sur l'évolution du droit de la responsabilité. *Revue Trimestrielle de Droit Civil*, Paris, n. 3, p. 561-584, jul./set. 1999.

TUNC, André. *La responsabilité civile*. 2. ed. Paris: Econômica, 1989.

VENTURI, Elton; VENTURI, Thaís Goveia Pascoaloto. O dano moral em suas dimensões coletiva e acidentalmente coletiva. *In*: ROSENVALD, Nelson; TEIXEIRA NETO, Felipe (Coord.). *Dano moral coletivo*. São Paulo: Foco, 2018.

VENTURI, Thaís Goveia Pascoaloto. *Responsabilidade civil preventiva*: a proteção contra a violação dos direitos e a tutela inibitória material. São Paulo: Malheiros, 2014.

VINEY, Geneviève. *Traité de droit civil*: introduction à la responsabilité. 3. ed. Paris: LGDJ, 2007.

WEBER, Max. *Ciência e política*: duas vocações. Tradução de Leônidas Hegenberg e Octavio Silveira da Mota. São Paulo: Cultrix, 1993.

Informação bibliográfica deste livro, conforme a NBR 6023:2018 da Associação Brasileira de Normas Técnicas (ABNT):

VENTURI, Thaís G. Pascoaloto. Os desafios da multifuncionalização da responsabilidade civil. *In*: CORTIANO JUNIOR, Eroulths; SILVA, Alexandre Barbosa da (coord.). *O Código Civil e a Contemporaneidade*: Estudos do Grupo Virada de Copérnico em Homenagem ao Ministro Luiz Edson Fachin. Belo Horizonte: Fórum, 2025. p. 257-284. ISBN 978-65-5518-990-2.

DÚVIDA JURÍDICA RAZOÁVEL COMO EXCLUDENTE DE RESPONSABILIDADE CIVIL, DE ENRIQUECIMENTO SEM CAUSA E DE OUTROS REMÉDIOS CONTRA ILÍCITOS CIVIS: COMENTÁRIOS A UM JULGADO DO STJ

CARLOS EDUARDO ELIAS DE OLIVEIRA

1 Objeto do texto e resumo do julgado escolhido do STJ

Em homenagem a um dos maiores civilistas desta geração, o Professor e Ministro Luiz Edson Fachin, temos a alegria de apresentar o presente artigo.

O texto objetiva comentar o cabimento ou não de restituição de valores obtidos a título de enriquecimento sem causa, de indenização (responsabilidade civil) e de outros remédios contra ilegalidades no caso de haver dúvida jurídica razoável. E tal será feito tratando especificamente do que o Superior Tribunal de Justiça (STJ) decidiu no seguinte julgado:

> DIREITO DAS SUCESSÕES. RECURSO ESPECIAL. SUCESSÃO ABERTA NA VIGÊNCIA DO CÓDIGO CIVIL DE 1916. CÔNJUGE SOBREVIVENTE. DIREITO REAL DE HABITAÇÃO. ART. 1.611, §2º, DO CÓDIGO CIVIL DE 1916. EXTINÇÃO. CONSTITUIÇÃO DE NOVA ENTIDADE FAMILIAR. UNIÃO ESTÁVEL. RECURSO ESPECIAL PROVIDO.
>
> 1. O recurso especial debate a possibilidade de equiparação da união estável ao casamento, para fins de extinção do direito real de habitação assegurado ao cônjuge supérstite.
>
> 2. Em sucessões abertas na vigência do Código Civil de 1916, o cônjuge sobrevivente tem direito real de habitação enquanto permanecer viúvo.
>
> 3. A atribuição do direto real de habitação consiste em garantia do direito de moradia por meio da limitação do direito de propriedade de terceiros, uma vez que herdeiros e legatários adquirem o patrimônio do acervo hereditário desde a abertura da sucessão, por força do princípio da saisine.
>
> 4. Conquanto o marco para extinção fizesse referência ao estado civil, o qual somente se alteraria pela contração de novas núpcias, não se pode perder de vista que apenas o casamento era instituição admitida para a constituição de novas famílias.

5. Após a introdução da união estável no sistema jurídico nacional, especialmente com o reconhecimento da família informal pelo constituinte originário, o direito e a jurisprudência paulatinamente asseguram a equiparação dos institutos quanto aos efeitos jurídicos, especialmente no âmbito sucessório, o que deve ser observado também para os fins de extinção do direito real de habitação.

6. Tendo em vista a novidade do debate nesta Corte Superior, bem como a existência de um provimento jurisdicional que favorecia o recorrido e o induzia a acreditar na legitimidade do direito real de habitação exercido até o presente julgamento, deve o aluguel ser fixado com efeitos prospectivos em relação à apreciação deste recurso especial.

7. Recurso especial provido. (STJ, REsp 1617636/DF, 3ª Turma. Rel. Min. Marco Aurélio Bellizze. *DJe*, 3.9.2019 – grifos nossos)

Em relação a esse julgado, o foco do presente texto está apenas no item 6 da ementa acima, que trata da viabilidade ou não de haver restituição de ganhos ilícitos (por força da vedação ao enriquecimento sem causa) no caso de dúvida jurídica razoável.

Em suma, após o falecimento do cônjuge virago em 1990, o viúvo adquiriu o direito real de habitação sobre o imóvel onde vivia o casal[1] com fundamento no Código Civil de 1916, que só garantia esse direito enquanto o viúvo vivesse e permanecesse nessa condição.[2] Em razão disso, os outros cinco filhos do casal, enquanto herdeiros, assumiram a propriedade de parte do imóvel, mas ficaram privados de usá-lo ou de fruí-lo por conta do direito real de habitação instituído em favor do pai. Dois anos após a morte (ou seja, em 1992), o viúvo, porém, constituiu união estável com novo amor, com expresso reconhecimento em escritura pública, o que levou os cinco filhos a defenderem que esse fato teria extinguido o direito real de habitação. Por consequência, os filhos reivindicaram a condenação do pai a pagar valores de aluguéis por conta do uso exclusivo do imóvel, tudo em nome da vedação ao enriquecimento sem causa.

Com esses pedidos dos filhos (declaração de extinção do direito real de habitação e condenação do pai a pagar valores de aluguéis), surgiu a seguinte questão jurídica: à luz do art. 1.611, §2º, do Código Civil de 1916, a constituição de posterior união estável pelo viúvo é ou não causa de extinção do direito real de habitação?

O juiz de primeiro grau entendeu que "sim" e, por isso, deferiu ambos os pedidos dos filhos, inclusive o de condenação do pai a pagar os valores de aluguéis proporcionalmente à fração ideal dos filhos sobre o imóvel, desde a data de 17.10.2013 (data em que os filhos formularam o pedido). O argumento foi o de que, quando o referido preceito do Código Beviláqua previa a extinção do direito real de habitação no momento em que o habitante deixasse o estado de viuvez, ele estaria abrangendo as hipóteses de constituição de união estável.

---

1 Trata-se de uma casa situada no bairro Lago Sul, bairro nobre de Brasília/DF, conforme relatado pelo Tribunal de Justiça do Distrito Federal e Territórios – TJDF (TJDFT, 20140020314216AGI, 2ª Turma Cível, Rel. Desembargador João Egmont. *DJe*, 6.11.2015).

2 Art. 1.611, §2º, do CC/1916 (com inclusão da Lei nº 4.121/1962): "Ao cônjuge sobrevivente, casado sob o regime da comunhão universal, enquanto viver e permanecer viúvo será assegurado, sem prejuízo da participação que lhe caiba na herança, o direito real de habilitação relativamente ao imóvel destinado à residência da família, desde que seja o único bem daquela natureza a inventariar".

O TJDFT, todavia, ao apreciar o agravo de instrumento, entendeu que "não" e, por isso, negou os pedidos dos filhos. O fundamento foi o de que união estável não altera estado civil da pessoa, de maneira que o viúvo não teria mudado de estado civil de viúvo e, por isso, não teria perdido o direito real de habitação. Em reforço a isso, a união estável sequer era admitida quando da entrada em vigor do §2º do art. 1.611 do CC/1916,[3] de maneira que não seria adequado fazer uma interpretação extensiva para atrofiar direitos. E, por fim, o Tribunal local desferiu a seguinte censura contra os filhos do habitante:

> Causa estranheza e também perplexidade a exigência por parte dos filhos agravados de que o pai arque com "aluguéis" para permanecer na casa que ele mesmo adquiriu e onde a família reside desde 1981, não se podendo olvidar, também, que "É obrigação da família, da comunidade, da sociedade e do Poder Público assegurar ao idoso, com absoluta prioridade, a efetivação do direito à vida, á saúde, à alimentação, à educação, à cultura, ao esporte, ao lazer, ao trabalho, à cidadania, à liberdade, à dignidade, ao respeito e à convivência familiar e comunitária" (art. 3º Lei 10.741/03).[4]

O STJ, no julgado acima, reformou o acórdão da Corte local e entendeu que a união estável deve ser considerada causa de extinção do direito real de habitação à luz do CC/1916, pois essa forma de família deve ser equiparada ao casamento para esse efeito. Afinal de contas, a intenção do antigo Código era fulminar o direito real de habitação quando o viúvo constituísse uma nova família.[5]

Não é, contudo, esse aspecto que importa para o presente texto. O que interessa é a questão jurídica daí consequente: o pai deveria ou não pagar aos filhos aluguéis pelo uso exclusivo do imóvel?

O Ministro Marco Aurélio Bellizze, num primeiro momento, condenou o pai a pagar esses frutos, mas, em outra assentada, voltou atrás por reconhecer que, até então, a inédita questão jurídica relativa à extinção do direito real de habitação do CC/1916 pelo advento da união estável era controversa, do que dá prova o fato de o TJDFT ter decidido contrariamente ao juízo de primeiro grau. O genial magistrado reconheceu que o pai tinha a legítima expectativa de que não haveria de ter de pagar os aluguéis, especialmente por ter recebido o beneplácito do TJDFT, razão por que a condenação ao pagamento dos aluguéis só poderia se dar a partir da data do julgamento do STJ. É oportuno reproduzir as palavras do magistrado e civilista carioca:[6]

> Daí a superveniência de pedido de arbitramento de aluguéis, juntado aos autos da ação de inventário em 18/10/2013 pelos ora recorrentes, como forma de "compensação financeira pela privação do direito à quota parte do bem herdado que deve no caso ser resolvido

3 O aludido preceito foi incluído pela Lei nº 4.121/1962.

4 TJDFT, 20140020314216AGI, 2ª Turma Cível, Rel. Desembargador João Egmont. *DJe*, 6.11.2015.

5 Alertamos o leitor de que o direito real de habitação ao cônjuge supérstite tem regência diversa no atual Código Civil: não se extingue com novo casamento ou nova união estável do habitante (art. 1.831, CC/2002: "Ao cônjuge sobrevivente, qualquer que seja o regime de bens, será assegurado, sem prejuízo da participação que lhe caiba na herança, o direito real de habitação relativamente ao imóvel destinado à residência da família, desde que seja o único daquela natureza a inventariar"). O caso julgado pelo STJ, todavia, era guiado pelo CC/1916.

6 Aditamento de voto do relator neste julgado: STJ, REsp 1617636/DF, 3ª Turma. Rel. Min. Marco Aurélio Bellizze. *DJe*, 3.9.2019 – grifos nossos.

> mediante o pagamento de aluguel mensal, sob pena de caracterizar-se locupletamento ilícito" (e-STJ, fl. 218), o que foi deferido pelo Juízo de primeiro grau.
>
> Nesse cenário, cabe frisar que o recorrido ocupa o imóvel do casal desde a abertura da sucessão. Além disso, o imóvel é objeto da ação de inventário que tramita desde 2008, e a determinação de pagamento de aluguéis proporcionais à fração-ideal de cada recorrente somente foi estabelecida a partir da data em que juntado aos autos o pedido (e-STJ, fls. 16-17).
>
> No entanto, até o momento, ao que consta dos autos, não houve o pagamento pelo recorrido, uma vez que a decisão interlocutória foi reformada pelo acórdão de origem, nutrindo no recorrido a legítima expectativa de que gozava do direito real de habitação. Outrossim, a questão jurídica debatida nos autos é nova nesta Corte Superior e, até o momento, controvertida nas instâncias ordinárias, tanto que o acórdão do Tribunal local está sendo agora reformado.
>
> Portanto, diante dessas considerações, *mostra-se razoável que a obrigação de pagar aluguel, a qual decorre da extinção do direito real de habitação, reconhecida nos termos do voto, deverá ser fixada a partir da deste julgamento.*
>
> Com essas considerações adicionais, ratifico os fundamentos expostos, reformulando o dispositivo, para dar provimento ao recurso especial, declarando extinto o direito real de habitação e fixando a obrigação de pagar aluguel, nos termos definidos pelo juízo de primeiro grau, a partir do presente julgamento.
>
> É como voto.

Esse desfecho equilibrado e aristotélico quanto ao pleito do pagamento dos frutos aos filhos merece atenção especial dos civilistas, porque ele representa um assunto pouco explorado pela doutrina: a dúvida jurídica razoável como excludente de ilicitude e, por consequência, como causa idônea a afastar ou atenuar a responsabilidade civil, a restituição fundada na vedação ao enriquecimento sem causa e outros remédios contra ilegalidades. Trataremos disso a seguir e exporemos outros julgados do STJ no mesmo sentido.

2 A dúvida jurídica razoável como excludente de ilicitude, de responsabilidade civil, de enriquecimento sem causa e de outros remédios contra ilícitos civis

O julgado do STJ em foco abre espaço para demonstrar a importância da dúvida jurídica razoável para afastar ilicitudes e, por consequência, os efeitos dela decorrentes ou, no mínimo, para atenuar o grau de ilicitude e consequentemente triar os efeitos.

Antes de deitar holofotes sobre esse assunto, apontaremos os tipos de ilicitudes existentes no direito civil (ilícitos civis) com os respectivos remédios (os efeitos decorrentes do ilícito).

2.1 Tipos de ilícitos civis e remédios

Em palestra no Instituto Brasileiro de Direito Público em Brasília (IDP/DF), em 7.8.2019, o sempre talentoso jurista Nelson Rosenvald apontou interessantes reflexões espelhando-se no direito britânico, com destaque nas obras de Peter Birks e James

Goudkamp.[7] Com base nelas, acrescidas de adaptações nossas, podemos falar em quatro ilícitos civis e em cinco remédios para esses ilícitos.

Os *ilícitos civis* podem ser:

a) inadimplemento de obrigação decorrente de um contrato ou de outro ato jurídico (fato jurídico fonte: contrato ou outro ato jurídico);
b) violação da lei (fato jurídico fonte: lei);
c) enriquecimento ilícito (fato jurídico fonte: vedação ao enriquecimento ilícito em geral);
d) pagamento indevido (fato jurídico fonte: vedação ao enriquecimento ilícito por pagamento indevido).

Os *remédios* – que seriam efeitos jurídicos decorrentes dos ilícitos civis e que se destinam a reprimi-los – podem ser:

a) invalidação (aqui empregamos o termo em sentido extremamente amplo para abranger todas as hipóteses de inexistência, invalidade ou ineficácia dos fatos jurídicos, com inclusão das hipóteses de resolução contratual por culpa da parte);
b) indenização;[8]
c) restituição (em decorrência do enriquecimento ilícito ou do pagamento indevido);
d) tutela específica; e
e) punição.

Havendo algum dos ilícitos civis, o ordenamento jurídico brasileiro articula os quatro remédios de diversas maneiras a depender de cada caso.

No caso de inadimplemento de um contrato ou de outro ato jurídico, o direito brasileiro permite, por exemplo, que o credor: (1) cobre os encargos moratórios ou a cláusula penal, alguns dos quais representam o remédio "indenização", outros dos quais representam o remédio "punição"; (2) cobre indenização por danos sofridos por força da responsabilidade civil contratual, o que corresponde ao remédio "indenização"; (3) exija o cumprimento forçado da prestação, o que retrata o remédio "tutela específica"; ou (4) pleiteie a resolução contratual, que é uma hipótese de perda da eficácia do negócio jurídico a qual enquadramos no remédio designado de "invalidação".

Em se tratando de violação da lei, o mais comum é ser cabível: (1) o pronunciamento da inexistência, invalidade ou ineficácia do ato jurídico, o que representa o remédio "invalidação"; (2) a indenização pelos danos sofridos, ou seja, a responsabilidade civil extracontratual, o que retrata o remédio "indenização".

---

7 Sobre o assunto, reportamos aos textos de Stephen A. Smith (2009), Peter Birks (2000) e Rosenvald e Kuperman (2017).

8 A propósito da indenização (responsabilidade civil), enfatize-se que ela decorre, em regra, de um ato ilícito. O enciclopédico civilista Flávio Tartuce (2020, p. 356), citando oportunamente San Tiago Dantas, averba, *in litteris*: "A concepção da responsabilidade sempre esteve relacionada à lesão do direito, segundo ensina San Tiago Dantas, sendo este conceito 'fundamental para compreender-se bem o tema que se passará a estudar, o tema da defesa dos direitos'. Ensina esse doutrinador que, 'sempre que se verifica uma lesão do direito, isto é, sempre que se infringe um dever jurídico correspondente a um direito, qual é a primeira consequência que daí advém? Já se sabe: nasce a responsabilidade' (Programa..., 1979, p. 376)".

Havendo enriquecimento ilícito, o remédio disponível pelo ordenamento jurídico é a restituição do ganho indevidamente obtido por meio da ação *in rem verso* (ação de enriquecimento sem causa), nos termos dos arts. 884 a 886 do CC.

Em havendo o pagamento indevido, é cabível, como remédio, a "restituição" por meio da repetição de indébito nos termos dos arts. 876 a 883 do CC. Historicamente, a ação de repetição de indébito era uma espécie de ação *in rem verso*. Todavia, o direito brasileiro desmembrou a ação de repetição de indébito, e passou a disciplinar a ação *in rem verso* nos arts. 876 a 883 do CC com um caráter subsidiário. Por isso, no direito brasileiro, o pagamento indevido é fato jurídico diverso do enriquecimento sem causa e sujeita-se à ação diversa. Aliás, o próprio prazo prescricional é diverso: a ação de repetição de indébito prescreve em 10 anos, ao passo que a ação *in rem verso* prescreve em 3 anos (STJ, EREsp 1.523.744/RS, Corte Especial. Rel. Min. Og Fernandes. *DJe*, 13.3.2019).

Essa classificação de atos ilícitos e remédios permite articular as obrigações, os contratos, os atos unilaterais e a responsabilidade civil com maior clareza.

No presente texto, o que nos importa saber é se a dúvida jurídica razoável seria hábil ou não a afastar ou a atenuar o ilícito civil e, por consequência, os remédios daí decorrentes, especialmente os remédios da indenização e da restituição.

2.2 Natureza indeterminada do direito: a relevância da dúvida jurídica razoável como elemento de segurança jurídica

O direito é marcado por certo grau de indeterminação. Isso não quer dizer que ele é totalmente imprevisível, mas sim que sempre haverá certa margem de imprevisibilidade acerca de como, no futuro, se comportará o profissional do direito incumbido de interpretar o ordenamento. Em poucas palavras, as regras do jogo nem sempre são absolutamente claras de modo prévio. A propósito, reiteramos o que expusemos em outra ocasião (OLIVEIRA, 2018b):

> O Direito, por sua natureza, é uma matéria-prima plástica e dinâmica, de modo que diferentes soluções jurídicas podem ser obtidas de modo legítimo por meio da hermenêutica.[9] O problema da "indeterminação do Direito" expõe os juristas, há muitos séculos, desde a Noite dos Tempos, à condenação de Sísifo: os juristas tentam rolar a pedra do Direito para o topo do monte em busca da obtenção de uma "determinação unívoca do Direito", mas, sempre, ao chegar perto do cume da montanha, a pedra implacavelmente retorna ao seu início de "indeterminação".[10]
>
> Portanto, por maior que seja o esforço em estabelecer regras que domestiquem a hermenêutica, sempre haverá espaço de flexibilidade e coexistência de soluções jurídicas diversas a depender das inclinações dos juristas que estiverem a interpretar[11].

---

[9] Emprega-se aqui o vocábulo "hermenêutica" em sentido amplo, abrangendo ao que, na academia, designa-se de "argumentação jurídica".

[10] A propósito da indeterminação do direito, reportamo-nos aos escritos de Inocêncio Mártires Coelho ([s.d.]). Chegamos a apontar essa natureza incerta do direito sob o enfoque de Miguel Reale, de Recaséns Siches e Eros Roberto Grau nestes textos: (1) Oliveira (2013) e (2) Oliveira (2018).

[11] Não se ignoram os esforços de, no âmbito das teorias da argumentação jurídica, dar objetividade ao discurso jurídico. Ocorre que, apesar desses esforços, o máximo que se pode conseguir é fixar regras discursivas que eliminam puras arbitrariedades dos intérpretes e que aproximam o resultado do discurso jurídico a um modelo

É evidente, porém, que os estudos de Argumentação Jurídica conseguem reduzir o grau de imprevisibilidade e de voluntarismo, mas não será hábil a garantir plena predeterminação do ponto de chegada da atividade interpretativa.

A dúvida jurídica razoável é elemento de segurança jurídica que deve ser levado em conta pelo jurista ao avaliar a legalidade da conduta do indivíduo. Se este age amparado em dúvida jurídica razoável, ele não deve ser futuramente submetido a repreensões desproporcionais na hipótese de vir a prevalecer uma solução jurídica diversa. Em outras palavras, se, no referido exemplo, a conduta do indivíduo vem a ser considerada ilegal, é forçoso reconhecer que ele agiu de boa-fé e, por isso, a sua "ilegalidade" é legítima.

Sobre o tema, tivemos a oportunidade de defender que o jurista, ao adotar uma interpretação, deve ter grau de empatia com o indivíduo que agiu sob dúvida jurídica razoável e, por isso, deve ter cuidado em só permitir a produção dos efeitos jurídicos que sejam proporcionais (cindibilidade dos efeitos jurídicos). Tomamos a liberdade de reproduzir nossas reflexões (OLIVEIRA, 2018a, p. 7-10):

> A dúvida jurídica razoável não é um conceito absoluto; pode ser escalonada em graus de intensidade. Embora não haja um termômetro cirúrgico para essa medição, a prudência do jurista poderá aquilatar esse grau de intensidade da dúvida jurídica razoável com olhos no nível de amparo que as interpretações encontram na comunidade jurídica, na história do Direito e na tradição da sociedade.
>
> O grau de dúvida jurídica razoável dirá também o grau de ilegalidade que terão as interpretações que vierem a ser vencidas.
>
> Se, por exemplo, a interpretação vencida era escorada em jurisprudência pacificada dos Tribunais Superiores, o grau de dúvida jurídica razoável era altíssimo. A mudança de entendimento dos Tribunais Superiores, derrotando uma interpretação anteriormente pacífica, entregará essa interpretação vencida a uma situação de ilegalidade legítima. Essa ilegalidade, diante do elevado grau da dúvida jurídica razoável, é de intensidade baixíssima.
>
> Quanto menor o grau da ilegalidade legítima, menores devem ser as sanções jurídicas daí decorrentes. É nesse contexto que o jurista, em um juízo de proporcionalidade, deve analisar quais os efeitos jurídicos da ilegalidade legítima que podem ser irradiados.
>
> Se a ilegalidade era de intensidade baixíssima diante de um cenário de dúvida jurídica razoável, seria desproporcional admitir a produção de efeitos jurídicos punitivos drásticos, mas seria proporcional acatar os efeitos jurídicos de baixa repercussão contra quem confiou em uma interpretação razoável que foi vencida. De fato, em uma situação de grau baixíssimo de ilegalidade legítima, temos que praticamente nenhum efeito sancionador deverá ser produzido, pois, nessa situação, a dúvida jurídica era tão grande que a própria existência de uma norma jurídica pode ser questionada. Afinal de contas, norma é texto e contexto: se o contexto é extremamente turvo, a norma é incompleta.
>
> Em um exemplo extremo, seria desproporcional punir com prisão quem, no século XVIII, impedia um negro de entrar em um ambiente, embora possa ser proporcional impor-lhe um dever de abster-se de reiterar essa prática doravante. Isso porque, naqueles tempos sombrios de escravidão, a comunidade jurídica brasileira era majoritária no sentido de negar direitos aos negros. Embora esse fato (obstrução do negro a adentrar um estabelecimento) possa ser

---

mais democrático. Todavia, inevitavelmente as inclinações pessoais dos juristas ainda continuarão a impregnar-se no resultado da hermenêutica. Uma teoria pura do direito é um dever-ser, e não um ser.

> considerado ilegal atualmente – e repugnante! –, os efeitos jurídicos desse fato devem ser cindidos e, em seguida, devem ser submetidos a um juízo de proporcionalidade próprio, com olhos no grau de dúvida jurídica razoável que imperava sobre o tema no século XVIII.
>
> Com base nesse juízo de proporcionalidade entre o grau de ilegalidade e a intensidade dos efeitos jurídicos, o jurista precisa individualizar a análise de cada um desses efeitos e negar a produção daqueles efeitos que se afigurem desproporcionais. Os efeitos jurídicos da ilegalidade podem ser cindidos; trata-se do que designamos de "cindibilidade dos efeitos da ilegalidade legítima".
>
> Por essa razão, o jurista, ao enfrentar a árdua tarefa de interpretar o Direito, deve ter a prudência de, após eleger a sua alternativa hermenêutica, investigar quais são as soluções efetivas que poderão ser aplicadas ao caso concreto, com a postura humilde e empática de reconhecer que, em um cenário de razoável dúvida hermenêutica, será injusto infligir duras punições a quem adotou, em momento anterior, uma opção hermenêutica diferente. [...]
>
> Diante da natureza inexata do Direito, entendemos que a ilegalidade legítima – assim entendida aquela contrariedade à interpretação normativa vitoriosa que esteja amparada em uma dúvida jurídica razoável – afasta a má-fé e, em consequência, impõe ao jurista o dever de proceder à cindibilidade dos efeitos jurídicos a serem produzidos. Nesse procedimento de "cindibilidade dos efeitos jurídicos", o jurista deverá realizar um juízo de proporcionalidade entre o grau da ilegalidade legítima e a intensidade dos efeitos jurídicos para somente admitir a produção daqueles efeitos que sejam considerados proporcionais.

Portanto, é imperativo da segurança jurídica que o jurista incumbido de analisar a legalidade de uma conduta tenha a sensibilidade de não expor aqueles que agiram sob dúvida jurídica razoável a repreensões desproporcionais. Cabe-lhe, diante dos vários efeitos jurídicos espargidos pelo reconhecimento da ilegalidade de uma conduta, autorizar a irradiação apenas daqueles que sejam proporcionais.

2.3 Dúvida jurídica razoável nos outros ramos do direito

Há diversos exemplos de cindibilidade dos efeitos jurídicos em situações de dúvida jurídica razoável nos mais diversos ramos do direito, conforme expusemos em outra ocasião (OLIVEIRA, 2018a, p. 10-14):

a) Direito administrativo: sanções administrativas podem ser afastadas contra agente público que agiu sob dúvida jurídica razoável, a exemplo de gestor que agiu amparado em parecer jurídico da procuradoria, da vedação de responsabilização do agente público por infração hermenêutica fora dos casos de dolo ou erro grosseiro (art. 28, LINDB),[12] do juiz que interpretou a legislação sem dolo ou fraude, do advogado público licenciado que exercia a advocacia privada com base em interpretação razoável da legislação, do servidor público que, de boa-fé, com base em interpretação razoável da legislação, recebe valores indevidos e da convalidação, pelo STF, de nomeação de empregados públicos sem concurso público diante da existência de dúvida jurídica razoável acerca da necessidade de concurso público.

[12] Reportamos a outro texto nosso que esmiuçou o assunto (OLIVEIRA, 2018b).

b) Processo civil: há vários exemplos, como a fungibilidade recursal e a possibilidade de modulação dos efeitos da jurisprudência no caso de mudança da orientação dominante (art. 927, §3º, do CPC).
c) Direito constitucional: a modulação de efeitos da declaração de inconstitucionalidade.

2.4 Dúvida jurídica razoável e a cindibilidade de efeitos jurídicos desproporcionais no direito civil

No direito civil, a dúvida jurídica razoável e a cindibilidade dos efeitos jurídicos também devem ser observadas. Em muitos casos, elas são admitidas sob institutos irmãos, como o de proteção da boa-fé, o da vedação da não surpresa (princípio da confiança) ou o do princípio da proporcionalidade. Esses outros argumentos, na verdade, são outros nomes ao que, com mais especificidade, designamos de tutela da dúvida jurídica razoável e de cindibilidade dos efeitos jurídicos.

Conforme já expusemos, há diversos tipos de ilícitos civis (inadimplemento de obrigação, violação de lei, enriquecimento ilícito e pagamento indevido). E, para eles, há remédios, que são efeitos jurídicos que reprimem esses ilícitos (invalidação, tutela específica, indenização, restituição e punição). Cabe ao jurista, quando se deparar com alguém que agiu sob dúvida jurídica razoável, só autorizar o manuseio dos remédios que se afigurem proporcionais.

No caso da responsabilidade civil, convém recordar que o art. 186 do Código Civil exige, como requisito do ilícito civil, não apenas o dano e a culpa, mas também a "violação de direito".[13] Se há dúvida jurídica razoável, ela é idônea a afastar ou, no mínimo, a atenuar a caracterização desse requisito da "violação de direito", o que, consequentemente, repele o dever de indenizar ou, no mínimo, acarreta a redução do valor a ser fixado a título de indenização.

Ora, como a legalidade prévia é um pressuposto do Estado de direito, o particular que age com amparo em dúvida jurídica razoável não pode ser punido se, posteriormente, a jurisprudência vem a decidir diversamente, sob pena de transformá-lo em um "boca de canhão hermenêutico", em um "boi de piranha hermenêutico" ou em um "mártir hermenêutico". Os arts. 138, III, e 186 do CC e o art. 942, §2º, do CPC dão suporte a isso. A propósito, reproduzimos ponderações que já fizemos em outra oportunidade (OLIVEIRA, 2018a, p. 15-17):

> Como a violação de direito é essencial para a caracterização do ato ilícito no Direito Civil (art. 186 do CC), é fundamental que a regra jurídica seja clara de antemão. Isso decorre do princípio da legalidade, que só vincula as pessoas a leis prévias, e do princípio da segurança jurídica, que prestigia a nitidez das normas. Isso é um pressuposto do Estado de Direito. Se a norma textual é de duvidosa interpretação (dúvida razoável), o jurista deverá averiguar o grau de dúvida jurídica que ronda a definição da norma diante dos casos concretos, de modo a, por um juízo de razoabilidade, afastar consequências jurídicas que sejam desarrazoadas.

[13] Art. 186, CC: "Aquele que, por ação ou omissão voluntária, negligência ou imprudência, violar direito e causar dano a outrem, ainda que exclusivamente moral, comete ato ilícito".

No Direito Civil, a dúvida jurídica razoável também pode afastar ou, a depender do seu grau, atenuar a responsabilidade civil, por ser injusto punir o particular em um cenário causado pelo próprio Estado, que não deixou as regras claras. Se a dúvida jurídica razoável for de intensidade elevada, entendemos que a responsabilidade civil deve ser totalmente excluída. Se, porém, a intensidade de dúvida não for tão elevada, seria cabível admitir parcialmente a responsabilidade civil, pois o requisito da "violação de direito" (art. 186, CC) estaria presente apenas em parte. A consequência desse acolhimento parcial da responsabilidade civil é a redução proporcional do valor da indenização.

A falta de clareza normativa é um problema do Estado e do sistema democrático, de modo que o particular não pode ser punido por, diante dessa névoa normativa, adotar uma interpretação que posteriormente venha a ser rechaçada pelos tribunais. Enquanto a dúvida jurídica razoável não for dissolvida, não se pode punir os particulares com sanções jurídicas desproporcionais. É claro que, depois que os tribunais se manifestarem sobre um determinado caso, a dúvida jurídica razoável estará dissolvida ou atenuada.

O problema, porém, é como tratar os particulares envolvidos nos casos paradigmáticos que geraram a jurisprudência. Não se os pode punir por terem adotado uma via hermenêutica razoável que, posteriormente, foi recusada pelos tribunais. Os particulares não podem ser sacrificados em prol dos demais, que se beneficiarão com o fim da dúvida jurídica razoável. Isso acontece quando os tribunais, diante de uma situação de dúvida jurídica razoável, escolhem uma interpretação e punem o indivíduo que, antes da pacificação hermenêutica, teve o azar de abraçar uma interpretação vencida. Em situações como essas, o particular envolvido no *leading case* é entregue em holocausto vicário em favor dos demais indivíduos, que, cientes da interpretação vencedora, saberão qual interpretação a adotar. Isso é injusto. O particular envolvido no *leading case* não pode ser punido com sanções desproporcionais. Temos que a responsabilidade civil não pode ser usada para transformar particulares em "bois de piranha hermenêuticos", em um "mártir hermenêutico" ou em "bocas de canhão hermenêuticas".

Quanto aos que sofreram danos, eles não podem exigir indenização de quem agiu sob dúvida jurídica razoável, pois aí falta o requisito da violação de direito exigido para a caracterização do ato ilícito. Se alguém deveria pagar a indenização, seria o legislador – que não deixou as regras do jogo claras –, mas, como vige o regime da irresponsabilidade do legislador e como isso decorre de falhas no sistema democrático, nada há a fazer. Em última instância, a situação de lacuna normativa é culpa de todos os indivíduos, que não exerceram adequadamente o seu poder democrático diretamente ou por meio de seus representantes. Omissão normativa do Estado não pode recair sobre os ombros do homem comum, do "*the man on the Clapham bus*",[14] que, sem formação jurídica, tem de enfrentar um anuviado ambiente de dúvida jurídica razoável e arriscar escolher uma interpretação razoável.

Apesar de poder afastar ou atenuar a responsabilidade civil, a dúvida jurídica razoável poderá não afastar consequências civis menos gravosas, como a de originar uma obrigação de não fazer daqui para frente. O intérprete pode e deve modular os efeitos da interpretação da norma mesmo no Direito Civil, avaliando, sob a ótica da razoabilidade, que consequências civis são razoáveis. O art. 942, §2º, do CPC, que prevê essa modulação dos efeitos de interpretações jurisprudenciais, não deve ser aplicado apenas no caso de mudanças de jurisprudências pacificadas, mas também no caso de pacificação de questões inéditas ao redor das quais pairavam dúvidas jurídicas razoáveis.

---

14 Essa expressão inglesa se reporta ao homem comum, como lembra Ronald Coase (2016, p. 4). Clapham é um bairro muito popular de Londres, de modo que a referência a um homem em um ônibus nesse local reporta-se a uma situação comum.

Em reforço ao exposto, a própria previsão de anulabilidade do negócio jurídico por erro de direito (art. 138, III, do CC) é o reconhecimento de que o ordenamento jurídico protege o particular atarantado por um clima de dúvida jurídica razoável. O que propomos aqui é a extensão disso para outras consequências jurídicas, como a responsabilidade civil, a depender de um juízo de proporcionalidade entre o grau da dúvida jurídica e a gravosidade da consequência jurídica civil disponível.

Portanto, a depender de grau de intensidade da dúvida jurídica razoável, o requisito "violação do direito" previsto no art. 186 do CC deve ser tido por total ou parcialmente descaracterizado e, em consequência, a responsabilidade civil deve ser excluída total ou parcialmente (atenuada, com redução proporcional do valor da indenização).

2.5 Caso escolhido do STJ

O julgado escolhido neste texto para ser comentado ilustra um exemplo de aplicação da cindibilidade dos efeitos jurídicos no caso de dúvida jurídica razoável em questão de direito civil.

O STJ reconheceu que o direito real de habitação havia sido extinto desde o momento em que o viúvo formou união estável. No caso concreto, o viúvo havia formado união estável no ano de 1992.

Daí decorre que, em princípio, a ocupação exclusiva do imóvel (a casa do bairro Lago Sul em Brasília/DF) pelo ex-viúvo sem pagamento de qualquer valor aos seus filhos (que eram proprietários de parte da casa) configura um ilícito civil: o enriquecimento sem causa.

Desse ilícito civil, em tese, abre-se o leque dos seguintes remédios:

a) *restituição*: a condenação do ex-viúvo a restituir o ganho indevido, o que, na espécie, significaria o seu dever de pagar aos filhos o valor de aluguel do imóvel proporcionalmente à fração ideal deles no imóvel;
b) *tutela específica*: filhos poderiam exigir que o ex-viúvo desocupasse o imóvel com a posterior locação do bem a terceiros para divisão dos frutos ou com posterior dissolução do condomínio.

O STJ, com base em um juízo de razoabilidade, reconhecendo que o ex-viúvo se amparava em uma interpretação razoável da legislação (no sentido de que o direito real de habitação não teria sido extinto com a união estável) e que o assunto era inédito, afastou parcialmente o remédio da "restituição", estabelecendo que este só seria devido a partir da data de julgamento. A ideia é a de que, com o julgamento pelo STJ, dissipou-se a situação de dúvida jurídica razoável do ex-viúvo, que, agora, não terá dúvida alguma de que seu direito real de habitação já se extinguiu. O STJ, em outras palavras, modulou os efeitos do remédio da "restituição", emprestando-lhe eficácia *ex nunc*. Trocando em miúdos, o STJ cindiu parcialmente os efeitos jurídicos diante do cenário de dúvida jurídica razoável.

Quanto à tutela específica, não houve pedido dos filhos nesse sentido, mas ela provavelmente seria tida por razoável após o julgamento do STJ.

2.6 Outros julgados do STJ

2.6.1 Casos de plano de saúde

O supracitado julgado do STJ dança harmonicamente com outros dessa Corte em matérias de direito civil.

Nos casos de negativas indevidas de cobertura pelo plano de saúde, o STJ entende que esse fato pode causar dano moral a ser indenizado pela operadora.[15]

Se, porém, à época, a operadora tivesse se amparado em dúvida jurídica razoável, o STJ promove uma cindibilidade dos efeitos produzidos por sua decisão de reconhecer a ilegalidade da conduta da operadora: o efeito jurídico drástico (a indenização por dano moral) é afastado, ao passo que o efeito jurídico da condenação da operadora a, doravante, dar a cobertura (tutela específica) é deferido.

Nesse sentido, quando o STJ passou a decidir que os planos de saúde têm de fornecer medicamentos registrados na Anvisa, ele afastou a condenação da operadora a pagar dano moral ao consumidor (indenização), mas manteve o seu dever de fornecer os medicamentos (tutela específica), por reconhecer que a operadora, ao negar a cobertura à época, agira ao amparo de dúvida jurídica razoável. O STJ, com base na razoabilidade, realizou uma cindibilidade dos efeitos jurídicos produzidos pelo reconhecimento da ilegalidade da conduta da operadora. Confira-se este ilustrativo excerto da ementa do julgado que assim decidiu:

> 11. Em regra, a recusa indevida pela operadora de plano de saúde de cobertura médico-assistencial gera dano moral, porquanto agrava o sofrimento psíquico do usuário, já combalido pelas condições precárias de saúde, não constituindo, portanto, mero dissabor, ínsito às hipóteses correntes de inadimplemento contratual.
>
> 12. Há situações em que existe dúvida jurídica razoável na interpretação de cláusula contratual, não podendo ser reputada ilegítima ou injusta, violadora de direitos imateriais, a conduta de operadora que optar pela restrição de cobertura sem ofender, em contrapartida, os deveres anexos do contrato, tal qual a boa-fé, o que afasta a pretensão de compensação por danos morais.
>
> 13. Não há que se falar em dano moral indenizável quando a operadora de plano de saúde se pautar conforme as normas do setor. No caso, não havia consenso acerca da exegese a ser dada ao art. 10, incisos I e V, da Lei nº 9.656/1998.
>
> 14. Recurso especial parcialmente provido. (STJ, REsp 1632752/PR, 3ª Turma. Rel. Min. Ricardo Villas Boas Cueva. *DJe*, 29.8.2017)

Procedeu da mesma forma o STJ ao reconhecer a ilegalidade da cláusula de exclusão da cobertura de *stent*: negativas indevidas dessa cobertura antes da pacificação da jurisprudência não ensejariam condenação da operadora a indenizar dano moral (indenização), embora coubesse à operadora fornecer a cobertura (tutela específica). Afinal de contas, havia dúvida jurídica razoável. Veja esta ementa, relatada pela genial Ministra Maria Isabel Gallotti:

---

15 A mera negativa indevida pela operadora do plano de saúde, por si só, não gera dano moral. É preciso haver agravamento da dor, do abalo psicológico ou prejuízos à saúde do paciente (STJ, AgInt no REsp 1.776.261/SC, 4ª Turma. Rel. Min. Raul Araújo. *DJe*, 18.12.2019).

> AGRAVO REGIMENTAL. RECURSO ESPECIAL. PLANO DE SAÚDE. NEGATIVA DE COBERTURA. DEVER DE INDENIZAR. CLÁUSULA CONTRATUAL CONTROVERTIDA.
>
> 1. O mero descumprimento de cláusula contratual controvertida não enseja a condenação por dano moral.
>
> 2. Embora a jurisprudência tenha posteriormente se consolidado no sentido da invalidade de cláusula que exclua a cobertura de *stent*, no caso em exame, a circunstância de o contrato não ter sido adaptado à Lei 9.656/98 emprestava, na época em que ocorridos os fatos, relevância à discussão travada pelo réu, tese acolhida pelo relator originário da apelação
>
> 3. Agravo regimental a que se nega provimento. (STJ, AgRg no REsp 1457475/MG, 4ª Turma. Rel. Min. Maria Isabel Gallotti. *DJe*, 24.9.2014)

Igual postura se deu em relação a negativas do plano de saúde com fundamento em dúvida jurídica razoável na interpretação da cláusula contratual. O STJ afasta o dano moral aí. Foi sob essa ótica que o STJ absolveu do dever de indenizar a operadora de plano de saúde que negou tratamento fisioterápico domiciliar, pois ela havia se amparado em uma interpretação razoável de cláusula contratual que excluía tratamentos domiciliares e que veio a ser declarada nula pelo Judiciário posteriormente. De fato, nesse caso, assim averbou o Ministro Moura Ribeiro:

> [...] A Terceira Turma do STJ pacificou o entendimento de que, embora, em regra, a indevida negativa de cobertura enseje a reparação por dano extrapatrimonial, este deve ser afastado, caso haja dúvida razoável na interpretação do contrato, porquanto descaracterizada a conduta ilegítima da operadora do plano de saúde. (STJ, AREsp 1.464.124/MG. Rel. Min. Moura Ribeira, decisão monocrática. *DJ*, 18.9.2019)

Em caso similar, após considerar abusiva cláusula que exclui cobertura de tratamento prescrito pelo médico e não previsto no rol de procedimentos da ANS, o STJ cindiu os efeitos jurídicos daí decorrentes: negou a indenização por dano moral por conta da dúvida jurídica razoável (indenização), mas condenou a operadora a continuar dando a cobertura (tutela específica). Confira-se:

> AGRAVO INTERNO NO RECURSO ESPECIAL. PLANO DE SAÚDE. ENTIDADE AUTOGESTÃO. CDC. NÃO APLICAÇÃO. CONTRATO. LIMITAÇÃO DE COBERTURA DE DOENÇAS. POSSIBILIDADE. PROCEDIMENTOS PARA O TRATAMENTO. ILEGITIMIDADE. DANO MORAL. INEXISTENTE. [...]
>
> 2. O contrato de plano de saúde pode limitar as doenças a serem cobertas, não lhe sendo permitido, todavia, delimitar os procedimentos, exames e técnicas necessárias ao tratamento da enfermidade prevista na cobertura.
>
> 3. Consolidou a jurisprudência do STJ o entendimento de que é abusiva a negativa de cobertura para o tratamento prescrito pelo médico para o restabelecimento do usuário de plano de saúde por ausência de previsão no rol de procedimentos da ANS, em razão de ser ele meramente exemplificativo.
>
> 4. A recusa da cobertura de tratamento por operadora de plano de saúde, por si só, não configura dano moral, notadamente quando fundada em razoável interpretação contratual. Precedentes.
>
> 5. Agravo interno e recurso especial parcialmente providos. (STJ, AgInt no REsp 1682692/RO, 4ª Turma. Rel. Min. Maria Isabel Gallotti. *DJe*, 6.12.2019)

Igualmente, o STJ afastou condenação de indenização por dano moral contra a operadora de plano de saúde que, alegando inexistir previsão contratual, negou tratamento *home care*, pois havia aí dúvida jurídica razoável. Confira-se:

> AGRAVO INTERNO NO AGRAVO EM RECURSO ESPECIAL. PLANO DE SAÚDE.
>
> TRATAMENTO HOME CARE. TRATAMENTO DEFERIDO JUDICIALMENTE. RECUSA FUNDADA EM INTERPRETAÇÃO DE CLÁUSULA CONTRATUAL. INEXISTÊNCIA DE DANO MORAL. INCIDÊNCIA DAS SÚMULAS 5 E 7 DESTA CORTE. AGRAVO INTERNO DESPROVIDO.
>
> 1. A recusa da operadora do plano de saúde baseou-se na ausência de previsão contratual para o fornecimento de home care. Dúvida razoável na interpretação do contrato que não configura conduta ilícita capaz de ensejar indenização. Incidência das Súmulas 5 e 7/STJ.
>
> 2. Agravo desprovido. (STJ, AgInt no AREsp 983.652/SP, 3ª Turma. Rel. Min. Marco Aurélio Bellizze. *DJe*, 2.2.2017)

A propósito, ao considerar indevida a conduta do plano de saúde de negar tratamento de obesidade mórbida em clínica de emagrecimento por recomendação médica, o STJ cindiu os efeitos jurídicos: deferiu a tutela específica, mas negou o dano moral por conta da dúvida jurídica razoável. O Ministro Ricardo Villas Bôas Cueva sintetizou bem os motivos:

> [...] Há situações em que existe dúvida jurídica razoável na interpretação de cláusula contratual, não podendo ser reputada ilegítima ou injusta, violadora de direitos imateriais, a conduta de operadora que optar pela restrição de cobertura sem ofender, em contrapartida, os deveres anexos do contrato, tal qual a boa-fé, o que afasta a pretensão de compensação por danos morais. (STJ, REsp 1645762/BA, 3ª Turma. Rel. Min. Ricardo Villas Bôas Cueva. *DJe*, 18.12.2017)

Idêntico proceder adotou o STJ em relação a plano de saúde que, com fundamento em dúvida jurídica razoável em relação à cláusula contratual, negou indevidamente: (1) cobertura de quimioterapia e radioterapia;[16] (2) tratamento de injeção intravítrea;[17] e (3) fornecimento de prótese ocular necessária para cirurgia de catarata.[18]

2.6.2 Caso da classificação indicativa de filmes

Além dos casos envolvendo pleito de lucros cessantes por controvérsia acerca da existência de direito real de habitação e pleito de indenização por dano moral por recusa indevida de tratamento por plano de saúde, o STJ vale-se da cindibilidade dos efeitos jurídicos diante da existência de dúvida jurídica razoável em outras hipóteses.

Em interessantíssimo julgado, o STJ absolveu uma empresa que retirou da sala de exibição do cinema uma criança e seu pai alegando que o filme era inadequado para

---

16 Veja: STJ, AgInt no REsp 1.764.592/PR, 3ª Turma. Rel. Min. Moura Ribeiro. *DJe*, 20.3.2019. Há julgado contrário, concedendo dano moral pelo fato de a cláusula contratual ter previsto a cobertura de quimioterapia (STJ, REsp 1.651.289/SP, 3ª Turma. Rel. Min. Nancy Andrighi. *DJe*, 5.5.2017).

17 STJ, AgInt no AREsp 1.134.706/SC, 3ª Turma. Rel. Min. Ricardo Villas Bôas Cueva. *DJe*, 23.11.2017.

18 STJ, AgInt no AREsp 1.395.816/SP, 3ª Turma. Rel. Min. Moura Ribeiro. *DJe*, 2.5.2019.

menores de idade. A empresa se escorara em dúvida jurídica razoável, pois, à época dos fatos, o ato infralegal em vigor (Portaria nº 796/2000, do Ministério da Justiça) era genérico, e o ECA poderia vir a ser interpretado de modo a expor a empresa a pesadas sanções por ter permitido o acesso de menores a filme com conteúdo inadequado. O art. 255 do ECA previa multa pesada contra quem exibisse filme classificado como inadequado a crianças ou adolescentes. Naquele momento, era razoável interpretar que a classificação indicativa dos filmes era compulsória e não podia ser flexibilizada nem mesmo por vontade dos pais.[19] Com base nisso, o STJ valeu-se da dúvida jurídica razoável para afastar a condenação da empresa ao pagamento de indenização por dano moral.

2.6.3 Casos em que a dúvida jurídica razoável poderia ter sido utilizada

Temos que não deveria ter sido condenada a pagar indenização por dano moral a padaria que havia se amparado no texto expresso da convenção condominial (que previa destinação exclusivamente comercial das unidades) para ligar suas máquinas de madrugada. O STJ, aplicando a *supressio*, condenou a padaria a pagar indenização por dano moral à moradora que, há anos, desrespeitava a convenção e emprestava destinação residencial à sua unidade (REsp 1.096.639/DF, 3ª Turma. Rel. Min. Nancy Andrighi. *DJe*, 12.02.2009). Nessa hipótese, temos que, no mínimo, por conta da situação de dúvida jurídica razoável, deveria ter sido feita uma cisão dos efeitos jurídicos: deferir-se-ia a tutela específica (proibir padaria de ligar as máquinas) e indeferir-se-ia a indenização por dano moral (OLIVEIRA, 2018a, p. 19-20).

Além do mais, também se deveria aplicar a dúvida jurídica razoável para repelir a condenação de estabelecimentos comerciais ao pagamento de indenização por danos morais nas hipóteses em que eles tenham negado acesso de transgênero a banheiro diverso daquele que consta de seus documentos de identidade, especialmente se essa negativa ocorreu antigamente, quando inexistia jurisprudência sobre o assunto. Não se trata aqui de questionar o mérito do direito do transgênero a escolher o banheiro que lhe aprouver. Cuida-se, sim, de apontar que esse tema não era pacificado (e ainda hoje não o é), de maneira que, ainda que se venha a pacificar o direito de livre escolha do transgênero, convém que seja feita uma cindibilidade dos efeitos jurídicos para fatos ocorridos antes dessa pacificação: defere-se a tutela específica (assegurar entrada do transgênero no banheiro de sua escolha), mas se nega a indenização por dano moral. Evidentemente, para fatos posteriores à pacificação, a indenização será devida por ter-se dissipado o cenário de dúvida jurídica razoável.

O STF[20] ainda está apreciando o mérito do direito do transgênero, assunto difícil, especialmente pelo fato de que, como hoje já se admite a mudança de sexo mediante mero pedido no Cartório de Registro Civil de Pessoas Naturais, soa sensível aceitar que o transgênero que não mudou seu registro civil (e, por consequência, seu documento de identidade) acesse banheiro de gênero diverso do constante de seus documentos

19 É verdade que, posteriormente, sobreveio a Portaria nº 1.100/2016, do Ministério da Justiça, para dar liberdade aos pais para flexibilizar a classificação indicativa dos filmes. Entretanto, à época dos fatos julgados pelo STJ, não havia essa clareza normativa.

20 Atualmente, julgamento está paralisado em razão de pedido de vista (STF, Recurso Extraordinário nº 845.779/SC).

oficiais. Seja como for, independentemente da decisão a ser proferida pelo STF, temos que a cindibilidade dos efeitos jurídicos é imperiosa por força do ambiente de dúvida jurídica razoável (OLIVEIRA, 2018a, p. 17-19).

3 Conclusão

Este autor já tem alertado para a importância da maior exploração, pela doutrina e pela jurisprudência, da dúvida jurídica razoável como categoria jurídica essencial para assegurar o mínimo de estabilidade em meio ao movediço ambiente de "modernidade líquida" no direito brasileiro.

As "regras do jogo" não são tão previsíveis, notadamente nos tempos modernos, marcado por um rosário de argumentações jurídicas que competem entre si sob o testemunho dos conceitos jurídicos abertos e do protagonismo dos princípios.

O direito, por natureza, já é indeterminado, mas é inegável que essa característica tem sido amplificada por posturas de argumentação jurídica mais flexíveis.

Não importa aqui definir o acerto ou não dessas posturas ou se elas são ou não necessárias diante da complexidade da sociedade contemporânea.[21] O que interessa é que os juristas contemporâneos precisam atentar para a importância de utilizar a dúvida jurídica razoável como elemento de segurança jurídica para poupar os indivíduos de repreensões desproporcionais.

Nesse sentido, o julgado escolhido para análise neste texto bem como os demais julgados aqui arrolados demonstram bem que a dúvida jurídica razoável é idônea para permitir o que designamos de cindibilidade dos efeitos jurídicos, de modo a afastar ou, ao menos, atenuar indenizações ou deveres de restituição de ganho indevido.

A dúvida jurídica razoável também é idônea para repelir outros remédios a ilicitudes, como a invalidação e a tutela específica, embora seja mais difícil isso se caracterizar no caso concreto.

O julgado em pauta é um convite aos civilistas para aprofundarem os debates em torno da dúvida jurídica razoável.

Referências

BIRKS, Peter. Rights, Wrongs, and Remedies. *Oxford Journal of Legal Studies*, v. 20, n. 1, p. 1-37, 2000. Disponível em: https://academic.oup.com/ojls/article-abstract/20/1/1/1582765?redirectedFrom=fulltext.

COELHO, Inocêncio Mártires. *Indeterminação do direito, discricionariedade judicial e segurança jurídica.* [s.d.]. Disponível em: https://www.uniceub.br/media/491563/Anexo9.pdf. Acesso em: 24 maio 2018.

OLIVEIRA, Carlos E. Elias; COSTA-NETO, João. *Direito civil.* Rio de Janeiro: Forense/Método, 2024.

OLIVEIRA, Carlos Eduardo Elias de. A dúvida jurídica razoável e a cindibilidade dos efeitos jurídicos. *Texto para Discussão*, Brasília, n. 245, mar. 2018a. Disponível em: www.senado.leg.br/estudos. Acesso em: 5 mar. 2018.

OLIVEIRA, Carlos Eduardo Elias de. *A Lei da Liberdade Econômica*: diretrizes interpretativas da nova lei e análise detalhada das mudanças no direito civil e nos registros públicos. 2019. Disponível em: www.flaviotartuce.adv.br/artigos_convidados.

---

21 Sobre isso, há cadentes debates acadêmicos entre inúmeros juristas, com inclusão das ponderações sempre incisivos de Lenio Streck (2017; 2018).

OLIVEIRA, Carlos Eduardo Elias de. *A segurança hermenêutica nos vários ramos do direito e nos cartórios extrajudiciais*: repercussões da LINDB após a Lei nº 13.655/2018. Brasília: Núcleo de Estudos e Pesquisas/ CONLEG/Senado, jun. 2018b. Disponível em: www.senado.leg.br/estudos.

OLIVEIRA, Carlos Eduardo Elias de. *Competência para fiscalizar atividade jurídica de membros da advocacia pública federal*: TCU ou órgão correcional próprio. 2013. Disponível em: https://jus.com.br/artigos/24056. Acesso em: 31 maio 2018.

ROSENVALD, Nelson; KUPERMAN, Bernard Korman. Restituição de ganhos ilícitos: há espaço no Brasil para o disgorgement? *Revista Fórum de Direito Civil – RFDC*, Belo Horizonte, ano 6, n. 14, p. 11-31, jan./abr. 2017. Disponível em: https://revistas.unifacs.br/index.php/redu/article/view/5283/3367.

SMITH, Stephen. Rights, remedies, and causes of action. *In*: RICKETT, C. E. F.; GRANTHAM, Ross. *Structure and justification in private law*: essays for Peter Birks. Oxford and Portland: Editora Hart Publishing, 2008. Disponível em: https://papers.ssrn.com/sol3/papers.cfm?abstract_id=1344458.

STRECK, Lenio. *Dicionário de hermenêutica*: quarenta temas fundamentais da teoria do direito à luz da crítica hermenêutica do direito. Belo Horizonte: Letramento: Casa do Direito, 2017.

STRECK, Lenio. *Jurisdição constitucional*. Rio de Janeiro: Forense, 2018.

TARTUCE, Flávio. *Direito civil*: direito das obrigações e responsabilidade civil. Rio de Janeiro: Forense, 2020.

Informação bibliográfica deste livro, conforme a NBR 6023:2018 da Associação Brasileira de Normas Técnicas (ABNT):

OLIVEIRA, Carlos Eduardo Elias de. Dúvida jurídica razoável como excludente de responsabilidade civil, de enriquecimento sem causa e de outros remédios contra ilícitos civis: comentários a um julgado do STJ. *In*: CORTIANO JUNIOR, Eroulths; SILVA, Alexandre Barbosa da (coord.). *O Código Civil e a Contemporaneidade*: Estudos do Grupo Virada de Copérnico em Homenagem ao Ministro Luiz Edson Fachin. Belo Horizonte: Fórum, 2025. p. 285-301. ISBN 978-65-5518-990-2.

O DIREITO DE EMPRESA E O CÓDIGO CIVIL BRASILEIRO: UM CONVITE AO DIÁLOGO

CARLOS ALBERTO FARRACHA DE CASTRO

FREDERICO EDUARDO ZENEDIN GLITZ

1 Um diálogo necessário

Muito por influência francesa, o Império brasileiro buscou organizar sua legislação privada em dois grandes eixos: os comerciantes, com tratamento próprio, seriam regidos pelo Código Comercial (Lei nº 556/1850), enquanto o cidadão comum, por um futuro Código Civil. Os estudos para a elaboração deste último, contudo, acabaram sobrevivendo ao regime monárquico brasileiro, e a Consolidação de Teixeira de Freitas foi "o verdadeiro Código Civil brasileiro durante mais de meio século (1858-1917)" (AGUIAR, 2003, p. XIX). É apenas no século XX que o Brasil passa "diretamente do sistema das Ordenações Filipinas ao Código Civil" (GOMES, 2003, p. 3).

Esta realidade normativa é chacoalhada pela Constituição da República (CR), promulgada em 1988, que impôs uma norma forma de compreensão das relações privadas e exigia que o legislador tomasse providências no sentido de editar legislação específica de consumo (art. 48 dos Atos das Disposições Transitórias).

A partir de então, a Constituição da República (CR) constituiu-se como alicerce e bússola do sistema jurídico brasileiro,[1] razão pela qual, "o Direito Privado é Direito Constitucional aplicado, pois nele se detecta o projeto de vida em comum que a Constituição tenta impor; o direito privado representa os valores sociais de vigência efetiva" (LORENZETTI, 1998, p. 253).

[1] "A Constituição figura hoje no centro do sistema jurídico, de onde irradia sua força normativa, dotada de supremacia forma e material. Funciona, assim, não apenas como parâmetro de validade para a ordem infraconstitucional, mas também como vetor de interpretação de todas as normas do sistema" (BARROSO, 2005, p. 39).

Esta construção representava, no Brasil do final do século XX, uma afirmação de emancipação democrática. Contudo, apesar de completados mais de trinta anos da entrada em vigor do texto constitucional, ainda é necessário retomar o tema, especialmente para a análise do direito empresarial. Não que se negue, simplesmente, a realidade normativa, mas os meandros da complexidade legislativa em torno do direito empresarial e da opção do legislador de incorporá-lo, em parte, ao texto do Código Civil exigem constante cuidado e atenção.

Como se sabe, a ordem econômica brasileira (art. 170 da CR) é fundada "na valorização do trabalho humano e na livre iniciativa", com o objetivo de "assegurar a todos a existência digna, conforme os ditames da justiça social". Assim, tal como posta, deve funcionar como instrumento de auxílio na concretização dos direitos fundamentais, razão pela qual não pode ser analisada de modo individual, mas, sim, de forma sistemática.

Em outras palavras, a proteção dos direitos humanos e a concretização dos direitos fundamentais não são dever exclusivo do Estado, mas também obrigação dos empresários e demais sujeitos que atuam no mercado (GRAU, 1997, p. 217; TEPEDINO, 2003, p. 118).

Desta forma, o texto constitucional não só redefine as relações privadas, incluídas as empresariais, como inaugura um novo horizonte. Neste contexto, o direito empresarial deve ser pensado, interpretado e aplicado a partir da Constituição da República. Isso não faz, contudo, com que ele perca várias de suas características essenciais, dentre as quais: a celeridade, o informalismo, o cosmopolitismo e o fragmentarismo.[2]

É, portanto, em razão disso que o intérprete não deve se pautar em regra exclusiva e isolada existente em artigo de lei, mas, sim, contextualizar e interpretar o ordenamento jurídico como um todo. Com certeza, não se trata de tarefa fácil, porém, obrigatória e vinculante,[3] como já apontava antiga advertência de Francesco Carnelutti (2000, p. 50-51):

> para poder estudar esse formidável mecanismo, os cientistas do Direito o têm de fazer por partes. Não de outro modo se comportam os médicos com o corpo humano, e os engenheiros com as máquinas. Em suma, o Direito por fragmentos não é Direito, e sim, uma parte do Direito; e a realidade da parte exclui a realidade do todo. [...], ou seja, a realidade do Direito, não está em nenhuma parte, senão no todo e em sua unidade.

Assim, ainda que a empresa se constitua o pilar essencial do direito empresarial, deve ser visualizada levando em consideração sua função social e não somente um viés econômico-financeiro. O Código Civil brasileiro de 2002 abraça esse projeto constitucional, inclusive denominando seu Livro II de "Direito de Empresa".

Embora a opção do codificador brasileiro não tenha sido a unificação total do direito civil com o direito empresarial,[4] parcela dominante da doutrina sustenta a

---

2 Sobre o tema, dentre outros, ver: Gonçalves Neto (2000, p. 87); Requião (1993, p. 29) e Silva (2021, p. 52).

3 "Sendo a Constituição um diploma que exige a conformidade de todas as normas hierarquicamente inferiores, ficam-lhe vinculados o legislador e, de modo geral, o intérprete, seja o juiz, o órgão da administração ou o próprio cidadão. Mesmo o jurista técnico, cultor do direito privado ou de qualquer ramo do direito, deve formar uma *mentalidade constitucionalista*, isto é, na sua obra de intérprete e de construtor do sistema, deve buscar nas normas contidas na Constituição as direções hermenêuticas e construtivas fundamentais" (MATTIETTO, 2000, p. 168).

4 Sobre a temática e para uma análise além-mar, ver debate na doutrina portuguesa, dentre os quais: Abreu (2009, p. 20); Santos (2007, p .15).

existência de unificação material,[5] uma vez que "o direito de empresa, na estrutura do código, é uma projeção natural e imediata das obrigações" (HENTZ, 2002, p. 9).

Assim, o Código Civil "imprim[iria] consideráveis modificações ao clássico Direito Comercial, promovendo a unificação do direito obrigacional e consagrando, de forma definitiva, a teoria da empresa em nossa estrutura legislativa" (CAMPINHO, 2002, p. 1). Não obstante, há que se destacar que o direito comercial continuou sendo tratado como ramo científico autônomo do direito privado, coexistindo com o direito civil,[6] mesmo porque possuem intenso relacionamento (GONÇALVES NETO, 2000, p. 17-18). Em apertada síntese, pode-se concluir que

> o novo Código Civil não abrange todo o Direito Privado, mas tão-somente as questões que emergem da unidade do Direito das Obrigações, como é o caso das normas relativas à atividade empresarial, permanecendo, pois, intocável o Direito Comercial com a respectiva legislação especial. (REALE, 2005, p. 181)

Saliente-se, assim, que, para o estudo do direito, é irrelevante a opção política adotada pelo legislador, isto é, reunir em um ou em dois, ou mais códigos, normas empresariais. Ao enfrentar o tema, o Oscar Barreto Filho (1975, p. 65) leciona, inclusive, que

> mister distinguir a unificação formal da unificação substancial, que se contrapõem à tese da autonomia dos ramos jurídicos compreendidos no âmbito do direito privado (direito civil, direito comercial, direito agrário e direito do trabalho). A autonomia formal de um ramo do Direito diz respeito apenas à especificidade das fontes dogmáticas, das quais emanem as respectivas normas. Existirá, contudo, autonomia substancial de um ramo jurídico quando se pode estabelecer, de maneira científica a diferença de conteúdo entre a matéria que lhe é própria e as outras ciências jurídicas, pouco importando se se acham, ou não, englobadas dentro do mesmo corpo da lei. [...] Na verdade, o único problema que apresenta relevância no plano científico é o da autonomia substancial dos ramos do direito privado, pois a questão da unificação ou autonomia formal constitui apenas um dado de conveniência ou oportunidade, no plano da política legislador.

O atual Código Civil, portanto, não absorve o direito empresarial. Ao contrário, realça sua importância quando ratifica que matérias, como sociedade por ações (art. 1.089), continuam regulamentadas pela legislação esparsa. Outro exemplo são os títulos de crédito regidos por legislação especial (art. 903).[7] Dito isso, já se pode concluir, aduzindo que o direito civil e o direito empresarial ainda coexistem em separado, embora, no que se refira às obrigações, o Código Civil brasileiro tenha consumado uma aproximação material, cujo impacto se faz sentir ao disciplinar a figura do sujeito empresário (TEPEDINO, 2002, p. XVIII).

---

5 Em sentido oposto, a opinião de Coelho (2014, p. 54-55): "Consideram alguns autores brasileiros que o Código Civil teria levado à unificação do direito das obrigações. Bem examinada a questão, no entanto, nota-se o desacerto do argumento. Os contratos entre os empresários em nenhum momento submeteram-se exclusivamente ao Código Civil, nem mesmo depois da propalada unificação. [...] Falar, assim, em unificação do direito das obrigações quando ainda sobrevivem, de um lado, regras específicas para os contratos entre empresários e, de outro, princípios próprios para os negócios jurídicos sujeitos ao direito comercial é inapropriado".

6 Sobre a dicotomia do direito privado e tentativas de unificação, ler, dentre outros: Gonçalves Neto (1998, p. 19-22); Martins (1988, p. 32-37); Requião (1993, p. 18-24).

7 Sobre a polêmica envolvendo a redação do art. 903 do CC/2002, ver: Lucca (2003, p. 228-237).

Esse fenômeno reforça o papel do sujeito real de direitos, mesmo quando se trata de relações empresariais, já que o direito das obrigações introduz "um manancial de normas reveladoras da disposição da comissão elaboradora em transformar o partícipe de uma relação obrigacional em uma pessoa real" (ROSENVALD, 2005, p. 73). A cláusula geral da boa-fé objetiva é um dos instrumentos de diálogo disponíveis no Código Civil e que permite, como fundamento do direito obrigacional no Código Civil, interligar o direito empresarial "aos regimes específicos do Direito Contratual, do Enriquecimento sem Causa, dos Títulos de Crédito, do Direito da Empresa e da Obrigação de Indenizar, bem como aos comandos abrangentes da Parte Geral" (MARTINS-COSTA, 2003, p. 45-46), reforçando a ideia de função social da empresa e do imperativo da solidariedade, já que "não é apenas um conceito ético, mas também econômico" (AGUIAR JUNIOR, 1995, p. 22).

Portanto, o direito de empresa deve ser concretizado com o intuito de impulsionar a função social da empresa, proporcionando com a convivência harmônica entre o lucro e a dignidade da pessoa humana e impulsionando o diálogo entre o direito e a economia e o desenvolvimento socioeconômico do país.

Esta compreensão, por certo, exige concretização e identificação do tratamento dispensado pelo Código Civil ao direito empresarial, em especial ressaltando-se seus limites e perspectivas, como passamos a explorar.

2 A disciplina do direito de empresa no Código Civil

O direito de empresa constitui o Livro II do Código Civil, abrangendo os arts. 966 a 1.195. Dada a organização pretendida pelo legislador, este capítulo não corresponde, contudo, à integralidade do tratamento dispensado ao direito empresarial na codificação de forma que existem outros exemplos localizados em todo o Código, como o tratamento da personalidade jurídica (*v.g.* art. 44, II e VI), de desconsideração da mesma personalidade (*v.g.* art. 50), de prescrição (*v.g.* o art. 206, §1º, IV e o art. 206, §2º, VI e VII), de matéria contratual (*v.g.* art. 421-A) e de responsabilidade civil (*v.g.* art. 927, parágrafo único, art. 931 e art. 932, III) e mesmo da revogação da primeira parte do Código Comercial (art. 2.045).

Atente-se, ademais, que as opções legislativas brasileiras acabaram reforçando este tratamento não centralizado do direito empresarial. Esta expressão típica do fragmentarismo pode ser ilustrada, aliás, com vários exemplos: desde as disposições típicas de direito empresarial constantes de microssistemas de consumo e locações (Lei nº 8.078/1990 e Lei nº 8.245/1991, respectivamente), passando pelas constantes reformas da matéria no Código Civil (a exemplo da Lei nº 12.441/2011, da Eireli) até reformas mais abrangentes como a Declaração de Liberdade Econômica (Lei nº 13.874/2019) e o recente Marco Legal das *Startups* (Lei Complementar nº 182/2021).

Por outro lado, nem mesmo toda a matéria que se encontra no referido Livro II é tida por empresarial, já que, por exemplo, nem toda sociedade é empresária.[8]

[8] Aqui propositalmente deixa-se de mencionar as sociedades simples, uma vez que, por ocasião da elaboração de texto, a Câmara Federal aprovou o Projeto de Lei nº 15/2021, originário da conversão da Medida Provisória nº 1.040 de 29.3.2021, extinguindo as sociedades simples, suscitando, pois, fervorosos debates acadêmicos,

Em apertada síntese, os arts. 966 a 980 regulam a figura do empresário. O art. 980-A trata da figura da empresa individual de responsabilidade limitada, enquanto os arts. 981 a 1.141 disciplinam as sociedades em geral, a exemplo da sociedade em conta de participação (art. 991) e das sociedades limitadas (art. 1052). Os arts. 1.142 a 1.149 cuidam do estabelecimento, constituindo-se, pois, na época, uma novidade em nosso direito positivo, uma vez que até então o estabelecimento comercial nunca havia sido sistematizado como uma categoria própria, com tratamento unitário, ou seja, somente era tratado de forma esparsa.[9] Na sequência, os arts. 1.150 a 1.995 tratam dos institutos complementares, como o nome empresarial (art. 1.155), do contabilista e outros auxiliares (arts. 1.177 e 1.178) e, finalmente da escrituração do empresário (arts. 1.179 a 1.195). Parte da doutrina denunciava o "cheiro de mofo" e o "apego a tradições antigas e muito superadas" (MAMEDE, 2012, p. 490) nesta organização que teria ficado muito distante "da evolução econômica brasileira" (MAMEDE, 2012, p. 501), outros apontavam a necessidade de melhor tratamento do pequeno empresário, distinguindo-o normativamente (TOLEDO, 2003, p. 506).

Ainda que muitas das críticas sejam pertinentes, não parece ter sido o objetivo do legislador ser o repertório de todo o regramento do direito empresarial, pelo contrário (LEÃES, 2011, p. 567). Busca, tão somente, servir como diretriz na aplicação das regras empresariais básicas, de modo a conferir maior segurança ao desenvolvimento da atividade empresária. Em parte, esta opção se deve a outra característica do direito empresarial, a celeridade. A própria ideia de codificação, em tese, estável e com menor propensão a alterações, não combinaria com a inventividade empresarial que exigiria, por vezes, que o Estado regulasse a realidade já posta.

O direito empresarial brasileiro, especialmente contratual e societário, é muito pródigo nestes exemplos. Novas práticas "comerciais" passaram a se impor ao Estado, que buscou impor-lhe limites, elencar formalidades e, muito mais prontamente, disciplinar a arrecadação tributária. O *leasing* (ou arrendamento mercantil – Lei nº 6.099/1974), a alienação fiduciária (Decreto-Lei nº 911/1969), o *shopping center* e o *built to suit* (arts. 52, §2º e 54 e art. 54-A da Lei nº 8.245/1991, respectivamente), a Empresa Individual de Responsabilidade Limitada (art. 980-A e seguintes do Código Civil), a Sociedade Limitada Unipessoal (art. 1.052, §§1º e 2º do Código Civil) e até mesmo ficções fiscais como a MEI (Lei Complementar nº 128/2008) são exemplos disso.

Note-se, por fim, que a própria codificação, no que concerne ao Livro II, não passou alheia a sucessivas alterações legislativas (além das já mencionadas): o tratamento do empresário incorporou a certificação digital (Lei Complementar nº 147/2014) e as reuniões/assembleias digitais (Lei nº 14.030/2020), a regulação da transformação do empresário individual em sociedade (Lei Complementar nº 128/2008) e da transformação da sociedade em empresa individual (Lei nº 12.441/2011), a simplificação das exigências de registro para microempreendedores (Lei nº 12.470/2011), o tratamento do sócio incapaz (Lei nº 12.399/2011), a possibilidade de nomeação de administrador não sócio (Lei nº 12.375/2010) e o estabelecimento do quórum de deliberação (Lei nº 13.792/2019).

razão pela qual se optou em não enfrentar essa temática no texto em questão, uma vez que – no momento – desconhece-se qual será o posicionamento do Senado Federal sobre essa questão.

9 Para esta constatação, sugere-se a leitura exemplificativa do art. 155, §2º, XII, "d" da CR, do art. 52, §3º da Lei nº 8.245/91; do art. 133 do Código Tributário Nacional e do art. 448 da Consolidação das Leis do Trabalho.

Não obstante, a codificação civil substitui em definitivo a figura do comerciante pelo empresário, eliminando inclusive as hipóteses enumerativas atinentes ao exercício da atividade empresária. Em outras palavras, observadas as exceções legais,[10] outorgou ao intérprete a liberdade de identificar as atividades consideradas empresárias. Na época, esta alteração paradigmática parece ter sido saudada por grande parte da doutrina como "substancial modernização das regras legais aplicáveis às empresas e ao empresariado. Atendeu-se à evolução tecnológica, mas também à nova função atribuída à empresa, que passou a exercer importante função social" (WALD, 2003, p. 854).

O direito de empresa no Código Civil constitui-se, portanto, um desdobramento do direito das obrigações, adotando em definitivo a teoria da empresa. Afinal, como bem registrou Miguel Reale (2005, p. 98), "naquele se regram os negócios jurídico; nesta se ordena a atividade enquanto se estrutura para exercício habitual de negócios. Uma das formas dessa organização é representada pela *empresa*, quando tem por escopo a produção ou a circulação de bens ou de serviços".

A contemporaneidade, contudo, exige o repensar do conceito de empresário, como passamos a enfrentar.

3 Uma releitura necessária: a substituição do empresário pelo agente econômico

A empresa constitui-se um dos alicerces da sociedade contemporânea,[11] realçando, pois, a problemática jurídica de entendê-la, suscitando, portanto, fervorosos debates e teorias,[12] o que levou Jorge Lobo (1996, p. 29-40) a registrar que essa polêmica é interminável. Essa controvérsia, aliás, atravessa as fronteiras. A evolução histórica demonstra que a tradição germânica enfatizava a empresa como uma realidade objetiva, apta a substituir a noção de estabelecimento. A doutrina francesa aproximava-se dessa noção. Na Itália, por sua vez, partiu-se da ideia da empresa como atividade comercial (CORDEIRO, 2005, p. 207). A doutrina portuguesa, do mesmo modo, não possui uma dogmática uniforme, o que motivou Antonio Menezes Cordeiro a consignar que a empresa, na experiência portuguesa, "é uma locução disponível para o legislador, sem se embaraçar com uma técnica jurídica precisa" (CORDEIRO, 2005, p. 226).[13]

---

[10] Nesse particular, destaca-se o texto do parágrafo único do art. 982: "independentemente de seu objetivo, considera-se empresária a sociedade por ações; e, simples, a cooperativa; [...]".

[11] "O fenômeno da empresa é recente na história econômica e social da atividade humana. E, no entanto, o mundo de hoje seria incompreensível sem a onipresença da empresa que ocupa, praticamente, todos os espaços na vida do homem moderno. Com efeito, dependemos da empresa para o nosso trabalho, e nosso lazer, para nos transportarmos e nos comunicarmos, para a produção de alimentos ou de mobiliário, e vestuário, para defesa de nossa saúde, para a habitação, para a produção de toda essa parafernália de utilidades empregadas no dia-a-dia do homem moderno. Numa palavra, para o progresso econômico e a conquista do bem-estar social. (E pensar que o homem habita a terra há milênios, e que só há, apenas, duzentos anos organizou-se a produção sobre forma empresarial!)" (LAMY FILHO, 2003, p. 1).

[12] Sobre o tema, dentre outros, ver: Dantas (1998); Abreu (1996); Hentz (2002).

[13] Talvez por esses motivos que Waldirio Bulgarelli, quando se propôs a analisar a atividade negocial no projeto de Código Civil brasileiro, fez questão de relembrar "a advertência de Roscoe Pound, que mencionava o caso de um conferencista que se propusera desvendar o segredo da filosofia de Hegel e que ao término de sua palestra, foi vivamente cumprimentado pelos ouvintes, justamente por ter logrado mantê-lo indecifrável" (BULGARELLI, 1984, p. 113).

O Código Civil brasileiro de 2002, por sua vez, seguindo o modelo do Código Civil italiano de 1942, "consolidou o que se tinha por óbvio: o direito comercial é o direito das empresas, ou, ao menos, delas tira sua unidade" (FORGIONI, 2009, p. 103), o que, aliás, já era dominante no exame dessa disciplina (REQUIÃO, 1993; COELHO, 2008).

Os estudos, destarte, fundam-se praticamente na empresa, empresário e estabelecimento, enfatizando, inclusive, a difícil tarefa de interpretar se o exercício da profissão constitui elemento de empresa (art. 966, parágrafo único, parte final).[14] Em outras palavras, os debates acabaram desprezando questões centrais, a exemplo da possibilidade de superação do dualismo literal previsto no Código Civil entre atividade empresária e não empresária (art. 966, *caput* e art. 982).[15] Aliás, não se pode olvidar que a Constituição Federal, ao tratar da ordem econômica, não faz distinção entre o exercício da atividade empresária ou não, enfatizando a atividade econômica em si. Ademais, atualmente, existe um fenômeno de democratização da concessão de crédito a todos os agentes econômicos, independentemente se empresário ou não, sendo que o risco é inerente a qualquer atividade (CASTRO, 2018, p. 102).

Percebe-se, pois, que a leitura adequada do direito de empresa no Código Civil exige uma abordagem prospectiva e não simplesmente a rediscussão da teoria da empresa,[16] cujo estudo não deve ser menosprezado, no entanto.[17] Para além dele, contudo, há que se enfrentar os problemas e transformações da contemporaneidade, a exemplo da visualização do direito de empresa a partir do exercício da atividade econômica, independentemente da existência (ou não) de fins lucrativos, bem como do mercado como organizador das relações sociais, sem olvidar que o sujeito sempre deve ocupar o centro das preocupações e tutelas, não só como resultado final do desenvolvimento da atividade econômica, mas também (e principalmente) durante o exercício da atividade, autorizando, inclusive, a defesa da possibilidade de convivência harmônica entre o lucro e a dignidade da pessoa humana (CASTRO, 2008, p. 198).

Neste mesmo sentido assevera Gonçalves Neto (2018, p. 6), que até mesmo a relativização do conceito de pessoa deveria ser repensada para acolher a noção "de centros de imputação de interesses", que já se anunciaria na legislação concorrencial, consumerista e anticorrupção.

Esse posicionamento acentua-se com a proposta de revisão e atualização do Código Civil, criada pelo Ato do Presidente do Senado (ATS) nº 11, de 2023, cujo parecer preliminar da comissão de juristas apresenta proposta de substituição da definição da pessoa de empresário (art. 966 do CCiv), por uma conceituação da empresa. Vejamos.

---

14 Sobre esse debate, dentre outros, ver: Gonçalves Neto (2010, p. 74 e ss.).

15 Aliás, quando da elaboração do presente texto, estava em vigor a Medida Provisória nº 1.040, inclusive, aprovada na Câmara Federal, prescrevendo o fim da sociedade simples, suscitando, pois, inúmeros debates.

16 Nesse sentido Márcio Souza Guimarães (2017, p. 707): " O ato de empresa nasce ultrapassado no Código Civil ao não tratar de atividades relevantes economicamente, em razão de um processo legislativo, cuja tramitação perdurou quase três décadas, fazendo com que a norma jurídica, criada para regulamentar o fato social, não mais tivesse correlação com a realidade".

17 Destaca-se aqui o alerta de Paula A. Forgioni (2009, p. 125): "Os embates jurídicos sobre a noção de empresa deixam entrever que, em muitas situações, ela transforma-se em *centro de imputação* de direitos, deveres e obrigações, independentemente do empresário ou da sociedade empresária".

Código Civil. Redação art. 966	**Proposta de Reforma. Nova redação art. 966**
Art. 966. Considera-se empresário quem exerce profissionalmente atividade econômica organizada para a produção ou a circulação de bens ou de serviços. Parágrafo único. Não se considera empresário quem exerce profissão intelectual, de natureza científica, literária ou artística, ainda com o concurso de auxiliares ou colaboradores, salvo se o exercício da profissão constituir elemento de empresa.	Art. 966. A empresa é a organização profissional de fatores de produção, com escopo de lucro, no ambiente de mercado. Parágrafo primeiro. Ao empresário ou à sociedade empresária cabe o exercício da atividade empresarial. Parágrafo segundo. Não se considera atividade empresarial o exercício de profissão intelectual, de natureza científica, literária ou artística, ainda que com o concurso de auxiliares ou colaboradores, salvo se o titular requerer sua inscrição no Registro Público de Empresas, ressalvadas as obrigações assumidas a partir do pedido do registro.

A concretização do pensamento aqui consignado implica visualizar o Código Civil como diploma aberto que integra a unidade do sistema jurídico, cuja leitura deve ser feita a partir da Constituição Federal, mesmo porque o direito "é um espaço de lutas" (CLÈVE, 2001, p. 156), cuja concretização dos valores e princípios constitucionais não se exaure com a promulgação da Constituição Federal e, muito menos, com o advento da vigência de um novo Código Civil ou de sua constante reforma.

Parte-se da premissa, portanto, de que o Código deve ser compreendido pelo intérprete, como modelo aberto, a partir dos valores constitucionais, o que redunda no desenvolvimento de novos paradigmas. Labora-se, pois, com uma dimensão principiológica, ainda que para tanto seja necessário partir de princípios abstratos até normatizá-los ao caso concreto. O Código Civil colabora com essa proposta ao privilegiar a técnica das cláusulas gerais.

Não obstante, não há como se desconsiderar os valores constitucionais, mesmo porque, em um primeiro momento, antecedem o conteúdo das normas, passando, posteriormente, integrá-las na solução do caso concreto. O instrumental teórico dessa tomada de posição é resultado dos valores contidos no próprio preâmbulo de nossa Carta Magna, que, por seu turno, possui força vinculante, sob pena de desconstruir todo o pensamento contemporâneo do conteúdo e finalidade da Constituição e, por conseguinte, a ideia de constitucionalização – material – do direito privado.

Aqui, pois, reside o desafio e missão dos operadores do direito, ou seja, efetuar a (re)leitura do Código Civil (e, portanto, do Livro II Direito de Empresa) à luz da Constituição da República.

Referências

ABREU, Jorge Manuel Coutinho de. *Curso de direito comercial*. 7. ed. Coimbra: Almedina, 2009.

ABREU, Jorge Manuel Coutinho de. *Da empresarialidade (as empresas no direito)*. Coimbra: Almedina, 1996.

AGUIAR, Ruy Rosado de. A boa-fé na relação de consumo. *Revista de Direito do Consumidor*, São Paulo, v. 14, p. 20-27, abr./jun. 1995.

AGUIAR, Ruy Rosado de. Prefácio. *In*: FREITAS, Augusto Teixeira de. *Consolidação das leis civis*. Brasília: Senado Federal, 2003. p. XIII-XXIV.

BARRETO FILHO, Oscar. O Projeto de Código Civil e normas sobre atividade negocial. *Revista da Procuradoria Geral do Estado de São Paulo*, n. 7, p. 55-89, dez. 1975.

BARROSO, Luiz Roberto. Neoconstitucionalismo e constitucionalização do direito. *Revista do Direito Administrativo*, Rio de Janeiro, v. 240, 2005.

BULGARELLI, Waldírio. A atividade negocial no projeto do Código Civil brasileiro. *Revista de Direito Mercantil*, São Paulo, n. 56, p. 113-120, out./dez. 1984.

CAMPINHO, Sérgio. *O direito de empresa à luz do Novo Código Civil*. Rio de Janeiro: Renovar, 2002.

CARNELUTTI, Francesco. *Metodologia do direito*. Campinas: Bookseller, 2000.

CASTRO, Carlos Alberto Farracha de. A continuidade dos negócios na falência à Luz da Lei n. 11.101/2005. *In*: FACHIN, Edson; ABRÃO, Carlos Henrique; REQUIÃO, Rubens Edmundo (Coord.). *O moderno direito empresarial no século XII*: estudos em homenagem ao centenário de Rubens Requião. Rio de Janeiro: GZ, 2018. p. 91-106.

CASTRO, Carlos Alberto Farracha de. *Preservação da empresa no Código Civil*. Curitiba: Juruá, 2008.

CLÈVE, Clèmerson Merlin. *O direito e os direitos*: elementos para uma crítica do direito contemporâneo. 2. ed. São Paulo: Max Limonad, 2001.

COELHO, Fábio Ulhoa. *Curso de direito comercial*: direito de empresa. 12. ed. São Paulo: Saraiva, 2008. v. 1.

COELHO, Fábio Ulhoa. Objeto do direito comercial brasileiro. *In*: COELHO, Fábio Ulhoa; RIBEIRO, Maria de Fátima (Coord.). *Questões de direito comercial no Brasil e em Portugal*. São Paulo: Saraiva, 2014. p. 35-65.

CORDEIRO, Antonio Manuel da Rocha Menezes. *Manual de direito comercial*. Coimbra: Almedina, 2005.

DANTAS, Francisco Wildo Lacerda. *Manual jurídico da empresa*. Brasília: Brasília Jurídica, 1998.

FORGIONI, Paula Andrea. *A evolução do direito comercial brasileiro*: da mercancia ao mercado. São Paulo: Editora Revista dos Tribunais, 2009.

GOMES, Orlando. *Raízes históricas e sociológicas do Código Civil brasileiro*. São Paulo: Martins Fontes, 2003.

GONÇALVES NETO, Alfredo Assis. *Apontamentos de direito comercial*. Curitiba: Juruá, 1998.

GONÇALVES NETO, Alfredo Assis. *Direito de empresa*: comentários aos artigos 966 a 1.195 do Código Civil. 3. ed. rev., atual e ampl. São Paulo: Editora Revista dos Tribunais, 2010.

GONÇALVES NETO, Alfredo Assis. O direito comercial no Brasil de hoje. *In*: FACHIN, Edson; ABRÃO, Carlos Henrique; REQUIÃO, Rubens Edmundo (Coord.). *O moderno direito empresarial no século XII*: estudos em homenagem ao centenário de Rubens Requião. Rio de Janeiro: GZ, 2018. p. 1-7.

GONÇALVES NETO, Alfredo de Assis. *Manual de direito comercial*. 2. ed. Curitiba: Juruá, 2000.

GRAU, Eros Roberto. *A ordem econômica na Constituição de 1988 (interpretação e crítica)*. 3. ed. São Paulo: Malheiros, 1997.

GUIMARÃES, Márcio Souza. A ultrapassada teoria da empresa e o direito das empresas em dificuldades. *In*: BEZERRA FILHO, Manoel Justino (Org.). *Temas de direito da insolvência* – Estudos em homenagem ao Professor Manoel Justino Bezerra Filho. São Paulo: Editora IASP, 2017. p. 682-711.

HENTZ, Luiz Antonio Soares. *Direito de empresa no Código Civil de 2002*: teoria geral do direito comercial de acordo com a Lei n. 10.046, de 10.01.2002. São Paulo: Juarez de Oliveira, 2002.

LAMY FILHO. Alfredo. A empresa – formação e evolução – responsabilidade social. *In*: SANTOS, Theophilo de Azeredo (Coord.). *Novos estudos de direito comercial em homenagem a Celso Barbi Filho*. Rio de Janeiro: Forense, 2003. p. 1-18.

LEÃES, Luiz Gastão Paes de Barros. A disciplina do direito de empresa no novo Código Civil brasileiro. *In*: WALD, Arnoldo (Org.). *Direito empresarial*: teoria geral. São Paulo: Editora Revista dos Tribunais, 2001. p. 567-585.

LOBO, Jorge. A empresa: novo instituto jurídico. *Revista de Direito Mercantil*, São Paulo, v. 41, n. 125, p. 29-40, jan./mar. 2020.

LORENZETTI, Ricardo Luis. *Fundamentos do direito privado*. São Paulo: Editora Revista dos Tribunais, 1998.

LUCCA, Newton de. *Comentários ao Novo Código Civil*. Rio de Janeiro: Forense, 2003.

MAMEDE, Gladston. O Código Civil e o direito empresarial: análise crítica. *In*: VENOSA, Sílvio de Salvo; GAGLIARDI, Rafael Villar; NASSER, Paulo Magalhães (Coord.). *10 anos do Código Civil*: desafios e perspectivas. São Paulo: Atlas, 2012. p. 484-503.

MARTINS, Fran. *Curso de direito comercial*. 13. ed. Rio de Janeiro: Forense, 1988.

MARTINS-COSTA, Judith. *A boa-fé no direito privado*: sistema e tópica no processo obrigacional. São Paulo: Revista dos Tribunais, 1999.

MARTINS-COSTA, Judith. *Comentários ao Novo Código Civil*: do direito das obrigações, do adimplemento e da extinção das obrigações. Rio de Janeiro: Forense, 2003. v. 5. t. 1.

MATTIETTO, Leonardo. O direito civil-constitucional e a nova teoria dos contratos. *In*: TEPEDINO, Gustavo (Coord.). *Problemas de direito constitucional*. Rio de Janeiro: Renovar, 2000. p. 163-186.

REALE, Miguel. *História do Novo Código Civil*. São Paulo: RT, 2005.

REQUIÃO, Rubens. *Curso de direito comercial*. 19. ed. São Paulo: Saraiva, 1993.

ROSENVALD, Nelson. *Dignidade humana e a boa-fé no Código Civil*. São Paulo: Saraiva, 2005.

SANTOS, Filipe Cassiano. *Direito comercial português*. Coimbra: Coimbra Editora, 2007.

SILVA, Américo Luís Martins da. *Introdução ao direito comercial*. Rio de Janeiro: Forense, 2021.

TEPEDINO, Gustavo. A constitucionalização do direito civil: perspectivas interpretativas diante do Novo Código. *In*: FIÚZA, César; SÁ, Maria de Fátima Freire de; NAVES, Bruno Torquato de Oliveira (Org.). *Direito civil*: atualidades. Belo Horizonte: Del Rey, 2003. p. 115-130.

TEPEDINO, Gustavo. Crise de fontes normativas e técnica legislativa na parte geral do Código Civil de 2002. *In*: TEPEDINO, Gustavo (Coord.). *A Parte Geral do Novo Código Civil*: estudos na perspectiva civil-constitucional. Rio de Janeiro: Renovar, 2002. p. XV-XXXIII.

TOLEDO, Paulo Fernando Campos Salles de. A empresa e o empresário no novo Código Civil. *In*: ALVIM, Arruda; CÉSAR, Joaquim Portes de Cerqueira; ROSAS, Roberto (Coord.). *Aspectos controvertidos do novo Código Civil*: escritos em homenagem ao Ministro José Carlos Moreira Alves. São Paulo: RT, 2003. p. 495-506.

WALD, Arnoldo. O empresário, a empresa e o Código Civil. *In*: FRANCIULLI NETTO, Domingos; MENDES, Gilmar Ferreira; MARTINS FILHO, Ives Gandra da Silva (Coord.). *O novo Código Civil*: estudos em homenagem ao Prof. Miguel Reale. São Paulo: LTr, 2003. p. 838-855.

Informação bibliográfica deste livro, conforme a NBR 6023:2018 da Associação Brasileira de Normas Técnicas (ABNT):

CASTRO, Carlos Alberto Farracha de; GLITZ, Frederico Eduardo Zenedin. O direito de empresa e o Código Civil brasileiro: um convite ao diálogo. *In*: CORTIANO JUNIOR, Eroulths; SILVA, Alexandre Barbosa da (coord.). *O Código Civil e a Contemporaneidade*: Estudos do Grupo Virada de Copérnico em Homenagem ao Ministro Luiz Edson Fachin. Belo Horizonte: Fórum, 2025. p. 303-312. ISBN 978-65-5518-990-2.

REPENSANDO O PRINCÍPIO DA PRESERVAÇÃO DA EMPRESA NO CÓDIGO CIVIL BRASILEIRO: UMA SIMPLES HOMENAGEM AO PROFESSOR LUIZ EDSON FACHIN

CARLOS ALBERTO FARRACHA DE CASTRO

1 Introdução

O Código Civil brasileiro, por ocasião do seu advento, inaugurou um novo cenário, fundado nos pilares da ética, socialidade e operabilidade (REALE, 2005), inclusive um caminho para a despatrimonialização do direito civil (PERLINGIERI, 1997), a partir dos princípios fundamentais inseridos na Constituição Federal, dentre os quais, o princípio da dignidade da pessoa humana. Enfim, já adquiriu sua maioridade e, por via de consequência, consolidou o princípio da constitucionalização do direito civil. Em que pesem os avanços, os desafios permanecem, inclusive evitar a banalização do princípio da preservação da empresa.

O objetivo do presente texto consiste em estabelecer critérios adequados para a concretização do princípio da preservação da empresa no Código Civil, de modo a evitar seu desvirtuamento, mesmo porque se constitui pilar do Livro II, denominado "Direito de Empresa". No mínimo, repensá-lo. Este artigo, portanto, baseia-se na metodologia indutiva, com a utilização de referências bibliográficas, jurisprudenciais e legislativas.

2 Constituição Federal e o princípio da preservação da empresa

A Constituição Federal constitui o alicerce de nosso sistema.[1] Afinal, o Estado democrático de direito organiza-se juridicamente[2] por intermédio de um instrumento

---

[1] Juarez de Freitas conceitua sistema como "uma rede axiológica e hierarquizada de princípios gerais e tópicos, de normas e valores jurídicos cuja função é a de, evitando ou superando antinomias, dar cumprimento aos princípios e objetivos fundamentais do Estado Democrático de Direito, assim como se encontram consubstanciados, expressa ou implicitamente, na Constituição" (FREITAS, 1998. p. 46).

[2] A respeito, J. J. Gomes Canotilho ensina que "O Estado concebe-se hoje como Estado constitucional democrático, porque ele é conformado por uma lei fundamental escrita (= constituição juridicamente constitutiva das 'estruturas básicas de justiça') e pressupõe um modelo de legitimação tendencialmente reconduzível à legitimação democrática" (CANOTILHO, 1996. p. 43).

normativo, qual seja: a Constituição. A aplicação e eficácia concreta da nossa Carta Magna, portanto,

> deve ocorrer nas relações entre o Estado e os indivíduos, bem como nas relações interindividuais, abrigadas no campo civilístico. Os valores e princípios constitucionais devem ter a sua eficácia reconhecida, ademais, não somente quando assimilados pelo legislador ordinário, que os tenha transposto para a legislação infraconstitucional, mas também diretamente às relações entre os indivíduos (a denominada eficácia direta). (MATTIETTO, 2000, p. 167)

Ao tratar da ordem econômica (art. 170 e ss.), nossa Constituição Federal funcionaliza a atividade econômica para que auxilie na proteção da dignidade da pessoa humana. Conclui-se, portanto, que "a Constituição de 1988, fundada no trabalho valorizado e na liberdade de iniciativa, insere a função social como um dos princípios da ordem econômica. Com isso, visou alcançar existência digna para todos" (SOUSA, 2006, p. 176).

Assim, na busca da concretização da livre-iniciativa, desde que valorizado o trabalho humano, a Constituição Federal, também, elege como princípios da ordem econômica, dentre outros, a (1) a função social da propriedade, (2) a livre concorrência, (3) a busca do pleno emprego (CF/88, art. 170, I-IX). Ora, não se pode falar em busca do pleno emprego, sem propiciar a preservação da empresa, que, por sua vez, "interessa ao Direito e à Economia, pela proteção que oferece à continuidade dos negócios sociais" (FACHIN, 2001, p. 199). Afinal, o exercício da atividade empresarial é a fonte de tributos e empregos. Ou seja, sem preservação da atividade empresarial, inexiste emprego, razão pela qual não há como se valorizar o trabalho humano, sob pena da pretensão do legislador constituinte ficar reservada ao seu imaginário.

Portanto, diante desse projeto constitucional, há que se defender que a preservação da empresa foi erigida a princípio constitucional, sob pena de não atingir os objetivos pretendidos, dentre os quais, a construção de uma sociedade livre, justa e solidária (CF/88, art. 3º, I), mesmo porque nem todos os princípios constitucionais estão escritos.[3]

3 Direito de empresa no Código Civil

O Código Civil brasileiro, por sua vez, ao dedicar seu Livro II, ao estudo do direito de empresa, não só inovou, como consagrou a adoção da teoria da empresa. Para sua compreensão, todavia, exige-se o respeito aos três princípios basilares fundamentais do Código Civil, a saber: eticidade, socialidade e operabilidade, mesmo porque o direito de empresa não se constitui um livro isolado.

Dentro dessa perspectiva, inegável que a empresa constitui a noção contemporânea de propriedade, o que motivou Orlando Gomes, desde há muito, a dizer que "a transição da propriedade para a empresa é considerada uma revolução copernicana no direito privado". Disse mais:

[3] Sobre o tema dos princípios constitucionais implícitos ou não escritos, dentre outros, ver: Perrini (2002).

> O jurista que observa a paisagem da vida econômica contemporânea se convencerá de que a evolução das estruturas da economia relegou a segundo plano, sob a perspectiva social, a atividade de gôzo do proprietário quando comparada à atividade produtiva do empresário. [...] Dessa constatação, surgiu a categoria jurídica da empresa, introduzida no centro do sistema do direito privado. [...] O exercício da atividade econômica pela organização de bens e pessoas nessas unidades orgânicas cada dia maiores e mais poderosas exige disciplina que encare o direito de propriedade sob novas perspectivas. Sendo a empresa em última análise, um dos modos de seu exercício e devendo subordinar-se esse exercício ao interesse geral, o poder jurídico que o pressupõe deixa de ser, nesse ponto, um direito subjetivo puro, por que não é mais, exclusivamente, "um poder da vontade para a realização de um interesse próprio", senão um poder que, embora exercido com fim lucrativo, e, portanto, no interesse de quem o exerce, deve ao mesmo tempo legitimar-se pela realização de interesse extra-pessoal transindividual. Desse modo, o proprietário na veste do empresário ou empreendedor tem deveres e responsabilidades. (GOMES, 1983, p. 32)

A preservação da empresa como princípio constitucional, também, pode ser visualizada a partir da desmaterialização da riqueza,[4] consequência da função social da propriedade, o que levou Enzo Roppo (1988, p. 66) a consignar que "parece ser o contrato, e já não a propriedade, o instrumento fundamental de gestão dos recursos e de propulsão da economia", mesmo porque, "no presente, o processo econômico é determinado e impulsionado pela empresa, e já não pela propriedade" (ROPPO, 1988, p. 67).

Ora, se a empresa consubstancia a noção contemporânea da propriedade, ela, por força de princípio constitucional, deve atender a uma função social[5] e, portanto, gerar benefícios não só aos seus titulares, mas, também, a terceiros, isto é, a trabalhadores, fornecedores, consumidores e ao próprio Estado (em razão do interesse de recolher tributos do exercício daquela atividade econômica organizada). Assim procedendo, a Constituição Federal "levou em conta a propriedade, considerada sob o aspecto econômico, mas com evidentes reflexos sociais, que abrangem, primordialmente, a empresa, como atividade organizadora que é da propriedade em fase dinâmica, nesta reconhecida, como meio de produção" (SOUSA, 2006, p. 176). Conclui-se, destarte, que o legislador constituinte defende a preservação da empresa; em caso contrário, não existirá função social concreta e, muito menos, haverá o desenvolvimento de atividade produtiva, com reflexos sociais, como a geração de empregos. Aliás, como registra Ricardo Tepedino (2002, p. 167), "Impossível esquecer-se de que a Constituição Federal eleva a função social da propriedade e a busca do pleno emprego à condição de princípios da atividade econômica (art. 170, III e VIII), [...] e não será destruindo centros de produção que essas normas serão observadas".

---

4 "Com o progredir do modo capitalista, com o multiplicar-se e complicar-se das relações económicas, abre-se um processo que poderemos definir como de mobilização e desmaterialização da riqueza, a qual tende a subtrair o direito de propriedade (como poder de gozar e dispor, numa perspectiva estática, das coisas materiais e especialmente de bens imóveis) a sua supremacia entre os instrumentos de controle e gestão da riqueza. Num sistema capitalista desenvolvido, a riqueza de facto não se identifica apenas com as coisas materiais e com o direito de usá-las; ela consiste também e sobretudo, em bens imateriais, em relações, em promessas alheias e no correspondente direito ao comportamento de outrem, ou seja, a pretender de outrem algo que não consiste necessariamente numa *res* a possuir em propriedade" (ROPPO, 1988. p. 64).

5 "por constituir-se instituição-chave da sociedade contemporânea, a empresa possui importância tanto econômica quanto social. A empresa constitui a célula fundamental da economia, e dela depende a imensa maioria da população economicamente ativa" (CAVALLI, 2013, p. 11).

Por óbvio, o Código Civil seguiu esse pensamento, mesmo porque organiza a unidade do sistema privado, sem, contudo, ofender os princípios e valores constitucionais. Desenvolve, na verdade, uma função integrativa entre a Constituição e a legislação extravagante.[6]

Destarte, indispensável interpretar o Livro II do Código Civil brasileiro, denominado "Direito de Empresa", a partir do princípio constitucional da preservação da empresa como pilar essencial. Aliás, essa interpretação extrai-se de diversos dispositivos, dentre os quais:

- Art. 974, que possibilita ao empresário declarado incapaz no exercício de sua atividade empresarial continuar o exercício dessa atividade, desde que assistido por meio de representante, afastando, pois, a obrigatoriedade de liquidação da sociedade em casos tais, como exigiam os diplomas anteriores.[7]
- Art. 1.085, ao autorizar a exclusão do sócio que está pondo em risco a continuidade da empresa, ainda que observado previamente o direito de defesa em assembleia, encontrando reforço, inclusive, na regra do art. 1.029, que autoriza qualquer sócio a se retirar da sociedade, sem prejuízo de sua continuidade, o que não sucedia no revogado Código Comercial,[8] em que pese o entendimento jurisprudencial diverso,[9] que, por sua vez, veio a ser positivado nos artigos em exame.
- Art. 1.030, ao não vedar expressamente ao sócio minoritário postular judicialmente a exclusão do sócio majoritário, na defesa dos interesses e preservação das atividades empresariais desenvolvidas pela sociedade.[10]

Esse repensar acentua-se com a proposta de revisão e atualização do Código Civil, criada pelo Ato do Presidente do Senado (ATS) nº 11, de 2023, cujo parecer preliminar da comissão de juristas apresenta proposta de substituição da definição da pessoa de empresário (art. 966 do CCiv.), por uma conceituação da empresa. Vejamos.

---

6 Nesse sentido, julgado do Tribunal de Justiça do Rio Grande do Sul (6ª CCiv., Ag. 70012350278), da lavra do Desembargador Ubirajara Mach de Oliveira, que, ao reformar sentença declaratória de falência, não aplicou o princípio da preservação da empresa, como no corpo do acórdão consignou que, "não obstante o princípio da preservação da empresa tenha sido contemplado de forma expressa somente na nova Lei de Falências, sua aplicação vem sendo consagrada pela jurisprudência. Decorre, outrossim, da interpretação sistemática do Novo Código Civil, da Lei n. 11.101/2005 e do Decreto-lei n. 7.661/45".

7 A exemplo do art. 336, II, do revogado Código Comercial/1850.

8 Ccom/1850, art. 335, V: "As sociedades reputam-se dissolvidas: [...] V – por vontade de um dos sócios, sendo a sociedade celebrada por tempo indeterminado".

9 "Se um dos sócios de uma sociedade por quotas de responsabilidade limitada pretende dar-lhe continuidade, como na hipótese, mesmo contra a vontade da maioria, que busca a sua dissolução total, deve-se prestigiar o princípio da preservação da empresa, acolhendo-se o pedido de sua desconstituição apenas parcial, formulado por aquela, pois a sua continuidade ajusta-se ao interesse coletivo, por importar em geração de empregos, em pagamento de impostos, em promoção do desenvolvimento das comunidades em que se integra e em outros benefícios gerais. II – Recurso conhecido e provido (STJ, 4ª Turma. REsp 61.278/SP. Rel. Min. César Asfor Rocha. *Revista de Direito Mercantil*, São Paulo, n. 116, p. 171).

10 Nesse particular, há que se destacar, como bem registra Paulo Salvador Frontini, que "a figura pessoal do sócio esmaece-se em face da realidade funcional da atividade, que a sociedade desenvolve. Este deve continuar, como verdadeira coisa principal, sendo substituíveis os sócios, como algo acessório, fungível. No âmago desse fenômeno, como que a alimentá-lo, está o *princípio da preservação da empresa*. A jurisprudência, nos casos citados, e em tantos outros, faz que de proclamá-lo. Assim, o princípio de preservação da empresa, [...] vem se alçando ao patamar matriz legitimadora dos negócios jurídicos celebrados no plano societário e também em diversas configurações jurídicas contemporâneas" (FRONTINI, 2001, p. 178).

Código Civil. Redação art. 966	Proposta de Reforma. Nova redação art. 966
Art. 966. Considera-se empresário quem exerce profissionalmente atividade econômica organizada para a produção ou a circulação de bens ou de serviços. Parágrafo único. Não se considera empresário quem exerce profissão intelectual, de natureza científica, literária ou artística, ainda com o concurso de auxiliares ou colaboradores, salvo se o exercício da profissão constituir elemento de empresa.	Art. 966. A empresa é a organização profissional de fatores de produção, com escopo de lucro, no ambiente de mercado. Parágrafo primeiro. Ao empresário ou à sociedade empresária cabe o exercício da atividade empresarial. Parágrafo segundo. Não se considera atividade empresarial o exercício de profissão intelectual, de natureza científica, literária ou artística, ainda que com o concurso de auxiliares ou colaboradores, salvo se o titular requerer sua inscrição no Registro Público de Empresas, ressalvadas as obrigações assumidas a partir do pedido do registro.

Sucede que o princípio da preservação da empresa vem sendo banalizado, quando não desvirtuado. Daí a necessidade de repensá-lo, mesmo porque sua concretude exige a observação do princípio da função social contemporânea da propriedade, ou seja, da empresa.

4 Repensando o princípio da preservação da empresa no Código Civil

Demonstrado que o princípio da constitucional da preservação constitui-se pilar essencial do Livro II do Código Civil brasileiro, denominado "Direito de Empresa", há que se evitar sua banalização, por ocasião de sua interpretação ao caso concreto. Explica-se.

Usualmente, utiliza-se o princípio da preservação da empresa para se evitar a falência de um agente econômico insolvente, ou mesmo penhora sobre o faturamento quando a sociedade empresária não recolhe seus impostos, sem justo motivo; ou mesmo retirada de bens, objeto de alienação fiduciária, dentre inúmeros outros exemplos.

Advirta-se, porém (inclusive, na tentativa de minorar determinados equívocos que ocorrem na prática forense), que o princípio da preservação da empresa não representa que toda e qualquer empresa deva ser preservada.[11] Não é isso. Na verdade, esse princípio, também representa a liquidação imediata de determinada empresa, como forma de preservar as demais que funcionam naquele sistema, evitando, destarte, que todo o mercado fique abalado. Como bem esclarece Paulo Penalva Santos:

[11] Preocupação idêntica é a destacada por Ingo Wolfgang Sarlet, quanto à banalização, quando não, ao uso inflacionário e panfletário do princípio da dignidade humana (SARLET, 2003, p. 230-231).

> nada pode ser mais danoso ao interesse público do que a manutenção de empresas ineficientes, as quais inevitavelmente seriam mantidas com subsídios públicos. Nem mesmo o interesse exclusivo dos trabalhadores pode prevalecer em detrimento dos contribuintes que pagam as subvenções, e do conjunto da sociedade que sofre as consequências de baixa produtividade e da ineficiência dessas empresas. (SANTOS, 1999, p. 31)

Percebe-se, pois, que o instituto da insolvência propriamente dito também desempenha uma função social ao retirar do mercado o empresário inescrupuloso ou incompetente, e, por conseguinte, preserva a cadeia produtiva. Com a palavra, Marcelo Guedes Nunes e Marco Aurélio Freire Barreto (2006, p. 311): "Os mecanismos legais de falência empresarial desempenham uma importante função social, que é retirar do mercado o mau empresário e permitir que os recursos sob sua administração sejam alocados de maneira mais eficiente".

Portanto, a defesa da preservação da empresa não autoriza sua aplicação generalizada, isto é, padronizada, com o sacrifício habitual dos credores, trabalhadores, consumidores, dentre outros. Há que se analisar o caso concreto,[12] sem olvidar, no entanto, que, "uma empresa considera-se (economicamente) falida quando o seu valor de mercado na ótica da continuidade da exploração da sua atividade econômica for menor de que o valor agregado de venda dos seus ativos, individualmente no mercado" (SANTOS, 2005, p. 183).

5 Conclusão

Conclui-se, pois, que o princípio da preservação da empresa constitui-se em fundamento do direito de empresa; porém, o modo da sua aplicação, isto é, a preservação propriamente dita ou a liquidação imediata,[13] deve ser analisado, cuidadosamente, pelo operador do direito, pois advogado, Ministério Público e juiz desempenham papel de fundamental importância nesse mister, sendo que qualquer desinteresse ou desleixo pode resultar na sua banalização.

Por fim, há que registrar que esse texto exibe uma humilde homenagem ao Jurista e Professor Luiz Edson Fachin, exemplo de civilista e pessoa. Em verdade, tive o privilégio de ser seu aluno por ocasião do meu mestrado e doutorado na UFPR, sendo que suas lições e obras, em especial o *Estatuto jurídico do patrimônio mínimo*, serviram como fonte de inspiração para o desenvolvimento da temática aqui debatida. Enfim, o destino me honrou com o privilégio de registrar publicamente a gratidão pelos seus ensinamentos.

---

[12] De acordo com o pensamento de Douglas Baird e Robert Rasmussen (2002, p.751), uma situação de falência econômica emerge quando o valor de mercado da empresa é inferior ao valor de reposição dos seus ativos.

[13] "O empresário é um agente econômico que desempenha atividade de alta relevância á coletividade, sob o enfoque do tríplice interesse transindividual societário, pautado na proteção ao (i) capital; (ii) ao trabalho e (iii) à sociedade, e assim é imperioso que haja um instrumento de controle da sua atuação diuturna, prevenindo e reprimindo a insolvência empresarial, com efeitos nefastos ao mercado" (GUIMARÃES, 2017, p. 701).

Referências

BAIRD, Douglas G.; RASMUSSEN, Robert K. The End of bankruptcy. *Stanford Law Review*, v. 55, p. 751-789, 2002. Disponível em: https://chicagounbound.uchicago.edu/cgi/viewcontent.cgi?article=2045&context=journal_articles.

CANOTILHO, J. J. Gomes. *Direito constitucional e teoria da Constituição*. 2. ed. Coimbra: Almedina, 1996.

CAVALLI, Cássio. *Empresa, direito e economia*. Rio de Janeiro: Forense, 2013.

CORTIANO JUNIOR, Eroulths. Para além das coisas (Breve ensaio sobre o direito, a pessoa e o patrimônio mínimo). *In*: RAMOS, Carmen Lucia Silveira (Org.). *Diálogos sobre direito civil*. Rio de Janeiro. Renovar, 2002. p. 155-165.

FACHIN, Luiz Edson. *Estatuto jurídico do patrimônio mínimo*. Rio de Janeiro: Renovar, 2001.

FREITAS, Juarez de. *A interpretação sistemática do direito*. 2. ed. rev. e ampl. São Paulo: Malheiros, 1998.

FRONTINI, Paulo Salvador. Sociedade por quota: morte de um dos sócios: herdeiros pretendendo a dissolução parcial: dissolução total requerida pela maioria social: continuidade da empresa. *Revista de Direito Mercantil*, São Paulo, n. 116, p. 171-179, jul./set. 2001.

GOMES, Orlando. *Novos temas de direito civil*. Rio de Janeiro: Forense, 1983.

GUIMARÃES, Márcio Souza. A ultrapassada teoria da empresa e o direito da das empresas em dificuldades. *In*: WAISBERG, Ivo; RIBEIRO, José Horácio Halfeld Rezende. *Temas de direito da insolvência*: estudos em Homenagem ao Professor Manoel Justino Bezerra Filho. São Paulo: Editora IASP, 2017. p. 681-711

MATTIETTO, Leonardo. O direito civil constitucional e a nova teoria dos contratos. *In*: TEPEDINO, Gustavo (Coord.). *Problemas de direito constitucional*. Rio de Janeiro: Renovar, 2000. p. 163-186.

NUNES, Marcelo Guedes; BARRETO, Marco Aurélio Freire. Alguns apontamentos sobre comunhão de credores e viabilidade econômica. *In*: MONTEIRO, Rodrigo R.; ARAGÃO, Leandro Santos de (Coord.). *Direito societário e a Nova Lei de Falências e Recuperação de Empresas*. São Paulo: Quartier Latin, 2006. p. 309-334.

PERLINGIERI, Pietro. *Perfis do direito civil*. 3. ed. Tradução de Maria Cristina de Cicco. Rio de Janeiro: Renovar, 1997.

PERRINI, Raquel Fernandes. Os princípios constitucionais implícitos. *Cadernos de Direito Constitucional e Ciência Política*, São Paulo, v. 5, n. 17, p. 113-169, out./dez. 2002.

REALE, Miguel. *História do Novo Código Civil*. São Paulo: Editora Revista dos Tribunais, 2005.

ROPPO, Enzo. *O contrato*. Tradução de Ana Coimbra e M. Januário C. Gomes. Coimbra: Almedina, 1988.

SANTOS, Mário João Coutinho dos. Algumas Notas sobre os aspectos econômicos da insolvência da empresa. *Direito e Justiça. Revista da Faculdade de Direito da Universidade Católica Portuguesa*, v. 19, t. II, 2005.

SANTOS, Paulo Penalva. Nota aos Comentários à Lei de Falências (Decreto-lei 7.661 de 21 de junho de 1945). *In*: VALVERDE, Trajano Miranda. *Comentários à Lei de Falências (Decreto-lei 7.661 de 21 de junho de 1945)*. Rio de Janeiro: Forense, 1999. v. 1. p. 27-64.

SARLET, Ingo Wolfgang. Algumas notas em torno da relação entre o princípio da dignidade humana e os direitos fundamentais na ordem constitucional brasileira. *In*: LEITE, George Salomão (Org.). *Dos princípios constitucionais*: considerações em torno das normas principiológicas da Constituição. São Paulo: Malheiros, 2003. p. 198-236.

SOUSA, Sueli Baptista de. *Responsabilidade dos sócios na sociedade limitada*. São Paulo: Quartier Latin, 2006.

TEPEDINO, Maria Celina Bodin de Moraes. A caminho de um direito civil constitucional. *Revista de Direito Civil*, São Paulo, n. 65, p. 21-32, 1993.

TEPEDINO, Ricardo. A recuperação da empresa em crise diante do Decreto-lei 7.661/45. *Revista de Direito Mercantil*, São Paulo, n. 128, p. 165-173, out./dez. 2002.

Informação bibliográfica deste livro, conforme a NBR 6023:2018 da Associação Brasileira de Normas Técnicas (ABNT):

CASTRO, Carlos Alberto Farracha de. Repensando o princípio da preservação da empresa no Código Civil brasileiro: uma simples homenagem ao Professor Luiz Edson Fachin. *In*: CORTIANO JUNIOR, Eroulths; SILVA, Alexandre Barbosa da (coord.). *O Código Civil e a Contemporaneidade*: Estudos do Grupo Virada de Copérnico em Homenagem ao Ministro Luiz Edson Fachin. Belo Horizonte: Fórum, 2025. p. 313-320. ISBN 978-65-5518-990-2.

O DIREITO SOCIETÁRIO APÓS 20 ANOS DE VIGÊNCIA DO CÓDIGO CIVIL E SUA (RE)CONSTRUÇÃO A PARTIR DAS RECENTES ALTERAÇÕES LEGISLATIVAS E JURISPRUDENCIAIS

EMERSON LUÍS DAL POZZO

KARIN CRISTINA BÓRIO MANCIA

1 Primeiras considerações

O Código Civil de 2002 trouxe, para o diploma clássico do direito civil, conteúdo típico do direito empresarial (aliás, ditou-lhe a nomenclatura), regulando a empresa (enquanto atividade), as sociedades (personificadas e não personificadas), o estabelecimento e diversos institutos complementares.

No eixo das sociedades, construiu espécie de parte geral, sob a epígrafe das sociedades simples, que exige inevitável apontamento: a parte geral destinada às sociedades empresariais é formulada em torno de sociedade que, por definição, não é empresária.

Sob a tônica da conjugação da lógica empresarial com a lógica cível de um Código que inicia sua gestação antes da Constituição de 1988, mas nasce depois dela, a relação do Código Civil com o direito societário nasce complexa e complexa remanesce.

Dentre os múltiplos tópicos, elegeu-se, para delinear o impacto do tempo na composição da relação entre o direito societário e o Código Civil, algumas de suas transformações mais relevantes, sob a ótica do impacto teórico ou do potencial de transformações práticas, da Eireli às *startups*, sobretudo pelo prisma da recentíssima Lei da Liberdade Econômica.

2 Da empresa individual de responsabilidade limitada – Eireli à sociedade limitada unipessoal: a Lei da Liberdade Econômica

Uma das principais alterações sofridas pelo Código Civil após a primeira década de sua vigência, especialmente no que tange ao âmbito da limitação da responsabilidade decorrente da exploração da atividade econômica, foi a criação da empresa individual de responsabilidade limitada – Eireli.

Concebida pela Lei nº 12.411, de 11.7.2011, foi acrescentado o Título I-A, "Da Empresa Individual de Responsabilidade Limitada" ao Livro II da Parte Especial do Código Civil, por intermédio da introdução do art. 980-A ao diploma.

Sua instituição teve como objetivo formatar uma figura "intermediária" entre o empresário individual e a sociedade limitada, mediante a criação de um novo tipo jurídico empresarial. Nos termos da redação do art. 44, VI, do Código Civil, alterada pela Lei nº 12.411, de 11.7.2011, atribuiu-se às Eirelis a natureza jurídica de direito privado, ao lado das associações, sociedades, fundações, organizações religiosas e partidos políticos.

Objetivou-se com a concepção da Eireli a reunião das melhores características dos dois modelos até então existentes, atribuindo limitação à responsabilidade do sócio, prescindindo, por outro lado, da existência de mais de um sócio para a exploração da atividade econômica.

O propósito da figura, portanto, foi viabilizar o exercício da atividade econômica por sujeito único e com limitação da responsabilidade, em alternativa à figura do empresário individual e sem a necessidade de constituição de sociedades meramente *pro forma*.

Além disso, a adoção da Eireli criou melhores condições jurídicas para atrair à formalidade expressivo número de trabalhadores que até então desenvolviam atividade econômica de maneira informal, ante os entraves burocráticos, jurídicos e financeiros na regularização do empreendimento.

Apesar do tratamento jurídico equivocado[1] e aparentemente atécnico[2] empregado pelo legislador, e inobstante os obstáculos jurídicos carregados pela figura recém-criada, sobretudo pela criticável exigência de integralização de um capital social mínimo correspondente a 100 (cem) vezes o maior salário mínimo vigente no país,[3] a Eireli conquistou rapidamente um significativo espaço no cenário econômico-empresarial brasileiro (LACERDA, 2016, p. 99-138).

Convém observar, entretanto, que a exigência do capital social integralizado, a partir do mínimo legal, muito embora tenha sido alvo de intensos debates doutrinários, em razão da inexistência de requisito similar para a inscrição do empresário individual ou a constituição de uma sociedade empresária, trata-se de questão devidamente pacificada pelo Supremo Tribunal Federal quando do julgamento da ADI nº 4.637, em dezembro de 2020, que considerou válida e constitucional a exigência do capital social mínimo prevista no art. 980-A, do Código Civil.

---

1 Ante a adoção de expressões próprias do direito societário como "capital", "denominação social". Neste sentido é, inclusive, o teor do Enunciado nº 472 aprovado pela V Jornada de Direito Civil: "É inadequada a utilização da expressão "social" para as empresas individuais de responsabilidade limitada".

2 O mais correto seria denominar o instituto criado de "empresário individual de responsabilidade limitada". Como adverte Fabio Ulhoa Coelho (2014, p. 47), "A designação é muito infeliz e pouco técnica. Empresa, como visto, é conceito jurídico referente à atividade econômica explorada com determinadas características, e não referente ao sujeito que a explora".

3 Em sentido contrário, Alfredo de Assis Gonçalves Neto (2011), para quem a exigência do capital social mínimo seria importante para evitar que fossem criadas empresas fantasmas.

Ocorre, porém, que a Lei nº 13.874/2019, a Lei da Liberdade Econômica (LLE), trouxe novas luzes ao cenário socioempresarial, ao modificar o art. 1.052, §1º, do Código Civil e possibilitar a constituição da chamada sociedade limitada unipessoal.

Aqui, ao contrário do que ocorreu com a Eireli, não se trata de um novo tipo societário, mas apenas da possibilidade jurídica de regular constituição de uma sociedade limitada que, entretanto, tenha seu capital composto por um único sócio quotista.

A sociedade limitada unipessoal em certa medida desafia a própria concepção legal de sociedade, insculpida no art. 981, do Código Civil,[4] "quer no que se refere ao seu conceito, quer no que tange à sua destinação como instituto voltado para agregar pessoas em torno de uma finalidade econômica comum" (GONÇALVES NETO, 2016, p. 121-122).

De qualquer forma, a alteração legislativa implementada pela LLE, neste ponto, especialmente por não exigir capital social mínimo para sua constituição, a exemplo da Eireli, tende a fomentar o exercício da atividade econômica, ao abrir espaço especialmente para o pequeno empreendedor, representando recente e importante rearranjo do cenário societário brasileiro.

A inovação está alinhada, igualmente, ao tratamento dispensado à temática por diversos países europeus, a exemplo da Alemanha, que foi o primeiro país europeu a adotar em seu ordenamento a sociedade limitada unipessoal, em 1980, por meio da Lei sobre Sociedade por Quotas; a França que adotou a *Enterprise Unipersonnelle à responsabilité limiteé* (EURL) em 1985; e Portugal, concebendo-a em seu Código Comercial, de 1986 (ABREU, 2013, p. 491-527).

Refuta-se também a habitual crítica de maior potencialidade de fraude por meio da sociedade unipessoal com responsabilidade, a exemplo do que faz Calixto Salomão Filho (1995, p. 36-37):

> Trata-se de crítica que não se sustenta. Basta observar que tudo depende da normativa escolhida para proteger os terceiros, que pode ser introduzida tanto através do *nomem iuris* sociedade unipessoal quanto através da empresa. Aliás, se um juízo apriorístico deve ser feito, seria necessariamente favorável à sociedade, forma organizativa dotada de plena subjetividade jurídica e com vocação específica para a separação de esferas.

Além disso, e considerando que a sociedade limitada representa o tipo societário mais utilizado no Brasil, sua constituição a partir de um único sócio e sem a exigência do capital social mínimo tende a atrair cada vez mais adeptos, o que permite supor, inclusive, que o futuro da Eireli pode estar com seus dias contados.[5]

3 Reafirmação da separação patrimonial e da limitação de responsabilidade

A separação patrimonial entre a pessoa jurídica empresária, seus sócios e gestores, somada à limitação de responsabilidade figuram entre os institutos de maior impacto

---

[4] "Art. 981. Celebram contrato de sociedade as pessoas que reciprocamente se obrigam a contribuir, com bens ou serviços, para o exercício de atividade econômica e a partilha, entre si, dos resultados. Parágrafo único. A atividade pode restringir-se à realização de um ou mais negócios determinados".

[5] A redução já se faz notar nos dados compilados das juntas comerciais.

econômico da história, pelo potencial que carregam como mecanismos de viabilização de investimentos. Na mesma extensão, não é novidade a preocupação com os potenciais comportamentos abusivos, no tocante à malversação da limitação de responsabilidade e seu impacto na geração de externalidades negativas.

O Código Civil, em sua redação original, delineia o problema inserindo, no art. 50, regramento geral para a desconsideração da personalidade jurídica, tendo como elemento central o abuso da personalidade, caracterizado por desvio de finalidade ou confusão patrimonial.

A previsão legislativa abrangente, contudo, proporcionou o uso crescente, quase indiscriminado do instituto da desconsideração, comumente mediante a invocação do famigerado art. 50, com severos prejuízos à segurança jurídica do investidor e relativizando em demasia os enunciados dos arts. 1.052 (limitação da responsabilidade das limitadas) e 1.088 (limitação da responsabilidade quanto às anônimas, replicando o art. 1º da Lei nº 6.404/1976).

Neste ponto, marcantes as intervenções da Lei da Liberdade Econômica (LLE), aprimorando a redação de diversos dispositivos com o intuito de coibir o esmorecimento crescente da limitação da responsabilidade.

É o que se registra, por exemplo, no acréscimo do §7º ao art. 980-A, do Código Civil, para estabelecer que: "Somente o patrimônio social da empresa responderá pelas dívidas da empresa individual de responsabilidade limitada, hipótese em que não se confundirá, em qualquer situação, com o patrimônio do titular que a constitui, ressalvados os casos de fraude".

A inclusão do novo dispositivo faz relembrar a regra do §4º, que constava originariamente do art. 980-A, e foi objeto de veto presidencial, nos seguintes termos:

> §4º Somente o patrimônio social da empresa responderá pelas dívidas da empresa individual de responsabilidade limitada, não se confundindo em qualquer situação com o patrimônio da pessoa natural que a constitui, conforme descrito em sua declaração anual de bens entregue ao órgão competente.

Ainda que o dispositivo reforce a autonomia patrimonial da Eireli em relação ao seu titular, o texto, tal qual inserido no Código Civil, traz aparente antinomia em relação às hipóteses do art. 50, do Código Civil, transparecendo que houve a restrição das hipóteses de desconsideração da personalidade jurídica da Eireli apenas e tão somente "aos casos de fraude". Melhor seria, ao que parece, que a LLE tivesse proposto a adoção de redação semelhante ao Enunciando nº 470, da V Jornada de Direito Civil:

> O patrimônio da empresa individual de responsabilidade limitada responderá pelas dívidas da pessoa jurídica, não se confundindo com o patrimônio da pessoa natural que a constitui, sem prejuízo da aplicação do instituto da desconsideração da personalidade jurídica.

Por fim, ainda no campo da personificação do ente societário, tem-se que a LLE fez incluir o art. 49-A, no Código Civil, reafirmando a autonomia patrimonial, obrigacional, pessoal e processual da pessoa jurídica, conceito há muito já pacificado na doutrina e na jurisprudência.

Para muitos, o artigo trata-se de "afirmação de platitudes", tendo a LLE, neste tocante, infringido "uma recomendação de técnica de redação legislativa: definições ou explicações de institutos são tarefas da doutrina, e não do texto legal", justificando-se a "redundância legislativa", quando muito, para coibir decisões judiciais das instâncias iniciais que banalizam a desconsideração da personalidade jurídica (TARTUCE; OLIVEIRA, 2019).

Em seguida, a LLE determinou nova redação ao art. 50, do Código Civil, prevendo que a personalidade jurídica do ente empresarial seja desconsiderada quando submetida a abuso por administradores e/ou sócios, de modo que estes sejam responsabilizados pelas obrigações da sociedade.

Especificou-se, entretanto, que a desconsideração da personalidade jurídica deve ocorrer para alcançar os bens particulares de administradores ou de sócios da pessoa jurídica "beneficiados direta ou indiretamente pelo abuso".

Ainda notável o esforço do legislador no sentido de definir os conceitos de "desvio de finalidade" e "confusão patrimonial", o que garante tratamento uniforme sobre o tema perante os diversos Tribunais pátrios e, via de consequência, imprime maior segurança jurídica ao ambiente de negócios brasileiro.

Os dois conceitos, outrora lançados de forma bruta no enunciado normativo do Código, passam a carregar conteúdo mais lapidado: (i) o desvio de finalidade é definido como o uso da pessoa jurídica para praticar ilícitos ou lesar credores (§1º) e não como a "mera expansão" ou a "alteração da finalidade original" da pessoa jurídica constituída; e (ii) a confusão é tida como o cumprimento reiterado de obrigações de sócio ou de gestor pela pessoa jurídica, a transferência sem contraprestação de ativos ou passivos, além de cláusula genérica indicando "outros atos" que violem a autonomia patrimonial.

E, à guisa de arremate, importante a disposição do §4º do art. 50, ao reforçar que a "mera existência de grupo econômico" não dispensa a verificação da existência de requisitos de desconsideração, visando igualmente a corrigir rumos da aplicação do *caput* original do art. 50 no tocante à separação patrimonial na formatação de grupos de sociedades.

4 Outras transformações e algumas projeções

As transformações apontadas nas quase duas décadas de Código Civil abrem espaço para mudanças mais abrangentes e que conectam o direito societário originalmente projetado no diploma com o futuro do desenvolvimento de fórmulas societárias para novos negócios.

Dentre as hipóteses indicadas à luz das transformações relatadas *supra*, a possibilidade de limitadas unipessoais promete beneficiar especificamente as *startups* – definidas pela Lei Complementar nº 182/2021 (Lei do Marco Legal das *Startups* e do empreendedorismo inovador), em seu art. 6º, como organizações empresariais ou societárias, nascentes ou em operação recente, cuja atuação caracteriza-se pela inovação aplicada a modelo de negócios ou a produtos ou serviços ofertados – dado que estas, não raro, apresentam-se como centros propulsores de riqueza de ideias, mas contam com baixos rendimentos iniciais.

Tome-se, ainda, o impacto proporcionado pela constitucionalização do direito privado, que alcançou também o direito empresarial, na medida em que os princípios constitucionais, com aplicação imediata (sem mediação), alcançam também as relações jurídicas classicamente regidas pelo ramo.

Se constitucionalizar o direito implica ter as normas constitucionais (princípios e regras que traduzem valores eleitos pelo constituinte) produzindo efeitos na atribuição de significado das normas infraconstitucionais, determinando-lhes o sentido e o alcance (BARROSO, 2005, p. 42), a função social da empresa passa a ser o filtro pelo qual as normas voltadas à atividade econômica organizada devem ser interpretadas.

E o novo caminho deriva de que a Constituição, embora *garanta* a propriedade privada, exige dela atendimento a sua *função social* e, por outro lado, se a *empresa* pressupõe a propriedade dos bens de produção, a função social da propriedade é, também, função social da empresa.[6]

A resistência inicial ao princípio, aliás, vem sendo vencida sobretudo pela visão diferenciada lançada sobre a atividade econômica organizada internacionalmente. Tanto é assim que, em 19.8.2019, o *Business Roundtable* (BRT), organização que tem cerca das 200 (duzentas) mais importantes empresas norte-americanas, anunciou nova declaração sobre o que devem ser os propósitos de uma empresa.

No documento, assinado por 181 (cento e oitenta e um) CEOs, os membros se comprometeram a gerenciar suas companhias com o objetivo de beneficiar todos os cinco grandes grupos de interessados (*stakeholders*): acionistas, consumidores, empregados, fornecedores e comunidades.

Na mesma esteira, identifica-se, por exemplo, a Agenda 2030 para o Desenvolvimento Sustentável. Embora não possua caráter vinculante (e consubstancie-se em documento que possa ser adotado voluntariamente pelos países, uma *soft law*), bem como o BRT seja uma declaração "simbólica", sem força normativa, é inegável que ambas as iniciativas refletem o reconhecimento internacional de uma nova visão da atividade empresarial.

A perspectiva de desenvolvimento inclusivo e sustentável no cenário internacional compatibiliza-se, no ordenamento jurídico pátrio, com a mudança de paradigma desenhada pela Constituição Federal, o que vem conclamando, ainda que paulatinamente, os empresários a voltarem seus olhos ao ambiente e o bem-estar de seus trabalhadores ao lado da busca pelo lucro.

Sem constituir mera caridade, altruísmo ou filantropia, o reconhecimento de uma nova visão da atividade empresarial impactada por sua função social implica o redimensionamento da compreensão do lucro, da posição de primazia do acionista (*shareholder value*) e passa a enxergar na mudança de postura o único caminho compatível com a rentabilidade em longo prazo das empresas, o que necessariamente trará ainda maior transformação à regulação societária.

Aliás, coadunando-se com a perspectiva do capitalismo de *stakeholders*, que se preocupa não apenas com acionistas, com lucro, mas também com as demais partes interessadas, como consumidores, trabalhadores, meio ambiente e demais agentes da

---

[6] Sobre a necessidade da incorporação de outros elementos constitucionais à função social da empresa, superando a derivação da função social da propriedade, vide *infra*.

sociedade como um todo, ganham cada vez mais espaço no ambiente corporativo os chamados investimentos ESG (correspondente à abreviação em inglês de *Environment, Social, Governance*).

Trata-se da "incorporação de práticas de sustentabilidade ambiental, inclusão social e governança do universo corporativo e sua consequente transformação em um ativo tangível do ponto de vista financeiro" (PINTO *et alii*, 2021).

5 Considerações finais

A inclusão de fração relevante do direito societário no Código Civil lançou desafios enfrentados pela doutrina e pela jurisprudência nas últimas duas décadas. Mas permitiu, na mesma medida, um olhar mais abrangente dos institutos, sob os auspícios da constitucionalização. As fórmulas assentadas pelo legislador em 2002 forçaram o direito empresarial (começando pelo nome) a se reconstruir e, com ele, o direito societário. A Lei da Liberdade Econômica permitiu uma dosagem mais equilibrada entre regulação e liberdade e reafirmou aspectos da livre iniciativa.

Por outro lado, ao direito societário é imposto o constante desafio de oferecer ferramentas organizacionais adaptadas às novas formas de enxergar a atividade econômica, sobretudo a partir da premissa da necessária sustentabilidade e de uma visão das organizações que observa crescentemente seus impactos socioeconômicos.

Muito mais que uma preocupação benevolente, o reconhecimento de uma nova visão da atividade empresarial vem se mostrando a única compatível com o desenvolvimento, a rentabilidade e a longevidade que se esperam das sociedades, demonstrando que a busca do lucro, cada vez mais, exige o diálogo consistente com todos os *stakeholders*. Ao direito societário impõe-se pavimentar o caminho.

Caminho longo, mas sem volta.

Referências

ABREU, Maíra Leitoguinhos de Lima Abreu. A tradição europeia em sociedade unipessoal: comparação com o Brasil. *Revista da Faculdade de Direito UFMG*, Belo Horizonte, n. 63, p. 491-527, p. 491-527, jul./dez. 2013.

BARROSO, Luís Roberto. Neoconstitucionalismo e constitucionalização do direito (O triunfo tardio do direito constitucional no Brasil). *Revista de Direito Administrativo*, Rio de Janeiro, v. 240, abr. 2005.

COELHO, Fabio Ulhoa. *Curso de direito comercial*. 18. ed. São Paulo: Saraiva, 2014. v. II.

FERGUSON, Niall. *A ascensão do dinheiro*: a história financeira do mundo. São Paulo: Planeta, 2009.

GONÇALVES NETO, Alfredo de Assis. *Direito de empresa*: comentários aos artigos 966 a 1.195 do Código Civil. 6. ed. São Paulo: Editora Revista dos Tribunais, 2016.

GONÇALVES NETO, Alfredo de Assis. Empresa individual é avanço da legislação brasileira. *Conjur*, 16 jul. 2011. Disponível em: https://www.conjur.com.br/2011-jul-16/empresa-individual-responsabilidade-limitada-avanco-legislacao. Acesso em: 30 jun. 2021.

LACERDA, Maurício Andere Von Bruck. Empresa individual de responsabilidade limitada e sua natureza jurídica. *In*: INSTITUTO DOS ADVOGADOS DE SÃO PAULO – IASP; MACHADO, Diogo Leonardo de (Org.). *Prodireito*: direito civil: programa de atualização em direito: Ciclo 1. 1. ed. Porto Alegre: Artmed Panamericana, 2016. v. 3. p. 99-138.

PINTO, José Carlos *et al*. A nova face dos negócios – O impacto do ESG no ambiente empresarial, no consumo e nas finanças. *Revista Veja*, 2021. Disponível em: https://veja.abril.com.br/insights-list/a-nova-face-dos-negocios-o-impacto-do-esg-no-ambiente-empresarial-no-consumo-e-nas-financas/. Acesso em: 30 jun. 2021.

SALOMÃO FILHO, Calixto. *A sociedade unipessoal*. São Paulo: Malheiros, 1995.

TARTUCE, Flávio; OLIVEIRA, Carlos Eduardo Elias de. Lei da Liberdade Econômica: diretrizes interpretativas da nova lei e análise detalhada das mudanças no Direito Civil e nos registros públicos – parte 2. *Genjurídico*, 2019. Disponível em: http://genjuridico.com.br/2019/09/25/mudancas-no-direito-civil-lle/. Acesso em: 30 jun. 2021.

Informação bibliográfica deste livro, conforme a NBR 6023:2018 da Associação Brasileira de Normas Técnicas (ABNT):

DAL POZZO, Emerson Luís; MANCIA, Karin Cristina Bório. O direito societário após 20 anos de vigência do Código Civil e sua (re)construção a partir das recentes alterações legislativas e jurisprudenciais. *In*: CORTIANO JUNIOR, Eroulths; SILVA, Alexandre Barbosa da (coord.). *O Código Civil e a Contemporaneidade*: Estudos do Grupo Virada de Copérnico em Homenagem ao Ministro Luiz Edson Fachin. Belo Horizonte: Fórum, 2025. p. 321-328. ISBN 978-65-5518-990-2.

A CRIAÇÃO/CONSOLIDAÇÃO DE UM REGIME "SOCIETÁRIO" ESTATAL

PABLO MALHEIROS DA CUNHA FROTA

1 Estado na economia e as sociedades estatais

A relação entre direito e economia é de autonomia e não de independência (TEUBNER, 1993, p. 139; 2004, p. 137-141). sendo que o Estado *atua* na economia (sobre a distinção em atuar e intervir na economia, Aragão [2018, p. 4-5]; Scaff [2001, p. 334]; Sousa [1980, p. 398]) de maneira *indireta* "(regulando externamente agentes econômicos privados)" ou *direta* "(como agente econômico)" (ARAGÃO, 2018, p. 6; 32) até porque, nessa senda, o exercício da atividade econômica pela Administração Pública pode ocorrer de forma direta, centralizada ou descentralizada, para exercer essas atividades, ou indireta, se o particular a fizer (ARAGÃO, 2018, p. 94-96). Aragão (2018, p. 94-95) esclarece:

> As figuras da Administração Direta e Indireta não correspondem respectivamente às figuras do exercício direto ou indireto de atividades econômicas. Tanto Administração Pública Direta como a Administração Pública Indireta são instrumentos de exercício direto pelo Estado da atividade, salvo quando optar pela assinatura de contratos de concessão com a sua estatal.

A atuação estatal *indireta* está, em regra, atrelada à atividade regulatória, por meio de edição de enunciados normativos que prescrevem a forma de atuação dos agentes econômicos privados. Nesse tipo de atuação, o Estado não pratica operações econômicas, que são exercidas, normalmente, por particulares, de acordo com os enunciados normativos *coercitivos* "(contratos de delegação de atividades públicas ou poder de polícia)" (ARAGÃO, 2018, p. 6) e (ou) *incentivadores* "no fomento, na regulamentação, no monitoramento, na mediação, na fiscalização, no planejamento, na ordenação da economia" (MARQUES NETO, 2002, p. 74) como pode se inferir da interpretação do art. 174 da Constituição Federal de 1988.

A atuação estatal *direta* se vincula com a construção de políticas sociais em áreas como educação, ciência, tecnologia, infraestrutura e concessão de créditos aos setores produtivos, na qual a atividade econômica é exercida pelo próprio Estado. Essa atuação direta se perfectibiliza pela alienação, pela aquisição de bens e pela prestação ou pela tomação de serviços pelo Estado, sob os ditames dos arts. 173, 175 e 177 da Constituição Federal de CF/88 (ARAGÃO, 2018, p. 6-7; 22). Aragão (2018, p. 7; 28) aponta:

> [...] alguma fungibilidade entre a atuação direta e a indireta, como ocorre nas atuações diretas com finalidades indiretas de influenciar os agentes privados, em que o Estado se vale de técnicas econômicas, não jurídicas *stricto sensu*, de fomento ou de constrição. Entretanto, mesmo nessas hipóteses, o meio adotado pelo Estado não é a emissão de regras jurídicas ou de incentivos, mas a realização de operações econômicas pelo próprio Estado, que, portanto, se inserem no objeto da obra. Nesses casos, ainda que com objetivos regulatórios ou de fomento, o Estado é o próprio agente econômico
>
> Observação relevante é de que apenas as atividades do art. 173 devem ter paridade com o regime jurídico da iniciativa privada, ou seja, apenas elas são obrigadas a seguir preponderantemente o direito privado, até para não concorrer deslealmente com os particulares que atuam no setor. Por esse motivo, sempre que o Estado desejar exercer uma atividade econômica em concomitância com a iniciativa privada por razão de relevante interesse coletivo ou segurança nacional (art. 173, CF) deverá fazê-lo mediante uma pessoa jurídica de direito privado a ele instrumental, ou seja, uma empresa pública ou sociedade de economia mista.

A referida atuação direta do Estado na economia de forma descentralizada é realizada por meio da "criação de entidades, por ele controladas, [...] através de instrumentos empresariais, pessoas jurídicas de direito privado com fins lucrativos integrantes da sua Administração Indireta: as empresas públicas e sociedades de economia mista" (ARAGÃO, 2018, p. 94-100).

No âmbito da atuação direta descentralizada do Estado na economia, diante do art. 37, XIX e XX, da CF/88, foi autorizada por lei a criação de sociedades estatais, densificadas por Marçal Justen Filho (2018, cap. 6, item 13):

> A expressão "sociedade estatal" é utilizada para indicar um gênero de pessoas jurídicas de direito privado que se encontram sob o controle direto ou indireto de um ente federativo. Esse gênero compreende a empresa pública, a sociedade de economia mista e as empresas controladas.

A disciplina dos elementos e requisitos configurativos das sociedades estatais estão postos, principalmente, na Lei nº 13.303/16, sendo que o STF admitiu a criação legal autorizativa para sociedades estatais criarem subsidiárias diversas, sempre vinculadas ao espectro da atividade econômica específica na ADI nº 1.491 MC, Pleno, Rel. Min. Carlos Velloso, Rel. p/ acórdão Min. Ricardo Lewandowski, j. 8.5.2014. *DJe*, 29.10.2014.[1]

---

1 Antes da Lei nº 13.303/16, o STJ autorizou a criação de sociedade estatal, no caso julgado, sociedade de economia mista, por estado-membro e pelo Distrito Federal, uma vez que o Decreto-Lei nº 200/1967 só admitia expressamente a criação por lei de sociedades estatais pela União (STJ, 1ª T. REsp 642.324/SC. Rel. Min. Luiz Fux, j. 12.09.2006. *DJ*, 26.10.2006).

Saliente-se, outrossim, que o STF, acerca da alienação do controle acionário da sociedade estatal ou a extinção desta, realizou

> interpretação conforme à Constituição ao art. 29, caput, XVIII, da Lei 13.303/2016, afirmando que a venda de ações de empresas públicas, sociedades de economia mista ou de suas subsidiárias ou controladas exige prévia autorização legislativa, sempre que se cuide de alienar o controle acionário, bem como que a dispensa de licitação só pode ser aplicada à venda de ações que não importem a perda de controle acionário de empresas públicas, sociedades de economia mista ou de suas subsidiárias ou controladas. (ADI 5.624 MC, decisão monocrática, Rel. Min. Ricardo Lewandowski, j. 27.06.2018. *DJe*, 28.6.2018)

Nesse passo, as sociedades estatais exercem, na forma do art. 173 da CF/88, do art. 2º da Lei nº 13.303/16 e da legislação infraconstitucional específica, a atividade econômica de viés

> empresarial, ou seja, em que o Estado, pela sua Administração Direta ou Indireta, organize um complexo estrutural de recursos materiais e humanos para, de forma perene, produzir bens ou prestar serviços [...] ainda que não necessariamente através de uma empresa pública ou sociedade de economia mista. (ARAGÃO, 2018, p. 31-32)

Aragão (2018, p. 20) comenta a relevância da Lei nº 13.303/16:

> O Estatuto das Estatais de 2016, tratando exaustivamente de temas fulcrais – como o próprio conceito delas, sua governança corporativa, requisitos da inserção de preocupações de interesse público em suas atividades, suas licitações e contratos –, demanda um esforço de atualização considerável. E isso não se deve tanto ao fato de ser um novo diploma legislativo, com quase cem artigos, ou de a legislação anterior datar de décadas atrás. Esses são fatores relevantes, mas o mais forte deles é o Estatuto das Estatais conter normas materialmente mais modernas, algumas delas exigindo mesmo uma mudança cultural em relação às estatais.

Essa construção leva a um regime jurídico específico, que será tratado no tópico seguinte.

2 Regime jurídico das sociedades estatais

O regime jurídico das sociedades estatais passa pela titularidade direta ou indireta atinente ao poder de controle societário (JUSTEN FILHO, 2018, cap. 6, item 13.1), porque o grau de controle do Estado é um fator que diferencia empresa pública da sociedade de economia mista e da sociedade controlada, como explica Rafael Schwind (2019, locais 2094; 2117):

> Se o Estado pretende um maior grau de intervenção estatal em determinada empresa que conte com a sua participação, a forma jurídica mais apropriada será a empresa pública, na qual ocorre o aporte de capitais exclusivamente públicos e, por conseguinte, não haverá a necessidade de compatibilização com interesses de sócios privados. [...] O problema da composição dos interesses públicos e privados somente se coloca nas sociedades de capital misto (dentre elas as empresas privadas com participação estatal, objeto deste

> estudo). Numa empresa pública, não há esse tipo de questão uma vez que não existe nenhum capital privado envolvido. No máximo, pode haver conflitos entre dois sócios públicos, mas em tese não haverá nenhum interesse privado relacionado a esse tipo de sociedade [...] Noutras palavras, o Estado tem à sua disposição diversas possibilidades de arranjos societários. Se a consecução dos interesses públicos que justificam a constituição da empresa fosse absolutamente incompatível com os interesses egoísticos de eventuais acionistas privados, o Estado poderia criar uma empresa pública.

Marçal Justen Filho (2018, cap. 6, item 15.3) alude sobre a diferença entre sociedades de economia mista e empresas públicas:

> A empresa pública é, por inerência, uma instituição exclusivamente estatal. Ainda quando se admita a participação de uma pluralidade de sócios em seu capital, haverá apenas e exclusivamente capitais de origem pública aplicados para a constituição da empresa pública. Já uma sociedade de economia mista também pode ser formada apenas por sócios integrantes da órbita estatal. Mas isso não é necessário, já que empreendedores privados podem deter participação societária. Tal como já destacado, o controle da sociedade de economia mista deverá ser mantido com uma entidade estatal.

O contexto jurídico das sociedades estatais une o direito constitucional, o direito administrativo, com a aplicação de recursos estatais, o direito empresarial, ante as atividades empresariais, normalmente desenvolvidas pelas sociedades estatais (JUSTEN FILHO, 2018, cap. 6, item 17) e o direito civil, na configuração jurídica dos institutos de base desde a constituição à extinção das sociedades estatais. Como o regime jurídico das sociedades estatais é híbrido, deve-se focar na

> maior liberdade de atuação possível às estatais no que elas necessitarem para atuarem com eficiência no mercado, mas sem olvidar de mecanismos que evitem que essa liberdade seja desviada, mecanismos que, todavia, não correspondem ao mero retorno ou fortalecimento dos controles típicos da Administração Pública tradicional [...] Na verdade, não temos um regime jurídico das empresas públicas, ou um regime jurídico das sociedades de economia, apesar de muitos pontos em comum. Mesmo após a edição do Estatuto das Estatais, há quase tantos regimes jurídicos quanto empresas públicas e sociedades de economia mista existentes. (ARAGÃO, 2018, p. 146)

Por isso, existem vários aspectos relacionados ao regime das sociedades estatais, com este texto se restringindo aos aspectos empresariais:

> [...] o art. 173, §1º, II, da CF impõe a paridade de regime jurídico para a atuação direta do Estado na economia apenas quando o Estado estiver exercendo atividade econômica em concorrência com a iniciativa privada, de forma a evitar a concorrência desleal. Não é por outra razão que também apenas nessas hipóteses o Estado é obrigado a adotar a forma de sociedade de economia mista ou de empresa pública, pessoas jurídicas da Administração Pública Indireta, mas dotadas de personalidade jurídica de direito privado, a exemplo das empresas da iniciativa privada. [...] Deve ser ressaltado que a paridade de regime com a iniciativa privada em grande medida realmente implica a aplicação do direito privado às estatais, mas não necessariamente apenas dele.
>
> [...] O que se busca com a indigitada paridade de regime é evitar que uma norma jurídica aplicável às empresas privadas – seja essa norma do Direito Civil, Comercial,

Tributário, Sanitário, Ambiental, Administrativo, etc. – tenha a sua aplicação excluída ou diferenciada para as empresas estatais atuantes no mesmo setor. Apesar de, como sempre repisado, o inciso II, do §1º, do art. 173, da CF impor a paridade apenas para as atividades econômicas exercidas pelo Estado em concomitância com empresas privadas, não se pode desconsiderar que, se o Estado optar por explorar uma atividade com exclusividade através de um instrumento de direito privado (empresa pública ou sociedade de economia mista), estará voluntariamente adotando um regime jurídico tendencialmente privado. Não tanto, naturalmente, como quando explora as atividades econômicas do art. 173, em que há uma determinação constitucional para a paridade. Também lhe será aplicado predominantemente o direito próprio das empresas privadas pela adoção da forma de direito privado, que, contudo, ao contrário daquelas hipóteses do art. 173, poderá ter (o direito privado e a paridade de regimes) a sua incidência excepcionada ou mitigada pelo ordenamento jurídico. Em outras palavras, quando o Estado utilizar empresas públicas ou sociedades de economia mista para, com exclusividade, explorar serviços públicos sob *publicatio* ou monopólios públicos, seguirá predominantemente o regime privado e de paridade, que, no entanto, pode ser excepcionado sem violar a Constituição. [...] Ressalta-se que, não obstante haja a necessidade de tratamento igualitário entre empresas públicas e privadas para fins concorrenciais, é comum, em muitos países, que empresas estatais sejam subsidiadas, principalmente por meio de empréstimos com taxas de juros reduzidas em relação às aplicadas às empresas privadas. State-Owned Enterprises in the Middle East and North Africa. Sweden: OECD publishing, 2013. p. 66-67; RAMAMURTI, Ravi. State-Owned Enterprises in High Technology Industries: Studies in India and Brazil. New York: Praeger, p. 191. [...]

As empresas públicas e as sociedades de economia mista possuem importantes aspectos conceituais comuns: ambas são pessoas jurídicas de direito privado da Administração Indireta constituídas pelo Estado após prévia e específica autorização legislativa para desenvolverem atividades de conteúdo econômico, conforme dispõe o art. 5º, II e III, Decreto-lei 200/ 1967, que não possui diferenças fundamentais em relação aos arts. 3º a 6º do Estatuto das Estatais, devendo, portanto, ser interpretados e aplicados conjugadamente na definição das empresas públicas e sociedades de economia mista. [...]

Alguns pontos, no entanto, as distinguem: 1) O foro das empresas públicas é o da Justiça Federal (art. 109, I, CF/ 1988), enquanto o das sociedades de economia mista, por falta de previsão expressa, é o comum, salvo se o ente político instituidor intervier na ação, atraindo a competência de seu foro ou Vara especial (art. 5º, Lei 9.469/ 1997). 2) As empresas públicas podem assumir qualquer forma societária admitida em Direito Comercial ou no Direito Civil, ao passo que as sociedades de economia mista só podem ser sociedades anônimas (art. 5º, III, Decreto-lei 200/ 1967). Os Estados e Municípios podem criar empresas públicas e sociedades de economia mista, mas, ao fazê-lo, deverão observar as normas do Direito Comercial (inclusive quanto às modalidades societárias), cuja edição é de competência privativa da União (art. 22, I, CF), que, por essa razão, pode alterá-las caso a caso, de entidade a entidade por ela criada, criando inclusive modalidades societárias específicas atípicas. Note-se que o Estatuto das Estatais, apesar de ter mantido aquela diferença entre as duas espécies de estatais, se referindo à forma necessariamente de sociedades anônimas apenas para as sociedades de economia mista (arts. 3º a 6º), aproxima esses dois regimes, primeiro ao dar parcialmente um novo regime de direito societário a ambas, diferente mesmo da própria Lei das S.A. (Capítulo II do Título I do Estatuto e até mesmo o regime do acionista controlador cf. art. 14), e em segundo lugar ao fazer remissão à Lei das S.A. e à regulação da CVM em alguns pontos das empresas públicas, independentemente da forma societária por ela adotada, como o faz, por exemplo, em seu art. 17 ao tratar do regime jurídico dos seus administradores, e no art. 7º quanto às demonstrações financeiras e obrigatoriedade de auditoria independente. 3) O capital das empresas públicas é exclusivamente público, mesmo que de mais de uma entidade da Administração Direta ou Indireta, e de qualquer

> nível da Federação (União, Estados, Municípios), inexistindo qualquer participação privada (art. 3º, Estatuto das Estatais), ao passo que as sociedades de economia mista, como se infere do seu próprio nome, possuem participação privada em seu capital, apesar de o controle societário em si dever ser sempre público (art. 4º, caput, Estatuto das Estatais. (ARAGÃO, 2018, p. 78-79; 89; 104-106; 133)

No RE nº 172.816, o STF indicou que o art. 173, §1º, da CF/88 não incide nas atividades econômicas titularizadas com exclusividade pelo Estado.

> A norma do art. 173, §1º, da Constituição aplica-se às entidades públicas que exercem atividade econômica em regime de concorrência, não tendo aplicação às sociedades de economia mista ou empresas públicas que, embora exercendo atividade econômica, gozam de exclusividade.

Essa posição do STF foi reiterada em muitos julgados, como no RE nº 356.711/PR, voto do Ministro Relator Gilmar Mendes, julgamento em 6.11.2005, Segunda Turma, *DJ* 7.4.2006 e no RE nº 433.666 AgR/BA, julgamento em 3.11.2009, *DJ* 26.11.2009.

Para regular de forma mais abrangente e específica as sociedades estatais, foi publicado no *Diário Oficial da União* – Seção 1, de 1º.7.2016, que em seu art. 97, apontou a vigência imediata da lei na data da sua publicação. Como se sabe, a referida vigência deve estar de acordo com o art. 8º da Lei Complementar nº 95, de 26.2.1988, que trata sobre "a elaboração, a redação, a alteração e a consolidação das leis, conforme determina o parágrafo único do art. 59 da Constituição Federal, e estabelece normas para a consolidação dos atos normativos que menciona".

Desse modo, para as sociedades estatais não constituídas anteriormente à Lei nº 13.303/16, a vigência desta se iniciou em 1º.7.2016 (sexta-feira), pois não houve *vacatio legis* para a citada hipótese. No caso de sociedades estatais constituídas anteriormente à Lei nº 13.303/16, há disciplina específica nos arts. 1º, §§3º e 4º, 91 e 95.

Dessa maneira, para as sociedades estatais que já estavam constituídas anteriormente à vigência da Lei nº 13.303/16 (1º.7.2016), o prazo para os entes estatais editarem os enunciados normativos de governança e a estratégia de longo prazo se encerrou em 27.12.2018 (terça-feira), cuja vigência se iniciou em 28.12.2018 (quarta-feira), dia subsequente à consumação integral do prazo, na forma do art. 8º, §1º, da Lei Complementar nº 95, de 26.2.1988.

Já o prazo de 24 (vinte e quatro) meses para as sociedades estatais já constituídas realizarem adaptação à Lei nº 13.303/16, bem como à regência da legislação anterior acerca dos procedimentos licitatórios e contratos iniciados ou celebrados até o final do prazo previsto no *caput* do art. 91 da Lei nº 13.303/16 se esgotaram em 1º.7.2018 (domingo), cuja vigência se iniciou em 2.7.2018 (segunda-feira), dia subsequente à consumação integral do prazo, na forma do art. 8º, §1º, da Lei Complementar nº 95, de 26.2.1988. Relevante, portanto, tratar de forma mais detida do sentido das sociedades estatais.

3 Sentido das sociedades estatais e o direito empresarial

As sociedades estatais foram explicitadas pelos arts. 1º a 13 da Lei nº 13.303/16, que se enquadram como sociedades empresárias, cujos sócios são pessoas coletivas estatais (JUSTEN FILHO, 2018, cap. 6, item 14), dispondo que as sociedades estatais serão constituídas preferencialmente sob a forma de sociedade anônima, como explica Marçal Justen Filho (2018, cap. 6, itens 16-16.2; 19.1):

> A solução adotada pelo art. 1.º da Lei 13.303 apresenta vínculo direto com a disciplina do art. 966 do Código Civil, abaixo reproduzido: "Considera-se empresário quem exerce profissionalmente atividade econômica organizada para a produção ou a circulação de bens ou de serviços". Portanto, o Código Civil reputa que empresa consiste na atividade economicamente organizada para a produção ou circulação de bens ou de serviços. A Lei 13.303/2016 incorporou esse enfoque relativamente às sociedades estatais, reconhecendo que algumas são organizadas empresarialmente e outras, não. A natureza da atividade desempenhada pela estatal é irrelevante, eis que o critério adotado é o modo de sua exploração. Isso significa que a Lei 13.303/2016 reservou o regime jurídico por ela instituído para as entidades estatais organizadas como empresa, na acepção técnico-jurídica prevalente no Direito Comercial. Logo, a Lei das Estatais não é aplicável a toda e qualquer entidade estatal prestadora de serviço público. Aliás, se a vontade legislativa fosse de alcançar todas as prestadoras de serviço público, a redação legislativa seria outra, muito mais simples. O art. 1.º teria simplesmente estabelecido que o seu regime seria aplicável a todas as sociedades sob controle direto ou indireto do Estado.

Dessa forma, as sociedades estatais fazem parte da Administração Pública indireta do ente estatal, possui personalidade jurídica de direito privado, autonomia organizacional e patrimônio próprios, sendo possível a "constituição de empresa pública unipessoal, em que todo o capital se encontre em mãos de um único sócio" (JUSTEN FILHO, 2018, cap. 6, item 14.1). Marçal Justen Filho sintetiza a autonomia patrimonial das sociedades estatais:

> A criação de uma sociedade estatal exige a constituição de um patrimônio próprio, o que envolve a atribuição a ela do domínio sobre um conjunto de bens.
>
> Em muitos casos, o patrimônio da sociedade estatal será constituído mediante a conferência pelo Estado de bens originariamente públicos. Isso dependerá de prévia autorização legislativa. Essa transferência para o domínio privado elimina a condição de bem público em sentido técnico jurídico. A questão será mais bem examinada no capítulo atinente aos bens públicos.
>
> Os bens integrantes do patrimônio das sociedades estatais não integram o domínio público. Rigorosamente, são bens privados, ainda que exista jurisprudência do STF no sentido de que o patrimônio de algumas sociedades estatais é impenhorável (tema que será examinado adiante). No entanto, existem instrumentos de controle próprios do direito público relativamente ao patrimônio das sociedades estatais. A questão se relaciona com o regime jurídico próprio das estatais.
>
> O parágrafo único do art. 99 do Código Civil consagrou regra com aplicação muito limitada. Determinou que "Não dispondo a lei em contrário, consideram-se dominicais os bens pertencentes às pessoas jurídicas de direito público a que se tenha dado estrutura de direito privado".
>
> Em princípio, não existem pessoas jurídicas de direito público com estrutura de direito privado. As sociedades estatais não se configuram como pessoa jurídica de direito público. No entanto, o STF vem reconhecendo que algumas sociedades prestadoras de serviço público devem ser subordinadas ao regime de direito público, mesmo tendo adotado

forma societária. Seguindo esse entendimento, ter-se-ia de convir com que o dispositivo antes referido aplica-se exclusivamente a tais entidades, sobre as quais se voltará a tratar adiante. (JUSTEN FILHO, 2018, cap. 6, item 17.2)

Em razão da hibridez do regime jurídico que acomete as empresas públicas, é possível que os bens destas sejam penhorados para quitação de obrigações, desde que a penhora não atinja bens de sociedades estatais "que comprometam o seu regular funcionamento, notadamente nos casos em que há interesse público em jogo" (REsp 176.078/SP, Rel. Min. Ari Pargendler, *DJ* 18.3.99). No mesmo sentido: TJDFT – 20060020 110586AGI, Rel. Flavio Rostirola, 1ª Turma Cível, j. 1º.11.2006, *DJU* Seção 3, 28.11.2006.

Os arts. 116, 3, e 243, §2º, da Lei das S.A. trazem o sentido de poder de controle, no qual autoriza pessoa humana ou coletiva ou o grupo de pessoas vinculadas por acordo de voto, ou sob controle comum a "determinar o destino da sociedade, o que se traduz especialmente na eleição da maioria dos administradores da companhia, submetendo-os à observância de diretivas e orientações" (JUSTEN FILHO, 2018, cap. 6, item 13.1).

O art. 7º da Lei nº 13.303/16 aponta a aplicação da Lei das Sociedades Anônimas – Lei das S.A. (Lei nº 6.404/76) à empresa pública e às sociedades de economia mista e suas subsidiárias, com o poder de controle sendo disciplinado nos arts. 116 e 243, §2º, da Lei das S.A., mesmo que a empresa pública não se revista na forma de S.A.

O art. 165, §5º, II, da CF/88, os arts. 3º, parágrafo único, e 4º, §1º, da Lei nº 13.303/16, assim como os arts. 2º, II, da Lei de Responsabilidade Fiscal (Lei Complementar nº 101/2000 – LRF), e o art. 2º, I, II, III e IV, do Decreto-Federal nº 8.945/16 trazem disposições sobre o poder de controle nas empresas públicas e nas sociedades de economia mista, respectivamente, sendo que ambas possuem personalidade jurídica de direito privado e o Estado possui a maioria do capital votante em ambos os tipos societários.

O TCU decidiu um caso relacionado ao acordo de acionistas em sociedade de economia mista no qual "não transforma os em controladores natos, mas apenas compartilha entre as partes a decisão de determinados assuntos da organização" (TCU, Acórdão nº 1.220/2016, Plenário, Rel. Min. Bruno Dantas).

Os arts. 16 e 17 da Lei nº 13.303/16 e a Lei das S.A. tratam dos enunciados normativos relacionados à administração das sociedades estatais, cuja indicação deve observar os arts. 17, 20, 22, §1º, e 26, §2º, da Lei nº 13.303/16.

Nessa linha, no âmbito da Administração Pública indireta, quem ingressa no quadro permanente das sociedades estatais o faz por concurso público e é regido pela Consolidação das Leis do Trabalho, salvo quando o(a) empregado(a) público(a) ou aquele(a) que faz parte da sociedade de economia mista assume cargo de direção na sociedade estatal, a ensejar a suspensão do contrato de trabalho e passa a ser regido(a) pelo direito empresarial.

Em conclusão, a sociedade estatal é abrangida pela batuta do direito empresarial acerca do regime societário e de direito privado nas relações contratuais, como se infere dos arts. 68-81 da Lei nº 13.303/16, não obstante muitas contratações devam ser precedidas de processo licitatório.

Referências

ARAGÃO, Alexandre Santos de. *Empresas estatais*: o regime jurídico das empresas públicas e sociedades de economia mista. 2. ed. Rio de Janeiro: Forense, 2018.

JUSTEN FILHO, Marçal. *Curso de direito administrativo*. 13. ed. São Paulo: RT, 2018.

MARQUES NETO, Floriano Azevedo. A nova regulação estatal e as agências independentes. *In*: SUNDFELD, Carlos Ari (Coord.). *Direito administrativo econômico*. São Paulo: Malheiros, 2002.

SCAFF, Fernando Facury. Ensaio sobre o conteúdo jurídico do princípio da lucratividade. *Revista de Direito Administrativo*, v. 224, 2001.

SCHWIND, Rafael Wallbach. *O Estado acionista* – Empresas estatais e empresas privadas com participação estatal. [s.l.]: Almedina, 2017. Edição do Kindle.

SOUSA, Washington Peluso Albino de. *Direito econômico*. São Paulo: Saraiva, 1980.

TEUBNER, Günther. *Direito, sistema e policontextualidade*. Piracicaba: Unimep, 2004.

TEUBNER, Günther. *O direito como sistema autopoiético*. Tradução de José Engrácia Antunes. Lisboa: Fundação Calouste Gulbenkian, 1993.

Informação bibliográfica deste livro, conforme a NBR 6023:2018 da Associação Brasileira de Normas Técnicas (ABNT):

FROTA, Pablo Malheiros da Cunha. A criação/consolidação de um regime "societário" estatal. *In*: CORTIANO JUNIOR, Eroulths; SILVA, Alexandre Barbosa da (coord.). *O Código Civil e a Contemporaneidade*: Estudos do Grupo Virada de Copérnico em Homenagem ao Ministro Luiz Edson Fachin. Belo Horizonte: Fórum, 2025. p. 329-337. ISBN 978-65-5518-990-2.

PERMANÊNCIAS E MUDANÇAS: DIREITO DAS COISAS NO CÓDIGO CIVIL

DANIELE REGINA PONTES

1 A codificação e as coisas

O Livro III do Código Civil, dirigido ao tratamento do direito das coisas, carrega em sua forma e em seu conteúdo a manutenção da tradição das categorias jurídicas já originalmente estabelecidas na codificação anterior, porém, revisitadas, ressignificadas e ampliadas durante o século em curso, uma vez que aturdidas diante das exigências verificadas nos movimentos da realidade concreta que presidem os sentidos de possibilidade, razoabilidade, validade e legitimidade das formas de apropriação e do aproveitamento dos bens e, ainda, da própria consideração sobre o objeto e o conteúdo daquilo que carrega valor existencial e patrimonial neste tempo, individual ou coletivamente.

As novas normas, mas especialmente as codificações, trazem com elas reflexões, sentidos e tensões da vida material. Como afirmou Judith Martins-Costa, "nenhum Código provém do nada, nenhum Código opera no vazio", o seu conteúdo está sempre atrelado "[...] a uma tomada de posição diante dos problemas do mundo [...]".[1] Com a proposição de um Código que adentrava um novo século, não foi diferente. As forças mais conservadoras buscaram as velhas manutenções, porém, para ainda utilizar as expressões da autora, diante de uma "apreensão compósita da realidade", uma outra "racionalidade aberta e substantiva" alterou, em alguma medida, o curso das leituras e interpretações.

Os dois institutos estruturantes, a posse e a propriedade, sem perderem seus elementos nucleares, tiveram seus vetores interpretativamente redirecionados ao ambiente de profundas transformações sociais e de novos comportamentos e valores, movidos, entre outras questões, pela urbanização, industrialização, demografia, novas tecnologias, reformulações espaciais e geopolíticas, no campo, na cidade e no meio

---

1 MARTINS-COSTA. Judith. Culturalismo e experiência no novo código civil. *In*: MENDES, Gilmar F.; STOCO, Rui. *Princípios e aspectos gerais*. São Paulo: Editora Revista dos Tribunais, 2011. v. 2. Coleção Doutrinas Essenciais: Direito Civil, Parte Geral. p. 1114.

ambiente, pelo reconhecimento e afirmação de sujeitos de direito e pela revisão dos seus respectivos objetos.

No contexto de novas intersubjetividades e relações estabelecidas em um espaço-tempo diferente daquele que produziu as bases do direito civil brasileiro, ainda que diante de certa conformação, a codificação foi atingida por normas esparsas que, quando não alteraram consideravelmente o conteúdo de direitos, certamente fizeram propagar os seus efeitos sobre a leitura daquilo que foi afirmado com alguma pretensão de definitividade em tempos idos, sendo forçosamente revisto tal anseio na prática das complexas teias e conteúdos de decisões, na pesquisa e na literatura jurídica que buscaram respostas não contidas na codificação que anunciava, mais uma vez, sua duradoura existência para o século que iniciava.

Diante de tantas mudanças, a análise sobre esses vinte anos de tratamento jurídico do direito das coisas se faz necessária. Não limitada ao Código Civil, mas nas conexões com este, outras matérias e normas apresentaram durante todo esse período sólidas articulações e profundas repercussões. Assim, busca-se, para se compreender o que mudou, o que insistiu em desafiar a passagem do tempo e o que perdura, porque mantém sentido ainda hoje, olhar para o que aparentemente permanece, mas que vem sofrendo erosões internas, traçando novos rumos ou mesmo novos sentidos.

O caminho percorrido passa por certa leitura sobre as críticas que já eram anunciadas com o projeto da codificação e que acabou por se tornar a realidade jurídica proposta e em vigor. Com a perspectiva daquilo que já estava anunciado, o texto passa pelas principais categorias dispostas no Código e trata de algumas ausências sentidas no espaço dedicado às titularidades, encerrando com algumas considerações gerais que surgem das reflexões sobre o que representou e representa, no passado recente e no presente, do ponto de vista simbólico e aplicado à produção e revisão desse modelo tão marcadamente moderno e, em alguns sentidos, tão anacrônico.

2 Persistência e movimento: revisão das categorias

Mesmo diante das muitas repetições e persistências de um código que nasceu velho, a leitura de seus institutos reclamou o sopro das novidades. Isso significou, com a abertura democrática, a revisão de princípios que cabem em contextos que valoram elementos coletivos e sociais e que buscam, na coexistencialidade de uma sociedade que inclui sujeitos no direito e direitos aos sujeitos, a superação de preceitos que significaram profundas mazelas, enraizadas na cultura de feição colonial da hierarquização e da violência, na normalização da crueldade que permitiu por longo período a convivência com a escravidão, evidentemente não sem oposição, mas esta com frágil capacidade de alteração de rumos durante quase quatro séculos, com o patriarcalismo, com o patrimonialismo e com o autoritarismo brasileiro, na referência de Lilia Moritz Schwarcz.[2]

[2] A autora recupera os termos históricos do autoritarismo brasileiro, bem como as conquistas e limites da Constituição de 1988 e a importância das bases constitucionais, neste momento histórico, ante o passado persistente da tradição autoritária que tem base no conjunto das desigualdades (SCHWARCZ, Lilia M. *Sobre o autoritarismo brasileiro*. São Paulo: Companhia das Letras, 2019).

O direito civil não foi indiferente aos traços do sistema que perdurou na maior parte do tempo da história brasileira e, também, apresentou a sua importância no curso das mudanças, mesmo que em certo sentido, para conservar as permanências. Ao manter os institutos da posse e da propriedade quase inalterados do século passado para este, privilegiou a valorização da terra formal, especialmente convalidando históricos de apropriação e de exploração que deveriam ser objetos de suspeita validade.

A terra foi elemento mobilizador de poderes e, por isso, as marcas do seu passado, mesmo nos períodos de abertura política e de garantias de direitos fundamentais e sociais, não alterou significativamente as bases da sociedade brasileira.

A mudança de sistemas, de sesmarial para proprietário moderno, especialmente com a Lei de Terras de 1850, manteve intocados os poderes socialmente estruturados à época. A burocracia estatal, voltada à validade dos registros, também não foi capaz de alterar o padrão de privilégios. Assim, mesmo com os sistemas de "universalização proprietária", iniciados somente a partir da metade do século passado, sendo os mais expressivos, na cidade, aquele conhecido como Banco Nacional de Habitação – BNH[3] e, a partir de 2009, o Programa Minha Casa Minha Vida[4] e, no campo, alguns programas e ações de reforma agrária que permitiram escassas, porém, necessárias áreas de assentamentos rurais ou mesmo de regularização de imóveis com características de agricultura familiar, o quadro fundiário brasileiro permaneceu absolutamente desigual.

Os direitos patrimoniais, especialmente aqui compreendido o direito das coisas, mantiveram centralidade na disputa por interesses vários e conflitos de ordens diversas que não se esgotaram nas estreitas fronteiras delimitadas outrora entre direito privado e direito público, tal como já referido. Porém, ante as tensões contemporâneas, a revisão das categorias se fez necessária e, nos termos daquilo que já afirmava Milton Santos sobre os movimentos da realidade, "para apreender o presente, é imprescindível um esforço no sentido de voltar as costas, não ao passado, mas às categorias que ele nos legou. Conservar categorias envelhecidas equivale a erigir um dogma, um conceito. E, sendo histórico, todo conceito se esgota no tempo".[5]

Ao longo dos vinte anos que nos separam da entrada em vigor da nova codificação, é importante compreender o que persiste, com significativa aderência à existência das relações patrimoniais, o que perdura, porém, com baixa densidade normativa ante os novos termos expostos na concretude da vida e das relações socioeconômicas e

---

3 Ainda que tenham havido políticas rentistas, inclusive com controle do valor dos aluguéis ante a escassez de edificações para moradia à disposição da população nos grandes centros urbanos ao longo da primeira metade do século XX, portanto, antes dos programas habitacionais, é possível afirmar que a propriedade não era um instituto para as classes menos abastadas. Anúncios de "universalização proprietária", via financiamento para a população de baixa renda, foram propostos desde o período do Estado Novo, porém com pouca expressão, como a Fundação da Casa Popular, ou os Institutos de Pensão – IAPIs. Somente pode ser considerada mais expressiva e abrangente a política habitacional urbana com o BNH e com o Minha Casa Minha Vida. Nesse sentido, ver: BONDUKI, Nabil. *Origens da habitação social no Brasil*: arquitetura moderna, Lei do Inquilinato e difusão da casa própria. 4. ed. São Paulo: Estação Liberdade, 2004.

4 Sobre uma análise territorial do Programa Minha Casa Minha Vida, ver: CARDOSO, Adauto L.; ARAGÃO, Thêmis a. Do fim do BNH ao programa minha casa minha vida: 25 anos da política habitacional no brasil. *In*: CARDOSO, Adauto L. (Org.). *O Programa Minha Casa Minha Vida e seus efeitos territoriais*. Rio de Janeiro: Letra Capital, 2013.

5 SANTOS, Milton. *Pensando o espaço do homem*. 5. ed. São Paulo: Editora da Universidade de São Paulo, 2009. p. 14-15.

aquilo que foi alterado ou acrescido quando vislumbrada a necessidade de aplicação de novas categorias à realidade ou de velhas categorias a serem revisadas. Por fim, cabe tratar daquilo que pode ser entendido como mudança de viés estruturante e como isso se engendra na leitura das novas normas à luz daquilo que pretendia o projeto da codificação, uma vez que algumas dessas são assimiladas e outras caminham em paralelo com a proposição codificadora e, ainda, outras são acrescidas no curso do tempo e dos acontecimentos.

Dadas as questões fundantes, como o individualismo proprietário e novos direitos de coexistência social, a porosidade das fronteiras entre disciplinas do direito e as permanências de uma sociedade desigual, especialmente aqui tratada a condição de renda e patrimônio da população, outros valores, princípios e elementos podem ser considerados na alteração dos conteúdos das normas de direitos reais, especialmente a partir das funções sociais, das repercussões sobre a valorização possessória, a consideração sobre o abuso de direito e mesmo sobre os novos institutos de caráter imobiliário.

Analisadas as principais categorias, ao menos aparentemente, com a manutenção da estrutura da parte dedicada ao tratamento da posse da codificação anterior, todas as respectivas junções e fartas assimilações das teorias clássicas do direito moderno estão ainda inscritas no texto. As classificações possessórias, os efeitos da posse parecem garantir a sensível e polêmica forma possessória. Estão lá, um tanto imobilizados, Savigny, Ihering e seus intérpretes, com as tentativas de justificação e certa adaptação a uma realidade distante daquela esboçada como suporte de concretude pelos autores europeus, especialmente dos séculos XVIII e XIX.

Observando a propriedade, as formas de aquisição e perda sofreram algumas mudanças importantes ao longo do tempo, ainda que, inicialmente, tenham mantido a forma mais tradicional. Porém, importa tratar das mudanças a partir dos princípios que as estabeleceram, sendo a função social incorporada ao seu sentido e às novas disposições, valendo-se de outras possibilidades de apreensão de bens e também da incorporação de outros direitos que foram estabelecidos.

Essas alterações estão relacionadas, dentre outras questões, tanto pelas possibilidades conferidas à forma terra-mercadoria, o que significa dizer, conferidas aos desdobramentos de um objeto dentro do sistema de produção capitalista, como do ponto de vista dos reconhecimentos de direitos preteritamente não observados, mas, no atual estágio e situação democrática, necessários ao próprio desenvolvimento de uma sociedade mais igualitária.

Nesse sentido, o reconhecimento de terras de populações indígenas e quilombolas, dentre tantas outras com *status* de populações tradicionais, ainda que a codificação não tenha feito referência ao respeito e observância a essas questões, de certo modo, reconhecendo a importância dos costumes, entendendo que o tempo de posse é elemento hábil a conferir propriedade e, portanto, ao reconhecimento de fator originário na aquisição e, dado o caráter das funções sociais e de normas internas e internacionais que importam na ordem das titularidades e da própria Constituição de 1988, o silêncio do Código Civil não é irrelevante, pois demonstra os seus limites na percepção das leituras sociais, mas, ao mesmo tempo, não se perfaz em impedimento a todas essas formas de admitir ou acolher a força de tais direitos. À luz dessas outras formas jurídicas, com as demarcações e outras linguagens sobre pertencimentos, os institutos convivem, não sem tensão, mas, realizando aproximações entres as leituras modernas que construíram a hegemonia conceitual alienígena e que não signifiquem, novamente, a invisibilização de tais direitos e, mais que isso, dos próprios sujeitos, suas existências e suas culturas e modos de viver.

Assim, entende-se que se tem de solidificado na codificação um sentido de posse e de propriedade de categorias jurídicas propostas e significadas em determinado tempo e espaço históricos e que, sendo assim, viram-se remodeladas no próprio movimento da sociedade que as concebeu possível neste ordenamento jurídico tendo, necessariamente, que dialogar com os correntes elementos da realidade. Afinal, as apropriações e as coisas assumem tal caracterização nos respectivos contextos em que estão inseridas,[6] consideradas sempre as suas repercussões e consequências no tecido social em que são projetadas e experimentadas.

A posse e a propriedade, elementos centrais na concretude das condições de vida da população, são definidas, mas também definem a realização ou não de outros direitos que estão diretamente relacionados a esses institutos. A moradia, o trabalho, o lazer, a mobilidade, as infraestruturas, os valores de uso e os valores de troca, o respeito aos outros modos de vida das populações tradicionais, tudo passa por essas categorias.

3 Funções sociais: princípio e instrumento

A garantia proprietária vem inserida no bojo de responsabilidades que ultrapassam o interesse dos titulares diretos de tais direitos e, por isso, não há possibilidade de se tratar do tema sem compreendê-lo no sentido atribuído a partir do princípio que norteia a própria validade e legitimidade desse direito, o que significa dizer, a partir da efetivação das funções sociais de sua titularidade, mas, especialmente, quanto ao próprio bem, de seu respectivo uso ou da preservação que reclama.

Não desconhecendo o passado proprietário, como afirmou Paulo Lôbo, a propriedade entra e é reconhecida nas Constituições como garantia individual e absoluta, expressão bastante contida no direito de dispor dos bens. Com o passar do tempo, a proposta de conservação foi sendo alterada e ampliada para outras possibilidades, tornada recorrente na esfera da circulação e até da especulação.[7]

Recuperando os fundamentos que vão dar conteúdo a esse direito que se constituiu em dos pilares do direito civil, dada a sua feição patrimonial, as afirmações proprietárias nascem de um lugar que não reconhece no Brasil as condições da realidade das apropriações existentes, ainda que as desigualdades econômicas sejam evidentes.[8]

---

[6] STAUT JÚNIOR, Sérgio Said. *A posse no direito brasileiro da segunda metade do século XIX ao Código Civil de 1916*. Tese (Doutorado) – UFPR, Curitiba, 2009. p. 2.

[7] LÔBO, Paulo. *Direito civil*: coisas. São Paulo: Saraiva, 2015. p. 91.

[8] Como afirmou Luiz Edson Fachin, "Privar, possuir e pertencer. A segurança desse sistema outorga um título a um sujeito sobre um objeto. Por aí se vê que ao menos dois séculos estacionados contemplam o indivíduo-centrismo, apto a captar um individualismo do século XVIII que atuou no regime civilista. Para que o circuito se complete, o desenho jurídico das pertenças se amolda a essa construção, insurgindo na propriedade relação jurídica de apropriação. Aí o senhor da coisa, titular do espaço privado, seus bens e suas relações jurídicas [...]" (FACHIN, Luiz Edson. *Teoria crítica do direito civil*: à luz do Novo Código Civil brasileiro. 2. ed. Rio de Janeiro: Renovar, 2003. p. 13-14).

Aqui, de modo algum as formas de ocupação e de exploração da terra e da natureza estavam relacionadas às premissas da propriedade moderna, de invenção europeia. A figura proprietária, que vai romper formalmente com o modelo anterior, ignorou as condições de vida da população e a precária institucionalidade estatal, jurídica e cartográfica que atravessaria o presente e os séculos vindouros da sua inclusão no ordenamento jurídico nacional. Porém, a estranha categoria, sofrendo a adaptação e os contorcionismos necessários para ingressar no sistema brasileiro, acaba por ser acomodada nas conveniências conformadas pelo grupo mais abastado da população aqui residente. A formalização da apropriação da terra passa a ser, naquele momento, uma forma de mudar para não mudar o estado das coisas.

As Constituições de 1824 e de 1891 assimilaram os termos da proposta sem remodelações de ordem formal. Qualificaram a apropriação como absoluta, estabeleceram a excepcionalidade da desapropriação, agora nos termos proprietários, mediante indenização e justificativa normatizada para tal situação, posteriormente conhecida como necessidade ou utilidade pública e, depois, ainda, como interesse social. O Código Civil de 1916 beberá nessa fonte, mantendo, portanto, os termos referidos nas primeiras cartas constitucionais brasileiras, no que diz respeito ao conteúdo proprietário e a sua imensa gama de direitos ao tratar das garantias sobre uso, fruição e, especialmente, sobre disposição. Em 1850, a Lei de Terras também contribuía eficazmente com a manutenção das dificuldades da população mais pobre em adquirir propriedade, estabelecendo a via onerosa de aquisição de bens pela via possessória e exigindo requisitos não passíveis de demonstração pela maior parte da população. Nos termos exigidos por esse meio, entrar no privilegiado grupo dos novos proprietários era muito difícil, estabelecendo-se, assim, mais uma vez, a imobilidade social e a dificuldade de vencer os termos da desigualdade econômica vigente.

Esse modo de apropriação formal refunda, com outras vestes, o estado latifundiário já avançado por muitos motivos, mas formalmente pelas concessões de sesmarias e outras formas de cessão de terras onerosas ou de interesses relacionados à exploração, serviços e outros tipos de prerrogativas presentes naquele sistema vigente. Assim, permitiu-se a manutenção das estruturas de poder que passam pela terra e pela possibilidade de exploração desta, com a garantia do controle sobre os registros públicos e a imbricação da "casa-grande" e depois dos "sobrados", para usar as conhecidas expressões da obra de Gilberto Freyre,[9] na estrutura estatal de decisão sobre a concessão de títulos e doações de terra.

A estrutura social até a proposição codificadora do novo século não foi alterada, o privilégio perdurará como um valor normalizado e a nova forma apropriativa não alterará substancialmente esse quadro. Em um país de possuidores, apenas um pequeno grupo se apoderará, inclusive pela via da legitimidade normativa, não só das terras, mas do aparato que garantirá a validade de seus títulos e do discurso que buscará justificar e fazer valer o nascente direito. Para a população mais pobre, restará o que ficou das

[9] O autor ensaísta clássico descreve e analisa em suas obras as características da sociedade brasileira nos períodos da colonização e, depois, com a Independência, retratando dentre outros, os elementos espaciais das desigualdades (FREYRE, Gilberto. *Casa-grande e senzala*. São Paulo: Archivos, 2002; FREYRE, Gilberto. *Sobrados e mucambos*: decadência do patriarcado rural e desenvolvimento do urbano. 6. ed. Rio de Janeiro: J. Olympio, 1981).

senzalas e dos mucambos.[10] Nenhuma política pública virá para minimizar as diferenças. O Código Civil servirá, nos termos depois copiados no século XXI, para a ampliação das desigualdades. Tal situação será enfrentada no novo Código, porém, em outro contexto, o que significará a necessidade de lidar com a herança do velho diploma e ler o cenário estabelecido no ano de 2002 e as tendências de um porvir a partir de outra lente, ainda que sobre similitudes da nova tela.

Entre as persistências do passado e o presente que aponta, ainda que timidamente, dadas as grandes diferenças espaciais no e do Brasil, para uma propriedade que foi marcada pela precariedade descritiva, por uma legitimidade absolutamente questionável e por um discurso que, ao largo de toda a realidade concreta, se perfez na constância de sua retórica, no fervor de sua aparência e na garantia limitada de seus registros tantas vezes forjados em falsas institucionalidades, a codificação insistiu em algumas formas pregressas, a saber, na própria estruturação e formatação das aquisições que passam ainda pelos duplos quadros cartoriais, pela burocracia formalista e pelos entes que prescrevem as divisões e os usos dos bens. Tampouco reviu o quadro de urbanização que reclama novos sentidos no conceito de vizinhança, de tolerância e de abuso no exercício de direitos.

O Código Civil repetiu no art. 1.228 a composição de elementos que integram o bojo do direito proprietário, mas, nos parágrafos que se seguiram ao *caput*, estabeleceu a abertura necessária para a revisão dos velhos sentidos aquisitivos e, ainda que não tenha realizado referência expressa sobre a função, iniciou o tratamento do tema com os limites ao exercício do direito, fazendo referência, sobretudo, às questões ambientais, ainda que tratadas sob um viés mais limitado que os termos estabelecidos no texto constitucional que acabou por tratar de alguns elementos objetivos de significação, especialmente quanto à terra rural.

Mesmo assim, no novo cenário da democratização, a justiça territorial é um tema importante, traduzido em vários princípios constitucionais que são considerados mais que balizadores da interpretação das codificações, mas verdadeiros norteadores e reguladores de interpretações e de decisões que, em situações concretas, tenham nos interesses em disputa a garantia de direitos patrimoniais fundados, também, em direitos existenciais.

As funções sociais da terra, da posse e da propriedade não são novidade nos debates acadêmicos e mesmo na jurisprudência, mas são ressignificados nesse tempo. É de se lembrar que essa preocupação, especialmente com a terra, já estava presente nas Constituições anteriores à 1988. A Constituição de 1934 determinava a garantia do direito de propriedade, não podendo esse ser exercido contra o interesse social e coletivo. O art. 147 da Constituição de 1946 condicionava o uso da propriedade ao bem-estar social e, mesmo a Constituição de 1967, no capítulo sobre a ordem econômica e social, art. 157, inc. III, já tratava da justiça social com base na função social da propriedade, ainda que evidentemente limitada pelo contexto político autoritário de viés conservador.

Sem dúvida, a Constituição de 1988 não só reforça os sentidos da função social, como a contextualiza em seus diversos temas. A necessidade de revisitar os termos

10 Ainda na referência às obras do autor Gilberto Freyre.

estabelecidos pelo direito em vários campos já se fazia ouvir na leitura das novidades, então anunciadas pelo jurista que inscreveu, dentre outros, a necessidade das aproximações entre direito e realidade. Caio Mario, mesmo antes da nova codificação, ao falar da tendência geral do caminho da propriedade no final do século XX, já afirmava que "[...] sem deixar de ser um direito subjetivo, deve a propriedade ser exercida de modo tal que o seu titular utilize a coisa sua sem impor sacrifício ao maior número".[11] No texto, ainda que a afirmação não se efetivasse na positivação de preceitos relacionados a outra esfera de entendimento sobre a função social, já se estabelecia claramente a decadente afirmação de um poder absoluto do proprietário em relação à coisa ou às coisas e, também, aos regimes proprietários.[12]

Assim, a garantia constitucional desse direito, consubstanciada em vários lugares que representam a diversidade e multiplicidade dessa categoria, qualificou os seus elementos de uso, fruição e disposição em um contexto de Estado social e democrático, ficando o patrimônio subordinado às garantias de outros direitos que são conectados com a própria existência, sendo esta compreendida a partir da verificação e efetivação de condições dignas.

Tal leitura repercutirá de vários modos na realidade jurídica brasileira e em todas as escalas de aplicação e controle de direitos. No reconhecimento de terras tradicionais, de espaços ambientais e históricos a serem protegidos e em direitos como moradia e trabalho, dentre outros. Nas palavras de Paulo Lôbo, será lícito o interesse individual quando este realiza, igualmente, aquilo que é compreendido como interesse social. "O exercício da posse ou do direito individual da propriedade deve ser feito no sentido da utilidade, não somente para o titular, mas, para todos. Daí ser incompatível com a inércia, com a inutilidade, com a especulação".[13]

Esse sentido de uso, mesmo que ainda esteja bastante relacionado a uma ideia de produtividade dos bens, tal como já referido na própria indicação das funções sociais de bens rurais e urbanos, foi além dessa proposta quando considerada a expectativa de

---

11 Caio Mario, em artigo escrito em 1991, reproduzia as suas palavras convidativas a certo reformismo que implicava a coragem da mudança ante o tempo novo e ali convidava o jurista a se interessar pela sociedade, e não apenas por parte dela, Dizia o autor que "havia chegado a hora de deixar o jurista a especulação abstrata do gabinete, para usar os seus conhecimentos e a sua capacidade criadora, e elaborar um direito que atenda aos anseios da hora, sob pena de sua omissão concorrer para se subverta o conteúdo moral desta ordem vigente". O autor dizia ainda que "o jurista, o verdadeiro jurista, tem o dever de preservar os valores sagrados da ética autêntica, para que se não vá ao ponto de aniquilar a dignidade humana". O texto foi escrito pelo autor em virtude do recebimento da Medalha Teixeira de Freitas, outorgada pelo Instituto dos Advogados Brasileiros, em 1962 e retomado anos mais tarde no texto escrito para a *Revista de Direito Civil*, em 1991 (PEREIRA, Caio Mario da Silva. Reforma do direito civil. *In*: MENDES, Gilmar F.; STOCO, Rui. *Princípios e aspectos gerais*. São Paulo: Editora Revista dos Tribunais, 2011. v. 2. Coleção Doutrinas Essenciais: Direito Civil, Parte Geral. p. 852-859).

12 Nesse sentido, Paolo Grossi compreendeu e afirmou a propriedade em uma perspectiva plural, tratando em Conferência proferida em Siena, em 1985, o tema a partir da proposta da leitura e análise das propriedades (GROSSI, Paolo. A propriedade e as propriedades na oficina do historiador. *In*: GROSSI, Paolo. *História da propriedade e outros ensaios*. Rio de Janeiro: Renovar, 2006). Giselda Hironaka e Silmara Chinelato, em artigo que trouxe à baila o resgate histórico da propriedade no direito romano e na Idade Média, dialogando com as referências de Moreira Alves, apresentaram as diferentes formas de preenchimento do instituto ao longo de vários períodos históricos, demonstrando a diversidade de tratamentos sofridos ao longo da diversidade de sentidos apropriativos que atravessaram especialmente o continente europeu (HIRONAKA, G. M. F. N.; CHINELATO, S. J. de A. Propriedade e posse: uma releitura dos ancestrais institutos. *Revista da Faculdade de Direito, Universidade de São Paulo*, n. 98, p. 59-94, 2003).

13 LÔBO, Paulo. *Direito civil*: coisas. São Paulo: Saraiva, 2015. p. 104.

não uso como o bem jurídico comum desejado, como é o da preservação. A subutilização e o aproveitamento inadequado dos bens também foram elementos trazidos como possibilidade de revelar o uso abusivo do direito com consequências danosas, riscos e prejuízos sociais. Por esse motivo, também a função social da posse é destacada quando se permite a verificação concreta da ação ou inação do sujeito sobre o bem e ali se verifica a necessidade de adequação social.

O abuso do direito de propriedade ou de posse revela a terceirização do dano ou do prejuízo para terceiros que podem ser atingidos individualmente, coletivamente e mesmo de modo difuso. Nesse sentido, também nas palavras de Paulo Lôbo, "Basta a irregularidade objetiva, o excesso, sem indagação de intencionalidade".

O Código Civil tratou do tema nos artigos referentes aos atos ilícitos, portanto, determinando que o exercício de um direito que excede manifestamente os seus fins econômicos ou sociais, a boa-fé e os bons costumes, é caracterizado como ato ilícito, além daqueles já previstos na descrição do art. 186, que dizem respeito às ações e omissões que violarem direitos e causarem danos.

Para além das determinações da Parte Geral, o art. 1.228 do Código Civil em seus parágrafos também definiu os limites da ação proprietária e possessória. A ação do titular do direito deve significar e estar em consonância com as finalidades econômicas e sociais, sendo proibidos os atos que sejam realizados com a intenção de prejudicar outrem. Assim, somente com a leitura do Código Civil é possível observar que o direito de propriedade e o de posse estão adstritos ao cumprimento das respectivas funções sociais e do afastamento dos tradicionais e dos específicos problemas que incidem sobre a titularidade, tal como a grilagem e as formas mais violentas, diretas ou indiretas do exercício do aproveitamento dos bens.[14]

Cabe também lembrar que muitas são as formas de regulação do uso e aproveitamento dos bens. Essas passam por todas as normas ambientais e por regras estabelecidas para os espaços urbanos e rurais, tal como aquelas referentes ao parcelamento do solo, às definições de uso e ocupação, os critérios de produtividade, as restrições ambientais, geológicas e de risco, que são componentes da ponderação sobre o melhor tratamento da terra e, portanto, dos cumprimentos das funções sociais. O que significa dizer que há verdadeira complexidade na atribuição de sentido e de conteúdo para a posse e para a propriedade ante suas funções, o que altera significativamente os sentidos da própria codificação.

---

[14] Nesse sentido, muitas foram e têm sido as práticas que, de modo nocivo, trouxeram e trazem prejuízos a terceiros e até mesmo ceifam vidas. Além da prática da grilagem, de títulos falsificados e inválidos, é de se lembrar das várias ações violentas de retiradas de populações tradicionais de seus territórios, com programas de colonização sobre terras ocupadas, do número expressivo de assassinatos de defensores de direitos humanos e lideranças de movimentos sociais, tal como ocorreu com Chico Mendes e Irmã Dorothy Stang, dentre tantos outros, como o Massacre de Eldorado de Carajás, ou mesmo com Mariana e Brumadinho. Outras ações diretas e indiretas também ocorrem e são significativas do impedimento da manutenção das famílias nos locais de origem de sua ocupação. No curso da história, guerras, tal como a do Contestado ou dos Posseiros, podem ser citadas, como exemplos da disputa violenta das terras brasileiras. Mas, outras ações, como a prática de contaminação de águas e de solos também podem ser indicadas como ilícitas, como no caso relatado no documento produzido pelo CIMI em parceria com a Rede de Ação e Informação pelo Direito a se Alimentar, que denuncia a contaminação por agrotóxico das comunidades guarani-kaiowá no estado do Mato Grosso do Sul (MELLO, Daniel. Contaminação por agrotóxicos tem afetado comunidades indígenas, diz antropóloga. *Agência Brasil*, São Paulo, 29 ago. 2016. Disponível em: https://agenciabrasil.ebc.com.br/direitos-humanos/noticia/2016-08/contaminacao-por-agrotoxicos-tem-afetado-comunidades-indigenas-diz. Acesso em: 12 out. 2021).

Dadas as questões apresentadas sobre o direito de propriedade e de posse das transmutações sofridas ao longo do tempo, ainda que mesmo na sua forma de inserção no contexto do Código Civil de 2002, faz-se necessário lembrar das palavras de Gaston Bachelard. "Numa mesma época, a mesma palavra exprime conceitos tão diversos! O que nos engana é o facto de que a mesma palavra designa e explica ao mesmo tempo. A designação é a mesma, mas a explicação é diferente".[15] A propriedade ainda designa uma forma de apropriação, mas, sem dúvida, diante da funcionalização há que se tratar de outra explicação.

4 Posse no tempo e no espaço

A valorização possessória, ainda que não explicitada nos conteúdos do Código Civil, ganhou evidência em institutos que nela perfazem a sua realização. Sobre a função dessa categoria central no direito, Mauricio Mota e Marcos Alcino Torres afirmaram: "A posse é o instituto que melhor pode traduzir juridicamente a inserção das pessoas no mundo das coisas".[16]

Foi na posse, sem a qualificação de plena ou direta, e não na abstração das teorias clássicas, que construíram a possibilidade de posse paralela ou bipartida (direta e indireta),[17] a saber, a teoria objetiva, em que se realiza a existência e a coexistência do humano no espaço, pois, afinal, a pessoa e toda a sua corporeidade só se dão no espaço, fixadas ou em trânsito, mas, sempre no espaço, o que significa dizer, dando conteúdo e sentido à posse, portanto, também povoando o espaço jurídico.

Lendo superficialmente o Código Civil, seria possível afirmar que em face da manutenção do texto, respaldado na codificação anterior, poucas mudanças poderiam ser vislumbradas sobre a posse. Essa é apenas uma impressão aparente, uma vez que a leitura e interpretação do estatuto possessório vem sendo preenchidas por valores e sentidos que requalificam toda a proposta possessória, evidentemente já tratados por tantos outros autores.[18]

A escolha da manutenção do tema, tal como projetado e aprovado na codificação que entraria no novo século, se deu à revelia de todos os acontecimentos que já estavam anunciados e alguns realizados naquele contexto. O índice de urbanização no Brasil chegava, no ano de 2002, em 81,2%, segundo dados do IBGE.[19] Os índices de urbanização

---

15 BACHELARD, Gaston. *A epistemologia*. Lisboa: Edições 70, 2006. p. 168.

16 MOTA, Mauricio; TORRES, Marcos Alcino de Azevedo. A função social da posse no código civil. *In*: MOTA, Mauricio; TORRES, Marcos Alcino de Azevedo (Org.). *Transformações do direito de propriedade privada*. Rio de Janeiro: Elsevier, 2009. p. 30.

17 De acordo com Orlando Gomes, "A bipartição da posse e graus é construção doutrinária enraizada na concepção de Ihering. Explica-se unicamente nesse clima conceitual. Para os que concebem a posse em outra perspectiva, não se justifica o desdobramento da relação possessória" (GOMES, Orlando. *Direitos reais*. 19. ed. Atualização de Luiz Edson Fachin. Rio de Janeiro: Forense, 2004. p. 59).

18 Nesse sentido, dentre outros, destacam-se aqui a obra de Hernandez Gil e sua contribuição para a teoria da posse a partir da sua essência vital e social (HERNANDEZ GIL, Antonio. *La función social de la posesión*. Madrid: Alianza Editorial, 1969).

19 IBGE. *Estatísticas históricas do Brasil*: séries econômicas, demográficas e sociais de 1950 a 1988. 2. ed. Rio de Janeiro: IBGE, 1990. p. 36-37; BRASIL. *Anuário estatístico do Brasil 2001*. Rio de Janeiro: IBGE, 2001. p. 2-14; 2-15. Veja mais em: https://educacao.uol.com.br/disciplinas/geografia/urbanizacao-do-brasil-consequencias-e-caracteristicas-das-cidades.htm?cmpid.

na década de 40 davam conta de 26,35% da população nas cidades.[20] Também o crescimento populacional era um dado incontestável. De acordo com Milton Santos,[21] a população total brasileira em 1940 era de aproximadamente quarenta e um milhões de habitantes e, em 2000, passou de cento e sessenta e nove milhões de habitantes, chegando, em 2020, à marca de mais de duzentos e vinte milhões de habitantes. Analisados à luz de outros dados incontestes, é evidente que pensar o direito das coisas, mas especialmente pensar a questão possessória a partir dos dados da realidade no século que se anunciava, era necessário para a pretensão de uma aplicação jurídica que alcançasse aproximação com a realidade.

Insistiu-se na manutenção das teorias pretéritas que já não apresentavam aderência à realidade brasileira ao tempo de sua primeira inscrição na codificação do início do século XX. Também, é de se compreender que ao longo daquele século as teorias possessórias estavam longe de corresponder aos problemas reais da sociedade brasileira no que dizia respeito à posse. Mas isso não acontecia por acaso. A decisão de tornar, especialmente a teoria objetiva, aquela a indicar os rumos jurídicos do instituto, já apresentava problemas a partir da sua própria concepção, questões essas delineadas em seus termos pelo próprio autor. Dizia Ihering em sua obra clássica, *A teoria simplificada da posse*, que "em geral o possuidor da coisa é, ao mesmo tempo, seu proprietário; ordinariamente, o proprietário é o mesmo possuidor, e quando subsistir esta relação normal é inútil estabelecer uma distinção" e, continuava, com uma indagação:

> Poderá, [...], a posse representar a propriedade? Sim, porque é a propriedade em seu estado normal – a posse é a exterioridade, a visibilidade da propriedade. Falando estatisticamente, esta exterioridade coincide com a propriedade real na infinita maioria dos casos. Em geral, o possuidor é simultaneamente o proprietário; os casos em que isto não acontece são uma ínfima minoria.[22]

O Código Civil de 1916 praticamente inaugurava o sistema proprietário e, portanto, a pretensa universalização, coincidente com a posse, definitivamente não poderia ser vista no Brasil. Ordinariamente, o país apresentava uma população de possuidores irregistrados,[23] nos sentidos mais amplos do termo, mas, especialmente, em relação ao registro imobiliário e, do ponto de vista das estatísticas, os levantamentos oficiais com metodologias reconhecidas e possivelmente comparativas somente iniciaram na década de 40, o que significa dizer que não só o possuidor não era e continua não

---

[20] Sobre a expectativa de vida de homens e mulheres ao nascer, para homens era de 33,4 anos em 1910 e estimada em torno de 62,3 anos em 1990; para mulheres os valores correspondentes eram 34,6 e 69,1 anos, respectivamente. Esses dados foram produzidos pelo IBGE e, considerando a taxa de urbanização, a expectativa de vida e o expressivo aumento populacional, parece difícil imaginar um cenário diferente (SILVA, Nelson do V.; BARBOSA, Maria Ligia de O. População e estatísticas vitais. *In*: BRASIL. *IBGE*: Estatísticas do século XX. Rio de Janeiro: [s.n.], 2006).

[21] SANTOS, Milton. *A urbanização brasileira*. 5. ed. São Paulo: Editora da Universidade de São Paulo, 2005. p. 31.

[22] IHERING. *A teoria simplificada da posse*. São Paulo: Edipro, 2002.

[23] No ano de 2010, a estimativa era de que 5% da população brasileira não apresentava registro de nascimento. A subnotificação e o problema do não registro irão incidir diretamente na impossibilidade de essa população de possuidores não apresentar as condições objetivas para o registro imobiliário (CERCA de 5% da população brasileira não têm registro civil. *Agência Brasil*, 10 nov. 2010. Disponível em: https://memoria.ebc.com.br/agenciabrasil/noticia/2010-11-10/cerca-de-5-da-populacao-brasileira-nao-tem-registro-civil).

sendo simultaneamente o proprietário, como na ínfima minoria das vezes esse encontro realmente acontecia e, ainda que com algumas mudanças, acontece.

Dessa forma, o equívoco na premissa gerou imensa quantidade de problemas derivados dos termos propostos naquela codificação e em toda a literatura jurídica que tentava explicar a posse sob os efeitos daquele cenário mítico. O que não ocorreu de modo diverso nas decisões judiciais que tiveram ações com o maior tempo de tramitação no Poder Judiciário[24] ao longo do século XX.

No ano de 2019, antes da pandemia que assolou o mundo, mas, de modo muito mais grave a população brasileira, o número do déficit habitacional, de acordo com a Fundação João Pinheiro, era de aproximadamente seis milhões de domicílios. Desse total, são considerados os três indicadores do déficit: (i) habitação precária; (ii) coabitação; e (iii) ônus excessivo com aluguel, sendo que o último item passava de 50% em algumas capitais brasileiras, portanto evidenciando o desencontro entre a questão possessória e o registro de propriedade. Também, o estudo apontou a questão de gênero como elemento ativo no déficit, demonstrando que as mulheres são as mais atingidas e o perfil da renda da população é majoritariamente formado por aqueles que recebem até três salários mínimos.[25]

Diante desses termos, os dispositivos que permaneceram na codificação sobre a posse, quando lidos sozinhos, descontextualizados, pouco podem contribuir com soluções jurídicas efetivas, no sentido da garantia de justiça territorial ou mesmo da efetivação de direitos humanos que visem à manutenção da existência das pessoas.

O tratamento histórico da posse no Brasil permite a leitura sobre as suas continuidades, descontinuidades, rupturas e as convivências entre os seus sentidos preteritamente estabelecidos a partir das proposições de teorias clássicas que indicavam na sua aplicação elementos bastante distintos dos primeiros tratamentos conferidos pela Lei de Terras de 1850 e as proposições da codificação que anunciava certo ecletismo preso aos fundamentos de teorias alienígenas, dentre elas, mais expressivamente capturadas, àquelas referenciadas em Savigny e Ihering, como já afirmado.

As teorias clássicas assimiladas precariamente pelo ordenamento jurídico brasileiro assumiram elementos que não problematizaram os seus fundamentos, atravessando o século XX e invadindo o século seguinte na repetição dos mesmos termos, porém, em um tempo-espaço absolutamente diverso daquele em que foram propostas. O resultado não poderia ser outro, viu-se o agravamento das condições de vida, no que diz respeito à terra.

Dada a insuficiência da codificação e as inadequações, certa profusão de normas com desenhos jurídicos próprios tomaram o tema da posse a partir de outros fundamentos e perspectivas. O tema da regularização fundiária passou a centralizar parte importante do tema possessório e, com isso, novos instrumentos de reconhecimento de direitos vêm sendo estabelecidos, sendo alguns deles acrescidos à própria codificação.

Também, em virtude desse cenário, a prática ilícita de especulação imobiliária, uma vez que a retenção especulativa traz consequências para o preço dos imóveis e

---

24 BRASIL. *Supremo Tribunal Federal*. Disponível em: https://portal.stf.jus.br/noticias/verNoticiaDetalhe.asp?idConteudo=202762&ori=1.

25 FUNDAÇÃO JOÃO PINHEIRO. *Déficit habitacional no Brasil 2016 – 2019*. Belo Horizonte: FJP, 2021.

para a própria aquisição proprietária e não apenas possessória, tornou-se objeto de intensos debates e de regulação, inclusive porque o valor de troca dos bens imóveis está relacionado ao aporte de fundo público e, assim, traduzido em um valor socialmente produzido não pelo proprietário, mas por toda a população. Porém, é de se observar que o tema não foi tratado diretamente nos acréscimos à codificação.

No contexto das grandes despossessões, tratadas a partir da construção jurídico-artificial da irregularidade, especialmente recaída sobre as populações de mais baixa renda, a revisão do instrumental jurídico possessório passou a ser necessária e urgente. As velhas qualificações, calcadas nos sentidos de posse injusta/justa e de boa-fé/má-fé, perdem em parte o seu sentido ante a evidência do estado de necessidade de parte da população que não acessa o mínimo necessário, compreendido especialmente na moradia. Assim, não há como se falar em má-fé quando a necessidade é premente e tem que ser resolvida no tempo de 24 horas, sob pena de as pessoas, crianças, idosos e adultos dormirem na rua.

No reconhecimento desse estado de coisas, algumas legislações complementaram o Código Civil. Antigos institutos como a usucapião foram revistos e outros foram acrescidos pontualmente, como é o caso do inominado instituto do art. 1.228, §§4º e 5º, tratado como desapropriação judicial por posse-trabalho. Esse instituto se aproxima de certo reconhecimento dos limites possessórios anteriormente descritos, criando novas possibilidades de reconhecimento de posses consolidadas.

Também, resoluções de contenção de despejos forçados[26] foram estabelecidas com vistas à garantia possessória de ocupantes de áreas consideradas informais, consolidadas ou mesmo novas, quando abandonadas pelos respectivos proprietários ou por aqueles que assim se apresentam. De qualquer modo, a disciplina possessória reclama nova análise à luz do quadro de realidade da situação fundiária brasileira nos espaços urbanos, rurais e ambientais, e esses temas não foram acrescentados à codificação.

5 Manutenções e mudanças: formas de aquisição e perda

As formas de aquisição e perda da propriedade foram em grande medida mantidas na codificação civil. Tímidas mudanças assimilaram novos requisitos e conservaram institutos tradicionais.

Ainda que tenham sido muitas as manutenções nas formas tradicionalmente tratadas de aquisição e perda da propriedade, ao longo dos últimos anos muitos institutos foram revisados, ainda que sustentados por elementos centrais, porém, adquirindo novos contornos que permitiriam maior densidade jurídica, uma vez que mais conectados à realidade.

A aquisição via registro, estabelecida em bases formais com validade e legitimidade em grande medida conferidas pelo aparato registral, viu-se invadida pelas tecnologias e

[26] Dentre outras normas e decisões judiciais, cabe fazer referência à Resolução nº 10, de 17.10.2018 – Conselho Nacional de Direitos Humanos, que dispõe sobre soluções garantidoras de direitos humanos e medidas preventivas em situações de conflitos fundiários coletivos rurais e urbanos e a legislação que suspendeu os despejos coletivos urbanos de população de baixa renda durante o período da pandemia do coronavírus (Lei nº 14.216 de 2021).

pela necessidade de conferir mais segurança no que diz respeito aos seus documentos e informações.

Por um lado, o georreferenciamento e, por outro, o reconhecimento mantido sobre a presunção relativa de veracidade, bem como os concursos públicos, dentre outras questões, conformaram um conjunto importante de elementos para a mudança no cenário registral. De qualquer modo, o passado perdura trazendo elementos a serem considerados, que passam desde a lógica da medição e de reconhecimento de perímetros, às sobreposições e às precárias informações constantes dos documentos.[27]

O abandono, elemento importante da nova codificação, foi retomado em novos termos, uma vez que destrava quantidade considerável de imóveis que estavam presos a situações formais sem titulares. Nesse sentido, manteve-se o entendimento de que o Estado não obriga as pessoas a serem proprietárias quando assim não o desejam, mas resolve situações não formalizadas do ponto de vista da desistência ao direito proprietário tanto em imóveis rurais como urbanos, tantas vezes também decorrentes de questões sucessórias e registrais não resolvidas.

6 Consolidação e regularização: respostas da usucapião

Um dos institutos jurídicos mais populares do Código Civil no que diz respeito aos modos de aquisição da propriedade é a usucapião. Ainda que mantida com os elementos originais, posse e lapso temporal e, em alguns casos, dispondo sobre elementos mais específicos, boa-fé e justo título, o instituto sofreu importantes acréscimos e certa mudança de sentido com vistas ao melhor atendimento da realidade e ao cumprimento da função social dos bens.

Importante para a constituição de propriedades originárias desde a invenção proprietária no Brasil,[28] a usucapião foi o meio hábil de transformar posses muitas vezes legítimas, porém informais, em propriedades. Estabelecida desde a codificação anterior e presente em todos os textos constitucionais desde 1934,[29] o instituto sofreu mudanças ao longo do século XX e depois com a nova codificação. No bojo das transformações, ainda se viu a expansão de suas possibilidades em grande quantidade de outras legislações, sendo algumas dessas normas aproveitadas e incluídas no corpo da codificação.

De qualquer modo, é de se lembrar que a usucapião já vinha ampliada em parágrafos que acresciam possibilidades às espécies tradicionais, extraordinárias e ordinárias. Em ambos os casos, certa valorização da posse direta esteve presente, questão não originalmente estabelecida na codificação anterior.

---

[27] Nesse sentido, é esclarecedora a obra de: SILVA, Alexandre Barbosa. *Propriedade sem registro*: contrato e aquisição da propriedade imóvel. Curitiba: Juruá, 2018.

[28] A usucapião se constitui em importante medida jurídica para o projeto de consolidação formal e discursiva da propriedade privada no século XIX. As determinações da Lei de Terras de 1850 previam o reconhecimento possessório e, em determinadas situações, a transmutação de "mera posse" à condição de apropriação proprietária. Porém, os mecanismos definidos pela norma não eram suficientemente disponíveis para a manutenção possessória com a inovação proprietária. As formas de aquisição estavam, em grande medida, vinculadas à aquisição onerosa.

[29] A usucapião aparece inominada nas Constituições de 1934, 1937 e 1946 e, depois, em 1967, é denominada como legitimação de posse. Ocorre que, em todos os casos, os elementos centrais a tornarem hábil a condição proprietária podem ser verificados a partir dos elementos centrais da usucapião, posse e tempo. O diferencial aparece na posse direta, no tamanho da terra e na caracterização de imóvel rural.

Essa novidade foi bastante representativa da opção de se buscar meios mais efetivos para o reconhecimento de posses consolidadas. A consolidação, qualificação cara ao instituto, a partir do tratamento conferido pelo Código, está assentada, dentre outras questões, por algumas muito presentes no cotidiano das disputas de interesses. O reconhecimento de que existem vastas extensões de terras abandonadas ou não utilizadas por pessoas que perderam a condição de proprietárias em virtude de suas respectivas inações ocorre por muitos motivos, que vão desde o desinteresse sobre o bem, a sua comercialização ou entrega em circunstâncias não formalizadas, aos problemas decorrentes da sucessão hereditária e, também, àqueles relacionados à especulação imobiliária. E, por fim, ao fato de que existem terras tradicionalmente ocupadas, nunca reconhecidas ou registradas e terras ocupadas por população de baixa renda que, na ausência de políticas públicas de moradia e de trabalho, se viram impelidas a buscar ocupação e, portanto, posse em terras sem uso, com uso inadequado ou subutilizadas, como já afirmado anteriormente nas releituras dessa categoria jurídica.

Assim, conferir garantia aos possuidores que efetivamente, pelo aproveitamento e cuidado imediato do bem, conferiam à apropriação possessória o sentido da função social da terra tornou-se absolutamente possível a partir da verificação dos elementos coincidentes com o cerne do instituto da usucapião e de outros formatados para as novas espécies.

Isso significará para a codificação a ampliação da usucapião do ponto de vista das tentativas de fazer coincidir a norma com a realidade possessória e, para isso, como questão central, a redução do tempo para a efetiva leitura sobre a consolidação, somada à determinação de posse direta e tamanho de área, nos casos das espécies de usucapião constitucional e das subespécies baseadas naquelas já existentes, definidas em parágrafos contidos em artigos que tratavam das espécies tradicionais. A redução do prazo também foi vista como mais condizente com os novos tempos da vida e com o contexto contemporâneo do ritmo dos trânsitos jurídicos, especialmente de bens imóveis.

Para além dessas mudanças, três outras também puderam ser verificadas. A primeira relacionada a uma espécie nova e acrescida posteriormente ao texto, denominada correntemente como usucapião familiar. Essa espécie polêmica, em virtude dos termos expostos nos seus respectivos requisitos, a saber, principalmente, a expressão "abandono do lar", apresentou como elemento hábil a conferir legitimidade para a demanda de aquisição da totalidade do bem de ex-cônjuge ou ex-companheiro, a manutenção do uso contínuo do imóvel por aquele que permaneceu na residência. Nessa nova espécie, foi significativa a redução dos prazos, caindo para dois anos a possibilidade de demandar o instituto com base também na estabilização de uma situação familiar.[30] Outro elemento foi a determinação do tamanho do imóvel que, conforme o disposto no texto, não pode ser superior a duzentos e cinquenta metros quadrados, medida já definida nas espécies de usucapião especial, urbana e rural.

Outra mudança ocorreu à margem da codificação, trazendo uma espécie de usucapião que suplantou a necessidade de sempre a demanda ser realizada pela via

---

30 Sobre as diversas polêmicas relacionadas ao instituto da usucapião familiar, Ricardo Calderón e Michele Iwasaki propõem uma leitura crítico-construtiva do instituto (CALDERÓN, Ricardo L.; IWASAKI, Michele M. Usucapião familiar: quem nos salva da bondade dos bons? *Revista Brasileira de Direito Civil*, Rio de Janeiro, v. 2, p. 4-56, jan./mar. 2015).

judicial. A Lei de Registros Públicos, de 1973, foi alterada para garantir a possibilidade administrativa da demanda, inclusive sem a definição estrita de prazo, o que configurou nova espécie, definida como usucapião extrajudicial.

Ainda, a usucapião foi estendida às possibilidades coletivas, de modo que o instituto foi ampliado para grandes e complexas situações de moradia informal. A usucapião coletiva foi estabelecida no Estatuto da Cidade, não sendo absorvida pelo Código Civil.

Assim, é possível observar que a usucapião ganha novos contornos e, mesmo historicamente tratada na codificação, foi ampliada à revelia do texto, denotando certo descompasso entre o conteúdo e as espécies do Código Civil e as novidades albergadas em novas legislações. Com os constantes acréscimos, é possível perceber a importância do instituto e a necessidade de releitura dos termos da sua pertinência e adequação à realidade.[31]

7 Proximidades e formas proprietárias coletivas

Ainda que os velhos institutos não tenham perdido importância no bojo de constituição do direito das coisas, o aumento expressivo de possibilidades de realização de reconhecimento de apropriações fez ampliar e revisar as situações e elasticidades de tais direitos.

Como já afirmado, institutos como a usucapião revelam a importância e manutenção de velhas possibilidades adaptadas aos novos contextos, resolvem também problemas que se acumularam mesmo e muito antes da entrada em vigor do novo Código, o que também aconteceu com muitos dos direitos reais sobre coisas alheias, revisitados na nova codificação, porém, mantendo suas respectivas utilidades.

Por outro lado, o reconhecimento de formas apropriativas presentes na realidade comezinha das cidades brasileiras, alvos de insegurança jurídica pela ausência de resposta normativa, demandou a expressão de novos instrumentos jurídicos que foram introduzidos por vias outras ao rol dos direitos reais, tal como as concessões de uso e o direito de laje, já referido.

Outro elemento bastante presente no curso das mudanças foi a ampliação do *status* individual para coletivo dos bens. O tratamento dos condomínios foi ampliado, inclusive com a indicação da espécie vertical para a horizontal, denominado condomínio de lotes, o que resultou em uma série de críticas dos urbanistas, tendo em vista a perda de áreas públicas definidas nos loteamentos e o fechamento de extensas áreas de circulação nas grandes e pequenas cidades, provocando aumento considerável nos tempos das mobilidades. Além disso, consideradas as atividades econômicas, o condomínio em

---

[31] Nesse sentido, outras críticas já podem ser vistas em relação às espécies e requisitos. Dentre elas, sobre o tamanho da área, conforme pode se observar no texto de Carlos Edison do Rêgo Monteiro Filho (MONTEIRO FILHO, C. E. R. Usucapião imobiliária urbana independente de metragem mínima: uma concretização da função social da propriedade. *Revista Brasileira de Direito Civil*, Rio de Janeiro, v. 2, p. 9-27, out./dez. 2014). Também, sobre a vedação constitucional referente à usucapião de imóveis públicos, tratada, dentre outros textos, no artigo de Marcos Alcino de Azevedo Torres, Emerson Affonso da Costa Moura (TORRES, Marcos Alcino de Azevedo; MOURA, Emerson Affonso da Costa. A vedação constitucional de usucapião dos bens públicos e a função social da propriedade: da mera detenção ao reconhecimento da posse funcionalizada pelos particulares. *Revista de Direito da Cidade*, v. 10, n. 3, p. 1941-1965, ago. 2018. Disponível em: https://www.e-publicacoes.uerj.br/index.php/rdc/article/view/36229. Acesso em: 27 set. 2021. DOI: https://doi.org/10.12957/rdc.2018.36229).

multipropriedade[32] emergiu como nova possibilidade de compartilhamento dos bens no tempo.

Ainda, outras ordens de questões surgiriam e, apontando para o futuro, a propriedade se tornaria menos arraigada aos sentidos do seu controle mais direto e passaria a ser ainda mais volátil, subscrita, em papéis de circulação no mercado financeiro, que não apresentam vínculo com a terra, e que não produzem o espaço, suas localizações, infraestruturas, enfim, não constroem e, portanto, ali não estabelecem posse plena ou direta. A financeirização[33] é a forma mais alheia à materialidade do bem desenvolvida como propriedade, porém, a mais acabada em virtude daquilo que ela representa no sistema de capital. Como afirmou Fix:

> A singularidade desse mercado está [...] em reunir numa única atividade produtiva as três formas sob as quais a mais-valia aparece: o lucro (valor excedente produzido no canteiro de obras), o juro (parcela do valor excedente que remunera quem fornece o funding, ou seja, os recursos monetários, para a produção) e a renda (sobrevalor futuro capitalizado embutido no preço da terra).[34]

Ainda que a concepção proprietária tenha derivado de uma abstração, ela ganha sua expressão mais sofisticada no movimento de ativo financeiro, hoje estabelecido pela Lei nº 13.784 de 2019, que inseriu no texto da codificação o tratamento sobre os fundos de investimento que tem por objeto a "aplicação em ativos financeiros, bens e direitos de qualquer natureza".[35]

Assim, é possível dizer que um conjunto de institutos voltados à realização de interesses econômicos formou um bloco de situações que aderiram a tais pretensões, inclusive com as novidades trazidas pela forma de garantia mais agressiva que, se não substituiu a hipoteca, pelo menos, pode-se dizer que ganhou expressiva adesão nos financiamentos. Em relação aos direitos reais de garantia, a alienação fiduciária definitivamente constituiu a mais importante forma da codificação.

Mas, para além das novidades nos direitos das coisas, outros institutos foram suprimidos.[36] A enfiteuse privada sai do rol de direitos reais e nas disposições finais e transitórias faz a sua passagem para a história. O art. 2.038 encerra a constituição

---

32 Sobre o tema, ver TEPEDINO, Gustavo. A nova Lei de Multipropriedade Imobiliária. *RBDCivil*, Rio de Janeiro, v. 19, n. 1, 2019. Disponível em: https://rbdcivil.ibdcivil.org.br/rbdc/article/view/359/268.

33 Capítulo específico sobre fundos de investimento foi aberto posteriormente no Código para tratar do tema da financeirização. Em 2019, a Lei nº 13.874 regulou a matéria, sendo esta inserida no conteúdo de matérias da codificação.

34 A financeirização tem sido objeto de muitas pesquisas e análises nacionais e internacionais. No Brasil, ela assume características que estão muito atreladas à sustentação estatal. Os Certificados de Potencial Adicional de Construção – CEPACs bem demonstram essa realidade com as operações urbanas consorciadas. Sobre o tema, a pesquisa que vem sendo desenvolvida por Mariana Fix traz análise da situação brasileira. Dentre outros trabalhos da autora, o artigo sobre o processo de financeirização trata dos conceitos e conteúdos do tema (FIX, Mariana; PAULANI, Leda. Considerações teóricas sobre a terra como puro ativo financeiro e o processo de financeirização. *Brazilian Journal of Political Economy*, v. 39, p. 638-657, 2019. Disponível em: https://www.scielo.br/j/rep/a/skzsvngrmrtntn3wksczrnb/abstract/?lang=pt. Acesso em: 10 out. 2021).

35 Capítulo X, art. 1.368-C e seguintes, inserido no Código Civil em 2019.

36 Sobre o tema, já tratou o autor: COSTA, Dilvanir J. da. Trajetória da codificação civil. *In*: MENDES, Gilmar F.; STOCO, Rui. *Princípios e aspectos gerais*. São Paulo: Editora Revista dos Tribunais, 2011. v. 2. Coleção Doutrinas Essenciais: Direito Civil, Parte Geral. p. 973.

de novas enfiteuses com o impedimento à cobrança de laudêmio nas transmissões do bem, o que o tornava desinteressante para os proprietários. Ao contrário disso, foram mantidas as enfiteuses públicas com a certeza da titularidade.

A enfiteuse privada, fruto dos antigos privilégios, possivelmente tenha se configurado como um dos últimos respiros da velha ordem que inicia com a sesmaria e que atravessa os tempos proprietários, mas, com respostas difíceis ao novo tempo, muitas já haviam sido extintas, constando apenas nos velhos documentos e cadastros como bens outrora aforados.

8 Diálogos do código: direitos urbanístico e ambiental

A compreensão sobre os impactos do exercício de direitos sobre terceiros quando considerados direitos individuais, coletivos ou difusos é, em certa medida, como dito antes, ainda que timidamente, incorporada pelo Código Civil. Os novos dispositivos inseridos ao longo dos últimos anos, bem como a tendência a certo tratamento interpretativo ampliado no sentido da compreensão de contextos e da mudança nos sentidos das proximidades, operaram na releitura dos termos significativos de revisão da leitura e interpretação meramente privatista-individualista. As ideias de repercussões apenas sobre vizinhanças lindeiras, por exemplo, foram ampliadas, incorporando novos sentidos, inclusive quando consideradas todas as novas formas condominiais já referidas, compossessórias ou de multipropriedade. Como definiu Paulo Lôbo, "[...] para efeitos legais, vizinhos não são necessariamente os contíguos, mas todos os que possam ser afetados pelo uso do imóvel".[37]

Dentre outras situações esboçadas no texto, os parágrafos do art. 1.228 permitiram a manifestação aberta aos decorrentes efeitos de uma vida urbana que ressignifica os padrões então repisados da anterior codificação. As relações de vizinhança, dentre outras, são sugestivas da compreensão dos direitos de propriedade e de posse revisados a partir da leitura conjunta de dispositivos definidos em estatutos de direito urbanístico e de direito ambiental.

A evidência desses fatores limitantes da atuação meramente individual repercutiu para além da vizinhança lindeira, tal como esboçado mais especificamente na codificação, estabelecendo, por exemplo, nos institutos jurídicos referentes aos estudos de impacto de vizinhança e ambiental, bem como os licenciamentos de empreendimentos que pelo porte ou características poderiam porventura trazer prejuízos ou riscos a terceiros em virtude da realização de atividades potencialmente geradoras de impactos.

O uso normal ou anormal do bem além das questões referentes à razoabilidade também está definido em uma série de elementos estabelecidos aprioristicamente por normas de direito urbanístico, ambiental e geológico que permitem a antecipação dos problemas causados em virtude do uso de bens imóveis. Tudo isso tem repercussão direta na mudança dos velhos padrões referentes às pretensões de direitos exclusivos, absolutos e ilimitados da antiga codificação.

[37] LÔBO, Paulo. Direitos e conflitos de vizinhança. *Revista Brasileira de Direito Civil*, Rio de Janeiro, v. 1, jul./set. 2014. p. 62. Disponível em: file:///c:/users/admin/downloads/131-505-1-pb%20(2).pdf.

Os padrões da nova compreensão de vizinhança talvez sejam a face mais explícita daquilo que o Código não tratou, pois deu preferência aos antigos termos, acrescidos de aspectos bastante limitados, mas que, também, não conseguiu silenciar ou conservar. Aqui, percebe-se a convivência do Código com o influxo das normas esparsas que atravessam o velho sistema de valores, considerados anacrônicos.

9 Considerações finais

Como afirmava Pierre Bourdieu, "[...] as relações de força entre os 'conservadores' e os 'inovadores', os ortodoxos e os heréticos, os velhos e os 'novos' (ou os 'modernos') dependem fortemente do estado das lutas externas e do reforço que uns e outros possam encontrar fora [...]".[38] É no esteio da leitura das tensões que acompanham a sociedade brasileira com as suas questões e o seu histórico, que todos esses agentes do direito dialogam e debatem. Com a leitura do Código nos últimos vinte anos, os diálogos, as disputas, as diferenças estiveram presentes reclamando a sua manutenção nos termos de outrora ou nas reformas, talvez até nas possíveis rupturas ante o momento do agora.

A produção e a leitura sobre as formas de apropriação da terra são convidadas ao lugar da reflexão e do questionamento. Impossível classificar a terra meramente como privada, quando o interesse difuso, coletivo ou público, bem como as titularidades ocupam um lugar que se faz junto, inclusive logo abaixo ou acima, na qualidade diferenciada de subsolo ou espaço aéreo ou de direitos imateriais, já convivendo com outros titulares, com outros interesses, com as sobreposições ou complexidades que aparecem até nos desdobramentos que podem ser comandados por frações de tempo, como acontece com a multipropriedade.

Ainda que o direito das coisas não seja reduzido ao tratamento da terra, é certo afirmar, como fez Carlos Frederico Marés de Souza,[39] que o objeto central da preocupação do direito das coisas, especialmente na codificação, permaneceu sendo a regulação das apropriações, dos aproveitamentos e trânsitos dos bens imóveis. Esses direitos, especialmente voltados aos "fixos", para usar uma expressão de Milton Santos, e o seu instrumental legitimador inventado para as superfícies de papel seguem centrais e relevantes. Afinal como escreveu Roberto da Matta,

> Mas como o espaço se manifesta nas diferentes sociedades?
>
> É bom começar com uma observação que já fiz alhures [...], quando insistia em que a sociedade brasileira se singularizava pelo fato de ter muitos espaços e muitas temporalidades que conviviam simultaneamente. Mas como podemos descobrir isso? A questão é aparentemente banal. Afinal de contas, o espaço é demarcado quando alguém estabelece fronteiras, separando um pedaço de chão de outro. Mas nada pode ser tão simples assim, porque é preciso explicar de que modo as separações são feitas e como são legitimadas e aceitas pela comunidade da propriedade privada e suas origens [...].[40]

---

[38] BOURDIEU, Pierre. *Razões práticas*: sobre a teoria da ação. 8. ed. Campinas: Papirus, 2007. p. 65.

[39] MARÉS, Carlos Frederico. *A função social da terra*. Porto Alegre: Sérgio Antonio Fabris, 2003.

[40] DA MATTA, Roberto. *A casa e a rua*: espaço, cidadania, mulher e morte no Brasil. 5. ed. Rio de Janeiro: Rocco, 1997. p. 32.

O que se nota é que a regulação do espaço não tem cabimento nas estritas fronteiras da "comunidade da propriedade privada", especialmente quando travada no ambiente próprio das múltiplas e plurais comunidades possessórias brasileiras, mas, como afirmou da Matta, é preciso compreender o processo específico que resultou em uma codificação que reproduziu, ainda que com muitos limites e reformulações, o texto passado. Mudanças estruturais não foram realizadas. Na pressão exterior das novidades, podem ser verificadas as afirmações de conteúdo jurídico-valorativo diverso, que fragilizaram e relativizaram a hegemonia de conteúdos jurídicos formulados na ambiência dos privilégios proprietários.

Ler o Código do início deste século, vinte anos depois, na ambiência das questões sociais e jurídicas que o atravessam, significa reconhecer o urgente exercício de formulação ativa, mobilizadora e conectada ao quadro difuso da produção, interpretação e aplicação desses direitos e da revisão do instrumental que permite o seu movimento e pertinência nesse presente de convivência e tensão com o que foi, com o que é e com o que se pretende como formulação para o até agora nominado direito das coisas.

Referências

BACHELARD, Gaston. *A epistemologia*. Lisboa: Edições 70, 2006.

BONDUKI, Nabil. *Origens da habitação social no Brasil*: arquitetura moderna, Lei do Inquilinato e difusão da casa própria. 4. ed. São Paulo: Estação Liberdade, 2004.

BOURDIEU, Pierre. *Razões práticas*: sobre a teoria da ação. 8. ed. Campinas: Papirus, 2007.

BRASIL. *Anuário estatístico do Brasil 2001*. Rio de Janeiro: IBGE, 2001.

CALDERÓN, Ricardo L.; IWASAKI, Michele M. Usucapião familiar: quem nos salva da bondade dos bons? *Revista Brasileira de Direito Civil*, Rio de Janeiro, v. 2, p. 4-56, jan./mar. 2015.

CARDOSO, Adauto L.; ARAGÃO, Thêmis a. Do fim do BNH ao programa minha casa minha vida: 25 anos da política habitacional no brasil. *In*: CARDOSO, Adauto L. (Org.). *O Programa Minha Casa Minha Vida e seus efeitos territoriais*. Rio de Janeiro: Letra Capital, 2013.

COSTA, Dilvanir J. da. Trajetória da codificação civil. *In*: MENDES, Gilmar F.; STOCO, Rui. *Princípios e aspectos gerais*. São Paulo: Editora Revista dos Tribunais, 2011. v. 2. Coleção Doutrinas Essenciais: Direito Civil, Parte Geral.

DA MATTA, Roberto. *A casa e a rua*: espaço, cidadania, mulher e morte no Brasil. 5. ed. Rio de Janeiro: Rocco, 1997.

FACHIN, Luiz Edson. *Estatuto jurídico do patrimônio mínimo*. Rio de Janeiro: Renovar, 2001.

FACHIN, Luiz Edson. *Teoria crítica do direito civil*: à luz do Novo Código Civil brasileiro. 2. ed. Rio de Janeiro: Renovar, 2003.

FIX, Mariana; PAULANI, Leda. Considerações teóricas sobre a terra como puro ativo financeiro e o processo de financeirização. *Brazilian Journal of Political Economy*, v. 39, p. 638-657, 2019. Disponível em: https://www.scielo.br/j/rep/a/skzsvngrmrtntn3wksczrnb/abstract/?lang=pt.

FREYRE, Gilberto. *Casa-grande e senzala*. São Paulo: Archivos, 2002.

FREYRE, Gilberto. *Sobrados e mucambos*: decadência do patriarcado rural e desenvolvimento do urbano. 6. ed. Rio de Janeiro: J. Olympio, 1981.

FUNDAÇÃO JOÃO PINHEIRO. *Déficit habitacional no Brasil 2016 – 2019*. Belo Horizonte: FJP, 2021.

GOMES, Orlando. *Direitos reais*. 19. ed. Atualização de Luiz Edson Fachin. Rio de Janeiro: Forense, 2004.

GROSSI, Paolo. A propriedade e as propriedades na oficina do historiador. *In*: GROSSI, Paolo. *História da propriedade e outros ensaios*. Rio de Janeiro: Renovar, 2006.

HERNANDEZ GIL, Antonio. *La función social de la posesión*. Madrid: Alianza Editorial, 1969.

HIRONAKA, G. M. F. N.; CHINELATO, S. J. de A. Propriedade e posse: uma releitura dos ancestrais institutos. *Revista da Faculdade de Direito, Universidade de São Paulo*, n. 98, p. 59-94, 2003.

LÔBO, Paulo. *Direito civil*: coisas. São Paulo: Saraiva, 2015.

LÔBO, Paulo. Direitos e conflitos de vizinhança. *Revista Brasileira de Direito Civil*, Rio de Janeiro, v. 1, jul./set. 2014. Disponível em: file:///c:/users/admin/downloads/131-505-1-pb%20(2).pdf.

MARÉS, Carlos Frederico. *A função social da terra*. Porto Alegre: Sérgio Antonio Fabris, 2003.

MARTINS-COSTA. Judith. Culturalismo e experiência no novo código civil. *In*: MENDES, Gilmar F.; STOCO, Rui. *Princípios e aspectos gerais*. São Paulo: Editora Revista dos Tribunais, 2011. v. 2. Coleção Doutrinas Essenciais: Direito Civil, Parte Geral.

MONTEIRO FILHO, C. E. R. Usucapião imobiliária urbana independente de metragem mínima: uma concretização da função social da propriedade. *Revista Brasileira de Direito Civil*, Rio de Janeiro, v. 2, p. 9-27, out./dez. 2014.

MOTA, Mauricio; TORRES, Marcos Alcino de Azevedo. A função social da posse no Código Civil. *Revista de Direito da Cidade*, Rio de Janeiro, v. 5, n. 1.

MOTA, Mauricio; TORRES, Marcos Alcino de Azevedo. A função social da posse no código civil. *In*: MOTA, Mauricio; TORRES, Marcos Alcino de Azevedo (Org.). *Transformações do direito de propriedade privada*. Rio de Janeiro: Elsevier, 2009.

PEREIRA, Caio Mario da Silva. Reforma do direito civil. *In*: MENDES, Gilmar F.; STOCO, Rui. *Princípios e aspectos gerais*. São Paulo: Editora Revista dos Tribunais, 2011. v. 2. Coleção Doutrinas Essenciais: Direito Civil, Parte Geral.

REALE, Miguel. *O novo código civil e seus críticos*. Disponível em: http://www.miguelreale.com.br/artigos/ncc/nccc.htm. Acesso em: 18 set. 2021.

SANTOS, Milton. *A urbanização brasileira*. 5. ed. São Paulo: Editora da Universidade de São Paulo, 2005.

SANTOS, Milton. *Pensando o espaço do homem*. 5. ed. São Paulo: Editora da Universidade de São Paulo, 2009.

SCHWARCZ, Lilia M. *Sobre o autoritarismo brasileiro*. São Paulo: Companhia das Letras, 2019.

SILVA, Alexandre Barbosa. *Propriedade sem registro*: contrato e aquisição da propriedade imóvel. Curitiba: Juruá, 2018.

STAUT JÚNIOR, Sérgio Said. *A posse no direito brasileiro da segunda metade do século XIX ao Código Civil de 1916*. Tese (Doutorado) – UFPR, Curitiba, 2009.

TEPEDINO, Gustavo. A nova Lei de Multipropriedade Imobiliária. *RBDCivil*, Rio de Janeiro, v. 19, n. 1, 2019. Disponível em: https://rbdcivil.ibdcivil.org.br/rbdc/article/view/359/268.

TEPEDINO, Gustavo. *Temas de direito civil*. Rio de Janeiro: Renovar, 2006. t. II.

TORRES, Marcos Alcino de Azevedo; MOURA, Emerson Affonso da Costa. A vedação constitucional de usucapião dos bens públicos e a função social da propriedade: da mera detenção ao reconhecimento da posse funcionalizada pelos particulares. *Revista de Direito da Cidade*, v. 10, n. 3, p. 1941-1965, ago. 2018. Disponível em: https://www.e-publicacoes.uerj.br/index.php/rdc/article/view/36229. Acesso em: 27 set. 2021. DOI: https://doi.org/10.12957/rdc.2018.36229.

Informação bibliográfica deste livro, conforme a NBR 6023:2018 da Associação Brasileira de Normas Técnicas (ABNT):

PONTES, Daniele Regina. Permanências e mudanças: direito das coisas no Código Civil. *In*: CORTIANO JUNIOR, Eroulths; SILVA, Alexandre Barbosa da (coord.). *O Código Civil e a Contemporaneidade*: Estudos do Grupo Virada de Copérnico em Homenagem ao Ministro Luiz Edson Fachin. Belo Horizonte: Fórum, 2025. p. 339-359. ISBN 978-65-5513-990-2.

AQUISIÇÃO E PERDA DA PROPRIEDADE

ALEXANDRE BARBOSA DA SILVA

1 Introdução

O Título III do Livro III, da Parte Especial do Código Civil, trata da temática "Da Propriedade" e, após analisados os assuntos da posse e da descrição do que o direito brasileiro considera direitos reais, inaugura o estudo sobre as características gerais da titularidade proprietária – sobre imóveis e móveis – e trata dos modos de aquisição e perda, que, ao fim e ao cabo, são o intuito de exame no presente texto.

O desafio é o de condensar, em breves linhas, os atuais modos de leitura e interpretação da codificação a partir das provocações colhidas na contemporaneidade, sem deixar de lado as lições clássicas do direito proprietário civil, com uma abordagem fulcrada na função social que abre espaço a um novo estatuto das titularidades.[1]

Três caminhos serão percorridos nesse desiderato: 1) as formas de aquisição da titularidade proprietária sobre imóveis; 2) o formato de aquisição sobre móveis; 3) a perda da titularidade proprietária sobre imóveis e móveis, tudo, permeado por uma análise crítica e fundada na constitucionalização dos institutos do direito civil.

Muitos dos fundamentos que norteiam o presente estudo guardam ligação com a tese de doutoramento do autor,[2] que teve o professor homenageado neste livro, Ministro Luiz Edson Fachin, como membro da banca na Universidade Federal do Paraná. As sugestões e provocações do notável professor, tanto na banca de qualificação, quanto na de defesa final, foram decisivas para a construção da tese. Este, portanto, um singelo momento de agradecimento e de reconhecimento ao Professor e Ministro Edson Fachin.

---

[1] Fala-se em titularidades como forma de pensar a aproximação da pessoa com os bens, mas na primazia do humano e da dignidade, muito além do individualismo proprietário e da abstração do conceito de posse e propriedade, com foco na funcionalização do direito civil contemporâneo.

[2] A tese converteu-se no livro: SILVA, Alexandre Barbosa da. *Propriedade sem registro*: contrato e aquisição da propriedade imóvel. Curitiba: Juruá, 2018.

2 Formas de aquisição da titularidade proprietária sobre imóveis

A propriedade imóvel se adquire pelos modos descritos nos arts. 1.238 a 1.259 do Código Civil, por meio da usucapião, do registro do título e da acessão. A aquisição pode ser originária ou derivada, a depender de o direito ora em aquisição ter ou não dependência com direito anterior. Na aquisição originária o direito novo não vem por transmissão, ao passo que na derivada o direito atual é gerado pelo anterior. Na aquisição derivada, o direito é recebido tal qual estava em mãos do alienante. Na originária, é totalmente novo e em nada se vincula ao preexistente.

A *usucapião*, também entendida como prescrição aquisitiva,[3] é definida como modalidade de aquisição originária[4] da propriedade ou de outro direito real sobre coisa alheia que consiste no exercício da posse ininterrupta, sem oposição e com intenção de dono, durante o tempo previsto em lei.

Paulo Lôbo identifica a usucapião extraordinária, ordinária e especial, assim as resumindo:

> A usucapião extraordinária, apesar do nome, é a que melhor corresponde às finalidades do instituto, pois independe de outro requisito, além da posse contínua e do tempo, não lhe sendo óbice a má-fé. Por esta razão, a lei fixa-lhe tempo mais largo. A usucapião ordinária é a que, além dos requisitos de posse continuada e tempo está assentada na existência de 'justo título' e comprovação de boa-fé, razão por que o tempo da aquisição da propriedade é reduzido. A usucapião especial abrange todas as situações singulares, que não se incluem nos tipos anteriores, de acordo com fins legais determinados.[5]

Flávio Tartuce é completo ao oferecer as seguintes modalidade de usucapião: ordinária, extraordinária, constitucional agrária ou especial rural, constitucional ou especial urbana, especial urbana por abandono do lar, especial urbana coletiva e especial indígena ou imobiliária administrativa decorrente de legitimação da posse.[6]

No Código Civil de 2002, encontram-se a usucapião ordinária (art. 1.242), a extraordinária (art. 1.238), a constitucional agrária ou especial rural – *pro labore* (art. 1.239), a constitucional ou especial urbana – *pro misero* (art. 1.240) e a especial urbana por abandono do lar (art. 1.240-A). As demais estão previstas em legislação especial: a usucapião especial urbana coletiva, na Lei nº 10.257/2001 (Estatuto da Cidade), a usucapião especial indígena, no art. 33 da Lei nº 6.001/1973, a usucapião imobiliária administrativa, no art. 60 da Lei nº 11.977/2009 e seu tratamento após a Lei nº 13.465/2017, nos art. 25 a 27.

Considerando-se o caráter sucinto do presente texto, optou-se por identificar pontos em que a codificação mereceu um novo olhar pós 2002. Antes, porém, não se olvide que a posse *ad usucapionem* ou usucapível tem peculiaridades próprias de acordo com cada modalidade, mas que em hipótese alguma será confundida com atos de mera

---

3 Diverge dessa ideia o Professor Paulo Lôbo, para quem usucapião é instituto distinto da prescrição. *Vide*: LÔBO, Paulo. *Direito civil*: coisas. 6. ed. São Paulo: Saraiva, 2021. p. 140.

4 Para ver mais acerca da divergência doutrinária sobre a usucapião como modo originário ou derivado de aquisição da propriedade, *vide*: MELO, Marco Aurélio Bezerra de. *Direito civil*: coisas. 2. ed. Rio de Janeiro: Forense, 2018. p. 112.

5 LÔBO, Paulo. *Direito civil*: coisas. 6. ed. São Paulo: Saraiva, 2021. p. 140.

6 TARTUCE, Flávio. *Direito civil*: direito das coisas. 14. ed. Rio de Janeiro: Forense, 2022. p. 217-241.

tolerância, como exemplo, na vigência de um contrato em que a posse é transmitida, como na locação e no comodato.

A posse que tem o condão de gerar a usucapião deve ter os seguintes requisitos: 1) *a intenção de dono* (*animus domini*), que está presente em todas as espécies de usucapião; 2) *a posse mansa e pacífica*, que é a posse exercida sem oposição legítima e que, se em algum momento surgir manifestação contrária à posse, desaparecerá este requisito; 3) *posse contínua e duradoura, com atenção a tempo definido em lei*, salvo a exceção do art. 1.243 do Código Civil, em que a posse deve ser sem intervalos;[7] 4) *posse justa*, que deve se consolidar sem violência, clandestinidade ou precariedade, nos termos do art. 1.208, 2ª parte, do Código Civil;[8] *posse de boa-fé e com justo título*. Estes requisitos têm objetiva aplicação na usucapião ordinária (arts. 1.242 e 1.260 do Código Civil), mas nas demais modalidades podem ser dispensados, de acordo com a situação concreta em que se perceba uma presunção de sua presença no tempo próprio da análise.

O Código Civil foi objetivamente modificado com a inclusão do art. 1.240-A pela Lei nº 12.424, de 16.6.2011, que passou a tratar da denominada usucapião por abandono especial por abandono do lar. Trata-se de hipótese que pretende prestigiar o cônjuge ou companheiro, hétero ou homoafetivo, que se mantém vivendo no lar conjugal em detrimento daquele que o abandona sem justificativa razoável.

Sobre o tema, pertinente conhecer-se o Enunciado nº 595 da VII Jornada de Direito Civil do CJF/STJ, de 2015, que orienta a interpretação do termo *abandono*, como abandono voluntário da posse do imóvel, somado à ausência da tutela da família, não importando em averiguação da culpa pelo fim do casamento ou da união estável. Basta, portanto, a mera separação de fato, de nada merecendo relevo se houve divórcio ou dissolução da união estável (Enunciado nº 501, V Jornada de Direito Civil).[9]

O Código de Processo Civil de 2015 orienta um novo procedimento para a usucapião imobiliária ao tratar amplamente da usucapião extrajudicial (ou administrativa) no art. 1.071. A recente codificação inseriu o art. 216-A na Lei dos Registros Públicos, e prevê que é admitido o pedido de reconhecimento extrajudicial de usucapião, que será processado diretamente perante o Cartório do Registro de Imóveis da comarca em que estiver situado o imóvel usucapiendo. Determina-se a juntada de documentos que demonstrem os requisitos para a usucapião. Trata-se, naturalmente, de uma faculdade ao usucapiente, que poderá buscar a esfera judicial se entender mais adequado. A Lei nº 13.465/2017 (REURB – Lei de Regularização Fundiária Urbana), diante das dificuldades originariamente localizadas na efetivação prática do procedimento, trouxe alterações importantes ao sistema.[10]

A titularidade proprietária também, e mais comumente, se adquire pelo *Registro do Título*. Os arts. 1.245 a 1.247 reproduzem uma máxima histórica sobre o direito à aquisição

---

7 Sobre o tema, veja interessante enunciado (nº 497) havido na V Jornada de Direito Civil: "O prazo, na ação de usucapião, pode ser completado no curso do processo, ressalvadas as hipóteses de má-fé processual do autor". Nesse sentido: STJ, REsp nº 1.361.226/MG.

8 O STJ entendeu que bem fruto de roubo não é usucapível, pois a posse é injusta (REsp nº 1.471.563/AL).

9 Sobre o tema da usucapião familiar, leia a crítica de Ricardo Calderon e Michele Iwasaki em: CALDERON, Ricardo Lucas; IWASAKI, Michele Mayumi. Usucapião familiar: quem nos salta da bondade dos bons? *RBDCivil*, v. 3, n. 1, 2015. Disponível em: https://rbdcivil.ibdcivil.org.br/rbdc/article/view/108. Acesso em: 31 abr. 2022.

10 Para ler mais sobre a usucapião extrajudicial, sugere-se: TARTUCE, Flávio. *O novo CPC e o direito civil*: impactos, diálogos e interações. 2. ed. Rio de Janeiro: Forense; São Paulo: Método, 2016. p. 339-342.

de imóveis: "só quem registra é dono". Em outras palavras, a aquisição da propriedade pela transmissão documental somente se constitui com o registro da escritura – física ou eletrônica –[11] no cartório de registro de imóveis.

Por título, conforme o Enunciado nº 87 do CJF/STJ, também se entenda a promessa de compra e venda devidamente quitada. Veja o teor: "Considera-se também título translativo, para fins do art. 1.245 do novo Código Civil, a promessa de compra e venda devidamente quitada (arts. 1.417 e 1.418 do Código Civil e §6º do art. 26 da Lei n. 6.766/79)".[12]

Veja-se que a escritura eletrônica é uma realidade, assim como o Serviço Eletrônico dos Registros Públicos (SERP), criados pela Medida Provisória (MP) nº 1.085, de 27.12.2021, que por ocasião deste texto ainda estava em tramitação. O art. 3º, I, da MP descreve que o SERP tem o objetivo de viabilizar, entre outros, "o registro público eletrônico dos atos e negócios jurídicos". Isso, no entanto, ainda não se verifica nos cartórios brasileiros.

O tema da aquisição pelo registro do título, desde antes (Código de 1916) e, a partir do Código Civil de 2002, não guardou considerável modificação normativa ou jurisprudencial. Pressupõe-se, ainda, que a transmissão da titularidade do imóvel decorre de registro da escritura de compra e venda ou doação no cartório imobiliário.

Não obstante, consigne-se tese defendida pelo presente autor no Programa de Pós-Graduação da Universidade Federal do Paraná,[13] no sentido de que a propriedade é adquirível mesmo sem a escritura pública registrada, em hipóteses excepcionais que demonstrem atendimento à função social do contrato e da propriedade, assim como que o negócio esteja rigorosamente em sintonia com a boa-fé, a solidariedade e a alteridade, por meio de possível discussão judicial da constitucionalidade, pela via da declaração parcial de nulidade sem redução de texto, da aplicação do art. 1.245 no caso concreto em debate.

A funcionalização deve propiciar a releitura teleológica do contrato, que é significante, e que tem no título o significado para que a substância do negócio prevaleça em relação à forma unicamente do registro.

Assim, o acesso à propriedade deve ser deferido considerando-se o titular do contrato cumprido, que será o verdadeiro dono do bem, ainda que não haja registro. A prova, no entanto, será o rigoroso cumprimento do pacto em suas intencionalidades, e não objetivamente o ato de registrar. Isso não deve ser considerado posse, mas, propriedade imobiliária.

Em caso de debate judicial, não deverá prevalecer *automaticamente* o primeiro registro, como determinam os §§1º e 2º do art. 1.245 do Código Civil, mas todo um contexto de cumprimento substancial do contrato.[14]

Por cumprimento substancial do contrato, entenda-se aquele em que se considera e valoriza a boa-fé, a alteridade, a solidariedade, o não abuso de direito, tudo, como

---

11 O Provimento nº 100 do CNJ prevê a escritura pela via digital ou eletrônica.

12 Neste sentido, José Osório de Azevedo Junior há muito sustenta que o compromisso de compra e venda equivale à venda (AZEVEDO JR., José Osório de. *Compromisso de compra e venda*. 3. ed. São Paulo: Malheiros, 1992. p. 66).

13 A tese se convolou no livro: SILVA, Alexandre Barbosa da. *Propriedade sem registro*: contrato e aquisição da propriedade imóvel. Curitiba: Juruá, 2018.

14 Para facilitar, o texto da lei: "Art. 1.245. Transfere-se entre vivos a propriedade mediante o registro do título translativo no Registro de Imóveis. §1º Enquanto não se registrar o título translativo, o alienante continua a ser havido como dono do imóvel. §2º Enquanto não se promover, por meio de ação própria, a decretação de invalidade do registro, e o respectivo cancelamento, o adquirente continua a ser havido como dono do imóvel".

forma de densificação da função social como liberdade(s). Esta é a releitura teleológica do contrato, que permite transitar significantes e significados contemporâneos.

Para Carlos Eduardo Pianovski Ruzyk, é possível a constatação objetiva da categoria *função social* aplicável ao direito e, sobretudo, à propriedade, como garantia constitucional jusfundamental, por déficit de efetividade ou de fundamentação.[15]

O déficit de que se fala, aqui, por certo, decorre da aplicação silogística pura do Código Civil ao caso, sem considerar as peculiaridades das hipóteses pontuais que envolvem e justificam os contratos.

Um dos básicos fundamentos disso está na promoção da liberdade coexistencial, ou seja, a necessidade de integração existencial entre as pessoas na sociedade, mas que não necessariamente vá proteger o grupo, podendo, na perspectiva do caso concreto, preferir o individual ao coletivo. No exemplo, proteger-se-á a pessoa concreta, pelas realidades demonstradas, preferindo-a em relação ao coletivo legal, protegido pelo art. 1.245 da codificação.

A complexidade da vida, a pluralidade das formas de visão sobre o mundo e a diversidade recomendam a fuga da linearidade de decisões, a partir de contextos predeterminados e abstratos. É essa liberdade plural que se quer colocar como função do direito civil, na esfera das titularidades ou do contrato, para cumprir-se a axiologia constitucional.

Não se olvide, ainda, das hipóteses tecnológicas de transmissão da propriedade, cujo impacto poderá ser relevante na titularidade imobiliária, como os *tokens* não fungíveis (NFT) e as negociações por *blockchain*,[16] inclusive com moedas virtuais: as criptomoedas.[17]

NFT são *tokens* que representam a propriedade de itens exclusivos. Frequentemente utilizados para simbolizar obras de arte,[18] itens colecionáveis e, agora, também imóveis, o *token* pode ter apenas um proprietário oficial por vez e é protegido pelo *blockchain*, o que impede a modificação de um registro de propriedade ou a cópia de um NFT existente.[19] A tokenização do imóvel se realiza quando o imóvel (e sua escritura) passa a ser vinculado a um *token* criptografado, que representa algo único, que não pode ser modificado (não fungível), e que usa como base a tecnologia *blockchain*, a mesma base do *bitcoin* e outras criptomoedas. É esse *token* que é comercializado. Quando alguém compra o *token*, fica registrada essa pessoa como proprietária, naquele momento, desse *token* que, por sua vez, será "dono" daquele imóvel.[20]

---

15 RUZYK, Carlos Eduardo Pianovski. *Institutos fundamentais do direito civil e liberdade(s)*: repensando a dimensão funcional do contrato, da propriedade e da família. Rio de Janeiro: GZ, 2011. p. 208.

16 "é uma tecnologia que grava transações permanentemente de uma maneira que não podem ser apagadas depois, somente podem ser atualizadas sequencialmente, mantendo um rastro de histórico sem fim" (MOUGAYAR, William. *Blockchain para negócios*. Promessa, prática e aplicação da nova tecnologia da internet. Tradução de Vivian Sbravatti. Rio de Janeiro: Alta Books, 2017. p. 26).

17 Leia mais, para facilmente entender, em: https://www.infomoney.com.br/guias/nft-token-nao-fungivel/. Acesso em: 19 abr. 2022.

18 VALEONTI, F.; BIKAKIS, A.; TERRAS, M.; SPEED, C.; HUDSON-SMITH, A.; CHALKIAS, K. Crypto collectibles, Museum Funding and OpenGLAM: Challenges. Opportunities and the potential of Non-Fungible Tokens (NFTs). *Appl. Sci.* 2021, 11, 9931. Disponível em: https://doi.org/10.3390/app11219931. Acesso em: 31 abr. 2022.

19 Para conhecer mais sobre NFT, acesse: https://www.nature.com/articles/s41598-021-00053-8. Acesso em: 19 abr. 2022.

20 Disponível em: https://valorinveste.globo.com/objetivo/hora-de-investir/noticia/2021/10/20/tokenizacao-das-coisas-chega-ao-mercado-imobiliario-e-de-florestas.ghtml. Acesso em: 19 abr. 2022.

A transmissão da propriedade por este formato digital, portanto, se consolida por registro feito na *blockchain*[21] por meio de um NFT, na qual ficam gravados todos os dados do proprietário e do imóvel. As empresas de tecnologia que desenvolvem esse trabalho utilizam mecanismos para certificar-se da real propriedade desse imóvel antes do ato digital. O proprietário passa a ter um *token* que representa o imóvel, podendo dele dispor, por igual modo, no todo ou em parte.[22]

Perceba-se, no entanto, que se trata de forma de aquisição e a titularidade ainda precisa ser registrada no serviço de registro de imóveis.

O Código Civil de 2002, no mais, mantém, sem grandes novidades, a aquisição de imóveis por *acessão*, a partir das ilhas, da aluvião, da avulsão, do álveo abandonado e das construções e plantações, nos arts. 1.248 a 1.259.

Por fim, consigne-se como de absoluta relevância o estudo do contexto em que a aquisição da propriedade toma nova dimensão social com o advento da já mencionada Lei nº 13.465/2017 (REURB). Trata-se de lei que faculta a efetivação de relevantes direitos sociais, em especial para as camadas mais humildes da população, a partir de desburocratização do sistema de aquisição imobiliária nacional.

3 A aquisição sobre móveis

A aquisição da titularidade móvel, sensivelmente mais simples que a dos imóveis, se dá pela usucapião, pela ocupação, pelo achado do tesouro, pela tradição, pela especificação e pela confusão, comissão ou adjunção. A usucapião e a ocupação são modos originários de aquisição. As demais são compreendidas como modos derivados para obter-se a propriedade móvel.

O art. 1.260 do Código Civil cuida da usucapião ordinária que tem prazo de três anos, exigido justo título e boa-fé. Necessário, ainda, o *animus domini*, não oposição, e que o exercício do direito não sofra interrupção. A 14ª Câmara Cível do Tribunal de Justiça do Rio Grande do Sul decidiu que o contrato de alienação fiduciária em garantia em mãos do usucapiente configura justo título em favor do devedor fiduciante, cuja dívida já se encontrava alcançada pela prescrição. Deu provimento ao apelo para reconhecer a usucapião do automóvel em razão da posse exercida por mais de três anos, determinando a baixa das restrições do veículo e a regularização da propriedade em nome do possuidor.[23] O art. 1.262 remete o estudo da usucapião de bens móveis aos arts. 1.243 e 1.244, o que faz entender que é permitida a soma da posse atual com a do antecessor, bem como as causas que impedem, suspendem ou interrompem a prescrição são as mesmas analisadas na usucapião de imóveis.

---

21 Para informações sobre *blockchain* em registro de imóveis, acesse: https://cartorionobrasil.com.br/artigos/como-funcionara-a-blockchain-para-registro-de-imoveis/. Acesso em: 19 abr. 2022.

22 Nesses casos, o proprietário pode adquirir parcelas do imóvel à medida que aufere renda, sem a necessidade de financiamento, quando, por exemplo, compra 30% do imóvel em NFT, e após um ano, pretende adquirir mais 20%, ficando assim com 50% do imóvel, sem precisar se comprometer financeiramente e podendo aumentar seu rendimento como locador.

23 A lição doutrinária e o julgado estão anotados em: SCHREIBER, Anderson; TARTUCE, Flávio; SIMÃO, José Fernando; MELO, Marco Aurélio Bezerra de; DELGADO, Mário Luiz. *Código Civil comentado*. 4. ed. Rio de Janeiro: Forense, 2022. p. 1.261.

As demais modalidades de aquisição móvel mantêm-se sem grandes modificações doutrinárias ou jurisprudenciais ao longo desses 20 anos de Código Civil, mantendo a boa doutrina um excelente estudo sobre os temas.[24]

4 Perda da titularidade proprietária sobre imóveis e móveis

Natural compreender que a perda da propriedade por uma pessoa acontece quando da aquisição por outra. Não obstante, o Código Civil dispõe de dois artigos para tratar do tema. O art. 1.275 determina que a perda da propriedade se dá pela alienação, pela renúncia, pelo abandono, pelo perecimento da coisa e pela desapropriação.

Conforme bem anota Flávio Tartuce, seguindo o fundamento do Estatuto da Cidade (Lei nº 10.257/2001), o Código Civil de 2002 alterou substancialmente a possibilidade da perda da propriedade imóvel pelo abandono, no art. 1.276, unificando o prazo de três anos, diferentemente do Código de 1916, que falava em 15 anos para imóveis, momento em que o imóvel será arrecadado e passará a compor o patrimônio do município ou do Distrito Federal, se urbano, e da União, se rural.[25]

A discussão, no entanto, gira em torno do §2º do referido artigo, que presume absoluto o abandono do imóvel. O Enunciado nº 242, aprovado na III Jornada de Direito Civil do CJF/STJ, de 2004, assenta que: "a aplicação do art. 1276 depende de devido processo legal, em que seja assegurado ao interessado demonstrar a não cessação da posse". Lembre-se, ainda, do Enunciado nº 243, da mesma Jornada, no mesmo sentido: "a presunção de que trata o §2º do art. 1276 não pode ser interpretada de modo a contrariar a norma-princípio do art. 150, IV, da Constituição da República". O autor de ambos os enunciados é o Desembargador do TJRJ Marco Aurélio Bezerra de Melo.[26]

Por fim, sobre o tema, a Lei nº 13.465/2017 (REURB – Lei de Regularização Fundiária Urbana) em seu art. 64, §2º, parece apresentar solução para o impasse, quando determina que deverá existir processo administrativo de arrecadação de imóveis abandonados, conduzido pelo Poder Executivo municipal ou distrital.

No mais, nada de muito novo no estudo dos modos de perda da propriedade, quer móvel, quer imóvel.

5 Considerações finais

A aquisição e a perda da titularidade proprietária, tanto imobiliária, quanto mobiliária, como se pôde perceber, deve contemporaneamente passar por uma releitura que determine seu novo tônus de constitucionalização.

---

24 Anote-se, por todos, três obras indispensáveis: LÔBO, Paulo. *Direito civil*: coisas. 6. ed. São Paulo: Saraiva, 2021; TARTUCE, Flávio. *Direito civil*: direito das coisas. 14. ed. Rio de Janeiro: Forense, 2022; MELO, Marco Aurélio Bezerra de. *Direito civil*: coisas. 2. ed. Rio de Janeiro: Forense, 2018.

25 TARTUCE, Flávio. *Direito civil*: direito das coisas. 14. ed. Rio de Janeiro: Forense, 2022. p. 291-292.

26 Há também julgados que entendem pela presunção relativa e não absoluta, como exemplo: TJSP, Apelação Cível 0205033-69.2009.8.26.0002, Acórdão 7667252, 19ª CDP, Rel. Des. João Camillo de Almeida Prado Costa, j. 30.6.2014. *DJESP*, 22.7.2014.

Desde as inovações legislativas e tecnológicas, até a interpretação focada na perspectiva funcional, da boa-fé e da solidariedade, alcança-se a conclusão de que o Código Civil de 2002 precisa e merece ser lido com novas lentes, comprometidas com a complexidade e a diversidade próprias do século XXI.

O Código, portanto, está a transitar da antiga contemplação de "Constituição do homem comum", para sua atual e relevante consideração de "norma geral de efetivação das promessas constitucionais", ocasião em que alcança espaço de resposta às realidades da pessoa de carne e osso.

Referências

AZEVEDO JR., José Osório de. *Compromisso de compra e venda*. 3. ed. São Paulo: Malheiros, 1992.

CALDERON, Ricardo Lucas; IWASAKI, Michele Mayumi. Usucapião familiar: quem nos salta da bondade dos bons? *RBDCivil*, v. 3, n. 1, 2015. Disponível em: https://rbdcivil.ibdcivil.org.br/rbdc/article/view/108. Acesso em: 31 abr. 2022.

LÔBO, Paulo. *Direito civil*: coisas. 6. ed. São Paulo: Saraiva, 2021.

MELO, Marco Aurélio Bezerra de. *Direito civil*: coisas. 2. ed. Rio de Janeiro: Forense, 2018.

MOUGAYAR, William. *Blockchain para negócios*. Promessa, prática e aplicação da nova tecnologia da internet. Tradução de Vivian Sbravatti. Rio de Janeiro: Alta Books, 2017.

RUZYK, Carlos Eduardo Pianovski. *Institutos fundamentais do direito civil e liberdade(s)*: repensando a dimensão funcional do contrato, da propriedade e da família. Rio de Janeiro: GZ, 2011.

SCHREIBER, Anderson; TARTUCE, Flávio; SIMÃO, José Fernando; MELO, Marco Aurélio Bezerra de; DELGADO, Mário Luiz. *Código Civil comentado*. 4. ed. Rio de Janeiro: Forense, 2022.

SILVA, Alexandre Barbosa da. *Propriedade sem registro*: contrato e aquisição da propriedade imóvel. Curitiba: Juruá, 2018.

TARTUCE, Flávio. *Direito civil*: direito das coisas. 14. ed. Rio de Janeiro: Forense, 2022.

VALEONTI, F.; BIKAKIS, A.; TERRAS, M.; SPEED, C.; HUDSON-SMITH, A.; CHALKIAS, K. Crypto collectibles, Museum Funding and OpenGLAM: Challenges. Opportunities and the potential of Non-Fungible Tokens (NFTs). *Appl. Sci*. 2021, 11, 9931. Disponível em: https://doi.org/10.3390/app11219931. Acesso em: 31 abr. 2022.

***Sites* visitados**

Disponível em: https://cartorionobrasil.com.br/artigos/como-funcionara-a-blockchain-para-registro-de-imoveis/. Acesso em: 19 abr. 2022.

Disponível em: https://valorinveste.globo.com/objetivo/hora-de-investir/noticia/2021/10/20/tokenizacao-das-coisas-chega-ao-mercado-imobiliario-e-de-florestas.ghtml. Acesso em: 19 abr. 2022.

Disponível em: https://www.infomoney.com.br/guias/nft-token-nao-fungivel/. Acesso em: 19 abr. 2022.

Disponível em: https://www.nature.com/articles/s41598-021-00053-8. Acesso em: 19 abr. 2022.

Informação bibliográfica deste livro, conforme a NBR 6023:2018 da Associação Brasileira de Normas Técnicas (ABNT):

SILVA, Alexandre Barbosa da. Aquisição e perda da propriedade. *In*: CORTIANO JUNIOR, Eroulths; SILVA, Alexandre Barbosa da (coord.). *O Código Civil e a Contemporaneidade*: Estudos do Grupo Virada de Copérnico em Homenagem ao Ministro Luiz Edson Fachin. Belo Horizonte: Fórum, 2025. p. 361-368. ISBN 978-65-5518-990-2.

RELAÇÕES CONDOMINIAIS E AUTONOMIA PRIVADA: MUDANÇAS E RESISTÊNCIAS NA CONSTRUÇÃO VINTENÁRIA

CAMILA BOTTARO SALES COELHO

1 Introdução

Desde a edição do Código Civil em vigor, o sistema condominial brasileiro e as formas de condomínio passaram por transformações significativas que alteraram o binômio tempo x espaço na cultura das titularidades.

Aliás, os direitos reais vêm sofrendo grande impacto nos últimos vinte anos, seja pelo processo de contratualização do direito das coisas, seja pelo enfrentamento de novos espaços de discussão e criação de novas modalidades de uso por particulares (inclusive, a corrente que defende ser o art. 1.225 do Código Civil um rol exemplificativo vem aumentando dentre os juristas brasileiros), seja pela durabilidade dos seus institutos, como exemplo, o fato de não mais preferirmos institutos perpétuos (como exemplo, substituição da superfície pela enfiteuse) ou ainda a redução dos prazos de usucapião, considerado o maior tempo, 15 anos para usucapião extraordinária, e apenas 2 anos para modalidade imóvel familiar. Enfim, a desburocratização das novas formas de aproveitamento dos bens parece evidente e colocada em xeque na temática das relações condominiais.

Tradicionalmente, nosso Código Civil tratava apenas dos condomínios clássicos: condomínio voluntário ou convencional, condomínio incidental ou eventual e condomínio necessário ou forçado. Atrelado a eles, tínhamos, de maneira muito diversa da atual, o estudo do condomínio edilício (construções verticais ou horizontais de modelo híbrido), que ainda assim era regido; em alguns casos, pela arbitrariedade das suas convenções.

Ocorre que, se costumávamos prezar pelo instituto condominial como exceção, já que o "correto" seria evitar toda forma de uso comum; atualmente a disciplina perpassa uma nova roupagem, na qual se busca acesso compartilhado, economia no uso, redução dos custos, desburocratização dos procedimentos, garantia adequada, acesso ao crédito, segurança da posse, e tantos outros reconhecimentos que sempre permaneceram à margem do livro mais importante do direito civil no século passado: o livro do "Direito das Coisas", já que a propriedade era a protagonista do Código Civil anterior.

A mentalidade atribuída às "coisas" quando da entrada em vigor do atual Código Civil não era muito diferente, mantivemos um sistema taxativo, de forte interferência do Estado e burocratizado.

Contudo, a sociedade contemporânea clama por novos horizontes, e o sistema condominial se obrigada a "amoldar-se" a essas novas necessidades, consideradas, sobretudo, pelo viés do exercício da autonomia privada dos envolvidos. Assim, algumas novas situações surgiram no decorrer dos últimos 20 anos.

Podemos citar as seguintes alterações de uma forma mais didática:

1ª) intensificação das políticas públicas de regularização fundiária urbana com a criação dos condomínios urbanos simples;

2ª) ainda sobre regularização fundiária urbana e empreendimentos negociais, a criação dos condomínios de lotes;

3ª) regulamentação dos condomínios em multipropriedade;

4ª) reestruturação do condomínio edilício;

5ª) abertura do diálogo e promoção nas convenções de condomínio e exercício da autonomia privada dos condôminos.

Passaremos agora para análise de cada uma dessas mudanças.

2 Novas formas condominiais

Em 2017, com a promulgação da Lei nº 13.465, duas novas formas de condomínio foram instituídas: os condomínios urbanos simples e os condomínios de lotes.

O objetivo das novas modalidades condominiais foi incrementar o processo acelerado de REURB (Regularização Fundiária Urbana), que ganhou especial atenção nas políticas públicas destinadas à qualificação das moradias brasileiras nas últimas décadas, em especial as moradias nas comunidades, em que as ocupações irregulares são constantes, tendo em vista a onerosidade do processo de regularização de áreas e a dificuldade para obter financiamento imobiliário para aquisição de um imóvel.

O condomínio de lotes está regulamentado no art. 1.358-A do Código Civil. Trata-se de uma espécie de condomínio edílico, com vantagens no empreendedorismo imobiliário, pois concede-lhe maior liberdade para seus negócios, livre das "amarras" da Lei nº 4.591/64 que exigia maiores burocracias nas construções dessa natureza; além de garantir maior segurança em razão da aplicabilidade dos dispositivos que tratam do condomínio edilício, e segurança física ao acesso fechado e controlado, por sua própria natureza.

Já os condomínios urbanos simples previstos no art. 61 da Lei nº 13.465 de 2017, que teoricamente possuem o objetivo de facilitar construções de um mesmo terreno, podem ser conceituados como unidades imobiliárias de fração ideal, matrícula e acesso à via pública próprios, conforme os parâmetros urbanísticos locais, desburocratizado pela desnecessidade de uma convenção de condomínio, sendo a gestão realizada de comum acordo entre os condomínios, podendo ser formalizada por instrumento particular nos termos do §4º do artigo *supra*. A vantagem do condomínio urbano simples em detrimento de outras formas condominiais, segundo o legislador, seria a facilidade de sua constituição.

Em suma, podemos perceber que o sistema condominial brasileiro mudou e continua sofrendo diversas alterações, seja para creditar autonomia às partes na gerência do convívio, seja para garantir com maior eficácia o uso compartilhado, no todo ou em parte, pelas novas composições que surgem.

Partimos para análise de duas situações que evidenciam tais afirmações: os condomínios edilícios e o sistema multiproprietário.

3 Atuais tendências do condomínio edilício e autonomia das convenções de condomínio

Outro instituto que sofreu alterações significativas desde a promulgação do atual Código Civil e que até o presente momento continua num processo de atualização, trata-se da figura do condomínio edilício.

Na perspectiva histórica, o condomínio edilício é figura recente no sistema jurídico, se compararmos a outros institutos de natureza real, como as servidões, por exemplo.

No Brasil, os condomínios edilícios ganharam visibilidade no início do século passado, por volta de 1930, com o êxodo rural e a crescente mobilidade de pessoas da área rural para os grandes centros urbanos em busca de melhores condições de vida e trabalho.

Com o aumento da população nas grandes cidades e o redimensionamento espacial, tornaram-se mais eficazes as construções verticais. O crescimento das capitais brasileiras ocorreu visivelmente para o espaço aéreo, por meio do incremento dos condomínios edilícios. Estabeleceu-se, assim, uma nova estrutura de convivência, na qual os condôminos passaram a utilizar com exclusividade sua unidade condominial (apartamentos) e compartilhamento de áreas comuns, como *hall* de entradas, salões de convivência, dentre outros.

Atualmente, os arranha-céus fazem parte das construções modernas, obrigando seus ocupantes a seguirem regras de conduta que são eleitas e regulamentadas nas convenções de condomínio.

Os condomínios edilícios estão dispostos nos arts. 1.331 a 1.358 do Código Civil, e possuem algumas características peculiares, como: sistema híbrido de uso (uso exclusivo das áreas individuais e uso compartilhado das áreas comuns), possui personalidade jurídica própria nos termos dos enunciados nºs 246 e 596, respectivamente das III e VII Jornadas de Direito Civil.[1] Além disso, alguns tribunais estaduais reconhecem a possibilidade de o condomínio edilício figurar em relações jurídicas negociais, como contratos de compra e venda;[2] podem ser constituídos por ato *inter vivos* ou *causa mortis* (testamento), desde que registrado junto ao Cartório de Registro de Imóveis Competente, devendo constar do ato os requisitos do art. 1.332 do Código Civil. Será ainda

1 Enunciado nº 246 da III Jornada de Direito Civil: "Deve ser reconhecida personalidade jurídica ao condomínio edilício" e Enunciado nº 596 da VII Jornada de Direito Civil: "O condomínio edilício pode adquirir imóvel por usucapião".

2 Tribunal de Justiça de Santa Catarina. Apel. Cível nº 2013.045083-4.

administrado pelo síndico, eleito em assembleia de condôminos pelo prazo máximo de 2 anos, que poderá ser renovado. Por fim, tema muito discutível sobre as características do condomínio edilício trata-se da convenção de condomínio e seu conteúdo.

A convenção de condomínio trata das principais regras de convivência e administração do condomínio. Seu conteúdo clássico aborda as funções do síndico, a sua administração e as sanções condominiais. Duas discussões a respeito dos limites e possibilidades dos condomínios edilícios têm sido apresentadas aos tribunais brasileiros. Primeiro, poderia ocorrer a expulsão do condômino antissocial? Segundo, poderia a convenção de condomínio proibir locação por Airbnb das unidades condominiais que o integram?

Ante o primeiro questionamento, tem-se por condômino antissocial aquele que reiteradamente não cumpre com as regras de convivência do condomínio edilício. E esse questionamento se debate com outras três possibilidades: a) poderia o condomínio edilício expulsar o condômino antissocial apenas se houver previsão na convenção de condomínio, b) poderia o condomínio edilício expulsar o condômino antissocial independentemente de previsão na convenção de condomínio, ou, ainda; c) a convenção de condomínio não poderia trazer tal previsão, já que o Código Civil não elenca tal sanção?

Em 2012, o imbróglio foi objeto da Apelação Cível nº 957.743 apresentada ao Tribunal de Justiça do Estado do Paraná. Na ocasião, a decisão permitiu como última *ratio* a possibilidade de exclusão do morador nocivo, sem que houvesse previsão no regimento do condomínio. Desde então, outros Tribunais apresentaram decisões sobre o tema, com fatos diversos e conclusões diferentes. Fato é que o tema está longe de ser pacificado, e o conteúdo em questão, independentemente das decisões apresentadas, nos faz refletir sobre a autonomia privada dos condôminos para decidirem livremente sobre o conteúdo das convenções de condomínio.

Já a segunda polêmica também envolve o princípio da autonomia e as questões condominiais. Em 2021, o Superior Tribunal de Justiça, no Recurso Especial nº 1.819.075/RS, com voto divergente entre os ministros, venceu a tese do Ministro Raul Araújo, seguida pelos Ministros Antônio Carlos Ferreira e Isabel Gallotti, que confirmou a possibilidade de a convenção de condomínio proibir o condomínio pela locação da sua unidade condominial pelo aplicativo Airbnb.

Em ambos os caso, as "tutelas condominiais" buscam proteger os direitos de personalidade envolvidos nos temas em debate, como sossego, segurança, saúde física e mental dos moradores ao alcance das discussões acerca dos limites das convenções de condomínio.

4 Multipropriedade, compartilhamento e o "futuro das titularidades"

Outra forma condominial interessante que surgiu no Código Civil após 2002 é a figura da multipropriedade, que mais uma vez nos faz refletir sobre a nova ordem do direito de propriedade privada, repensar os seus limites e questionar o futuro das titularidades a partir do binômio: acesso x compartilhamento.

Na década de 60, a Europa, diante de um cenário de crise econômica, necessitou reinventar as relações negociais, sobretudo na área hoteleira, que sofreu graves consequências do Pós-Guerra, já que passeios, lazer e descanso tornaram-se privilégio para parte restrita da população europeia que começava a se reerguer com os impactos da estagnação financeira. Nesse contexto, surgiu o sistema de compartilhamento de bens que reduziu os custos de operações dessa natureza.

Nos Estados Unidos, o sistema de *time-sharing* foi introduzido, em 1974, pela empresa *Caribbean International Corporation*, para compartilhamento de quartos de hotéis do tipo *resorts* (*vacation license*).[3] Alguns anos depois, diversas formas de uso compartilhado se tornaram comuns, criando para pessoas físicas e/ou jurídicas formas de rateio do uso de bens móveis e imóveis.

O marco regulatório brasileiro ocorreu em 1997, por meio da Deliberação Normativa nº 378 que implementou o sistema de tempo compartilhado em meios de hospedagem de turismo. Contudo, em 1993, o Professor Gustavo Tepedino[4] defendeu a construção jurídica da multipropriedade a partir dos seus contornos e da sua relevância no mercado imobiliário, da defesa do exercício da autonomia privada e da sua funcionalização. Em 2010, o Decreto Federal nº 7.381, que regulamentava a Política Nacional de Turismo desde 2008 (Lei nº 11.771), deu uma definição para o sistema de *time-sharing* ou tempo compartilhado, em seu art. 28.

Em 2016, o STJ, por meio do REsp nº 1.546.165/SP, de relatoria dos Ministros Ricardo Villas Boas Cueva e João Otávio de Noronha, enfrentou a temática acerca da natureza jurídica da multipropriedade e lhe emprestou *status* de direitos reais, inclusive para defesa da tese a respeito da melhor interpretação dada ao art. 1.225 do Código Civil, a definir pelo princípio da tipicidade em sede de direitos reais e não da taxatividade, ou seja, o rol do art. 1.225 seria exemplificativo, porém, típico; no qual podem-se definir outros direitos reais que não estejam previstos no referido artigo, a exemplo da multipropriedade e da alienação fiduciária, mas desde que devidamente legislados.

E, finalmente em 2018,[5] a Lei nº 13.777 de 20 de dezembro, fruto do Projeto de Lei nº 10.287, do Senador Wilder Morais (DEM-GO), inseriu no Código Civil os arts. 1.358-B a 1.358-U, que sistematizaram o estudo da multipropriedade, limitando sua aplicação apenas para os bens imóveis.

Conforme dispõe o art. 1.358-C, podemos definir a multipropriedade como:

> Regime de condomínio em que cada um dos proprietários de um mesmo imóvel é titular de uma fração de tempo, à qual corresponde a faculdade de uso e gozo, com exclusividade, da totalidade do imóvel, a ser exercida pelos proprietários de forma alternada.

4.1 Particularidades do instituto

a) *atecnia do conceito*: na verdade não se trata de titularidade sobre fração de tempo, mas de titularidade dos atributos da propriedade (usar, gozar, dispor e reaver) em bem imóvel, por uma fração de tempo, de forma cíclica;

---

[3] TEPEDINO, Gustavo. *Multipropriedade imobiliária*. Rio de Janeiro: Saraiva, 1993. p. 35.

[4] TEPEDINO, Gustavo. *Multipropriedade imobiliária*. Rio de Janeiro: Saraiva, 1993.

[5] Até a promulgação da lei, o sistema de multipropriedade no Brasil era regido pelos arts. 1.331 a 1.358 do Código Civil que tratam do Condomínio Edilício, conforme Enunciado nº 89 da I Jornada de Direito Civil: "O disposto nos arts. 1.331 a 1.358 do novo Código Civil aplicam-se, no que couber, aos condomínios assemelhados, tais como loteamentos fechados, multipropriedade imobiliária e clubes de campo".

b) *modalidades:* o condomínio em multipropriedade pode ser simples, misto ou em condomínio edilício;
c) *formas de instituição*: pode ser instituído por ato *inter vivos*, pelo proprietário do terreno, incorporador ou construtor, nos termos do art. 31 da lei nº 4.591/64 ou por ato *causa mortis*, podendo ser utilizado inclusive como forma de planejamento sucessório. Para sua validade e eficácia, é necessário que a multipropriedade seja registrada no cartório de registro de imóveis competente (cartório em que o imóvel possui matrícula), em que se deve constar o período de duração da titularidade de cada fração de tempo;
d) *tempo mínimo de titularidade*: o período mínimo de titularidade previsto em lei será de 7 dias. Por isso, haverá possibilidade de um mesmo imóvel possuir 52 multiproprietários. 365 dias do ano divididos por 7 = 52. Nesse caso, cria-se uma verdadeira confusão notarial, pois, conforme o art. 176, §10 da Lei de Registro Público, deve ser aberta uma matrícula para cada multiproprietário. O período pode ser fixo, flutuante ou misto;
e) *extinção*: não há extinção por consolidação nos termos do parágrafo único do art. 1.358-C do Código Civil;
f) *aspectos tributários*: ocorrendo inadimplemento quanto ao IPTU por parte de um dos multiproprietários, poderá o município cobrar de todos, uma vez que o Código Tributário impõe responsabilidade solidária?
g) *direito de preferência entre os multiproprietários*: diferentemente do que ocorre nas demais situações condominiais, no sistema de multipropriedade não há direito de preferência legal, apenas convencional;
h) *multipropriedade em condomínio edilício*: pode haver multipropriedade em condomínio edilício, desde que haja previsão no seu instrumento de instituição ou por deliberação da maioria absoluta dos condôminos. Nesse caso, será obrigatória a elaboração de uma convenção de condomínio em multipropriedade, de forma pública ou particular, que deverá observar as regras da convenção do condomínio edilício.

Por fim, ainda pairam diversas discussões sobre o tema da tutela jurídica da multipropriedade, que tende a ganhar contorno ao longo das próximas décadas, inclusive, por uma realidade social que conclama sua aplicabilidade também para os bens móveis.

5 Conclusão

Uma breve análise do sistema condominial nos últimos 20 anos mostrou-se capaz de revelar questões interessantes no que diz respeito a algumas formas de interpretação dos direitos reais, a partir de determinadas temáticas.

Primeiramente, devemos concluir dois itens que sempre foram primordiais para o estudo das titularidades: tempo e espaço. Contudo, parece-nos que tais elementos passaram e ainda passam por uma ressignificação na forma de uso e compartilhamento de bens e forma de produção.

Gozamos de uma época em que se busca acesso, celeridade e praticidade. A sociedade *prêt-à-porter* valoriza as titularidades, a partir de um olhar diferente daquele com o qual vínhamos trabalhando nos últimos anos.

Com isso, as formas condominiais tradicionais permaneceram; contudo, outras surgiram, a fim de preencher o conteúdo desejado atualmente. Assim, as políticas públicas de regularização fundiária validaram formas desburocratizadas garantidoras do direito à moradia em áreas ocupadas irregularmente, por meio dos condomínios urbanos simples. Garantiram também o fomento de novos empreendimentos imobiliários com a regulamentação dos condomínios simples e dos condomínios em multipropriedade.

Quanto à prevalência da autotomia privada e novas formas de limitação e uso dos condomínios edilícios, temos as convenções de condomínios que passam a ser cada vez mais discutidas, criando novos alcances no uso dos bens comuns. Uma realidade sem volta que precisa ainda de muita reflexão.

Referências

LOBO, Paulo. *Direitos civil*: coisas. São Paulo: Saraiva, 2021.

MELO, Marco Aurélio Bezerra de. *Direito civil das coisas*. 3. ed. Rio de Janeiro: Forense, 2019.

MONTEIRO, Carlos Edison do Rego; RENTERIA, Pablo; TEPEDINO, Gustavo. *Fundamentos do direito civil* – Direitos reais. 2. ed. São Paulo: Grupo GEN, [s.d.]. v. 5.

PENTEADO, Luciano de Camargo. *Direito das coisas*. 3. ed. São Paulo: Revista dos Tribunais, 2014.

RIZZARDO, Arnaldo. *Direito das coisas*. 9. ed. São Paulo: Grupo GEN, 2021.

TARTUCE, Flávio. *Direito civil*: direito das coisas. 12. ed. Rio de Janeiro: Forense, 2021. v. 4.

TEPEDINO, Gustavo. *Multipropriedade imobiliária*. Rio de Janeiro: Saraiva, 1993.

Informação bibliográfica deste livro, conforme a NBR 6023:2018 da Associação Brasileira de Normas Técnicas (ABNT):

COELHO, Camila Bottaro Sales. Relações condominiais e autonomia privada: mudanças e resistências na construção vintenária. *In*: CORTIANO JUNIOR, Eroulths; SILVA, Alexandre Barbosa da (coord.). *O Código Civil e a Contemporaneidade*: Estudos do Grupo Virada de Copérnico em Homenagem ao Ministro Luiz Edson Fachin. Belo Horizonte: Fórum, 2025. p. 369-375. ISBN 978-65-5518-990-2.

DIREITOS REAIS SOBRE COISAS ALHEIAS

PABLO MALHEIROS DA CUNHA FROTA

1 Titularidades reais sobre coisas alheias e a classificação feita pelo art. 1.225 do CC

Este livro em homenagem ao Professor e Ministro Luiz Edson Fachin reflete o quanto as investigações que procedeu ao longo de sua vida acadêmica e profissional contribuíram para um direito civil constitucionalizado, inclusivo, democrático e plural, sem perder o rigor dogmático. Agradeço todos os dias por ter podido ser orientando do Prof. Fachin ao longo do meu doutorado em Direito na UFPR.

Nessa linha, Fachin (2003, p. 169), com absoluta razão, diferencia a titularidade real do direito real em si, com o art. 1.225 do Código Civil (CC) tratando das titularidades reais:

> Tanto a doutrina tradicional, que afirmava a propriedade – e os demais Direitos reais – como uma relação entre o sujeito de direito e a coisa, como as teses personalistas, que sustentam uma *obrigacionalização* absoluta dos Direitos reais, não apreendem o universo jurídico que deflui de tais situações patrimoniais. É possível conceber o domínio como o poder direto do sujeito sobre a coisa, o elemento interno do direito real. Emerge daí um elemento externo, de origem obrigacional, que é a relação jurídica entre o sujeito proprietário e o denominado *sujeito passivo universal*, relação essa que fundamenta eticamente o dever de abstenção da coletividade e que, dialeticamente, limita o exercício dos poderes dominiais, com o reconhecimento de que a propriedade também obriga seu titular. Tal aspecto se revela como titularidade formal, ou seja, pelo reconhecimento de um elemento externo que se diferencia do poder direto do titular sobre o bem, situando a propriedade em um âmbito de abstração que prescinde da apreensão do bem. O direito real a que se denomina propriedade possui dois elementos: um elemento interno – o domínio, que se exerce sobre a coisa – e um elemento externo, que se projeta perante os terceiros não titulares daquele bem, impondo-se por meio de uma titularidade formal – relação jurídica que se forma com o sujeito passivo universal.

Esse pensamento faz com que o elenco trazido pelo art. 1.225 do CC/02 seja classificado como de titularidades instrumentalizadoras dos direitos reais e não propriamente direitos reais, que estão na esfera de domínio dos bens. Os direitos reais são o manuseio do domínio, e o elenco do art. 1.225 do CC são os instrumentos para o exercício do domínio (ARONNE, 2014).

Desse modo, com Fernando Noronha (2013, p. 273), podem-se dividir as titularidades reais sob dois prismas: a) *estrutural*, cuja análise recai sobre a diferença entre os poderes conferidos aos proprietários e aos titulares de direitos reais sobre coisa alheia; b) *funcional*, em que a distinção se atém às variadas finalidades propiciadas pelas titularidades reais de gozo, de garantia e de aquisição.

Além disso, a formação das titularidades reais pode ser *necessária* – sobre coisas próprias (*jus in re propria* – a titularidade proprietária como um complexo de situações jurídicas) – ou *possível* – sobre coisas alheias (*jus in re aliena* – direitos restritos, restrições ao direito único do proprietário atribuídos a outra pessoa que não o titular da titularidade proprietária) (GOMES, 2017, p. 25-28).

Nessa linha, não sem controvérsia, pode-se entender que as titularidades reais sobre coisa própria se restringem à titularidade proprietária (PENTEADO, 2012, p. 124) e a multipropriedade, com o direito de laje (CC, art. 1.225, XIII) podendo ser sobre coisa própria ou sobre coisa alheia, sendo que as titularidades reais sobre coisas alheias se dividem em:

(i) *de gozo* (utilização funcional ou a serventia do direito pelo seu titular) – superfície – art. 1.225, II; servidões – art. 1.225, III; usufruto – art. 1.225, IV; uso – art. 1.225, V; habitação – art. 1.225, VI; concessão de uso especial para fins de moradia – art. 1.225, XI; concessão de direito real de uso – art. 1.225, XII; titularidade de laje – art. 1.225, XIII;

(ii) *de aquisição* (permite o direito que o titular possui de adquirir a propriedade de um bem imóvel mesmo que haja oposição do antigo dono e/ou de terceiros) – direito do promitente ou do(a) compromissário(a) comprador(a) – art. 1.225, VII. É controversa essa categoria, uma vez que parcela da doutrinária defende que as titularidades reais de aquisição são a rigor obrigações com eficácia real (GOMES, 2017, p. 276-279). Além disso, Fernando Noronha (2013, p. 275-284) aponta o pacto de retrovenda, o direito de preferência, os compromissos de cessão de direitos referentes à imóveis não loteados com cláusula de irretratabilidade e com imissão de posse (Lei nº 4.380/64, art. 69) e os compromissos de cessão de direitos referentes a unidades autônomas em incorporações imobiliárias (Lei nº 4.591/64, art. 35, §4º) como outros exemplos de titularidades reais de aquisição;

(iii) *de garantia* (garantia de preferência do credor ante uma dívida) – penhor – art. 1.225, VIII; hipoteca – art. 1.225, IX; anticrese – art. 1.225, X, embora existam outras titularidades reais não dispostas no mencionado artigo de lei, como a titularidade real em garantia sobre coisa própria – titularidade fiduciária – titularidade real em garantia – titularidade proprietária com função de garantia, com parcela desta titularidade sendo disposta (penhor e hipoteca) ou fruída (anticrese) (PENTEADO, 2012, p. 127-128) – (CC, art. 1.361).

Caio Mario Pereira (2019, p. 6) sustenta que a alienação fiduciária em garantia (Lei nº 4.728/65 e Lei nº 6.071/74), a cessão fiduciária de direitos creditórios advindos da alienação de imóveis (leis nºs 4.728/65 e 9.514/97) e a posse para alguns (ex.: PEREIRA, 2019, p. 6) se encaixaria em situações de titularidades reais sobre coisa própria ou sobre coisa alheia.

Pontes de Miranda (2012) alude para as diversas consequências de se misturar limitação e restrição no direito das coisas, tendo em vista que na *limitação* há uma *alteração* ou o *ultrapassar* do conteúdo da titularidade proprietária, como se percebe no *direito de vizinhança*, o que ocorre somente por lei. Nas titularidades reais restritas, há uma *restrição do exercício do domínio* pelo(a) titular proprietário(a), *sem limitar, alterar ou ultrapassar* o conteúdo da titularidade. A restrição decorre de lei, por atos do Estado ou de particulares (MIRANDA, 2012, p. 67-87). Por isso, utiliza-se a nomenclatura "titularidades reais restritas" e não "limitadas" para se evitar dificuldade de compreensão.

Nenhuma titularidade real restrita ou sobre coisa alheia ultrapassa o conteúdo da titularidade proprietária, por exemplo: a superfície se limita à parte edificada ou plantada sem abranger o solo; o(a) titular do penhor não usufrui da coisa empenhada, a comprovar a restrição à titularidade proprietária e não a sua redução. Noutros termos: "Não há perda de conteúdo da propriedade, mas de exercício de parte dele" (LÔBO, 2021, p. 382). Não obstante a controvérsia quanto à classificação acima, este texto se circunscreve às titularidades reais de gozo e de aquisição. Nas titularidades reais restritas, o que varia de conteúdo e de intensidade é a *posse*, "elemento comum entre eles" (LÔBO, 2021, p. 382).

Extraem-se as seguintes características das titularidades reais restritas: relação entre o(a) titular(a) e os(as) não titulares; absoluto, por ser oponível aos(às) não titulares; relação imediata entre o titular da titularidade real restrita e o(a) titular da titularidade proprietária ou com o(a) titular de outra titularidade real, como exemplifica Paulo Lôbo (2021, p. 381):

> Por exemplo, o titular do imóvel beneficiado pela servidão (dominante) relaciona-se imediatamente com o titular do imóvel sujeito à servidão (serviente); o titular do usufruto relaciona-se imediatamente com o titular da nua-propriedade; o titular do penhor relaciona-se imediatamente com o titular da propriedade da coisa empenhada. Mas a relação jurídica não se esgota nesse vínculo imediato, pois o titular de direito real limitado detém oponibilidade contra quaisquer terceiros, ou contra todos, para que se abstenham de violá-lo.

As titularidades reais restritas podem ser adquiridas por lei, por contrato, cuja aquisição ocorre pelo registro imobiliário e a extinção pela averbação do cancelamento do registro (Lei nº 6.015/73, art. 167, II, 2), por testamento, cuja aquisição decorre de lei, por usucapião, cuja aquisição decorre de lei, por sucessão legítima, cuja aquisição decorre de lei, por divisão ou partilha, cuja aquisição decorre de lei, e por execução forçada. Algumas titularidades existem em razão do titular e não são transmitidas por sucessão *causa mortis*, como o usufruto vitalício. Nas aquisições decorrentes de lei, o registro público não tem natureza constitutiva (LÔBO, 2021, p. 381). Feito este introito, passa-se às titularidades reais restritas de gozo e de fruição no tópico seguinte.

2 Espécies de titularidades reais sobre coisas alheias de gozo e de aquisição

Inicia-se a reflexão sobre as titularidades reais e gozo pela mais elástica, importante e menos utilizada delas, qual seja, a *superfície*, regulada nos arts. 1.225, II, e 1.369-1.389 do CC, sendo que este texto não cuidará da superfície específica do estatuto da cidade e do direito agrário.

A *superfície* pode ser entendida como uma titularidade real restrita de utilização sobre coisa alheia que permite a construção para moradia ou para atividade profissional e(ou) a plantação e(ou) para realização de benfeitorias pelo(a) superficiário(a) em imóvel do(a) titular proprietário(a) ou *fundieiro*(a) por um período de tempo específico ou indeterminado, com o(a) superficiário(a) tendo a posse, o uso, a fruição e a disposição do bem dado em superfície, podendo ser cedida de forma gratuita ou onerosa (MAZZEI, 2013, p. 266).

A superfície, normalmente, aponta para as construções e para as plantações que se levantam sobre o solo, visto que a palavra *superfície* advém do latim *super facere*, ou seja, o que era construído sobre o solo. Isso não obsta que o conteúdo da superfície envolva o uso, a fruição, a sequela preferencialmente para o solo fundiário urbano ou agrário, bem como, em hipóteses específicas, para a utilização ampla do espaço aéreo e do subsolo, "conforme a modalidade de superfície ou o contrato de constituição" (PENTEADO, 2012, p. 487).

Nessa linha, para substituir a ocupação útil dos fundos imobiliários e pela impossibilidade de constituição de novas enfiteuses (CC, art. 2.038), a superfície, como titularidade real – CC/02, art. 1.225, II, foi retomada no Brasil como instrumento de ordenação urbana (arts. 4º, VI, 21-24 do Estatuto da Cidade – Lei nº 10.257/2001) e no Código Civil de 2002, nos arts. 1.369-1.377, tendo algumas diferenças com a referida legislação, que não serão objeto de reflexão neste texto. Infelizmente, a ampla gama de possibilidade de utilização da superfície não animou a sua concretização do ponto de vista quantitativo e qualitativo, talvez por desconhecimento do instituto pelo mercado, mesmo passados mais de vinte anos do Estatuto da Cidade e quase duas décadas do Código Civil.

Dois recentes exemplos de superfície no Brasil foram os estádios de futebol do Palmeiras e do Grêmio, construídos para a Copa do Mundo de 2014, cujos titulares proprietários eram a Sociedade Esportiva Palmeiras e o Grêmio Football Porto Alegrense e as construtoras que construíram os estádios são as superficiárias.

Tal desconhecimento sobre a superfície levou o legislador brasileiro a instituir o direito de laje nos arts. 1.225, XIII, e 1.510-A-1.510-E, do CC. Isso porque o *direito de sobrelevação* (*direito de laje*), que ocorre muito nas áreas favelizadas, é considerado uma *superfície de segundo grau* (TARTUCE, 2021, p. 503), cujo objetivo é regularizar o uso das áreas desorganizadas no âmbito urbano e agrário. Explica Paulo Lôbo (2021, p. 430-431):

> A sobrelevação tem como alicerce a construção alheia já implantada, utilizando-se do gabarito aéreo que não foi totalmente aproveitado, ou seja, do espaço volumétrico que pode ainda ser edificado (Mazzei, 2008, p. 228). Também tinha sido entendido que, depois da construção superficiária, seriam aplicadas à sobrelevação as normas do condomínio

edilício, correspondendo a cada unidade uma cota ideal sobre o terreno e as partes comuns, alterando dessa forma as frações ideais já existentes (Lima, 2005, p. 306). Criticando a opção legal, para Roberto Paulino de Albuquerque Jr. (2017, s. p.), o que caracteriza o direito de superfície e distingue o seu tipo dos demais direitos reais é a possibilidade de constituir um direito tendo por objeto construção ou plantação, separadamente do direito de propriedade sobre o solo. Sendo assim, não seria necessária a constituição de novo direito real, pois já estaria contemplado naquele a possibilidade de sobrelevação. A laje tem como alicerce a construção alheia já implantada, utilizando-se do gabarito aéreo ou do subsolo que não tenham sido totalmente aproveitados. É o triunfo do costume contra legem. Com o advento da MP n. 759/2016 e depois com a Lei n. 13.465/2017, que introduziram no CC os arts. 1.510-A a 1.510-E, a laje adquiriu autonomia como direito real próprio, não sendo mais necessário o recurso de aplicação das normas do direito de superfície ou do condomínio edilício. Segundo essas normas legais, o direito real de laje consiste na possibilidade de coexistência de unidades imobiliárias autônomas de titularidades distintas, não se lhe aplicando o princípio clássico de que o titular do solo é o titular do que sobre ele seja edificado. Assim, o titular do solo é o mesmo da primeira edificação, mas não mais será da edificação que ele próprio ou terceiro realizar sobre a laje que servir de teto àquela, ou em subsolo, em decorrência de negócio jurídico de alienação (compra e venda, doação, permuta).

Pela legislação, portanto, o direito de laje é permanente e a superfície é temporária, o que nos parece um equívoco, uma vez que uma lei não pode alterar o conteúdo dos institutos jurídicos ao ponto de descaracterizá-los por completo. Além disso, o STJ (REsp nº 1.478.254) entendeu que a laje é direito real sobre coisa alheia, o que está correto, a ratificar o equívoco do legislador.

O CC/16 utilizava a nomenclatura *servidões prediais* (arts. 695 a 712), pois distinguia das *servidões pessoais* (usufruto, uso e habitação). O CC atual nomina esta titularidade real sobre coisa alheia como *servidões* (CC, arts. 1.225, III, 1.378 a 1.389) até porque estas somente podem recair sobre bens imóveis.

A *servidão* é a titularidade real sobre coisas alheias que, diante da restrição de acesso imposta por um prédio, chamado de serviente, a outro prédio, denominado dominante, permite a quem seja titular deste usar, gozar e dispor o domínio de acesso e de passagem ao e pelo prédio dominante.

O *prédio dominante* tem a servidão a seu favor e o *prédio serviente* serve ao prédio dominante "em detrimento do seu domínio", a caracterizar "nas servidões os qualificativos se referem aos prédios, e não às partes, como ocorre nos demais direitos reais de gozo" (TARTUCE, 2021, p. 512). É possível que a usucapião da servidão seja em imóvel urbano ou agrário (TJRS, Apelação Cível nº 473891-62.2012.8.21.7000).

A servidão não se confunde com os *atos de tolerância* e com as *simples faculdades*, tendo em vista que os "atos de tolerância são precários e a sua repetição não enseja a servidão, podendo ser proibidos a qualquer tempo" (TARTUCE, 2021, p. 525).

Por fim, a servidão não se confunde com a *serventia*, pois a última constitui qualquer restrição instituída sobre um imóvel, como exercício do direito de propriedade sobre outro bem, do mesmo dono. Em regra, a serventia não cria a servidão, pois a última envolve imóveis de proprietários distintos. A título de exemplo, imagine-se que alguém é proprietário de duas casas lindeiras e, por uma delas, constitui uma passagem a fim de dar mais funcionalidade à atividade do outro imóvel. Caso um dos imóveis seja vendido a terceiro, há que se falar em servidão predial (TARTUCE, 2021, p. 526).

O *usufruto* posto nos arts. 1.225, IV, e 1.390-1.411 do CC tem maior amplitude do que o uso e permite a fruição da coisa alheia, sendo oponível contra todos (direito absoluto) e possui uma destinação econômica que pode ser variada. É temporário ou vitalício, mas nunca perpétuo,

> porque existe em razão e no benefício do titular. O objeto do usufruto pode ser coisa móvel ou coisa imóvel, ou ambas conjuntamente; tudo que pode ser apropriável economicamente e alienável pode ser objeto de usufruto, inclusive o patrimônio inteiro. Com o usufruto concorrem, sobre a mesma coisa, duas titularidades: a da nua-propriedade e a do usufruto. Quando cessa o usufruto, a propriedade se consolida plenamente. (LÔBO, 2021, p. 399-400)

O usufruto compreende a coisa principal e as acessórias.

Por fim, o usufruto é inalienável, haja vista ser instituído em favor do(a) usufrutuário(a), todavia, é possível a penhora dos frutos econômicos de expressão imediata (STJ – REsp nº 883.085). Quem é usufrutuário(a) pode ceder seu exercício para terceiro, por exemplo, por contrato de comodato, sem que o(a) cessionário(a) adquira alguma titularidade real sobre o domínio da coisa (LÔBO, 2021, p. 405).

O *uso* presente nos arts. 1.225, V, e 1.412-1.413 do CC tem por objetivo a utilização direta do bem móvel ou imóvel para necessidades pessoais ou familiares, cuja titularidade se restringe às pessoas humanas. Não pode ser cedido a terceiros nem transferido por sucessão hereditária, com o uso do imóvel dependendo de registro imobiliário e o da coisa móvel da posse direta da coisa. A usucapião é passível no direito de uso, sendo que a exploração econômica do bem cedido ao uso não é possível, como ocorre com o usufruto.

O "usuário tem direito de perceber os frutos da coisa, nos limites das necessidades suas e de seu núcleo familiar" (LÔBO, 2021, p. 414), consumindo os frutos e se tornando titular proprietário destes. "Os frutos a serem considerados são os que se destinam ao consumo do usuário e seu núcleo familiar. As necessidades observam os critérios de condição social do usuário e os valores e costumes do local onde usa a coisa" (LÔBO, 2021, p. 415).

O núcleo familiar ultrapassa a relação de parentesco e compreende cônjuge, companheiro(a), filhos(as) solteiros(as) biológicos(as) (ou não), desde que vivam no mesmo teto do(a) usuário(a), até mesmo empregados(as) domésticos(as). O(a) usuário(a) tem proteção possessória. A morte do titular extingue o uso. Aplicam-se os enunciados normativos do usufruto ao uso, naquilo que for compatível.

A *habitação* regulada nos arts. 1.225, VI, e 1.414-1.416 do CC tem por mote

> o uso gratuito pela pessoa que vive ou habita casa alheia, com destinação exclusiva de moradia do titular e seus familiares. A habitação é especialização legal do uso. O conteúdo de habitação é mais amplo que o de residência ou domicílio; pode haver habitação sem ser o domicílio do titular. (LÔBO, 2021, p. 417)

Quem habita deve fazê-lo em casa alheia, seja ela urbana ou agrária ou mesmo parte do imóvel, com a habitação sendo mais limitada que o uso e que o usufruto. A habitação do bem móvel só ocorre se ele fizer parte da casa, por exemplo, "(habitação, sobre roda, rebocável por veículo ou motorizada). A lei refere a casa e não a imóvel, podendo ser qualquer coisa que sirva para moradia ou estada duradoura" (LÔBO, 2021, p. 417). O CC "refere a casa e não a imóvel, podendo ser qualquer coisa que sirva para moradia ou estada duradoura" (LÔBO, 2021, p. 417).

A família abarcada pela habitação, "os familiares e parentes que integrem a unidade familiar que com ele ocupem o imóvel, de origem biológica ou socioafetiva. Podem ser os descendentes (filhos e netos) ou até mesmo ascendentes que com ele convivam" (LÔBO, 2021, p. 417). A pluralidade de habitadores(as) é possível. O(a) cônjuge ou companheiro(a) sobrevivente tem direito real de habitação, como se infere do art. 1831 do CC (sobre o tema, veja: FROTA, 2016). A morte extingue a habitação, bem como a renúncia à habitação (STJ – REsp nº 1.098.620) pode configurar fraude à execução diante da impenhorabilidade de tal direito.

A *concessão de uso especial para fins de moradia* foi descrita no art. 1.225, XI, do CC e a *concessão de direito real de uso* expressada no art. 1.225, XII, do CC não se confunde com o uso, pois são "modos de intervenção urbanística e de realização da garantia constitucional do direito à moradia" (LÔBO, 2021, p. 416).

Noutros termos, são

> instrumentos legais utilizados para a promoção de políticas públicas de ocupação do solo, principalmente urbano, e de efetivação do direito constitucional à moradia. Há reflexos no direito das coisas, notadamente por se caracterizarem como direitos reais sobre coisas imóveis alheias, distintos dos demais, o que justificou serem inseridos na enumeração do art. 1.255 do Código Civil, com a redação dada pela Lei n. 11.481/2007. (LÔBO, 2021, p. 427)

A titularidade real *de aquisição* – direito do(a) promitente ou do compromissário(a) comprador(a) – posta nos arts. 1.225, VII, e 1.417-1.418 do CC – visa proteger "quem adquire um imóvel, legalmente presumido como vulnerável, para conclusão do contrato definitivo de compra e venda quando for paga a integralidade do preço, se dividido em parcelas, ou quando se realizar a condição ou termo" (LÔBO, 2021, p. 420). Ao mesmo tempo, garante ao(à) promitente vendedor(a), "que apenas estará obrigado a concluir o contrato definitivo se o preço for totalmente pago" (LÔBO, 2021, p. 420).

O contrato de promessa de compra e venda não gera efeitos reais, mas garante a posse, o uso, a fruição e a disposição do bem móvel ou imóvel, este loteado (ou não). Existe o direito real de exigir de quem vende a outorga da escritura definitiva da compra e venda, desde que o preço seja efetivamente pago, com a recusa da referida outorga ensejando a adjudicação compulsória perante o Poder Judiciário.

"O instrumento do contrato de promessa de compra e venda e de sua cessão pode adotar a forma particular ou pública. A prática negocial no Brasil é amplamente favorável ao instrumento particular, por sua óbvia simplicidade, rapidez e redução de custos" (LÔBO, 2021, p. 422). Tal contrato que sirva de esteio para a alienação de imóveis loteados deve obedecer à Lei nº 6.766/79 e ao CC.

O "registro do contrato de promessa de compra e venda, particular ou público, é indispensável para obtenção do direito real, notadamente para os efeitos perante terceiros. Porém, para os efeitos entre as partes do contrato, o registro não é imprescindível" (LÔBO, 2021, p. 425). O STJ (Enunciado nº 239 da Súmula do STJ) aponta que o direito à adjudicação compulsória não é condicionado ao registro da promessa de compra e venda no cartório de imóveis.

Por fim, o que importa é que a utilização das titularidades reais sobre coisa alheia ou sobre coisa própria respeite a função socioambiental de cada categoria jurídica contextualizada em cada caso concreto, seja em área urbana, seja agrária, seja o bem móvel, seja imóvel, evitando-se que o exercício de tais titularidades se configure como abuso do direito (CC, art. 187).

Referências

ARONNE, Ricardo. *Propriedade e domínio*: a teoria da autonomia. Titularidades e direitos reais nos fractais do direito civil-constitucional. 2. ed. Atualização de Simone Tassinari. Porto Alegre: Livraria do Advogado, 2014.

FACHIN, Luiz Édson. *In*: AZEVEDO, Antônio Junqueira de (Coord.). *Comentários ao Código Civil*. Parte Especial. Direito das coisas. São Paulo: Saraiva, 2003. v. 15.

FROTA, Pablo Malheiros da Cunha. O direito real de habitação e a sua possível relativização no direito sucessório brasileiro: primeiras reflexões. *Revista de Direito Civil Contemporâneo*, v. 8, p. 225-271, 2016.

GOMES, Orlando. *Direitos reais*. 21. ed. Rio de Janeiro: Forense, 2017.

LÔBO, Paulo. *Direito civil* – Coisas. 6. ed. São Paulo: Saraiva, 2021.

MAZZEI, Rodrigo. *Direito de superfície*. Salvador: JusPodivm, 2013.

MIRANDA, Francisco Cavalcanti Pontes de. *Tratado de direito privado*. São Paulo: RT, 2012. t. 18.

NORONHA, Fernando. *Direito das obrigações*. 4. ed. São Paulo: Saraiva, 2013.

PENTEADO, Luciano. *Direito das coisas*. 2. ed. São Paulo: RT, 2012.

PEREIRA, Caio Mário da Silva. *Instituições de direito civil*. Direito reais. 27. ed. Rio de Janeiro: Forense, 2019. v. 4.

TARTUCE, Flávio. *Direito civil*: direitos das coisas. 13. ed. Rio de Janeiro: Forense, 2021. v. 4.

Informação bibliográfica deste livro, conforme a NBR 6023:2018 da Associação Brasileira de Normas Técnicas (ABNT):

FROTA, Pablo Malheiros da Cunha. Direitos reais sobre coisas alheias. *In*: CORTIANO JUNIOR, Eroulths; SILVA, Alexandre Barbosa da (coord.). *O Código Civil e a Contemporaneidade*: Estudos do Grupo Virada de Copérnico em Homenagem ao Ministro Luiz Edson Fachin. Belo Horizonte: Fórum, 2025. p. 377-384. ISBN 978-65-5518-990-2.

DIREITOS REAIS DE GARANTIA

JOÃO RICARDO BRANDÃO AGUIRRE

1 Titularidades reais de garantia

A procura por garantias para o cumprimento de obrigações sempre representou preocupação medular dos credores nos mais distintos momentos da história. Notório é o exemplo romano, em que o devedor respondia pessoalmente pelo inadimplemento obrigacional, podendo perder a liberdade e a própria vida, ou, até mesmo, dar algum integrante de sua família em pagamento pela obrigação assumida, na constituição do famoso *nexum*, abolido apenas com o advento da *Lex Poetelia-Papiria*, já na República Romana. Shakespeare, em *O mercador de Veneza*, imortalizou em Shylock a sanha desmesurada dos credores pela efetivação do crédito, consubstanciada pela célebre exigência de uma libra da carne de Antonio como garantia do pagamento de sua dívida.

Felizmente, em tempos contemporâneos, as garantias desenvolveram-se e deixaram de ser tão cruéis, transformando-se em importantes ferramentas, hábeis a impulsionar os sistemas de trocas e de circulação de riquezas. Neste contexto, alteia a garantia real, definida, na clássica lição de Orlando Gomes (2021, p. 349), como aquela que "confere a pretensão de obter o pagamento da dívida com o valor de bem aplicado exclusivamente à sua satisfação". Já conhecidas em Roma, mas muito menos utilizadas do que as garantias pessoais e com sensíveis diferenças em relação ao sistema atual,[1] têm por fundamento o suplemento da responsabilidade patrimonial do devedor, com vistas a assegurar o adimplemento obrigacional.

Nesta senda, ressalva Paulo Lôbo (2022, p. 327) que as garantias reais possuem dupla dimensão: "(1) preferência sobre os credores comuns (quirografários) do mesmo devedor; (2) determinação ou afetação prévia da coisa que responderá pelo adimplemento da dívida, destacando-a dos bens econômicos do patrimônio pessoal do devedor".

---

[1] "Ao contrário do que ocorre modernamente, as garantias pessoais, no direito romano, eram muito mais utilizadas do que as reais. Daí certas falhas no sistema romano de garantias reais, que hoje se afiguram graves – assim, por exemplo, a constituição da hipoteca mediante simples convenção; a falta de segurança na publicidade da hipoteca; a admissibilidade de hipoteca sobre todos os bens, presentes ou futuros, de uma pessoa –, não terem acarretado maiores problema em Roma" (ALVES, 1978, p. 474).

Distinguem-se, pois, das garantias pessoais, posto afetarem a titularidade formal do bem dado em garantia (FACHIN, 2003, p. 1.69), instrumentalizadora do direito real, com eficácia *erga omnes*, ao passo que as garantias fidejussórias estabelecem um vínculo pessoal, com eficácia *inter partes* entre o credor e o garantidor.

Com essa função de reforçar a responsabilidade patrimonial, assegurando o pagamento das dívidas e dotando de preferência os créditos por ela assegurados, o Código Civil regula as garantias reais, dispondo sobre o penhor, a hipoteca e a anticrese, nos arts. 1.419 a 1510. Assente nessa função assecuratória, também encontramos a propriedade fiduciária (arts. 1.361 a 1.368-B), a qual, como bem observa Luciano de Camargo Penteado (2008, p. 439), não é direito essencialmente distinto do domínio, mas, do ponto de vista do papel que desempenha no sistema jurídico e na economia, "sua função é de garantia". Passemos à análise de pontos relevantes das garantias reais em nosso diploma civil.

2 Disposições gerais acerca do penhor, da hipoteca e da anticrese

Nos arts. 1.419 a 1.430, o Código Civil disciplina regras gerais relacionadas às titularidades reais de garantia, que, como bem ressalta Tartuce (2021, p. 676), "apresentam quatro características fundamentais: preferência, indivisibilidade, sequela e excussão".

A *preferência*, estabelecida em favor do titular de garantia real, está expressa na parte final do *caput* do art. 1.422, ao dispor que o credor hipotecário e o pignoratício tem direito de "preferir, no pagamento, a outros credores, observada, quanto à hipoteca, a prioridade no registro". Não se trata de primado absoluto, eis que outros créditos também gozam de primazia, como é o caso dos derivados da legislação trabalhista, limitados a 150 salários mínimos por credor e daqueles decorrentes de acidentes de trabalho, os quais possuem primazia sobre as garantias reais nos processos falimentares (art. 83, I, Lei nº 11.101/05). Da mesma forma, nas hipóteses de execução de créditos relativos a cotas condominiais, estes possuem preferência sobre o crédito hipotecário, a teor da Súmula nº 478 do Superior Tribunal de Justiça.

A *indivisibilidade* das garantias – pignoratícia, hipotecária e anticrética – encontra amparo na regra do art. 1.421 do Código Civil, ao estabelecer que "o pagamento de uma ou mais prestações da dívida não importa exoneração correspondente da garantia, ainda que esta compreenda vários bens", norma que pode ser excetuada por disposição expressa do título ou constante do ato da quitação. Na precisa lição de Paulo Lôbo (2022, p. 330):

> A indivisibilidade se caracteriza pela manutenção da integralidade da garantia real, quando houver o pagamento fracionado da dívida, e, em relação à coisa onerada, a qual, se vier a ser dividida, não afeta a garantia; mas, diferentemente das anteriores, pode ser afastada por acordo mútuo das partes. A garantia dada pelo titular vincula toda a coisa, independentemente do pagamento das parcelas da dívida. O vínculo real não se reduz proporcionalmente, salvo se o negócio jurídico no qual se deu o gravame, ou sua alteração, admiti-lo expressamente.

A *sequela*, por sua vez, consiste no poder conferido ao credor de ir atrás do bem dado em garantia, onde quer que se encontre, a fim de obter a satisfação de seu crédito.

Essa afetação do bem ao adimplemento obrigacional é denominada aderência, e como leciona Marco Aurelio Bezerra de Melo (2021, p. 1184):

> Dessa afetação ressaem a sequela (*jus persequendi*) e a ambulatoriedade. Pela primeira, é assegurado ao credor, independentemente de eventuais e sucessivas alienações, o poder de perseguir o bem onde o mesmo estiver a fim de receber o crédito a que faz jus. A ambulatoriedade se dá pelo ônus real, de modo que interessará ao credor a coisa e não quem a titulariza, na medida em que forçosamente o gravame caminhará com o bem quando este for alienado. A sequela deferida ao credor com garantia real não pode ensejar enriquecimento sem causa, pois, a despeito de este poder penhorar o bem nas mãos de quem o detiver, independentemente de quando ou a quem se alienou, assegurado será sempre ao terceiro prejudicado direito de regresso contra o verdadeiro devedor.

Já a *excussão* encontra-se disposta na primeira parte do art. 1.422 e consiste no direito conferido ao credor de executar a garantia, a fim de se promover a alienação judicial do bem empenhado ou hipotecado, efetivando-se a satisfação do crédito. Importante consignar, como bem acautela Flávio Tartuce (2021, p. 678), que "o credor anticrético não tem tal direito, podendo apenas reter em seu poder o bem, enquanto a dívida não for paga (art. 1.423 do CC/2002)".

Outra importante disposição acerca do penhor da anticrese e da hipoteca é aquela prevista no art. 1.428 do Código Civil, e que consiste na proibição do chamado *pacto comissório*, ao prescrever a nulidade da cláusula que autoriza o credor pignoratício, anticrético ou hipotecário a ficar com o objeto da garantia, caso a dívida não seja paga no vencimento. Nas palavras de Pontes de Miranda (1958, p. 30), o fundamento da proibição "está em que o pacto comissório poria o devedor à mercê de explorações usurárias", o que justifica a diligência de nossos tribunais no sentido de evitar que esse tipo de previsão contratual se consolide, seja de forma expressa ou dissimulada. Neste sentido, confira-se elucidativo trecho da ementa de acórdão do STJ proferido no REsp nº 1.747.956/SP:[2]

> [...] 2. O vedado pacto comissório configura-se quando se vislumbrar hipótese fática em que o inadimplemento de obrigação pecuniária – objeto de garantia real – implicar, como efeito prático automático, a transferência da propriedade da coisa gravada ao titular do crédito e tal avença se der no período anterior ao vencimento da dívida. Inteligência dos artigos 765 do Código Civil de 1916 e 1.428 do codex de 2002.
>
> 3. A nulidade decorrente da constatação de pacto comissório alcança os negócios indiretos que o dissimulem sob a aparência de convenção lícita (inciso VI do artigo 166 do Código Civil), a exemplo de contrato de compra e venda com pacto de retrovenda ou compromisso de compra e venda em garantia de empréstimo em dinheiro [...].

Outrossim, importa salientar que é vedada a cláusula ou o pacto celebrado antes do vencimento da dívida, mas não o pacto posterior a essa data, posto que o dono da coisa pode assentir em dá-la em pagamento, consoante se infere da disposição do parágrafo único do art. 1.428 do Código Civil.

---

2 REsp 1.747.956/SP. Rel. Min. Antonio Carlos Ferreira, Rel. p/ Acórdão Min. Luis Felipe Salomão, Quarta Turma, j. 15.6.2021. *DJe*, 30.8.2021.

Por fim, faz-se imperioso ressalvar a regra do art. 1.425, que prevê o vencimento antecipado da dívida objeto de garantia real, nas hipóteses em que: a) deteriorada ou depreciada a coisa, ocorrer desfalque da garantia, e o devedor, intimado, não a reforçar ou substituir; b) o devedor cair em insolvência ou for decretada a sua falência; c) as prestações não forem pontualmente pagas, quando o pagamento for estipulado de forma parcelada, salvo hipótese em que o credor receber posteriormente a prestação atrasada, o que implica a renúncia ao seu direito de execução imediata; d) ocorrer o perecimento da coisa dada em garantia e ela não for substituída pelo devedor; e) se der a desapropriação do bem dado em garantia, hipótese na qual se impõe o depósito da parte do preço que for necessária para o pagamento integral do credor.

3 O penhor

Diferentemente do que ocorria em Roma, em que o penhor e a hipoteca se aplicavam indistintamente a bens móveis e imóveis,[3] em nosso ordenamento o penhor constitui-se pela efetiva transferência da posse, ao do credor, de bem móvel suscetível de alienação, dado pelo devedor em garantia da satisfação do crédito, consoante estabelece a regra do art. 1.431 do Código Civil. Contudo, como bem ressalva Orlando Gomes (2021, p. 363):

> A conceituação do penhor apresenta-se sem firmeza, dada a variedade de formas que reveste. Assim é que a tradição real, exigida no penhor comum, como condição básica, se dispensa no penhor rural, em que os objetos continuam em poder do devedor, por efeito da clausula constituti. Outrossim, devendo recair, normalmente, em coisas moveis, pode gravar bens imóveis por acessão, como se verifica no penhor agrícola e no penhor de máquinas. Falta-lhe, assim, traço característico, comum a todas as modalidades, que o distinga, invariavelmente, dos outros direitos reais de garantia.

Neste contexto, deve-se ressalvar a exceção prevista pelo parágrafo único do art. 1.431, ao dispor que, nos casos de penhor rural, industrial, mercantil e de veículos, "as coisas dadas empenhada continuam em poder do devedor, que as deve guardar e conservar". Sobre o tema, ensina Flávio Tartuce (2021, p. 699) que, "com a celebração do negócio, a posse indireta da coisa é transmitida ao credor pignoratício, por meio de uma tradição ficta ou presumida, o constituto possessório".

Outrossim, nos termos do art. 1.432 do Código Civil, o instrumento do penhor deverá ser levado a registro, por qualquer dos contratantes e o do penhor comum será registrado no cartório de títulos e documentos. Como bem salienta Flavio Tartuce (2021, p. 699), "o registro é elemento essencial para a constituição e eficácia real ou erga omnes do penhor". A falta do competente registro, dessarte, implica a perda da natureza real da garantia, que produzirá efeitos apenas *inter partes*.

---

[3] Em Roma, como garantias reais, vamos encontrar a *fiducia cum creditore*, o penhor (*pignus datum*) e a hipoteca (*pignus obligatium, hypotheca*). A primeira – *fiducia cum creditore* – era a mais antiga delas e a forma mais primitiva de garantia real; demais, como veremos adiante, não era direito real sobre coisa alheia. As duas últimas – penhor e hipoteca – apresentavam, no direito romano, quase uma diferença única, a de que, no penhor (*pignus datum*), havia o desapossamento da coisa em favor do credor, enquanto na hipoteca (*pignus obligatium)* isso não ocorria. Ambos – penhor e hipoteca – se aplicavam indistintamente às coisas móveis e imóveis (ALVES, 1978, p. 474).

Com vistas à ampliação do crédito e ao impulsionar da economia, o legislador introduziu relevantes inovações no regramento da garantia pignoratícia, sintetizadas na percuciente lição de Paulo Lôbo (2022, p. 340):

> O credor pignoratício foi autorizado a apropriar-se dos frutos da coisa empenhada, que tenha consigo, para imputar o seu valor nas despesas de guarda e conservação do objeto do penhor, nos juros e na própria dívida; e a promover a venda antecipada, quando haja receio fundado de que a coisa empenhada se perca ou deteriore, depositando-lhe o preço. O depósito do dinheiro foi também exigido no penhor de título de crédito vencido, e cobrado pelo credor pignoratício. Criaram-se penhores de veículos automotores, com a particularidade, peculiar também ao penhor rural e ao industrial, de permanecerem tais bens em poder do devedor.

Além das inovações sublinhadas, o credor pignoratício tem direito, a teor do art. 1.433 do Código Civil, à posse da coisa empenhada e à sua retenção até ser indenizado das despesas que tiver nela realizado, desde que devidamente justificadas e que não tenham sido ocasionadas por culpa sua. Também tem direito de ser ressarcido pelo prejuízo que houver sofrido por vício da coisa empenhada e pode promover a execução judicial da coisa empenhada na hipótese de inadimplemento, ou, até mesmo, a sua venda amigável, se lhe permitir expressamente o contrato ou lhe autorizar o devedor mediante procuração.

Ademais, o credor não pode ser constrangido a devolver a coisa empenhada, ou uma parte dela, antes de ser integralmente pago. Porém, pode o proprietário requerer ao juiz autorização para a venda de uma das coisas empenhada ou de parte dela, que seja suficiente para o pagamento do credor.

Por outro lado, o credor pignoratício é obrigado a custodiar a coisa empenhada como depositário, devendo ressarcir ao dono a perda ou deterioração de que for culpado. Nestes casos, é possível se promover a compensação na dívida da importância devida em razão de sua responsabilidade. Também é obrigado a exercer a defesa da posse da coisa dada em penhor, com o dever de cientificar o seu dono das circunstâncias que tornarem necessário o exercício de ação possessória. Deve, por fim, imputar o valor dos frutos de que se apropriou nas despesas de guarda e conservação, nos juros e no capital da obrigação garantida, sucessivamente, com a obrigação de restituir a coisa empenhada com os respectivos frutos e acessões, uma vez paga a dívida.

Por fim, extingue-se o penhor com a) a extinção da obrigação; b) o perecimento da coisa; c) a renúncia do credor; d) a confusão na mesma pessoa as qualidades de credor e de dono da coisa; e e) a adjudicação judicial, a remissão ou a venda da coisa empenhada, feita pelo credor ou por ele autorizada.

4 A hipoteca

A hipoteca pode ser definida como a titularidade real por meio da qual bens imóveis, navios e aeronaves, pertencentes ao devedor ou a terceiros, são dados em garantia preferencial de satisfação de crédito, sem a transmissão da posse ao credor. Pode ser *i) convencional*, quando resulta de acordo entre as partes, em manifestação da autonomia privada; *ii) judicial ou judiciária*, prevista pela regra do art. 495 do Código Civil, cuja hipótese de constituição decorre de decisão que condenar o réu ao pagamento de prestação consistente em dinheiro e daquela que determinar a conversão de prestação de fazer, de não fazer, ou de dar, em prestação pecuniária; e *iii) legal*, dimanada da norma expressa do art. 1.489 do Código Civil.[4]

A hipoteca que versa sobre bens imóveis deve ser registrada no cartório de registro de imóveis do local em que estiver situado o imóvel em garantia – ou no de cada um deles, caso o título se refira a mais de um –, para que se constitua a titularidade real, com eficácia *erga omnes*, em decorrência do princípio da publicidade material. Exceção feita, obviamente, à hipoteca incidente sobre navios, cujo registro deverá ser feito no Tribunal Marítimo, sob pena de não valer contra terceiros (art. 12 da Lei nº 7.652/88), e sobre aeronaves, que se constitui pela inscrição do contrato no Registro Aeronáutico Brasileiro e com a averbação no respectivo certificado de matrícula (art. 141 do Código Brasileiro de Aeronáutica – Lei nº 7.565/86).

Pela regra do art. 1.473 do Código Civil, podem ser objeto de hipoteca: a) os imóveis e os seus acessórios, conjuntamente, abrangendo-se todas as acessões, melhoramentos ou construções (art. 1.464); b) o domínio direto; c) o domínio útil; d) as estradas de ferro; e) os recursos naturais, compreendendo as jazidas, minas e demais recursos minerais, os potenciais de energia hidráulica e os monumentos arqueológicos, independentemente do solo onde se acham; f) os navios; g) as aeronaves; h) o direito de uso especial para fins de moradia; i) o direito real de uso; j) a propriedade superficiária.

Importante disposição do Código Civil acerca da hipoteca, e que representou louvável inovação com relação ao Código de 1916, consiste na vedação da chamada cláusula de inalienabilidade, expressa pela regra do art. 1.475, que estatui a nulidade da cláusula que proíbe ao proprietário alienar imóvel hipotecado. A regra possui exceção, com bem aponta Marco Aurelio Bezerra de Melo (2021, p. 1.227):

> Há exceção a essa regra estabelecida pela Lei n. 8.004/1990 com a redação conferida pela Lei n. 10.150/2000, que dispõe sobre transferência de financiamento no âmbito do Sistema Financeiro da Habitação. A lei não proíbe que o titular do bem gravado com hipoteca o aliene a terceiros, mas impõe a anuência da instituição financiadora, como se pode verificar do seu art. 1º [...] Justifica-se essa exigência, pois tais financiamentos são feitos com taxas de juros remuneratórios mais atraentes e com forma de pagamento mais dilatado em favor de pessoas com perfil socioeconômico de baixa e média renda e que não possuam outro imóvel, valendo-se também de recursos públicos oriundos do FGTS com forte apelo social de incremento de acesso à moradia formal. A despeito de a norma ser anterior ao Código Civil, a questão é regida pelo princípio da especialidade, de modo que continua em vigor tal exigência de ordem pública.

Pela regra do parágrafo único do art. 1.475, as partes podem convencionar o vencimento antecipado do crédito hipotecário na hipótese de alienação do imóvel hipotecado.

---

4 "Art. 1.489. A lei confere hipoteca: I – às pessoas de direito público interno (art. 41) sobre os imóveis pertencentes aos encarregados da cobrança, guarda ou administração dos respectivos fundos e rendas; II – aos filhos, sobre os imóveis do pai ou da mãe que passar a outras núpcias, antes de fazer o inventário do casal anterior; III – ao ofendido, ou aos seus herdeiros, sobre os imóveis do delinquente, para satisfação do dano causado pelo delito e pagamento das despesas judiciais; IV – ao co-herdeiro, para garantia do seu quinhão ou torna da partilha, sobre o imóvel adjudicado ao herdeiro reponente; V – ao credor sobre o imóvel arrematado, para garantia do pagamento do restante do preço da arrematação".

Sobre o tema, importa salientar o reiterado entendimento do Superior Tribunal de Justiça no sentido de que "o vencimento antecipado do contrato por inadimplemento do devedor não altera o termo inicial da prescrição, o qual deve ser contado do término da avença nos termos em que estipulado".[5]

Ao dono do imóvel hipotecado é assegurada a constituição de outras hipotecas sobre ele, mediante novos títulos, em favor do mesmo ou de outro credor, nos termos do art. 1.476. Nesses casos, em que se opera a chamada sub-hipoteca, surge a questão relacionada à existência de limites para a sua instituição. Flavio Tartuce (2021, p. 767) atenta para a existência de duas correntes: a) a primeira, com a qual concordamos, capitaneada por Gustavo Tepedino, Maria Celina Bodin de Moraes e Heloisa Helena Barboza, a defender a "necessidade de se observar o valor do imóvel para as garantias sucessivas, a fim de manter a idoneidade da garantia"; e b) a segunda, defendia por Gladston Mamede e Arruda Alvim, no sentido de que não há impedimento para que o credor aceite a sub-hipoteca, mesmo sabendo que o valor do bem se mostra insuficiente para satisfazer o crédito, em razão de outros ônus.

O art. 1.477 trata de remição da hipoteca, ao dispor que o credor da segunda hipoteca, embora vencida, não poderá executar o imóvel antes de vencida a primeira, excetuando-se a hipótese de insolvência do devedor. Entretanto, não se deve considerar insolvente o devedor que faltar ao pagamento das obrigações garantidas por hipotecas posteriores à primeira (art. 1.477, parágrafo único).

Extingue-se a hipoteca: a) pela extinção da obrigação principal; b) pelo perecimento da coisa; c) pela resolução da propriedade; d) pela renúncia do credor; e) pela remição; f) pela arrematação ou adjudicação e g) pela averbação, no registro de imóveis, do cancelamento do registro, à vista da respectiva prova.

5 A anticrese

A anticrese consiste na titularidade real de garantia por meio da qual o devedor, ou terceiro, cede a posse de bem imóvel ao credor, para o fim de que ele exerça o direito de perceber os seus frutos e rendimentos, em compensação da dívida. Além disso, conforme preceitua o art. 1.506, em seu §1º, pode ser firmada para o recebimento de juros de uma dívida, desde que o seu valor não ultrapasse a taxa máxima permitida em lei para as operações financeiras, hipótese que acarretará a imputação do capital do saldo remanescente.

---

[5] "AGRAVO INTERNO NO RECURSO ESPECIAL. PROCESSUAL CIVIL. AUSÊNCIA DE VIOLAÇÃO DO ART. 535 DO CPC DE 1973. CONTRATO DE MÚTUO HABITACIONAL GARANTIDO POR HIPOTECA. TÍTULO EXECUTIVO EXTRAJUDICIAL. CARACTERIZAÇÃO. AUSÊNCIA DE IMPUGNAÇÃO DO ACÓRDÃO DA ORIGEM, SÚMULA 283/STF. PRESCRIÇÃO. TERMO INICIAL. CLÁUSULA QUE PREVÊ O VENCIMENTO ANTECIPADO DA DÍVIDA NA HIPÓTESE DE INADIMPLEMENTO. DISPOSIÇÃO CONTRATUAL QUE NÃO ALTERA O TERMO A QUO, QUE CONTINUA SENDO A DATA DO VENCIMENTO DA ÚLTIMA PARCELA DO CONTRATO. JUROS REMUNERATÓRIOS. RAZOABILIDADE E PROPORCIONALIDADE. INEXISTÊNCIA DE CAPITALIZAÇÃO DE JUROS. MULTA CONTRATUAL REDUZIDA NA ORIGEM. INCIDÊNCIA DAS SÚMULAS 5 E 7/STJ. AGRAVO IMPROVIDO. [...] 5. A jurisprudência desta Corte de Justiça tem reiterado o entendimento de que o vencimento antecipado do contrato por inadimplemento do devedor não altera o termo inicial da prescrição, o qual deve ser contado do término da avença nos termos em que estipulado. 6. Agravo interno a que se nega provimento" (AgInt no REsp 1.356.274/MG. Rel. Min. Marco Aurélio Bellizze, Terceira Turma, j. 28.3.2017. *DJe*, 6.4.2017).

A anticrese constitui garantia real pouco utilizada em nosso ordenamento, que permite ao dono do imóvel também hipotecá-lo ao credor anticrético ou a terceiros. Nela, o credor tem direito de administrar o bem dado em garantia, bem como o de perceber seus frutos e fruir de suas utilidades, devendo apresentar balanço, exato e fiel, de sua administração, anualmente. Permite-se, também, que o credor anticrético arrende os bens dados em anticrese a terceiro, hipótese em que manterá o direito de retenção do imóvel até ser pago, muito embora o aluguel desse arrendamento não seja vinculativo para o devedor.

Por fim, admite-se que o adquirente dos bens dados em anticrese efetue a remição, antes do vencimento da dívida, pagando a sua totalidade à data do pedido e imitindo na sua posse, se for o caso.

6 A propriedade fiduciária

Na lição de Luciano de Camargo Penteado (2008, p. 439), "a propriedade fiduciária consiste no domínio que se aliena ao credor para fins de garantia de dívida pecuniária, assegurando, mediante o traslado da propriedade, o cumprimento da obrigação". Utilizada largamente em sua função de garantia, em razão de constituir titularidade real sobre coisa própria, a propriedade fiduciária apresenta regramento difuso, disposto pelo art. 66-B, da Lei nº 4.278/65 (alienação fiduciária em garantia no âmbito do mercado financeiro e de capitais); pelo Decreto-Lei nº 911/69 (normas de processo sobre alienação fiduciária e outras providências); pela Lei nº 9.514/97 (disciplina o Sistema de Financiamento Imobiliário, institui a alienação fiduciária de coisa imóvel e dá outras providências); pela Lei nº 10.931/04 (instituiu a norma do art. 66-B da Lei nº 4.278/65) e pelo Código Civil, em seus arts. 1.361 a 1.368-B.

No presente artigo, trataremos apenas das normas do Código Civil atinentes à propriedade fiduciária, com a ressalva feita por Flavio Tartuce (2021, p. 676):

> Do ponto de vista da incidência das normas, frise-se que todas as leis especiais referentes à propriedade fiduciária de bens móveis, contidas na Lei 4.728/1965 e no Decreto-lei 911/196, são aplicáveis apenas às instituições financeiras e pessoas jurídicas equiparadas, caso das empresas de consórcio, e, portanto, as demais pessoas físicas ou jurídicas não podem celebrar alienação fiduciária em garantia. De qualquer modo, o Código Civil de 2002 possibilita a qualquer pessoa física ou jurídica a celebração de negócio jurídico pelo qual se dá em garantia certo bem móvel e infungível como propriedade fiduciária. Assim, a codificação privada tem incidência para as alienações fiduciárias de bens móveis celebradas por outras pessoas, que não as instituições financeiras.

Por conseguinte, o Código Civil disciplina a propriedade resolúvel de coisa móvel infungível que o devedor transfere ao credor, com escopo de garantia, consoante se infere do *caput* de seu art. 1.361. Essa propriedade fiduciária é constituída por meio do registro do contrato, celebrado por instrumento público ou particular, no registro de títulos e documentos do domicílio do devedor. Questão interessante diz respeito à alienação fiduciária sobre veículos, eis que o §1º do mesmo dispositivo legal, em sua parte final, dispõe acerca da obrigatoriedade de registro na repartição competente para o licenciamento, fazendo-se a anotação no certificado de registro. No entanto, o Supremo

Tribunal Federal julgou, em outubro do ano de 2015, o RE nº 611.693/RJ e as ADIs nºs 4.227/DF e 4.333/DF, para decidir, por unanimidade, pela improcedência das ações diretas de inconstitucionalidade e pela procedência do recurso extraordinário, para "assentar a desnecessidade do registro, em cartório, do contrato de alienação fiduciária de veículos".

Com a constituição da propriedade fiduciária, ocorre o desdobramento da posse, com o devedor tornando-se possuidor direto da coisa e o credor o possuidor indireto. Por conseguinte, antes de vencida a dívida, o devedor está autorizado a usar a coisa, a suas expensas e risco e segundo sua destinação. Nestes casos, fica obrigado, como como depositário,[6] a *i)* empregar na guarda da coisa a diligência exigida por sua natureza, e *ii)* entregar a coisa ao credor, caso a dívida não seja paga no vencimento.

Por fim, cabe ressaltar que, uma vez vencida e não paga a dívida, fica o credor obrigado a vender, judicial ou extrajudicialmente, a coisa a terceiros, devendo aplicar o preço no pagamento de seu crédito e das despesas de cobrança, e a entregar o saldo, se houver, ao devedor. Essa importante norma, expressa pelo art. 1.364 do Código Civil, tem por escopo a proteção dos interesses do devedor, a fim de se evitar o excessivo arbítrio do credor. Neste mesmo sentido, a norma do art. 1.365 estatui ser nula a cláusula que autoriza o proprietário fiduciário a ficar com a coisa alienada em garantia, se a dívida não for paga no vencimento.

Referências

ALVES, José Carlos Moreira. *Direito romano*. 4. ed. Rio de Janeiro: Forense, 1978. t. I.

FACHIN, Luiz Edson. *In*: AZEVEDO, Antônio Junqueira de (Coord.). *Comentários ao Código Civil*. Parte Especial. Direito das Coisas. São Paulo: Saraiva, 2003. v. 15.

GOMES, Orlando. *Direitos reais*. 21. ed. Rio de Janeiro: Forense, 2017.

LÔBO, Paulo. *Direito civil* – Coisas. 7. ed. São Paulo: Saraiva, 2022.

MELO, Marco Aurelio Bezerra de *et al*. *Código Civil comentado*. Doutrina e jurisprudência. 3. ed. Rio de Janeiro: Forense, 2021.

MIRANDA, Francisco Cavalcanti Pontes de. *Tratado de direito privado*. Parte Especial. Rio de Janeiro: Borsoi, 1958. t. XX.

PENTEADO, Luciano. *Direito das coisas*. 2. ed. São Paulo: RT, 2012.

TARTUCE, Flávio. *Direito civil*: direitos das coisas. 13. ed. Rio de Janeiro: Forense, 2021. v. 4.

Informação bibliográfica deste livro, conforme a NBR 6023:2018 da Associação Brasileira de Normas Técnicas (ABNT):

AGUIRRE, João Ricardo Brandão. Direitos reais de garantia. *In*: CORTIANO JUNIOR, Eroulths; SILVA, Alexandre Barbosa da (coord.). *O Código Civil e a Contemporaneidade* Estudos do Grupo Virada de Copérnico em Homenagem ao Ministro Luiz Edson Fachin. Belo Horizonte: Fórum, 2025. p. 385-393. ISBN 978-65-5518-990-2.

[6] Importante ressalvar o teor da Súmula Vinculante nº 25 do STF: "É ilícita a prisão civil de depositário infiel, qualquer que seja a modalidade do depósito".

AS RELAÇÕES DE VIZINHANÇA E O USO ANORMAL DA PROPRIEDADE

MARCO AURÉLIO BEZERRA DE MELO

1 Introdução

Os chamados direitos de vizinhança são previsões legais que têm por objetivo regulamentar a relação social e jurídica que existe entre os titulares de direito real sobre imóveis, tendo em vista que a proximidade entre prédios ou apartamentos no condomínio em edifícios (art. 1.336, IV, CC), não raro, gera animosidades e problemas de intrincada solução.

Para atingir o desiderato de harmonização da relação entre vizinhos, a lei limita reciprocamente o exercício do direito de propriedade dos vizinhos, apontando para a preservação do interesse público e privado.

As titularidades imobiliárias devem ser utilizadas de tal maneira que tornem possível a coexistência social. Se assim não fosse, se os proprietários pudessem invocar, uns contra os outros, seu direito absoluto e ilimitado, a função social de tais bens poderia perder o sentido no entrechoque de suas várias faculdades.

Para serem vizinhos, os prédios não precisam ser contíguos, mas sim que a atividade exercida em um possa repercutir em outro. Imagine-se uma pessoa que exerce atividade nociva em seu terreno, depositando no rio alguns dejetos químicos. De acordo com a lei, além de provável interesse metaindividual de proteção ao meio ambiente, aquele que sofrer a repercussão nociva reputar-se-á vizinho, independentemente de confrontar com o prédio ou não.

Conceito bastante elucidativo de direito de vizinhança é o de Silvio Rodrigues,[1] quando diz que este constitui "limitações impostas pela lei às prerrogativas individuais e com o escopo de conciliar interesses de proprietários vizinhos, reduzindo os poderes inerentes ao domínio, de modo a regular a convivência".

---

1 RODRIGUES, Silvio; FRANÇA, Limongi (Coord.). *Enciclopédia Saraiva do Direito*. São Paulo: Saraiva, 1982. v. 78. p. 2.

Os arts. 1.308 a 1.311 do Código Civil trazem igualmente importantes manifestações do uso anormal da propriedade referente ao direito de construir que não serão tratados no presente texto.

2 Diferença entre direito de vizinhança e servidão predial

Tanto o direito de vizinhança como a servidão predial geram uma "relação predial" e guardam traços comuns, mas importa que se faça a diferenciação. Oliveira Ascensão,[2] nesse passo, aponta que a servidão predial "representa sempre uma restrição anormal dum direito sobre um imóvel, estabelecida por via convencional. Pelo contrário, as relações legais de vizinhança trazem o regime normal destes direitos: não são excepções a uma imaginária ilimitação".

A nosso viso, é possível estabelecer as seguintes diferenças: a) os direitos de vizinhança são criados por lei e, por conseguinte, as modalidades são exaustivas (*numerus clausus*) e as servidões prediais, em regra, se estabelecem por contrato, sendo meramente exemplificativas as referências legais (*numerus apertus*); b) os direitos de vizinhança não visam aumentar a utilidade do prédio, mas sim se apresentam como necessários para a busca de uma coexistência pacífica entre os vizinhos (necessidade), ao passo que é da essência da servidão predial proporcionar ao prédio dominante uma melhor utilização de seu prédio mediante o sacrifício do prédio serviente (utilidade); c) a natureza jurídica do direito de vizinhança é a de limite legal ao exercício do direito de propriedade e as servidões prediais são direitos reais sobre as coisas alheias de gozo ou fruição.

A despeito da clássica distinção acima manifestada, importa registrar que, quanto ao reconhecimento da função social do direito de propriedade em nível constitucional e legal, nota-se a possibilidade de aproximação ainda maior dos institutos como em interessante caso julgado pelo Superior Tribunal de Justiça ocorrido no Rio Grande do Sul, em que o dono de um prédio, ao argumento verdadeiro da inexistência de uma servidão predial de aqueduto, não permitiu que determinada pessoa jurídica utilizasse de seu imóvel para escoar águas de outro imóvel que se mostram fundamentais para o exercício da sua atividade empresarial vinculada ao setor da agropecuária. No caso, prevaleceu o caráter social da necessidade de utilização e foi autorizada a construção de aqueduto, independentemente da vontade do vizinho e ainda que não se tratasse de águas destinadas à subsistência (art. 1293, CC), mediante a devida composição econômica pela via da indenização (STJ, 3ª Turma, REsp nº 1.616.038/RS, Rel. Min. Nancy Andrighi, julgado em 27.9.2016).

Nessa toada, tivemos ocasião de encaminhar para a I Jornada de Direito Civil proposta de enunciado envolvendo a passagem forçada que, como cediço, pressupõe, na leitura fria da lei, a existência de prédios encravados e igualmente não se confunde com a servidão de passagem. A proposição fora aprovada sob o nº 88 nos seguintes termos: "O direito de passagem forçada, previsto no art. 1285 do CC, também é garantido nos casos em que o acesso à via pública for insuficiente ou inadequado, consideradas inclusive as necessidades de exploração econômica".

---

[2] ASCENSÃO, José de Oliveira. *Direito civil*. Reais. 5. ed. Lisboa: Coimbra Editora, 1993. p. 249-250.

3 Natureza jurídica

A natureza jurídica dos direitos de vizinhança é a de limite legal ao exercício do direito de propriedade e os deveres impostos aos vizinhos se qualificam como obrigações *propter rem*, nascendo com a titularidade e acompanhando-a.

Importante lembrar que a estudada teoria do abuso do direito de propriedade (arts. 187 e 1.228, §2º, CC) também tem grande importância nos estudos dos direitos de vizinhança, tanto em uma perspectiva subjetiva como objetiva, pois abusa do direito de propriedade imóvel quem a utiliza nocivamente, pondo em risco ou ferindo a segurança, o sossego ou a saúde dos donos dos prédios vizinhos, ou seja, aqueles que podem sofrer as repercussões nocivas da utilização anormal da propriedade, mas também comete abuso do direito a pessoa que não confere à sua titularidade a imperiosa função social da propriedade e prejudica o vizinho.

Fábio Maria de Mattia[3] criticava a codificação passada, que nesse aspecto permanece igual à atual pelo fato de que seria um grave defeito do sistema não se fazer a divisão dos direitos de vizinhança em dois campos. No primeiro, estaria a parte geral do direito de vizinhança aplicável na composição dos conflitos de vizinhança atípicos (uso anormal da propriedade), e, em outro, as normas de composição dos casos típicos de conflitos de vizinhança (árvores limítrofes, passagem forçada, passagem de cabos e tubulações, águas e direito de construir). Concordamos com tal ponto de vista em razão da diferença de tratamento jurídico para a composição dos conflitos. Realmente, a primeira situação retrata uma abstração muito grande em razão da presença dos conceitos jurídicos indeterminados *segurança*, *sossego* e *saúde*, a exigir dos operadores do direito maior cuidado e aprofundamento nas circunstâncias do caso concreto para se alcançar a decisão justa. Na segunda hipótese, as normas de solução ou prevenção são ditadas para determinado caso com menor abstração e insegurança jurídica.

4 Uso anormal da propriedade

O direito de preservação da pessoa contra a utilização da posse ou da propriedade alheia de modo a causar dano à segurança, ao sossego ou à saúde é exercido em caráter de reciprocidade (art. 1277, CC).

Objetiva a lei salvaguardar legítimos interesses contra as interferências nocivas do vizinho, como exemplo, poluição sonora acima do nível de ruído permitido por legislação local (TJSC, Apelação Cível nº 2010.064881-8, de Itapiranga, Rel. Des. Eduardo Mattos Gallo Júnior, julgado em 11.5.2012). Exemplo interessante pode ser colhido de julgado no qual uma pessoa resistiu à pretensão de seu vizinho de parar de depositar dejetos sanitários *in natura* em seu prédio sob o argumento de que haveria uma servidão de passagem de esgoto consolidado no tempo ou, em caso de não ser admitido tal pleito que teria direito pelo art. 1286 do Código Civil que contempla o direito potestativo de passagem de cabos e tubulações. A perícia demonstrou que não havia nem um caso nem

[3] MATTIA, Fábio Maria. *O direito de vizinhança e a utilização da propriedade imóvel*. São Paulo: José Bushatsky, 1976. p. 157-158.

outro, mas sim um interesse privado do vizinho de manter um sumidouro no prédio alheio em ofensa à saúde e ao sossego do vizinho, ensejando a procedência da ação de dano infecto (TJRJ, 8ª CC, Apelação nº 7743-15.2010.8.19.0064, Rel. Des. Monica Costa Di Piero, julgado em 8.5.2012).

Casos outros podem ser pensados, como o de casa de espetáculos ou agremiações de escolas de samba em que se determina a colocação de revestimentos acústicos (TJRS, Vigésima Segunda Câmara Cível, Apelação Cível nº 70029003431, Rel. Carlos Eduardo Zietlow Duro, julgado em 30.4.2009), cultos religiosos ruidosos (TJRS, Décima Sétima Câmara Cível, Apelação Cível nº 70034881797, Rel. Luiz Renato Alves da Silva, julgado em 30.9.2010) em que a decisão judicial condena em dano moral e impõe multa para o caso de nova transgressão, não impondo outros limites, pois não foi pedido na fase de conhecimento e, portanto, vedado estaria na apelação.

Luiz Edson Fachin[4] destaca com a proficiência costumeira que

> é relevante para a compreensão do uso anormal da propriedade observar a característica fundamental do titular de direito dispor da coisa (especialmente o da propriedade imobiliária privada), não mais de modo absoluto, como quiser; é a vontade do proprietário, nada obstante, que determina decisivamente o estado de fato e de direito da propriedade. Pela inércia ou ação dessa titularidade responde o proprietário, conforme a repercussão de uma ou de outra. No regime da propriedade privada, o seu titular é responsável pelas atividades da esfera de seu direito, bem como pelos atos que se propagam para outros objetos de apropriação. São esferas jurídicas patrimoniais que restam postas em relevo, sob o pálio das garantias e direitos assegurados.

Pontes de Miranda[5] ensina que "sossego" é a relativa tranquilidade, o ter-se o que permite a normalidade da vida, com as horas de atividade e as de descanso, que hão de ser especificamente distintas. O ruído máximo que se tolera, à noite, não é o ruído máximo que se há de tolerar de dia. "Segurança" é a segurança material e a moral. Não está seguro quem, razoavelmente, se sente inseguro. Tanto se pode tratar de insegurança para o prédio como para a pessoa que o habita ou o tem de frequentar, e "saúde" é a saúde do que habita, ou tem de frequentar o prédio, ou de qualquer ser que viva no prédio, se pode aí ser alojado.

Difícil se mostra estabelecer o sentido real da expressão "uso anormal da propriedade". Por isso, a doutrina se debruçou no estudo da matéria por meio de diversas teorias, sendo as principais a teoria do uso normal e a teoria do uso necessário, sendo que houve uma fusão entre as duas a partir dos ensinamentos de San Tiago Dantas, mediante a submissão da questão à supremacia do interesse público.

Em obra clássica e insuperável até os dias de hoje, o eminente jurista discorre sobre as diversas teorias surgidas para tentar desvendar o melhor critério a ser utilizado nos conflitos de vizinhança.[6] Assim é que pela teoria do uso normal propugnada por

---

4 FACHIN, Luiz Edson; AZEVEDO, Antonio Junqueira de (Coord.). *Comentários ao Código Civil*. São Paulo: Saraiva, 2003. v. 15. p. 4-5.

5 MIRANDA, Pontes. *Tratado de direito privado*. 3. ed. Rio de Janeiro: Borsoi, 1971. v. XIII. p. 303-308.

6 DANTAS, San Tiago. *Conflito de vizinhança e sua composição*. 2. ed. Rio de Janeiro: Forense, 1972. p. 113-173.

Ihering a partir dos estudos do direito romano, poder-se-ia considerar proibida qualquer utilização do bem que extrapole o seu uso normal e acarrete uma imissão nociva na posse ou propriedade alheia, acarretando lesão ao sossego, à saúde ou à segurança dos prédios vizinhos.

O trabalho de Ihering foi duramente criticado por Pietro Bonfante, sob o argumento de que ela não resolvia os problemas gerados pela sociedade industrializada, surgindo então a teoria do uso necessário, ou seja, se a interferência fosse inevitável e necessária, o vizinho estaria obrigado a suportar o incômodo, afirmando San Tiago Dantas[7] em seu programa de direito civil que o papel do juiz, como intérprete, não é o de "indagar da normalidade de uma certa interferência (abrangendo a imissão e a propagação *in alieno*), mas o de verificar sua necessidade, vale dizer, cumpre-lhe averiguar se a vida comum a impõe e, se impõe, cumpre-lhe mantê-la".

A concepção de ato emulativo de conotação subjetiva, isto é, exigindo a demonstração da intenção de prejudicar outrem que fora prestigiada na Idade Média,[8] não se adequa aos tempos atuais em que o abuso do direito de propriedade reveste-se de uma feição mais objetiva (art. 1.228, §2º, 2ª parte, CC), não sendo relevante tal análise, pois, como ensina Orlando Gomes:[9] "o conceito de *uso nocivo da propriedade* determina-se relativamente, mas não se condiciona à intenção do ato praticado pelo proprietário. O propósito de prejudicar, ou incomodar, pode não existir e haver mau uso da propriedade".

O grande mérito de San Tiago Dantas foi o de harmonizar as teorias do uso normal (Ihering) e do uso necessário (Bonfante), cuja dessemelhança é mais aparente do que real. Para o autor, o intérprete deve socorrer-se de dois princípios básicos: o princípio da coexistência dos direitos e o princípio da supremacia do interesse público. Pelo primeiro, preservar-se-ia o interesse particular, submetendo o vizinho a interferências que se mostrem toleráveis segundo a regra básica de coexistência (teoria do uso normal), e, pelo segundo, atender-se-ia às necessidades da sociedade atual, cuja inevitável industrialização diz respeito ao interesse coletivo (teoria do uso necessário).

Entende o professor[10] que da combinação entre o princípio da coexistência dos direitos, que muito se assemelha à teoria do uso normal, e o da supremacia do interesse público, que muito se assemelha à teoria da necessidade, é que foram tiradas as três regras fundamentais a serem fornecidas ao arbítrio do magistrado, nas questões de vizinhanças: (1º) nunca se manterá, até mesmo mediante indenização, o uso industrial da propriedade que torne absolutamente inabitáveis os prédios adjacentes; (2º) verificar se no empreendimento econômico do emitente (agente ativo) reúnem-se elementos capazes de o recomendar ao interesse público; (3º) só deve ser mantida a atividade incômoda quando a sua ubicação for normal e os seus inconvenientes irredutíveis.

A parte final do parágrafo único do art. 1.277 do Código Civil se refere ao critério dos *limites ordinários de tolerância*, demonstrando o referido conceito jurídico

---

7 DANTAS, San Tiago. *Programa de direito civil*. 3. ed. Rio de Janeiro: Forense, 1984. v. III. p. 261-262.

8 BESSONE, Darcy. *Direitos reais*. 2. ed. São Paulo: Saraiva, 1996. p. 241.

9 GOMES, Orlando. *Direitos reais*. 19. ed. Rio de Janeiro: Forense, 2007. p. 224.

10 DANTAS, San Tiago. *Conflito de vizinhança e sua composição*. 2. ed. Rio de Janeiro: Forense, 1972. p. 278-281.

indeterminado a necessidade de o magistrado adentrar nas especificidades do caso concreto a fim de que logre alcançar o resultado mais justo, pois tais limites diferenciam-se entre imóveis rurais e urbanos e, entre esses, uns se destinam a comércio, outros à moradia, indústria e, ainda, existem aqueles que contemplam utilização mista.

Como já se pode perceber, não raro a solução de um conflito entre vizinhos envolve a presença de direitos em conflito e a necessidade de sacrificar, ainda que parcialmente, um deles. Um norte que pode ser seguido pelo magistrado para melhor decidir a questão é o de consultar o plano de zoneamento da área, pois os bairros que compõem as cidades são divididos em zonas, nas quais a legislação municipal pode estabelecer, autorizada pela Constituição Federal, as atividades que são permitidas e as que são proibidas. A ofensa ao zoneamento da cidade traz para o ofensor a presunção relativa de que é ele o responsável pelo conflito de interesses de vizinhança posto à solução do magistrado.

O único critério doutrinário que não foi incorporado pelo Código Civil é a pré-ocupação do imóvel a exigir uma tolerância maior daquele que chega posteriormente e se sente incomodado com as imissões que está sofrendo. A pré-ocupação deve ser utilizada com muita cautela para que não vire, na prática, a máxima imoral "os incomodados que se mudem".

A melhor decisão para um conflito de vizinhança nascerá da cuidadosa análise do caso concreto. Por exemplo, há que se reconhecer diferenças importantes no julgamento de uma ação de dano infecto em uma zona rural ou urbana para fins exclusivos de moradia com uma demanda que gire em torno do interesse de moradores de uma zona de baixo meretrício, de grande exploração industrial ou, ainda, de localidade predominantemente comercial.

O art. 1.277 do Código Civil sugere critérios jurídicos para solucionar os conflitos quando os interesses forem predominantemente privados, cabendo ao art. 1.278 do mesmo corpo de leis o estabelecimento da regra aplicável quando o interesse for público, prevendo que "o direito a que se refere o artigo antecedente não prevalece quando as interferências forem justificadas por interesse público, caso em que o proprietário ou o possuidor, causador delas, pagará ao vizinho indenização cabal".

O dispositivo acima segue a orientação da atual codificação de estruturar o estudo das titularidades na compatibilização do interesse público com o interesse privado, conferindo efetividade ao comando constitucional da função social da propriedade (arts. 5º, XXIII e 170, II). Imagine-se que uma empresa de grande porte que contribua com os seus tributos para boa parte da manutenção da cidade e ainda forneça inúmeros empregos diretos e indiretos esteja de certa forma prejudicando a qualidade de vida de alguns moradores. Salta aos olhos que a atividade não deve ser paralisada, o que não significa ser impossível ao juiz condicionar a atividade empresarial à adoção de uma nova postura, como seria o caso da colocação de determinado filtro, ou limitar a realização da atividade a horários específicos, sem prejuízo da indenização a que se refere a parte final da lei.

No estudo dessa matéria, é sempre importante ter em mente que as relações entre vizinhos trazem incômodos que muitas vezes resta ao prejudicado suportar, como uma obra de grande vulto, por exemplo. É possível que se admita que o uso normal da propriedade, como a construção de um prédio comercial, causa incômodo anormal a determinado vizinho, restando, nesse caso, ao julgador, permitir a continuação da obra, impondo dever indenizatório (TJRS, Décima Sétima Câmara Cível, Apelação Cível nº 70048931786, Rel. Liege Puricelli Pires, julgado em 11.10.2012). Merece registro, nesse passo, que a imposição de dever de indenizar no caso não se confunde com a prática de ato ilícito e com a estrutura dos arts. 186 e 927 do Código Civil, devendo ainda se dar destaque que o valor da indenização deve comportar também eventual lucro da intervenção na esfera jurídica alheia.

Demonstra bem a imbricação entre o público e o privado, no regramento do uso anormal da propriedade, o bem colocado Enunciado nº 319 da IV Jornada de Direito Civil realizada pelo Conselho da Justiça Federal/STJ: "Art. 1.277 – A condução e a solução das causas envolvendo conflitos de vizinhança devem guardar estreita sintonia com os princípios constitucionais da intimidade, da inviolabilidade da vida privada e da proteção do meio ambiente".

A transcendência pública dessa matéria é demonstrada com a constatação de que tem sido utilizada a busca da tutela coletiva para casos típicos de direito de vizinhança, como no caso do ajuizamento de ação civil pública pelo Ministério Público do Estado de Santa Catarina em face de determinado clube recreativo que realizava atividades festivas atentatórias ao sossego dos vizinhos sem que houvesse o isolamento acústico devido. A Quarta Câmara de Direito Público do Tribunal de Justiça do Estado de Santa Catarina, na relatoria do Desembargador Rodrigo Collaço, manteve a liminar deferida que determinava, sob pena de multa, a suspensão das atividades que utilizassem aparelhos sonoros no estabelecimento (Agravo de Instrumento nº 2011.061347-8, julgado em 3.5.2012).

A pessoa que eventualmente seja condenada a tolerar interferências em sua segurança, sossego ou saúde em homenagem ao interesse público, na forma prevista no art. 1.278 do Código Civil, poderá, a qualquer tempo, pleitear a redução ou a própria cessação da atividade reputada nociva, conforme prevê o art. 1.279: "ainda que por decisão judicial devam ser toleradas as interferências, poderá o vizinho exigir a sua redução, ou eliminação, quando estas se tornarem possíveis".

Não é correto afirmar que a decisão de manutenção da atividade nociva em homenagem ao interesse público não transita em julgado em decorrência da possibilidade de revisão, pois o pleito de revisão terá causa de pedir e pedido diverso da demanda que resultou na impossibilidade de cessação da atividade ofensiva à segurança, ao sossego ou à saúde do vizinho, ou seja, será uma nova demanda que poderá autorizar a revisão da decisão judicial anterior. Apenas a título de ilustração, imaginemos uma situação em que para manter a empresa em funcionamento seria necessário que a comunidade na redondeza suportasse um impacto ambiental razoável. Sucede, entretanto, que passados três anos da decisão que manteve a atividade, a ciência descobre um filtro que minora a agressão ambiental.

O art. 36 do Estatuto da Cidade traz interessante previsão legal visando melhorar a qualidade de vida nos centros urbanos:

> lei municipal definirá os empreendimentos e atividades privados ou públicos em área urbana que dependerão de elaboração de estudo prévio de impacto de vizinhança (EIV) para obter as licenças ou autorizações de construção, ampliação ou funcionamento a cargo do Poder Público municipal.

O instrumento jurídico configura, na visão sempre judiciosa de José dos Santos Carvalho Filho,[11] um importante "instrumento de política urbana para a tutela do bem-estar social e uma limitação administrativa ao direito de propriedade com vistas ao atendimento de certos interesses públicos".

Para exercer judicialmente o direito de preservação da saúde, segurança e sossego, disponibiliza o ordenamento jurídico, especialmente no art. 1.280 do Código Civil, a ação cominatória em que se pleiteia a cessação da atividade nociva, utilizando-se do meio coercitivo da multa diária (*astreintes*). A referida medida judicial é conhecida como ação de nunciação de obra, também apontada doutrinariamente como ação de dano infecto que não conta com procedimento especial, o que não significa que inexistirá essa pretensão a ser deduzida em juízo. Tanto assim que, no §1º do art. 47 do Código de Processo Civil de 2015, ao prever a competência para demandas sobre direito real imobiliário, como o foro da situação da coisa, a lei refere-se expressamente à ação de nunciação de obra nova.

O interessado poderá ainda pedir a demolição da obra quando o prédio ameaçar ruína ou a prestação de uma garantia real ou pessoal, na hipótese em que a realização da obra configure risco iminente. Em caso no qual ficou demonstrado que a viga estava com a resistência comprometida em função de deterioração e fissuras, tendo o perito recomendado inclusive a demolição, o Tribunal de Justiça mineiro não teve outra saída senão dar cumprimento à norma inserta no art. 1281 do Código Civil e determinar a demolição (TJMG, APCV nº 1.0024.11.205990-2/002, Rel. Des. Mota e Silva, julgado em 13.7.2016).

Referências

ASCENSÃO, José de Oliveira. *Direito civil*. Reais. 5. ed. Lisboa: Coimbra Editora, 1993.

BESSONE, Darcy. *Direitos reais*. 2. ed. São Paulo: Saraiva, 1996.

CARVALHO FILHO, José dos Santos. *Comentários ao Estatuto da Cidade*. Rio de Janeiro: Lumen Juris, 2005.

DANTAS, San Tiago. *Conflito de vizinhança e sua composição*. 2. ed. Rio de Janeiro: Forense, 1972.

DANTAS, San Tiago. *Programa de direito civil*. 3. ed. Rio de Janeiro: Forense, 1984. v. III.

FACHIN, Luiz Edson; AZEVEDO, Antonio Junqueira de (Coord.). *Comentários ao Código Civil*. São Paulo: Saraiva, 2003. v. 15.

GOMES, Orlando. *Direitos reais*. 19. ed. Rio de Janeiro: Forense, 2007.

MATTIA, Fábio Maria. *O direito de vizinhança e a utilização da propriedade imóvel*. São Paulo: José Bushatsky, 1976.

[11] CARVALHO FILHO, José dos Santos. *Comentários ao Estatuto da Cidade*. Rio de Janeiro: Lumen Juris, 2005. p. 241.

MIRANDA, Pontes. *Tratado de direito privado*. 3. ed. Rio de Janeiro: Borsoi, 1971. v. XIII.

RODRIGUES, Silvio; FRANÇA, Limongi (Coord.). *Enciclopédia Saraiva do Direito*. São Paulo: Saraiva, 1982. v. 78.

Informação bibliográfica deste livro, conforme a NBR 6023:2018 da Associação Brasileira de Normas Técnicas (ABNT):

MELO, Marco Aurélio Bezerra de. As relações de vizinhança e o uso anormal da propriedade. *In*: CORTIANO JUNIOR, Eroulths; SILVA, Alexandre Barbosa da (coord.). *O Código Civil e a Contemporaneidade*: Estudos do Grupo Virada de Copérnico em Homenagem ao Ministro Luiz Edson Fachin. Belo Horizonte: Fórum, 2025. p. 395-403. ISBN 978-65-5518-990-2.

A PARENTALIDADE BRASILEIRA NOS 20 ANOS DE VIGÊNCIA DO CÓDIGO CIVIL

FABÍOLA LOBO

RICARDO CALDERÓN

Luiz Edson Fachin: uma pessoa de feitos e afetos

O Professor e hoje Ministro do Supremo Tribunal Federal Luiz Edson Fachin é uma pessoa de muitos feitos e também de muitos afetos.

Foi destacado aluno, professor e diretor da Faculdade de Direito da Universidade Federal do Paraná, da qual é filho ilustre. Nesta instituição, deu sequência à sua respeitada escola de direito civil, com diversos estudos e publicações, sendo ela a sua orgulhosa *alma mater*.

Um dos seus legados foi a idealização do Grupo de Pesquisa Virada de Copérnico, vinculado ao PPGD-UFPR, o qual foi criado e liderado por muitos anos pelo homenageado. Muitos foram os frutos advindos dos estudos realizados por esse grupo de pesquisa, que resultaram em artigos e livros jurídicos que se tornaram marcos paradigmáticos de muitas matérias.

A corrente do direito civil-constitucional é outra seara que contou com um relevante contributo do Professor Fachin (como é chamado carinhosamente pela comunidade acadêmica), da qual ele foi um dos precursores e maiores incentivadores.

O homenageado também escreveu diversos livros, mas é relevante destacar que algumas das suas primeiras obras cuidavam de uma seara em particular: o direito de família, o que é indicativo da sua sensibilidade ímpar. Não seria exagero afirmar que a atual vanguarda exercida pelo direito de família brasileiro é tributária de muitas das ideias de Luiz Edson Fachin, um dos pioneiros a ressignificar os institutos jusfamiliares, sempre de modo a aproximá-los da realidade que insistia em se modificar. Na temática da filiação, foram os seus densos estudos sobre posse de estado de filho que desaguaram na socioafetividade e, por essa via, influenciaram nos seus demais consectários (alguns dos quais serão expostos no decorrer deste artigo).

Em todos os lugares onde passou, o Professor Fachin deixou afetos e saudades, os quais bem retratam a sua relevância jurídica e a sua simplicidade pessoal. Esses são pequenos exemplos, mas que já permitem justificar o nosso muito obrigado ao merecidamente homenageado – e sempre nosso professor – Luiz Edson Fachin.

1 Contexto na aprovação e a experiência de duas décadas

Os vinte anos de vigência do nosso Código Civil demonstraram a sua capacidade de adaptação às diversas mudanças que ocorreram na sociedade brasileira neste período. Esta *adaptabilidade* pode ser destacada como uma das grandes marcas desse diploma legal.

É interessante observar que a discussão final sobre o projeto que propunha o novo Código foi permeada por muitos debates e até mesmo certa desconfiança. Isso porque a elaboração originária do texto era datada dos anos setenta do século passado, mas a sua efetiva apresentação para discussão final no Congresso Nacional se deu apenas quase três décadas depois, em meados dos anos 2000. Esse descompasso fez com que a leitura literal de muitos dos seus dispositivos causasse certa estranheza quando da sua apresentação para deliberação nas casas legislativas, pois, passados quase trinta anos do seu desenho inicial, diversas passagens não guardavam harmonia com os princípios e as regras da já vigente Constituição de 1988.

Ao mesmo tempo, outras opções do projeto soavam insuficientes para a realidade brasileira daquele início de milênio, com até mesmo alguns avanços jurisprudenciais já conquistados, não estando abarcados no texto então em vias de aprovação. Por estes motivos, para alguns críticos, parte substancial do anacronismo do Código Civil de 1916 restava mantido na proposta apresentada para votação em 2002, o que gerava reservas a sua aprovação.[1]

Ainda assim e com alguns ajustes, o projeto da comissão coordenada por Miguel Reale foi aprovado pela Lei nº 10.406, de 10.1.2002, a qual instituiu o Código Civil brasileiro atualmente em vigor.[2] A história desses vinte anos de vigência demonstra que – felizmente – muitas das preocupações dos críticos ao então novo Código não se confirmaram, pois não se vivenciou um retrocesso, anacronismo nem mesmo uma estagnação no nosso direito privado, especialmente no que refere ao direito de família.

A percepção difundida por Luiz Edson Fachin foi certeira: *um código não nasce código, antes se faz código em sua construção e lapidação cotidiana*,[3] o que desvela a influência da cultura jurídica na qual o Código Civil está inserido na sua concretização. Após vinte anos, é possível afirmar que a civilística brasileira conseguiu lapidar uma tradução equilibrada e constitucionalmente adequada do Código Civil de 2002. Nessa perspectiva, a codificação atualmente em vigor surpreendeu em vários aspectos, pois demonstrou uma porosidade capaz de viabilizar uma vigorosa adaptação às mudanças sociais ocorridas (as quais não foram poucas).

---

1 FACHIN, Luiz Edson; RUZYK, Carlos Eduardo Pianovski. Um projeto de Código civil na contramão da Constituição. *Revista Trimestral de Direito Civil*, v. 1, n. 4, p. 243-263, out./dez. 2000.

2 Miguel Reale rebateu muitas das críticas que foram apresentadas e escreveu diversos textos em defesa do projeto de Código Civil elaborado pela Comissão que coordenou. Grande parte desse material pode ser encontrado nesta obra: REALE, Miguel. Estudos *Preliminares do Código Civil*. São Paulo: Revista dos Tribunais, 2003.

3 FACHIN, Luiz Edson. *Direito civil*: sentidos, transformações e fim. Rio de Janeiro: Renovar, 2015. p. 29.

A leitura dos dispositivos do Código Civil à luz da Constituição de 1988 permitiu, por exemplo, que o direito de família brasileiro respondesse, de modo geral de forma satisfatória e tempestiva, a diversos dos reclamos familiares do nosso tempo. Ainda que o legislador originário não pudesse prever a infinidade de demandas que se apresentaria nesta seara, a abertura adotada pelo atual Código Civil (em especial, por intermédio dos seus princípios, das suas cláusulas gerais e dos seus conceitos indeterminados)[4] se mostrou suficiente para permitir essa modulação ao longo do tempo, especialmente quando tal completude é realizada de forma constitucionalizada.[5]

A história recente demonstrou que a compreensão do Código Civil a partir dos vetores constitucionais concebeu uma tradução refinada do direito de família brasileiro contemporâneo, que o coloca até mesmo na vanguarda mundial em diversos aspectos, sendo por muitos considerado dinâmico e vivaz. Não sem motivos, alguns autores optam até mesmo por nominar essa percepção atualizada e constitucionalizada com uma nomenclatura específica: *direito das famílias*.[6]

Importa destacar que a releitura de muitos institutos jurídico-familiares em harmonia com os dispositivos constitucionais foi impulsionada pela força construtiva dos fatos sociais, contou com a colaboração da nossa vigorosa doutrina familista e, em diversos momentos, recebeu o devido amparo jurisprudencial. Os contributos doutrinários e jurisprudenciais foram essenciais para a vivacidade percebida em variados temas familiares e sucessórios, muitas vezes por intermédio de uma refinada hermenêutica do texto presente no Código Civil de 2002.[7]

Para citar apenas alguns exemplos: o reconhecimento das uniões homoafetivas (STF – ADPF nº 132 e ADI nº 4.277), a consagração da filiação socioafetiva e a admissão da multiparentalidade (STF – RE nº 898.060), a possibilidade de alteração de nome e gênero no registro civil (STF – ADI nº 4.275), a equiparação dos direitos sucessórios na união estável aos conferidos para o casamento (STF – RE nº 878.694), entre tantas outras soluções alvissareiras, todas elas fruto dessa compreensão constitucionalizada das relações privadas.

Merece relevo o fato de que muitas dessas significativas deliberações em matérias familiares foram realizadas sem a necessidade de alteração expressa do Código. Esta experiência permite afirmar que a simbiose do texto codificado com o atual contexto civil-constitucional brasileiro foi profícua na seara familiar, em especial no tratamento jurídico da parentalidade, tema que é o escopo central do presente trabalho.

A tradução jurídica das disposições relativas ao parentesco constantes do nosso vintenário *Codex* oportunizou muitos dos avanços que a nossa sociedade demandou em tal período, como se destacará a seguir.

---

4 "[...] os Códigos mais recentes, em que pese as suas diversidades, têm em comum a adoção de uma dupla e convergente opção técnica: paralelamente às disposições casuísticas, ajuntam, situando-os, cláusulas gerais, princípios e conceitos indeterminados, intentando aliar segurança e flexibilidade" (MARTINS-COSTA, Judith. *A boa-fé no direito privado*: critérios para a sua aplicação. São Paulo: Saraiva, 2018. p. 141).

5 Sobre a constitucionalização do direito civil: LÔBO, Paulo. *Direito civil*: parte geral. 2. ed. São Paulo: Saraiva, 2010. p. 49-73.

6 Dentre outros: DIAS, Maria Berenice. *Manual de direito das famílias*. 11. ed. rev., atual. e ampl. São Paulo: Revista dos Tribunais, 2016.

7 Nesse sentido: RUZYK, Carlos Eduardo Pianovski. Institutos fundamentais de direito civil e liberdade(s): repensando a dimensão funcional do contrato, da propriedade e da família. Rio de Janeiro: GZ, 2011.

2 Dispositivos relativos ao parentesco e a outra origem

A Constituição de 1988 traz relevantes diretrizes sobre a filiação, as quais podem ser bem retratadas por dois princípios: *i)* princípio da parentalidade responsável (constante do §5º, art. 226, CF);[8] *ii)* princípio da igualdade na filiação (constante do §6º, art. 227, CF).[9]

Ao regular as temáticas da filiação e do parentesco, o Código Civil de 2002 partiu da estrutura tradicional consolidada em nosso sistema legal, mas procurou, de certa forma e ao seu modo, observar algumas diretrizes constitucionais.[10] Essa postura pode ser percebida em dois artigos representativos da matéria: arts. 1.593 e 1.597:

> Art. 1.593. O parentesco é natural ou civil, conforme resulte de consangüinidade ou outra origem. [...]
>
> Art. 1.597. Presumem-se concebidos na constância do casamento os filhos:
>
> I – nascidos cento e oitenta dias, pelo menos, depois de estabelecida a convivência conjugal;
>
> II – nascidos nos trezentos dias subsequentes à dissolução da sociedade conjugal, por morte, separação judicial, nulidade e anulação do casamento;
>
> III – havidos por fecundação artificial homóloga, mesmo que falecido o marido;
>
> IV – havidos, a qualquer tempo, quando se tratar de embriões excedentários, decorrentes de concepção artificial homóloga;
>
> V – havidos por inseminação artificial heteróloga, desde que tenha prévia autorização do marido.[11]

A leitura desses dispositivos demonstra que o texto codificado mantém os vínculos tradicionalmente reconhecidos como passíveis de estabelecer a filiação, como o biológico (art. 1.593), o matrimonial (art. 1.597, pela presunção *pater is est* prevista nos seus incs. I e II) e a adoção (art. 1.593, como modalidade especial de parentesco civil). Esses vetores efetivamente já constavam da legislação nacional até então em vigor, tal qual perfilam em vários outros países, e efetivamente seguiram sendo as principais balizas legais da filiação e do parentesco no Código Civil brasileiro.

Entretanto, merece destaque a abertura conferida pela locução "outra origem" constante da parte final do art. 1.593 do Código Civil de 2002, a qual é inovadora e instigante, visto que não constava do Código Civil de 1916, nem mesmo de outros diplomas legais. Interessante perceber que o legislador de 2002 não detalhou qual o sentido dessa expressão, deixando tal tarefa para a doutrina e para a jurisprudência, no que andou bem.[12]

---

[8] CF: "Art. 226. [...] §7º Fundado nos princípios da dignidade da pessoa humana e da paternidade responsável, o planejamento familiar é livre decisão do casal, competindo ao Estado propiciar recursos educacionais e científicos para o exercício desse direito, vedada qualquer forma coercitiva por parte de instituições oficiais ou privadas".

[9] CF: "Art. 227. [...] §6º Os filhos, havidos ou não da relação do casamento, ou por adoção, terão os mesmos direitos e qualificações, proibidas quaisquer designações discriminatórias relativas à filiação".

[10] Exemplo claro disso é o art. 1596 do Código Civil, que traz texto quase idêntico ao do §6º do art. 227 da Constituição Federal: "CC- Art. 1.596. Os filhos, havidos ou não da relação de casamento, ou por adoção, terão os mesmos direitos e qualificações, proibidas quaisquer designações discriminatórias relativas à filiação".

[11] BRASIL. Lei nº 10.406, de 10 de janeiro de 2002. Institui o Código Civil. *Diário Oficial da União*, Brasília, DF, 2002.

[12] Paulo Lôbo destaca a inclusividade constante dessa norma, visto que não confere primazia para a origem biológica (LÔBO, Paulo. *Direito civil*: famílias. São Paulo: Saraiva, 2018. v. 5. p. 28).

Esta opção legislativa de incluir na regulação da matéria do parentesco uma expressão indeterminada desta estirpe, a qual poderia ser constantemente atualizada sem a necessidade de alteração do texto legal, foi um relevante contributo para muitas das soluções jurídicas posteriormente edificadas no trato da filiação.

3 Filiação socioafetiva, princípio da afetividade e multiparentalidade

A expressão jurídica indeterminada "outra origem" foi a porta de entrada da nossa legislação para o amplo acolhimento da filiação socioafetiva no direito brasileiro, o que se fez com amparo nos demais dispositivos constitucionais.

A partir da codificação de 2002, restou viabilizado o reconhecimento da filiação decorrente da *posse de estado de filho*,[13] com referências expressas aos efeitos jurídicos da socioafetividade. Esse acolhimento foi fortemente impulsionado com a expressão codificada indeterminada que fazia referência à possibilidade jurídica de um parentesco de *outra origem*, constante do seu art. 1.593, o que merece relevo.

O reconhecimento da filiação socioafetiva é resultado de um profícuo diálogo travado entre a literatura jurídica de direito de família (entre outros, pelos autores: João Baptista Vilella,[14] Luiz Edson Fachin,[15] Zeno Veloso[16] e Paulo Luiz Netto Lôbo)[17] e a nossa jurisprudência, em especial do próprio Superior Tribunal de Justiça, com julgados como o que segue:

> DIREITO DE FAMÍLIA. AÇÃO NEGATÓRIA DE PATERNIDADE. EXAME DE DNA NEGATIVO. *RECONHECIMENTO DE PATERNIDADE SOCIOAFETIVA*. IMPROCEDÊNCIA DO PEDIDO. 1. Em conformidade com os princípios do Código Civil de 2002 e da Constituição Federal de 1988, o êxito em ação negatória de paternidade depende da demonstração, a um só tempo, da inexistência de origem biológica e também de que não tenha sido constituído o estado de filiação, fortemente marcado pelas relações socioafetivas e edificado na convivência familiar. Vale dizer que a pretensão voltada à impugnação da paternidade não pode prosperar, quando fundada apenas na origem genética, mas em aberto conflito com a paternidade socioafetiva. 2. *No caso, as instâncias ordinárias reconheceram a paternidade socioafetiva (ou a posse do estado de filiação), desde sempre existente entre o autor e as requeridas*. Assim, se a declaração realizada pelo autor por ocasião do registro foi uma inverdade no que concerne à origem genética, certamente não o foi no que toca ao desígnio de estabelecer com as então infantes vínculos afetivos próprios do estado de filho, verdade em si bastante à manutenção do registro de nascimento e ao afastamento da alegação de falsidade ou erro.[18] (Grifos nossos)

---

13 Sobre a *posse de estado de filho*, confiram as pioneiras lições do professor português: OLIVEIRA, Guilherme de. *Critério jurídico da paternidade*. Coimbra: Almedina, 2003; OLIVEIRA, Guilherme de. *Estabelecimento da filiação*. Coimbra: Petrony, 2019.

14 VILLELA, João Baptista. A desbiologização da paternidade. *Revista da Faculdade de Direito da Universidade Federal de Minas Gerais*, Belo Horizonte, ano XXVII, n. 21, maio 1979.

15 FACHIN, Luiz Edson. *Da paternidade*: relação biológica e afetiva. Belo Horizonte: Del Rey, 1996. p. 55.

16 VELOSO, Zeno. *Direito brasileiro da filiação e paternidade*. São Paulo: Malheiros, 1997.

17 LÔBO, Paulo Luiz Netto. Socioafetividade em família e a orientação do Superior Tribunal de Justiça. *In*: FRAZÃO, Ana; TEPEDINO, Gustavo (Coord.). *O Superior Tribunal de Justiça e a reconstrução do direito privado*. São Paulo: Revista dos Tribunais, 2011.

18 BRASIL. Superior Tribunal Justiça, 4ª Turma. *REsp 1.059.214*. Rel. Min. Luis Felipe Salomão, unânime, j. em 16.2.2012.

A consolidação dos efeitos jurídicos dos vínculos socioafetivos há mais de duas décadas é prova viva do atual dinamismo na regulação jurídica da parentalidade brasileira, o qual foi, de algum modo, franqueado pelo Código Civil de 2002, especialmente pelo seu revolucionário art. 1.593.

A *adaptabilidade* do nosso direito, nesse mister, também se atesta com o correlato reconhecimento da distinção entre vinculação genética e filiação,[19] bem como pela recente possibilidade de reconhecimento extrajudicial de filiações socioafetivas (permitido pelo Código de Normas da Corregedoria Nacional de Justiça – Foro Extrajudicial, do Conselho Nacional de Justiça, em especial nos seus arts. 505 a 511),[20] ambas características marcantes do nosso atual sistema jurídico filial.

O reconhecimento da afetividade como princípio do direito de família brasileiro também foi fomentado pela abertura inerente aos dispositivos constantes do Código de 2002, que traziam elementos implícitos e explícitos que permitiram essa sustentação. A própria expressão "outra origem" constante da parte final do art. 1.593 é citada como exemplo do acolhimento da afetividade pelo texto codificado. Consequentemente, a pujança das projeções decorrentes da leitura principiológica da afetividade é outra decorrência da porosidade inerente aos dispositivos codificados, de modo que é possível asseverar que o Código teve um papel relevante também nesse paulatino reconhecimento da afetividade como princípio.[21]

Outra demonstração da constante ressignificação na filiação pode ser estampada pelo recente acolhimento da multiparentalidade.[22] Em setembro de 2016,[23] o Supremo Tribunal Federal expressamente acolheu a possibilidade da multiparentalidade no atual cenário jurídico brasileiro, em paradigmática deliberação. A tese de repercussão geral restou com a seguinte redação: "A paternidade socioafetiva, declarada ou não em registro público, não impede o reconhecimento do vínculo de filiação concomitante baseado na origem biológica, com os efeitos jurídicos próprios".[24]

---

[19] Sobre o tema: LÔBO, Paulo Luiz Netto. Direito ao estado de filiação e direito à origem genética: uma distinção necessária. *In*: PEREIRA, Rodrigo da Cunha (Org.). *Anais do IV Congresso Brasileiro de Direito de Família*. Belo Horizonte: Del Rey, 2004. p. 523; e também: FACHIN, Luiz Edson. Paternidade e ascendência genética. *In*: LEITE, Eduardo de Oliveira (Coord.). *Grandes temas da atualidade*: DNA como meio de prova da filiação. Rio de Janeiro: Forense, 2002. O Superior Tribunal de Justiça também tem proferido decisões que admitem tal diferenciação, como em: BRASIL. Superior Tribunal Justiça, 3ª Turma. *Recurso Especial nº 127.541*. Rel. Min. Eduardo Ribeiro, j. em 10.4.2000.

[20] BRASIL. Conselho Nacional de Justiça. *Código de Normas da Corregedoria Nacional de Justiça* – Foro Extrajudicial. Disponível em: https://www.cnj.jus.br/poder-judiciario/consultas-publicas/codigo-nacional-de-normas-da-corregedoria-nacional-de-justica-foro-extrajudicial/. Acesso em: 5 ago. 2024.

[21] Sobre o princípio da afetividade e as suas diversas projeções, seja consentida a citação: CALDERÓN, Ricardo. *Princípio da afetividade no direito de família*. 3. ed. rev., atual. e ampl. Rio de Janeiro: Forense, 2023.

[22] Rodrigo da Cunha Pereira define multiparentalidade como "o parentesco constituído por múltiplos pais, isto é, quando o filho estabelece uma relação de 'paternidade/maternidade com mais de um pai e/ou com uma mãe. Os casos mais comuns são os padrastos e madrastas que também se tornam pais/mães pelo exercício das funções paternas e maternas ou em substituição a eles. A multiparentalidade é comum, também, nas reproduções medicamente assistidas, que contam com a participação de duas ou mais pessoas no processo reprodutivo, como por exemplo, quando o material genético de um homem e uma mulher é gestado no útero de outra mulher. A multiparentalidade, ou seja, a dupla maternidade/paternidade, tornou-se uma realidade dinâmica jurídica impulsionada pela dinâmica da vida e pela compreensão de que a paternidade e a maternidade são funções exercidas" (PEREIRA, Rodrigo da Cunha. *Dicionário de direito de família e sucessões*: ilustrado. 2. ed. São Paulo: Saraiva, 2018. p. 470-471).

[23] Sobre o tema, permitam-nos a remissão: LÔBO, Fabiola Albuquerque. *Multiparentalidade*: efeitos no direito de família. Indaiatuba: Foco, 2021.

[24] A sessão que fixou a tese foi realizada no dia 21.9.2016, em deliberação do pleno do STF. O caso que balizou a apreciação do tema foi o RE nº 898.060/SC. Na respectiva Repercussão Geral nº 622, o Instituto Brasileiro de

O caso concreto que balizou a referida deliberação foi o do RE nº 898.060/SC, que cuidava de um pleito de uma filha que possuía um pai socioafetivo registrado, mas que pretendia ver reconhecida a sua filiação biológica concomitantemente. A ementa deste caso restou assim assentada pelo STF:

> [...] CONFLITO ENTRE PATERNIDADES SOCIOAFETIVA E BIOLÓGICA. PARADIGMA DO CASAMENTO. SUPERAÇÃO PELA CONSTITUIÇÃO DE 1988. EIXO CENTRAL DO DIREITO DE FAMÍLIA: DESLOCAMENTO PARA O PLANO CONSTITUCIONAL. SOBRE PRINCÍPIO DA DIGNIDADE HUMANA (ART. 1º, III, DA CRFB). SUPERAÇÃO DE ÓBICES LEGAIS AO PLENO DESENVOLVIMENTO DAS FAMÍLIAS. DIREITO À BUSCA DA FELICIDADE. PRINCÍPIO CONSTITUCIONAL IMPLÍCITO. INDIVÍDUO COMO CENTRO DO ORDENAMENTO JURÍDICO-POLÍTICO. IMPOSSIBILIDADE DE REDUÇÃO DAS REALIDADES FAMILIARES A MODELOS PRÉ-CONCEBIDOS. ATIPICIDADE CONSTITUCIONAL DO CONCEITO DE ENTIDADES FAMILIARES. UNIÃO ESTÁVEL (ART. 226, §3º, CRFB) E FAMÍLIA MONOPARENTAL (ART. 226, §4º, CRFB). VEDAÇÃO À DISCRIMINAÇÃO E HIERARQUIZAÇÃO ENTRE ESPÉCIES DE FILIAÇÃO (ART. 227, §6º, CRFB). PARENTALIDADE PRESUNTIVA, BIOLÓGICA OU AFETIVA. NECESSIDADE DE TUTELA JURÍDICA AMPLA. MULTIPLICIDADE DE VÍNCULOS PARENTAIS. RECONHECIMENTO CONCOMITANTE. POSSIBILIDADE. PLURIPARENTALIDADE. PRINCÍPIO DA PATERNIDADE RESPONSÁVEL (ART. 226, §7º, CRFB).[25] (Grifos nossos)

A percepção da filiação a partir das lentes da Constituição Federal resta cristalina pela própria leitura da ementa, a qual atesta a perspectiva civil-constitucional que se está a destacar. Essa detida manifestação do STF sobre os contornos da multiparentalidade é emblemática, por mais que persistam discussões sobre os limites, as possibilidades, os acertos e os eventuais desacertos desta decisão. Para fins do presente trabalho, pretende-se apenas destacar a dinâmica atrelada ao tratamento jurídico da filiação e do parentesco no direito de família brasileiro, culminada com tal julgado.

Os elementos necessários para o acolhimento da multiparentalidade foram confeccionados pela nossa doutrina e pela nossa jurisprudência, sem qualquer alteração legislativa expressa sobre a temática, o que também é digno de nota. Ou seja, os dispositivos do Código Civil de 2002 efetivamente não preveem a multiparentalidade, mas também não obstaculizaram o encontro da solução final engendrada pelo Supremo Tribunal Federal, que foi no sentido da possibilidade de cumulação de ambas as paternidades.

Como visto, a parentalidade contemporânea brasileira se apresenta plural e efervescente, mas segue encontrando as ressignificações necessárias a partir da hermenêutica civil-constitucional do mesmo texto codificado. Nessa seara em específico, é possível afirmar que a abertura conferida pelo Código Civil de 2002 ofereceu um relevante contributo para a contínua jornada de atualização do nosso direito de família, a qual já vinha sendo empreendida, é bem verdade, mas restou fomentada nessas duas últimas décadas.

Direito de Família – IBDFAM atuou como *amicus curiae*. Para melhor compreensão do tema, recomenda-se um programa da TV Justiça disponível no seu canal do YouTube, na série Grandes Julgamentos do STF, capítulo "Paternidade biológica e socioafetiva – 18/10/2016".

25 BRASIL. Supremo Tribunal Federal. RE 898.060/SC. Rel. Min. Luiz Fux.

O porvir nos induz a refletir se os próximos desafios jusfamiliares poderão seguir sendo enfrentados apenas pela hermenêutica civil-constitucional dos atuais dispositivos do Código Civil de 2002, ou se, ao revés, exigirão modificações no próprio texto codificado. O futuro dirá.

Referências

BRASIL. Conselho Nacional de Justiça. *Código de Normas da Corregedoria Nacional de Justiça* – Foro Extrajudicial. Disponível em: https://www.cnj.jus.br/poder-judiciario/consultas-publicas/codigo-nacional-de-normas-da-corregedoria-nacional-de-justica-foro-extrajudicial/. Acesso em: 5 ago. 2024.

BRASIL. Lei nº 10.406, de 10 de janeiro de 2002. Institui o Código Civil. *Diário Oficial da União*, Brasília, DF, 2002.

BRASIL. Superior Tribunal Justiça, 4ª Turma. *REsp 1.059.214*. Rel. Min. Luis Felipe Salomão, unânime, j. em 16.2.2012.

BRASIL. Supremo Tribunal Federal. *RE 898.060/SC*. Rel. Min. Luiz Fux.

CALDERÓN, Ricardo. *Princípio da afetividade no direito de família*. 3. ed. rev., atual. e ampl. Rio de Janeiro: Forense, 2023.

DIAS, Maria Berenice. *Manual de direito das famílias*. 11. ed. rev., atual. e ampl. São Paulo: Revista dos Tribunais, 2016.

FACHIN, Luiz Edson. *Da paternidade*: relação biológica e afetiva. Belo Horizonte: Del Rey, 1996.

FACHIN, Luiz Edson. *Direito civil*: sentidos, transformações e fim. Rio de Janeiro: Renovar, 2015.

FACHIN, Luiz Edson. Paternidade e ascendência genética. *In*: LEITE, Eduardo de Oliveira (Coord.). *Grandes temas da atualidade*: DNA como meio de prova da filiação. Rio de Janeiro: Forense, 2002.

FACHIN, Luiz Edson; RUZYK, Carlos Eduardo Pianovski. Um projeto de Código civil na contramão da Constituição. *Revista Trimestral de Direito Civil*, v. 1, n. 4, p. 243-263, out./dez. 2000.

LÔBO, Fabiola Albuquerque. *Multiparentalidade*: efeitos no direito de família. Indaiatuba: Foco, 2021.

LÔBO, Paulo Luiz Netto. Direito ao estado de filiação e direito à origem genética: uma distinção necessária. *In*: PEREIRA, Rodrigo da Cunha (Org.). *Anais do IV Congresso Brasileiro de Direito de Família*. Belo Horizonte: Del Rey, 2004.

LÔBO, Paulo Luiz Netto. Socioafetividade em família e a orientação do Superior Tribunal de Justiça. *In*: FRAZÃO, Ana; TEPEDINO, Gustavo (Coord.). *O Superior Tribunal de Justiça e a reconstrução do direito privado*. São Paulo: Revista dos Tribunais, 2011.

LÔBO, Paulo. *Direito civil*: famílias. São Paulo: Saraiva, 2018. v. 5.

LÔBO, Paulo. *Direito civil*: parte geral. 2. ed. São Paulo: Saraiva, 2010.

MARTINS-COSTA, Judith. *A boa-fé no direito privado*: critérios para a sua aplicação. São Paulo: Saraiva, 2018.

OLIVEIRA, Guilherme de. *Critério jurídico da paternidade*. Coimbra: Almedina, 2003.

OLIVEIRA, Guilherme de. *Estabelecimento da filiação*. Coimbra: Petrony, 2019.

PEREIRA, Rodrigo da Cunha. *Dicionário de direito de família e sucessões*: ilustrado. 2. ed. São Paulo: Saraiva, 2018.

REALE, Miguel. Estudos *Preliminares do Código Civil*. São Paulo: Revista dos Tribunais, 2003.

RUZYK, Carlos Eduardo Pianovski. Institutos fundamentais de direito civil e liberdade(s): repensando a dimensão funcional do contrato, da propriedade e da família. Rio de Janeiro: GZ, 2011.

VELOSO, Zeno. *Direito brasileiro da filiação e paternidade*. São Paulo: Malheiros, 1997.

VILLELA, João Baptista. A desbiologização da paternidade. *Revista da Faculdade de Direito da Universidade Federal de Minas Gerais*, Belo Horizonte, ano XXVII, n. 21, maio 1979.

Informação bibliográfica deste livro, conforme a NBR 6023:2018 da Associação Brasileira de Normas Técnicas (ABNT):

LOBO, Fabíola; CALDERÓN, Ricardo. A parentalidade brasileira nos 20 anos de vigência do Código Civil. *In*: CORTIANO JUNIOR, Eroulths; SILVA, Alexandre Barbosa da (coord.). *O Código Civil e a Contemporaneidade*: Estudos do Grupo Virada de Copérnico em Homenagem ao Ministro Luiz Edson Fachin. Belo Horizonte: Fórum, 2025. p. 405-413. ISBN 978-65-5518-990-2.

NAMORO QUALIFICADO E CONTRATO DE NAMORO

MARÍLIA PEDROSO XAVIER

1 Introdução

Há pouco tempo, falar sobre namoro qualificado e contrato de namoro ensejava certo estranhamento ao civilista. As relações de namoro não eram propriamente objeto do direito de família e, por isso, não geravam grandes indagações. Some-se o fato de que, por muitas décadas, a família que estava sob o manto de proteção do Estado era apenas o casamento, celebrado de maneira solene.

Pois bem, nos dias atuais, é sintomático perceber que as circunstâncias são bastante diversas. A liquidez das relações afetivas e a progressiva – mas perigosa – equiparação do casamento à união estável jogaram luzes sobre o namoro como figura juridicamente relevante.

Partindo deste ambiente fértil, busca-se com o presente texto apresentar a intersecção entre a figura do namoro qualificado e o contrato de namoro, apontando este como verdadeiro instrumento de planejamento sucessório. Para tanto, dividiu-se o texto em duas grandes partes. Na primeira, apresenta-se a caminhada que parte do rechaço ao reconhecimento do contrato de namoro enquanto instituto jurídico lícito e relevante, passando por importantes pronunciamentos doutrinários e decisões judiciais nesse sentido. Também, o conceito de namoro qualificado é analisado, com especial destaque para as decisões do Superior Tribunal de Justiça que o diferenciam de uniões estáveis. Na segunda, enfrenta-se a delicada incerteza jurídica sobre a sucessão do companheiro e a utilidade do contrato de namoro como instrumento de planejamento sucessório neste quadro de inseguranças. Ao final, resumem-se as conclusões dessas reflexões.

2 O contrato de namoro: do vilanismo ao protagonismo

O tema do contrato de namoro sempre foi polêmico, desde a sua gênese. De fato, o próprio nome já desperta um misto de curiosidade e estranhamento. Não se sabe ao certo a quem atribuir o pioneirismo do termo. A expressão começou a figurar em reportagens nas revistas de grande circulação.[1]

Não demorou muito para que as primeiras reflexões doutrinárias viessem a lume, chamando à atenção o fato de que eram praticamente unânimes em alertar o leitor de que tais contratos atípicos eram eivados de nulidade, sendo que na prática em nada contribuíram para as partes que assim avençassem. O contrato de namoro era retratado como um verdadeiro vilão, fruto da criatividade da advocacia, mas maculado por má-fé e resquícios fraudulentos.

Exemplo era a doutrina de Pablo Stolze Gagliano, para quem tal contrato era "completamente desprovido de validade jurídica". Para o autor, o objeto contratual seria considerado "impossível", já que se prestaria a afastar "normas de natureza cogente, de ordem pública, indisponíveis pela simples vontade das partes". Concluindo o autor que tal contrato seria "somente uma írrita tentativa de se evitar o inevitável".[2]

Como se verá adiante, essa tese ganha força e relevo após uma decisão judicial reverberar em território nacional que o contrato de namoro seria, na realidade, um verdadeiro "aborto jurídico".

2.1 O contrato de namoro é um aborto jurídico?

Até o ponto em que se tem notícia, a primeira referência jurisprudencial sobre o contrato de namoro foi a Apelação Cível nº 70006235287 do Tribunal de Justiça do Rio Grande do Sul, julgada em 16.6.2004, pela Sétima Câmara Cível. Do voto do Des. Rel. Luiz Felipe Brasil Santos extrai-se o seguinte excerto que dá nome a esta reflexão: "[...] contratos de namoro, esses abortos jurídicos que andam recentemente surgindo por aí [...]".

Importa ressaltar que foi a partir desse pronunciamento que vários escritos[3] passaram a afirmar com veemência que o contrato de namoro seria nulo de pleno direito, porque teria como única finalidade afastar de modo fraudulento normas jurídicas cogentes. Ocorre que esse não foi o prisma de análise do julgado. Lamentavelmente, o acórdão parece ter sido mais citado do que efetivamente lido e compreendido. Por isso, seu exame se faz importante até mesmo para desfazer falsas crenças.

Antes, porém, cabe uma importante advertência metodológica: o julgado em comento é extremamente rico em argumentação e fundamentação. As matérias foram debatidas com rigor, após ampla dilação probatória e, como já se espera em temas sensíveis, o resultado foi proclamado por maioria (e não por unanimidade). Para além

---

[1] OYAMA, Thais. Homens precavidos estão assinando contratos de não-compromisso com namoradas. *Revista Veja*, São Paulo, ed. 1.746, 10 abr. 2002. Com a devida vênia à repórter, acredita-se que o título da matéria seja bastante equivocado, por reforçar estereótipos de gênero infelizmente comuns no passado, mas que não mais resumem a plural sociedade brasileira contemporânea.

[2] O texto pode ser encontrado em: GAGLIANO, Pablo Stolze. *Contrato de namoro*. Disponível em: https://jus.com.br/artigos/8319/contrato-de-namoro. Acesso em: 30 maio 2024.

[3] Em homenagem aos ditames de elegância acadêmica e da pretensão de afastamento de qualquer espécie de "pessoalização" do debate, deixa-se de mencionar expressamente tais textos. Porém, é certo que o leitor não encontra dificuldade em localizá-los, eis que estabelecem verdadeira relação de causa e efeito entre o julgado e a tese de nulidade do contrato de namoro.

de todo o esmero dos eminentes magistrados, também ganhou destaque o trabalho dos advogados das partes. Nas palavras do Des. José Carlos Teixeira Giorgis: "[...] este é um processo como poucos, porque é raro encontrarmos num feito um trabalho tão profícuo, profundo e dedicado de ambos os advogados". E prossegue o desembargador: "[s]eja qual for o vitorioso, ambos merecem elogios pela dedicação à causa e pela produção do trabalho notável, o que, em contrapartida, também exige do julgador uma dedicação maior". Diante de tantos caminhos que poderiam ser percorridos para analisar o recurso de apelação, concentrar-nos-emos na verticalização dos aspectos atinentes ao tema já enunciados no título.

A demanda aforada por Marinês pretendia declarar a existência de união estável com Carlos, decretar sua dissolução, partilhar os bens amealhados no período compreendido entre 1990 e 1999 e fixar alimentos. Em primeiro grau, a magistrada julgou procedente o pedido para reconhecer a união estável entre as partes pelo período de nove anos, determinando a partilha dos bens e estabelecendo alimentos em favor de Marinês.

Porém, em segundo grau, foi dado provimento ao apelo para afastar o reconhecimento da união estável e os consequentes efeitos patrimoniais. Como já dito, o julgamento foi por maioria. Para o Des. Rel. Luiz Felipe Brasil Santos, cujo entendimento foi acompanhado pelo Des. José Carlos Teixeira Giorgis, é absolutamente inequívoco que as partes mantiveram um relacionamento afetivo de longa duração, mas que não se revestiu das características típicas de uma entidade familiar, não tendo havido comunhão plena de vidas.

Aqui, cabe lembrar que a união estável é reconhecida pela Constituição Federal de 1988, em seu art. 226, §3º, como entidade familiar. Já o art. 1.723 do Código Civil prevê que um relacionamento afetivo, para que seja considerado uma união estável, deverá preencher os seguintes requisitos: "convivência pública, contínua e duradoura e estabelecida com o objetivo de constituição de família".

Uma nota importante para a compreensão do caso: Marinês e Carlos eram solteiros, não havendo nenhuma lógica em cogitar se o relacionamento seria concubinário (nos moldes do art. 1.727 do Código Civil), uma vez que ambos eram plenamente desimpedidos para, querendo, se casarem.

Os fundamentos que levaram os julgadores a afastar a constituição da união estável estão especialmente centrados na ausência de publicidade e de objetivo de constituir família. Quanto ao fato de a união ser contínua e duradoura, entendeu-se que, apesar das alegações de terem existido períodos de afastamento, o relacionamento foi bastante longevo, alcançando quase uma década. No que toca à ausência de publicidade e de objetivo de constituir família, foi consignado que o casal nunca coabitou, não manteve conta corrente ou poupança em conjunto, não figurava como dependente no imposto de renda ou plano de saúde do outro, não era apresentado na sociedade como companheiros em união estável e mantinha vida independente apesar do relacionamento afetivo. Nesse sentido, destaca-se um elemento probatório acostado aos autos: a declaração do pároco da igreja que Carlos frequentava por mais de vinte anos no sentido de que, quando questionava o fiel sobre casamento, ouvia de Carlos que ainda não teria encontrado a mulher ideal para constituir família.

O que mais chama atenção no acórdão é o que serve, nas palavras do próprio Des. Luiz Felipe Brasil Santos, de "inspiração, norte e até de filosofia" no enfoque do "cipoal de provas deste processo". O relator afirma, com acerto, que examinará os autos a partir da seguinte mentalidade:

> [...] devemos, antes e acima de tudo, respeitar a opção pessoal das pessoas, a liberdade individual de cada um constituir a forma de relacionamento que melhor lhe aprouver, indagando, com muita cautela, as razões pelas quais essas pessoas teriam optado por não casar, podendo fazê-lo, mas não o fazendo. E, por isso, só reconhecendo a união estável em situações em que ela esteja palpitante na prova dos autos, nunca em situações dúbias, em situações contraditórias ou em situações em que a prova se mostre dividida, porque aí vamos estar fazendo como João Baptista Villela refere: casando de ofício quem não o fez *motu proprio*.

Baseado em tais premissas, reformou a decisão exarada em primeiro grau e afastou a caracterização da união estável ante a ausência da comunhão plena de vida e dos elementos constantes no art. 1.723 do Código Civil.

Pois bem, compreendidas as linhas mestras da decisão, cabe então indagar: as partes pactuaram contrato de namoro? O Tribunal de Justiça do Rio Grande do Sul considerou o instrumento como elemento de prova para entender pela não configuração da união estável?

A resposta para os questionamentos acima é não. O julgamento em comento não enfrentou a questão do contrato de namoro por uma razão bem simples e óbvia: as partes não o pactuaram. Em nenhum momento dos autos há qualquer menção sobre tal instrumento.

Ocorre que no afã de explicitar a cautela que deve guiar a magistratura em decisões como aquela, no sentido de evitar ao máximo uma indevida intromissão do Estado-Juiz na vida privada das pessoas, o julgador assim asseverou:

> É isso que não desejo realizar nunca, porque tenho certeza de que não estarei colaborando para o afeto, não estarei colaborando para a realização espontânea do amor, da autonomia de vontades; pelo contrário, estarei colaborando para a proliferação do medo, para o resguardo das pessoas sob a forma de *contratos de namoro, esses abortos jurídicos* que andaram recentemente surgindo por aí, que são nada mais do que o receio de que um namoro espontâneo, natural, simples e singelo, resultante de um afeto puro, acabe transformando-se em uma união com todos os efeitos patrimoniais indesejados ao início. (Grifos nossos)

A crítica feita pelo Des. Luiz Felipe Brasil Santos parece estar muito mais direcionada ao aludido receio que as relações de namoro sejam transformadas em união estável de forma indevida, projetando consequências patrimoniais que não foram previamente e inequivocamente desejadas pelas partes.

Feitas essas considerações, voltemos então à pergunta que intitula este tópico: o contrato de namoro é um aborto jurídico?

Considerando a polissemia do termo "aborto" e, também, o neologismo semântico de "aborto jurídico" – aqui tomado como palavra ou expressão já existente e que ganha outro novo significado –, cabe perquirir o real alcance do que teria dito o julgador.

A partir de interpretação subjetiva formulada por esta autora, quer parecer que a expressão "aborto jurídico" foi empregada no julgado como sendo uma espécie de intervenção externa voluntária utilizada pelas partes com o objetivo de evitar que se dê vida aos efeitos jurídicos indesejados do relacionamento de namoro.

Nesse sentido, assiste razão ao julgador. É muito grave o fato de o instituto da união estável ter ganhado tentáculos tão extensos e numerosos a ponto de levar os interessados a promover a criação de instrumentos para evitar sua configuração. No fundo, a grande lição que se extrai aqui é que o instituto da união estável precisa urgentemente ser repensado.

Não se ignora que a união estável passou por um longo e tortuoso caminho até alcançar reconhecimento constitucional e *status* de família e, posteriormente, receber um regramento infraconstitucional. É fato, inclusive, que esse regramento, quando vertido na codificação civil de 2002, padeceu de várias imprecisões e inconstitucionalidade já declarada. Esse caminho lembra um movimento pendular, que vai da sua negação, avança para a indenização por serviços prestados e pela sociedade de fato e aporta na família. Agora, porém, parece ter atingido o outro extremo da trajetória: alcançar relações amorosas e afetivas em que não há vontade expressa de ambas as partes para que se constitua.

Assim, o maior desafio do instituto hoje parece estar nucleado na definição de bases mais sólidas e concretas para sua constituição. Afinal, transformar qualquer relacionamento em união estável é, antes de tudo, banalizar essa forma tão digna de família.

Por essas razões, enquanto perdurar a extensa zona de penumbra que norteia o conceito jurídico da união estável, sua natureza jurídica e seus requisitos de constituição, parece pertinente, sim, pactuar contratos de namoro.

Nesse sentido, uma análise crítica e atenta do julgado permite retirar lições completamente diversas do que uma leitura apressada poderia sugerir. A intensa utilização pela doutrina da expressão "aborto jurídico" de forma descontextualizada induz em erro o leitor e gera perigosas incompreensões.

Na já denunciada abordagem negativa atribuída ao contrato de namoro, transformando-o em vilão, Zeno Veloso por muito tempo foi voz dissonante e isolada. Em suas palestras, sempre alertou para os perigos da zona tênue entre um namoro com ares contemporâneos e uma união estável. Foi em suas obras, inclusive, que o termo "namoro qualificado" ganhou destaque nacional.[4] As sementes de uma nova perspectiva já estavam bem lançadas pelo festejado e saudoso jurista.

2.2 Uma nova perspectiva: contrato de namoro – amor líquido e direito de família mínimo

Como já observava San Tiago Dantas, no ramo do direito de família, "[...] mais do que em qualquer outro, sente-se o quanto as normas jurídicas são moldadas e

[4] Ver: VELOSO, Zeno. É namoro ou união estável? *IBDFAM*, 20 jul. 2016. Disponível em: https://ibdfam.org.br/noticias/6060. Acesso em: 30 maio 2024 e VELOSO, Zeno. A união estável e o chamado namoro qualificado no Brasil. *Revista Nacional de Direito de Família e Sucessões*, Porto Alegre, v. 18, p. 32-50, maio/jun. 2017.

determinadas pelos seus conteúdos sociais".[5] Essa é a premissa básica para compreender a mudança de perspectiva pela qual passou o contrato de namoro.

Ao analisar o cenário contemporâneo, Zygmunt Bauman aponta que no âmbito dos relacionamentos afetivos e amorosos há uma superação da perspectiva única do amor romântico e duradouro, substrato social do arcabouço do direito de família. É importante frisar que algumas relações de nossa época, chamada de modernidade líquida, se caracterizam por parcerias "frouxas e eminentemente revogáveis".[6]

Assim, em muitos casos, as pessoas querem se relacionar, viver uma paixão, um amor, mas sem que isso se torne algo sólido a ponto de trazer reflexos jurídicos cogentes na área de família e sucessões. Surge, portanto, um descompasso entre aquilo que a sociedade vive, seus novos comportamentos, seus novos costumes e aquilo que está cristalizado na lei e na mentalidade dos juristas. O vilanismo que atingiu o contrato de namoro, exposto anteriormente, é fruto desse descompasso.

Diante destas circunstâncias é que o direito de família, notadamente na esfera das conjugalidades, vem sofrendo uma diminuição da tutela estatal e uma ampliação da autonomia das partes. Sem se descurar da eventual vulnerabilidade de um dos cônjuges, a autonomia privada deve ser a regra geral no trato das situações havidas na conjugalidade, na medida em que o respeito à autonomia implica o respeito da vida digna. Daí a antológica anotação de João Baptista Villela no sentido de que "[o] casamento e a família só serão o espaço do sonho, da liberdade e do amor à condição de que os construam os partícipes mesmos da relação de afeto".[7] É a ideia de um direito de família mínimo, no qual o Estado deve se concentrar na proteção dos sujeitos presumidamente vulneráveis, não limitando indevidamente os demais.[8]

Outra circunstância que deve ser somada é a de que a própria noção de namoro foi radicalmente alterada com o transcurso do tempo. Os namoros de outrora, da época de elaboração do Anteprojeto do Código Civil na década de 1970, contavam com a supervisão da família para evitar que o casal tivesse intimidade sexual. Tudo isso porque o namoro era visto como um meio apto para atingir determinado fim: o casamento. Hoje, anos mais tarde, percebe-se que para muitos pares o namoro é uma espécie de fim em si mesmo. Não precisa levar a outra instância. Tem valor *per se* e talvez nunca evolua para uma intensificação relacional que gere a solidez típica de uma família, inclusive para fins jurídicos.

Assim, não raro observamos casais que estão namorando por anos e anos. A relação longeva na sociedade de hoje, com mais permissividade pós-revolução sexual, faz com que esses casais viajem juntos, convivam com bastante intensidade e pernoites e se relacionem sexualmente.

Com isso, convencionou-se diferenciar um namoro mais fugaz de um namoro mais duradouro e intenso, chamando esse último de namoro qualificado. Sem dúvida, a

---

5 DANTAS, San Tiago. *Direitos de família e das sucessões*. 2. ed. Rio de Janeiro: Forense, 1991. p. 3.

6 BAUMAN, Zygmunt. *Amor líquido*: sobre a fragilidade dos laços humanos. Tradução de Carlos Alberto Medeiros. Rio de Janeiro: Zahar, 2004. p. 112.

7 VILLELA, João Baptista. Repensando o direito de família. *In*: PEREIRA, Rodrigo da Cunha (Coord.). *Repensando o direito de família*. Belo Horizonte: Del Rey, 1999. p. 19.

8 Nesse sentido, ver: MULTEDO, Renata Vilela. *Liberdade e família*: limites para a intervenção do estado nas relações conjugais e parentais. Rio de Janeiro: Processo, 2017.

grande valia de ter uma expressão própria para bem delinear esses relacionamentos vem a ser a delimitação conceitual. Logo, o namoro qualificado surge como uma instância intermediária entre o namoro e a união estável. Zeno Veloso bem explanou essa complexa zona cinzenta e seus reflexos jurídicos:

> Nem sempre é fácil distinguir essa situação – a união estável – de outra, o namoro, que também se apresenta informalmente no meio social. Numa feição moderna, aberta, liberal, especialmente se entre pessoas adultas, maduras, que já vêm de relacionamentos anteriores (alguns bem-sucedidos, outros nem tanto), eventualmente com filhos dessas uniões pretéritas, o namoro implica, igualmente, convivência íntima – inclusive, sexual –, os namorados coabitam, frequentam as respectivas casas, comparecem a eventos sociais, viajam juntos, demonstram para os de seu meio social ou profissional que entre os dois há uma afetividade, um relacionamento amoroso. E quanto a esses aspectos, ou elementos externos, objetivos, a situação pode se assemelhar – e muito – a uma união estável. Parece, mas não é! Pois falta um elemento imprescindível da entidade familiar, o elemento interior, anímico, subjetivo: ainda que o relacionamento seja prolongado, consolidado, e por isso tem sido chamado de 'namoro qualificado', os namorados, por mais profundo que seja o envolvimento deles, não desejam e não querem – ou ainda não querem – constituir uma família, estabelecer uma entidade familiar, conviver numa comunhão de vida, no nível do que os antigos chamavam de *affectio maritalis*. Ao contrário da união estável, tratando-se de namoro – mesmo do tal namoro qualificado –, não há direitos e deveres jurídicos, mormente de ordem patrimonial entre os namorados. Não há, então, que falar-se de regime de bens, alimentos, pensão, partilhas, direitos sucessórios, por exemplo.[9]

A diferenciação entre namoro qualificado e união estável também ganhou contornos significativos a partir de dois julgados do Superior Tribunal de Justiça: o REsp nº 1.263.015/RN,[10] de relatoria da Min. Nancy Andrighi, e o REsp nº 1.454.643/RJ,[11] de relatoria do Min. Marco Aurélio Bellizze. Ambos se debruçam sobre a necessária presença do ânimo de constituir família para a caracterização da união estável, dando ao namoro qualificado um delineamento diferenciador da união estável.[12] Especialmente no acórdão relatado pelo Ministro Bellizze, tem-se a análise do momento em que este ânimo é manifestado, se é no presente ou como projeto para o futuro, conforme trecho extraído da ementa:

---

9 VELOSO, Zeno. União estável e o chamado namoro qualificado no Brasil: equiparação entre cônjuges e companheiros. *Direito civil: temas*, Belém, p. 293-327, 2018. p. 313-314.

10 BRASIL. Superior Tribunal de Justiça. *REsp 1.263.015/RN*. Rel. Nancy Andrighi, Terceira Turma, julgamento em 19.06.2012, publicação em 26.06.2012.

11 BRASIL. Superior Tribunal de Justiça. *REsp 1.454.643-RJ*. Rel. Marco Aurélio Bellizze, Terceira Turma, julgamento em 03.03.2015, publicação em 10.03.2015.

12 Flávio Tartuce aponta tais decisões para demonstrar a utilização do termo "namoro qualificado" "para denotar o namoro longo, em que não há a presença dos requisitos familiares de uma união estável". Nesse sentido, o autor cita trecho do acórdão da Ministra Nancy Andrighi: "Na relação de namoro qualificado os namorados não assumem a condição de conviventes porque assim não desejam, são livres e desimpedidos, mas não tencionam naquele momento ou com aquela pessoa formar uma entidade familiar. Nem por isso vão querer se manter refugiados, já que buscam um no outro a companhia alheia para festas e viagens, acabam até conhecendo um a família do outro, posando para fotografias em festas, pernoitando um na casa do outro com frequência, ou seja, mantêm verdadeira convivência amorosa, porém, sem objetivo de constituir família (STJ, REsp 1.263.015/RN, 3ª Turma, Rel. Min Nancy Andrighi, julgado em 19/6/2012, DJe 26/6/2012)" (TARTUCE, Flávio. União estável e namoro qualificado. *IBDFAM*, 28 mar. 2018. Disponível em: https://ibdfam.org.br/artigos/1265/Uni%C3%A3o+est%C3%A1vel+e+namoro+qualificado. Acesso em: 30 maio 2024).

> A só projeção da formação de uma família, os relatos das expectativas da vida no exterior com o namorado, a coabitação, ocasionada, ressalta-se, pela contingência e interesses particulares de cada qual, tal como esboçado pelas instâncias ordinárias, afiguram-se insuficientes à verificação da *affectio maritalis* e, por conseguinte, da configuração da união estável. 2.1 O propósito de constituir família, alçado pela lei de regência como requisito essencial à constituição da união estável – a distinguir, inclusive, esta entidade familiar do denominado "namoro qualificado" –, não consubstancia mera proclamação, *para o futuro*, da intenção de constituir uma família. É mais abrangente. Esta deve se afigurar *presente* durante toda a convivência, a partir do efetivo compartilhamento de vidas, com irrestrito apoio moral e material entre os companheiros. É *dizer: a família deve, de fato, restar constituída.* Tampouco a coabitação, por si, evidencia a constituição de uma união estável (ainda que possa vir a constituir, no mais das vezes, um relevante indício) [...]. (Grifos no original)

A partir de tal excerto, torna-se perceptível a dificuldade do Poder Judiciário de se imiscuir na análise dos detalhes cotidianos e, por vezes, íntimos, da vida do casal e de intentar extrair a (in)existência do ânimo de constituir família no momento presente.

Diante desse cenário, tivemos a oportunidade de analisar a dogmática do contrato de namoro sob novas luzes em trabalho acadêmico.[13] Em referido trabalho, o contrato de namoro é conceituado como "[...] uma espécie de negócio jurídico no qual as partes que estão tendo um relacionamento afetivo acordam consensualmente que não há entre elas objetivo de constituir família".[14]

Isso porque, adotando o posicionamento de Marcos Bernardes de Mello,[15] para quem a união estável é um negócio jurídico composto por manifestação de vontade e por um suporte fático que a complete, o contrato de namoro claramente impede a completude do suporte fático da mesma. Note-se, inclusive, que esta posição supera o argumento da nulidade do contrato de namoro por impossibilidade jurídica do pedido.

Logo, o contrato de namoro emerge como importante instrumento para externar de forma segura a vontade das partes no sentido de evitar que ocorram efeitos jurídicos indesejados. Esses efeitos, advindos de um enquadramento equivocado como união estável, podem se dar em vida, mas também *causa mortis*. É nesse sentido que o contrato de namoro passa a ser um importante instrumento de planejamento sucessório.

3 O contrato de namoro como instrumento de planejamento sucessório

O planejamento sucessório tem se tornado uma verdadeira necessidade para a população brasileira, a qual conta com os mais diversos arranjos familiares e afetivos, mas que em geral está submetida a uma única legislação já anacrônica e que dificilmente se adequa aos exatos anseios dos interessados.

No passado, diante da verificação de potenciais riscos de enquadramento de uma relação como união estável, a advocacia costumava indicar que o caminho mais

---

[13] XAVIER, Marilia Pedroso. *Contrato de namoro*: amor líquido e direito de família mínimo. 3. ed. Belo Horizonte: Fórum, 2022.

[14] XAVIER, Marilia Pedroso. *Contrato de namoro*: amor líquido e direito de família mínimo. 3. ed. Belo Horizonte: Fórum, 2022. p. 102-103.

[15] MELLO, Marcos Bernardes de. Breves notas sobre o perfil jurídico da união estável. *Revista IBDFAM: Família e Sucessões*, v. 39, p. 138-164, maio/jun. 2020.

seguro para as partes seria formalizar o relacionamento como união estável (ainda que não fosse) e escolher o regime da separação convencional de bens. Também, somava-se a isso a lavratura de testamento afastando a figura do companheiro como herdeiro.

A verdade é que essa solução nunca foi adequada. Isso por duas razões. A primeira é de cunho ideológico. É simplesmente absurdo aceitar com ares de normalidade o fato de namorados precisarem adentrar no terreno do direito de família e formar uma união estável quando não sentem que essa é a realidade efetivamente vivida. Tudo isso apenas para acessar um arcabouço jurídico que permita afastar direitos a partir da adoção de um regime de bens mais austero. A segunda é de cunho pragmático. Mesmo conjugando a adoção pelo regime da separação convencional e o testamento, muitos direitos que surgem do vínculo do companheirismo são de natureza cogente e não podem ser declinados por vontade das partes. O direito real de habitação é um importante exemplo, o qual tem efeitos tão significativos, chegando à vitaliciedade.

Nos últimos anos, a união estável ganhou contornos jurídicos ainda mais complexos a partir de uma tentativa sistemática de equiparação ao casamento. Baseadas no discurso inicial de rechaçar qualquer tipo de hierarquização das formas de família, distinções legislativas entre união estável e casamento vêm sendo superadas, gerando tamanha aproximação entre os institutos a ponto de Mário Delgado denunciar que a união estável tem se tornado um verdadeiro "casamento forçado".[16]

Sem dúvida, o reconhecimento da inconstitucionalidade do art. 1.790 do Código Civil pelo Supremo Tribunal Federal trouxe mais insegurança jurídica para aqueles que temem uma confusão entre um namoro qualificado e uma união estável. Isso porque há quem defenda que, após o julgamento dos recursos extraordinários nºs 878.694/MG[17] e 646.721/RS,[18] o companheiro teria se tornado herdeiro necessário. Com isso, não seria possível afastá-lo em testamento, uma vez que faria jus a participar da reserva legítima de cinquenta por cento do patrimônio do companheiro falecido.

É importante rememorar que, até o julgamento dos referidos recursos, a jurisprudência apresentava três posições conflitantes sobre a adequação do art. 1.790 do Código Civil aos ditames constitucionais: (i) pela inconstitucionalidade integral; (ii) pela inconstitucionalidade parcial e (iii) pela constitucionalidade.[19]

Porém, mesmo com a fixação da tese sobre a inconstitucionalidade do art. 1.790 e a aplicação, tanto no casamento quanto na união estável, do regime do art. 1.829 do Código Civil, novas dúvidas surgiram. Como suscitado pelo IBDFAM nos embargos de declaração opostos ao acórdão do Recurso Extraordinário nº 878.694/MG, na medida em que o art. 1.829 não esgota a disciplina da sucessão hereditária do cônjuge, graves

---

[16] DELGADO, Mário Luiz. O paradoxo da união estável: um casamento forçado. *Revista Nacional de Direito de Família e Sucessões*, Porto Alegre, v. 1, n. 2, p. 5-21, 2014.

[17] BRASIL. Supremo Tribunal Federal. *RE 878.694/MG*. Rel. Min. Luís Roberto Barroso, Tribunal Pleno, julgamento em 10.05.2017, publicação em 06.02.2018.

[18] BRASIL. Supremo Tribunal Federal. *RE 646.721/RS*. Rel. Min. Marco Aurélio Mello, Tribunal Pleno. Red. do acórdão: Min. Luís Roberto Barroso, julgamento em 10.05.2017, publicação em 11.09.2017.

[19] XAVIER, Luciana Pedroso; XAVIER, Marília Pedroso. O planejamento sucessório colocado em xeque: afinal, o companheiro é herdeiro necessário? *In*: TEIXEIRA, Daniele Chaves (Coord.). *Arquitetura do planejamento sucessório*. 2. ed. Belo Horizonte: Fórum, 2019. p. 243.

questões de dogmáticas ficam abertas: como se dará a sucessão do companheiro em relação aos demais dispositivos legais que regulam o tema? Todos os artigos relacionados ao direito sucessório no casamento serão aplicados automaticamente ao companheiro? Haverá aplicação da regra insculpida no art. 544 do Código Civil aos companheiros ou só aos casados? Se o companheiro for considerado herdeiro necessário, ele receberá parta da reserva legítima? Ao companheiro aplicam-se as regras sobre outorga, estado civil e presunção de paternidade?

Infelizmente, os embargos foram rejeitados por unanimidade pelo STF, sob o fundamento de que a repercussão geral dizia respeito apenas à aplicabilidade do art. 1.829 do Código Civil às uniões estáveis. Com isso, o debate acerca de o companheiro ser herdeiro necessário ou não ainda permanece inconcluso.

Em estudos anteriores, já registramos nossa posição de que, até esse momento, diante da ausência de manifestação expressa alterando a redação do art. 1.845 do Código Civil, não é possível sustentar que o companheiro é herdeiro necessário.[20] Porém, outra dúvida que permanece é de direito intertemporal: se futuramente o companheiro se tornar herdeiro necessário e, portanto, com direito à legítima, como ficam os testamentos lavrados anteriormente afastando sua posição? Serão rompidos? Haverá redução da disposição? A vontade do testador prevalecerá naquilo que couber?

Dessa forma, percebe-se que o contrato de namoro colmata lacunas jurídicas inquietantes. Ele alcança algo que nem mesmo outros instrumentos conjugados e/ou combinados podem oferecer. Daí extraímos sua indiscutível valia. Ao firmarem um contrato de namoro, as partes afastam a eventual configuração de união estável. E, *ipso facto*, todas as incertas consequências que esta última figura oferece contemporaneamente.

Por evidente, não se pode deixar de reconhecer que o contrato de namoro não é uma tábua de salvação. Sua utilização também apresenta algumas armadilhas. Não há modelo de contrato de namoro. Cada instrumento deverá corresponder fielmente à realidade vivida pelos namorados e aos respectivos anseios e interesses destes.

Nisto, frisa-se a importância do advogado, o qual tem papel relevantíssimo na identificação da conformação jurídica e orientação das partes acerca das repercussões sucessórias. Ademais, a atuação do advogado é de grande valia na elaboração do contrato em si, inclusive incentivando que este seja formalizado por meio de escritura pública.

A segurança do acompanhamento cartorial e a publicidade registradas são mecanismos importantes trazidos pela escritura pública para evitar futuras distorções na interpretação da vontade de membro do casal que falece na constância do namoro. Não é raro que, após o falecimento, surja um embate entre os familiares do falecido e o pretenso ex-companheiro justamente acerca da existência ou não do ânimo de constituir família por parte do *de cujus*. Este tipo de caso, que geralmente acaba acarretando disputas judiciais longas e exaustivas, poderia ser prevenido, eis que a vontade expressa no contrato de namoro seria considerada elemento de prova de que não havia intenção de constituir família.

---

[20] XAVIER, Luciana Pedroso; XAVIER, Marília Pedroso. O planejamento sucessório colocado em xeque: afinal, o companheiro é herdeiro necessário? *In*: TEIXEIRA, Daniele Chaves (Coord.). *Arquitetura do planejamento sucessório*. 2. ed. Belo Horizonte: Fórum, 2019. p. 247.

Duas decisões de tribunais estaduais são reveladoras desta potencialidade do contrato de namoro. A primeira delas é do Tribunal de Justiça do Rio Grande do Sul,[21] em caso que versava sobre reconhecimento de união estável *post mortem* e que, diante da análise probatória, demonstrou a existência de união estável. O que chama a atenção no julgado é o seguinte trecho do voto do relator, Desembargador Ivan Leomar Bruxel:

> Destaco que tampouco se desincumbiu o falecido de evitar mal entendidos acerca de seu relacionamento com a autora, o que poderia ter feito, por exemplo, formalizando um contrato de namoro, que afastasse a hipótese de que estivesse vivendo em união estável.

Já a segunda é do Tribunal de Justiça de São Paulo.[22] Neste julgado, é demonstrada a efetiva utilização do contrato de namoro como meio de prova, influenciando no convencimento do relator de que não havia união estável, conforme trecho do voto do Desembargador Rogério Murillo Pereira Cimino:

> É de se observar que, apesar de comprovada a habitação em comum por um curto período, tal fato não é elemento circunstancial, por si só, apto à caracterização da união estável. Nesse sentido, aliás, foi a prova produzida nos autos, que veio a corroborar as alegações da requerida, de modo a concluir que a relação, muito aquém de uma união estável, não passava de um namoro. Em especial, o contrato de namoro firmado pelas partes (fls. 41/43), que foi celebrado dentro dos ditames do artigo 104, do Código Civil, inexistindo patente vício de vontade que poderia ensejar, de plano, o reconhecimento de eventual nulidade. De tal sorte, é válido. Deste modo, não comprovada a alegada união estável, não há que se falar em meação quanto aos bens adquiridos pela recorrida.

Outro ponto que merece atenção é a inserção de cláusula para tutelar eventual evolução do relacionamento. Considerando o posicionamento consolidado do STJ,[23] no sentido da impossibilidade de reconhecimento de efeitos retroativos à escolha de regime de bens da união estável no momento de sua formalização, a cláusula que prevê uma eventual conversão futura de namoro em união estável ganha relevância pela possibilidade de já delimitar qual seria o regime de bens escolhido pelo casal. Com isso, se e quando houver a conversão de namoro em união estável, desde o início desta já estaria sendo aplicado o regime de bens declinado no contrato de namoro.

4 Conclusões

Dado o exposto, o contrato de namoro emerge como importante instrumento de planejamento sucessório. Além de fornecer segurança jurídica, é uma forma idônea de

---

21 RIO GRANDE DO SUL. Tribunal de Justiça. *AC 70075248823*. Rel. Ivan Leomar Bruxel, Oitava Câmara Cível, julgamento em 10.05.2018, publicação em 30.05.2018.

22 SÃO PAULO. Tribunal de Justiça. *AC 1000884-65.2016.8.26.0288*. Rel. Rogério Murillo Pereira Cimino, 9ª Câmara de Direito Privado, julgamento em 25.06.2020, publicação em 25.06.2020.

23 BRASIL. Superior Tribunal de Justiça. *AgInt no REsp 1.843.825*. Rel. Min. Moura Ribeiro, Terceira Turma, julgamento em 03.08.2021, publicação em 10.03.2021. O presente julgado é exemplo recente do posicionamento do STJ, conforme trecho da ementa: "[...] 2. Na linha da jurisprudência dominante no âmbito das Turmas que compõem a Segunda Seção do STJ, o regime de bens constante de escritura pública de união estável não tem efeitos retroativos".

garantir que as partes exerçam a sua autonomia privada e possam desenhar os exatos termos e efeitos de seus relacionamentos afetivos.

No momento atual, o conceito de união estável captado pelo art. 1.723 do Código Civil tem gerado muitos embates e decisões conflitantes que demandam uma postura ativa dos casais no sentido de se valer de instrumentos preventivos para aclarar suas reais vontades e anseios, em especial, consolidar se o relacionamento tem ou não o objetivo de constituir família.

É fundamental recordar que o momento presente é pródigo, em termos doutrinários e jurisprudenciais, em conferir cada vez mais direitos para a união estável. Dessa forma, resta clara a importância em afastar preventivamente a aplicação de suas normas quando as partes estiverem diante de um namoro.

Some-se a recente pandemia da Covid-19, que alterou radicalmente a vida em todo o mundo e trouxe significativos impactos para a vida em sociedade. Para além da notória crise experimentada no campo da saúde pública, é fato que o impacto na economia também foi brutal. Tudo isso redundou em significativas mudanças no campo do comportamento social, no estabelecimento de novas rotinas e, em última análise, no repensar de algumas dinâmicas familiares.

Nesse sentido, muitos casais de namorados passaram a residir em conjunto com o objetivo de poder exercer uma vida afetiva e sexual, sem serem afetados pela imposição de isolamento social e, em alguns casos, como forma de gerar economia.[24] Essa coabitação por si só não pode ser entendida como elemento caracterizador de união estável.[25] De modo coerente com o que já foi exposto nesse texto, o que deve nortear o enquadramento jurídico é a (in)existência do objetivo das partes de constituir família. A fragilidade da vida no momento pandêmico só reforça a importância do contrato de namoro.

Referências

BAUMAN, Zygmunt. *Amor líquido*: sobre a fragilidade dos laços humanos. Tradução de Carlos Alberto Medeiros. Rio de Janeiro: Zahar, 2004.

BRASIL. *Constituição da República Federativa do Brasil de 1988*. Disponível em: http://www.planalto.gov.br/ccivil_03/constituicao/constituicao.htm. Acesso em: 30 maio 2024.

BRASIL. *Lei nº 10.406, de 10 de janeiro de 2002*. Institui o Código Civil. Disponível em: http://www.planalto.gov.br/ccivil_03/leis/2002/l10406compilada.htm. Acesso em: 30 maio 2024.

BRASIL. Superior Tribunal de Justiça. *AgInt no REsp 1.843.825*. Rel. Min. Moura Ribeiro, Terceira Turma, julgamento em 03.08.2021, publicação em 10.03.2021.

BRASIL. Superior Tribunal de Justiça. *REsp 1.263.015/RN*. Rel. Nancy Andrighi, Terceira Turma, julgamento em 19.06.2012, publicação em 26.06.2012.

---

[24] TEIXEIRA, Ana Carolina Brochado; MATTOS, Eleonora G. Saltão de Q. A coabitação em tempos de pandemia pode ser elemento caracterizador de união estável? *In*: NEVARES, Ana Luiza Maia; XAVIER, Marília Pedroso; MARZAGÃO, Silvia Felipe (Coord.). *Coronavírus*: impactos no direito de família e sucessões. Indaiatuba: Foco, 2020. p. 77-81.

[25] CARVALHO, Felipe Quintela Machado de; MAFRA, Tereza Cristina Monteiro. A coabitação como elemento acidental e não essencial da sociedade conjugal e da união estável: a lição da pandemia da Covid-19. *Revista Brasileira de Direito Civil – RBDCivil*, Belo Horizonte, v. 26, p. 107-129, out./dez. 2020.

BRASIL. Superior Tribunal de Justiça. *REsp 1.454.643-RJ*. Rel. Marco Aurélio Bellizze, Terceira Turma, julgamento em 03.03.2015, publicação em 10.03.2015.

BRASIL. Supremo Tribunal Federal. *RE 646.721/RS*. Rel. Min. Marco Aurélio Mello, Tribunal Pleno. Red. do acórdão: Min. Luís Roberto Barroso, julgamento em 10.05.2017, publicação em 11.09.2017.

BRASIL. Supremo Tribunal Federal. *RE 878.694/MG*. Rel. Min. Luís Roberto Barroso, Tribunal Pleno, julgamento em 10.05.2017, publicação em 06.02.2018.

CARVALHO, Felipe Quintela Machado de; MAFRA, Tereza Cristina Monteiro. A coabitação como elemento acidental e não essencial da sociedade conjugal e da união estável: a lição da pandemia da Covid-19. *Revista Brasileira de Direito Civil – RBDCivil*, Belo Horizonte, v. 26, p. 107-129, out./dez. 2020.

DANTAS, San Tiago. *Direitos de família e das sucessões*. 2. ed. Rio de Janeiro: Forense, 1991.

DELGADO, Mário Luiz. O paradoxo da união estável: um casamento forçado. *Revista Nacional de Direito de Família e Sucessões*, Porto Alegre, v. 1, n. 2, p. 5-21, 2014.

GAGLIANO, Pablo Stolze. *Contrato de namoro*. Disponível em: https://jus.com.br/artigos/8319/contrato-de-namoro. Acesso em: 30 maio 2024.

GARCÍA MÁRQUEZ, Gabriel. *Cem anos de solidão*. Tradução de Eric Nepomuceno. Rio de Janeiro: Record, 2019.

MELLO, Marcos Bernardes de. Breves notas sobre o perfil jurídico da união estável. *Revista IBDFAM: Família e Sucessões*, v. 39, p. 138-164, maio/jun. 2020.

MULTEDO, Renata Vilela. *Liberdade e família*: limites para a intervenção do estado nas relações conjugais e parentais. Rio de Janeiro: Processo, 2017.

OYAMA, Thais. Homens precavidos estão assinando contratos de não-compromisso com namoradas. *Revista Veja*, São Paulo, ed. 1.746, 10 abr. 2002.

RIO GRANDE DO SUL. Tribunal de Justiça. *AC 70006235287*. Rel. Des. Rel. Luiz Felipe Brasil Santos, Sétima Câmara Cível, julgamento em 16.06.2004.

RIO GRANDE DO SUL. Tribunal de Justiça. *AC 70075248823*. Rel. Ivan Leomar Bruxel, Oitava Câmara Cível, julgamento em 10.05.2018, publicação em 30.05.2018.

SÃO PAULO. Tribunal de Justiça. *AC 1000884-65.2016.8.26.0288*. Rel. Rogério Murillo Pereira Cimino, 9ª Câmara de Direito Privado, julgamento em 25.06.2020, publicação em 25.06.2020.

TARTUCE, Flávio. União estável e namoro qualificado. *IBDFAM*, 28 mar. 2018. Disponível em: https://ibdfam.org.br/artigos/1265/Uni%C3%A3o+est%C3%A1vel+e+namoro+qualificado. Acesso em: 30 maio 2024.

TEIXEIRA, Ana Carolina Brochado; MATTOS, Eleonora G. Saltão de Q. A coabitação em tempos de pandemia pode ser elemento caracterizador de união estável? *In*: NEVARES, Ana Luiza Maia; XAVIER, Marília Pedroso; MARZAGÃO, Silvia Felipe (Coord.). *Coronavírus*: impactos no direito de família e sucessões. Indaiatuba: Foco, 2020. p. 77-81.

TEIXEIRA, Daniele Chaves. *Planejamento sucessório*: pressupostos e limites. Belo Horizonte: Fórum, 2017.

VELOSO, Zeno. A união estável e o chamado namoro qualificado no Brasil. *Revista Nacional de Direito de Família e Sucessões*, Porto Alegre, v. 18, p. 32-50, maio/jun. 2017.

VELOSO, Zeno. É namoro ou união estável? *IBDFAM*, 20 jul. 2016. Disponível em: https://ibdfam.org.br/noticias/6060. Acesso em: 30 maio 2024.

VELOSO, Zeno. União estável e o chamado namoro qualificado no Brasil: equiparação entre cônjuges e companheiros. *Direito civil: temas*, Belém, p. 293-327, 2018.

VILLELA, João Baptista. Repensando o direito de família. *In*: PEREIRA, Rodrigo da Cunha (Coord.). *Repensando o direito de família*. Belo Horizonte: Del Rey, 1999. p. 15-32.

XAVIER, Luciana Pedroso; XAVIER, Marília Pedroso. O planejamento sucessório colocado em xeque: afinal, o companheiro é herdeiro necessário? *In*: TEIXEIRA, Daniele Chaves (Coord.). *Arquitetura do planejamento sucessório*. 2. ed. Belo Horizonte: Fórum, 2019. p. 239-252.

XAVIER, Marilia Pedroso. *Contrato de namoro*: amor líquido e direito de família mínimo. 3. ed. Belo Horizonte: Fórum, 2022.

XAVIER, Marília Pedroso. O contrato de namoro é um aborto jurídico? *Migalhas*, 15 fev. 2021. Disponível em: https://www.migalhas.com.br/coluna/migalhas-contratuais/340315/o-contrato-de-namoro-e-um-aborto-juridico. Acesso em: 30 maio 2024.

XAVIER, Marília Pedroso. *União estável, íntegra e coerente*. Tese (Doutorado) – Programa de Pós-Graduação em Direito da Universidade de São Paulo, São Paulo, 2015.

Informação bibliográfica deste livro, conforme a NBR 6023:2018 da Associação Brasileira de Normas Técnicas (ABNT):

XAVIER, Marília Pedroso. Namoro qualificado e contrato de namoro. *In*: CORTIANO JUNIOR, Eroulths; SILVA, Alexandre Barbosa da (coord.). *O Código Civil e a Contemporaneidade*: Estudos do Grupo Virada de Copérnico em Homenagem ao Ministro Luiz Edson Fachin. Belo Horizonte: Fórum, 2025. p. 415-428. ISBN 978-65-5518-990-2.

AUTORIDADE PARENTAL E GUARDA[1]

GUSTAVO TEPEDINO

ANA CAROLINA BROCHADO TEIXEIRA

1 Introdução: as mudanças em curso no direito de família

O direito de família passou por profundas mudanças nas últimas décadas. A família protagonizada no Código Civil de 1916 constituía-se exclusivamente pelo casamento, de feição patriarcal e autoritária, na qual a procriação era praticamente obrigatória, com relações conjugais formalmente indissolúveis em prol de idílica e aparente paz doméstica. O advento da revolução industrial e da pílula anticoncepcional simboliza momento de transformação da ordem então estabelecida, desafiando a tradicional divisão de gênero do trabalho, de modo que a mulher saiu dos limites do lar e o homem foi convocado a participar dos cuidados com os filhos. O Estatuto da Mulher Casada, em 1962, e a Lei do Divórcio, em 1977, tiveram igualmente enorme repercussão nas relações familiares, na medida em que as mulheres casadas se tornaram emancipadas e as pessoas, em geral, adquiriram o direito a permanecer casadas se – e enquanto – o casamento realizasse seus desejos e projetos.

Na esteira de tal processo evolutivo, a Constituição Federal consagrou a família como espaço de igualdade entre cônjuges, entre as diversas espécies de entidades familiares e, sobretudo, entre os filhos. O Texto Constitucional traduziu a nova tábua de valores da sociedade, estabelecendo os princípios fundantes do ordenamento jurídico. No que concerne às relações familiares, alterou radicalmente os paradigmas hermenêuticos para a compreensão dos modelos de convivência e para a solução dos conflitos intersubjetivos na esfera da família. A reflexão sobre o impacto dessa ruptura axiológica torna-se indispensável para que se compreenda o sentido hermenêutico a ser atribuído às sucessivas leis especiais e, especialmente, ao Código Civil no que tange ao direito de família.

[1] Os autores agradecem à Profa. Danielle Tavares Peçanha, Mestre em Direito Civil no Programa de Pós-Graduação da UERJ, pela revisão dos originais.

Verifica-se, do exame dos arts. 226 a 230 da Constituição Federal, que o centro da tutela constitucional se desloca do casamento para os integrantes das relações familiares; e que a milenar proteção da família como instituição, unidade de produção e reprodução dos valores culturais, éticos, religiosos e econômicos dá lugar à tutela essencialmente funcionalizada à dignidade de seus membros, em particular no que concerne ao desenvolvimento da personalidade dos filhos. De outra forma não se conseguiria explicar a proteção constitucional às entidades familiares não fundadas no casamento (art. 226, §3º) e às famílias monoparentais (art. 226, §4º); a igualdade de direitos entre homem e mulher na sociedade conjugal (art. 226, §5º); a possibilidade de dissolução da sociedade conjugal independentemente de culpa (art. 226, §6º); o planejamento familiar voltado para os princípios da dignidade da pessoa humana e da paternidade responsável (art. 226, §7º) e a previsão de ostensiva intervenção estatal no núcleo familiar no sentido de proteger seus integrantes e coibir a violência doméstica (art. 226, §8º).[2]

Por isso, afirma-se que o modelo constitucional de família se torna essencialmente democrático, pois a condução familiar há de ser pautada pelo diálogo, pela negociação das regras e pela planificação conjunta das decisões sobre o presente e o futuro, com especial olhar para a proteção dos sujeitos vulneráveis. Por outro lado, as relações parentais adquirem cada vez maior importância, pois significam o primeiro contato das crianças com a sociedade, com a experiência de uma vida de elos e relações. Em tal perspectiva, serão examinados os institutos da guarda e da autoridade parental no âmbito da família democrática, para que as relações parentais possam de fato preservar sua função promotora da dignidade humana e do pleno desenvolvimento da personalidade dos filhos.

2 As relações parentais na atualidade: um repensar sobre a guarda e a autoridade parental

As novas vertentes de personalização do direito civil aplicadas ao direito de família tiveram nas relações parentais significativa repercussão. As relações parentais foram as que mais sofreram transformações em seu conteúdo, esgarçando-se a vinculação formal e hierarquizada em favor de viés humanizado, no âmbito da família solidária e democrática. Em tal cenário, o conteúdo jurídico da autoridade parental alterou-se em sua essência, plasmando-se com novos valores os fatos sociais e os instrumentos normativos.

Por esta razão, o vetusto "pátrio poder" apresentou graves dificuldades funcionais para sua aplicação às novas estruturas familiares, de modo que a relação parental foi juridicamente remodelada, para melhor adequação aos novos vínculos familiares. Foi por este motivo que o referido instituto passou a ser denominado pelo Código Civil de poder familiar,[3] também designado, com maior precisão, como autoridade parental, que

[2] TEPEDINO, Gustavo; TEIXEIRA, Ana Carolina Brochado. *Fundamentos do direito civil*: direito de família. 5. ed. Rio de Janeiro: Forense, 2024. v. 6. p. 2-3.

[3] Decerto, "poder familiar" é mais adequado que "pátrio poder", embora ainda não seja a expressão mais feliz. Com efeito, "poder" pode sugerir supremacia e comando, ou seja, uma concepção diferente da que o ordenamento jurídico pretende para as relações parentais. Já a expressão "familiar" não sugere que sua titularidade caiba apenas aos pais, mas que seja extensivo a toda a família. Não obstante "autoridade" também contenha traços de poder, traduz, de forma preponderante, uma relação de ascendência; é a força da personalidade de alguém que

melhor reflete o conteúdo democrático da relação, além de espelhar preponderantemente a carga de deveres em relação à de poderes atribuída aos pais. Desse modo, pretende-se que o filho, no âmbito do processo educacional, tenha seu desenvolvimento e autonomia garantidos por meio de estruturação biopsíquica adequada, que o capacite para os desafios da vida adulta. Por essa razão, o vocábulo *autoridade* é mais condizente com a concepção atual das relações parentais, por traduzir a ideia de função, e instrumentalizar a noção de poder. Já o termo *parental* representa a relação de parentesco por excelência, presente na relação entre pais e filhos, de onde advém a legitimidade apta a embasar a autoridade.

No mesmo sentido, a guarda. Na estrutura familiar e jurídica do Código Civil de 1916, associava-se à ideia de poder para a completa definição do destino dos filhos. A divisão sexual do trabalho do início do século XX pressupunha que a mãe cuidasse dos filhos e o pai exercesse o papel de provedor econômico da família. Essa estrutura só começou a ser modificada quando a mulher ingressou no mercado de trabalho e as tarefas domésticas tiveram que ser repartidas, pois eram – e ainda são, em algumas circunstâncias – prevalentemente atribuídas à mãe. As mudanças no interior da família impuseram a revisão dos tipos e da forma de atribuição da guarda, de modo a acompanhar o que, atualmente, é entendido como melhor para a criança ou o adolescente: a coparticipação parental. Por isso, a concepção contemporânea de guarda, na perspectiva funcional, é de companhia e acompanhamento do cotidiano dos filhos.

Quando os pais se divorciam, têm seu casamento anulado ou declarado nulo, continuam detentores da autoridade parental, segundo o art. 1.632, do Código Civil. O art. 1.579 do mesmo diploma, em sentido similar ao dispositivo supracitado, estabelece que o divórcio não modifica os direitos e deveres dos pais em relação aos filhos. Da mesma forma, o parágrafo único do art. 1.579, bem como os arts. 1.588 e 1.636, fazem expressa referência à relação parental, ao disporem que os genitores que contraírem novas núpcias não perdem a titularidade do poder familiar.

O que mudará na relação dos pais com os filhos após o fim da conjugalidade será o direito de tê-los em sua companhia, já que o genitor com o qual a criança reside por mais tempo será aquele incumbido dos cuidados cotidianos com os filhos. Contudo, as decisões relevantes para a vida dos filhos deverão ser tomadas por ambos, em conjunto, vez que afetas ao poder familiar, e não à guarda. É por essa razão que a atribuição da guarda compartilhada não se afigura essencial ao regime normativo, vez que já existe a possibilidade de se efetivar a corresponsabilidade na tomada das decisões mais relevantes sobre a vida dos filhos.[4] A guarda compartilhada mostra-se adequada aos

---

lhe permite exercer influências sobre os demais, sua conduta e reflexões. Diante da abordagem contemporânea do tema, considera-se "autoridade parental" como a melhor denominação para o instituto. Entretanto, notar-se-á que, algumas vezes, usou-se, também, "poder familiar". Essa diversidade de denominações deveu-se, unicamente, a uma opção semântica, para não correr o risco da repetição contumaz. Contudo, o compromisso com a essência constitucional das relações parentais impele o intérprete a eleger "autoridade parental" como a escolha mais condizente com a concepção constitucional – em detrimento de "poder familiar" –, como fez o legislador francês, desde 1970. De todo modo, a compreensão da situação jurídica de poder parental como um múnus ou ofício de direito privado, levado a cabo no exclusivo interesse dos filhos, permite a mitigação da crítica semântica.

4 TEPEDINO, Gustavo. A disciplina da guarda e a autoridade parental na ordem civil-constitucional. *Revista Trimestral de Direito Civil – RTDC*, v. 5, n. 17, p. 33-49, 2004.

ordenamentos jurídicos em que, com o fim da sociedade conjugal, o genitor não guardião perde também o poder familiar, como era o caso da Itália, por exemplo, até a reforma do direito de família de 2006 (Lei nº 54, de 24.1.2006). Nesses casos, torna-se necessário o preceito legal que determine que a guarda será compartilhada, para que haja, por via de consequência, o compartilhamento do poder familiar.[5]

No Código Civil, toda a disciplina das relações de filiação propriamente dita encontra-se associada à autoridade parental, no capítulo dedicado às relações de parentesco. E os deveres decorrentes da autoridade parental não esmorecem com a separação dos cônjuges ou com a dissolução de união estável dos companheiros (art. 1.632 do Código Civil). Cuida-se de normas jurídicas disciplinadoras da convivência sob a autoridade parental, as quais, combinadas com as regras dos arts. 21 e ss. do Estatuto da Criança e do Adolescente, abrangem as relações patrimoniais e existenciais atinentes à filiação.

Esses institutos, para o efetivo cumprimento de suas funções, pressupõem integral dedicação e empenho para a formação da personalidade dos filhos. E o ordenamento, a partir de 2014, ao eleger a guarda compartilhada como modelo prioritário, pressupôs que os pais devem continuar decidindo em conjunto as questões mais relevantes da vida de seus filhos, independentemente da forma de convívio, ou da quantidade de dias que a criança fica com cada pai na organização da sua rotina,[6] praticamente equivalendo autoridade parental e guarda.

De todo modo, em razão da tradicional interpretação atribuída à guarda que, equivocadamente, acaba por absorver a autoridade parental, nota-se a insuficiência dos deveres impostos pela autoridade parental para a definição das responsabilidades atribuídas a ambos os genitores. Aliás, a forma como é tratada a convivência familiar demonstra que a igualdade (de importância) dos papéis de pai e mãe na criação e educação dos filhos ainda não está concretamente definida, pois parte-se da premissa de que a qualidade do cuidado ofertado pelo pai não é a mesma daquela oferecida pela mãe, independentemente das nuances do caso concreto. Note-se que a questão foi debatida no âmbito da IX Jornada de Direito Civil, cujo Enunciado nº 671 diz o seguinte: "Art. 1.583, §2º: A tenra idade da criança não impede a fixação de convivência equilibrada com ambos os pais".

Nota-se que é necessário estabelecer critérios hermenêuticos específicos para a flexibilização desse direito fundamental de convivência familiar (art. 227, CF), de modo a permitir a atribuição (e, quando preciso, repartição) das tarefas parentais no melhor interesse dos filhos.[7]

---

5 A referida norma italiana é a Lei nº 54, de 8.2.2006, que modificou o art. 155, do Código Civil italiano, ao determinar que a regra geral é a guarda compartilhada, com o exercício conjunto do poder familiar.

6 Notou-se que, durante a pandemia da Covid-19, no âmbito dos pais separados, potencializou-se a dificuldade do diálogo e da instituição de novas regras para esse período excepcional, o que demonstrou o desequilíbrio entre os pais no exercício da parentalidade. Esse comportamento, no entanto, só reforça a necessidade de se investir em outras formas de solução de conflitos para além das tradicionais, por meio da criação e do fortalecimento de abordagem mais dialógica como caminho viável de solução de conflitos familiares, principalmente no âmbito da parentalidade.

7 Com fins de implementar maior igualdade material entre homem e mulher, o Conselho Nacional de Justiça (CNJ) instituiu, pela Portaria CNJ nº 27, de 2.2.2021, o Protocolo para Julgamento com Perspectiva de Gênero, com o objetivo de capacitar e orientar a magistratura para realização de julgamentos, estabelecendo diretrizes que possam traduzir novo posicionamento do Judiciário, instituindo maior equidade entre homens e mulheres, bem como apresentando pontos relevantes para dirimir as questões apresentadas ao Juízo. No direito de

Nessa direção, há que se estabelecer, no caso concreto, um plano parental, ou seja, uma organização mais detalhada das responsabilidades e da convivência da criança com os pais, que considere a importância e participação de ambos os pais na vida dos filhos, a partir das necessidades e rotina destes, da proximidade das residências em relação aos locais que a criança frequenta e da distribuição de tarefas mais detalhada para os pais. Há de se considerar também os hábitos e características vocacionais dos pais, mas tendo o filho sempre como prioridade, de modo que não seja apenas um dos genitores a modificar profundamente sua rotina de vida em razão das mudanças com a estrutura parental decorrente do divórcio ou do fim do casamento.

Esse modelo é importante porque considera a real importância de ambos os genitores na vida do filho, sem esmorecer a função paterna na rotina da criança, não sendo razoável que o exercício dos deveres oriundos da autoridade parental e a convivência afetiva possam ser desenvolvidos e consolidados a cada quinze dias. Isso implicará o exame pormenorizado e profundo de cada caso, inclusive com o apoio da psicologia e da assistência social que, ao examinarem os problemas motivadores da judicialização, proponham soluções para o julgador na construção desse plano de guarda e de convivência personalizado. Nessa busca por maior simetria e efetiva participação de cada um dos genitores na vida dos filhos, qualquer suspensão do convívio deve ser muito bem justificada, com análise de sua repercussão na realidade familiar específica. A valoração de todos os elementos incidentes no ambiente de cada família se mostra fundamental para a busca de condições efetivas de compartilhamento que sejam viáveis e estejam de acordo com os interesses da criança. Trata-se de mudança na cultura que supere o modelo pré-concebido de convivência quinzenal e que não afaste, em linha de princípio, independentemente de cada cenário, a alternância de residências entre os filhos.

De alguma forma, a pandemia trouxe a lume a insuficiência das soluções interpretativas frequentemente praticadas na efetivação do conteúdo funcional da autoridade parental e da guarda compartilhada. Verificou-se que os efeitos que a pandemia projetou nas relações parentais apenas intensificaram as desigualdades e assimetrias existentes em cada núcleo familiar, pois a desigualdade entre os gêneros no cuidado com os filhos repercute no alijamento da figura paterna em alguns casos, o que acaba sobrecarregando a mãe e, por outro lado, permitindo a existência de ambiente que facilita práticas de alienação parental. Nesse contexto, as modalidades de guarda e a forma do exercício da convivência acabam por se tornar problema menos jurídico e mais comportamental, que depende, após a separação, da índole dos pais, e de seu senso de responsabilidade e de tolerância em favor do futuro dos filhos, aspectos de difícil controle pelo Poder

família, o protocolo deve ser aplicado da seguinte forma: "No direito de família, a atuação com perspectiva de gênero mostra-se essencial à realização da Justiça, ao se considerar que as relações domésticas são marcadas pela naturalização dos deveres de cuidado não remunerados para as mulheres e pela predominante reserva de ocupação dos espaços de poder – e serviços remunerados –, aos homens. Não se pode deixar de afirmar, outrossim, que a construção de estereótipos de gênero relacionados aos papéis e expectativas sociais reservados às mulheres como integrante da família pode levar à violação estrutural dos direitos da mulher que, não raras vezes, deixa a relação (matrimônio ou união estável) com perdas financeiras e sobrecarga de obrigações, mormente porque precisa recomeçar a vida laboral e, convivendo com dificuldades financeiras, deve destinar cuidados mais próximos aos filhos, mesmo no caso de guarda compartilhada".

Judiciário. Mostra-se de fato vã a pretensão do jurista de pacificar, com instrumentos jurídicos, todos os conflitos atinentes às relações afetivas após o divórcio.

Diante dessa constatação, além da análise aprofundada e interdisciplinar de cada caso, afigura-se imprescindível investir (de modo multidisciplinar) na conscientização quanto à urgência e imprescindibilidade do comprometimento proativo de ambos os pais na criação dos filhos. O itinerário é certamente longo e exigirá criatividade, seja por meio de oficina de pais promovida pelos tribunais, seja mediante políticas públicas junto a escolas, psicólogos, pediatras e todos aqueles cujos trabalhos fazem interface com o universo infantojuvenil. Sem esse apoio interdisciplinar dirigido à transformação na cultura parental, o ordenamento jurídico não conseguirá sozinho – ao que tudo indica – dar conta da tutela integral e prioritária da população de crianças e adolescentes cujos pais litigam ou não conseguem resolver seus desacordos.

3 Conclusão

A interpretação e aplicação dos institutos da guarda e da autoridade parental carecem de reconstrução, de modo a associá-los à indispensável mudança cultural ocorrida no âmbito das famílias, a avocar maior simetria de funções (e colaboração recíproca) dos pais no exercício da parentalidade, independentemente da ruptura do vínculo familiar dos genitores. Para tanto, é necessário aprofundar a análise dos casos de judicialização das relações parentais, de modo a construir planos de guarda e convivência que realmente reflitam distribuição equânime dos deveres oriundos da autoridade parental.

Em tal contexto, certa dose de humildade dever ser apreendida pelos profissionais do direito de família, diante da evidente insuficiência dos instrumentos jurídicos, por melhor e mais bem-intencionadas que sejam as previsões legais, para o aperfeiçoamento das relações existenciais. Matérias como o sustento da família, a disciplina dos alimentos, a deliberação sobre a administração doméstica e o destino da entidade familiar, a gestão da autoridade parental e da guarda dos filhos (unilateral ou compartilhada), associam-se à construção diária que extrapola os limites da disciplina jurídica, dependendo necessariamente de alta dose de altruísmo, responsabilidade, solidariedade e empatia, informada por referências afetivas e éticas que não podem ser simplesmente impostas pelo legislador ou pelo Judiciário.

Percebe-se o risco da ausência de laços sólidos de empatia e diálogo, os quais tornam os núcleos familiares menos suscetíveis às vicissitudes próprias da vida cotidiana e do desenvolvimento econômico e social da sociedade. É necessário que os pais se conscientizem de que, não obstante as diferenças decorrentes do fim da sociedade conjugal, não se pode prescindir de pontes de diálogo para a promoção da democracia e da igualdade substancial nas famílias, com a precípua preocupação de tutela dos filhos, a partir da assunção de suas próprias responsabilidades e do dever de cooperação para o fortalecimento de relações de respeito e tolerância com vistas à educação e formação da personalidade dos filhos.

Referências

TEPEDINO, Gustavo. A disciplina da guarda e a autoridade parental na ordem civil-constitucional. *Revista Trimestral de Direito Civil – RTDC*, v. 5, n. 17, p. 33-49, 2004.

TEPEDINO, Gustavo; TEIXEIRA, Ana Carolina Brochado. *Fundamentos do direito civil*: direito de família. 5. ed. Rio de Janeiro: Forense, 2024. v. 6.

Informação bibliográfica deste livro, conforme a NBR 6023:2018 da Associação Brasileira de Normas Técnicas (ABNT):

TEPEDINO, Gustavo; TEIXEIRA, Ana Carolina Brochado. Autoridade parental e guarda. *In*: CORTIANO JUNIOR, Eroulths; SILVA, Alexandre Barbosa da (coord.). *O Código Civil e a Contemporaneidade*: Estudos do Grupo Virada de Copérnico em Homenagem ao Ministro Luiz Edson Fachin. Belo Horizonte: Fórum, 2025. p. 429-435. ISBN 978-65-5518-990-2.

O DIREITO DAS SUCESSÕES NOS VINTE ANOS DO CÓDIGO CIVIL: PASSADO, PRESENTE E FUTURO

LUCIANA PEDROSO XAVIER

SIMONE TASSINARI CARDOSO

1 Introdução: o estado da arte

O Código Civil de 2002 apresenta uma pretensão de regramento quase matemático do fenômeno sucessório. Quinhões, ordem de vocação hereditária, dever de colação e tantos outros conceitos esmiuçados naqueles duzentos e quarenta e três artigos dedicados à disciplina. Parece ser possível resolver tudo com facilidade; bastando algumas operações de divisão, a sucessão terminaria em até um ano do falecimento do autor da herança, como quer o Código de Processo Civil em seu art. 611. A questão seria realmente tão simples que, se não fosse concluída em um ano, sujeitaria os herdeiros ao pagamento de multa, nos termos previstos na legislação especializada.

Tais aspirações metodológicas não são novas. Retomam o paradigma da modernidade, o qual vem se transformando interna e externamente, a partir do reconhecimento e da construção jurídica que assume a legalidade constitucional como vetor, limite, axiologia e teleologia para a ordem jurídica inteira. Sabe-se que o desenvolvimento jurídico da codificação de 1916 inspirou-se nas codificações oitocentistas em estrutura e função e que o projeto de codificação de 2002 teve suas linhas mestras na década de 70.[1] Entretanto, pode-se reconhecer expansão.[2] Tendo crescido em técnica legislativa,[3]

[1] "O Código Civil brasileiro de 2002 é exemplo de codificação emblemática que, a pretexto de completude, ambiciona uma apreensão da vida e das coisas; ocorre que estamos diante do que é incompleto por essência" (FACHIN, Luiz Edson. *Direito civil*: sentidos, transformações e fim. Rio de Janeiro: Renovar, 2015. p. 144).

[2] Como exemplo, tem-se a aplicação da boa-fé objetiva, a disciplina normativa da funcionalização dos contratos, a vedação ao exercício abusivo de direitos, dentre outros. Por todos, veja-se EHRHARDT JÚNIOR, Marcos (Org.). *Transformações no direito privado nos 30 anos da Constituição*: estudos em homenagem a Luiz Edson Fachin. Belo Horizonte: Fórum, 2019.

[3] Aqui se podem destacar as cláusulas gerais e os conceitos jurídicos indeterminados, que – se sabe – não fariam sentido pleno em um sistema de tessitura aberto, mas são vetores fundamentais que cumprem funções interpretativas essenciais na realidade brasileira destes últimos 20 anos.

alcançou interpretação judicial e operacional atualizável, fixou bases firmes que superaram o arcabouço presente da racionalidade que conduziu o direito civil na modernidade.

Considerando que o objetivo de uma codificação é resolver problemas da vida das pessoas e que estas soluções venham em tempo em que o bem da vida não seja tardio e ainda faça sentido, valem as perguntas: quantos inventários são simples como previsto na legislação? Quantos inventários terminam em um ano? Com exceção daquelas sucessões com um único herdeiro, maior, que podem ser feitas extrajudicialmente,[4] todos sabemos a resposta para ambas as indagações: praticamente nenhum.

São inúmeras as razões para isso. Os envolvidos, apesar de familiares (nem se fale quando há terceiros na sucessão!), envolvem-se em conflitos. Os bens, frequentemente, estão embaraçados, por dívidas, ônus imobiliários ou pendências administrativas e registrais. Não raro, as partes e o espólio não têm liquidez para fazer frente aos custos envolvidos na sucessão.

A lista poderia seguir. Cada um dos leitores certamente teria itens a acrescentar. Afinal de contas, é comum ouvir-se sobre aqueles inventários que começaram a tramitar nos autos físicos e seguem firmes, apesar dos esforços para conclusão, na era do processo digital.

2 Direito das sucessões: premissas para análise

Ao refletir sobre o vintenário do Código Civil, considerando a prática do direito das sucessões, pode surgir a reflexão: o Código Civil é falho ao regular o fenômeno sucessório? Seria o direito das sucessões o último reduto seguro de modernidade a sobrestar no direito civil brasileiro? Para diversas das perguntas anteriores, qualquer resposta maniqueísta aqui seria temerária. O Código tem papel central na regulação da matéria, mas não pretende resolver todos os problemas do mundo.[5] E sua capacidade de encontro da realidade a partir dos fatos acaba sendo uma das grandes vantagens do que François Ost nominou de retemporalização e requestionamento.[6]

Na conferência de abertura do *Convegno Diritto Civile* – em Camerino, 2023, Luiz Edson Fachin apresentou três premissas que informam a influência da legalidade constitucional no direito civil na doutrina e na jurisprudência brasileiras[7] e traçou algumas balizas que servem de atenção ao intérprete do direito civil. Por meio delas, pretende-se um direito civil que atenda às necessidades da realidade. No presente

---

4 Alteração esta que se sabe advir de norma regulamentar do Conselho Nacional de Justiça e não da codificação em si.

5 MARTINS-COSTA, Judith; BRANCO, Gerson Luiz Carlos. *Diretrizes teóricas do Novo Código Civil brasileiro*. São Paulo: Saraiva, 2002. p. 46.

6 O tema é tratado por François Ost, que indica que o tempo tem extrema relevância para o direito e, considerando a impossibilidade de revisitar o momento passado, ou mesmo antever o futuro, a operação humana se dá em quatro figuras de retemporalização: a memória, o perdão, a promessa e o requestionamento. "Não se trata, portanto, nem de voltar atrás, nem de parar no curso do tempo, trata-se antes de regenerar o tempo que passa dando-lhe a espessura de um tempo real graças à fecundação recíproca de um passado que, ainda que volvido, não esgotou as suas promessas, e de um futuro que, ainda que indeterminado, não é totalmente aleatório" (OST, François. *O tempo do direito*. Lisboa: Piaget, 1999. p. 31).

7 FACHIN, Luiz Edson. Conferência de Abertura A influência da metodologia do Direito Civil na legalidade constitucional; doutrina e jurisprudência brasileiras em julgamentos do Supremo Tribunal Federal. *Convegno Diritto Civile*, Camerino, luglio 2023.

artigo, tais premissas serão tomadas como filtro de análise da matéria sucessória codificada e aplicada neste vintênio, a fim de se verificar em que medida o direito das sucessões vigente e aplicado nos dias atuais é, de modo preponderante, ainda sustentado demasiadamente no paradigma moderno, ou já se "requestionou".

Cientes de que as premissas não são em si o objeto deste texto, apenas filtros de avaliação e questionamento do fenômeno sucessório codificado, passa-se ao exame delas. Na *primeira premissa* (a), afirma-se o diálogo entre conhecimento (na teoria da interpretação) e experiência (na prática da hermenêutica). "Esse diálogo trava-se entre norma (como produto da interpretação) e fato (como propulsor da nova cultura jurídica), e entre valor (como base do sistema jurídico) e pessoa (como núcleo essencial do Direito, sob o princípio constitutivo da dignidade humana)".[8] A *segunda premissa* (b) é "aquela que está contida na racionalidade constitucional como superação do ideário das codificações civis e como fundamento de princípios, construções e conceitos ordenados pela função e não mais apenas pela estrutura, na perspectiva dos direitos humanos e fundamentais".[9] E, por fim, a *terceira premissa* (c) toma em conta a força viva dos fatos. Segundo Luiz Edson Fachin, constitui-se, "a terceira premissa, como contraprova das formulações teóricas, o que sugere pensar por problemas".[10] Complementa o civilista que:

> Nessa perspectiva histórica, os vinte anos iniciais de vigência do Código Civil brasileiro, consubstanciam apenas o começo de uma trajetória em permanente construção. É a prática que robustece o arcabouço teórico e legislativo. Nascem possibilidades hermenêuticas para aplicação das normas na força construtiva dos fatos.[11]

Diante das premissas acima, passamos à análise de situações jurídicas concretas que marcaram a vida do fenômeno sucessório neste vintênio, sobretudo das pessoas reais que dele necessitaram, destacando-se o fato de que o ramo outrora esquecido do direito privado foi chamado com intensidade ímpar a partir da pandemia de Covid-19.

3 O fenômeno sucessório e o Código Civil de 2002

O fenômeno sucessório é eminentemente cultural,[12] envolvendo questões sociais e psicológicas profundas. Basta lembrarmos da negação que muitas pessoas têm em falar sobre a morte e a pouca disposição em planejar a sucessão. Há uma mistificação

---

[8] FACHIN, Luiz Edson. Conferência de Abertura A influência da metodologia do Direito Civil na legalidade constitucional; doutrina e jurisprudência brasileiras em julgamentos do Supremo Tribunal Federal. *Convegno Diritto Civile*, Camerino, luglio 2023.

[9] FACHIN, Luiz Edson. Conferência de Abertura A influência da metodologia do Direito Civil na legalidade constitucional; doutrina e jurisprudência brasileiras em julgamentos do Supremo Tribunal Federal. *Convegno Diritto Civile*, Camerino, luglio 2023.

[10] FACHIN, Luiz Edson. Conferência de Abertura A influência da metodologia do Direito Civil na legalidade constitucional; doutrina e jurisprudência brasileiras em julgamentos do Supremo Tribunal Federal. *Convegno Diritto Civile*, Camerino, luglio 2023.

[11] FACHIN, Luiz Edson. Conferência de Abertura A influência da metodologia do Direito Civil na legalidade constitucional; doutrina e jurisprudência brasileiras em julgamentos do Supremo Tribunal Federal. *Convegno Diritto Civile*, Camerino, luglio 2023.

[12] MENEZES CORDEIRO, António. *Tratado de direito civil português I* – Parte geral. 3. ed. Coimbra: Almedina, 2011. p. 112-113. t. I.

sobre o assunto, como se tratar disso "desse azar".[13] Contemporaneamente, os avanços científicos e tecnológicos criam situações que aumentam a complexidade da matéria. As inseminações artificiais *post mortem* e a herança digital são exemplos concretos da intersecção entre o desenvolvimento social e fenômeno sucessório.

Historicamente, o Código Civil de 2002, por sua própria natureza, não conseguiria esgotar tal complexidade, tendo contemplado discussões já maturadas pela experiência jurídica.[14] Daí, o diploma civil ter plasmado as lentas transformações vividas pela sociedade brasileira ao longo do século XX e que desgastaram a codificação de 1916,[15] gerando profundas e substanciais mudanças no âmbito das sucessões, como anota o Professor Eduardo de Oliveira Leite.[16] O Código Civil de 2002, em contraste com o Diploma anterior, incluiu o cônjuge supérstite como herdeiro necessário, concorrendo com os descendentes e ascendentes do *de cujus*; estipulou a exata divisão dos quinhões hereditários entre os filhos havidos fora e dentro do casamento ou da união estável; determinou a inclusão do companheiro como herdeiro, dentre outras alterações.[17]

Diante das premissas elencadas como filtro,[18] percebe-se que as situações ainda não sedimentadas foram entregues à jurisprudência, caracterizando típica construção descrita na premissa "a". Segundo ela, o necessário diálogo entre conhecimento (na teoria da interpretação) e experiência (na prática da hermenêutica) constrói uma atualizada dimensão do significante direito das sucessões e do significado concreto das opções na vida. Sinala-se que ao legislador especial foi entregue a tarefa de resgatar institutos esquecidos. Exemplo desta última situação é a figura até recentemente pouco conhecida e utilizada do testamento holográfico ou emergencial, previsto no art. 1.879 do Código Civil, que foi de grande valia nos momentos mais agudos da pandemia de Covid-19.

Sob o ponto de vista legislativo, ao contrário de outros ramos do direito civil, notadamente o direito de família, o direito das sucessões recebeu pouca atenção. Mesmo existindo íntima relação entre ambos, há um grande contraste entre as inúmeras alterações ocorridas no direito de família e as parcas realizadas no direito das sucessões. Aqui, desde 2002, apenas quatro intervenções do Poder Legislativo foram levadas a efeito. As duas primeiras em 2015, com o Código de Processo, que suprimiu a expressão "uma vez feita e julgada" do *caput* do art. 2.027 do Código Civil e a retomada, pelo art. 639, p. único, do critério da abertura da sucessão para cálculo do valor dos bens levados à colação, gerando grave – e ainda aberta – polêmica, na medida em que o critério adotado

---

[13] HIRONAKA, Giselda. Direito das sucessões brasileiro – Disposições gerais e sucessão legítima. *Revista dos Tribunais*, v. 808, fev. 2003. p. 320.

[14] REALE, Miguel. *O novo código civil e seus críticos*. Disponível em: http://www.miguelreale.com.br/artigos/ncc/nccc.htm. Acesso em: 18 jan. 2021.

[15] CASTRO, Torquato. O estatuto sucessório da família no direito atual e no projeto do código civil brasileiro. *Revista Brasileira de Direito Comparado*, n. 3, jul. 1983, *passim*.

[16] LEITE, Eduardo de Oliveira. A nova ordem de vocação hereditária e a sucessão dos cônjuges. *In*: CAHALI, Yussef Said; CAHALI, Francisco José (Org.). *Família e sucessões*: direito das sucessões. São Paulo: Revista dos Tribunais, [s.d.]. p. 544 (Coleção doutrinas essenciais; v. 6).

[17] BORGHI, Hélio. O novo Código Civil e as inovações no direito das sucessões. *In*: CAHALI, Yussef Said; CAHALI, Francisco José (Org.). *Família e sucessões*: direito das sucessões. São Paulo: Revista dos Tribunais, [s.d.]. p. 345 (Coleção doutrinas essenciais; v. 6).

[18] FACHIN, Luiz Edson. Conferência de Abertura A influência da metodologia do Direito Civil na legalidade constitucional; doutrina e jurisprudência brasileiras em julgamentos do Supremo Tribunal Federal. *Convegno Diritto Civile*, Camerino, luglio 2023.

pelo Código Civil é o do momento da liberalidade. A terceira, em 2017, pela Lei nº 13.532, que incluiu o Ministério Público como legitimado para demandar a exclusão do herdeiro ou legatário por indignidade, no art. 1.815 do Código Civil. Por fim, em 2023, a Lei nº 14.661 acrescentou o art. 1.815-A ao Código Civil, o qual determina que, nos casos de indignidade, o trânsito em julgado da sentença penal condenatória acarretará a imediata exclusão do herdeiro ou legatário indigno, independentemente da sentença no âmbito cível. Esta inclusão solucionou importante celeuma doutrinária e jurisprudencial sobre o tema, que muitas vezes obstaculizava a declaração da indignidade e de seus efeitos.

Do ponto de vista normativo, reconhece-se que a disciplina do direito das sucessões mais se assemelha à estrutura normativa clássica com antecedentes e consequentes previstos estritamente na norma, do que faz uso de aberturas dentro da própria codificação.[19]

Sob o ponto de vista jurisprudencial, há importantes decisões sobre a matéria. Aquela que teve maior repercussão é da declaração de inconstitucionalidade do art. 1.790 do Código Civil, realizada no julgamento dos RE nºs 878.694/MG e 646.721/RS, que teve como resultado a definição da tese "É inconstitucional a distinção de regimes sucessórios entre cônjuges e companheiros prevista no art. 1.790 do CC/2022, devendo ser aplicado tanto nas hipóteses de casamento quanto nas de união estável, o regime do art. 1.829 do CC/2002". Contudo, cabe destacar que o tema resta parcialmente inconclusivo. Muito embora parte da doutrina creia que em tal ocasião o STF teria elevado o companheiro à categoria de herdeiro necessário, essa é uma afirmação equivocada sob o ponto de vista jurídico, pois em momento algum o STF enfrentou essa questão, por não compor os temas debatidos no julgamento, como evidencia a decisão dos embargos de declaração opostos pelo IBDFAM.[20]

Recentemente, no julgamento do Recurso Extraordinário com Agravo (ARE) nº 1.309.642-SP, foi aprovada por unanimidade tese de repercussão geral (Tema nº 1.236) que estabelece que: "Nos casamentos e uniões estáveis envolvendo pessoa maior de 70 anos, o regime de separação de bens previsto no artigo 1.641, II, do Código Civil, pode ser afastado por expressa manifestação de vontade das partes mediante escritura pública". Importante mencionar que a possibilidade de escolha só é válida a partir do proferimento desta decisão, de modo a preservar a segurança jurídica.

Assim, verifica-se que o texto legislativo, em si, foi construído a partir da racionalidade codificadora da década de 70 e apresenta inovações fundamentais, quando comparado com o Código de 1916. Todavia, os grandes marcos que se reconhecem no fenômeno sucessório são exatamente decorrentes de seu cotejo com a vida. O fenômeno é mais amplo que as disposições codificadas e está em constante mutação. Não só nos vinte anos que passaram, mas naqueles que virão. Trata-se do reconhecimento de que o fenômeno sucessório e sua disciplina jurídica extrapolam a codificação.

---

[19] Exemplos de aberturas contidas na legislação podem ser dados a partir dos conceitos jurídicos indeterminados e das cláusulas gerais, que povoam o ambiente codificado em outros ramos e que, nas sucessões, não encontram amplo espaço.

[20] XAVIER, Marilia Pedroso; XAVIER, Luciana Pedroso. O planejamento sucessório colocado em xeque: afinal, o companheiro é herdeiro necessário? *In*: TEIXEIRA, Daniele Chaves (Org.). *Arquitetura do planejamento sucessório*. 1. ed. Belo Horizonte: Fórum, 2019. v. 1. p. 191-203.

Por esta razão, à guisa de conclusão, apresentamos os marcos possíveis do que se entende (a partir do que se delineia nos dias de hoje) ser o futuro do direito das sucessões.

4 Conclusões: próximos vinte anos do direito das sucessões

Em uma sociedade como a nossa, em que as mudanças acontecem de modo cada vez mais veloz, seria impossível prever com exatidão o porvir do direito das sucessões, em especial, como serão seus próximos vinte anos. Entretanto, algumas tendências podem ser vislumbradas, sobretudo as que dizem respeito às três premissas escolhidas.

A primeira delas é a de uma simplificação dos procedimentos e a diminuição da intervenção estatal no fenômeno sucessório.[21] Alguns destes pontos já se podem reconhecer, desde 2007, com a Resolução nº 35 do Conselho Nacional de Justiça. A simplificação dos procedimentos e a extrajudicialização dos inventários parece densificar anseios da vida real. Ao aliar-se desenvolvimento acadêmico sobre autonomia privada e sobre a necessidade de efetividade no tempo das normas sucessórias, a extrajudicialização dos procedimentos faz sentido e densifica a premissa "a". Da mesma forma, ao questionar-se sobre a funcionalização dos institutos (premissa "b"), verifica-se a maior valorização da autonomia privada e, por força de consequência, do testamento como *locus* jurídico para exercício das últimas vontades de forma expressa e específica, principalmente em questões relacionadas à personalidade.

E, considerando-se a premissa "c", a partir da qual a força viva dos fatos provoca alterações jurídicas significativas, tem-se a contemporânea flexibilização da normativa do CNJ, que exigia que os inventários que tivessem presença de testamento fossem realizados perante o Poder Judiciário. Hodiernamente, exige-se somente que a ação de registro de testamento seja realizada judicialmente e que o inventário possa se efetivar na via extrajudicial, o que densifica tal entendimento. Os fatos conclamam alterações jurídicas significativas.

Ligada às tendências indicadas, está a potencialização do planejamento sucessório. Mesmo ainda cercado de mitos e equívocos, como a ideia de blindagem patrimonial, o planejamento sucessório possui instrumental rico para minimizar custos econômicos, administrativos e, principalmente, emocionais da transmissão *causa mortis*. E, longe de se apresentar como fenômeno esparso, trata-se de atitudes sociais a demonstrar a vontade social de concretizar autonomia privada, ao invés de se submeter ao fenômeno sucessório obrigatório da forma como legalmente estabelecido.

Outros desafios surgem com a possibilidade de "ressurreição digital" operada por inteligência artificial e a proteção dos direitos da personalidade da pessoa falecida, bem como sobre os limites de disposição do cadáver e a promessa de renascimento oferecida pelos procedimentos de criogenia. Aqui, além dos dados de patrimonialidade decorrentes da possível exploração econômica, matizes da ética e dos direitos de personalidade que figuraram em vida se colocam. Novamente, os fatos sociais solicitam tutela (premissa "c"), que deve se realizar a partir do sistema como um todo (premissa "b") e que encontra espaço de conformação a partir da teoria e prática.

---

21 RODRIGUES JÚNIOR, Otavio Luiz. *Direito civil contemporâneo*: estatuto epistemológico, constituição e direitos fundamentais. Rio de Janeiro: Forense Universitária, 2019. p. 70.

Diante da atual complexidade do fenômeno sucessório que já existe e daquela que virá, nesses próximos vinte anos, o advogado que tiver em mãos um caso de sucessões precisará aumentar seus conhecimentos e se especializar neste ramo do direito. No plano jurídico, precisa não só do direito das sucessões, mas também dominar a temática das (in)validades dos negócios jurídicos, contratos em espécie, direito tributário, direito societário, direito administrativo e registral. Precisará ter, igualmente, conhecimentos extrajurídicos, como negociação e contabilidade. Nessa toada, igualmente importante será reconhecer que o direito sucessório necessita do diálogo entre conhecimento e prática jurídica, como propulsores da cultura jurídica ("a"), que a partir dele é necessário que se densifique a estrutura e funcionalidade dos institutos civis ("b") e que se reconheça a força viva dos fatos a provocar alterações de aplicabilidade do direito civil ("c"). Deste modo, haverá espaço de requestionamento e retemporalização do fenômeno sucessório.

Informação bibliográfica deste livro, conforme a NBR 6023:2018 da Associação Brasileira de Normas Técnicas (ABNT):

XAVIER, Luciana Pedroso; CARDOSO, Simone Tassinari. O direito das sucessões nos vinte anos do Código Civil: passado, presente e futuro. *In*: CORTIANO JUNIOR, Eroulths; SILVA, Alexandre Barbosa da (coord.). *O Código Civil e a Contemporaneidade*: Estudos do Grupo Virada de Copérnico em Homenagem ao Ministro Luiz Edson Fachin. Belo Horizonte: Fórum, 2025. p. 437-443. ISBN 978-65-5518-990-2.

SUCESSÃO EM GERAL

MAICI BARBOZA DOS SANTOS COLOMBO

JACQUELINE LOPES PEREIRA

"Outro tempo, novos conceitos" (FACHIN, 2012, p. 349). Assim o Ministro e eterno Professor Edson Fachin se refere à necessidade epistemológica de se encontrarem outras soluções para a crise do direito civil que não se resumam à repetição do passado. A tensão e a mudança próprias do fenômeno jurídico (FACHIN, 2012, p. 351), como reconhecido pelo professor, encontram terreno fértil no direito sucessório contemporâneo, que se envereda pelos desafios sociais e tecnológicos do terceiro milênio.

Seguindo a pretensão de abranger a totalidade da biografia da pessoa, o Código Civil brasileiro reservou ao "Livro V" as normas concernentes ao "Direito das Sucessões". Entre os arts. 1.784 e 2.027, o diploma civil versa em quatro títulos sobre a sucessão em geral, sucessão legítima, sucessão testamentária, inventário e partilha.

O CC-2002, apesar de nascer sob a égide da Constituição Federal de 1988, foi gestado longamente desde o final dos anos 1960 até a sua promulgação. Sua tramitação assiste, do Congresso Nacional, ao almejado processo de redemocratização, que representou a ruptura de vetustos modelos do direito privado, especialmente com relação ao direito de família.

A leitura constitucionalizada do direito civil, necessária a partir da Constituição Cidadã, não se exauriu, portanto, com a edição do novo Código. Nesse contexto, particular a relevância da teoria das três atuações constitutivas do direito civil, preceituada por Fachin: formal, substancial e prospectiva. Por formal, compreende-se a "expressão de regras positivadas" (constitucionais e infraconstitucionais), enquanto substancial é a manifestação normativa da principiologia expressa ou implícita da ordem constitucional positivada (FACHIN, 2015, p. 85). A dimensão propositiva, por sua vez, consiste na força transformadora do direito civil, a partir da força constitutiva dos fatos e da constituição haurida da realidade humana e social (FACHIN, 2015, p. 9).

Observa-se que a estrutura do Livro do Direito das Sucessões permaneceu a mesma da legislação pretérita, as mudanças não foram estruturais, o que se justifica, segundo Rodrigo da Cunha Pereira, pelo fato da noção de propriedade privada em quase nada ter se alterado (PEREIRA, 2007, p. vi). A afirmação do autor, contudo, merece ser lida com parcimônia. Isto porque, até no campo dos direitos reais, verificaram-se significativas inovações, como a celebração da função social da propriedade, a qual imprimiu um outro colorido a toda sistemática das titularidades. Além disso, institutos recentes, tais quais o direito real de habitação e a multipropriedade, são exemplos de novidades promissoras na área.

Apesar da propriedade constitucionalmente protegida ser aquela realizadora de função social, o direito sucessório ainda não incorporou a concepção de função. Pelas palavras de Pietro Rescigno (1992, p. 96), o direito sucessório é, desde sua origem, reflexo das ideologias burguesas, destinado a perpetuar o controle da riqueza e do poder dentro de famílias. As revoluções liberais, afirmando a igualdade dos filhos e afastando as instituições da era feudal, não mudaram a imagem e a função do direito sucessório, o que serviu para manter inalterados os quadros e o destino de seus institutos.

A quota necessária, instituída no art. 1.789 e reforçada nos arts. 1.846 e 1.857, §1º do Código Civil, ilustra este cenário: destinada a tutelar um valor ético jurídico de comunhão familiar, pauta-se também na igualdade entre os filhos; enquanto a quota disponível exerce a função de mediadora entre dois princípios, quais sejam, liberdade do proprietário dos bens e direito dos descendentes (e ascendentes) à sucessão (MIRANDA, 2005, p. 79). Todavia, a igualdade formal entre os herdeiros, sustentáculo da quota legitimária, nem sempre atende às demandas de uma sociedade em que a maioria não é detentora de vastos patrimônios capazes de amparar com tranquilidade a totalidade dos herdeiros deixados. Neste sentido, a doutrina começa a desenhar propostas de adequar a legítima à axiologia constitucional, a partir de uma leitura dirigida à proteção dos herdeiros vulneráveis[1] e que, portanto, esteja atenta à igualdade material.

Outro ponto nodal do direito sucessório brasileiro é a pretensa transmissão imediata da posse e propriedade dos bens do *de cujos*. O direito das sucessões brasileiro busca evitar a existência de bens sem sujeitos correlatos e, desse intento, emerge o princípio da *saisine* na regra insculpida no art. 1.784 do CC, dispondo que "Aberta a sucessão, a herança transmite-se, desde logo, aos herdeiros legítimos e testamentários". O referido princípio, adotado por países seguidores do sistema francês, remete à Idade Média, quando da morte do servo transmitia-se a posse de seus bens ao seu senhor (*le serf mort saisit le vif, son hoir de plus proche*) (PEREIRA, 2007, p. vi).

Paulo Lôbo (2021, p. 55) sintetiza o propósito do princípio da *saisine* ao afirmar que "a essência da norma brasileira é que a morte da pessoa não gera um vazio de titularidade sobre a herança que deixou". Embora o seu sentido seja de fácil apreensão teórica, há desafios práticos que desencadeiam o questionamento de ser um princípio efetivamente adotado pelo sistema normativo brasileiro em razão da necessidade, em certos casos, de inventário para a efetiva transmissão (BUCAR; PIRES, 2019, p. 85).

Quando do advento do – não mais tão novo – Código Civil ao início do século XXI, o reconhecimento do cônjuge como herdeiro necessário e concorrente na sucessão legítima foi apontado como uma das mais significativas alterações do Livro de Sucessões.

---

1 Conforme Giselda Hironaka (2019, p. 491-502), Caio Pires (2020) e Daniele Chaves Teixeira em coautoria com Maici Colombo (2019, p. 155-169).

De lá para cá, outro passo, talvez ainda mais ousado, foi dado na matéria pela via jurisprudencial, ao se discutir a possibilidade de equiparação do regime sucessório do companheiro ao do cônjuge.

O Tema nº 498 trouxe em sede de repercussão geral o debate sobre o "alcance do direito sucessório em face de união estável homoafetiva", e o julgamento do Recurso Extraordinário nº 646.721 pelo Supremo Tribunal Federal em setembro de 2017 acabou por reconhecer a inconstitucionalidade do art. 1.790 do Código Civil, o qual previa uma ordem de vocação hereditária específica para os companheiros. De acordo com a decisão do STF, deve ser aplicada à união estável a ordem prevista no art. 1.829, que contempla as pessoas casadas, vedada a discriminação. Embora não tenha sido firmada nessa ocasião uma tese de total equiparação entre cônjuges e companheiros, a jurisprudência do Superior Tribunal de Justiça tem convergido no tratamento dessas modalidades de família, como na aplicação do direito real de habitação (REsp nº 1.249.227-SC) e na reserva da quarta parte da herança (REsp nº 1.617.650-RS).

Se a própria alçada do cônjuge a herdeiro necessário já era objeto de crítica por alguns, sob o argumento de ser uma opção legislativa excessivamente limitadora da liberdade familiar,[2] a interpretação de que teria ocorrido uma equiparação dos regimes gerou grande alvoroço, sendo reputada por alguns como verdadeiro casamento forçado (DELGADO, 2016). De todo modo, vislumbra-se que a discussão a respeito do exercício da autonomia privada no âmbito familiar e sucessório foi amplificada a partir da consolidação do pronunciamento do STF.

Quanto a essa discussão, o Ministro Fachin posiciona-se em seu voto pela não consideração do companheiro como herdeiro necessário em homenagem à autonomia patrimonial dos conviventes.[3]

Outro fator contribui para ampliar as reivindicações por maior autonomia em matéria sucessória: a transição do direito "de família" para o direito "das famílias". A família deixa de ser representada por um padrão único e nuclear para ser reconhecida em sua pluralidade. Além disso, a Emenda Constitucional nº 10 fez do divórcio verdadeiro direito potestativo, contribuindo para a multiplicação das famílias "recompostas".[4] Destarte, a sucessão legítima, pensada a partir de um modelo familiar transpessoal, passa a ser insuficiente para atender às demandas da família plural contemporânea.

---

[2] "Essa disposição do ordenamento jurídico brasileiro é uma intromissão excessiva na vida privada e na liberdade dos sujeitos. A inserção do cônjuge como herdeiro necessário é resquício de uma época de desigualdade entre os gêneros e tem o sentido de dar proteção ao cônjuge economicamente mais fraco. Ora, isso vai na contramão da história. Primeiro, porque essa proteção contraria o princípio da igualdade e não faz mais sentido, uma vez que a mulher, considerada historicamente o cônjuge mais fraco, já não ocupa mais esse lugar, segundo porque as responsabilidades e os compromissos na relação conjugal são diferentes da relação paterno-filial, esta sim, autorizadora da herança necessária. O amor conjugal não pressupõe nem exige as mesmas responsabilidades de uma relação entre pais e filhos" (PEREIRA, 2007, p. viii).

[3] "Na sucessão, a liberdade patrimonial dos conviventes já é assegurada com o não reconhecimento do companheiro como herdeiro necessário, podendo-se afastar os efeitos sucessórios por testamento. Prestigiar a maior liberdade na conjugalidade informal não é atribuir, a priori, menos direitos ou diretos diferentes do casamento, mas, sim, oferecer a possibilidade de, voluntariamente, excluir os efeitos sucessórios" (RE nº 646.721, Min. Edson Fachin, p. 4).

[4] Não há unicidade na atribuição do termo para as realidades de núcleos familiares formados por pessoas advindas de relacionamentos familiares anteriores. Paulo Lôbo (2019, p. 91) adota a denominação "famílias recompostas", que encontra correspondência no inglês *reconstituted Family* e, no francês, *familles recomposés*, já Waldyr Grisard Filho (2010, p. 85) prefere a terminologia "família reconstituída".

Neste novo cenário, o testamento, por muito preterido, ganha relevância. Giselda Hironaka (2017, p. 414) justificava a baixa adesão ao testamento pelos brasileiros a dois fatores: (i) a sucessão legítima atender às expectativas sociais e (ii) o tabu que circunda a reflexão sobre a morte. Hoje, com as famílias plurais, a sucessão legítima deixa de atender à totalidade dos anseios da sociedade, e a morte coletiva deflagrada com a pandemia do coronavírus diminuiu as ressalvas que orbitavam sobre o "pensar a morte" ao – infelizmente – escancará-la diariamente. Basta observar que, em 2020, o número de testamentos registrados em cartórios de notas em todo o Brasil cresceu de 1.249 em abril para 2.918 em julho do mesmo ano, representando um aumento de 134% (GREGORIO, 2020).

As provocações ora enunciadas resumidamente revelam a travessia que o direito das sucessões percorre na atualidade em direção à construção de novos conceitos, para além da mera exegese da codificação (FACHIN, 2012, p. 350). Antes de respostas findas e acabadas na estática do texto codificado, lança-se o desafio constante de apreender a delicada temática sob os valores constitucionais e com ciência da dinâmica que molda as relações familiares e sociais na primeira metade do século XXI.

Referências

FACHIN, Luiz Edson. *Direito civil*: sentidos, transformações e fim. Rio de Janeiro: Renovar, 2015.

FACHIN, Luiz Edson. *Teoria crítica do direito civil*: à luz do Novo Código Civil brasileiro. 3. ed. rev. e atual. Rio de Janeiro: Renovar, 2012.

GREGORIO, Rafael. Registros de testamentos em cartórios aumentam 134% após a pandemia. *Valor Investe*, 18 out. 2020. Disponível em: https://valorinveste.globo.com/objetivo/organize-as-contas/noticia/2020/10/18/registros-de-testamentos-em-cartorios-aumentam-134percent-apos-a-pandemia.ghtml. Acesso em: 29 jul. 2021.

GRISARD FILHO, Waldyr. *Famílias reconstituídas*: novas relações depois das separações. São Paulo: Revista dos Tribunais, 2010.

HIRONAKA, Giselda Maria Fernandes Novaes. A forma como foi disciplinada a sucessão testamentária em nosso país é um obstáculo para a maior utilização do ato de última vontade no Brasil? *Revista Jurídica Luso-Brasileira*, ano 3, n. 1, p. 413-422, 2017. Disponível em: http://www.egov.ufsc.br/portal/sites/default/files/2017_01_0413_0422.pdf. Acesso em: 29 jul. 2021.

HIRONAKA, Giselda Maria Fernandes Novaes. *Comentários ao Código Civil*: Parte Especial – Do Direito das Sucessões (arts. 1784 a 1856). São Paulo: Saraiva, 2008. v. 20.

HIRONAKA, Giselda Maria Fernandes Novaes. Os herdeiros legitimários no direito civil contemporâneo: ampliação da liberdade de testar e a proteção dos vulneráveis. *In*: TEPEDINO, Gustavo; MENEZES, Joyceane Bezerra (Coord.). *Autonomia privada, liberdade existencial e direitos fundamentais*. Belo Horizonte: Fórum, 2019. p. 491-502.

LÔBO, Paulo Luiz Netto. *Direito civil*: famílias. 9. ed. São Paulo: Saraiva, 2019.

LÔBO, Paulo Luiz Netto. *Direito civil*: sucessões. 7. ed. São Paulo: Saraiva Educação, 2021. v. 6.

MIRANDA, Francisco Cavalcanti Pontes de. *Tratado dos testamentos*. Leme: BH Editora e distribuidora, 2005. v. 4.

PEREIRA, Rodrigo da Cunha. Apresentação à 1ª edição. *In*: PEREIRA, Rodrigo da Cunha; HIRONAKA, Giselda Maria Fernanda Novaes (Coord.). *Direito das sucessões*. 2. ed. Belo Horizonte: Del Rey, 2007. p. v-viii.

PERLINGIERI, Pietro. La funzione sociale del diritto successorio. *In*: TATARANO, Giovanni; PERCHINUNNU, Remigio (a cura di). *Studi in memoria di Giuseppe Panza*. Napoli: Edizioni Scientifiche Italiane, 2010. p. 592-604.

PIRES, Caio Ribeiro. *A legítima e a tutela sucessória da pessoa humana*: uma análise à luz do direito civil constitucional. Dissertação (Mestrado em Direito Civil) – Universidade do Estado do Rio de Janeiro, Rio de Janeiro, 2020.

RESCIGNO, Pietro. *Introduzione al Codice civile*. Bari: Laterza, 1992.

TEIXEIRA, Daniele Chaves; COLOMBO, Maici Barboza dos Santos. Faz sentido a permanência do princípio da intangibilidade da legítima no ordenamento jurídico brasileiro? *In*: TEIXEIRA, Daniele Chaves (Coord.). *Arquitetura do planejamento sucessório*. 2. ed. Belo Horizonte: Fórum, 2019. p. 155-169.

Informação bibliográfica deste livro, conforme a NBR 6023:2018 da Associação Brasileira de Normas Técnicas (ABNT):

COLOMBO, Maici Barboza dos Santos; PEREIRA, Jacqueline Lopes. Sucessão em geral. *In*: CORTIANO JUNIOR, Eroulths; SILVA, Alexandre Barbosa da (coord.). *O Código Civil e a Contemporaneidade*: Estudos do Grupo Virada de Copérnico em Homenagem ao Ministro Luiz Edson Fachin. Belo Horizonte: Fórum, 2025. p. 445-449. ISBN 978-65-5518-990-2.

SUCESSÃO LEGÍTIMA

GISELDA MARIA FERNANDES NOVAES HIRONAKA

JOSÉ FERNANDO SIMÃO

Introdução

Se considerada a disciplina concisa do Livro V do Código Civil, poder-se-ia supor que a categoria "sucessão legítima" seria simples e sem grande mistério. Ao lado dessa aparente singeleza, contudo, encontra-se um instituto da mais alta relevância e responsável por alguns dos mais importantes embates por que passou o direito das sucessões nos últimos anos, dos quais o mais recente resultou na declaração de inconstitucionalidade do art. 1.790. Na verdade, apesar de exígua em sua disciplina legislativa, a importância prática da sucessão legítima supera em muito a da testamentária (MORAES, 1980, p. 21).

Observada, em regra, quando não há manifestação solene de última vontade, tal modalidade de sucessão defere-se subsidiariamente e, por seus termos, a título universal, excluídos alguns direitos previdenciários, securitários e o direito real de habitação, que consubstanciam o que se convencionou chamar de sucessão anômala, na medida em que representa exceção ao princípio da unidade da sucessão, encampado no art. 1.791 do Código Civil e segundo o qual os bens são transmitidos independentemente de sua origem ou natureza, ou ainda em razão das qualidades pessoais do sucessor (MENGONI, 1999, p. 243).

No presente trabalho, trataremos dos principais aspectos envolvendo a sucessão legítima, que poderiam ser reduzidos a três perguntas fundamentais: (1) *Quando ocorre a sucessão legítima?*; (2) *Por que a lei prevê essa espécie de sucessão?*; e (3) *Quem são os beneficiários dela?* Os tópicos seguintes, com maior ou menor profundidade, buscam responder a essas perguntas.

1 Quando ocorre a sucessão legítima?

O fenômeno sucessório, identificado como a transmissão patrimonial de posições jurídicas, como regra, ativas antes titularizadas pelo autor da herança a seu sucessor, ocorre no exato momento da morte daquele, graças à presunção instituída pelo princípio da *saisine*.

Segundo o critério da vocação sucessória, a sucessão pode decorrer da lei ou da vontade do morto. Se decorre da lei, chama-se legítima, legal ou *ab intestato*; se a fonte da vocação é a vontade do autor da herança, chama-se testamentária. Enquanto o requisito básico para haver sucessão testamentária é a existência de ato de última vontade, o caráter subsidiário da sucessão legítima permite que uma série de hipóteses seja considerada para a definição dos casos em que ocorre.

Assim, seguindo em certa medida o que enuncia o art. 1.788 do Código Civil, há sucessão legítima se ausente disposição de última vontade do falecido; quando, apesar de existir testamento, este não abarcar todos os bens do acervo; ou ainda se existir alguma causa de ineficácia, como invalidade, revogação, ruptura ou caducidade (HIRONAKA, 2018).

Ambas as espécies referidas de sucessão não são excludentes uma da outra. Pelo contrário, não é incomum que a sucessão legítima concorra com a testamentária. Os casos em que, por exemplo, o testamento não dispôs sobre a integralidade dos bens são um exemplo, a que se soma a previsão do art. 1.967 do Código Civil, que trata da situação exatamente oposta: o testador extrapolou os limites legais para dispor do próprio patrimônio, desrespeitando a legítima, o que redundará na redução das disposições testamentárias e na vocação legal sobre a metade indisponível.

2 Por que há a previsão de uma sucessão *ab intestato*?

As modernas teorias discutem o fato de se entender a sucessão legítima como consequência da solidariedade familiar, verificada no reconhecimento do esforço comum para a construção do patrimônio da família (MADALENO, 2020). Há um aspecto objetivo, no entanto, em que elas costumeiramente falham: existe sucessão legítima porque, por força do princípio da *saisine*, o ordenamento não tolera patrimônios sem titular, o que não significa uma irrestrita transferência de posições jurídicas, uma vez que algumas delas fenecem com a morte do titular anterior.

Em relação ao patrimônio do nascituro, à herança jacente e ao patrimônio pré-fundacional, todavia, "a herança já é de alguém: apenas não se sabe se é o beneficiado pela lei, ou pelo testamento, ou se algum dos herdeiros legítimos, ou de outrem. Não se pode aludir, pois, à suspensão da sucessão; a sucessão já se deu" (LÔBO, 2018, p. 45 e ss.).

De forma sucinta, vista a partir de uma perspectiva objetiva, se o direito sucessório não dotasse o sistema jurídico de mecanismos subsidiários e complementares à manifestação de vontade do falecido, muito frequentemente nos depararíamos com situações em que parcelas do patrimônio de uma pessoa já falecida ou sua totalidade vagariam sem um titular, configurando quase uma espécie de *res nullius*, o que traria grandes prejuízos à circulação da riqueza.

3 Quem é chamado à sucessão pela lei?

Esta terceira pergunta é, talvez, a que mais interessa na discussão da sucessão legítima, uma vez que, ademais da importância de sua própria solução, por intermédio dela podem-se tangenciar diversos institutos relevantes para a disciplina. Isso justifica a extensão deste terceiro tópico e a ênfase conferida a ele, legitimando o que, eventualmente, poderia ser interpretado como uma falta de zelo metodológico.

3.1 Ordem de vocação hereditária

O Código Civil elenca, discriminando entre necessários e facultativos, quatro classes de herdeiros legítimos, sem discriminar, nas duas primeiras, a origem biológica ou civil, legítima ou ilegítima, como fazia o Código anterior em sua redação original. Residualmente, como não pode haver patrimônio sem um titular, na hipótese de não haver nenhum herdeiro legítimo, a lei chama o Estado para *herdar* em caráter irrenunciável (art. 1.844).

A ordem de vocação hereditária do art. 1.829 do Código Civil, a partir do julgamento dos RE nº 878.694/MG e nº 646.721/RS, foi incrementada: ao lado do cônjuge sobrevivente, deve-se incluir o companheiro. Nesse sentido, defere-se a herança, em primeiro lugar, aos descendentes do morto, em concorrência com o cônjuge ou companheiro. Seja a união hétero ou homossexual (ADI nº 4.277 e ADPF nº 132), a única condição para que tal concorrência se efetive é que o vínculo esteja conservado ao tempo da abertura da sucessão e seja regido, no que toca ao regime de bens, ou pela separação convencional, a despeito das críticas de Miguel Reale a esse entendimento (REALE, 2003), ou, se o regime for o da comunhão parcial, que o falecido tenha deixado bens particulares (inc. I).

Na sequência, se não houver descendentes, são chamados ascendentes vivos, em qualquer grau, observadas as regras sobre a partilha por linhas do art. 1.836, §2º, também em concorrência com o companheiro ou com o cônjuge sobrevivente. Aqui, no entanto, o regime de bens do casamento ou da união estável não tem nenhuma relevância.

A concorrência sucessória do cônjuge ou do companheiro supérstite com descendentes ou ascendentes do morto, apesar de atualmente questionada, foi uma das grandes inovações do Código de 2002 em relação à disciplina anterior. Diz-se que mais modernamente existe certo questionamento, porque se tem robustecido o entendimento, forjado a partir da percepção sociológica da efemeridade do vínculo e da conscientização jurídica sobre as famílias híbridas, em que descendentes exclusivos e comuns do autor da herança concorrem com o cônjuge ou companheiro supérstite, de que a concorrência sucessória seria um tanto quanto iníqua, especialmente em relação aos direitos sucessórios dos descendentes (TEIXEIRA; COLOMBO, 2019, p. 136).

Não havendo nenhum representante das duas primeiras classes, o cônjuge ou o companheiro sobrevivente herda sozinho o patrimônio, não importando, novamente, o regime de bens, mas tão somente que o casal, unido validamente, não estivesse divorciado, separado judicialmente ou de fato (trata-se de uma "condição de sucessividade do cônjuge supérstite"). Exceção é o caso de casamento putativo, estando o cônjuge sobrevivente de boa-fé e não tendo sido reconhecida a nulidade do ato jurídico ao tempo da abertura da sucessão. Nesta hipótese, apesar da irregularidade, reconhecem-se efeitos sucessórios ao sobrevivente.

Já no regime anterior, seguindo inovação trazida pela Lei Feliciano Penna, o cônjuge supérstite figurava na terceira classe da ordem de vocação hereditária. O companheiro veio a ser incluído só mais tarde, quando da edição da Lei nº 8.971/94 (art. 2º, III). É de se lastimar que tamanha inovação não tenha sido mantida quando do advento do novo Código, que abalou um sistema harmônico e socialmente aceito, pelo qual os efeitos sucessórios do casamento e da união estável eram idênticos, e reduziu toda a disciplina sucessória da união estável a um único artigo, desde o início tachado de inconstitucional por importante parcela da doutrina (HIRONAKA, 2004). Ainda que tardiamente, por sorte o STF declarou que o art. 1.790 era inconstitucional, embora tenha deixado em aberto várias questões que precisarão ser enfrentadas.

Acerca da terceira classe da ordem de vocação hereditária, um tema que suscitou certa curiosidade dos operadores do direito e a atenção dos tribunais foi o do cônjuge casado, mas separado de fato, que constituía uma união estável e vinha a falecer. Diante da omissão do legislador, questionava-se a possibilidade de a herança ser dividida entre cônjuge e companheiro, em uma autêntica concorrência sucessória na terceira classe.

Foi nesse sentido o Enunciado nº 525 da V Jornada de Direito Civil. Hoje, contudo, a aludida concorrência sucessória entre cônjuge e companheiro já não é admitida pela doutrina e jurisprudência. O argumento vitorioso aventa que a quebra da *affectio maritalis* demonstrada na separação de fato já basta para afastar a condição de sucessividade do cônjuge, ficando apenas o eventual companheiro, que passa a concorrer sozinho com as classes anteriores ou herda exclusivamente na terceira classe (MADALENO, 2020). Destaque-se que a separação de fato, por si só, já é hábil para excluir o cônjuge da participação na herança, mesmo que o morto não tivesse constituído uma união estável (NEVARES, 2004, p. 85). A propósito, Zeno Veloso (2001, p. 229) discorria que:

> [A] exclusão da herança do cônjuge sobrevivente que estava separado de fato do falecido constava nas Ordenações Filipinas (Livro 4, Tít. 94), e Teixeira de Freitas, no art. 973 da Consolidação das Leis Civis, consignou que, na ordem de vocação dos cônjuges, a herança será deferida ao sobrevivente, desde que, ao tempo da morte, "vivessem juntos habitando a mesma casa".

Por fim, o inc. IV do art. 1.829 do Código Civil chama os colaterais para herdarem. Importante limitação é trazida pelo art. 1.839, que restringe os colaterais sucessíveis ao quarto grau (primos, sobrinhos-netos e tios-avós), com os parentes mais próximos excluindo os mais remotos, salvo caso de direito de representação (art. 1.840), que, na sucessão colateral, limita-se aos sobrinhos (filhos dos irmãos). O benefício não se estende aos herdeiros de segundo grau do representado.

A disciplina da sucessão dos colaterais dispensa tratamento diferenciado aos irmãos e sobrinhos (MORAES, 1980, p. 142). Quando os sucessores são os irmãos, a natureza do parentesco importa. O Código atual manteve regra que já existia no anterior, segundo a qual, em havendo concorrência entre irmãos bilaterais e unilaterais, estes recebem metade do quinhão destinado àqueles (art. 1.841). Se concorrerem só bilaterais ou só unilaterais, cada um recolhe quota igual (art. 1.842). O raciocínio é o mesmo quando se trata de sobrinhos (art. 1.843, §§2º e 3º).

3.2 Herdeiros necessários

Os herdeiros legítimos, como já mencionado, podem ser divididos entre necessários e facultativos. Ser herdeiro necessário significa ter reservada a metade do patrimônio herdado do morto, a chamada legítima, dela só sendo privado se renunciar ou se incorrer em alguma causa legal, como a pena de indignidade ou de deserdação. O morto não pode, por simples manifestação de última vontade, aturdir a porção reservada ao herdeiro necessário.

O Código de 2002 inovou ao alçar o cônjuge viúvo à condição de herdeiro necessário, ao lado de descendentes e ascendentes (art. 1.845), relegando os colaterais a herdeiros facultativos e, assim, sem direito de exigir o resguardo de uma fração ideal do monte partível (art. 1.850). Nada disse, contudo, a respeito do companheiro, havendo na doutrina certa dissensão, em que pese parecer-nos predominar a corrente que entende serem os companheiros igualmente herdeiros necessários.

A questão não foi enfrentada quando do julgamento do RE nº 878.694/MG, em que pese levantada em sede de embargos de declaração. Não obstante, parece-nos inevitável seguir por esse caminho, em especial por se ter ratificado seu direito de concorrer com descendentes e ascendentes a uma porção da legítima, o que já era aventado mesmo quando ainda vigia o art. 1.790 (LIGIERA, 2013, p. 406-407).

A legítima é o resultado do abatimento das dívidas do falecido e das despesas de seu funeral sobre o total de bens existentes no momento da morte. Obtido valor líquido, à metade indisponível se adicionam as doações feitas aos descendentes ou ao cônjuge em adiantamento do que lhes caberia por herança (art. 544), tendo em vista a necessidade de igualar as legítimas dos herdeiros necessários. A propósito, o interesse prático em discutir a legítima vem ligado à presença de disposição testamentária existindo herdeiro necessário.

Por ser garantia aos legitimários, tanto qualitativa quanto quantitativa (ANTONINI, 2013), entendida, modernamente, como instrumento de proteção de necessidades concretas da família (SCHREIBER, 2019), quaisquer intervenções não toleradas nem permitidas pela ordem jurídica devem ser suprimidas. O mais corriqueiro exemplo de intervenção permitida é o da clausulação da legítima, instituindo inalienabilidade, incomunicabilidade ou impenhorabilidade sobre os bens transmitidos. Para que sejam válidas, contudo, tais cláusulas restritivas devem observar as condições exigidas pela lei, dentre as quais se destacam a aposição de justa causa e a limitação à duração da restrição.

Sendo a intervenção injusta, porém, o Código estabelece certos remédios protetivos, dentre os quais se destacam a possibilidade de redução das doações inoficiosas, das disposições testamentárias que extrapolam a quota disponível e a colação.

3.3 Condições para a sucessão legítima

Deve-se acrescentar, porém, que, para o sucessível revestir-se de aptidão para adquirir a herança, à sua vocação devem ser observados alguns outros requisitos. Ainda na vigência do Código anterior, Itabaiana de Oliveira (1986, p. 90) ensinava que "[a]s condições exigidas para a sucessão legítima ou *ab intestato* [seriam] três: ser vivo, ser capaz e ser digno".

A primeira dessas condições continua exigível e vem disciplinada no art. 1.798 do Código Civil. De se observar que, salvo a vocação residual da pessoa jurídica de direito público interno em caso de vacância, a sucessão legítima é deferida somente para pessoas físicas, nascidas ou já concebidas no momento da abertura da sucessão. Ao mencionar as "pessoas já concebidas", o legislador refere-se ao nascituro, em nada importando se ele foi fruto de gravidez natural, de inseminação artificial ou se de fecundação *in vitro*. Contudo, tendo em conta que a personalidade civil do homem começa do nascimento com vida, ficam os direitos sucessórios do nascituro condicionados a seu nascimento com vida (art. 2º). Dentro desse tema, questões delicadas e controvertidas, que serão apenas referidas, dizem respeito à capacidade sucessória do embrião pré-implantatório e às técnicas de reprodução assistida *post mortem* (MALUF; MALUF, 2018, p. 109-119).

O segundo requisito, relativo à capacidade sucessória ou, mais propriamente, à incapacidade sucessória, já não tem guarida na atual disciplina codificada. Já no sistema anterior, tal requisito aparecia bastante restrito e se limitava à incapacidade de herdar que os filhos ilegítimos não reconhecidos e os filhos incestuosos ostentavam (arts. 355, 358 e 1.606 do Código Civil de 1916). Desde a Lei nº 6.515/77, contudo, com a nova redação dada ao art. 2º da Lei nº 883/49, o direito à herança passou a ser reconhecido em igualdade de condições aos filhos do morto, independentemente da natureza da filiação. A modificação foi, mais tarde, reafirmada pelo art. 227, §6º, da Constituição Federal e pelo art. 1.596 do Código Civil de 2002. Perde, pois, interesse o requisito da "capacidade" na sucessão legítima, ainda que o mantenha na sucessão testamentária, em virtude da previsão do art. 1.801.

Por fim, é condição para suceder *ab intestato* a dignidade do sucessor. O herdeiro legítimo perde sua dignidade se incorrer em alguma das hipóteses arroladas pelos incisos do art. 1.814, relativas à prática de certos atos ofensivos à pessoa, honra ou interesses do autor da herança, salvo se perdoado pelo ofendido por ato isento de qualquer vício (art. 1.818). Os efeitos da exclusão são pessoais, não prejudicando eventuais descendentes do indigno (art. 1.816), e os atos de administração da herança legalmente praticados por ele antes da sentença de exclusão permanecem válidos (art. 1.817).

Nota conclusiva

Parece-nos serem esses os principais aspectos envolvendo a sucessão legítima no Código Civil em vigor, que, considerados os limites da obra, vêm apenas pincelados.

Não custa lamentar, contudo, que, apesar de todo o avanço sociocultural, tecnológico e econômico experimentado nas últimas décadas, em especial no intervalo entre a promulgação de um Código Civil e o outro, a lei praticamente tenha reproduzido a disciplina anterior, sem grandes inovações e sem atentar para as novas dinâmicas sucessórias.

Os 20 anos desde que o Código atual entrou em vigor bem mostraram a importância da jurisprudência e da doutrina para reverter esse quadro. Mesmo que lentamente e com idas e vindas, isso tem acontecido e oportunizado outros tantos anos mais de vigência.

Referências

ANTONINI, Mauro. *Sucessão necessária*. 2013. Dissertação (Mestrado em Direito Civil) – Faculdade de Direito, Universidade de São Paulo, São Paulo, 2013.

HIRONAKA, Giselda Maria Fernandes Novaes. Ação de rompimento de testamento público. *Revista Brasileira de Direito Civil – RBDCivil*, Belo Horizonte, v. 17, p. 171-197, jul./set. 2018.

HIRONAKA, Giselda Maria Fernandes Novaes. Concorrência do companheiro e do cônjuge, na sucessão dos descendentes: destaque para dois pontos de irrealização da experiência jurídica à face da previsão contida na regra estampada na nova Legislação Civil Pátria, o Código Civil de 2002. *Revista da Esmape*, Recife, v. 9, n. 20, p. 295-339, jul./dez. 2004.

LIGIERA, Wilson Ricardo. *O companheiro na qualidade de herdeiro necessário e seu direito à legítima*. 2013. Tese (Doutorado em Direito Civil) – Faculdade de Direito, Universidade de São Paulo, São Paulo, 2013.

LÔBO, Paulo. Saisine e a liberdade de testar: a experiência brasileira. *GENJurídico*, 9 mar. 2018. Disponível em: http://genjuridico.com.br/2018/03/09/saisine-e-liberdade-de-testar-experiencia-brasileira/. Acesso em: 12 jul. 2021.

MADALENO, Rolf. *Sucessão legítima*. 2. ed. Rio de Janeiro: Forense, 2020.

MALUF, Carlos Alberto Dabus; MALUF, Adriana Caldas do Rego Freitas Dabus. *Curso de direito das sucessões*. 2. ed. São Paulo: Saraiva, 2018.

MENGONI, Luigi. *Trattato di diritto civile e commerciale*: successioni per causa di morte. 6. ed. Milano: Giuffrè, 1999. XLIII. t. 1.

MORAES, Walter. *Programa de direito das sucessões*: teoria geral e sucessão legítima. São Paulo: Revista dos Tribunais, 1980.

NEVARES, Ana Luiza Maia. *A tutela sucessória do cônjuge e do companheiro na legalidade constitucional*. Rio de Janeiro: Renovar, 2004.

OLIVEIRA, Arthur Vasco Itabaiana de. *Tratado de direito das sucessões*. 5. ed. Rio de Janeiro: Freitas Bastos, 1986.

REALE, Miguel. O cônjuge no novo Código Civil. *O Estado de S. Paulo*, 12 abr. 2003.

SCHREIBER, Anderson. Por uma releitura funcional da legítima no direito brasileiro. *Revista de Direito Civil Contemporâneo*, São Paulo, v. 6, n. 19, p. 211-250, abr./jun. 2019.

TEIXEIRA, Daniele Chaves; COLOMBO, Maici Barboza dos Santos. Faz sentido a permanência do princípio da intangibilidade da legítima no ordenamento jurídico brasileiro? *In:* TEIXEIRA, Daniele Chaves (Coord.). *Arquitetura do planejamento sucessório*. Belo Horizonte: Fórum, 2019.

VELOSO, Zeno. Do direito sucessório dos companheiros. *In*: DIAS, Maria Berenice; PEREIRA, Rodrigo da Cunha (Coord.). *Direito de família e o novo Código Civil*. Belo Horizonte: Del Rey, 2001.

Informação bibliográfica deste livro, conforme a NBR 6023:2018 da Associação Brasileira de Normas Técnicas (ABNT):

HIRONAKA, Giselda Maria Fernandes Novaes; SIMÃO, José Fernando. Sucessão legítima. *In*: CORTIANO JUNIOR, Eroulths; SILVA, Alexandre Barbosa da (coord.). *O Código Civil e a Contemporaneidade*: Estudos do Grupo Virada de Copérnico em Homenagem ao Ministro Luiz Edson Fachin. Belo Horizonte: Fórum, 2025. p. 451-457. ISBN 978-65-5518-990-2.

SUCESSÃO TESTAMENTÁRIA

ANA LUIZA MAIA NEVARES

ROSE MELO VENCELAU MEIRELES

O mais importante é a mudança, o movimento, o dinamismo, a energia.

(LISPECTOR, Clarice. *Mudança*)

1 Introdução

O direito de herança é uma das garantias fundamentais do cidadão brasileiro, conforme previsão do inc. XXX do art. 5º da Constituição da República do Brasil. Diante disso, os bens de uma pessoa, após seu falecimento, não poderão ser apropriados pelo Estado, devendo seguir uma sucessão hereditária privada, em corolário à garantia da propriedade privada funcionalizada (CR/88, art. 5º, incs. XXII e XXIII).

Na regulamentação da sucessão hereditária, o legislador faculta aos indivíduos prever o destino do seu patrimônio *post mortem* por meio do negócio jurídico denominado testamento. Em verdade, pode-se dizer que o testamento tem eficácia múltipla, porque serve a diversos objetivos do testador. De fato, além de conter disposições sobre os bens do autor da herança, as disposições testamentárias também podem ter como objeto interesses existenciais do testador, ainda que só a eles o ato testamentário se refira, como o reconhecimento de um filho ou a nomeação de um tutor (CC, art. 1.857).

Ao regular a sucessão testamentária, o legislador deve conjugar os interesses do testador, bem como dos sucessores e demais pessoas sobre quem repercutirão as disposições testamentárias. Nessa regulamentação, impera o princípio da intangibilidade da legítima, que conjuga a liberdade do testador de prever o destino *post mortem* de seus bens e a proteção da família, ao restar determinado que cinquenta por cento da herança pertence *ex lege* aos denominados herdeiros necessários, a saber, descendentes, ascendentes, cônjuge e companheiro (CC, arts. 1.789 e 1.845).

A sucessão hereditária, portanto, dá-se por lei ou por disposição de última vontade (CC, art. 1.786). Nessa direção, a sucessão será legítima, ou seja, decorrente da lei, sempre que existirem herdeiros necessários, por força da cota que lhes pertence por lei (CC, arts. 1.789 e 1.845), bem como quando forem convocados os herdeiros previstos na ordem de vocação hereditária, por ausência de disposição testamentária diversa (CC, art. 1.829). De fato, na ausência de testamento, seja por sua inexistência, caducidade, invalidade ou por não abranger todos os bens do autor da herança, haverá sucessão legítima na parte não contemplada no ato de disposição de última vontade (CC, art. 1.788).

O testamento é negócio jurídico gratuito, unilateral, personalíssimo, revogável a qualquer tempo e formal, uma vez que sua validade depende da forma prevista na lei. Dito diversamente, não há liberdade no modo de testar, sendo preciso que o testador se valha de uma das modalidades de testamento previstas na lei, a saber, os testamentos ordinários, que podem ser públicos, cerrados ou particulares, e os especiais, que podem ser militares, aeronáuticos e marítimos.

Os testamentos ordinários, como o nome sugere, são aqueles facultados a toda e qualquer pessoa capaz de fazer um testamento e que esteja em condições de seguir as formalidades previstas na lei para tanto. Caso o testador esteja numa viagem de navio ou de avião, bem como durante uma guerra, quando lhe seja privado testar por uma das formas ordinárias, terá a possibilidade de lavrar um testamento especial, que, em regra, caducará se o testador não falecer nos 90 (noventa) dias subsequentes àquele em que cessou a situação especial.

O Código Civil de 2002 trouxe importantes modificações na sucessão testamentária. Inicialmente, flexibilização das formalidades do testamento, tornando o ato mais simples. Em relação às nulidades testamentárias, o Código previu um prazo para sua arguição, em contraposição ao que prevê o art. 169 do Código Civil. Já quanto ao conteúdo das disposições testamentárias, pode-se pontuar que as principais alterações ocorreram na necessidade de justificar a aposição de cláusulas restritivas da propriedade na legítima dos herdeiros necessários, bem como nas limitações relativas à nomeação de pessoas futuras como beneficiárias do ato de última vontade.

2 Redução das formalidades testamentárias

Na regulamentação do negócio jurídico, em diversos casos o legislador compreende que a forma deve ser da substância do ato. Interesses como segurança das relações jurídicas, publicidade, proteção de terceiros, entre outros, informam as decisões legislativas de submeter certos negócios jurídicos a uma forma prevista na lei.

Segundo tradicionalmente registrado em doutrina, as formalidades testamentárias têm tríplice função. A primeira delas seria a função preventiva, pois pretende evitar que o testador seja vítima de captações, dolo, fraude ou violências. Já a segunda seria uma função probante, uma vez que pela forma assegura-se a demonstração da última vontade do testador. A forma do testamento desempenha, ainda, uma função executiva, eis que fornece aos beneficiários do testamento um instrumento para o exercício dos respectivos direitos.[1]

---

1 GONÇALVES, Cunha. *Tratado de direito civil*. 2. ed. [s.l.]: [s.n.], [s.d.]. v. IX. t. II. n. 1.352. p. 595.

Apesar dessa tríplice função, a exacerbação das formalidades testamentárias é causa de diversos casos de nulidade do ato, sendo, portanto, necessário atentar para uma forma que cumpra o seu papel, mas que seja acessível e simples àquele que pretende testar.

Nessa direção, foi preocupação do legislador do Código Civil reduzir as formalidades testamentárias e assim o fez, em especial, pela redução do número de testemunhas instrumentárias necessárias ao testamento. De fato, enquanto no vetusto Código exigiam-se cinco testemunhas para o testamento público, cerrado e particular, o atual Código Civil reduziu esse número para duas testemunhas nos casos de testamentos públicos e cerrados e para três, sendo o testamento particular.

Admitiu-se, ainda, de forma expressa que o testamento público seja escrito manualmente ou mecanicamente, bem como que seja feito pela inserção da declaração de vontade em partes impressas de livro de notas, desde que rubricadas todas as páginas pelo testador, se mais de uma (CC, art. 1.864, parágrafo único), o que já vinha sendo realizado antes da entrada em vigor do Código. Na mesma direção, previu o legislador de 2002 que o testamento cerrado pode ser escrito mecanicamente, desde que seu subscritor numere e autentique, com a sua assinatura, todas as páginas (CC, art. 1.868, parágrafo único), bem como que o testamento particular seja escrito por processo mecânico e, nesse caso, não poderá conter rasuras ou espaços em branco, devendo ser assinado pelo testador, depois de o ter lido na presença de pelo menos três testemunhas, que o subscreverão (CC, art. 1.876, §2º).

Importante inovação foi introduzida no capítulo do testamento particular, quando previu o legislador que, em circunstâncias excepcionais declaradas na cédula, o testamento particular de próprio punho e assinado pelo testador, sem testemunhas, poderá ser confirmado, a critério do juiz. A partir dessa disposição, contemplou-se um testamento simplificado, sendo certo que sua condição é o ato de testar ocorrer em circunstâncias excepcionais, que devem restar traduzidas na cédula testamentária. O legislador não definiu o que seriam ditas circunstâncias excepcionais, mas pode-se dizer que estas devem ser hipóteses que não permitam o ato de testar por uma das formas ordinárias. Considerando que estas últimas pressupõem o contato do testador com outras pessoas, quer sejam as testemunhas, quer seja o tabelião, a pandemia de Covid-19 sem dúvida constituiu-se em circunstância excepcional a autorizar o testamento simplificado.[2]

Em diversas situações, o rigor das formas testamentárias é atenuado, quando se mostra inequívoca a higidez da manifestação de vontade do testador, privilegiando-se o princípio do *favor testamentis*. Nessa direção, o Superior Tribunal de Justiça já se manifestou no sentido de que

2 Vale registrar que, apesar de o art. 1.879 do Código Civil nada dispor sobre a caducidade do testamento em virtude da cessação das circunstâncias excepcionais que o ensejaram, boa doutrina considera que se aplica ao caso o aludido prazo de 90 (noventa) dias previsto nos arts 1.891 e 1.895 do Código Civil, relativos, respectivamente, aos testamentos marítimos e aeronáuticos e militares. Nesse sentido, foi aprovado o nº 611 nas VII Jornadas de Direito Civil, ocorridas no âmbito do Conselho Nacional de Justiça, assim ementado: "O testamento hológrafo simplificado, previsto no art. 1.879 do Código Civil, perderá sua eficácia se, nos 90 dias subsequentes ao fim das circunstâncias excepcionais que autorizaram a sua confecção, o disponente, podendo fazê-lo, não testar por uma das formas testamentárias ordinárias".

todas essas formalidades não podem ser consideradas de modo exacerbado, pois a sua exigibilidade deve ser acentuada ou minorada, em razão da preservação dos dois valores a que elas se destinam – razão mesma de ser do testamento –, na seguinte ordem de importância: o primeiro, para assegurar a vontade do testador, que já não poderá mais, após o seu falecimento, por óbvio, confirmar a sua vontade ou corrigir distorções, nem explicitar o seu querer que possa ter sido expresso de forma obscura ou confusa; o segundo, para proteger o direito dos herdeiros do testador, sobretudo dos seus filhos.[3]

3 Invalidade do testamento

O art. 1.859 do Código Civil fixa o prazo decadencial de cinco anos para que seja impugnada a validade do testamento,[4] contado dito prazo da data do seu registro. Assim, uma vez transitada em julgado a decisão que determinou o cumprimento, a abertura e o cumprimento do testamento, inicia-se a contagem do prazo em comento.

O dispositivo em exame não diferencia as causas de nulidade ou de anulabilidade. Nessa direção, argumenta-se que a lei prevê um prazo geral de cinco anos para arguição da invalidade do testamento, que não se aplicaria para os casos de vícios de consentimento. Nesses casos, tendo sido o testamento celebrado em erro, dolo ou coação, o prazo para anular a disposição é de quatro anos, contados de quando o interessado tiver conhecimento do vício (CC, art. 1.909).

No Código Civil de 1916 não existia artigo correspondente aos arts. 1.859 e 1.909 do atual diploma codificado. Por conseguinte, o prazo a ser considerado, nessa hipótese, era aquele geral previsto no art. 177 do Código Civil de 1916. A previsão de dois prazos específicos no Código de 2002 para invalidar o testamento, sem diferenciar as causas, bem demonstra que a distinção entre nulidade e anulabilidade não releva nessa seara. Além dos vícios do consentimento, típica hipótese de anulabilidade do negócio jurídico, cujo prazo decadencial restou previsto no art. 1.909 do CC, não há outras causas de anulabilidade testamentária, já que não se aplicam ao ato de última vontade a anulabilidade pela incapacidade relativa do agente, bem como os vícios da lesão e do estado de perigo, uma vez que esses pressupõem prestações excessivamente onerosas assumidas por uma das partes, o que inexiste no testamento, além de não se aplicar à sucessão testamentária a fraude contra credores, já que, antes da divisão dos bens do falecido, suas dívidas devem ser pagas.

Nessa direção, na seara testamentária, todas as invalidades convalescem com o decurso do tempo. Trata-se de peculiaridade do testamento. Enquanto que, pela regra

---

3 STJ, 4ª T. REsp nº 302767/PR. Rel. Min. Cesar Asfor Rocha, julg. 5.6.2001. *DJ*, 24.9.2001. Em perspectiva crítica quanto à inderrogabilidade das normas que preveem a forma do negócio como essencial para a sua validade e eficácia, ver PERLINGIERI, Pietro. *Forma dei negozi e formalismo degli interpreti*. Napoli: ESI, 1999. p. 18-19. Nessa linha, vale registrar que o Código Civil estabelece, em seu art. 1.859, disposição que suscita dúvidas quanto à absoluta e infalível inderrogabilidade das normas que estabelecem formalidades necessárias à validade e eficácia do testamento, prevendo que o direito de impugnar sua validade extingue-se em cinco anos. De fato, se o testamento inválido por vício de forma pode convalescer pelo decurso do tempo, ditas formalidades cedem em prol da segurança das relações jurídicas.

4 Para alguns autores, "como a lei não distingue, não cabe ao intérprete distinguir: o aludido prazo de caducidade se aplica tanto ao caso de nulidade como ao de anulabilidade" (VELOSO, Zeno. *Comentários ao Código Civil*: parte especial (do direito das sucessões). São Paulo: Saraiva, 2003. v. 21. p. 21). No mesmo sentido, LEITE, Eduardo de Oliveira. *Comentários ao Novo Código Civil*. Direito das sucessões. 2. ed. Rio de Janeiro: Forense, 2003. v. XXI. p. 318; PEREIRA, Caio Mário da Silva. *Instituições de Direito Civil*. 23. ed. Rio de Janeiro: Forense, 2016. v. VI. p. 344.

geral esculpida no art. 169 do Código Civil, a nulidade não convalesce pelo decurso do tempo, mesmo o testamento nulo se sujeita a prazo para impugnação da sua validade. Justifica-se a limitação temporal pela natureza *mortis causa* do negócio, a impedir que a sucessão fique suscetível de questionamento por prazo indeterminado.

Vale registrar que a invalidade do testamento pode ser total e atingir todas as suas disposições, ou parcial, quando verificada apenas em relação a uma ou algumas das suas cláusulas. A inobservância da forma testamentária, por exemplo, induz à invalidade total do testamento; enquanto que a nomeação de herdeiro testamentário que não tenha legitimidade atinge tão somente a deixa que o favorece.[5]

4 Justa causa

Cabe aos herdeiros necessários[6] de pleno direito a metade dos bens da herança, constituindo a legítima. Como se sabe, essa parte da herança é protegida pelo princípio da intangibilidade, por isso conhecida também como cota indisponível ou reserva. Desse modo, o §1º do art. 1.857 do Código Civil institui que a legítima dos herdeiros necessários não poderá ser incluída no testamento.

A proibição de incluir a legítima dos herdeiros necessários em testamento constitui limite à liberdade testamentária quantitativa, a justificar-se pela proteção dos destinatários da cota hereditária reservada. Assim, disposições restritivas à legítima restam vedadas. Uma exceção trazida pelo legislador consiste na aposição de cláusulas restritivas à propriedade. Os atos de liberalidade em geral, sejam *inter vivos* ou *mortis causa*, permitem que o seu autor restrinja a liberalidade com cláusulas de inalienabilidade, incomunicabilidade ou impenhorabilidade.

A cláusula de inalienabilidade atinge por inteiro o poder de disposição do titular do domínio, por isso abrange, mesmo que não houver expresso, a incomunicabilidade e a impenhorabilidade, como ficou consignado na redação do art. 1.911 do Código Civil,[7] entendimento consagrado no Enunciado nº 49 da Súmula do STF.[8] A cláusula de incomunicabilidade impede a comunicação do bem como consequência do regime de bens do casamento. Com a comunicação, ocorre aumento da fração ideal de cada cônjuge (meação) sobre o patrimônio comum. Desse modo, um bem assim clausulado seria um bem particular e não comum, mesmo no casamento regido pela comunhão universal de bens, quando bens presentes e futuros, havidos onerosamente ou por título gratuito, comunicam-se. E a cláusula de impenhorabilidade obsta a penhora sobre o bem clausulado, bem como que este seja dado em garantia, de modo que não possa servir ao pagamento das dívidas do seu titular.

---

[5] O instituto da conversão do negócio jurídico (CC, art. 160), embora com pouco campo de aplicação na seara testamentária, não pode ser afastado *a priori*. Imaginem-se, por exemplo, disposições a respeito do sufrágio de alma previstas em testamento público que não observa as formalidades essenciais, como o número de testemunhas, não poderia este ser convertido em codicilo?

[6] Consideram-se herdeiros necessários, para além das pessoas indicadas no art. 1.845 do Código Civil ("Art. 1.845. São herdeiros necessários os descendentes, os ascendentes e o cônjuge"), o companheiro.

[7] "Art. 1.911. A cláusula de inalienabilidade, imposta aos bens por ato de liberalidade, implica impenhorabilidade e incomunicabilidade".

[8] "A cláusula de inalienabilidade inclui a incomunicabilidade dos bens".

A incomunicabilidade e a impenhorabilidade podem ser previstas isoladamente, e produzir seus efeitos próprios. Vale a máxima: quem pode o mais, pode o menos. Ditas cláusulas, portanto, gravam os bens e acabam por atingir também terceiros, como os cônjuges, companheiros e credores dos seus titulares. Nesses casos, os bens poderão ser alienados livremente, por meio do procedimento de sub-rogação do gravame, que apenas verificará a equivalência ou superioridade do valor do bem a ser permutado ou do preço da compra e venda, no qual ficará sub-rogada a cláusula, não cabendo qualquer análise quanto aos motivos da disposição do bem.

O gravame, a princípio, não pode ser afastado por vontade própria do beneficiário da liberalidade. Segundo a regra do parágrafo único do art. 1.911 do Código Civil, a alienação somente é permitida para o caso de desapropriação de bens clausulados, ou por conveniência econômica do donatário ou do herdeiro, mediante autorização judicial, mas o produto da venda converter-se-á em outros bens, sobre os quais incidirão as restrições apostas aos primeiros. O Código Civil de 1916, ao contrário do atual, não autorizava expressamente a possibilidade da sub-rogação em virtude da real necessidade ou manifesta conveniência do interessado, o que já encontrava largo respaldo jurisprudencial.[9] Em casos excepcionais, em que se apurou inclusive a inconstitucionalidade, o gravame foi cancelado por decisão judicial.[10] Para pagamento de dívidas *propter rem*, como as condominiais, embora não previsto expressamente, a jurisprudência igualmente admitia a alienação na vigência da legislação anterior.[11]

---

9 "Testamento. Cláusula de inalienabilidade. Pretensão de beneficiários, atingidos pelo vírus da AIDS e em estágio avançado da doença, de liberar-se o gravame, alienando-se o bem e aplicando o numerário daí defluente no tratamento de saúde. A proteção do benefício, que era a vontade da testadora, deixaria de ocorrer se, impossibilitado de vender o imóvel gravado, ficasse ele reduzido à miséria, sem recursos para minorar-lhe os sofrimentos nos últimos tempos de sua vida. Compatibilização, no caso, da regra do art. 1.676 do Código Civil, com a do artigo 5ª da Lei de Introdução ao mesmo ordenamento e com a interpretação teleológica da cláusula. Deferimento do pedido, com o depósito do produto da venda em caderneta de poupança à disposição do juízo, liberando-se gradualmente o numerário para custeio do tratamento" (TJRJ, 5ª C.C. Ag. Inst. 19940011948. Rel. Des. Humberto Manes, julg. 14.2.1995); "Inventário. Alienação de Bem. Sabendo-se que a parte indisponível do imóvel pertencente às filhas do testador foi gravada com as cláusulas de inalienabilidade, impenhorabilidade e incomunicabilidade, enquanto viva a sua esposa, e se vistoria da Prefeitura, constatando riscos à segurança das pessoas, recomenda obras urgentes e possível interdição do único bem, deve este ser vendido e o produto da venda ficar sub-rogado na obrigação em nome das filhas, em caderneta de poupança, até a morte da viúva, a qual foi contemplada com a parte disponível. Venda não inferior ao valor da avaliação, inclusive sujeita a correção monetária se for o caso" (TJRJ, 8ª C.C. Ag. Inst. 19930021924. Rel. Des. Hudson Bastos Lourenço, julg. 13.12.1994); "Extinção de condomínio. Bem indivisível. Imóvel gravado com cláusula de inalienabilidade e incomunicabilidade. Pedido de sub-rogação formulado por um dos condôminos. Inteligência dos arts. 632 e 1.676 do Código Civil. É admissível a sub-rogação dos gravames, quando evidenciada sua real conveniência ou necessidade face às condições pessoais de um dos co-proprietários do imóvel comum. Cabível a transferência temporária do gravame para depósitos em cadernetas de poupança. Extinção do condomínio operada pela alienação do imóvel. Sentença que, com precisão jurídica acolheu os pedidos" (TJRJ, 5ª C.C. Ap. Cív. 19910011530. Rel. Des. Marcus Faver, julg. 18.6.1991).

10 Nessa direção cf.: "RECURSO ESPECIAL. DIREITO CIVIL. CLÁUSULA DE INCOMUNICABILIDADE. PEDIDO DE CANCELAMENTO. 1 - Pedido de cancelamento de cláusula de inalienabilidade incidente sobre imóvel recebido pelo recorrente na condição de herdeiro. 2 - Necessidade de interpretação da regra do art. 1576 do CC/16 com ressalvas, devendo ser admitido o cancelamento da cláusula de inalienabilidade nas hipóteses em que a restrição, no lugar de cumprir sua função de garantia de patrimônio aos descendentes, representar lesão aos seus legítimos interesses. 3 - Doutrina e jurisprudência acerca do tema. 4 - Recurso especial provido por maioria, vencida a relatora" (REsp 1422946/MG. Rel. Min. Nancy Andrighi. Rel. p/ Acórdão Ministro Paulo de Tarso Sanseverino, Terceira Turma, julg. 25.11.2014. *DJe*, 5.2.2015).

11 *Vide* nesse sentido: "CIVIL. CLÁUSULA DE INALIENABILIDADE. DESPESAS CONDOMINIAIS. O imóvel, ainda que gravado com a cláusula de inalienabilidade, está sujeito à penhora na execução de crédito resultante da falta de pagamento de quotas condominiais. Recurso especial não conhecido" (REsp 209.046/RJ. Rel. Min. Ari Pargendler, Terceira Turma, julg. 8.11.2002. *DJ*, 16.12.2002, p. 311).

A clausulação era admitida amplamente no Código Civil de 1916.[12] Uma mudança substancial no Código Civil de 2002 foi a exigência de justa causa para a clausulação de bens da legítima. O art. 1.848 do Código Civil estabelece que, salvo se houver justa causa, declarada no testamento, não pode o testador estabelecer cláusula de inalienabilidade, impenhorabilidade e de incomunicabilidade, sobre os bens da legítima. Em razão do citado princípio da intangibilidade da legítima, a inalienabilidade (abrangendo a incomunicabilidade e impenhorabilidade) tem sua eficácia condicionada à justa causa declarada na deixa testamentária.

Para os testamentos anteriores ao Código Civil de 2002, o art. 2.042 das Disposições Finais e Transitórias dispõe que se aplica o disposto no *caput* do art. 1.848 quando aberta a sucessão no prazo de um ano após a entrada em vigor do Código Civil de 2002, ainda que o testamento tenha sido feito na vigência do anterior; se, no prazo, o testador não aditar o testamento para declarar a justa causa de cláusula aposta à legítima, não subsistirá a restrição.[13] O legislador, portanto, cuidou de estabelecer uma norma transitória, para que a vontade testamentária pudesse ser adaptada aos novos ditames legais.

Muito embora feito sob a égide de outra legislação, a clausulação da legítima atinge os efeitos do negócio jurídico realizado, razão pela qual seus efeitos subordinam-se à lei da sucessão, vigente no momento da abertura da sucessão. Não obstante válido o testamento, a eficácia da restrição eventualmente prevista nele dependerá da declaração da justa causa. Assim, acaso o testador deseje manter a clausulação, precisará elaborar novo testamento, ainda que tão somente para cumprir dita exigência e consignar de modo expresso a justa causa que justifica tamanha restrição à legítima dos herdeiros necessários. A referência legal ao aditamento do testamento, portanto, consiste na feitura de

---

12 CC16: "Art. 1.723. A legítima dos herdeiros, fixada pelo art. 1.721, não impede que o testador determine que sejam convertidos em outras espécies os bens que a constituam, lhes prescreva a incomunicabilidade, atribua à mulher herdeira a livre administração, estabeleça as condições de inalienabilidade temporária ou vitalícia, a qual não prejudicará a livre disposição testamentária, e, na falta desta, a transferência dos bens aos herdeiros-legítimos, desembaraçados de qualquer ônus".

13 Falecido o testador no interregno legal de um ano, a cláusula restritiva prevalece. Nesse sentido: "Direito civil e processual civil. Sucessões. Recurso especial. Arrolamento de bens. Testamento feito sob a vigência do CC/16. Cláusulas restritivas apostas à legítima. Inalienabilidade, impenhorabilidade e incomunicabilidade. Prazo de um ano após a entrada em vigor do CC/02 para declarar a justa causa da restrição imposta. Abertura da sucessão antes de findo o prazo. Subsistência do gravame. Questão processual. Fundamento do acórdão não impugnado. - Conforme dicção do art. 2.042 c/c o caput do art. 1.848 do CC/02, deve o testador declarar no testamento a justa causa da cláusula restritiva aposta à legítima, no prazo de um ano após a entrada em vigor do CC/02; na hipótese de o testamento ter sido feito sob a vigência do CC/16 e aberta a sucessão no referido prazo, e não tendo até então o testador justificado, não subsistirá a restrição. - Ao testador são asseguradas medidas conservativas para salvaguardar a legítima dos herdeiros necessários, sendo que na interpretação das cláusulas testamentárias deve-se preferir a inteligência que faz valer o ato, àquela que o reduz à insubsistência; por isso, deve-se interpretar o testamento, de preferência, em toda a sua plenitude, desvendando a vontade do testador, libertando-o da prisão das palavras, para atender sempre a sua real intenção. - Contudo, a presente lide não cobra juízo interpretativo para desvendar a intenção da testadora; o julgamento é objetivo, seja concernente à época em que dispôs da sua herança, seja relativo ao momento em que deveria aditar o testamento, isto porque veio à óbito ainda dentro do prazo legal para cumprir a determinação legal do art. 2.042 do CC/02, o que não ocorreu, e, por isso, não há como esquadrinhar a sua intenção nos 3 meses que remanesciam para cumprir a dicção legal. - Não houve descompasso, tampouco descumprimento, por parte da testadora, com o art. 2.042 do CC/02, conjugado com o art. 1.848 do mesmo Código, isto porque foi colhida por fato que lhe impediu de cumprir imposição legal, que só a ela cabia, em prazo que ainda não se findara. - O testamento é a expressão da liberdade no direito civil, cuja força é o testemunho mais solene e mais grave da vontade íntima do ser humano. - A existência de fundamento do acórdão recorrido não impugnado, quando suficiente para a manutenção de suas conclusões em questão processual, impede a apreciação do recurso especial no particular. Recurso especial provido" (REsp 1049354/SP. Rel. Min. Nancy Andrighi. Terceira Turma, julg. 18.8.2009, *DJe*, 8.9.2009).

outra cédula testamentária, que complemente a anterior. A inobservância da declaração de justa causa importará em ineficácia da restrição.

Outro aspecto relevante diz respeito aos critérios interpretativos para configurar a motivação declarada no testamento como justa causa. Que situações poderiam identificar uma causa como justa? Trata-se de um conceito indeterminado a ser apurado em cada caso concreto. O Superior Tribunal de Justiça firmou entendimento no sentido de que a justa causa deve ser expressa e plausível,[14] o que também é critério avaliável casuisticamente. Ao restringir a legítima com uma cláusula de inalienabilidade, incomunicabilidade ou impenhorabilidade, o testamento poderá ser impugnado também quanto à justiça da causa. A análise da justa causa deverá ser criteriosa, a fim de evitar que eventuais pendências pessoais ou meras vaidades do testador alcancem a legítima dos herdeiros necessários,[15] ou mesmo como meio de fraude a credores.

Em caso julgado pelo Tribunal de Justiça do Rio de Janeiro, a motivação dos gravames foi expressa com a frase "[...] justifico pretender que os bens e frutos a eles atribuídos deverão permanecer com a minha exclusiva família sem a participação de terceiros estranhos a mesma". O Tribunal entendeu que dita causa não era justa e, assim, os gravames foram afastados, de modo a permitir a penhora sobre o quinhão hereditário.[16]

Há de verificar se a restrição da propriedade, ao invés de cumprir sua função de garantir o patrimônio do beneficiário, acaba por lesar seus legítimos interesses, quando então não será justa sua manutenção.

Verifica-se na jurisprudência decisões que afastam a inalienabilidade quando presentes causas consideradas genéricas, meramente subjetivas, que não se refiram a singularidades do herdeiro ou fatos em concreto que justifiquem o gravame, como aquelas que se referem genericamente à "proteção do herdeiro" ou "à garantia quanto a incertezas futuras e má administração", "para evitar que o patrimônio seja dilapidado", sem uma definição específica da motivação.[17]

Nessa direção, a autonomia privada que estabelece a inalienabilidade pelo testamento deverá prevalecer, por exemplo, quando o testador grava um imóvel, de pequeno valor dentre os bens da herança,[18] para garantir a moradia de filho insolvente,

---

14 *Vide* acórdão citado na nota anterior.

15 TEPEDINO, Gustavo *et al. Código Civil interpretado conforme a Constituição da República.* Rio de Janeiro: [s.n.], 2014. v. IV. p. 660.

16 TJRJ. Apelação 0055676-61.2019.8.19.0001. Des. Marcos Andre Chut, Vigésima Terceira Câmara Cível, julg. 25.112020.

17 "Arrolamento - Doação - Imposição de cláusula de impenhorabilidade - Retificação da doação, a fim de constar a justa causa da restrição a ser imposta - Necessidade - Não aceitação de cláusula genérica de justificação - Aplicação do art. 1848 do Código Civil - Decisão mantida - Recurso desprovido" (TJSP, 5ª C.D.Priv. AI nº 990100019244, julg. 2.6.2010) e "Apelação Cível. Sucessão Testamentária. Cláusula de Impenhorabilidade, Inalienabilidade e Incomunicabilidade. Bens da Legítima. Necessidade de Justo Motivo. Art. 1.848, do Código Civil - Motivo Genérico - Insubsistência da Cláusula. Em relação aos bens da legítima, a estipulação de cláusulas restritivas não é livre e exige justo motivo que a respalde, sob pena de cancelamento dessa cláusula, nos termos do art. 1848, do Código Civil. A motivação genérica e não fundamentada não é capaz de preencher a justa motivação exigida pelo referido dispositivo" (TJMG, 1ª C.C. Ap. Cív. 1.0694.14.000244-5/0010002445-21.2014.8.13.0694 (1), julg. 15.12.2015. *DJ*. 22.11.2016).

18 A indicação de imóvel de pequeno valor está em consonância com a tendência atual de não se proteger patrimônios suntuosos, mesmo quando estes estariam, em tese, protegidos pelo benefício da Lei nº 8.009/90. Nessa linha, podem ser citadas decisões judiciais que flexibilizam o conceito de imóvel disposto na Lei nº 8.009/90, de forma a evitar a proteção de bens suntuosos e de valor altíssimo, que muitas vezes superam em muito aquele da dívida: "Agravo interno. Tentativa de rediscutir matéria que foi devidamente analisada quando do exame do agravo

que não é proprietário de bem imóvel, ou quando grava quotas sociais ou imóvel, no qual o herdeiro explore a sua atividade profissional, para que lhe seja garantida a continuidade do exercício de sua profissão, mesmo após a morte do titular do bem. Com efeito, a inalienabilidade convencional pode desempenhar, em determinados casos, a função de garantia do que se denomina de *patrimônio mínimo da pessoa*,[19] a partir da indisponibilidade de um bem essencial ao beneficiário da liberalidade, destinado à sua moradia ou ao desenvolvimento de seu trabalho (CR/88, art. 6º, *caput*). No âmbito do direito privado, podemos traduzir o mínimo existencial no que Luiz Edson Fachin denominou de patrimônio mínimo da pessoa humana, podendo ser identificado em diversas normas como aquela que determina a incapacidade relativa do pródigo (CC, art. 4º, IV), aquela que determina a nulidade da doação de todos os bens sem reserva de parte ou renda suficiente para subsistência do doador (CC, art. 548), bem como aquelas que estabelecem a impenhorabilidade de bens essenciais (Lei nº 8.009/90 e CPC, art. 833).[20] Nessas hipóteses, não haverá violação à propriedade funcionalizada, devendo prevalecer a autonomia privada do testador.[21]

---

de instrumento com base em conhecida orientação do STJ. Bem de família. Desmembramento. Circunstâncias do caso concreto. Prova pericial. Razoabilidade. Tratando-se de imóvel de área considerável, com matrículas distintas decorrentes dos diversos lotes que o compõem, apontando a prova pericial perfeita possibilidade de desmembramento, não há porque ensejar ao devedor que possa manter-se no luxo, em detrimento do credor" (TJRS, 20ª C.C. Agravo nº 70008940439. Rel. Des. Armínio José Abreu Lima da Rosa, julg. 16.6.2004). "Imóvel residencial. Impenhorabilidade. E impenhorável o imóvel residencial do devedor e a lei abre espaço para que se permita a penhora de parte desse imóvel, mormente se o terreno não permite divisão cômoda, eis que a parte objeto da constrição é absolutamente encravada" (TJRS, 1ª C.C. AI nº 196129894. Rel. Des. Heitor Assis Remonti, julg. 10.9.1996). E no Superior Tribunal de Justiça: "Embargos de terceiro. Penhora. Lei n. 8.009/90. Bem de família. Imóvel residencial. Quatro imóveis contíguos. Matrículas diferentes. Possibilidade do desmembramento. Pelas peculiaridades da espécie, preservada a parte principal da residência em terreno com área superior a 2.200 m2, com piscina, churrasqueira, gramados, não viola a lei 8.009/90 a decisão que permite a divisão da propriedade e a penhora sobre as áreas sobejantes. Recurso especial não conhecido" (STJ, 4ª T. REsp 139010/SP. Rel. Min. Cesar Asfor Rocha, julg. 21.2.2002. *DJ*, 20.5.2002 p. 143).

19 A eficácia jurídica do princípio da dignidade da pessoa humana clama necessariamente pela garantia de condições materiais mínimas à pessoa, preocupação do constituinte em diversas passagens da Constituição da República, a saber, em seu preâmbulo, a partir do objetivo de assegurar o exercício dos direitos sociais e individuais e em seus dispositivos a partir dos art. 1º, III, art. 170, *caput* ("Ordem econômica tem por fim assegurar a todos existência digna"), art. 226, §7º, art. 3º, III, art. 23, X, art. 6º, art. 23, V, art. 30, VI, art. 34, VII, "e", art. 35, III, art. 205, art. 208, I, II, IV, V, VI, VII, §§1º e 2º, art. 212, *caput* e §3º, art. 213, §§1º e 2º, art. 23, II e IX, art. 30, VII, art. 34, VII, "e", art. 35, III, art. 196, art. 198, II e §2º, art. 200, II e IV, art. 227, I, I, art. 7º, II, XXIV, XXV, art. 23, II e IX, art. 201, I a V, art. 203, art. 229, art. 230, art. 245. Ana Paula de Barcellos agrupou os dispositivos referidos em ordem progressiva de determinação, partindo do princípio mais genérico, passando por princípios em que os fins já estão mais bem delineados, até chegar a subprincípios e regras (BARCELLOS, Ana Paula de. *A eficácia jurídica dos princípios constitucionais*: o princípio da dignidade da pessoa humana. Rio de Janeiro: Renovar, 2002. p. 155-162). Segundo a autora: "o mínimo existencial corresponde ao conjunto de situações materiais indispensáveis à existência humana digna; existência aí considerada não apenas como experiência física – a sobrevivência e a manutenção do corpo – mas também espiritual e intelectual, aspectos fundamentais em um Estado que se pretende, de um lado, democrático, demandando a participação dos indivíduos nas deliberações públicas e, de outro, liberal, deixando a cargo de cada um seu próprio desenvolvimento" (BARCELLOS, Ana Paula de. *A eficácia jurídica dos princípios constitucionais*: o princípio da dignidade da pessoa humana. Rio de Janeiro: Renovar, 2002. p. 197-198).

20 FACHIN, Luiz Edson. *Estatuto jurídico do patrimônio mínimo*. 2. ed. Rio de Janeiro: Renovar, 2006, *passim*.

21 Na jurisprudência, vale citar: "Apelação cível. Registro de imóveis. Ação de cancelamento de cláusulas restritivas na matrícula de imóvel recebido em doação. Preliminar Nulidade da sentença. Inocorrência. Rejeita-se a prefacial, visto que inexistente qualquer vício ou nulidade que contamine o decisum e enseje a sua desconstituição. Não há nulidade a ser declarada em sentença devidamente fundamentada, que observou o disposto nos arts. 165 e 458 do CPC e 93, IX, da Constituição Federal, embora adote tese diversa daquela invocada pela parte recorrente. Cancelamento de cláusula de inalienabilidade. Inviabilidade no caso concreto. É entendimento corrente na doutrina e jurisprudência que a indisponibilidade gravada sobre bens imóveis não é absoluta, havendo

De igual forma, quando o testador demonstrar fatos concretos ligados à saúde ou especificidades do beneficiário a justificar o gravame, este deverá prevalecer quando não se resumirem à mera subjetividade do autor da herança, o mesmo se passando quando o testador motivar o ônus pela natureza do bem gravado, como pode se dar com quotas de sociedades que se constituem em empresas familiares, das quais depende o sustento de toda a família.

A validade da cláusula restritiva estará sempre submetida à análise da permanência dos motivos que a justificaram. Se, nos exemplos anteriores, o herdeiro passa a ganhar muito dinheiro, ou compra outro imóvel, ou, ainda, passa a desenvolver o seu trabalho de outra maneira, não haverá mais razão para a manutenção do gravame.

A declaração da justa causa não consta como exigência para a clausulação nas liberalidades *inter vivos*. Entretanto, para as doações em adiantamento da herança, que ocorrem entre cônjuges ou companheiros, e de ascendente para descendente, na forma do art. 544 do Código Civil, a jurisprudência passou a interpretar na linha do que prescreve o art. 1.848 para exigir justa causa na instituição da restrição ao direito de propriedade.[22]

5 Prole eventual

Como regra geral, tem legitimidade sucessória a pessoa nascida ou concebida no momento da abertura da sucessão, conforme prescreve o art. 1.798 do Código Civil. Na sucessão testamentária, permite-se também a disposição em favor de pessoa futura, inexistente no momento da abertura da sucessão. Assim, podem ser chamados a suceder filhos, ainda não concebidos, de pessoas indicadas pelo testador, desde que vivas estas ao abrir-se a sucessão, nos termos do art. 1.799, I, do Código Civil. A indeterminação não é absoluta, pois o testador precisa indicar a ascendência, ou seja, os pais são pessoas determinadas. Pode o testador indicar como herdeiro ou legatário o futuro filho de uma pessoa determinada ou de pessoas determinadas. Diferentemente da legislação anterior,[23]

---

possibilidade da relativização quando se tornarem óbice à própria fruição da coisa pelo proprietário. Atende-se, com essa exegese, a função social da propriedade. Entretanto, no caso inexistem elementos que configurem justa causa ao cancelamento do gravame, já que o próprio donatário alegou que sua pretensão apenas tem por escopo tornar plena a propriedade do bem. Outrossim, as razões apresentadas pela doadora e pelos demais filhos do autor apresentam-se razoáveis à manutenção da cláusula de inalienabilidade, porquanto visam proteger o genitor, pessoa de idade avançada, que reside sozinho, de eventual influência de terceiros. Preliminar rejeitada. Recurso de apelação desprovido. Unânime" (TJRS, 18ª C.C. Ap. Cív. nº 70012329959. Rel. Des. Pedro Celso Dal Pra, julg. 12.4.2007).

[22] "RECURSO ESPECIAL. DIREITO CIVIL. DOAÇÃO. HERDEIROS NECESSÁRIOS. ANTECIPAÇÃO DE LEGÍTIMA. CLÁUSULA DE INALIENABILIDADE E USUFRUTO. MORTE DOS DOADORES. 1. Controvérsia acerca da possibilidade de cancelamento de cláusula de inalienabilidade instituída pelos pais em relação ao imóvel doado aos filhos. 2. A doação do genitor para os filhos e a instituição de cláusula de inalienabilidade, por representar adiantamento de legítima, deve ser interpretada na linha do que prescreve o art. 1.848 do CCB, exigindo-se justa causa notadamente para a instituição da restrição ao direito de propriedade. 3. Possibilidade de cancelamento da cláusula de inalienabilidade após a morte dos doadores, passadas quase duas décadas do ato de liberalidade, em face da ausência de justa causa para a sua manutenção. 4. Interpretação do art. 1.848 do Código Civil à luz do princípio da função social da propriedade. 5. RECURSO ESPECIAL PROVIDO" (REsp 1631278/PR. Rel. Min. Paulo de Tarso Sanseverino, Terceira Turma, julg. 19.03.2019, *DJe*, 29.03.2019).

[23] "Art. 1.718. São absolutamente incapazes de adquirir por testamento os indivíduos não concebidos até a morte do testador, salvo se a disposição deste se referir á prole eventual de pessoas por ele designadas e existentes ao abrir-se a sucessão".

restringe-se a legitimidade da prole eventual à primeira geração, isto é, apenas aos filhos futuros, não aos descendentes de grau mais afastado.

A disposição testamentária deve ser interpretada da forma mais benéfica, no caso de menção genérica "aos filhos que sobrevirem", aproveitando a todos eles, não importa a origem da filiação.[24]

Sendo beneficiária pessoa futura, a transmissão hereditária é condicional, subordinando-se a aquisição da herança a um evento futuro e incerto: o nascimento do filho das pessoas indicadas pelo testador. O fator tempo sempre foi uma desvantagem na nomeação como herdeiro ou legatário a prole futura. O art. 1.800 do Código Civil preceitua que, na pendência da condição, os bens da herança serão confiados a curador nomeado pelo juiz que, em regra, será a pessoa cujo filho o *de cujus* esperava ter por herdeiro. Nascendo com vida, lhe é deferida a sucessão. O prazo para o adimplemento da condição, isto é, para a concepção do herdeiro, é de dois anos, contados da abertura da sucessão. Se dentro desse prazo não for concebido, passará a herança aos herdeiros legítimos, se outro destino não determinar o testador.

O testador possui ainda o mecanismo do fideicomisso para beneficiar pessoas não concebidas, sem que se submeta ao regime do art. 1.800 do Código Civil. O fideicomisso é disposição testamentária que institui herdeiros ou legatários sucessivos. Desse modo, participam da substituição fideicomissária o fideicomitente (testador), o fiduciário (1º instituído) e o fideicomissário (2º instituído). A substituição fideicomissária além do segundo grau é vedada (CC, art. 1.959). Porém, se forem instituídos sucessivamente três herdeiros ou legatários, será nula apenas a 3ª instituição, valendo a 2ª sem o encargo resolutório (CC, art. 1.960).

Quanto ao objeto, o fideicomisso pode ser: i) universal; ii) particular. O fideicomisso universal se institui sobre herança; enquanto que o fideicomisso particular se estabelece

---

24 Em julgado acerca da interpretação de cláusula de contrato de doação à prole eventual, o STJ entendeu que a menção genérica aos filhos compreendia indistintamente todos os netos do testador: "RECURSOS ESPECIAIS. AÇÃO DECLARATÓRIA. VIOLAÇÃO DE DISPOSITIVOS CONSTITUCIONAIS. NÃO CABIMENTO. NEGATIVA DE PRESTAÇÃO JURISDICIONAL. ART. 535 DO CPC. NÃO OCORRÊNCIA. PREQUESTIONAMENTO. AUSÊNCIA. SÚMULA Nº 211/STJ. REEXAME DE CLÁUSULAS CONTRATUAIS E DE PROVAS. INVIABILIDADE. SÚMULAS NºS 5 E 7/STJ. ANÁLISE DO CASO CONCRETO. ESCRITURA PÚBLICA DE DOAÇÃO. DOAÇÃO A PROLE EVENTUAL. INTENÇÃO DOS DOADORES. BENEFÍCIO DE TODOS OS NETOS INDISTINTAMENTE. 1. Origem: Ação declaratória objetivando a interpretação de cláusula inserta em escritura pública de doação. 2. Preliminares: 2.1. Inviabilidade de abertura da instância especial por ofensa a dispositivos constitucionais (artigos 5º, inciso XXXVI, da Constituição Federal atual e 167 da Constituição Federal de 1967). 2.2. Negativa de aprestação jurisdicional afastada (artigo 535 do Código de Processo Civil). 2.3. Teses articuladas no recurso especial não prequestionadas (Súmulas nºs 211/STJ e 282/STF). 3. Mérito: 3.1. Cinge-se a controvérsia a determinar se a doação aos netos dos doadores, ou seja, aos 'filhos que sobreviessem' de um filho, é extensiva a todos os netos indistintamente, ou apenas àqueles nascidos na constância do casamento do filho com a nora, no momento em que lavrada a escritura de doação. 3.2. A pretensão recursal esbarra nas Súmulas nºs 5 e 7/STJ, pois envolve nova interpretação da cláusula contratual constante de escritura pública de doação. 3.3. Ainda que ultrapassados os óbices processuais, a hipótese refere-se a doação a prole eventual, não se equiparando a doação em contemplação de casamento futuro, prevista no art. 1.173 do Código Civil de 1916. 3.4. Da análise das cláusulas contratuais e de todo o contexto fático e social, extrai-se que a real intenção dos doadores era beneficiar quaisquer netos que viessem a nascer. 3.5. A interpretação preconizada pelos recorrentes afronta o princípio da igualdade da filiação (artigo 227, §6º, da Constituição Federal), estabelecendo flagrante discriminação entre os filhos, vedada pela atual ordem constitucional. 4. Conclusão: Recursos especiais não providos" (REsp 1426601/MG. Rel. Min. Sidnei Beneti. Rel. p/ Acórdão Min. Ricardo Villas Bôas Cueva, Terceira Turma, julg. 19.08.2014, *DJe*, 08.09.2014).

sobre herança. Admite-se que o fideicomisso universal seja instituído sobre a sucessão legítima, mas não pode gravar a cota reservada dos herdeiros necessários, devido à sua intangibilidade. Quanto ao início do direito do fideicomissário, o fideicomisso pode ser: i) por morte do fideicomissário; ii) sob certa condição; iii) a certo tempo (CC, art. 1.951). O fideicomissário é assim chamado a suceder mediante três eventos: morte do fiduciário, adimplemento de condição ou advento de termo (CC, art. 1.951) e, salvo disposição em contrário do testador, pela renúncia do fiduciário. Se o testador não estipular condição ou termo, entende-se que o direito do fiduciário perdura até a sua morte. Cabe ressaltar que a morte do fiduciário só extingue o seu direito se o testador não tiver determinado o seu término sob condição ou termo. Dessa forma, existindo condição ou termo, a morte do fiduciário transmite o direito fideicometido aos herdeiros do fiduciário até o adimplemento da condição ou chegada do termo.

Pela sistemática introduzida pelo Código Civil de 2002, a substituição fideicomissária somente se permite em favor dos não concebidos ao tempo da morte do testador. A restrição da autonomia testamentária condiz com a perspectiva funcional do instituto, vocacionado para a transmissão da propriedade em favor da pessoa futura.[25] O art. 1.800, §4º, do Código Civil determina como condição de eficácia da deixa em benefício de pessoas não concebidas que a concepção ocorra em dois anos após a abertura da sucessão. Discute-se a aplicabilidade da limitação temporal para a substituição fideicomissária, na medida em que o fideicomissário é pessoa futura.[26] O objetivo seria atribuir maior segurança jurídica à transmissão hereditária, pois a ausência de prazo para a concepção do fideicomissário pode ensejar uma indefinição indesejável.

Da facção testamentária até a morte do testador pode se passar longo período de tempo. Se, ao tempo da morte, já houver nascido o fideicomissário, adquirirá este a propriedade dos bens fideicometidos, convertendo-se em usufruto o direito do fiduciário, novidade instituída pelo art. 1.952, parágrafo único, do Código Civil. Assim, na abertura da sucessão o fideicomissário se torna proprietário e o fiduciário, usufrutuário.

Não dispõe a lei sobre a situação do nascituro, ao qual deve ser atribuída desde já a propriedade se nascer com vida. O art. 650 do Código de Processo Civil estabelece que, se um dos interessados na partilha for nascituro, o quinhão que lhe caberá será reservado em poder do inventariante até o seu nascimento. A disciplina assemelha-se, portanto, àquela definida para os filhos futuros de pessoas indicadas pelo testador, de maneira a garantir a continuidade do inventário, enquanto se espera o nascimento do herdeiro ou legatário, com a reserva de quinhão.

---

[25] A doutrina clássica há muito defendia o uso do fideicomisso para as hipóteses de nomeação de prole futura, a saber: MAXIMILIANO, Carlos. *Direito das sucessões*. Rio de Janeiro: Freitas Bastos, 1937. v. 2. p. 433; BEVILAQUA, Clovis. *Código Civil dos Estados Unidos do Brasil comentado*. 5. ed. Rio de Janeiro: Livraria Francisco Alves, 1944. v. VI. p. 212; NONATO, Orosimbo. *Estudos sôbre sucessão testamentária*. Rio de Janeiro: Forense, 1957. v. III. p. 179; GOMES, Orlando. *Sucessões*. Rio de Janeiro: Forense, 1997. p. 93.

[26] Segundo Caio Mario da Silva Pereira, esse prazo deve ser contado a partir do advento do termo ou implemento da condição resolutiva do direito do fiduciário, e não da abertura da sucessão do testador (PEREIRA, Caio Mário da Silva. *Instituições de Direito Civil*. 23. ed. Rio de Janeiro: Forense, 2016. v. VI. p. 283).

6 Conclusão

As alterações na sucessão testamentária foram pontuais, sem que pudessem atingir o sistema ancorado no equilíbrio entre a liberdade de testar e a intangibilidade da legítima. Embora exista uma tendência em prol do incremento da liberdade das famílias, com reflexo também no direito sucessório, a mudança até então foi modesta. No decorrer do texto, foram abordados os principais aspectos em que se verificam essas alterações.

No âmbito da validade do testamento, é indubitável a tentativa de redução das exigências de forma, para o mínimo necessário a garantir sua instrumentalidade. Observa-se a mesma simplificação para as causas de invalidade do testamento. Com efeito, a proteção da vontade testamentária ganhou maior peso ao ser ponderada com situações que poderiam fulminar a validade da disposição de última vontade. A jurisprudência tem ao longo dos anos de vigência do Código Civil contribuído com a flexibilidade do rigor formal testamentário, com vistas a garantir a observância da vontade do testador, em especial quando não há prejuízo para herdeiros necessários.

Ao mesmo tempo, o legislador limitou a vontade testamentária em certas circunstâncias: i) na clausulação da legítima e ii) na nomeação de prole eventual. Para a instituição de cláusulas restritivas na legítima dos herdeiros necessários, o legislador passou a exigir a declaração expressa de justa causa, sujeita à revisão pelo Poder Judiciário. E, para a nomeação de prole eventual, passou a restringir a filhos (não a todos os descendentes) e o tempo para a concepção da pessoa futura, facultando o testador a se valer de disposição direta ou de substituição fideicomissária. O fideicomisso, por sua vez, recebeu limitação substancial, na medida em que só se permite para beneficiar pessoas não concebidas na data da abertura da sucessão, convertendo-se em usufruto se já nascidas.

Os tempos mudaram e atualmente muito se discute sobre novos instrumentos para o planejamento sucessório.[27] Com efeito, na medida em que o ordenamento pátrio proíbe os pactos sucessórios (CC/02, art. 426), o único espaço de exercício da autonomia privada na seara das disposições *causa mortis*. Nessa direção, modificações vindouras que ampliem ditos espaços serão muito bem-vindas.

Informação bibliográfica deste livro, conforme a NBR 6023:2018 da Associação Brasileira de Normas Técnicas (ABNT):

NEVARES, Ana Luiza Maia; MEIRELES, Rose Melo Vencelau. Sucessão testamentária. *In*: CORTIANO JUNIOR, Eroulths; SILVA, Alexandre Barbosa da (coord.). *O Código Civil e a Contemporaneidade*: Estudos do Grupo Virada de Copérnico em Homenagem ao Ministro Luiz Edson Fachin. Belo Horizonte: Fórum, 2025. p. 459-471. ISBN 978-65-5518-990-2.

[27] SILVA, Rafael Cândido da. *Pactos sucessórios e contratos de herança*: estudo sobre a autonomia privada na sucessão causa mortis. Salvador: JusPodivm, 2019. p. 82-110.

INVENTÁRIO E PARTILHA

KARLA FERREIRA DE CAMARGO FISCHER

OCTAVIO CAMPOS FISCHER

Introdução

É com grande satisfação e honra que participamos deste livro em homenagem ao Ministro Luiz Edson Fachin. Paranaense por adoção, antes de ser nomeado ministro do Supremo Tribunal Federal, já de há muito era um dos mais respeitados, reconhecidos e queridos juristas brasileiros. Sua seriedade e dedicação ao mundo acadêmico fizeram com que criasse uma legião de discípulos e admiradores, não só no Paraná, mas no Brasil e no exterior. Desde 2015, abraçou com a mesma intensidade a vocação de magistrado da mais Alta Corte deste país. Sua nomeação ao cargo de ministro do Supremo Tribunal Federal, que está a completar 10 anos, foi recebida de modo alvissareiro por todos aqueles que prezam por uma magistratura séria e dedicada à realização da Justiça. Ministro Fachin, além de um excepcional e brilhante professor, jurista e magistrado, é sobretudo um ser humano íntegro, de notável sensibilidade e generosidade, um amigo de inúmeras qualidades. Por isso, uma pessoa que merece todas as homenagens.

Importante ainda mencionar que o Ministro Fachin foi o idealizador, juntamente com outros renomados professores de Direito Civil, do Núcleo de Estudos em Direito Civil-Constitucional, intitulado de Grupo Virada de Copérnico, da Universidade Federal do Paraná, onde sempre estimulou, orientou e promoveu estudos inovadores do direito civil. A partir da participação neste grupo de estudos é que o presente artigo pôde ser elaborado, buscando analisar os institutos do inventário e da partilha de bens sob um olhar civil-constitucional.

Iniciamos com uma breve narrativa sobre os procedimentos de inventário e de partilha de bens dispostos no ordenamento jurídico, procedimentos esses que visam operacionalizar a transmissão patrimonial *mortis causa*. Além disso, pretende-se abordar, mesmo que de forma concisa, os institutos da colação e de sonegados, fazendo-se algumas considerações sobre a dicotomia de normas existentes entre o Código Civil e o Código de Processo Civil, em relação às colações e cotejando a questão com algumas decisões dos Tribunais Superiores.

O princípio da *saisine*, sendo uma ficção jurídica, necessita de operacionalização por meio do procedimento específico de inventário e partilha, procedimento esse que tem sua tutela no Código de Processo Civil (arts. 610 a 673). Mas, apesar de envolver basicamente questões processuais, o Código Civil trata também dessa temática, em que, em grande medida, apresenta regulação semelhante, porém às vezes se mostra conflitante, como se dá no âmbito das colações.

Assim, apesar de o Código Civil estipular, no art. 1.784, que a herança se transmite desde logo com a abertura da sucessão, essa transmissão apenas é formalizada após os procedimentos insculpidos no CPC e no próprio Código Civil.

Neste estudo, abordar-se-á, então e ainda que brevemente, o procedimento de inventário e partilha de bens disciplinado pelos Códigos Civil e de Processo Civil, contextualizando-os e especialmente analisando situações conflitantes, para buscar possíveis caminhos mais efetivos e adequados à luz dos valores constitucionais.

1 Do inventário

O inventário, seja ele judicial, seja extrajudicial, é o procedimento utilizado para indicar o patrimônio do falecido, bem como os herdeiros que participarão do processo sucessório, iniciando a operacionalização da transmissão patrimonial *causa mortis*. Ou seja, o patrimônio transmite-se em decorrência da *saisine* (art. 1.784, CC) e o procedimento de inventário instaura a operacionalização dessa transmissão. Segundo José Fernando Simão (2020, p. 1470):

> A função do inventário não é [...] transferir aos herdeiros os bens do falecido. Pelo contrário, a transferência decorre da *saisine* (ver art. 1.784). Então para que serve o inventário? Sua função primordial é descrever os bens recebidos por herança e os apartar dos demais bens que já pertenciam ao herdeiro quando da morte do *de cujus*. Essa prova (do que recebeu e do que já tinha antes da morte) é importante por conta das dívidas do morto. O herdeiro não responde com seus bens (anteriores a morte) pelas dívidas do morto. O espólio (herança em juízo) é que paga as dívidas do morto. Pagas as dívidas, os bens que restarem serão partilhados pelos herdeiros. Se por acaso, o morto estava insolvente, ou seja, suas dívidas superavam o valor dos seus bens, nada se partilha e abrirá o concurso entre os credores do falecido.

O processo de inventário pode ser judicial ou extrajudicial, sendo, em regra, uma opção das partes a escolha. No entanto, para que o inventário transcorra extrajudicialmente, necessário se faz que (i) nenhum interessado seja incapaz, (ii) não haja testamento e (iii) todos os herdeiros estejam de comum acordo.

O requisito da não existência de testamento pode ser relativizado a depender do Código de Organização Judiciária de cada estado, diante da possibilidade de o regimento interno prever de forma diferente. Veja-se que o próprio Superior Tribunal de Justiça (STJ), no julgamento do Recurso Especial nº 1.808.767, de relatoria do Ministro Luis Felipe Salomão, na sessão de 15.10.2019, decidiu ser possível o inventário extrajudicial mesmo quando houver testamento do falecido. O referido recurso reformou decisão do Tribunal de Justiça do Estado do Rio de Janeiro, que havia entendido pela impossibilidade do inventário extrajudicial quando há testamento, porque isso afrontaria o disposto no art. 610 do CPC/15. Porém, o voto do ministro relator pautou-se acertadamente pela busca da desjudicialização de processos, quando não há conflito entre as partes e sendo elas plenamente capazes de pactuar.[1]

Nesta linha, questão importante se refere à necessidade de o testamento ser homologado judicialmente. Assim, o procedimento de abertura, registro e cumprimento de testamento previsto nos arts. 735 a 737 do CPC deverá transcorrer pela via judicial e apenas após a homologação do testamento pelo juiz é que pode ser processado o inventário pela via extrajudicial.

Então, presentes os requisitos autorizativos, o inventário pode ser realizado extrajudicialmente. Nessa modalidade, far-se-á uma escritura pública de inventário e partilha de bens, documento esse apto a transferir o patrimônio do *de cujus*, sendo desnecessária a homologação judicial. No inventário extrajudicial não incidem as regras de competência previstas no CPC, ficando a critério das partes a escolha do cartório de notas no qual o procedimento será realizado (art. 1º, da Resolução nº 35/2007 CNJ, alterada pela Resolução nº 326/2020). No entanto, em caso de bens imóveis que estejam sendo inventariados, o registro do formal de partilha se dará junto ao registro de imóveis da localização do imóvel, sendo que o imposto de transmissão *causa mortis* e doação (ITCMD), de competência estadual, será recolhido na localidade de registro do imóvel.

No inventário judicial, por sua vez, a competência territorial tem como regra o foro do domicílio do autor da herança para o trâmite dos atos relacionados à transmissão patrimonial *mortis causa*, sendo este "competente para o inventário, a partilha, a arrecadação, o cumprimento de disposições de última vontade, a impugnação ou anulação de partilha extrajudicial e para todas as ações em que o espólio for réu, ainda que o óbito tenha ocorrido no estrangeiro", nos termos do art. 48 do CPC. Importante salientar que a regra da competência não é absoluta, mas sim relativa, cabendo à parte que discorde da eleição do foro argui-la por meio de exceção de incompetência em preliminar de contestação (art. 64, CPC). O parágrafo único do art. 48 do CPC ainda traz três exceções em relação à regra preconizada no *caput* do dispositivo, nos casos em que o falecido não possuía domicílio certo, sendo elas: (I) o foro da situação dos bens imóveis; (II) o foro

[1] Na mesma esteira de entendimento da decisão mencionada são os enunciados do Colégio Notarial Brasileiro, aprovado em maio de 2014 ("é possível o inventário extrajudicial ainda que haja testamento, desde que previamente registrado em Juízo ou homologado posteriormente pelo Juízo competente"); da VII Jornada de Direito Civil do Conselho da Justiça Federal, aprovado em novembro de 2015 (Enunciado nº 600: "Após registrado judicialmente o testamento e sendo todos os interessados capazes e concordes com os seus termos, não havendo conflito de interesses, é possível que se faça o inventário extrajudicial"); do X Congresso Brasileiro de Direito das Famílias e das Sucessões do IBDFAM (Instituto Brasileiro de Direito de Família), aprovado em outubro de 2015 (Enunciado nº 16: "mesmo quando houver testamento, sendo todos os interessados capazes e concordes com os seus termos, não havendo conflito de interesses, é possível que se faça o inventário extrajudicial"); da I Jornada de Prevenção e Solução Extrajudicial de Litígios, aprovado em agosto de 2016 (Enunciado nº 77: "Havendo registro ou expressa autorização do juízo sucessório competente, nos autos do procedimento de abertura e cumprimento de testamento, sendo todos os interessados capazes e concordes, o inventário e partilha poderão ser feitos por escritura pública, mediante acordo dos interessados, como forma de pôr fim ao procedimento judicial"); da I Jornada de Direito Processual Civil, aprovado em agosto de 2017 (Enunciado nº 51: "Havendo registro judicial ou autorização expressa do juízo sucessório competente, nos autos do procedimento de abertura, registro e cumprimento de testamento, sendo todos os interessados capazes e concordes, poderão ser feitos o inventário e a partilha por escritura pública").

de quaisquer dos bens quando houver bens localizados em foros diferentes; e (III) em não havendo bens imóveis, o foro de qualquer dos bens do espólio.

Com a abertura do inventário, nomeia-se o inventariante, que inicia seu encargo quando presta o compromisso legal, e permanece até o trânsito em julgado da partilha dos bens (art. 1.991, CC), momento a partir do qual cessam, então, suas responsabilidades. Ao inventariante cabe a responsabilidade de apresentar as primeiras declarações no prazo de 20 dias a partir da assinatura do termo de inventariante. As primeiras declarações têm como objetivo apresentar o rol de herdeiros, relacionar os bens do falecido, além de informar outras questões que deverão ser analisadas pelo Juízo. Apenas após a apresentação das primeiras declarações é que os demais herdeiros serão citados para se manifestar a respeito dela, possibilitando o contraditório e a ampla defesa por meio da apresentação de impugnação quanto às questões arguidas nas primeiras declarações.

A herança é considerada um todo universal (art. 91, CC), indivisível, em condomínio, permanecendo assim até a partilha, quando então os herdeiros receberão cada um seu quinhão de forma individualizada, por meio dos respectivos bens. Finalizando a representação do espólio pelo inventariante e ainda existindo eventuais demandas patrimoniais em nome do falecido, deve-se proceder à regularização da representação judicial por meio da habilitação dos herdeiros, que sucedem o falecido nas relações jurídicas de que fazia parte (arts. 687 e 688, CPC), sendo exceção as obrigações de caráter personalíssimo.

2 Dos sonegados

O inventariante, conforme colocado, deve apresentar as primeiras declarações arrolando os bens que farão parte do processo de inventário. Apenas após a apresentação das primeiras declarações é que os demais herdeiros são chamados ao processo para, querendo, impugná-las. Ao inventariante ainda cabe a apresentação das últimas declarações, oportunidade na qual poderá retificar as primeiras declarações, corrigindo equívocos ou apresentando outras informações que deixou de apresentar.

Diante disso, é dever do inventariante apresentar todos os bens que pertenciam ao falecido, da mesma forma sendo dever dos demais herdeiros, caso algum bem não tenha sido arrolado nas primeiras declarações, apresentá-lo na primeira oportunidade que se manifesta no processo. Caso isso não ocorra e sendo dolosa a ocultação de patrimônio que deveria compor o acervo hereditário, estar-se-á diante de sonegação de bens.

No entanto, bem que deixou de integrar o inventário por desídia do inventariante, por exemplo, mas que não o fez de forma dolosa, não caracteriza sonegação. Nesse sentido, Tatiana Antunes Valente Rodrigues (2008, p. 252) coloca que "A omissão culposa, involuntária dos bens não configura sonegação, mas tão-somente uma falta de atenção do herdeiro".

Os bens sonegados são aqueles que, apesar de serem de conhecimento do herdeiro, são ocultados por este de forma dolosa do processo de inventário (art. 1.992, CC). Ou seja, para caracterização da sonegação, necessário se faz a existência do elemento objetivo e do elemento subjetivo. O elemento objetivo se caracteriza com a ocultação do patrimônio, enquanto que o elemento subjetivo é caracterizado pela ação dolosa do herdeiro em não trazer o bem para o processo de inventário. Tal agir prejudica a divisão igualitária dos quinhões hereditários entre os demais herdeiros. Nestes casos, os herdeiros prejudicados deverão ajuizar ação de sonegados, buscando a declaração de sonegação e a aplicação da pena de sonegados ao sonegador, que consiste na perda dos direitos hereditários sobre o bem ocultado (art. 1.992, CC). Ainda, para que o bem sonegado seja partilhado entre os herdeiros, torna-se necessário valer-se do procedimento da sobrepartilha. Neste caso, o sonegador, assim reconhecido por sentença transitada em julgado, será excluído do procedimento de sobrepartilha daquele bem.

Para caracterizar a sonegação, deve-se ter encerrada a descrição dos bens do inventário, inclusive com a declaração de que não existem outros bens a inventariar (art. 1.996, CC). Assim, pode-se dizer que apenas estaria caracterizada a sonegação por parte do inventariante após a apresentação das últimas declarações. Entretanto, não só o inventariante pode ser responsabilizado por sonegação de bens e direitos. Mas, caso o sonegador seja o inventariante, além de perder os direitos sobre o bem, também será removido do encargo (art. 1.993, CC e art. 622, VI, CPC).

Como dito acima, e em suma, a pena de sonegados deverá ser requerida em ação autônoma – ação de sonegados –, devendo ser demonstrado que o herdeiro dolosamente ocultou bens do inventário. A legitimidade para ação de sonegados é dos herdeiros ou dos credores da herança (art. 1.994, *caput*, CC) e a sentença proferida aproveitar-se-á a todos os interessados (art. 1.994, parágrafo único, CC). O prazo prescricional para ajuizamento da ação de sonegados é de 10 anos (art. 205, CC).[2]

Importante atentar-se para o fato de que o cônjuge sobrevivente que atua como inventariante, enquanto meeiro do falecido, não pode ser acusado de sonegação, tendo em vista que tal pena apenas aplica-se aos herdeiros do falecido que sonegam bens, ou seja, àqueles que detêm um direito hereditário, não se confundindo com o direito à meação, o qual decorre da escolha do regime de bens do casamento.[3] Todavia, caso o

---

2 "AGRAVO INTERNO. EMBARGOS DE DECLARAÇÃO. AGRAVO EM RECURSO ESPECIAL. AÇÃO DE SONEGADOS. PRESCRIÇÃO. TERMO DA CIÊNCIA DA EXISTÊNCIA DOS IMÓVEIS. OCORRÊNCIA. SÚMULA 83/STJ. VERBA HONORÁRIA. ART. 85, §2º e §8º, do CPC. JUÍZO DE EQUIDADE NA FIXAÇÃO DOS HONORÁRIOS ADVOCATÍCIOS. IMPOSSIBILIDADE. SÚMULA 7/STJ. AGRAVO INTERNO NÃO PROVIDO. 1. A prescrição da ação de sonegados, de dez anos, conta-se a partir do encerramento do inventário, pois, até essa data, podem ocorrer novas declarações, trazendo-se bens a inventariar. 2. A aplicação da regra do art. 85, §8º, do CPC é excepcional e de aplicação subsidiária, sendo restrita às causas em que o proveito econômico for inestimável ou irrisório ou quando o valor da causa for muito baixo. A reavaliação do critério adotado pelo Tribunal de origem para a fixação da verba honorária esbarra no óbice da Súmula 7/STJ, ressalvadas apenas as hipóteses excepcionais de valor irrisório ou excessivo, o que não ocorreu, todavia, na hipótese em análise. 3. Agravo interno a que se nega provimento" (AgInt nos EDcl no AREsp nº 1.591.559/SP. Rel. Min. Maria Isabel Gallotti, Quarta Turma, julgado em 6.3.2023. *DJe*, 10.3.2023).

3 "RECURSOS ESPECIAIS. CIVIL. SUCESSÕES. BENS NÃO DECLARADOS PELA INVENTARIANTE, VIÚVA E SEGUNDA ESPOSA DO *DE CUJUS*. PENA DE SONEGADOS. APLICÁVEL SOMENTE AOS HERDEIROS. IMPOSSIBILIDADE DE EXTENSÃO À MEAÇÃO DO CÔNJUGE. PERDA DA HERANÇA. EXIGÊNCIA DE DOLO OU MÁ-FÉ NA OCULTAÇÃO. NECESSIDADE DE INTERPELAÇÃO. REQUISITO NÃO VERIFICADO. 1. A aplicação da pena de sonegados exige prova de má-fé ou dolo na ocultação de bens que deveriam ser trazidos à colação, o que, via de regra, ocorre somente após a interpelação do herdeiro sobre a existência de bens sonegados. 2. No caso em análise, a interpelação promovida pela parte autora foi dirigida somente à viúva inventariante, não havendo sequer menção aos nomes dos herdeiros do segundo casamento, um deles menor à época. 3. A colação possui como finalidade equalizar as legítimas dos herdeiros necessários, de modo que a pena de sonegados é inaplicável à meação pertencente à viúva não herdeira. 4. Recurso das autoras parcialmente conhecido e, na extensão, não provido. 5. Recurso da parte ré conhecido e parcialmente provido para afastar a aplicação da pena de sonegados à viúva meeira e da multa cominada a título de embargos protelatórios" (STJ. REsp 1567276/CE. Rel. Min. Lázaro Guimarães – Desembargador Convocado do TRF 5ª Região, Rel. p/ Acórdão Min. Maria Isabel Gallotti, Quarta Turma, julgado em 11.6.2019. *DJe*, 1º.7.2019).

cônjuge sobrevivente esteja na posição de herdeiro e sonegue bens do inventário, então responderá pela pena de sonegados.

3 Da colação

O instituto da colação é disciplinado no Código Civil nos arts. 2.002 a 2.012 e tem como objetivo igualar os quinhões hereditários dos herdeiros necessários. O instituto é aplicado quando ocorre doação de ascendente à descendente ou de um cônjuge a outro (quando este concorre com os descendentes na sucessão do cônjuge falecido, art. 1.829, I, CC) (art. 2.003, CC). Assim, devem ser trazidos à colação os bens doados aos herdeiros em vida pelo falecido, buscando evitar uma violação à igualdade da legítima.

Fazer a colação significa levar para o inventário os bens doados aos herdeiros a título de adiantamento de legítima (art. 544, CC), sendo um dever jurídico do herdeiro, com o fim de buscar a recomposição da legítima e propiciar sua divisão igualitária. Ou seja, o objetivo da colação é evitar que se viole a igualdade da legítima (vontade presumida do ascendente em dar um tratamento igualitário a todos os descendentes), sendo um dever do herdeiro trazer à colação o valor do bem que recebeu em doação, sob pena de incorrer em sonegação (art. 1.992, CC).

O doador pode dispensar a colação (art. 2.006, CC), fazendo-o expressamente no ato da liberalidade (doação) ou em testamento. Nestes casos e desde que não tenha atingido a legítima (parte indisponível do patrimônio, art. 1.826, CC), o herdeiro que recebeu a doação não precisará trazer à colação o valor do bem recebido.

Salienta-se que o instituto da colação está atrelado à existência de uma doação (transmissão de patrimônio), sendo que o mero empréstimo, como exemplo, o comodato de um bem, não se configura como doação, não estando sujeito à colação.[4]

O valor dos bens trazidos à colação será acrescido apenas à parte indisponível do patrimônio (legítima), não aumentando a parte disponível (art. 2.002, parágrafo único,

---

[4] "RECURSO ESPECIAL. DIREITO CIVIL E PROCESSUAL CIVIL (CPC/73). SUCESSÃO. INVENTÁRIO. PEDIDO DE COLAÇÃO DO VALOR CORRESPONDE À OCUPAÇÃO E AO USO DE IMÓVEL RESIDENCIAL POR UMA DAS HERDEIRAS NECESSÁRIAS. DESCABIMENTO. ART. 2.002 DO CC. UTILIZAÇÃO DO BEM A TÍTULO DE EMPRÉSTIMO GRATUITO (COMODATO). INOCORRÊNCIA DE ADIANTAMENTO DA LEGÍTIMA. 1. Pedido formulado pelos herdeiros recorrentes de colação pela herdeira recorrida dos valores correspondentes à ocupação e ao uso de unidade imóvel, com a respectiva garagem. 2. Com relação ao termo inicial dos juros de mora e da necessidade de exclusão da multa do art. 475-J do CPC/73, a apresentação de razões dissociadas dos fundamentos do acórdão recorrido impõe a aplicação, por analogia, do óbice da Súmula 284 do STF. 3. Segundo o art. 2.002 do CC, a colação é o ato pelo qual o descendente, que concorre com outros descendentes à sucessão de ascendente comum ou com o cônjuge do falecido, confere o valor das doações que do autor da herança recebeu em vida. 4. No caso concreto, o acórdão recorrido esclareceu que a pretensão dos recorrentes está voltada a trazer à colação "a ocupação e o uso de um imóvel e a respectiva garagem" utilizados por uma das herdeiras necessárias a título gratuito. 5. Distinção entre o contrato de comodato, empréstimo gratuito de coisas não fungíveis, com a doação, mediante a qual uma pessoa, por liberalidade, transfere do seu patrimônio bens ou vantagens para o de outra. 6. Somente na doação há transferência da propriedade, tendo o condão de provocar desequilíbrio entre as quotas-partes dos herdeiros necessários, importando, por isso, em regra, no adiantamento da legítima. 7. A ocupação e o uso do imóvel também não pode ser considerado 'gasto não ordinário', nos termos do art. 2.010 do CC, pois a autora da herança nada despendeu em favor de uma das herdeiras a fim de justificar a necessidade de colação. 8. Os arts. 1.647, II, e 1.725 do CC não contêm comandos capazes de sustentar a tese recursal acerca da necessidade de citação da companheira da herdeira necessária, atraindo o óbice da Súmula 284/STF. 9. RECURSO ESPECIAL DESPROVIDO" (STJ. REsp 1722691/SP. Rel. Min. Paulo de Tarso Sanseverino, Terceira Turma, julgado em 12.3.2019. *DJe*, 15.3.2019).

CC). Desta forma, os credores do falecido ou do espólio não poderão exercer qualquer pretensão sobre os bens colacionados, uma vez que o objetivo da colação é compor a legítima para promover a distribuição igualitária dos bens entre os herdeiros necessários.

Questão de extrema relevância refere-se à forma de se calcular o valor que deve ser trazido à colação. Isto porque o texto do art. 2.004, do CC estabelece que "O valor de colação dos bens doados será aquele, certo ou estimativo, que lhes atribuir o ato de liberalidade". No entanto, o texto insculpido no parágrafo único do art. 639, CPC, estabelece que o valor dos bens colacionados deverá ser calculado "pelo valor que tiverem ao tempo da abertura da sucessão". Veja-se que esses diplomas normativos acabam por disciplinar de forma distinta a mesma situação, gerando conflitos.

Diante da contradição, que já existia entre as normas do CPC/73 e do CC/2002, o Superior Tribunal de Justiça, analisando no Recurso Especial nº 1.166.568 a questão referente ao valor da colação, aplicou regras de hermenêutica para solucionar a controvérsia, prevalecendo a regra de que a lei posterior revoga a anterior. Desta forma, aplicando o princípio de direito intertemporal *tempus regit actum*, prevaleceu a regra prevista no Código Civil (valor do bem aferido no momento da liberalidade) por se tratar de lei mais recente.[5]

Assim, com a entrada em vigor do CPC/2015, o qual repetiu no art. 639, parágrafo único, a regra do CPC/73, a jurisprudência deve seguir o mesmo entendimento já esposado, devendo prevalecer a aplicação da norma mais nova, ou seja, o disposto no parágrafo único do art. 639 do CPC/2015, sendo, agora, o momento da abertura da sucessão aquele a aferir o valor do bem colacionado.

Flavio Tartuce (2016, p. 584), na mesma esteira, ensina que a divergência entre as normas do CPC e do CC é

> [...] uma questão de direito intertemporal Assim sendo, caso o falecimento tenha ocorrido em período anterior à vigência do Código Civil de 2002 – antes de 11 de janeiro de 2003 –, as suas regras não produzem efeitos, aplicando-se apenas o previsto no Código de Processo Civil de 1973, ou seja, o valor dos bens a ser colacionado seria o do tempo da abertura da sucessão. Por outro turno, para as sucessões abertas na vigência do novo Código Civil, o valor deveria ser o do tempo da liberalidade, subsumindo-se o art. 2.004 do Código Civil de 2002. Como a sucessão envolve o plano da eficácia, deve ser aplicada a norma do momento da produção dos efeitos, pensamento retirado do *caput* do art. 2.035 da codificação material privada em vigor. Com a emergência do Novo CPC, é forçoso concluir que o seu conteúdo passa a ter incidência para os falecimentos ocorridos após a entrada em vigor da nova legislação processual, a partir de março de 2015.

5 "Recurso especial. Sucessão. Bens à colação. Valor dos bens doados. Aplicação da lei vigente à época da abertura da sucessão. Aplicação da regra do art. 2.004 do CC/2002. Valor atribuído no ato de liberalidade com correção monetária até a data da sucessão. Recurso especial improvido. 1. Tendo sido aberta a sucessão na vigência do Código Civil de 2002, deve-se observar o critério estabelecido no art. 2.004 do referido diploma, que modificou o art. 1.014, parágrafo único, do Código de Processo Civil de 1973, pois a contradição presente nos diplomas legais, quanto ao valor dos bens doados a serem trazidos à colação, deve ser solucionada com observância do princípio de direito intertemporal *tempus regit actum*. 2. O valor de colação dos bens deverá ser aquele atribuído ao tempo da liberalidade, corrigido monetariamente até a data da abertura da sucessão. 3. Existindo divergência quanto ao valor atribuído aos bens no ato de liberalidade, poderá o julgador determinar a avaliação por perícia técnica para aferir o valor que efetivamente possuíam à época da doação. 4. Recurso especial não provido" (STJ. REsp nº 1.166.568. Rel. Lázaro Guimarães, Quarta Turma, julgado em 12.12.2017).

A jurisprudência do STJ já se manifestou sobre o tema, aplicando as regras hermenêuticas de direito intertemporal.[6] Porém, se mantida essa orientação hermenêutica, registramos nosso entendimento de que a norma vigente do CPC/2015 traz evidente vulnerabilidade aos herdeiros, seja na posição do donatário, seja na posição dos demais herdeiros, ante a falta de segurança jurídica em relação ao valor que deverá ser colacionado quando da abertura da sucessão.[7]

Diante das diversas situações que envolvem a questão, a coautora do presente estudo, Karla Ferreira de Camargo Fischer, em artigo escrito em coautoria com Bruna Antunes Ziliotto (FISCHER; ZILIOTTO, 2020, p. 1.247-1.278), a respeito do valor da colação, defende a possibilidade de o doador, prevendo a situação futura, estipular de forma expressa no contrato de doação ou em testamento qual valor do bem doado deverá ser colacionado (valor aferido no momento da doação ou no momento da abertura da sucessão), dirimindo a celeuma existente entre as regras do CC e do CPC sobre o valor da colação. Isto porque, quando o doador estabelece qual deverá ser o valor que o donatário deverá colacionar, sua vontade deverá prevalecer às regras trazidas pelo CC

---

6 "CIVIL E PROCESSO CIVIL. SUCESSÃO. OFENSA AOS ARTS. 1.022 E 489 DO CPC. NÃO OCORRÊNCIA. VIOLAÇÃO AO ART. 2.004 DO CC. BENS LEVADOS À COLAÇÃO. VALOR DO BEM DOADO. SUCESSÃO ABERTA NA VIGÊNCIA DO CC/02 E DO CPC/15. BEM QUE NÃO INTEGROU O PATRIMÔNIO DO RECORRENTE. REGRA DO ART. 2.004 DO CC/2002. EQUIVALÊNCIA DAS LEGÍTIMAS. ART. 2.003 DO CÓDIGO CIVIL. CORREÇÃO MONETÁRIA. 1. Não configura omissão ou negativa de prestação jurisdicional o simples fato de a decisão ter sido proferida em sentido contrário ao desejado pelo recorrente. 2. Abertura da sucessão antes da vigência do Código Civil de 2002: aplica-se a regra do art. 1.014 do CPC/1973. Ou seja: o valor do bem levado à colação deve ser o da época do óbito. 3. Abertura da sucessão durante a vigência do Código Civil de 2002, mas antes da vigência do Código de Processo Civil de 2015 (CPC/15): aplica-se exclusivamente a regra do art. 2.004 do CC/2002. Ou seja: o valor do bem levado à colação deve ser aquele atribuído ao tempo da liberalidade, corrigido monetariamente até a data da abertura da sucessão. 4. Abertura da sucessão após a vigência do CPC/15: aplica-se o art. 639, parágrafo único, do CPC: 'Os bens a serem conferidos na partilha, assim como as acessões e as benfeitorias que o donatário fez, calcular-se-ão pelo valor que tiverem ao tempo da abertura da sucessão'. 5. Ou seja: quando o bem ainda integrar o patrimônio do donatário e a abertura da sucessão for após vigência do CPC/15, a colação considerará o valor do bem ao tempo da abertura da sucessão. 6. Por outro lado, mesmo para casos posteriores ao CPC/15, quando o bem não mais integrar o patrimônio do donatário, a colação considerará o valor do bem à época da alienação, acrescido de correção monetária até a data da abertura da sucessão. 7. Posição amplamente majoritária na doutrina especializada. Enunciado 644 da VIII Jornada de Direito Civil do CJF: 'Os arts. 2.003 e 2.004 do Código Civil e o art. 639 do CPC devem ser interpretados de modo a garantir a igualdade das legítimas e a coerência do ordenamento. O bem doado, em adiantamento de legítima, será colacionado de acordo com seu valor atual na data da abertura da sucessão, se ainda integrar o patrimônio do donatário. Se o donatário já não possuir o bem doado, este será colacionado pelo valor do tempo de sua alienação, atualizado monetariamente'. 8. Será a incidência de correção monetária que compatibilizará a regra legal de que a colação se destina a igualar as legítimas (Código Civil, arts. 2.003 e 2.017) com o art. 2.004 do mesmo Código, segundo o qual a data da liberalidade é a base para avaliação do bem conferido. 9. Caso posterior ao CPC/15: considerando que a abertura da sucessão, no caso concreto, se deu na vigência do CC/02 e na do CPC/15, mas que o bem doado foi entregue diretamente, na época da liberalidade, a instituição financeira para pagamento de dívida, jamais tendo estado sob a posse do recorrente, deve ser considerado o valor do bem trazido à colação ao tempo da liberalidade, mesma época em que dado em pagamento, corrigido monetariamente até a abertura da sucessão. 10. Recurso especial provido" (REsp nº 2.057.707/RS. Rel. Min. Maria Isabel Gallotti, Quarta Turma, julgado em 20.2.2024. *DJe*, 29.2.2024).

7 A vulnerabilidade do donatário se dá em caso de possível valorização do bem recebido por doação e em caso de diminuição do patrimônio do falecido, devendo integralizar os quinhões dos demais herdeiros quando for colacionar o valor do bem levando em consideração o valor no momento da abertura da sucessão. E não só o donatário se torna vulnerável, mas também os demais herdeiros, no caso de o donatário, por exemplo, receber quotas de uma empresa em doação e, quando da abertura da sucessão, as quotas não terem mais valor patrimonial por culpa do donatário que não exerceu adequadamente a administração da empresa. Neste caso, nada valendo as quotas patrimoniais no momento da abertura da sucessão, o donatário nada colaciona, recebendo integralmente seu quinhão da legítima. Neste caso hipotético, são os demais herdeiros que acabam ficando em uma situação de vulnerabilidade.

ou pelo CPC, uma vez que as normas de direito sucessório insculpidas nos dispositivos legais são subsidiárias à vontade do falecido. Limitação a sua vontade é trazida pela intangibilidade da legítima. Mas, estando a deliberação sobre o valor a ser colacionado abarcada pela parte disponível do patrimônio, entende-se que ela deverá ser acatada, especialmente quando o donatário tinha conhecimento dela (feita no próprio ato de liberalidade).

4 Da partilha

O procedimento adotado pelo ordenamento jurídico brasileiro estabelece a formalização da transmissão patrimonial *mortis causa* em duas fases bem distintas: o inventário e a partilha. No primeiro, conforme já colocado, o falecido é qualificado, seus bens são arrolados, descritos e avaliados e os seus sucessores e interessados são indicados. Na segunda, ocorre a efetiva divisão, entre os sucessores, dos bens que estavam em estado de condomínio entre os herdeiros. Segundo Francisco Cahali (2007, p. 405):

> [...] a partilha é o ponto culminante da liquidação da herança, na medida em que através dela se põe termo ao estado transitório do espólio através da entrega do acervo individualizado a cada herdeiro na proporção do respectivo quinhão. É a fase final do processo de inventário, no qual, encerrando-se a comunhão sobre a universalidade dos bens da herança, promove-se a divisão oficial do patrimônio líquido identificado durante o inventário.

Pode-se dizer que a partilha é a formalização da transmissão do patrimônio, porquanto, afinal, a transmissão de fato ocorreria no momento da abertura da sucessão (art. 1.784, CC), em razão do princípio da *saisine*. Assim, a partilha tem natureza jurídica declaratória, com efeito *ex tunc*, retroagindo ao momento da abertura da sucessão (data do falecimento). No entanto, a rigor, apenas com o trânsito em julgado da sentença proferida no processo de partilha é que ocorre a efetivação da transferência patrimonial.

Qualquer herdeiro poderá requerer a partilha do patrimônio, mas não apenas eles, já que os credores e cessionários também detêm legitimidade, nos termos do art. 2.013, CC.

Os herdeiros poderão apresentar plano de partilha amigável (art. 2.015, CC), o qual, segundo Paulo Cezar Pinheiro Carneiro (2019, p. 161), "[...] em princípio, não poderá ser recusado pelo juiz, salvo se não atender às exigências legais (art. 651 do CPC) ou deixar de contemplar algum bem".

Os herdeiros ainda poderão fazer partilha amigável, por escritura pública, termo nos autos do inventário, ou escrito particular, homologado pelo juiz (art. 2.015, CC), sendo que a falta de homologação pelo magistrado não invalidará os termos da partilha, eis que, tratando-se de acordo de vontades e inexistindo qualquer vício do consentimento, terá força obrigatória independente da homologação judicial, uma vez que sua falta apenas implicará a ausência de trânsito em julgado.

A partilha amigável pode também ser realizada por meio de escritura pública, quando realizado o inventário extrajudicial. Neste caso, conforme já exposto, há necessidade de consenso entre os herdeiros e de que nenhum deles seja incapaz, além de, em regra, não existir testamento. Caso inexistam os requisitos do consenso e da capacidade, necessariamente a partilha deverá ser judicial (art. 2.016, CC).

No entanto, não havendo consenso entre os herdeiros a respeito da partilha de bem que não cabe individualmente no quinhão de apenas um herdeiro ou na meação do cônjuge ou companheiro sobrevivo (art. 2.019, CC), o juiz tomará as medidas necessárias para que o bem se converta em dinheiro (licitação entre os interessados ou alienação judicial). Desta forma, poderá haver a justa acomodação no patrimônio de mais de um herdeiro. Havendo acordo, contudo, o bem pode ser adjudicado por todos os interessados conjuntamente, evitando-se a venda.

Todavia, caso haja interesse por parte de herdeiros ou cônjuge ou companheiro sobrevivente, a alienação judicial não ocorrerá, possibilitando ao interessado a adjudicação do bem, desde que, em sendo o caso de excesso de quinhão ou meação, restitua aos demais eventual diferença (art. 2.019, §1º, CC). Mas, caso a adjudicação seja requerida por mais de um herdeiro (art. 2.019, §2º, CC), então deverá ser observado o processo da licitação. Importante ainda consignar que o intento do legislador é evitar o estabelecimento de uma relação condominial entre os herdeiros após a partilha, pois *condominium est mater rixarum* (o condomínio é a mãe das rixas).

A partilha amigável (art. 657, CPC) pode ser anulada quando caracterizados vícios de consentimento (dolo, coação e erro essencial), os quais comprometem a manifestação de vontade ou vícios que impedem a validade dos negócios em geral (lesão e estado de perigo) (art. 2.027, CC). O procedimento é o da ação anulatória (art. 966, §4º, CPC) e cabe tanto para anular partilha celebrada pela via extrajudicial, como aquela homologada pela via judicial. O prazo decadencial para o pleito de anulação de partilha é de um ano (art. 2.027, parágrafo único, CC), prazo este menor do que o estabelecido no art. 178 do CC (prazo de quatro anos), que disciplina a anulação dos negócios jurídicos em geral. O foro competente para processamento da ação anulatória da partilha é o mesmo do juízo do inventário, eis que se trata de uma ação acessória a este procedimento (art. 61, CPC).

O legislador civil ainda prevê a hipótese de alguns bens ficarem de fora da partilha, possibilitando a realização de procedimento posterior: a sobrepartilha. A sobrepartilha é o procedimento por meio do qual bens que deveriam fazer parte do processo de inventário não foram, havendo necessidade de um novo procedimento para que tais bens possam ser partilhados. Tal procedimento pode ser realizado judicial ou extrajudicialmente, desde que presentes os requisitos para escolha desta via. Assim, mesmo que o inventário e a partilha de bens tenham transcorrido pela via judicial, é possível que a sobrepartilha seja realizada pela via extrajudicial, ou vice-versa.

Podem ser objeto de sobrepartilha (arts. 2.021 e 2.022, CC) os: bens sonegados; bens descobertos após a partilha; bens litigiosos, assim como os de liquidação difícil ou morosa; bens situados em lugar remoto da sede do juízo onde se processa o inventário. Tal regramento busca imprimir uma maior celeridade ao processo de inventário e partilha, excluindo do rol dos bens a inventariar aqueles que poderão atrasar a conclusão do processo.

Por fim, cabe ainda mencionar a possibilidade de o titular do patrimônio realizar a partilha em vida de seus bens, conforme previsto no art. 2.018, CC. A partilha em vida pode ser caracterizada como uma ferramenta de planejamento sucessório, ganhando cada vez mais visibilidade e notoriedade, minimizando futuros litígios.

Considerações finais

O presente artigo buscou abordar, mesmo que de forma bastante sintética, os institutos do inventário e da partilha de bens do Código Civil e do Código de Processo Civil. Após 20 anos da entrada em vigor do diploma civilista, é possível verificar que ainda nos deparamos com questões bastante complexas. É verdade, e não se pode esquecer, que o direito das sucessões no Brasil evoluiu muito na doutrina e na jurisprudência ao longo das duas últimas décadas. Mas, há ainda questões que demandam respostas satisfatórias à luz de uma interpretação sistemática-constitucional.

Percebe-se que os fatos e as relações sociais impulsionaram o direito das sucessões para além dos muros do direito civil, forçando-o a dialogar e manter vínculos interdisciplinares fortes com outros ramos do direito, como o direito tributário, o direito previdenciário, o direito empresarial, dentre outros. Assim, vislumbra-se por vir um período de intenso desenvolvimento diante dessas novas perspectivas teóricas.

Referências

CAHALI, Francisco José; HIRONAKA, Giselda Maria Fernandes Novaes. *Direito das sucessões*. 3. ed. rev., atual. e ampl. São Paulo: Revista dos Tribunais, 2007.

CARNEIRO, Paulo Cezar Pinheiro. *Inventário e partilha*: judicial e extrajudicial. Rio de Janeiro: Forense, 2019.

FISCHER, Karla Ferreira de Camargo; ZILIOTTO, Bruna Antunes. Doações e o valor que deverá ser colacionado: aplicação do Código de Processo Civil ou do Código Civil? *Revista Jurídica Luso-Brasileira*, Lisboa, ano 6, n. 5, p. 1247-1278, 2020.

RODRIGUES, Tatiana Antunes Valente. Dos sonegados. *In*: CASSETARI, Christiano; MENIN, Marcia Maria (Coord.). *Direito das sucessões*. São Paulo: Revista dos Tribunais, 2008. v. 8.

SIMÃO, José Fernando. Livro V: do direito das sucessões. *In*: SCHREIBER, Anderson *et al*. *Código Civil comentado*: doutrina e jurisprudência. 2. ed. Rio de Janeiro: Forense, 2020.

TARTUCE, Flávio. *Direito civil*: direito das sucessões. 9. ed. rev. e atual. Rio de Janeiro: Forense, 2016. v. 6.

Informação bibliográfica deste livro, conforme a NBR 6023:2018 da Associação Brasileira de Normas Técnicas (ABNT):

FISCHER, Karla Ferreira de Camargo; FISCHER, Octavio Campos. Inventário e partilha. *In*: CORTIANO JUNIOR, Eroulths; SILVA, Alexandre Barbosa da (coord.). *O Código Civil e a Contemporaneidade*: Estudos do Grupo Virada de Copérnico em Homenagem ao Ministro Luiz Edson Fachin. Belo Horizonte: Fórum, 2025. p. 473-483. ISBN 978-65-5518-990-2.

AS RAÍZES HISTÓRICAS DO ENGESSAMENTO SUCESSÓRIO BRASILEIRO E A BUSCA HERMENÊUTICA PELO SEU EQUACIONAMENTO ANTE A FLUIDEZ DAS RELAÇÕES FAMILIARES

FELIPE FRANK

MARCELO BÜRGER

1 As raízes históricas do engessamento sucessório brasileiro

Ao direito das sucessões é comumente atribuída a pecha do engessamento sistemático,[1] de ser um ramo do direito civil que se apresenta como reflexo de um tempo passado,[2] já velho e roído, deixado de lado tanto pelo legislador quanto pela doutrina, o que explicaria, na feliz alegoria de Reinhard Zimmermann, que "tenha levado a modesta existência de uma Cinderela negligenciada".[3]

Torquato Castro, membro da comissão revisora e elaboradora do Código Civil de 2002 a quem foi atribuído o livro do direito das sucessões, já constatava que nesta matéria "ainda estamos ligados àqueles velhos processos europeus das sucessões por

1 Por todos: BUCAR, Daniel. Pactos sucessórios: possibilidade e instrumentalização. *In*: TEIXEIRA, Ana Carolina Brochado; RODRIGUES, Renata de Lima (Coord.). *Contratos, família e sucessões*. Indaiatuba: Foco, 2019. p. 279.

2 "Observa-se que, à diferença de outros campos do direito civil, mais permeáveis às transformações do tempo, o direito sucessório não apresentou alterações significativas, apesar de louváveis esforços doutrinários. Por isso, a crítica de Perlingieri ao direito italiano é igualmente pertinente ao Brasil. Segundo o autor, a comparação entre a disciplina sucessória e a realidade atual reforça a convicção de que o direito das sucessões exige uma reforma absoluta, que não se limite à modificação setorial de uma ou mais disposições consideradas individualmente, mas que corajosamente aspira a reformular a matéria como um todo. É necessário garantir soluções adequadas aos novos problemas, prontas para desempenhar uma função mais compatível com a sociedade em mudança" (CASTRO, Isabella Silveira de. *Testamento*: capacidade, formalidades e novas tecnologias. Belo Horizonte: Fórum, 2022. p. 38).

3 ZIMMERMANN, Reinhard. *Does the law of succession reflect cultural differences?* Netherlands: Eleven International Publishing, 2018. p. 2. No original: "this explains why the law of succession has for a considerable time led the modest existence of a neglected Cinderella".

estirpe genealógica, que está desaparecendo aos poucos. Esses resquícios recebemos do Brasil-Colônia, mas naturalmente não temos muita coisa que ver com isso".[4] E isso tem sua razão de ser, mormente ligada à legítima.

Em breve digressão histórica, útil à melhor compreensão da formação do direito sucessório brasileiro, Francisco de Paula Lacerda de Almeida postula que "A compropriedade familial que tantos institutos explica no Direito de Família, no Direito das Cousas e nas Obrigações, dá-nos aqui a razão e origem da instituição necessária dos herdeiros descendentes e ascendentes".[5]

Valendo-se das institutas de Gaio e da doutrina de Puchta e Windscheid, o autor explica que a legítima inicialmente não existia no direito romano, em que vigorava o princípio da ampla disposição testamentária do *pater familias*, "mas nunca foi ao ponto de desrespeitar o direito dos *seus*, privando arbitrariamente da herança aquelles que em vida do chefe de família tudo adquiriam para elle". A ampla liberdade testamentária do *pater familias*, portanto, deveria ser exercida em benefício de um dos membros de sua família (*heredes sui*). "E se assim não procedia o testador, perdia o testamento todo o vigor e efficacia".[6]

A legítima foi, portanto, instituída à quarta parte do patrimônio familiar para evitar o rompimento do testamento, vindo posteriormente a ser ampliada por Justiniano para a terça parte ou à metade da herança, conforme o número de herdeiros. Nesse sentido, "A legítima dos herdeiros necessários foi pois uma reacção contra o arbítrio do testador e uma medida assecuratória da validade dos testamentos".[7]

E dizia-se que o *herdeiro da legítima era necessário* porque, em Roma, ele era obrigado a aceitar a herança para dar continuidade aos cultos da família.[8] Nesse contexto, Itabaiana de Oliveira afirma que "a propriedade corporificou, assim, a *idéia de perpetuidade da família, pelo culto dos antepassados*, traduzindo nas cerimônias e nos sacrifícios em hora dos mortos, de modo que não se pudesse adquirir a propriedade sem o culto".[9]

Já com conotação diversa (de proteção à família), no Brasil, segundo relata Lacerda de Almeida, as Ordenações do Reino estipulavam quota correspondente a três quartos da herança e o Decreto nº 1.839/1907 reduziu tal porção à metade do patrimônio,[10] razão esta que foi mantida pelo art. 1.721 do Código Civil de 1916.[11]

---

4 CASTRO, Torquato. 9ª Reunião de instalação dos trabalhos, em 14 de agosto de 1975. *In*: MENCK, José Theodoro Mascarenhas (Org.). *Código Civil brasileiro no debate parlamentar*: elementos históricos da elaboração da Lei n. 10.406/2002. Brasília: Edições Câmara, 2012. t. I. p. 370.

5 ALMEIDA, Francisco de Paula Lacerda de. *Sucessões*. Rio de Janeiro: Cruz Coutinho, 1915. p. 257-258.

6 ALMEIDA, Francisco de Paula Lacerda de. *Sucessões*. Rio de Janeiro: Cruz Coutinho, 1915. p. 259.

7 ALMEIDA, Francisco de Paula Lacerda de. *Sucessões*. Rio de Janeiro: Cruz Coutinho, 1915. p. 260-263.

8 "Em Roma, à expressão – *herdeiros necessários (heredes necessarii)* – não atribuíam o sentido moderno; ela designava os indivíduos obrigados à situação de sucessores universais [...]. O seu direito advinha do testamento, não do parentesco e nascimento: não *ex natura e ex lege*, como se dá com os descendentes e ascendentes. Correspondiam primitivamente aos atuais herdeiros *necessários* os herdeiros *seus* (*heredes sui*), participantes natos e obrigados de uma fração do espólio; eram filhos, legítimos ou adotivos, do falecido, as filhas, netos cujo pai sucumbira antes do *de cujus*, ascendentes e irmãos" (MAXIMILIANO, Carlos. *Direito das sucessões*. 5. ed. São Paulo: Freitas Bastos, 1964. v. III. p. 18-19).

9 OLIVEIRA, Arthur Vasco Itabaiana de. *Tratado de direito das sucessões*. 4. ed. São Paulo: Max Limonad, 1952. v. I. p. 47.

10 ALMEIDA, Francisco de Paula Lacerda de. *Sucessões*. Rio de Janeiro: Cruz Coutinho, 1915. p. 264-265.

11 "O testador que tiver descendente ou ascendente sucessível, não poderá dispor de mais da metade de seus bens; a outra pertencerá de pleno direito ao descendente e, em sua falta, ao ascendente, dos quais constitui a legítima".

Em comentário ao referido artigo, Clóvis Beviláqua, afirma que "Legítima é a porção dos bens que a lei reserva aos herdeiros descendentes e ascendentes, que, em virtude dessa *segurança legal de seus interesses contra o arbítrio do testador, se denominam herdeiros necessários, reservatórios, forçados, ou legitimários"*.[12]

Pontes de Miranda, a seu turno, afirma que o fundamento da *quota necessária* está na proteção do herdeiro em relação à potestatividade do testador. Assim, "A pessoa que, no direito brasileiro, tem descendente, ou ascendente sucessível, não pode dispor, *a causa de morte*, de mais de metade dos seus bens".[13]

Nesse mesmo sentido, exemplificativamente, citem-se novamente Carvalho Santos,[14] Walter Moraes,[15] Orlando Gomes,[16] Silvio Rodrigues,[17] Caio Mário da Silva Pereira,[18] Washington de Barros Monteiro,[19] Giselda Maria Fernandes Novaes Hironaka,[20] Paulo Lôbo,[21] Francisco José Cahali,[22] Gustavo Tepedino, Heloisa Helena Barboza e Maria Celina Bodin de Moraes,[23] Maria Helena Diniz,[24] Maria Berenice

---

12 BEVILÁQUA, Clóvis. *Código Civil dos Estados Unidos do Brasil comentado por Clóvis Beviláqua*. Rio de Janeiro: Editora Rio, 1979. t. II. p. 918.

13 MIRANDA, Francisco Cavalcanti Pontes de. *Tratado de direito privado*. Direito das sucessões – Sucessões em geral. São Paulo: RT, 2012. t. LV. §5.620 – versão digital).

14 Para o autor, herdeiro necessário é "aquele a quem se defere a herança contra a disposição de última vontade do testador" (SANTOS, João Manoel de Carvalho. *Código Civil brasileiro interpretado*: principalmente do ponto de vista prático. 6. ed. Rio de Janeiro: Livraria Freitas Bastos, 1955. t. XXIV. p. 73 e ss.).

15 "Basicamente o testador é livre para dispor dos seus bens porque é dono deles e esta é a índole do direito de propriedade. É o princípio da *liberdade de testar*. Entretanto, nas fortes exigências de nexo parental, este princípio deparou o refreio histórico que o reduziu a uma liberdade limitada. Conforme já foi referido, não pode alguém dispor de mais da metade de seus bens, se concorrerem sucessessores legitimários" (MORAES, Walter. *Teoria geral e sucessão legítima*. São Paulo: RT, 1980. p. 5).

16 "A existência de *herdeiros necessários* impede a disposição, por ato de última vontade, dos bens constitutivos da *legítima* ou *reserva*. Pode dispor, entretanto, da outra metade, calculada sobre o total dos bens existentes ao tempo do óbito, abatidas as dívidas e as despesas do funeral" (GOMES, Orlando. *Sucessões*. 15. ed. Rio de Janeiro: Forense, 2012. p. 41).

17 "O direito brasileiro, seguindo a orientação da maioria das legislações, consagrou um sistema de limitada liberdade de testar. Com efeito, determina o art. 1.789 do Código que, havendo herdeiros necessários, o testador só poderá dispor da metade dos seus bens, pos a outra metade constitui a *legítima ou reserva* daqueles herdeiros" (RODRIGUES, Silvio. *Direito civil*: direito das sucessões. 23. ed. São Paulo: Saraiva, 2002. v. 7. p. 19).

18 "Conciliando o princípio da liberdade de testar com o respeito devido aos direitos dos parentes mais chegados, a lei institui a classe dos herdeiros necessários. [...]" (PEREIRA, Caio Mário da Silva. *Instituições de direito civil*: direito das sucessões. 15. ed. Rio de Janeiro: Forense, 2004. v. VI. p. 25).

19 "o testador não pode preterir nem prejudicar no ato de última vontade [...] os herdeiros necessários" (MONTEIRO, Washington de Barros. *Curso de direito civil* – Direito das sucessões. 35. ed. São Paulo: Saraiva, 2003. p. 107).

20 "Entende-se por herdeiros necessários aqueles que não podem ser afastados da sucessão pela simples vontade do sucedido. [...]. Herdeiro necessário, portanto, é o parente ou a pessoa (cônjuge, que não é parente do falecido) que reserva o direito a uma parcela mínima – equivalente à metade – do monte hereditário, não podendo ser privado dessa quota *por vontade exclusiva do autor da herança*" (HIRONAKA, Giselda Maria Fernandes Novaes. *Morrer e suceder*. 2. ed. São Paulo: 2014. p. 352-353).

21 "A finalidade da qualificação legal dos herdeiros necessários, entre os herdeiros legítimos, diz respeito à proteção da parte da herança que não pode ser destinada *a outros* parentes ou a estranhos, mediante atos de liberalidade" (LOBO, Paulo. *Direito civil*: sucessões. 2. ed. São Paulo: Saraiva, 2014. p. 74).

22 "Herdeiro necessário, assim, é o sucessor legítimo com direito a uma parcela mínima de 50% do acervo, da qual não pode ser privado por disposição de última vontade, representando a sua existência uma *limitação à liberdade de testar*" (CAHALI, Francisco José. Da sucessão em geral. *In*: CAHALI, Francisco José; HIRONAKA, Giselda Maria Fernandes Novaes. *Direito das sucessões*. 5. ed. São Paulo: RT, 2014. p. 51).

23 "Herdeiros necessários [...] são aqueles que não podem ser privados de sua *legítima* (art. 1.846), salvo nos casos de exclusão da sucessão previstos em lei, ou seja, de indignidade (art. 1.814) e de deserdação" (TEPEDINO, Gustavo; BARBOZA, Heloisa Helena; MORAES, Maria Celina Bodin de (Org.). *Código Civil interpretado conforme a Constituição da República*. Rio de Janeiro: Renovar, 2014. v. IV. p. 654).

24 "Tendo em vista o interesse social geral, acolhe o Código Civil o princípio da liberdade de testar limitada aos interesses do *de cujus* e, principalmente, aos de sua família, ao restringir a liberdade de disporo, no caso de ter

Dias,[25] Euclides de Oliveira e Sebastião Amorim,[26] Eduardo de Oliveira Leite[27] e Luiz Paulo Vieira de Carvalho.[28]

Deste modo, é correto dizer que a preocupação histórica em torno da condição de herdeiro necessário, ao menos no Brasil, sempre esteve atrelada à sua proteção em face da liberdade potestativa do testador. Daí porque se pôr a salvo a legítima, que amparava materialmente descendentes e ascendentes no Código Civil de 1916.

A ausência de proteção do cônjuge era objeto de crítica pela doutrina da época, em especial porque podia o testador deixá-lo em situação de desamparo, o que era em especial sensível em uma sociedade misógina, cuja capacidade civil da mulher era diminuída quando do casamento para que esta se sujeitasse ao marido.

Certo é, conforme aponta Lígia Ziggiotti de Oliveira, que "Foram colhidas, no trajeto histórico, transformações que se incorporaram nesta última versão do normatizado codificado, como a revogação pelo Estatuto da Mulher Casada (1962), da incapacidade adquirida após o matrimônio pelas esposas", "a possibilidade do divórcio" (1977) e a "equiparação dos direitos" pela Constituição de 1988.[29]

No âmbito do direito sucessório, entretanto, perdurava o postulado da igualdade formal, ignorando-se as possibilidades materiais de concretização da autonomia da mulher. Era, pois, preciso mudar a sucessão sob o reconhecimento de que "a esfera patrimonial serve como ferramenta para problematizar o empoderamento desigual no eixo da conjugalidade".[30]

2 As mudanças do Código Civil de 2002 que aumentaram ainda mais o engessamento do direito sucessório, em descompasso com a fluidez das famílias contemporâneas

Tomando por norte a busca pela proteção concreta da mulher, o anteprojeto do Código Civil de 2002, que data de 1975, previu em seu art. 1.876 que o cônjuge herdaria

o testador herdeiros necessários" (DINIZ, Maria Helena. *Curso de direito civil brasileiro* – Direito das sucessões. São Paulo: Saraiva, 2002. v. 6. p. 131).

25 "Quem tem descendentes, ascendentes ou cônjuge não pode dispor por testamento da integralidade de seu patrimônio, só da metade" (DIAS, Maria Berenice. *Manual das sucessões*. 4. ed. São Paulo: RT, 2015. p. 678).

26 "De seu turno, a sucessão testamentária decorre da manifestação de última vontade do autor da herança, mediante testamento ou codicilo. Serão sucessores, por essa forma, as pessoas nomeadas pelo testador, mas com a restrição de que se resguarde a metade da herança, chamada de legítima, aos herdeiros necessários, que são os descendentes, os ascendentes e o cônjuge" (OLIVEIRA, Euclides Benedito de; AMORIM, Sebastião Luiz. *Inventários e partilhas*: direito das sucessões – Teoria e prática. 23. ed. São Paulo: Livraria e Editora Universitária de Direito, 2013. p. 40).

27 "Necessários são os herdeiros com direito a uma parcela mínima, 50% do acervo (legítima), da qual não podem ser privados por disposição de última vontade" (LEITE, Eduardo de Oliveira. *Direito civil aplicado*: direito das sucessões. São Paulo: RT, 2013. v. 6. p. 137).

28 "o herdeiro necessário, legitimário, reservatário ou forçado é aquele que, em sentido amplo, se apresenta como um sucessor universal privilegiado, por força do ofício de piedade (*officium pietatis*), isto é, da afeição presumida e do dever de amparo que o autor da herança deve ter em relação a seus familiares próximos, *aqueles a quem a lei garante uma quota mínima da herança* (Princípio da Reserva), que, em nosso direito, se apresenta, em princípio, fixa, invariável, na atualidade correspondente à metade dos bens do monte líquido (arts. 1.846 e 1.847, ambos do CC)" (CARVALHO, Luiz Paulo Vieira. *Direito das sucessões*. 3. ed. São Paulo: Atlas, 2017. p. 464).

29 OLIVEIRA, Lígia Ziggiotti de. *Olhares feministas sobre o direito das famílias contemporâneo*. Rio de Janeiro: Lumen Juris, 2016. p. 72.

30 OLIVEIRA, Lígia Ziggiotti de. *Olhares feministas sobre o direito das famílias contemporâneo*. Rio de Janeiro: Lumen Juris, 2016. p. 114.

em concorrência com os descendentes, logo na primeira classe, a depender do regime de bens do casamento.[31] E mais, que herdaria em concorrência com os ascendentes na segunda classe, tal qual prevê o art. 1.829 do Código em vigor.

Ademais, também previu o anteprojeto em seu art. 1.896 que o cônjuge seria herdeiro necessário, não podendo, portanto, ser excluído da herança *por testamento*.

Segundo a exposição de motivos do projeto, tal se impunha devido à mudança do regime legal supletivo de comunhão universal de bens para comunhão parcial, bem como devido à necessidade de se superar o *individualismo inerente* às *disposições testamentárias*.[32]

No mesmo sentido desta justificativa estão também aquelas apresentadas nos debates sobre o referido projeto no Congresso Nacional. Miguel Reale, por exemplo, afirmou, neste tocante, que estava "corrigindo uma falha muito grave da legislação atual", qual seja, a de relegar a sorte do cônjuge supérstite à liberalidade potestativa do testador.[33]

Torquato Castro, responsável pela relatoria do caderno de direito sucessório, afirma que não foi ideia sua incluir a mulher como herdeira concorrencial e necessária e que "essa inovação já preexistia no Projeto de Orlando Gomes, de 1965", configurando demanda antiga.[34]

Ao justificar teoricamente a inclusão do cônjuge como herdeiro necessário, o jurista afirma que no direito sucessório *dois princípios se tencionam*: "o da autonomia da vontade, em que se apoia a liberdade de testar, e o da supremacia da ordem pública, em função da qual se impõem restrições a essa liberdade". Com isso, busca-se conciliar "a propriedade – elemento individual – e a família, elemento social".[35]

Torquato Castro também reconhece que, "Com a inclusão, no Projeto, do cônjuge na condição de herdeiro necessário, depara-se-nos um problema ao abrigo da redação do art. 1.897 [atual art. 1.846], segundo o qual 'pertencem aos herdeiros necessários, de pleno direito, a metade dos bens da herança'". Todavia, entende o autor que *a questão da legítima se resolve pelas normas que dispõem sobre a concorrência sucessória* e que não contradizem o disposto no art. 1.837 do anteprojeto (atual art. 1.789). "Ficou, assim, intocável a disponibilidade testamentária, no que se mantém o Projeto fiel à tendência de nosso direito".[36]

---

31 BRASIL. *Anteprojeto do Código Civil de 2002*. Projeto de Lei n. 634/1975. p. 94. Disponível em: http://imagem.camara.gov.br/Imagem/d/pdf/DCD13JUN1975SUP_B.pdf#page=1. Acesso em: 7 maio 2024.

32 "As modificações operadas no Direito de Família implicaram correspondentes alterações no Direito das Sucessões [...]. Com a adoção do regime legal de separação parcial com comunhão de aquestos, entendeu a Comissão que especial atenção deveria ser dada aos direitos do cônjuge supérstite em matéria sucessória. Seria, com efeito, injustificado passar do regime da comunhão universal [...] para o da comunhão parcial, sem se atribuir ao cônjuge supérstite o direito de concorrer com os ascendentes e descendentes. *Para tal fim, passou o cônjuge a ser considerado herdeiro necessário*, com todas as cautelas e limitações compreensíveis em questão tão delicada e relevante, a qual comporta diversas hipóteses que exigiram tratamento legal distinto. Por outro lado, havia *necessidade de superar-se o individualismo que norteia a legislação vigente em matéria de direito de testar*" (BRASIL. *Anteprojeto do Código Civil de 2002*. Projeto de Lei n. 634/1975. p. 124-125. Disponível em: http://imagem.camara.gov.br/Imagem/d/pdf/DCD13JUN1975SUP_B.pdf#page=1. Acesso em: 7 maio 2024).

33 REALE, Miguel. *In*: MENCK, José Theodoro Mascarenhas (Org.). *Código Civil brasileiro no debate parlamentar*: elementos históricos da elaboração da Lei n. 10.406/2002. Brasília: Edições Câmara, 2012. t. I-V. p. 82.

34 CASTRO, Torquato. *In*: MENCK, José Theodoro Mascarenhas (Org.). *Código Civil brasileiro no debate parlamentar*: elementos históricos da elaboração da Lei n. 10.406/2002. Brasília: Edições Câmara, 2012. t. I-V. p. 397.

35 CASTRO, Torquato. *In*: MENCK, José Theodoro Mascarenhas (Org.). *Código Civil brasileiro no debate parlamentar*: elementos históricos da elaboração da Lei n. 10.406/2002. Brasília: Edições Câmara, 2012. t. I-V. p. 1723.

36 CASTRO, Torquato. *In*: MENCK, José Theodoro Mascarenhas (Org.). *Código Civil brasileiro no debate parlamentar*: elementos históricos da elaboração da Lei n. 10.406/2002. Brasília: Edições Câmara, 2012. t. I-V. p. 1725.

Feita esta análise, é possível verificar que a finalidade da concorrência sucessória foi compensar o cônjuge pela alteração do regime supletivo de bens de comunhão universal para comunhão parcial.

Ademais, o enquadramento do cônjuge como herdeiro necessário se deu expressamente com o fim de superar o individualismo inerente ao direito de testar e impedir que ele fosse unilateralmente excluído da concorrência sucessória, justificando-se, assim, sua inclusão no rol de herdeiros necessários, a quem pertence, de pleno direito, a legítima (arts. 1.845 e 1.846 do Código Civil de 2002).

Como se vê, o regime sucessório vigente se mantém em boa parte atrelado ao regime da codificação de 1916. Sob a ótica da sucessão legítima, as alterações entre codificação do século XX e XXI se concentram, em maior parte, nas relações de conjugalidade, notadamente por tornar o cônjuge herdeiro necessário, instituir sua concorrência com os herdeiros de primeira e segunda classe da vocação hereditária e estabelecer um regime jurídico próprio à sucessão do companheiro, que viria a ser declarado inconstitucional pelo Supremo Tribunal Federal.

Estas modificações foram motivadas pela alteração do regime legal de casamento da comunhão universal de bens para a comunhão parcial, em nítida tutela protetiva do cônjuge e atenta à unidade sistêmica do direito civil, reconhecendo que uma alteração no direito de família reflete, também, no direito sucessório.

Se esta premissa é verdadeira, o direito das sucessões foi bem-sucedido em acompanhar algumas das mudanças legislativas, mas falhou na tarefa quanto à realidade social das famílias, cujo modelo de organização e, sobretudo, reconstrução passou por consideráveis modificações. Como afirmou Pontes de Miranda, "ainda onde o Direito mudou muito, muito se há de inquirir do que não mudou".[37]

O censo realizado pelo IBGE em 2010, portanto, apenas 8 anos após a promulgação do Código Civil vigente, constatou empiricamente a travessia do modelo tradicional de família, fundado no casamento, para modelos dúcteis e dinâmicos, que se constroem, se dissolvem e se recompõem ao longo do tempo.[38] Vale o excerto que sintetiza tal conclusão:

> A temática da família sempre foi preocupação de demógrafos, sociólogos, antropólogos e historiadores. As mudanças que têm ocorrido no seu interior, quanto a sua forma de organização e níveis de reprodução, têm sido observadas e apontam para uma diversidade maior em relação aos tipos de famílias. A esperança de vida aumenta cada vez mais, mas, por outro lado, as taxas de fecundidade diminuem. As famílias atuais passam a ter mais avós e netos. Os arranjos familiares são menos tradicionais, cresce o número de uniões consensuais e, com o aumento dos divórcios, há também um crescimento significativo das famílias reconstituídas, nas quais os filhos podem ser apenas de um dos cônjuges. Outro efeito conhecido das separações e dos divórcios é o aumento do número de crianças que crescem em famílias monoparentais.[39]

---

[37] MIRANDA, Francisco Cavalcanti Pontes de. Prefácio. *In*: MIRANDA, Francisco Cavalcanti Pontes de. *Tratado de direito privado*. Atualização de Ruy Rosado Aguiar Júnior e Nelson Nery Jr. São Paulo: Revista dos Tribunais, 2012. t. XXVI. p. 19.

[38] "Das cerca de 57 milhões de unidades domésticas recenseadas em 2010, 6,9 milhões eram unidades unipessoais, ou seja, pessoas que viviam sozinhas (12,1%), quase 50 milhões eram ocupadas por duas ou mais pessoas com parentesco (87,2%), com diferentes configurações, totalizando 54,3 milhões de famílias. Cerca de 400 mil unidades domésticas não contavam com pessoas aparentadas entre si (0,7%)" (IBGE. *Censo Demográfico 2010*: características da população e dos domicílios. Rio de Janeiro: IBGE, 2011. p. 65).

[39] IBGE. *Censo Demográfico 2010*: características da população e dos domicílios. Rio de Janeiro: IBGE, 2011. p. 64.

Uma das conclusões centrais da pesquisa, para a transformação da realidade que aqui se sustenta, foi a constatação de que "os arranjos familiares são menos tradicionais, cresce o número de uniões consensuais e, com o aumento dos divórcios, há também um crescimento significativo das famílias reconstituídas". É este o retrato da família brasileira, apurado poucos anos após a vigência do Código Civil, que demonstra a indiferença das regras da sucessão legítima ante estes novos arranjos familiares.[40]

Esta reconstrução da conjugalidade teve imediato reflexo no âmbito das relações parentais, notadamente pela união de casais que levavam consigo para o novo lar conjugal os filhos advindos dos relacionamentos anteriores, fenômeno intitulado por Waldyr Grisard Filho como famílias reconstituídas.[41]

Ainda segundo o IBGE, "16,3% das famílias únicas e conviventes principais formadas por casais com filhos podem ser consideradas famílias reconstituídas",[42] a evidenciar tratar-se de parcela substancial das famílias, em número superior a quatro milhões, que, no entanto, não encontram qualquer respaldo nas regras de sucessão, inobstante seu objeto seja justamente a família: nada há em relação aos enteados, tampouco se procedeu à atribuição de maior liberdade ao autor da herança, aos herdeiros ou a ambos para a construção de uma normatividade concreta que pudesse apreender esta nova realidade vivida.

O direito das sucessões, portanto, está construído sobre um modelo de família próprio de outro tempo, permanecendo, assim, alheio às transformações do(s) modelo(s) de família.

Segundo Vencenza Barbalucca, há pouco tempo, "todas as situações jurídicas subjetivas familiares eram consideradas de ordem pública",[43] o que ocorria porque a família tinha um papel institucional (econômico, político e religioso).[44] Esse papel, entretanto, foi funcionalizado para privilegiar o aspecto eudemonista (de livre desenvolvimento da personalidade),[45] mas o direito sucessório acabou por não acompanhar essa mesma funcionalização.[46]

É preciso, portanto, pôr-se em perspectiva o direito sucessório, questionando-se sobre o seu *significado* e sua *finalidade*, pois "a situação jurídica subjetiva familiar passou a representar o interesse estatal [...] de garantir o pleno e livre desenvolvimento da pessoa

---

40 Salutar lembrar que a maior parte das regras sobre direito de família encontram-se no Código Civil, sendo que o atual diploma, embora promulgado em 2002 e com vigência iniciada em 2003, é fruto de projeto elaborado na década de 1970 e, portanto, formulado com vistas às famílias brasileiras daquela temporalidade.

41 GRISARD FILHO, Waldyr. *Famílias reconstituídas*: novas uniões depois da separação. 2. ed. São Paulo: Revista dos Tribunais, 2010.

42 IBGE. *Censo Demográfico 2010*: características da população e dos domicílios. Rio de Janeiro: IBGE, 2011. p. 76.

43 Tradução livre de: "Nel vigore delle prime discipline, le situazioni giuridiche soggetive familiari erano considerate di *ordine pubblico*" (BARBALUCCA, Vincenza. *L'autonomia negoziale dei coniugi nella crisi matrimoniale*. Milano: Giuffrè, 2012. p. 13).

44 "As variadas combinações possíveis dos actos sobre sucessões futuras eram postas ao serviço de diversos fins, como a conservação dos bens na família, a não fragmentação de unidades econômicas, a manutenção do lustre aristocrático pela concentração dos bens no continuador da linha nobiliárquica, a conservação da estrutura feudal ou senhorial pela transmissão da propriedade em harmonia com as regras próprias dessa organização" (TELLES, Inocêncio Galvão. *Direito das sucessões*: noções fundamentais. 6. ed. Coimbra: 1991. p. 125).

45 CALDERÓN, Ricardo Lucas. *Princípio da afetividade no direito de família*. 2. ed. Rio de Janeiro: GEN, 2017. p. 20.

46 RUZYK, Carlos Eduardo Pianovski. *Institutos fundamentais do direito civil e liberdade(s)*: repensando a dimensão funcional do contrato, da propriedade e da família. Rio de Janeiro: GZ, 2011.

humana e, mais incisivamente, de tutelar aqueles em posição de vulnerabilidade",[47] não coadunando mais com uma perspectiva intervencionista e engessadora no campo das sucessões.

3 A busca hermenêutica pela ressignificação funcional do direito sucessório ante a fluidez das relações familiares contemporâneas

O direito sucessório, como conjunto normativo desta ordem, se estrutura sobre uma duplicidade de regimes jurídicos (regime da sucessão legítima e da sucessão testamentária), cada qual com funções próprias e, entre si, por vezes confrontantes.

Por meio da sucessão legítima e sobretudo da garantia da parcela reservada, o direito sucessório adota regime nitidamente paternalista de proteção à família, visando à preservação do patrimônio neste grupo de sujeitos, e aos herdeiros necessários, inclusive por meio de normas de ordem pública, inderrogáveis e que atribuem ao magistrado e aos demais sujeitos do processo sucessório o dever de fiscalização e observância de tais regras protetivas dos herdeiros, de inegável rigidez. Já no campo da sucessão testamentária, sua preocupação é quase exclusivamente a liberdade atribuída ao autor da herança para dispor, da forma como melhor que convier e com pouquíssimas restrições, da parcela disponível de sua herança.

Conforme anota Walter Moraes, no âmbito do direito sucessório, "A questão que segue é a de quem deve passar o acervo hereditário". De um lado, "É justificável que se transmita àquele ou àqueles a quem o testador queira deixar", isto é, por força de sua autonomia privada. De outro, "é justificável também que a herança fique com aquelas pessoas com as quais o *de cuius* compartilhou laços de recíprocas obrigações e direitos durante a vida, de solidária e constante vinculação pessoal, econômica, moral, biológica: a família". Isso sem falar em uma terceira via, segundo a qual "é razoável também que o patrimônio se devolva à comunidade de que participou o extinto, através do Estado, pelo mesmo motivo".[48]

Nesta medida, Marcelo Bürger sustenta em sua tese de doutorado que o direito sucessório vivencia também uma crise funcional, pois, embora se pretenda protetivo, ignora os recorrentes anseios por maior liberdade dos sujeitos concretos e acaba por engessar a autonomia mesmo em situações que demandam um regime personalizado, como no caso das famílias compostas por um herdeiro incapaz, por cônjuge desprovido de rendimentos ou, em outra realidade, por negócios rurais e empresas familiares cuja continuidade depende da não fragmentação do patrimônio.[49]

---

[47] Tradução livre de: "In verità, si obietta che se si considera la connotazione publicística come l'aspetto della norma che è resa cogente in quanto finalizzata a tutelare interessi superiori ed intangibili [...]. Ebbene, superata l'opinione secondo la quale ela situazione giuridica soggettiva familiare rappresenti um interesse statuale, in realtà si ravvisa la sussistenza dell'interesse publicístico in tutte quelle situazioni di diritto soggettivo finalizzate, innanzitutto, *a garantirei l pieno e libero sviluppo della persona umana ed, in via più incisiva, a tutelar ele posizioni deboli*" (BARBALUCCA, Vincenza. *L'autonomia negoziale dei coniugi nella crisi matrimoniale*. Milano: Giuffrè, 2012. p. 13).

[48] MORAES, Walter. *Teoria geral e sucessão legítima*. São Paulo: RT, 1980. p. 9.

[49] BÜRGER, Marcelo Luiz Francisco de Macedo. *Direito sucessório e liberdade(s)*: da dupla crise do direito sucessório a um instrumento negocial de conformação de interesses. Tese (Doutorado em Direito) – Universidade Federal do Paraná, Curitiba, 2024.

Daí porque acertada e precisa é a constatação de Eroulths Cortiano Júnior e André Arnt Ramos, segundo quem, nos sistemas jurídicos que prezam pela liberdade individual, "o direito das sucessões não se presta, apenas, à preservação do modelo familiar. Pelo contrário: a literatura especializada [...] identifica, na sucessão *mortis causa*, a função de garantir a propriedade privada", razão pela qual deve ser repensado o papel da liberdade individual na determinação de destinação futura do patrimônio.[50]

Em outra crítica, elaborada na tese de doutoramento de Felipe Frank, defendeu-se em 2017 a validade da cláusula sucessória no pacto antenupcial e a possibilidade de mútua exclusão da concorrência sucessória dos cônjuges,[51] o que foi posteriormente chancelado por doutrinadores de renome como Rolf Madaleno,[52] Mário Luiz Delgado e Jânio Urbano Marinho Júnior.[53]

A seu turno, Marcelo Bürger sustentou em sua tese de doutoramento que a partilha em vida, prevista no art. 2.018 do Código Civil, é instrumento apto a permitir o exercício concreto de liberdade pelos sujeitos da sucessão por meio de disposição de última vontade ou por meio contratual, admitindo, inclusive, disposição sobre a parcela necessária da herança quando realizada em seu perfil contratual, com ou sem a antecipação da atribuição patrimonial aos herdeiros.[54]

Com efeito, é possível dizer que essas são posições *de lege ferenda*, que não estão contempladas no ordenamento jurídico brasileiro e que só poderiam ser cogitadas se houvesse uma reforma legislativa.

A propósito, cumpre ressaltar que essas preocupações atravessam o anteprojeto de revisão e atualização do Código Civil,[55] que contempla significativa alteração no art. 426 do Código Civil, a fim assegurar a validade das disposições sucessórias constantes de pactos antenupciais e amplia as hipóteses de fideicomisso, o que, na prática, conjugado com as alterações promovidas pelo art. 1.951 e seguintes do Código Civil, possibilita a criação de *trusts* no Brasil.

Além disso, o projeto não apenas afasta a condição de herdeiro necessário do cônjuge e do companheiro no art. 1.845 do Código Civil – o que já era esperado diante das críticas que surgiram desde a entrada em vigor do Código –, como também altera drasticamente o art. 1.829, para eliminar a concorrência sucessória do cônjuge e do companheiro com descendentes e ascendentes do falecido.

---

50 CORTIANO JÚNIOR, Eroulths; RAMOS, André Luiz Arnt. Liberdade testamentária versus sucessão forçada: anotações preliminares sobre o direito sucessório brasileiro. *Revista de Estudos Jurídicos e Sociais*, Cascavel, n. 4, p. 41-73, 2015. p. 50.

51 FRANK, Felipe. *Autonomia sucessória e pacto antenupcial*: problematizações sobre o conceito de sucessão legítima e sobre o conteúdo e os efeitos sucessórios das disposições pré-nupciais. Tese (Doutorado em Direito) – Universidade Federal do Paraná, Curitiba, 2017. Disponível em: https://acervodigital.ufpr.br/handle/1884/52021. Acesso em: 10 maio 2024.

52 MADALENO, Rolf. Renúncia de herança no pacto antenupcial. *Revista IBDFAM: Famílias e Sucessões*, v. 27, p. 9-58, maio/jun. 2018.

53 DELGADO, Mário Luiz; MARINHO JÚNIOR, Jânio Urbano. Posso renunciar à herança em pacto antenupcial? *Revista IBDFAM*, v. 31, p. 9-21, jan./fev. 2019.

54 BÜRGER, Marcelo Luiz Francisco de Macedo. *Direito sucessório e liberdade(s)*: da dupla crise do direito sucessório a um instrumento negocial de conformação de interesses. Tese (Doutorado em Direito) – Universidade Federal do Paraná, Curitiba, 2024.

55 SENADO FEDERAL. *Anteprojeto de Lei para revisão e atualização da Lei nº 10.406, de 10 de janeiro de 2002 (Código Civil)*. Disponível em: https://www12.senado.leg.br/assessoria-de-imprensa/arquivos/anteprojeto-codigo-civil-comissao-de-juristas-2023_2024.pdf. Acesso em: 10 maio 2024.

Também no sentido de ampliar a liberdade no campo sucessório, o projeto de reforma amplia a possibilidade de cessão de direitos hereditários do art. 1.793 do Código Civil para contemplar instrumentos particulares assinados por duas testemunhas, e prevê a validade de promessa de doação de bem integrante do espólio.

Por fim, merece destaque o art. 1.796, §2º, do Código Civil, que facilita a transferência de titularidade de bens móveis de falecidos, cujo valor não exceda cem salários mínimos, por meio de escritura pública, dispensando a necessidade de inventário ou arrolamento.

Todavia, vale ressaltar: essas são sugestões *de lege ferenda* e que, além de dependerem de alteração legislativa, certamente não afastarão os desafios de interpretação desses institutos pelo Judiciário, que deverá encontrar soluções para os conflitos que emergirão entre os sujeitos de direito impactados por essas mudanças.

Daí porque, mais do que qualquer inovação legislativa, defende-se aqui a necessidade de se desenvolver uma hermenêutica civil-constitucional envolvendo a permanente tensão existente entre os princípios jurídicos em geral e os princípios da liberdade e da solidariedade em especial, confrontando-se os dispositivos do Código Civil com os valores constitucionais que eles estão a tutelar, tal como sugere Luiz Edson Fachin em sua *Teoria crítica do direito civil*.[56]

Nessa perspectiva, Ana Luiza Maia Nevares pontua que, "No Direito das Sucessões, há um *importante espaço da autonomia privada* [...], que deve ser investigado sob a ótica da já citada *dialética entre a solidariedade e a liberdade*, em atenção aos ditames constitucionais". Isso porque, "estando a sucessão hereditária assentada na propriedade e na família, as mudanças por que passaram os dois últimos institutos repercutem diretamente na dinâmica da primeira, tornando *inevitável a necessidade de revisão do fenômeno sucessório*".[57]

Nesse sentido, há de se interpretar a liberdade não nos estreitos limites do sujeito proprietário, mas das pessoas humanas concretamente concebidas, que se correlacionam umas com as outras e que buscam desenvolver sua personalidade no ambiente familiar de modo solidário e responsável.

É forçoso reconhecer que o perfil das famílias mudou drasticamente nos últimos anos. Além do já mencionado empoderamento da mulher e de seu ingresso no mercado de trabalho, a nova família chama a atenção para a efemeridade das relações conjugais.[58]

---

[56] FACHIN, Luiz Edson. *Teoria crítica do direito civil*. 3. ed. Rio de Janeiro: Renovar, 2012.

[57] NEVARES, Ana Luiza Maia. *A função promocional do testamento*. Rio de Janeiro: Renovar, 2009. p. 10.

[58] "a liquefação da sociedade também provocou expressivas mudanças na configuração dos relacionamentos afetivos contemporâneos. [...] a sociedade hodierna, como já dito, é uma sociedade de consumo, que privilegia comportamentos imediatistas e hedonistas. A valorização da satisfação instantânea tem como contrapartida o repúdio a tudo aquilo que exija esforços demorados. Por essa razão, os compromissos duradouros são vistos na era líquida como focos de opressão, cujo engajamento contínuo produz uma situação de dependência degradante" (XAVIER, Marília Pedroso. *Contrato de namoro*: amor líquido e direito de família mínimo. Dissertação (Mestrado em Direito) – UFPR, Curitiba, 2011. p. 44-45. Disponível em: http://acervodigital.ufpr.br/bitstream/handle/1884/32251/R%20-%20D%20-%20MARILIA%20PEDROSO%20XAVIER.PDF?sequence=1. Acesso em: 7 maio 2024). Corroborando essa percepção, o Instituto Brasileiro de Geografia e Estatística (IBGE) divulgou que o número de divórcios aumentou mais de 1007% nos últimos 30 anos (entre 1984 e 2014) e que, nesse mesmo período, a média de duração dos casamentos diminuiu de 19 para 15 anos (IBGE. *Em 10 anos, taxa de divórcios cresce mais de 160% no País*. Disponível em: http://www.brasil.gov.br/cidadania-e-justica/2015/11/em-10-anos-taxa-de-divorcios-cresce-mais-de-160-no-pais. Acesso em: 7 maio 2024).

Assim, da mesma forma que a compreensão a respeito da liberdade deve ser vista sob nova perspectiva, tendo por norte a pessoa humana concreta e correlacionalmente considerada, a solidariedade que se espera não coaduna mais com a perspectiva de uma família patriarcal, nuclear e institucional. Esse princípio deve ser lido, portanto, na dinâmica das novas relações sociais, assumindo, segundo Stefano Rodotà, feições de uma solidariedade democrática.[59]

Conforme destaca Ricardo Calderón, "A percepção da família como espaço para a livre realização pessoal dos seus integrantes é de importância singular, passando a ser descrita como precípua sua função eudemonista". Com isso, a mobilidade passou a marcar o rumo familiar. "Separações, divórcios, novas uniões e desuniões são vistos como corriqueiros e comuns no decorrer da existência [...]. Essas combinações e recombinações trarão novas formas de convivência entre os familiares, e resultarão em novos desafios".[60]

Dentre esses desafios, destaca-se aqui a forma de se conciliar liberdade e solidariedade, em especial no tocante ao direito sucessório, em ambiente tão fluido como a família contemporânea e tão engessado quanto é a legislação sucessória.

Em artigo intitulado *Amor proibido*, Maria Berenice Dias critica o acórdão proferido pelo Supremo Tribunal Federal que equiparou a sucessão do companheiro à do cônjuge. Segundo o *desabafo* dela, *os ministros do Supremo acabaram de lhe subtrair o direito à felicidade*.[61]

Sua crítica não está vertida na declaração de inconstitucionalidade do art. 1.790 do Código Civil, com a consequente aplicação do art. 1.829 à sucessão do companheiro. Com efeito, além de o art. 1.790 conter discriminação à entidade familiar da união estável comparativamente ao casamento (o que afrontaria o art. 226, §3º, da Constituição), ele apresenta duas classes distintas de filhos, a dos comuns e a dos exclusivos, cada qual com quinhões distintos em relação ao companheiro, o que viola, inequivocamente, o princípio da igualdade dos filhos prevista no art. 227, §6º, da Constituição. Acertada, portanto, a decisão neste tocante.

O problema, segundo a autora, está na necessária concorrência sucessória do companheiro.[62] Com isso, retira-se do sujeito significativo espaço de autonomia, que, na prática, exige o sacrifício de sua prole ou, quando menos, da felicidade do próprio sujeito.[63]

---

59 "Non a caso la storica qualificazione della solidarietà come *sociale* è stata Nei tempo più recenti affiancata, o addirittura sostituita, dal riferimento alla solidarietà *democratica*" (RODOTÀ, Stefano. *Solidarietà*: un'utopia necessaria. Bari: Laterza, 2014. p. 9).

60 CALDERÓN, Ricardo Lucas. *Princípio da afetividade no direito de família*. 2. ed. Rio de Janeiro: GEN, 2017. p. 20.

61 DIAS, Maria Berenice. *Amor proibido*. Disponível em: http://emporiododireito.com.br/amor-proibido-por-maria-berenice-dias/. Acesso em: 8 maio 2024.

62 A respeito da declaração de inconstitucionalidade do art. 1.790 do Código Civil, considerando a fundamentação do acórdão com base no princípio da igualdade, parece que, por arrastamento, todas as demais matérias de ordem sucessória que tutelam o cônjuge passam a tutelar também o companheiro, inclusive no tocante à condição de herdeiro necessário, que guarda a proteção da legítima.

63 "Explico: sou divorciada, tenho três filhos e, com muito trabalho, consegui amealhar razoável patrimônio. Agora, depois dos filhos criados, acabei me apaixonando. Mas, pelo jeito, *não poderei casar e nem viver em união estável*. Em qualquer dessas hipóteses, no caso do meu falecimento, o meu par ficará com um quarto do que amealhei durante toda a minha vida? Não teria qualquer problema em repartir eventuais bens que viesse a adquirir depois da união. Nada mais justo. E já que se está falando em justiça: é justo privar os meus filhos de parte do que adquiri até agora? Até porque, o que ficar com o companheiro sobrevivente, não retornará para eles que fizeram tanto esforço para ter o que temos. *Senhores Ministros, desculpa, mas Vossas Excelências estão me*

A partir dessa problematização, é possível dizer que, embora o direito de família tenha mudado a partir da Constituição de 1988, flexibilizando-se e funcionalizando-se em favor da pessoa humana concreta e correlacionalmente concebida, o direito sucessório caminhou, sem embargo de certos avanços, na contramão desta funcionalização. Cumpre, pois, funcionalizá-lo para que se promova o equilíbrio entre liberdade sucessória e solidariedade familiar.[64]

Nesse sentido, acrescente-se que a tensão entre solidariedade e liberdade corresponde, em grande medida, à tensão que existe entre os princípios da não intervenção e da proteção integral.

Extraído a partir do art. 226, §7º, da Constituição,[65] e do art. 1.513 do Código Civil,[66] o *princípio da não intervenção*

> faz demandar do Estado e de sua prestação normativa jurisdicional a precisa averiguação da *vulnerabilidade concreta* daqueles que se relacionam no ambiente familiar [...], fazendo concretizar, dessa forma, o preceito constitucional da *tutela integral da dignidade da pessoa humana*.[67]

Explica Luiz Edson Fachin que a tensão entre o *princípio da não intervenção* (art. 226, §7º, da Constituição) e o *princípio da proteção integral* (art. 226, *caput*, da Constituição) configura apenas um *aparente paradoxo* na medida em que "a exigência de não-intervenção [...] corresponde necessariamente a uma mesma presença ativa do Estado, intervindo embebido no fito precípuo de tutelar os direitos daqueles que, jurídica ou faticamente, estão em uma *posição de fragilidade*".[68]

4 Conclusão

Em conclusão, não mais se pode falar, como outrora, que apenas por dizer respeito à questão familiar a ela se afigura de *ordem pública*. Com efeito, após a constitucionalização do direito civil, a família não guarda mais função institucional (econômica, política e religiosa), mas função eudemonista (de busca pela realização pessoal de seus integrantes).

É preciso verificar se a pretensão em questão diz respeito a um valor constitucionalmente tutelado e se não viola interesse de vulnerável para saber se se trata, ou não,

---

proibindo de amar, de ser feliz" (DIAS, Maria Berenice. *Amor proibido*. Disponível em: http://emporiododireito.com.br/amor-proibido-por-maria-berenice-dias/. Acesso em: 8 maio 2024).

64 "A tal fine ocorre revisitare il sistema ereditario in chiave costituzionale, snellendone i contenuti in modo decisivo; valorizzare l'autonomia negoziale equilibrandola con il dovere disolidarietà; prestare maggiore attenzione ai bisogni della persona all'interno della famiglia" (PERLINGIERI, Pietro. La Funzione Sociale del Diritto Sucessorio. *Rassegna di Diritto Civile*, Napoli, jan./mar. 2009. p. 145).

65 "Art. 226. [...] §7º Fundado nos princípios da dignidade da pessoa humana e da paternidade responsável, *o planejamento familiar é livre decisão do casal*, competindo ao Estado propiciar recursos educacionais e científicos para o exercício desse direito, vedada qualquer forma coercitiva por parte de instituições oficiais ou privadas" (BRASIL. *Constituição da República Federativa do Brasil de 1988*. Disponível em: http://www.planalto.gov.br/ccivil_03/constituicao/constituicaocompilado.htm. Acesso em: 9 maio 2024).

66 "É defeso a qualquer pessoa, de direito público ou privado, interferir na comunhão de vida instituída pela família" (BRASIL. *Código Civil de 2002*. Lei n. 10.406/2002. Disponível em: http://www.planalto.gov.br/ccivil_03/leis/2002/L10406.htm. Acesso em: 8 maio 2024).

67 FACHIN, Luiz Edson. *Direito civil*: sentidos, transformações e fim. Rio de Janeiro: Renovar, 2015. p. 155.

68 FACHIN, Luiz Edson. *Direito civil*: sentidos, transformações e fim. Rio de Janeiro: Renovar, 2015. p. 155-156.

de questão de ordem pública, como ocorreu, por exemplo, no caso do reconhecimento das uniões homoafetivas.

Se, de um lado, existem os princípios da solidariedade (art. 3º, I) e da proteção integral (art. 226, caput, da Constituição), de outro, existem os princípios da liberdade (art. 5º, caput, da Constituição) e da não intervenção (art. 226, §7º, da Constituição).

É, portanto, dentro desta tensão e visando ao equilíbrio entre a liberdade sucessória e a solidariedade familiar que o direito fundamental à herança (art. 5º, XXX, da Constituição) deve ser interpretado, independentemente de qualquer reforma legislativa, funcionalizando-se desde já institutos que não mais coadunam com a realidade dos sujeitos envolvidos na sucessão e possibilitando que se crie uma hermenêutica hábil a enfrentar as tensões que emergirão das leis que serão criadas no futuro.

Referências

ALMEIDA, Francisco de Paula Lacerda de. *Sucessões*. Rio de Janeiro: Cruz Coutinho, 1915.

BARBALUCCA, Vincenza. *L'autonomia negoziale dei coniugi nella crisi matrimoniale*. Milano: Giuffrè, 2012.

BEVILÁQUA, Clóvis. *Código Civil dos Estados Unidos do Brasil comentado por Clóvis Beviláqua*. Rio de Janeiro: Editora Rio, 1979. t. II.

BRASIL. *Anteprojeto do Código Civil de 2002*. Projeto de Lei n. 634/1975. Disponível em: http://imagem.camara.gov.br/Imagem/d/pdf/DCD13JUN1975SUP_B.pdf#page=1. Acesso em: 7 maio 2024.

BUCAR, Daniel. Pactos sucessórios: possibilidade e instrumentalização. *In*: TEIXEIRA, Ana Carolina Brochado; RODRIGUES, Renata de Lima (Coord.). *Contratos, família e sucessões*. Indaiatuba: Foco, 2019.

CAHALI, Francisco José. Da sucessão em geral. *In*: CAHALI, Francisco José; HIRONAKA, Giselda Maria Fernandes Novaes. *Direito das sucessões*. 5. ed. São Paulo: RT, 2014.

CALDERÓN, Ricardo Lucas. *Princípio da afetividade no direito de família*. 2. ed. Rio de Janeiro: GEN, 2017.

CARVALHO, Luiz Paulo Vieira. *Direito das sucessões*. 3. ed. São Paulo: Atlas, 2017.

CASTRO, Isabella Silveira de. *Testamento*: capacidade, formalidades e novas tecnologias. Belo Horizonte: Fórum, 2022.

CASTRO, Torquato. 9ª Reunião de instalação dos trabalhos, em 14 de agosto de 1975. *In*: MENCK, José Theodoro Mascarenhas (Org.). *Código Civil brasileiro no debate parlamentar*: elementos históricos da elaboração da Lei n. 10.406/2002. Brasília: Edições Câmara, 2012. t. I.

CASTRO, Torquato. *In*: MENCK, José Theodoro Mascarenhas (Org.). *Código Civil brasileiro no debate parlamentar*: elementos históricos da elaboração da Lei n. 10.406/2002. Brasília: Edições Câmara, 2012. t. I-V.

CORTIANO JÚNIOR, Eroulths; RAMOS, André Luiz Arnt. Liberdade testamentária versus sucessão forçada: anotações preliminares sobre o direito sucessório brasileiro. *Revista de Estudos Jurídicos e Sociais*, Cascavel, n. 4, p. 41-73, 2015.

DELGADO, Mário Luiz; MARINHO JÚNIOR, Jânio Urbano. Posso renunciar à herança em pacto antenupcial? *Revista IBDFAM*, v. 31, p. 9-21, jan./fev. 2019.

DIAS, Maria Berenice. *Amor proibido*. Disponível em: http://emporiododireito.com.br/amor-proibido-por-maria-berenice-dias/. Acesso em: 8 maio 2024.

DIAS, Maria Berenice. *Manual das sucessões*. 4. ed. São Paulo: RT, 2015.

DINIZ, Maria Helena. *Curso de direito civil brasileiro* – Direito das sucessões. São Paulo: Saraiva, 2002. v. 6.

FACHIN, Luiz Edson. *Direito civil*: sentidos, transformações e fim. Rio de Janeiro: Renovar, 2015.

FACHIN, Luiz Edson. *Teoria crítica do direito civil*. 3. ed. Rio de Janeiro: Renovar, 2012.

FRANK, Felipe. *Autonomia sucessória e pacto antenupcial*: problematizações sobre o conceito de sucessão legítima e sobre o conteúdo e os efeitos sucessórios das disposições pré-nupciais. Tese (Doutorado em Direito) – Universidade Federal do Paraná, Curitiba, 2017. Disponível em: https://acervodigital.ufpr.br/handle/1884/52021. Acesso em: 10 maio 2024.

GOMES, Orlando. *Sucessões*. 15. ed. Rio de Janeiro: Forense, 2012.

GRISARD FILHO, Waldyr. *Famílias reconstituídas*: novas uniões depois da separação. 2. ed. São Paulo: Revista dos Tribunais, 2010.

HIRONAKA, Giselda Maria Fernandes Novaes. *Morrer e suceder*. 2. ed. São Paulo: 2014.

IBGE. *Censo Demográfico 2010*: características da população e dos domicílios. Rio de Janeiro: IBGE, 2011.

IBGE. *Em 10 anos, taxa de divórcios cresce mais de 160% no País*. Disponível em: http://www.brasil.gov.br/cidadania-e-justica/2015/11/em-10-anos-taxa-de-divorcios-cresce-mais-de-160-no-pais. Acesso em: 7 maio 2024.

LEITE, Eduardo de Oliveira. *Direito civil aplicado*: direito das sucessões. São Paulo: RT, 2013. v. 6.

LOBO, Paulo. *Direito civil*: sucessões. 2. ed. São Paulo: Saraiva, 2014.

MADALENO, Rolf. Renúncia de herança no pacto antenupcial. *Revista IBDFAM: Famílias e Sucessões*, v. 27, p. 9-58, maio/jun. 2018.

MAXIMILIANO, Carlos. *Direito das sucessões*. 5. ed. São Paulo: Freitas Bastos, 1964. v. III.

MIRANDA, Francisco Cavalcanti Pontes de. *Tratado de direito privado*. Atualização de Ruy Rosado Aguiar Júnior e Nelson Nery Jr. São Paulo: Revista dos Tribunais, 2012. t. XXVI.

MIRANDA, Francisco Cavalcanti Pontes de. *Tratado de direito privado*. Direito das sucessões – Sucessões em geral. São Paulo: RT, 2012. t. LV.

MONTEIRO, Washington de Barros. *Curso de direito civil* – Direito das sucessões. 35. ed. São Paulo: Saraiva, 2003.

MORAES, Walter. *Teoria geral e sucessão legítima*. São Paulo: RT, 1980.

NEVARES, Ana Luiza Maia. *A função promocional do testamento*. Rio de Janeiro: Renovar, 2009.

OLIVEIRA, Arthur Vasco Itabaiana de. *Tratado de direito das sucessões*. 4. ed. São Paulo: Max Limonad, 1952. v. I.

OLIVEIRA, Euclides Benedito de; AMORIM, Sebastião Luiz. *Inventários e partilhas*: direito das sucessões – Teoria e prática. 23. ed. São Paulo: Livraria e Editora Universitária de Direito, 2013.

OLIVEIRA, Lígia Ziggiotti de. *Olhares feministas sobre o direito das famílias contemporâneo*. Rio de Janeiro: Lumen Juris, 2016.

PEREIRA, Caio Mário da Silva. *Instituições de direito civil*: direito das sucessões. 15. ed. Rio de Janeiro: Forense, 2004. v. VI.

PERLINGIERI, Pietro. La Funzione Sociale del Diritto Sucessorio. *Rassegna di Diritto Civile*, Napoli, jan./mar. 2009.

REALE, Miguel. *In*: MENCK, José Theodoro Mascarenhas (Org.). *Código Civil brasileiro no debate parlamentar*: elementos históricos da elaboração da Lei n. 10.406/2002. Brasília: Edições Câmara, 2012. t. I-V.

RODOTÀ, Stefano. *Solidarietà*: un'utopia necessaria. Bari: Laterza, 2014.

RODRIGUES, Silvio. *Direito civil*: direito das sucessões. 23. ed. São Paulo: Saraiva, 2002. v. 7.

RUZYK, Carlos Eduardo Pianovski. *Institutos fundamentais do direito civil e liberdade(s)*: repensando a dimensão funcional do contrato, da propriedade e da família. Rio de Janeiro: GZ, 2011.

SANTOS, João Manoel de Carvalho. *Código Civil brasileiro interpretado*: principalmente do ponto de vista prático. 6. ed. Rio de Janeiro: Livraria Freitas Bastos, 1955. t. XXIV.

SENADO FEDERAL. *Anteprojeto de Lei para revisão e atualização da Lei nº 10.406, de 10 de janeiro de 2002 (Código Civil)*. Disponível em: https://www12.senado.leg.br/assessoria-de-imprensa/arquivos/anteprojeto-codigo-civil-comissao-de-juristas-2023_2024.pdf. Acesso em: 10 maio 2024.

TELLES, Inocêncio Galvão. *Direito das sucessões*: noções fundamentais. 6. ed. Coimbra: 1991.

TEPEDINO, Gustavo; BARBOZA, Heloisa Helena; MORAES, Maria Celina Bodin de (Org.). *Código Civil interpretado conforme a Constituição da República*. Rio de Janeiro: Renovar, 2014. v. IV.

XAVIER, Marília Pedroso. *Contrato de namoro*: amor líquido e direito de família mínimo. Dissertação (Mestrado em Direito) – UFPR, Curitiba, 2011.

ZIMMERMANN, Reinhard. *Does the law of succession reflect cultural differences?* Netherlands: Eleven International Publishing, 2018.

Informação bibliográfica deste livro, conforme a NBR 6023:2018 da Associação Brasileira de Normas Técnicas (ABNT):

FRANK, Felipe; BÜRGER, Marcelo. As raízes históricas do engessamento sucessório brasileiro e a busca hermenêutica pelo seu equacionamento ante a fluidez das relações familiares. *In*: CORTIANO JUNIOR, Eroulths; SILVA, Alexandre Barbosa da (coord.). *O Código Civil e a Contemporaneidade*: Estudos do Grupo Virada de Copérnico em Homenagem ao Ministro Luiz Edson Fachin. Belo Horizonte: Fórum, 2025. p. 485-499. ISBN 978-65-5518-990-2.

SOBRE OS AUTORES

Alexandre Barbosa da Silva
Doutor em Direito pela UFPR. Mestre em Direito pela Universidade Paranaense. Bolsista Capes no Programa de Doutorado Sanduíche no Exterior nº 9808-12-4, com Estudos Doutorais na Universidade de Coimbra. Coordenador e Professor do Programa de Pós-Graduação em Direito, Inovação e Regulações da Univel. Pesquisador do Grupo de Pesquisa em Direito Civil-Constitucional Virada de Copérnico da UFPR, e do Grupo de Pesquisas Direito Civil e Regulações da Univel. Procurador do Estado do Paraná. *E-mail*: alexandre@univel.br. Instagram: @alebarbosa0611.

Ana Carolina Brochado Teixeira
Doutora em Direito Civil pela UERJ. Mestre em Direito Privado pela PUC Minas. Especialista em Diritto Civile pela Università degli Studi di Camerino, Itália. Professora de Direito Civil do Centro Universitário UNA. Coordenadora editorial da *Revista Brasileira de Direito Civil – RBDCivil*.

Ana Luiza Maia Nevares
Advogada. Doutora e Mestre em Direito Civil pela UERJ. Professora de Direito Civil da PUC-Rio. Vice-Presidente da Comissão de Estudos Constitucionais da Família e da Comissão de Direito das Sucessões do IBDFAM. Diretora Acadêmica do IBDFAM-RJ. Membro do IBDFAM, IBDCivil, IAB e IBDCONT.

Ana Paula Myszczuk
Graduada em Licenciatura em História e Bacharelado em Direito, ambos pela Universidade Estadual de Ponta Grossa. Mestre em Direito Econômico e Social pela Pontifícia Universidade Católica do Paraná. Doutora em Direito Econômico e Socioambiental pela Pontifícia Universidade Católica do Paraná, com estágio doutoral na Universidade do Deusto e Universidade do País Basco, desenvolvendo estudos na Cátedra Interuniversitaria de Derecho y Genoma Humano. Estágio pós-doutoral na Universidad de Pinar del Río (Cuba), no Centro de Estudios en Medio Ambiente y Recursos Naturales. Estágio pós-doutoral no Programa de Pós-Graduação em Bioética na Pontifícia Universidade Católica do Paraná. Professora na Universidade Tecnológica Federal do Paraná – UTFPR, em cursos de Graduação e no Programa de Pós-Graduação em Planejamento e Governança Pública (PGP). Tem experiência na área de Direito Privado, com ênfase em Biodireito, Direito Civil e Propriedade Intelectual.

Anderson Schreiber
Professor Titular de Direito Civil da Universidade do Estado do Rio de Janeiro – UERJ. Professor Permanente do Programa de Pós-Graduação *Stricto Sensu* (Mestrado e Doutorado) da UERJ. Professor da Fundação Getúlio Vargas – FGV. Membro da Academia Internacional de Direito Comparado. Pesquisador Visitante do Max Planck Institut für ausländisches und internationales Privatrecht (Alemanha). Procurador do Estado do Rio de Janeiro.

André Luiz Arnt Ramos
Doutor e Mestre em Direito das Relações Sociais pela Universidade Federal do Paraná. Professor de Direito Civil na Universidade Positivo. Cofundador do Instituto Brasileiro de Direito dos Contratos. Associado ao Instituto Brasileiro de Estudos de Responsabilidade Civil e ao Instituto dos Advogados do Paraná. Advogado. Contato: andre@arntramos.adv.br.

Camila Bottaro Sales Coelho
Doutoranda em Direito das Relações Sociais pela UFPR. Mestre em Direito Privado e especialista em Direito de Família e Sucessões pela PUC Minas. Coordenadora e pesquisadora do eixo de titularidades do Grupo de Pesquisa Virada de Copérnico, pesquisadora do mesmo grupo no eixo de Direito das Sucessões. Advogada e professora universitária.

Carlos Alberto Farracha de Castro
Advogado. Mestre e Doutor (UFPR). (Ex-)Presidente da Comissão de Estudos de Recuperação Judicial de Empresas e Falência da OAB/PR (2013/2021). Coordenador de Prevenção de Litígios da OAB/PR (2022/2024). Componente da lista de árbitros da Câmara de Arbitragem e Mediação da Associação Comercial do Paraná (Arbitac). Membro do Instituto dos Advogados do Paraná. Autor dos livros: *Preservação da empresa no Código Civil, Fundamentos do direito falimentar, Manual de recuperação de empresas e falência*. Artigos publicados em revistas especializadas, como a *Revista dos Tribunais*, da Editora RT, *Revista de Direito Mercantil*, da Editora Malheiros, *Revista de Direito Empresarial*, da Editora Magister.

Carlos Eduardo Elias de Oliveira
Membro da Comissão de Reforma do Código Civil (Senado Federal, 2023/2024). Pós-Doutorando em Direito Civil pela Universidade de São Paulo (USP). Doutor, mestre e bacharel em Direito pela Universidade de Brasília (UnB). 1º lugar em Direito no vestibular 1º/2002 da UnB. Ex-Advogado da AGU. Ex-Assessor de ministro STJ. Professor de Direito Civil e de Direito Notarial e Registral. Consultor Legislativo do Senado Federal em Direito Civil, Processo Civil e Direito Agrário (único aprovado no concurso de 2012). Advogado, parecerista e árbitro. Instagram: @profcarloselias e @direitoprivadoestrangeiro.

Carlos Edison do Rêgo Monteiro Filho
Professor Titular de Direito Civil da UERJ. Procurador do Estado do Rio de Janeiro. Doutor em Direito Civil e Mestre em Direito da Cidade. Advogado, parecerista em temas de direito privado.

Carlos Eduardo Pianovski Ruzyk
Professor Associado de Direito Civil da UFPR – Graduação e Pós-Graduação *stricto sensu* (Mestrado e Doutorado). Membro da Comissão nomeada pelo Senado para a reforma do Código Civil. Mestre em Direito das Relações Sociais junto ao PPGD da UFPR. Doutor em Direito das Relações Sociais junto ao PPGD da UFPR, com estágio de pesquisa na Universidade de Coimbra. Presidente Estadual do IBDFAM/PR. Advogado e Parecerista. Árbitro. carlospianovski@gmail.com.

Carolina Kosma Krieger
Professora Adjunta de Direito Civil da PUCPR (Graduação e Especialização). Mestre em Direito pela PUCPR. Doutoranda em Direito das Relações sociais pela UFPR. Pesquisadora do Núcleo de Estudos em Direito Civil Constitucional da UFPR – Virada de Copérnico. Analista na Justiça Federal do Paraná.

Daniele Regina Pontes
Professora de Direito da Universidade Federal do Paraná, Setor de Ciências da Terra. Professora da Pós-Graduação em Planejamento Urbano/PPU da Universidade Federal do Paraná. Pesquisadora do Núcleo de Estudos em Direito Civil-Constitucional/UFPR, Virada de Copérnico; do Centro de Estudos em Planejamento e Políticas Urbanas – CEPPUR/UFPR e do Propolis/UFPR. Pesquisadora do Grupo Re-Habitare/UFMG.

Eduardo Luiz Busatta
Doutorando em Direito Público pelo Programa de Pós-Graduação em Direito da Universidade do Vale do Rio dos Sinos – Unisinos. Mestre em Direito Negocial pela Universidade Estadual de Londrina – UEL. Procurador do Estado do Paraná. *E-mail*: elbusatta@gmail.com.

Emerson Luís Dal Pozzo
Doutor (2017) e Mestre (2012) em Direito das Relações Sociais pela Universidade Federal do Paraná. Bacharel em Direito pela mesma instituição (2007). Professor visitante de diversos curso de pós-graduação em Direito *lato sensu* em Curitiba, Paraná. Advogado.

Fabíola Lobo
Professora Titular de Direito Civil da Universidade Federal de Pernambuco. Doutora em Direito pela Universidade Federal de Pernambuco. Doutorado sanduíche realizado na Faculdade de Direito da UFPR. Mestrado em Direito pela Universidade Federal de Pernambuco. Professora dos cursos de Graduação, Mestrado e Doutorado do Centro de Ciências Jurídicas – PPGD/ UFPE.

Felipe Frank
Academic fellow e *master of laws* por Harvard. Doutor, Mestre e Bacharel em Direito pela Universidade Federal do Paraná (UFPR). Professor da Pontifícia Universidade Católica do Paraná (PUCPR). Advogado.

Fernanda Schaefer Rivabem
Assessora Jurídica CAOP Saúde MPPR. Pós-Doutora no Programa de Pós-Graduação *Stricto Sensu* em Bioética da PUCPR, bolsista Capes. Doutora em Direito das Relações Sociais na Universidade Federal do Paraná, curso em que realizou Doutorado Sanduíche nas Universidades do País Basco e Universidade de Deusto (Espanha) como bolsista Capes. Professora do Unicuritiba. Membro do Grupo de Pesquisa Virada Copérnico UFPR. Contato: ferschaefer@hotmail.com.

Flávio Tartuce
Pós-Doutorando e Doutor em Direito Civil pela USP. Mestre em Direito Civil Comparado pela PUC-SP. Professor titular permanente e coordenador do mestrado da Escola Paulista de Direito (EPD). Professor e coordenador dos cursos de pós-graduação *lato sensu* em Direito Privado da EPD. Presidente Nacional do Instituto Brasileiro de Direito Contratual (IBDCONT). Presidente do Instituto Brasileiro de Direito de Família em São Paulo (IBDFAM/SP). Advogado em São Paulo, parecerista e consultor jurídico.

Frederico Eduardo Zenedin Glitz
Mestre e Doutor (UFPR). Professor de Direito Internacional Privado do Unicuritiba. Membro do conselho editorial de vários periódicos especializados nacionais e internacionais. Autor de diversos livros e artigos especializados, publicados no Brasil e no exterior. Componente da lista de árbitros da Câmara de Arbitragem e Mediação da Federação das Indústrias do Paraná (Camfiep), Câmara de Arbitragem da Federação de Entidades Empresariais do Rio Grande do Sul (CAF) e da Câmara de Mediação e Arbitragem do Brasil (CAMEDIARB). Presidente da Comissão de Educação Jurídica da OAB/PR. Coordenador do Grupo de Pesquisa: Arbitragem como instrumento para solução de conflitos decorrentes de contratos comerciais (Unicuritiba). Pesquisador do Núcleo de Estudos em Direito Civil Constitucional (UFPR).

Gabriel Schulman
Advogado, Professor da Graduação e Mestrado da Universidade Positivo, onde também é Coordenador da Pós-Graduação. Doutor em Direito pela UERJ. Mestre e Bacharel em Direito pela UFPR, sob orientação do Prof. Dr. Luiz Edson Fachin. Especialista em Direito da Medicina pela Universidade de Coimbra. Integrante do Núcleo de Estudos em Direito Civil-Constitucional da UFPR (Grupo Virada de Copérnico). gabriel@schulman.com.br.

Giselda Maria Fernandes Novaes Hironaka
Professora Titular do Departamento de Direito Civil da Faculdade de Direito da USP. Doutora e Livre-Docente pela mesma Faculdade de Direto da USP. Ex-Procuradora Federal. Advogada, consultora e parecerista jurídica. Fundadora e Diretora Nacional (região Sudeste) do Instituto

Brasileiro de Direito de Família e Sucessões – IBDFAM. Diretora Nacional (região Sudeste) do Instituto Brasileiro de Direito Civil. Membro do Instituto Brasileiro de Estudos da Responsabilidade Civil.

Gustavo Tepedino
Professor Titular de Direito Civil e Ex-Diretor da Faculdade de Direito da Universidade do Estado do Rio de Janeiro – UERJ.

Jacqueline Lopes Pereira
Doutoranda e Mestra em Direito das Relações Sociais (PPGD-UFPR). Especialista em Direito das Famílias e Sucessões pela Academia Brasileira de Direito Constitucional. Servidora do Tribunal de Justiça do Estado do Paraná.

João Ricardo Brandão Aguirre
Pós-Doutor em Direito Civil pela Faculdade de Direito da Universidade de São Paulo (2020). Doutor em Direito Civil pela Faculdade de Direito da Universidade de São Paulo (2010). Mestre em Direito Civil pela Pontifícia Universidade Católica de São Paulo (2004). Graduado em Direito pela Faculdade de Direito da Universidade de São Paulo (1994). Professor da Faculdade de Direito da Universidade Presbiteriana Mackenzie. Presidente da Comissão de Estudos Jurídicos do Instituto Brasileiro de Direito de Família. Foi presidente do Instituto Brasileiro de Direito de Família em São Paulo – IBDFAMSP e da Comissão de Direito de Família e das Sucessões da OAB/SP. Foi coordenador da pós-graduação em Direito de Família e Sucessões da Universidade Anhanguera Uniderp – MS e coordenador dos cursos jurídicos da Rede LFG. Pesquisador do Grupo Virada de Copérnico (UFPR). Advogado. CV *Lattes*: http://lattes.cnpq.br/4435266639690092.

José Fernando Simão
Livre-Docente, Doutor e Mestre em Direito Civil pela Faculdade de Direito da Universidade de São Paulo. Professor Associado do Departamento de Direito Civil da Faculdade de Direito da Universidade de São Paulo.

Jussara Maria Leal de Meirelles
Doutora e Mestra em Direito das Relações Sociais, pela Universidade Federal do Paraná. Pós-Doutora no Centro de Direito Biomédico da Universidade de Coimbra. Professora Titular, integrante do Programa de Pós-Graduação em Direito Econômico e Socioambiental da Pontifícia Universidade Católica do Paraná. Coordenadora de Eixo Temático no Grupo de Pesquisa Virada de Copérnico, da UFPR. Pesquisadora em Biodireito e Direito Civil.

Karin Cristina Bório Mancia
Mestre em Direito Econômico e Socioambiental pela Pontifícia Universidade Católica do Paraná (2009). Especialista em Direito Empresarial pela Pontifícia Universidade Católica do Paraná (2001). Graduada pela Universidade Federal do Paraná (1997). Professora de Direito Empresarial e Contratos Empresariais na Graduação do Unicuritiba. Professora na Pós-Graduação *Lato Sensu* em Direito Civil e Direito Médico do Unicuritiba. Professora tutora da Pós-Graduação EAD em Direito Civil e Processual Civil do Unicuritiba. Advogada.

Karla Ferreira de Camargo Fischer
Advogada e Engenheira de Alimentos. Mestre em Direito. Especialista em Direito Processual Civil e em Administração Industrial. Professora de Direito Civil do Unibrasil, de cursos de Pós-Graduação em Direito e da Escola Superior de Advocacia (ESA) da OAB/PR. Advogada sócia do escritório Camargo Fischer Advogados Associados. Perita judicial na área de Engenharia de Alimentos. Diretora do Instituto Brasileiro de Direito de Família, Regional Paraná (IBDFAM/PR). Membro da Comissão de Direito de Família e Sucessões da OAB/PR.

Luciana Pedroso Xavier
Professora de Direito Civil da Faculdade de Direito da UFPR. Advogada. Mediadora judicial e extrajudicial. Mestre e Doutora em Direito das Relações Sociais pelo Programa de Pós-Graduação da UFPR. Presidente da Comissão de Direito das Famílias da OAB/PR. Presidente do IBDCont seccional do Paraná. Contato: luciana@pxadvogados.com.br.

Maici Barboza dos Santos Colombo
Doutoranda no Programa de Pós-Graduação da Universidade de São Paulo (USP). Mestre em Direito Civil pela Universidade do Estado do Rio de Janeiro (UERJ). Especialista em Direito Civil Constitucional pela Universidade do Estado do Rio de Janeiro (UERJ). Foi professora substituta de Direito Civil na Faculdade Nacional de Direito da UFRJ entre 2018 e 2019 e pesquisadora do Grupo de Pesquisa Virada de Copérnico (ciclo 2020-2022). Professora de diversos cursos de pós-graduação *lato sensu* e da graduação e da pós-graduação *lato sensu* da PUC-Campinas. Advogada.

Marcelo Bürger
Doutorando e Mestre em Direito pela UFPR. Professor de Direito Civil do Centro Universitário Curitiba – Unicuritiba. Vice-Presidente do IBDFAM Paraná. Advogado.

Marco Antonio Lima Berberi
Doutor e Mestre em Direito das Relações Sociais, pela Universidade Federal do Paraná – UFPR. Professor na Graduação e no Programa de Pós-Graduação em Direito (PPGD) do Centro Universitário Autônomo do Brasil – UniBrasil. Coordenador de Eixo Temático no Grupo de Pesquisa Virada de Copérnico, da UFPR. Pesquisador do Grupo de Pesquisa CNPq NUPECONST – UniBrasil. Advogado e Procurador do Estado do Paraná.

Marco Aurélio Bezerra de Melo
Doutor e Mestre em Direito pela Universidade Estácio de Sá. Professor Titular de Direito Civil do IBMEC/RJ. Professor Permanente do PPGD da Universidade Estácio de Sá. Conferencista Emérito da EMERJ. Desembargador do TJRJ.

Marcos Catalan
Doutor *summa cum laude* pela Faculdade do Largo do São Francisco, Universidade de São Paulo. Mestre em Direito pela Universidade Estadual de Londrina. Estágio Pós-Doutoral no Mediterranea International Center for Human Rights Research (2020-2021). *Visiting Scholar* no Istituto Universitario di Architettura di Venezia (2015-2016). Estágio Pós-Doutoral na Facultat de Dret da Universitat de Barcelona (2015-2016). Professor visitante no Mestrado em Direito de Danos da Facultad de Derecho de la Universidad de la República, Uruguai. Professor visitante no Mestrado em Direito dos Negócios da Universidad de Granada, Espanha. Professor visitante no Mestrado em Direito Privado da Universidad de Córdoba, Argentina. Professor visitante no Mestrado em Direito Civil da Universidad de Huánuco, Peru. Cofundador da Rede de Pesquisas Agendas de Direito Civil Constitucional. Advogado parecerista. marcoscatalan@uol.com.br.

Maria Candida do Amaral Kroetz
Mestre e Doutora pela Universidade Federal do Paraná – UFPR. Mestre pela Columbia University, New York. Professora de Direito Civil na UFPR. Procuradora federal.

Marília Pedroso Xavier
Professora da graduação e da pós-graduação *stricto sensu* da Faculdade de Direito da Universidade Federal do Paraná (UFPR). Doutora em Direito Civil pela Universidade de São Paulo (USP). Mestre e Graduada em Direito pela UFPR. Coordenadora-Geral da Escola Superior de Advocacia do Paraná. Membro da Diretoria Paranaense do Instituto Brasileiro de Direito de Família. Diretora do Instituto Brasileiro de Direito Contratual (IBDCONT). Advogada.

Nelson Rosenvald
Professor do corpo permanente do Doutorado e Mestrado do IDP/DF. Procurador de Justiça do Ministério Público de Minas Gerais. Pós-Doutor em Direito Civil na Università Roma Tre (IT-2011). Pós-Doutor em Direito Societário na Universidade de Coimbra (PO-2017). *Visiting Academic* Oxford University (UK-2016/17). Professor Visitante na Universidade Carlos Ili (ES-2018). Doutor e Mestre em Direito Civil pela PUC-SP. Presidente do Instituto Brasileiro de Estudos de Responsabilidade Civil (IBERC).

Octavio Campos Fischer
Desembargador do Tribunal de Justiça do Estado do Paraná. Professor do mestrado/doutorado do Programa de **Pós-Graduação** em Direito do UniBrasil. Doutor e Mestre em Direito pela Universidade Federal do Paraná.

Pablo Malheiros da Cunha Frota
Doutor em Direito das Relações Sociais pela Universidade Federal do Paraná (2013). Mestre em Função Social do Direito pela Faculdade Autônoma de Direito de São Paulo (2008). Especialista em Direito Civil pela Unisul (2006). Especialista em Filosofia do Direito pela Pontifícia Universidade Católica de Minas Gerais (2013). Graduado em Direito na Universidade Católica de Brasília (2004). Graduando em Filosofia na Universidade Católica de Brasília (2018). Professor Adjunto em Direito Civil e Processo Civil da Universidade Federal de Goiás (UFG). Cofundador da Rede de Pesquisas Agendas de Direito Civil Constitucional. Líder do Grupo de Pesquisa Realizando o Direito Privado na Universidade Federal de Goiás. Diretor de Publicação do IBDCONT, Presidente do IBDCON-DF e da Regional Centro-Oeste do IBDCONT. Diretor do IBDFAM/DF. Membro do IBDFAM, do Brasilcon, do IBDCIVIL, da ABDCONST, da Abedi, da Aldis, do IAB, do Instituto Luso-Brasileiro de Direito. Pesquisador do Grupo Virada de Copérnico (UFPR) e do Grupo Constitucionalização das Relações Privadas (UFPE). Assessor Jurídico na Terracap (DF). Coordenador do Curso de Direito da UPID-DF. Advogado. Código Orcid: 0000-0001-7155-9459. CV *Lattes*: http://lattes.cnpq.br/0988099328056133.

Paulo Roberto Ribeiro Nalin
Professor Associado de Direito Civil da UFPR – Graduação e Pós-Graduação *stricto sensu* (Mestrado e Doutorado). Mestre em Direito das Relações Sociais junto ao PPGD da UFPR. Doutor em Direito das Relações Sociais junto ao PPGD da UFPR. Pós-Doutor em Contratos Internacionais pela Juristische Fakultät – Universität Basel (Faculdade de Direito da Universidade da Basileia – Suíça), sob orientação da Prof. Dra. Ingeborg Schwenzer. Professor do L.L.M. da Swiss International Law School (SILS). Advogado e Árbitro. prn@paulonalin.com.br.

Rafael Corrêa
Doutorando e Mestre em Direito das Relações Sociais pela Universidade Federal do Paraná. Pesquisador integrante do Núcleo de Estudos em Direito Civil-Constitucional da Universidade Federal do Paraná (Virada de Copérnico) no eixo de Direitos da Personalidade (2020/2021). Professor em cursos de graduação e pós-graduação.

Ricardo Calderón
Doutor e Mestre em Direito Civil pela Universidade Federal do Paraná. Pós-Graduado em Direito Processual Civil e em Teoria Geral do Direito. Coordenador de curso de pós-graduação na Academia Brasileira de Direito Constitucional. Diretor Nacional do IBDFAM. Professor de diversos cursos de pós-graduação. Vice-Presidente da Comissão de Direito das Famílias da OAB/PR. Membro do Grupo de Pesquisa Virada de Copérnico – PPGD-UFPR. Advogado. calderon@calderonadvogados.com.br.

Rosalice Fidalgo Pinheiro
Mestre e Doutora em Direito das Relações Sociais junto ao PPGD da UFPR. Professora de Direito Civil da Faculdade de Direito da UFPR. Pós-Doutora junto à Universidade Paris 1- Panthéon-Sorbonne. rosallice@gmail.com.

Rose Melo Vencelau Meireles
Doutora e Mestre em Direito Civil pela UERJ. Professora de Direito Civil da UERJ. Presidente da Comissão de Direito de Órfãos e Sucessões da OAB/RJ. Membro do IBDCivil, IBDFAM e IBPC. Procuradora da UERJ. Advogada e Mediadora de Conflitos.

Simone Tassinari Cardoso
Professora permanente da graduação, mestrado e doutorado da Faculdade de Direito da UFRGS. Advogada. Mediadora. Mestre e Doutora em Direito do Programa de Pós-Graduação da PUCRS. Contato: sitassinari.stc@gmail.com.

Thaís G. Pascoaloto Venturi
Estágio de Pós-Doutoramento na Fordham University (New York). Doutora pela Universidade Federal do Paraná (UFPR), com estágio de doutoramento – pesquisadora Capes – na Faculdade de Direito da Universidade de Lisboa/Portugal. Mestre pela Universidade Federal do Paraná (UFPR). Professora da Universidade Tuiuti do Paraná – UTP. Mediadora extrajudicial certificada pela Universidade da Califórnia – Berkeley. Mediadora judicial certificada pelo CNJ. Colunista e coordenadora no portal de notícias *Migalhas – O Direito Privado no Common Law*. Diretora científica do Instituto Brasileiro de Estudos de Responsabilidade Civil – IBERC. Membro do grupo de estudos em Direito Civil – Virada de Copérnico – UFPR. Sócia fundadora do escritório Pascoaloto Venturi – thais@pascoalotoventuri.com.br.

FSC
www.fsc.org
MISTO
Papel | Apoiando uma gestão florestal responsável
FSC® C092828

2023
CARBON NEUTRAL
SAVE cerrado

Esta obra foi composta em fonte Palatino Linotype, corpo 10
e impressa em papel Offset 75g (miolo) e Supremo 250g (capa)
pela Laser Plus Gráfica, em Belo Horizonte/MG.